EUROPA LEHRMITTEL

EUROPA-FACHBUCHREIHE
für Metallberufe

Werkstofftechnik

für Metallbauberufe

von
Dr. Eckhard Ignatowitz

Mit Eigenschafts- und Maßtabellen sowie Bearbeitungsrichtwerten für
– Werkstoffe – Halbzeuge – Normteile – Hilfsstoffe – Bauteile –

2. Auflage

VERLAG EUROPA-LEHRMITTEL · Nourney, Vollmer GmbH & Co.
Düsselberger Straße 23 · Postfach 2160 · 5657 Haan-Gruiten

Europa-Nr.: 15414

Autor: Dr.-Ing. Eckhard Ignatowitz/Waldbronn

Entwurf der Bilder und des Umschlages: Dr. E. Ignatowitz

Bildbearbeitung: Zeichenbüro des Verlags Europa-Lehrmittel

Fotos: Firmen und Fachinstitute (siehe Seite 282)

Den Herren des Arbeitskreises METALLBAUTECHNIK FACHBILDUNG StR Erwin Aldinger (Dipl.-Ing. FH), GSR Günter Baumann (Dipl.-Ing. FH), OStR Manfred Kluge (Dipl.-Ing.), OStR Gerhard Lämmlin (Dipl.-Ing.), Armin Steinmüller (Dipl.-Ing.), StR Hans-Martin Weinstock (Dipl.-Ing.) dankt der Autor für wertvolle Anregungen bei der Erstellung des Manuskripts.

2. Auflage 1992
Druck 5 4 3 2 1
Alle Drucke derselben Auflage sind parallel einsetzbar.

Umschlaggestaltung unter Verwendung von Fotos der Firmen: Thyssen AG, Düsseldorf, P. W. Weidling & Sohn, Münster, Hilti Deutschland GmbH, München, Ernst Leitz GmbH, Wetzlar

ISBN 3-8085-1542-2

Satz: Fotosatz Böhm GmbH, 5000 Köln 1
Druck: IMO-Großdruckerei, 5600 Wuppertal 2

Vorwort

Das vorliegende Buch **WERKSTOFFTECHNIK FÜR METALLBAUBERUFE** ist ein **Lehr- und Lernbuch** für die Ausbildung in Schule und Betrieb sowie ein **Nachschlagewerk** für die berufliche Praxis in der Werkstatt, im Betrieb und auf der Baustelle.

Das Buch ist geeignet als unterrichtsbegleitendes Lehrbuch für die Auszubildenden zum

- Handwerksberuf **METALLBAUER**
  (frühere Berufsbezeichnungen: Bauschlosser, Metallbauschlosser, Stahlbauschlosser, Betriebsschlosser, Kunstschmied) sowie für den
- Industrieberuf **KONSTRUKTIONSMECHANIKER**
  (frühere Berufsbezeichnungen: Stahlbauschlosser, Bauschlosser, Betriebsschlosser, Blechschlosser, Schiffbauer) und den
- Industrieberuf **ANLAGENMECHANIKER**
  (frühere Berufsbezeichnungen: Kessel- und Behälterbauer, Betriebsschlosser, Blechschlosser, Kupferschmied, Rohrinstallateur, Hochdruckschlosser, Rohrnetzbauer)

Daneben ist es für alle in diesen Berufen Tätigen eine wertvolle Hilfe zum Auffrischen von Werkstofftechnikwissen sowie zum Nachschlagen von Werkstoffdaten und Fertigungs-Richtwerten.

Auch für Studenten an Technikerschulen und Fachhochschulen der Fachrichtung Bauingenieurwesen ist es zur Einführung in die Werkstofftechnik geeignet.

Ziel des Buches ist eine solide Vermittlung von Werkstofftechnik-Fachwissen und das Bereitstellen von Werkstoffdaten und Fertigungs-Richtwerten für Praktiker.

Das Buch enthält einen Werkstofftechnikteil sowie einen Tabellenteil.

Werkstofftechnikteil

Der Werkstofftechnikteil geht kurz auf die Herstellung der Werkstoffe ein.

Breiter Raum wird der Beschreibung der einzelnen Werkstoffe, ihren Eigenschaften sowie der Verarbeitung und Verwendung gewidmet.

Besonderer Wert wird dabei auf die metallbau-spezifischen Themen der Schweißtechnik sowie des Korrosionsschutzes gelegt.

Die Werkstoffprüfung konzentriert sich auf die für den Metallbaubereich wichtigen Prüfverfahren.

Tabellenteil

Der Tabellenteil enthält Eigenschaften und Maßtabellen der Werkstoffe, der Zusatz- und Hilfsstoffe, der Halbzeuge und wichtigen Normteile.

Darüber hinaus enthält er Richtwerte für die Fertigungs- und Bearbeitungsverfahren sowie Hinweise für die Verwendung.

Die Sachthemen sind in derselben Reihenfolge wie im Werkstofftechnikteil angeordnet und sind durch Seitenhinweise leicht aufzufinden.

Durch die gemeinsame Darstellung von Werkstofftechnik sowie Eigenschafts- und Maßtabellen, Fertigungs-Richtwerten und Anwendungshinweisen in *einem* Buch wird eine Verbindung und Verzahnung von Werkstofftechnik-Fachwissen mit der Anwendung und Verarbeitung der Werkstoffe in Werkstatt und Betrieb erzielt.

Das Buch **WERKSTOFFTECHNIK** schließt die Lücke zwischen theoretisierenden Werkstofftechnikbüchern und reinen Tabellenwerken und bietet dem Benutzer eine **Lern- und Arbeitshilfe aus einem Guß.**

Der Autor — Herbst 1990

Inhaltsverzeichnis Werkstofftechnik

Inhaltsverzeichnis Tabellenteil

1 Übersicht und Einteilung

1.1 Rohstoffe, Werkstoffe, Hilfsstoffe

So wie die Werkstoffe in der Werkstatt oder im Betrieb verarbeitet werden, kommen sie in der Natur nicht vor.

Sie werden aus **Rohstoffen,** die die belebte Natur liefert oder die in der Erdkruste gefunden werden, hergestellt **(Bild 9/1).**

Die **natürlichen Werkstoffe,** wie z. B. Holz, Leder oder Graphit, haben dieselbe oder eine ähnliche Zusammensetzung wie die Rohstoffe, aus denen sie hergestellt werden. Zu ihrer Herstellung müssen die Rohstoffe lediglich bearbeitet bzw. aufbereitet werden.

So werden z. B. Baumstämme zu Bauholz zersägt, Tierhäute zu Leder gegerbt oder das Graphitmineral zerkleinert und zu festem Schmierstoff verarbeitet **(Bild 9/2).**

Künstlich hergestellte Werkstoffe

Die Mehrzahl der in der Technik verwendeten Werkstoffe sind keine natürlichen Werkstoffe. Es sind vielmehr **künstlich hergestellte Werkstoffe,** wie z. B. die Metalle, die Kunststoffe oder die Gläser. Sie werden aus den Rohstoffen durch chemische Umwandlung hergestellt **(Bild 9/3).**

So entsteht Eisen z. B. durch Reduktion, d. h. Sauerstoffentzug, von Eisenerz. Die Kunststoffe werden durch Synthese aus Erdölprodukten gewonnen und Glas durch Silikatbildung aus Quarzsand, Kalk und Soda hergestellt.

Die Werkstoffe dienen zur Herstellung von Bauteilen, Werkstücken, Werkzeugen, Gebrauchsgegenständen, Maschinen- und Apparateteilen. Dazu werden die Werkstoffe bearbeitet oder es wird ihnen eine andere Form gegeben.

Hilfsstoffe, Hilfsmittel

Zur chemischen Umwandlung der Rohstoffe zu Werkstoffen sowie zur Bearbeitung und Formgebung der Werkstoffe benötigt man **Hilfsstoffe** und **Hilfsmittel.** Für die Eisenherstellung z. B. sind die Hilfsstoffe Koks, Zuschläge und Wasser sowie als Hilfsmittel Wärme erforderlich. Zum Drehen einer Welle z. B. benötigt man als Hilfsstoff ein Kühlschmiermittel sowie als Hilfsmittel elektrischen Strom **(Bild 9/4).**

Weitere Hilfsstoffe sind Schmierstoffe, Kühlmittel, Schleif- und Poliermittel, Härtemittel, Lötmittel, Reinigungsmittel, Treib- und Brennstoffe usw. Hilfsmittel sind die Energieträger elektrischer Strom, Dampf und Wärme.

Bild 9/1: Die Erde – unser Rohstofflieferant

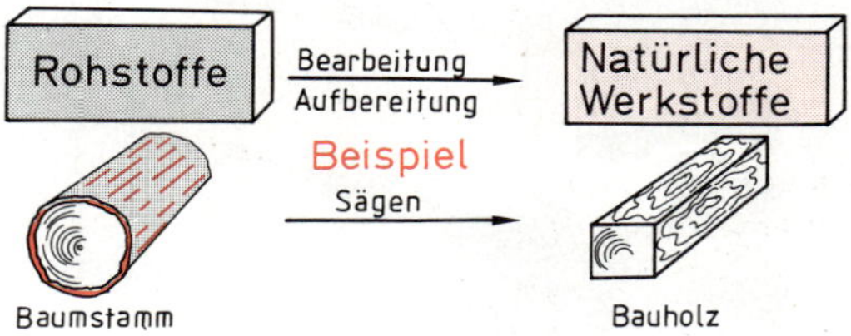

Bild 9/2: Natürliche Werkstoffe

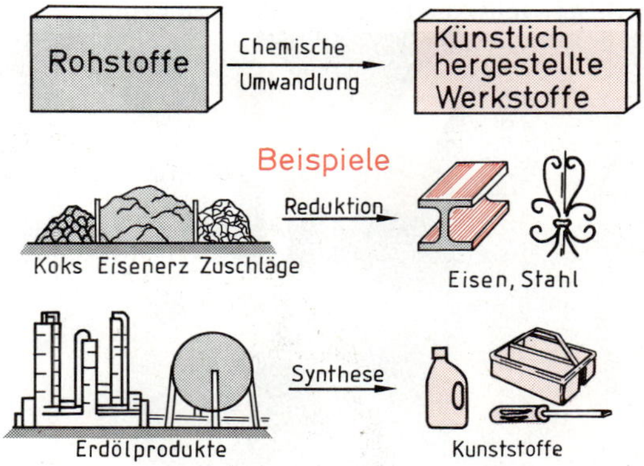

Bild 9/3: Künstlich hergestellte Werkstoffe

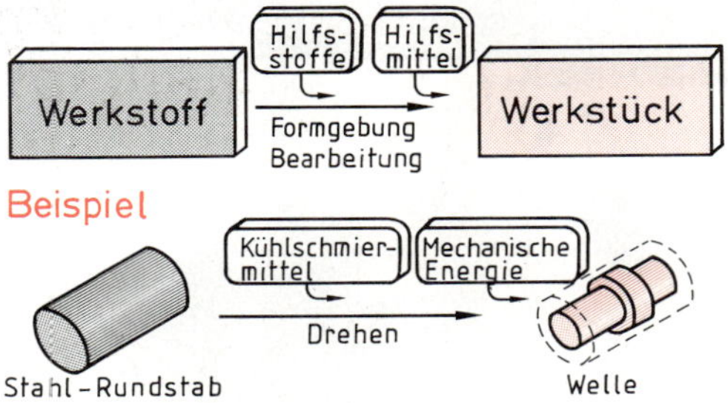

Bild 9/4: Vom Werkstoff zum Werkstück

Ziertor aus Schmiedeeisen

I-Träger aus Baustahl

Fenster aus Aluminium-Rahmen, Isolierverglasung und Kunststoff-Dichtungen

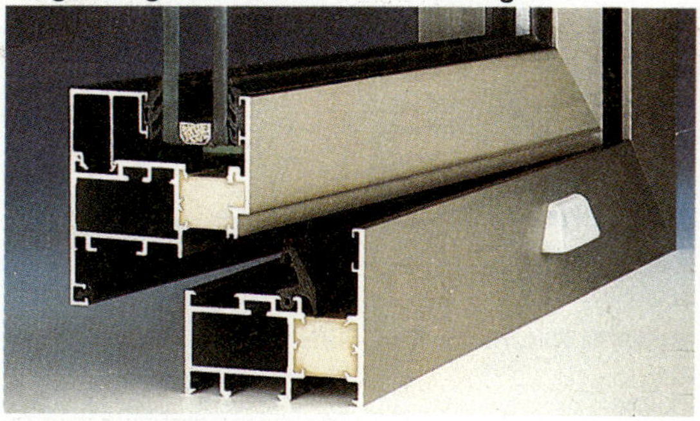

Chemikalientank aus Edelstahl

MIG-Schweißzusatz aus Kupfer-Legierung

Dacheindeckung aus Titanzink-Blech

Drehwerkzeug aus Hartmetall

Schleifkörper aus Edelkorund/Kunstharz

1.2 Einteilung der Werkstoffe

Der Metallbauer sowie der Konstruktions- und Anlagenmechaniker hat es in seinem Berufsleben mit einer Vielzahl von Werkstoffen zu tun: Stähle, Eisen-Gußwerkstoffe, Aluminium, Kupfer, Hartmetalle, Kunststoffe, Glas usw. (Beispiele: **Seite 10**).

Er stellt aus ihnen Werkstücke her, er bearbeitet vorgefertigte Bauteile und fügt sie zu größeren Bauteilen, zu Tragwerken, zu Baukonstruktionen, Apparaten, Behältern, Karosserien und Schiffskörpern zusammen. Bei dieser Arbeit verwendet er Werkzeuge, die ebenfalls aus Werkstoffen bestehen.

Um einen ersten Überblick über die Vielfalt der Werkstoffe zu gewinnen, teilt man sie in Gruppen ein.

Die Grobeinteilung der Werkstoffe erfolgt in drei Hauptgruppen: die **Metalle,** die **Nichtmetalle** und die **Verbundwerkstoffe (Bild 11/1).** Die Metalle und die Nichtmetalle gliedert man zusätzlich in mehrere Untergruppen.

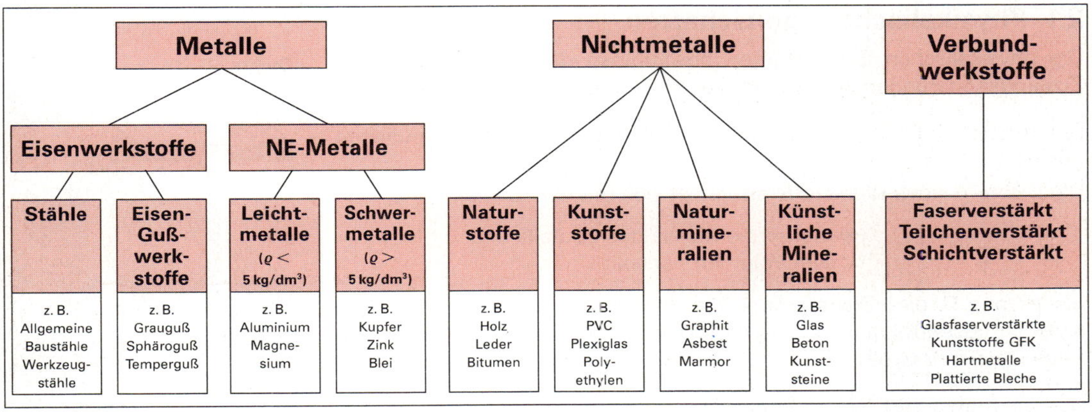

Bild 11/1: Einteilung der Werkstoffe

Die Metalle

Nach der Zusammensetzung unterteilt man die Metalle in die *Eisenwerkstoffe* und die *Nichteisenmetalle* (NE-Metalle).

Die **Eisenwerkstoffe** ihrerseits untergliedert man nochmals in die besonders umfangreiche und wichtige Gruppe der **Stähle** sowie der **Eisen-Gußwerkstoffe**. Stähle und Eisen-Gußwerkstoffe unterscheiden sich wesentlich in ihren Eigenschaften, jedoch auch in ihrer Zusammensetzung.

Wichtige Stähle sind z. B. die allgemeinen Baustähle, die Feinkornbaustähle oder die Werkzeugstähle. Bedeutende Eisen-Gußwerkstoffe sind Grauguß, Sphäroguß und Temperguß.

Die **Nichteisenmetalle** (NE-Metalle) unterteilt man in **Leichtmetalle** und **Schwermetalle,** wobei als Grenze eine Dichte von $\varrho = 5\,kg/dm^3$ festgelegt ist. Wichtigstes Leichtmetall ist Aluminium, weitere Leichtmetalle sind Magnesium und Titan. Schwermetalle sind z. B. Kupfer, Zink und Blei.

Die Nichtmetalle

Die Gruppe der Nichtmetalle umfaßt die aus der belebten Natur stammenden *Naturstoffe,* die synthetisch hergestellten *Kunststoffe,* die aus der unbelebten Natur abgebauten *Mineralien* und die aus Mineralien hergestellten *künstlichen Mineralien.* Aus dieser Stoffgruppe haben eine Reihe von Werkstoffen große Bedeutung erlangt: Kunststoffe, Glas und Beton.

Die Verbundwerkstoffe

Verbundwerkstoffe bestehen aus zwei oder mehreren Einzelstoffen, die zu einem neuen Werkstoff zusammengefügt sind. Wichtige Verbundwerkstoffe sind z. B. die aus zwei aufeinandergewalzten Blechen bestehenden plattierten Bleche, oder z. B. die aus Hartstoffkörnern und einer Bindung bestehenden Schleifsteine oder glasfaserverstärkte Kunststoffe.

2 Werkstoffeigenschaften

Die Eignung eines Werkstoffs für einen Verwendungszweck wird durch seine Eigenschaften bestimmt. Neben der Farbe und dem Aussehen interessieren in der Technik Eigenschaften, die eine Aussage über seine Verwendbarkeit und Verarbeitbarkeit erlauben. Dies sind vor allem Eigenschaften, die das Verhalten des Werkstoffs unter mechanischen Belastungen oder bei einem Fertigungsverfahren beschreiben. Aber auch Eigenschaften, die den Zustand des Werkstoffs oder seine Reaktion bei der Einwirkung anderer Stoffe beschreiben, wie z. B. das Korrosionsverhalten, sind von Bedeutung.

Die Summe aller Eigenschaften ergibt das **Eigenschaftsbild des Werkstoffs.** Es entscheidet, ob ein Werkstoff für eine gestellte Aufgabe geeignet ist.

Man unterscheidet physikalische, mechanisch-technologische, fertigungstechnische und chemisch-technische Eigenschaften.

2.1 Physikalische Eigenschaften

Die physikalischen Eigenschaften beschreiben den Zustand bzw. die Zustandsänderungen der Werkstoffe **(Bild 12/1).**

Die **Dichte** gibt an, welche Masse ein Werkstoff pro Volumeneinheit besitzt. Die Einheit der Dichte ist g/cm^3 oder kg/dm^3.

Die Dichte ϱ eines Werkstoffs errechnet sich mit der Formel:

$$\varrho = \frac{m}{V}$$

wobei m die Masse des Bauteils und V sein Volumen darstellt.

Eisen hat z. B. eine Dichte von $7{,}8\ kg/dm^3$, Aluminium $2{,}7\ kg/dm^3$. Das heißt ein Eisen-Bauteil ist rund dreimal so schwer, wie ein Aluminium-Bauteil gleicher Größe.

Der **Schmelzpunkt** ist die Temperatur, bei der der Werkstoff schmilzt. Reines Eisen hat z. B. einen Schmelzpunkt von 1536 °C, Aluminium von 659 °C, einige Kunststoffe schmelzen bei rund 150 °C.

Von technischem Interesse ist der Schmelzpunkt beim Löten und Schweißen. Reine Stoffe haben einen exakten Schmelzpunkt. Stoffgemische, wie z. B. Legierungen, schmelzen in einem Schmelzbereich, d. h. sie bilden zuerst einen Schmelzbrei und erst bei weiterer Temperatursteigerung eine vollständig flüssige Schmelze.

Die **thermische Längenausdehnung** beschreibt die Längenänderung eines Werkstoffes durch eine Temperaturänderung. Der Werkstoffkennwert der Längenausdehnung ist der thermische **Längenausdehnungskoeffizient** α. Er gibt die Längenänderung eines 1 m langen Stabes bei 1 °C Temperaturänderung an.

Die **Leitfähigkeit für Wärme und Elektrizität** beschreibt die Fähigkeit eines Stoffes, Wärme bzw. Elektrizität in sich weiterzuleiten. Gute Leiter sind alle Metalle, insbesondere Aluminium, Kupfer und Stahl. Schlechte Leiter sind die meisten Nichtmetalle, wie z. B. die Kunststoffe, Beton und Glas.

Hohe Leitfähigkeit für Wärme muß z. B. der Lötkolben besitzen, er ist deshalb aus Kupfer. Niedrige Wärmeleitfähigkeit wird von Wärmedämmstoffen gefordert, sie sind z. B. aus Schaumstoff.

Der Werkstoffkennwert zur Charakterisierung der Stromleitung in einem Werkstoff ist der **spezifische elektrische Widerstand.**

Werte der physikalischen Eigenschaften wichtiger Werkstoffe und Hilfsstoffe befinden sich im Tabellenteil Seite 182 und 184.

Dichte

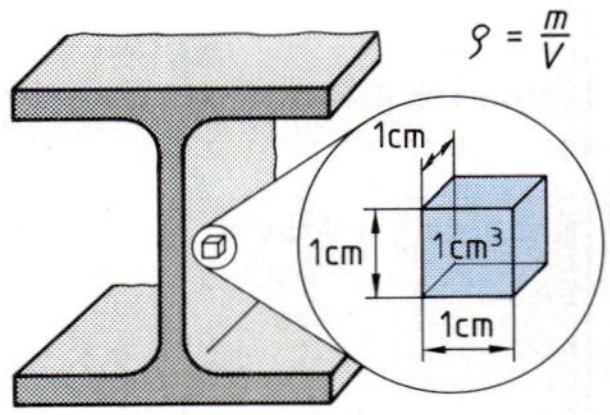

Schmelzpunkt

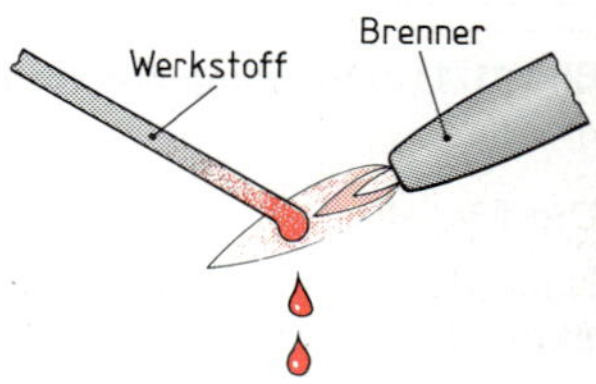

Thermische Längenausdehnung

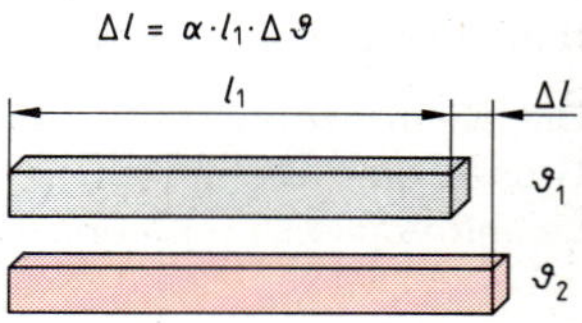

Wärmeleitfähigkeit

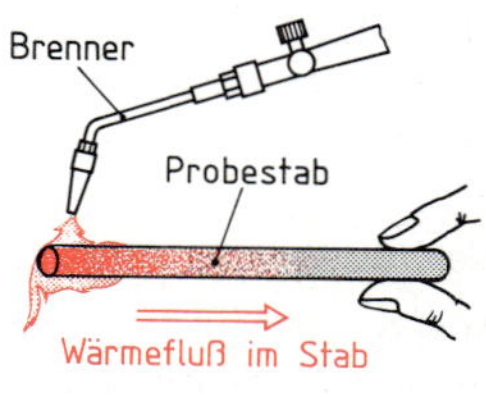

Bild 12/1: Physikalische Eigenschaften

2.2 Mechanisch-technologische Eigenschaften

Die mechanisch-technologischen Eigenschaften beschreiben das Verhalten der Werkstoffe unter der Wirkung mechanischer Kräfte **(Bild 13/1)**. Wichtige mechanisch-technologische Eigenschaften sind die Festigkeit, die Härte sowie das Verformungsverhalten.

Als **Festigkeit** bezeichnet man allgemein die größtmögliche mechanische Spannung, die ein Werkstoff aushalten kann, ohne zu Bruch zu gehen. Je nachdem, ob es sich dabei um eine Zug-, Druck- oder Scherbelastung handelt, ergibt sich eine Zugfestigkeit, eine Druckfestigkeit und eine Scherfestigkeit.

Die **Zugfestigkeit** $\boldsymbol{R_m}$ z. B. errechnet sich aus der Zugkraft F und der Querschnittsfläche S nach der Formel:

$$R_m = \frac{F}{S}$$

Die Einheit der Zugfestigkeit ist N/mm^2. Stahl hat z. B. eine Zugfestigkeit von rund $800\,N/mm^2$, Aluminium von rund $250\,N/mm^2$.

Hohe Festigkeit müssen Werkstoffe haben, aus denen tragende Bauteile, wie Seile, Profile, Tragwerke usw. gefertigt werden.

Die **Härte** gibt den Widerstand an, den ein Werkstoff dem Eindringen eines Prüfkörpers, z. B. einer Hartmetallkugel, entgegensetzt. Sehr harte Werkstoffe sind z. B. Diamant, Hartmetalle sowie gehärteter Stahl. Ungehärteter Stahl und gehärtetes Aluminium sind mittelhart. Weiche Werkstoffe sind Reinaluminium, Blei und Kupfer.

Große Härte ist bei Bauteilen erforderlich, die auf ihrer Oberfläche Verschleiß ausgesetzt sind, wie z. B. Zahnräder, Rollen.

Mit **Elastizität** bezeichnet man die Fähigkeit eines Werkstoffs nach einer Verformung seine Ausgangsform wieder einzunehmen. Elastische Stoffe federn zurück. Messerschneidenstahl oder der Stahl für Sägeblätter ist z. B. elastisch.

Plastisch verformbar ist ein Werkstoff, wenn er unter Krafteinwirkung seine Form bleibend verändert, d. h. nicht oder nur geringfügig zurückfedert. Plastisch verformbar sind z. B. erwärmter Schmiedestahl oder Weicheisenblech.

Als **Sprödigkeit** bezeichnet man die Eigenschaft eines Werkstoffs, unter Belastung zu brechen, ohne sich vorher merklich zu verformen. Spröde Werkstoffe zerspringen besonders bei schlagartiger Beanspruchung in viele Bruchstücke. Bei der Verarbeitung spröder Werkstoffe, wie z. B. der Montage eines Waschbeckens aus Keramik, müssen schlagartige Belastungen, wie z. B. Hammerschläge, vermieden werden. Auch unsachgemäß gehärteter Stahl kann so spröde sein, daß er bei Schlagbeanspruchung zerbricht.

Unter **Zähigkeit** versteht man die Eigenschaft eines Werkstoffs, der bleibenden (plastischen) Verformung großen Widerstand entgegenzusetzen. Schmiedestahl ist z. B. zäh, Blei nicht.

Die **Warmfestigkeit** beschreibt die Festigkeit eines Werkstoffs bei erhöhten Temperaturen. Werkstoffe mit geringer Warmfestigkeit sind z. B. die Kunststoffe, die bereits bei 100 °C einen Großteil ihrer Festigkeit verlieren. Hohe Warmfestigkeit haben spezielle Werkzeugstähle, bei denen ein Abfall der Festigkeit erst bei Temperaturen über 600 °C beginnt.

Zugfestigkeit

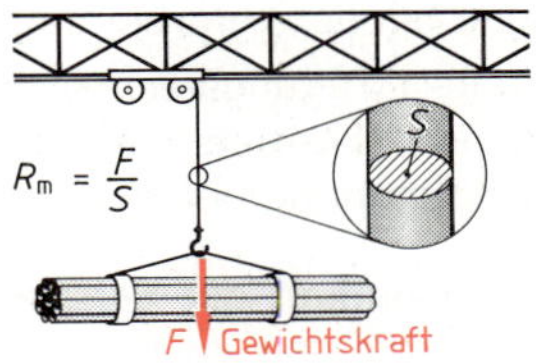

Härte

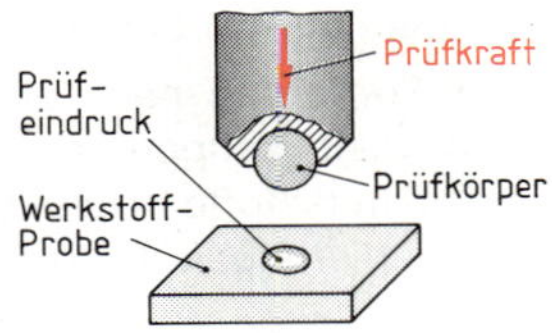

Elastizität

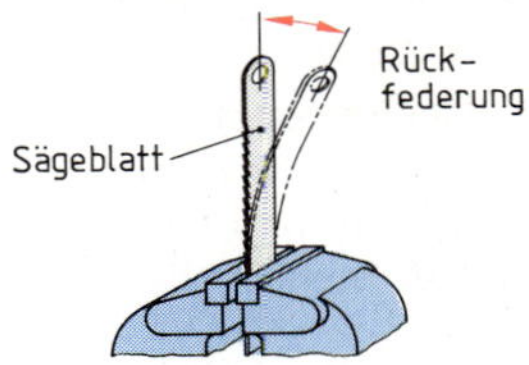

Plastizität

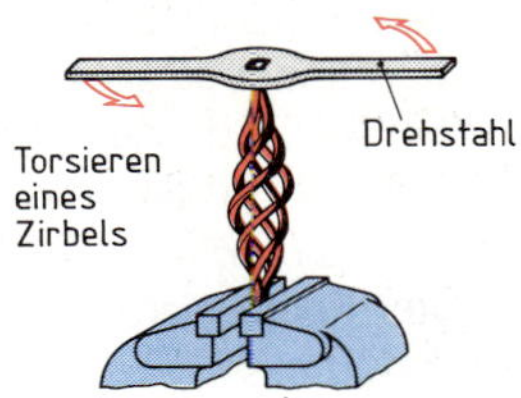

Sprödigkeit

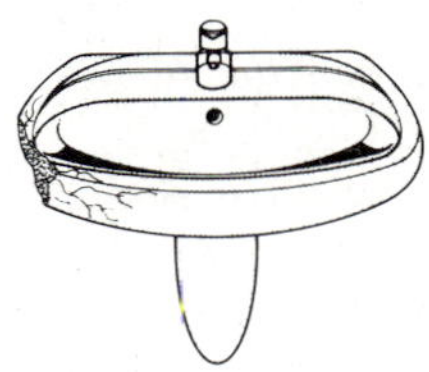

Warmfestigkeit

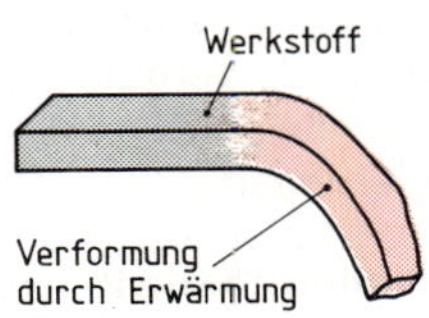

Bild 13/1: Mechanisch-technologische Eigenschaften

2.3 Fertigungstechnische Eigenschaften

Die fertigungstechnischen Eigenschaften geben Auskunft über die Eignung eines Werkstoffs für ein Fertigungsverfahren und über die Bedingungen bei der Verarbeitung der Werkstoffe.

Wichtige fertigungstechnische Eigenschaften sind die Gießbarkeit, die spanende Formbarkeit, die Schmiedbarkeit, die Härtbarkeit, die Schweißeignung und die Kaltumformbarkeit **(Bild 14/1)**.

Die **Gießbarkeit** der Schmelze eines Werkstoffs ist die Voraussetzung zur Verarbeitung zu Gußstücken. Die Schmelze von Gußwerkstoffen muß dünnflüssig sein, so daß sie die Gußform vollständig ausfüllt. Außerdem dürfen sich im Gußstück während des Erstarrens keine Hohlräume (Lunker) bilden.

Um der Forderung nach guter Vergießbarkeit zu genügen, sind von jeder Werkstoffgruppe spezielle Gußwerkstoffe entwickelt worden: Eisen-Gußwerkstoffe (Gußeisen), Aluminium-Gußlegierungen, Kupfer-Zink-Gußlegierungen (Gußmessing) usw.

Die **spanende Formbarkeit** ist eine wichtige Eigenschaft, da fast alle Werkstücke und auch viele Bauteile im Laufe ihrer Fertigung durch ein spanendes Verfahren, wie z. B. Bohren, Sägen, Drehen oder Fräsen bearbeitet werden.

Alle Eisenwerkstoffe sowie die meisten Nichteisenmetalle sind spanend formbar. Nicht oder nur schlecht spanbar sind sehr weiche Stoffe wie z. B. Gummi oder sehr harte und spröde Stoffe, wie z. B. Glas oder gehärteter Stahl.

Die **Schmiedbarkeit** ist eine der hervorstechendsten Eigenschaften der Metalle. Man versteht darunter die Fähigkeit eines Werkstoffs, sich im erwärmten Zustand durch Krafteinwirkung umformen zu lassen. Das Schmieden findet sowohl im handwerklichen Bereich, aber auch im industriellen Maßstab Verwendung, da es ein kostengünstiges und werkstoffsparendes Fertigungsverfahren ist.

Schmiedbar sind die meisten Stähle sowie Aluminium-Knetlegierungen und Kupfer-Knetlegierungen. Im allgemeinen nicht schmiedbar sind die Gußwerkstoffe.

Die **Schweißeignung** eines Werkstoffs ermöglicht ein stoffschlüssiges Fügen von Einzel-Bauteilen zu einem Gesamtbauteil. Die Schweißnaht hat bei richtiger Auswahl des Zusatzwerkstoffes fast dieselbe Festigkeit wie die Fügeteile.

Gut schweißbar sind unlegierte und legierte Stähle mit geringem Kohlenstoffgehalt. Aber auch Gußeisen sowie Aluminium- und Kupferlegierungen können mit Spezialverfahren geschweißt werden.

Unter **Härtbarkeit** versteht man die Eigenschaft eines Werkstoffs durch eine gezielte Wärmebehandlung eine wesentliche Verbesserung der Härte zu erfahren. Auch die Festigkeit kann durch ein besonderes Härteverfahren, das Vergüten, stark erhöht werden. Härtbar sind die meisten Stähle, einige Eisen-Gußwerkstoffe sowie die aushärtbaren Aluminium-Legierungen.

Die **Kaltumformbarkeit** beschreibt die Eigenschaft eines Werkstoffs sich bei Umgebungstemperatur, z. B. durch Biegen, Abkanten, Tiefziehen, Falzen usw. umformen zu lassen. Kaltumgeformt werden vor allem Bleche, Bänder und Rohre.

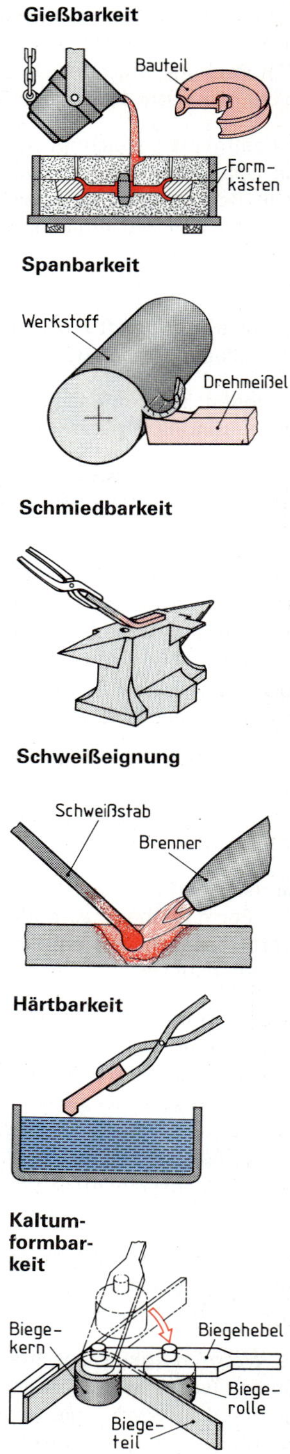

Bild 14/1: Fertigungstechnische Eigenschaften

2.4 Chemisch-technische Eigenschaften

Die chemisch-technischen Eigenschaften beschreiben die Stoffumwandlung der Werkstoffe durch die Wirkung der sie umgebenden Stoffe sowie durch Umweltbedingungen.

Bei normalen Umweltbedingungen laufen die werkstoffzerstörenden Vorgänge langsam ab, unter der Wirkung aggressiver Chemikalien, wie Säuren, Laugen oder Lösungsmitteln sowie bei erhöhter Temperatur werden die Werkstoffe rasch zerstört. Wichtige chemisch-technische Eigenschaften sind die Korrosionsbeständigkeit, die Wärmebeständigkeit, die Brennbarkeit sowie die Giftigkeit **(Bild 15/1).**

Korrosionsbeständigkeit. Als Korrosion bezeichnet man die von der Oberfläche des Werkstoffs ausgehende Zerstörung durch chemische oder elektrochemische Reaktionen.

Verstärkt wird die Korrosion durch ungünstige Umwelteinflüsse. Korrosionsbeständig sind unlegierte Stähle, d. h. sie rosten an der Luft. Korrosionsbeständig sind die nichtrostenden Stähle, in der Umgangssprache Edelstähle genannt, sowie Aluminium- und Kupfer-Werkstoffe. Bauteile aus korrosionsunbeständigen Werkstoffen müssen gegen Korrosion geschützt werden, z. B. durch einen Anstrich oder Verzinken.

Die **Wärmebeständigkeit** ist wichtig bei Werkstücken und Bauteilen, die erhöhter Temperatur ausgesetzt sind. Unlegierte Stähle sind z. B. wärmebeständig bis ca. 600 °C. Werden sie höher erwärmt, so reagieren sie mit dem Luftsauerstoff, sie **verzundern.** Verzunderungsfeste Stähle können bis ca. 1100 °C erhitzt werden.

Die meisten Kunststoffe können kaum höher als bis zu 150 °C erwärmt werden, da sie sich dann zersetzen.

Die **Brennbarkeit** spielt bei metallischen Werkstoffen praktisch keine Rolle, da sie unter normalen Bedingungen nicht brennbar sind. Eine Ausnahme hiervon ist Magnesium (Seite 102).

Bei Verwendung von Kunststoffen ist die Brennbarkeit zu beachten, da die Mehrzahl der Kunststoffe brennbar ist.

Die **Giftigkeit** von Werkstoffen ist zu beachten bei der Bearbeitung und dort, wo ein Kontakt mit Lebensmitteln erfolgt. Blei z. B. ist giftig und darf deshalb nicht in der Lebensmitteltechnik verwendet werden. Bei der Verarbeitung von Blei sind besondere Vorsichtsmaßnahmen zu beachten.

Korrosionsanfälligkeit

Verzunderung

Brennbarkeit

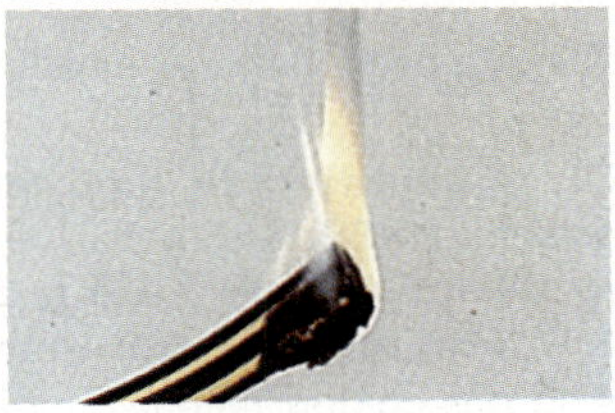

Bild 15/1: Chemisch-technische Eigenschaften

Werkstoffauswahl

Neben den Eigenschaften, die die technische Eignung eines Werkstoffs beschreiben, müssen bei der Werkstoffauswahl auch wirtschaftliche Überlegungen und der Umweltschutz berücksichtigt werden. Zu vermeiden sind gesundheitsgefährliche oder umweltbelastende Werkstoffe, wie z. B. Asbest. Bevorzugt einzusetzen sind Werkstoffe, die nach Gebrauch durch Wiederaufarbeitung (Recycling) rückgewonnen werden können, wie z. B. die Metalle.

Nach Abwägung aller Gesichtspunkte wird der Werkstoff ausgewählt, der die technischen Anforderungen erfüllt, leicht bearbeitbar ist, keine Umweltbelastung darstellt und preislich der günstigste ist.

Wiederholungsfragen

1 In welche drei Hauptgruppen teilt man die Werkstoffe ein?

2 Nennen Sie drei Leichtmetalle und drei Schwermetalle.

3 Mit welcher Eigenschaft beschreibt man, ob ein Werkstoff schwer oder leicht ist?

4 Was gibt die Zugfestigkeit an?

5 Warum muß die Oberfläche von Zahnrädern gehärtet sein?

6 Beschreiben Sie ein Sägeblatt bezüglich Härte, Elastizität, Plastizität, Sprödigkeit.

7 Welche Werkstoffe sind schweißbar?

8 Was versteht man unter Korrosion?

3 Roheisengewinnung und Stahlherstellung

3.1 Chemische Grundlagen der Metallgewinnung

Die reinen Metalle sind chemisch betrachtet Grundstoffe (chemische Elemente). Es gibt rund 90 natürliche Grundstoffe auf der Erde: 67 sind Metalle, 16 Nichtmetalle und 7 Halbmetalle.

Bedeutend für die Werkstofftechnik sind etwa 20 Metalle. Sie stehen im mittleren Bereich des Periodensystems der Elemente **(Bild 16/1).** Dies ist ein Ordnungsschema, in dem alle Elemente aufgetragen sind.

Das technologisch wichtigste Metall ist **Eisen (Fe).** Es steht in der Mitte des Periodensystems. Links und rechts der Mitte die **Leichtmetalle** Aluminium (Al), Magnesium (Mg) und Titan (Ti).

Schwermetalle sind Vanadium (V), Chrom (Cr), Mangan (Mn), Kobalt (Co), Nickel (Ni), Kupfer (Cu), Zink (Zn), Niob (Nb), Molybdän (Mo), Tantal (Ta), Wolfram (W), Zinn (Sn) und Blei (Pb).

Zu den **Edelmetallen** zählen Silber (Ag), Gold (Au) und Platin (Pt).

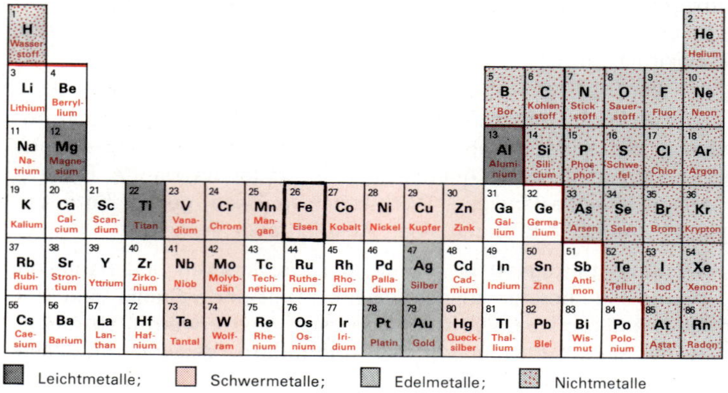

Bild 16/1: Periodensystem der Elemente (gekürzt)

Die Eigenschaften der einzelnen Grundstoffe sind im Tabellenteil, Seite 182 beschrieben.

Die **Häufigkeit** der Grundstoffe in der Erdkruste ist sehr unterschiedlich **(Bild 16/2).** Sie besteht zu fast 99 % aus nur 10 chemischen Elementen. Alle restlichen Elemente machen nur rund 1 % der Erdmasse aus. Unter den 10 häufigsten Grundstoffen sind die beiden technisch wichtigsten Metalle: **Eisen** und **Aluminium.** Die anderen Metalle haben z. T. nur einen sehr geringen Anteil an der Erdkruste. Sie sind jedoch für die Technik ebenfalls wichtig, entweder als Basismetall wie z. B. Kupfer, Blei, Zink, Zinn, Magnesium und Titan oder als Legierungsmetall wie z. B. Nickel, Chrom, Mangan, Kobalt, Vanadium, Molybdän, Wolfram, Niob, Tantal und Cadmium.

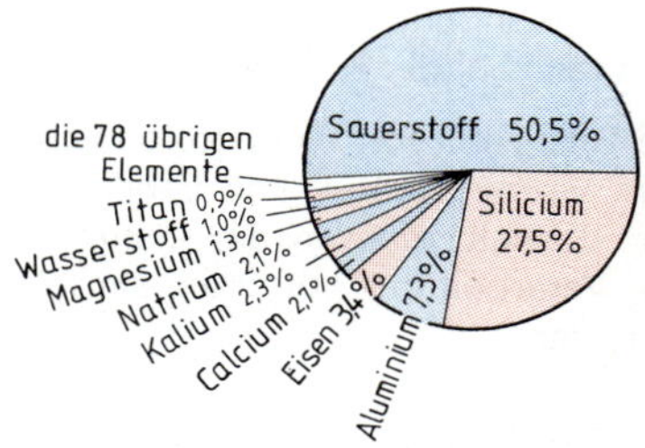

Bild 16/2: Prozentualer Anteil der Grundstoffe an der Erdkruste

Die Erze: Die Metalle kommen auf der Erde nicht als Grundstoffe vor, sondern als **chemische Verbindung.** Meist handelt es sich um Verbindungen der Metalle mit Sauerstoff, also **Oxide,** oder Verbindungen mit Schwefel, also **Sulfide.** Diese Rohstoffe für die Metallgewinnung nennt man **Erze.**

Zur **Gewinnung der Metalle** aus den Erzen wird den Metalloxiden der Sauerstoff bzw. den Metallsulfiden der Schwefel entzogen. Diesen chemischen Vorgang nennt man **Reduktion.** Er ist die Umkehrung der Oxidation. Die Reduktion wird mittels eines Reduktionsmittels durchgeführt, das den Sauerstoff bzw. Schwefel vom Metall abtrennt und an sich bindet und damit das reine Metall entstehen läßt.

Erz (Metalloxid oder -sulfid) + **Reduktionsmittel** $\xrightarrow{\text{Wärme}}$ **Metall** + **Begleitstoffe**

Bei der Reduktion des Eisenerzes z. B. wird Kohlenstoff in Form von Koks als Reduktionsmittel verwendet:

Eisenerz (Eisenoxid) + Koks $\longrightarrow$ Eisen + Kohlenstoffdioxid

Bei der Aluminiumgewinnung wirkt der elektrische Strom als Reduktionsmittel.

3.2 Eisenerze

Ausgangsstoff der Roheisengewinnung ist Eisenerz, das in Lagerstätten über und unter Tage gefördert wird. Es besteht aus dem eigentlichen Wertanteil, einer Eisenverbindung, und erdigen Beimengungen, der Gangart. Durch Trennverfahren wird der Großteil der Gangart am Förderort abgetrennt. Das angereicherte Erz gelangt dann zur Roheisengewinnung. Die wichtigsten Eisenerze sind Magneteisenstein, Roteisenstein, Brauneisenstein und Spateisenstein. Da die Bundesrepublik Deutschland über keine ergiebigen Erzvorkommen verfügt, werden die bei uns verarbeiteten Erze aus dem Ausland (Schweden, Westafrika, Australien) importiert.

Eisenerzname	Wertbestandteil u. Eisengehalt	
Magneteisenstein	Fe_3O_4	60 % bis 70 %
Roteisenstein	Fe_2O_3	40 % bis 60 %
Brauneisenstein	$Fe_2O_3 \cdot H_2O$	30 % bis 50 %
Spateisenstein	$FeCO_3$	30 % bis 40 %

Die Eisen- und Stahlwerkstoffe sind die wichtigsten Werkstoffe der metalltechnischen Berufe. Ihre Herstellung erfolgt in großtechnischen Anlagen, die ein eigener großer Industriezweig sind.

3.3 Roheisengewinnung im Hochofen

Weltweit und auch in der Bundesrepublik Deutschland wird das Roheisen zum überwiegenden Teil in Hochofenanlagen hergestellt **(Bild 17/1, linker Teil).** Diese großtechnischen Anlagen bestehen aus dem rund 60 m hohen Hochofen mit seinen Einzelbauteilen sowie Winderhitzern zur Erzeugung heißer Verbrennungsluft und der Erzaufbereitung und Zuschlagsdosierung.

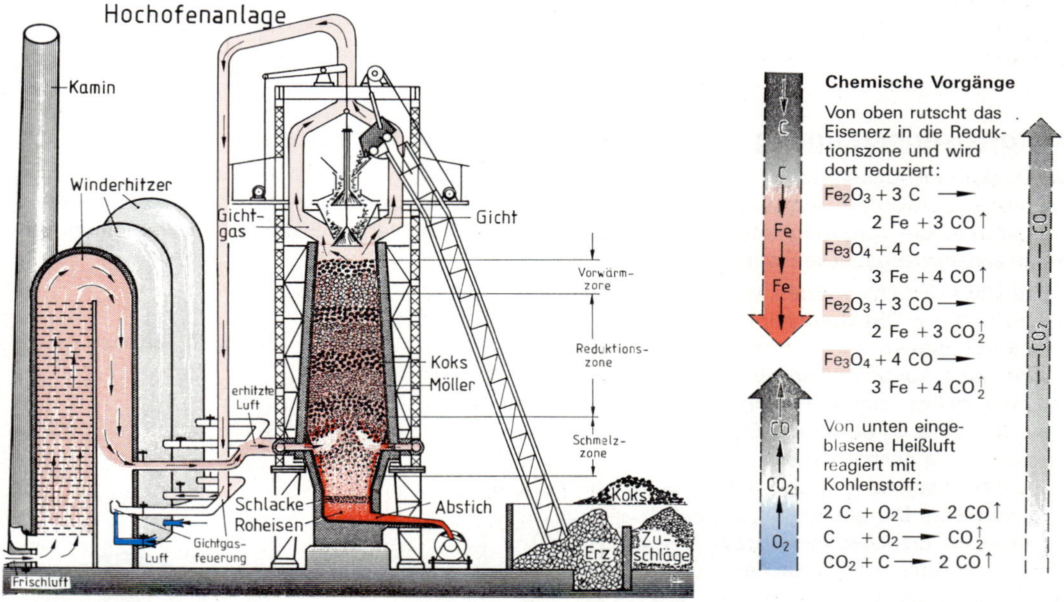

Bild 17/1: Hochofenanlage zur Roheisengewinnung, Stoffströme und chemische Vorgänge

Der Hochofen wird von oben durch den Gichtverschluß lagenweise mit Möller und Koks gefüllt (beschickt). Unter Möller versteht man in der Metallurgie eine Mischung aus Eisenerz und Zuschlägen, die aus Kalk und Dolomit bestehen.

Jeder Bestandteil der Hochofenbeschickung erfüllt eine Aufgabe:

Das Eisenerz enthält das spätere Produkt, das Eisen. Die Zuschläge (Kalk, Dolomit) bilden in der Hitze des Hochofens eine gut schmelzende Schlacke und führen durch Absenken des Schmelzpunkts der erdigen Erzbestandteile zu deren Auflösung in der flüssigen Schlacke. Der Koks dient als Reduktionsmittel für das Eisenerz sowie durch teilweise Verbrennung zur Erzeugung der zur Reduktion erforderlichen hohen Temperaturen im Hochofen.

Im unteren Teil des Hochofens wird Heißluft eingeblasen und verbrennt einen Teil des Kokses zu Kohlenstoffdioxid- und Kohlenstoffmonoxidgas, das in die Erzschüttung hochsteigt und dort als Reduktionsmittel wirkt (Bild 17/1, rechts).

Von oben rutscht das Füllgut langsam in immer heißere Zonen des Hochofens nach unten. In der 600 °C bis 1100 °C heißen Reduktionszone wird das Eisenerz $\mathbf{Fe_2O_3}$ von den aufsteigenden, reduzierenden Gasen und heißem Koks zum metallischen Eisen **Fe** reduziert (Bild 17/1, chemische Vorgänge). Es liegt hier zunächst als fester, poröser Eisenschwamm vor. Beim weiteren Abrutschen in die rund 1000 °C heiße Schmelzzone schmilzt der Eisenschwamm, tropft in den geschlossenen Boden des Hochofens und bildet die Roheisenschmelze.

Die mitabsinkenden Zuschläge (Kalk, Dolomit) schmelzen ebenfalls und nehmen die erdigen Erzbestandteile durch Lösen auf. Sie bilden die Schlacke, tropfen nach unten und sammeln sich über dem flüssigen Roheisen. Schlacke und Roheisen werden von Zeit zu Zeit getrennt abgelassen (Abstiche).

Das abgelassene Roheisen enthält etwa 8 % Fremdstoffe, die sogenannten Eisenbegleiter: rund 4 % Kohlenstoff sowie Mangan, Silicium, Phosphor und Schwefel, die je nach Eisenerz und Zuschlägen in unterschiedlichen Gehalten auftreten können.

Roheisen mit hohem Siliciumgehalt ist der Ausgangsstoff für Eisen-Gußwerkstoffe. Es wird **Gießerei-Roheisen** oder, wegen der grauen Bruchfläche, **Graues Roheisen** genannt.

Roheisen mit hohem Mangangehalt wird zu Stahl weiterverarbeitet. Es heißt **Stahl-Roheisen** oder, wegen seiner hellen Bruchfläche, **Weißes Roheisen.**

Das Gießerei-Roheisen wird nach dem Abstich zu Masseln (knüppelartige Eisenstäbe) vergossen und ist der Ausgangsstoff für Eisen-Gußwerkstoffe. Das Stahl-Roheisen wird in fahrbaren Pfannenwagen und Roheisenmischern gesammelt und durch Einrühren von Entschwefelungsmitteln (CaC_2) entschwefelt. Dann wird es zur Stahlherstellung in das nahe gelegene Stahlwerk gefahren.

In großen Hochöfen werden pro 24-Stunden-Schicht rund 10 000 t Roheisen erschmolzen.

3.4 Roheisenerzeugung durch Direktreduktions-Verfahren

Beim Direktreduktions-Verfahren wird das Eisenerz im Festzustand zu metallischem Eisen reduziert, ohne flüssig zu werden. Ausgangsmaterial sind **Erzpellets,** das sind walnußgroße, poröse Erzstückchen, die in einem vorgeschalteten Produktionsprozeß aus gemahlenem Eisenerzmehl und einem Bindemittel zusammengebacken werden.

Die Erzpellets (Fe_2O_3) werden von oben in den Direktreduktions-Schachtofen gefüllt und rutschen langsam nach unten **(Bild 18/1).** Von unten strömt ein Reduktionsgas aus CO und H_2 durch die Erzpelletsschüttung nach oben und reduziert das Eisenerz bei 700 bis 1050 °C zu Eisen. Die gebildeten Eisenpartikel im Erzpellet backen zu porösen, schwammartig aussehenden Klumpen zusammen, was zu dem Namen **Eisenschwamm** für das Endprodukt geführt hat.

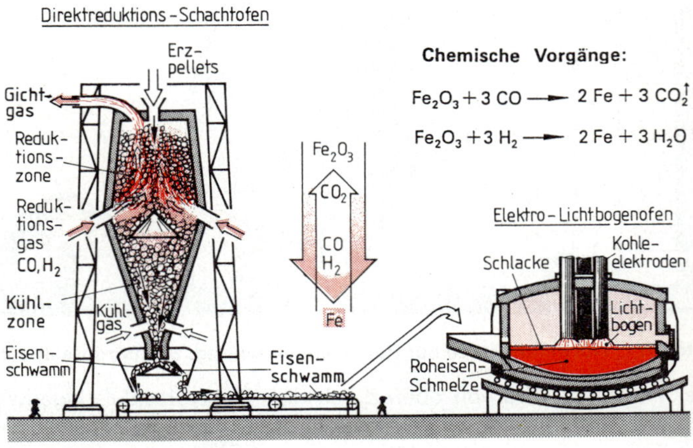

Bild 18/1: Direktreduktions-Verfahren

Eisenschwamm besteht zu rund 85 % aus Eisen, der Rest ist Gangart, Eisenoxid und Eisenbegleiter. Zur Beseitigung dieser Verunreinigungen wird der Eisenschwamm in einem Elektro-Lichtbogenofen zu flüssigem Roheisen aufgeschmolzen und dann zu Stahl umgewandelt (Seite 19).

Direktreduktions-Anlagen werden vorteilhaft dort betrieben, wo preisgünstig Erdgas (CH_4), Erdöl oder auch minderwertige Kohle zur Herstellung des Reduktionsgases (CO, H_2) zur Verfügung stehen. Es können auch kleinere Anlagen wirtschaftlich betrieben werden.

3.5 Stahlherstellung mit dem Sauerstoff-Aufblasverfahren

Ausgangsstoff ist das im Hochofen erschmolzene Stahl-Roheisen (Seite 18), das in Pfannenwagen flüssig zum Stahlwerk gelangt. Außerdem werden noch Stahlschrott und Eisenschwamm zugegeben.

Das Roheisen besteht zu 90 bis 95 % aus Eisen, 3 bis 5 % Kohlenstoff sowie wenigen Prozent Mangan, Silicium, Phosphor und Schwefel **(Bild 19/1)**. Die Eisenbegleiter Kohlenstoff, Phosphor und Schwefel machen das Roheisen hart, spröde und nicht schmiedbar.

Um Stahl zu erhalten, muß der Kohlenstoff teilweise und die Elemente Phosphor und Schwefel weitgehend entfernt werden. Dies geschieht durch Verbrennen, d. h. Oxidieren, der Eisenbegleiter in der Stahlschmelze.

Die technische Durchführung der Verbrennung der Eisenbegleiter erfolgt heute in der Bundesrepublik Deutschland zum Großteil mit dem Sauerstoffaufblas-Verfahren **(Bild 19/1)**. Hierbei wird das flüssige Roheisen zusammen mit Stahlschrott sowie Zuschlägen (zur Schlackebildung) in einen **Konverter** gefüllt. Er faßt rund 300 t. Dann fährt ein wassergekühltes Rohr von oben in den Konverter und bläst Sauerstoff in die Schmelze. Der Sauerstoff reagiert heftig mit den Eisenbegleitern in der Schmelze. Sie verbrennen unter Wärmeentwicklung zu Oxiden. Die entstehenden gasförmigen Oxide (CO_2, SO_2) sowie die freiwerdende Verbrennungswärme lassen die Schmelze kochen. Die festen Oxide (P_2O_5, MnO_2, SiO_2) werden in die Schlacke aufgenommen.

Zusammensetzung von Roheisen: 90...95 Eisen				
Gehalt der Eisenbegleiter				
Kohlenstoff	Silicium	Mangan	Phosphor	Schwefel
4%	0,4%	1%	2%	0,1%

Chemische Vorgänge im Konverter:

Verbrennen der Eisenbegleiter:

$C + O_2 \rightarrow CO_2\uparrow$

$4\,P + 5\,O_2 \rightarrow 2\,P_2O_5$

$S + O_2 \rightarrow SO_2\uparrow$

$Si + O_2 \rightarrow SiO_2$

$Mn + O_2 \rightarrow MnO_2$

Verbrennen geringer Mengen von Eisen:

$4\,Fe + 3\,O_2 \rightarrow 2\,F_2O_3$

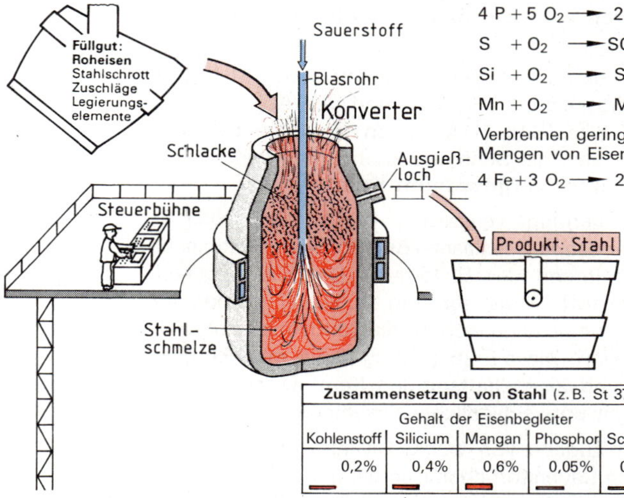

Zusammensetzung von Stahl (z. B. St 37-3)				
Gehalt der Eisenbegleiter				
Kohlenstoff	Silicium	Mangan	Phosphor	Schwefel
0,2%	0,4%	0,6%	0,05%	0,05%

Bild 19/1: Stahlherstellung mit dem Sauerstoff-Aufblasverfahren

Dieser Blasvorgang dauert rund 20 Minuten. Danach werden gegebenenfalls Legierungselemente zugegeben und dann wird der fertige Stahl in Gießpfannen gefüllt.

Der entstehende Werkstoff **Stahl** hat einen Kohlenstoffgehalt meist unter 1 % und nur noch niedrige Phosphor- und Schwefelgehalte **(Bild 19/1)**. Er besitzt hohe Festigkeit, ist zäh, schmiedbar und härtbar.

3.6 Stahlherstellung mit dem Elektrostahlverfahren

Besonders zur Herstellung hochlegierter und damit hochschmelzender Stahlsorten, aber auch zum Erschmelzen von Massenstahl aus Schrott, wird das Umschmelzen im Elektrostahlofen, meist ein Lichtbogenofen, eingesetzt **(Bild 19/2)**. Der Elektro-Lichtbogenofen hat eine flache Schmelzwanne, die mit einem seitlich schwenkbaren Deckel zum Füllen abgedeckt ist. Durch ihn ragen Kohleelektroden in den Ofenraum. Der gesamte Ofen ist drehbar gelagert und kann zum Abgießen von Schlacke sowie zum Entleeren der Stahlschmelze gekippt werden.

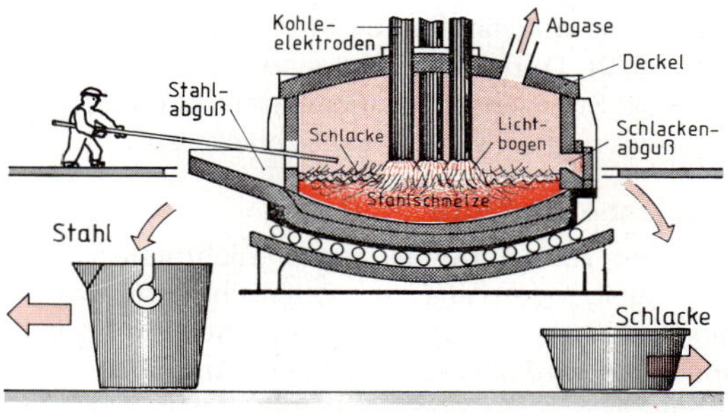

Bild 19/2: Stahlherstellung im Elektro-Lichtbogenofen

Zu Beginn wird die Schmelzwanne gefüllt. Zum Einsatz kommen Stahlschrott bekannter Zusammensetzung, Gießereiabfälle, Eisenschwamm und Roheisen. Zur Bildung einer Reinigungsschlacke werden Zuschläge beigemischt. Dann werden die Elektroden auf die Füllung abgelassen und der Lichtbogen gezündet. Er entwickelt Temperaturen bis zu 3000 °C und schmilzt die Füllung unter intensiver Durchmischung auf. Es folgt eine rund zweistündige Schmelzzeit, in der zuerst die Verunreinigungen, Phosphor und der überschüssige Kohlenstoff (Frischperiode), im Anschluß daran die Oxide und der Schwefel (Feinungsperiode) aus der Schmelze entfernt werden. Dies geschieht durch schrittweise Zugabe von verschiedenen Schlackebildnern, die die unerwünschten Stoffe der kochenden Stahlschmelze in die Schlacke binden. Zum Schluß wird auf die gewünschte Zusammensetzung legiert.

3.7 Nachbehandlung des flüssigen Stahls

Zur Herstellung von Stählen mit besonderen Qualitätsanforderungen (Edelstähle, legierte Stähle) wird der noch flüssige Stahl zusätzlichen Behandlungen unterworfen. Sie dienen der Entfernung letzter unerwünschter Bestandteile sowie der Zuführung spezieller Legierungselemente.

Legieren zum Beruhigen des Stahls (Desoxidieren)

Beim Frischen im Konverter nimmt der flüssige Stahl aus der Luft viel Sauerstoff sowie Stickstoff und Wasserstoff auf. Während des Abkühlens in der Kokille (Bild 21/3) perlen die Gase teilweise wieder aus, die Schmelze kocht. Man spricht von **unberuhigt vergossenem Stahl**.

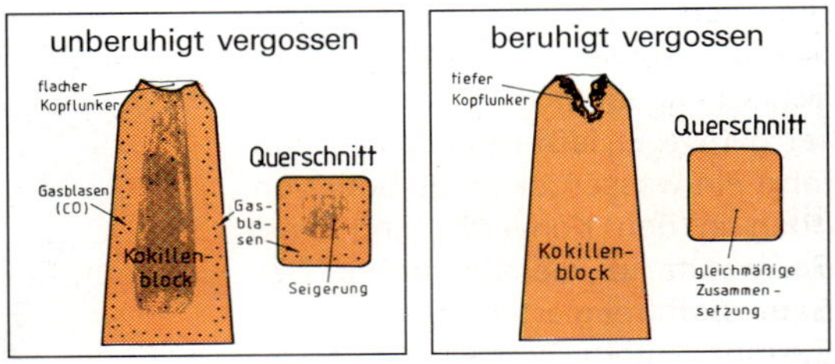

Bild 20/1: Unberuhigt und beruhigt vergossener Stahlblock

Der unberuhigt vergossene Stahlblock enthält in der Randzone Gasblasen **(Bild 20/1)** und entmischt sich während des Erstarrens: Die Eisenbegleiter Kohlenstoff, Phosphor und Schwefel werden im Blockinneren angereichert, die Randzone ist nahezu frei davon. Diese Entmischung nennt man **Seigerung**. Geseigerte Stahlblöcke haben eine weiche Randzone und einen hartspröden Kern. Diese ungleichmäßige Zusammensetzung ist ungünstig, da sie zu Walzgut unterschiedlicher Zusammensetzung und Eigenschaften führt.

Durch Zugabe von wenig Silicium und Aluminium (Desoxidationsmittel) zur Stahlschmelze, wird der gelöste Sauerstoff chemisch gebunden. Die Schmelze ist beim Abkühlen ruhig, da kein Gas ausperlt. Man spricht von **beruhigt vergossenem Stahl** oder **desoxidiertem Stahl**.

Beruhigt vergossene Stahlblöcke enthalten keine Gasblasen (Bild 20/1) und sind nicht geseigert. Ihre Zusammensetzung ist über dem gesamten Blockquerschnitt gleich, das daraus hergestellte Walzgut hat gleichmäßige Eigenschaften. Nachteilig ist der tiefe Kopflunker.

Nach dem Grad der Desoxidation unterscheidet man halbberuhigte und beruhigte sowie besonders beruhigte Stähle.

Entschwefeln

Schwefel im Stahl verschlechtert die Eigenschaften des Stahls. Eine teilweise Verringerung des Schwefelgehalts erfolgt deshalb im Roheisenmischer durch Einblasen von Entschwefelungsmitteln und auch beim Frischen im Sauerstoffaufblas-Konverter. Niedrigste Schwefelgehalte erreicht man durch Nachentschwefeln **(Bild 20/2)**. Dazu wird durch eine Lanze Kalkpulver tief in die Stahlschmelze eingeblasen. Er bindet den Schwefel und schwimmt als Schlacke auf.

Spülgasbehandlung

Sie dient zum Entfernen letzter nichtmetallischer Verunreinigungen aus der Stahlschmelze. Durch den Boden einer speziellen Gießpfanne oder durch eine Lanze wird chemisch inaktives Argongas in die Schmelze gepreßt und perlt in ihr hoch. Die Verunreinigungen werden von den Gasblasen mitgerissen und in die Schlacke gespült.

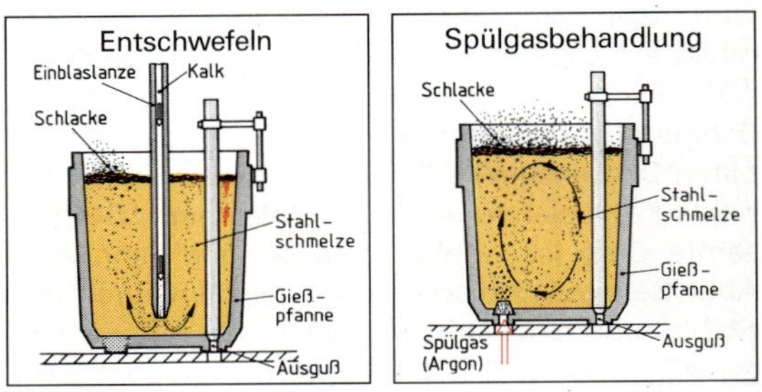

Bild 20/2: Entschwefeln und Spülgasbehandlung

Vakuumentgasung

Auch nach der Zugabe von Silicium und Aluminium (Desoxidieren) verbleiben noch gelöster Wasserstoff und Stickstoff im Stahl. Sie haben einen negativen Einfluß auf die Stahleigenschaften: Der Stahl ist nicht alterungsbeständig und hat starke Eigenspannungen. Deshalb werden hochbeanpruchte Stähle vakuumentgast.

Ein gebräuchliches Verfahren ist die **Umlaufentgasung (Bild 21/1)**: Der Stahl wird durch das angelegte Vakuum in ein Hebergefäß gesaugt. Dort entgast der aufflatternde Stahlstrahl und fließt in die Pfanne zurück. Eine Schlacke verhindert erneutes Lösen von Gasen im Stahl.

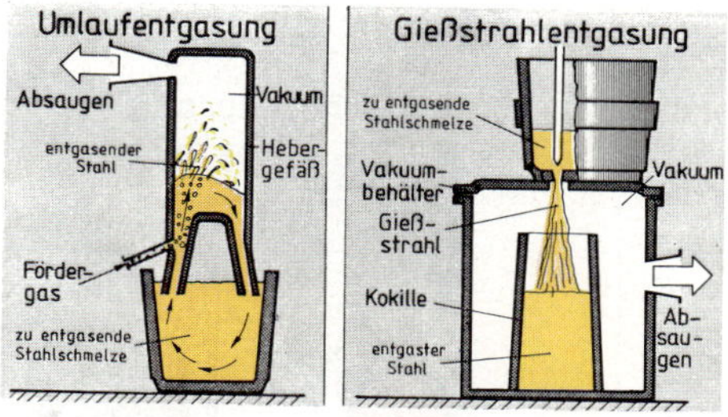

Bild 21/1: Vakuumentgasung

Prinzipiell ähnlich arbeitet die **Gießstrahlentgasung** (Bild 21/1). Hierbei wird der Stahl in einem Vakuumbehälter in eine Kokille vergossen. Der auffransende Gießstrahl entgast dabei. Durch das Erstarren des Stahls im Vakuumbehälter kann sich kein Gas mehr im Stahl lösen.

3.8 Vergießen des flüssigen Stahls

Der fertige Flüssigstahl aus dem Stahlwerk wird vergossen und erhält dadurch die Ausgangsform für die spätere Weiterverarbeitung im Walzwerk.

Strangguß (Bild 21/2)

Beim Stranggießen wird der flüssige Stahl kontinuierlich in eine wassergekühlte Durchlaufkokille gegossen. Dort erstarrt er und wird als Strang fortlaufend nach unten abgezogen. Der noch rotglühende Strang wird in eine Rollenumlenkbahn geführt und in die Horizontale umgelenkt. Durch Bespritzen mit Wasser wird gekühlt. Am Ende der Umlenkung wird der Stahlstrang in einer Treib-Richt-Maschine gerade gerichtet. Der Vorteil des Stranggießens ist die Erzeugung von dünneren Stahlsträngen, die nur noch fertiggewalzt werden müssen. Sie haben feines Gefüge und keine Seigerung.

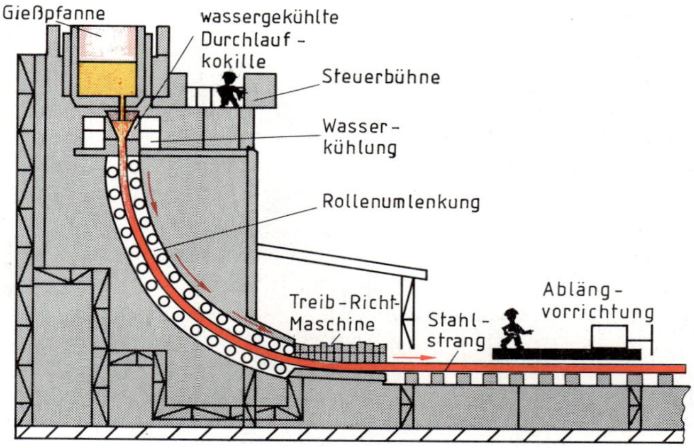

Bild 21/2: Vergießen des Stahls zu Walzsträngen

Kokillen-Blockguß (Bild 21/3)

Größere Stahlblöcke entstehen durch Vergießen des Stahls in große Stahlformen, sogenannte Kokillen. Dies kann von oben (Oberguß) oder durch Gießkanäle von unten (steigender Guß) erfolgen. Kurz nach dem Erstarren werden die Kokillen noch bei Rotglut des Stahlblocks nach oben abgezogen. Die großen Stahlblöcke werden zum Schmieden großer Schmiedestücke oder großformatiger Walzprofile verwendet.

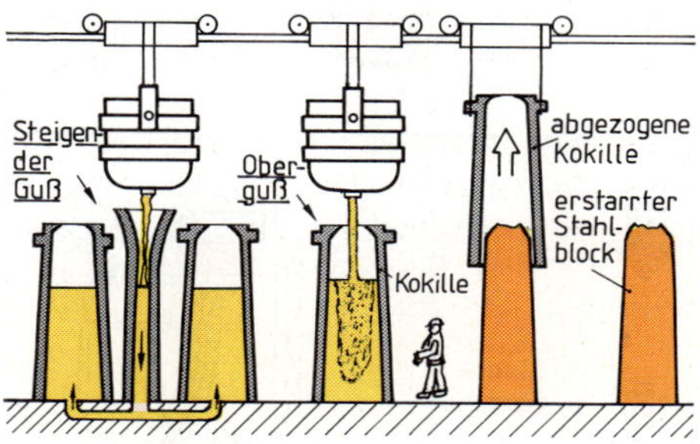

Bild 21/3: Kokillen-Blockguß

Da die Stahlblöcke durch Seigerung unterschiedliche Zusammensetzung über den Blockquerschnitt aufweisen, müssen sie, zu deren Ausgleich, mehrere Tage in Tieföfen geglüht werden. Ein weiterer Nachteil des Blockgusses ist der Kopflunker, der vor der Weiterverarbeitung abgetrennt werden muß.

Die gesamte Roheisen- und Stahlherstellung im Überblick zeigt die Übersicht auf Seite 22.

Übersicht: Roheisengewinnung und Stahlherstellung

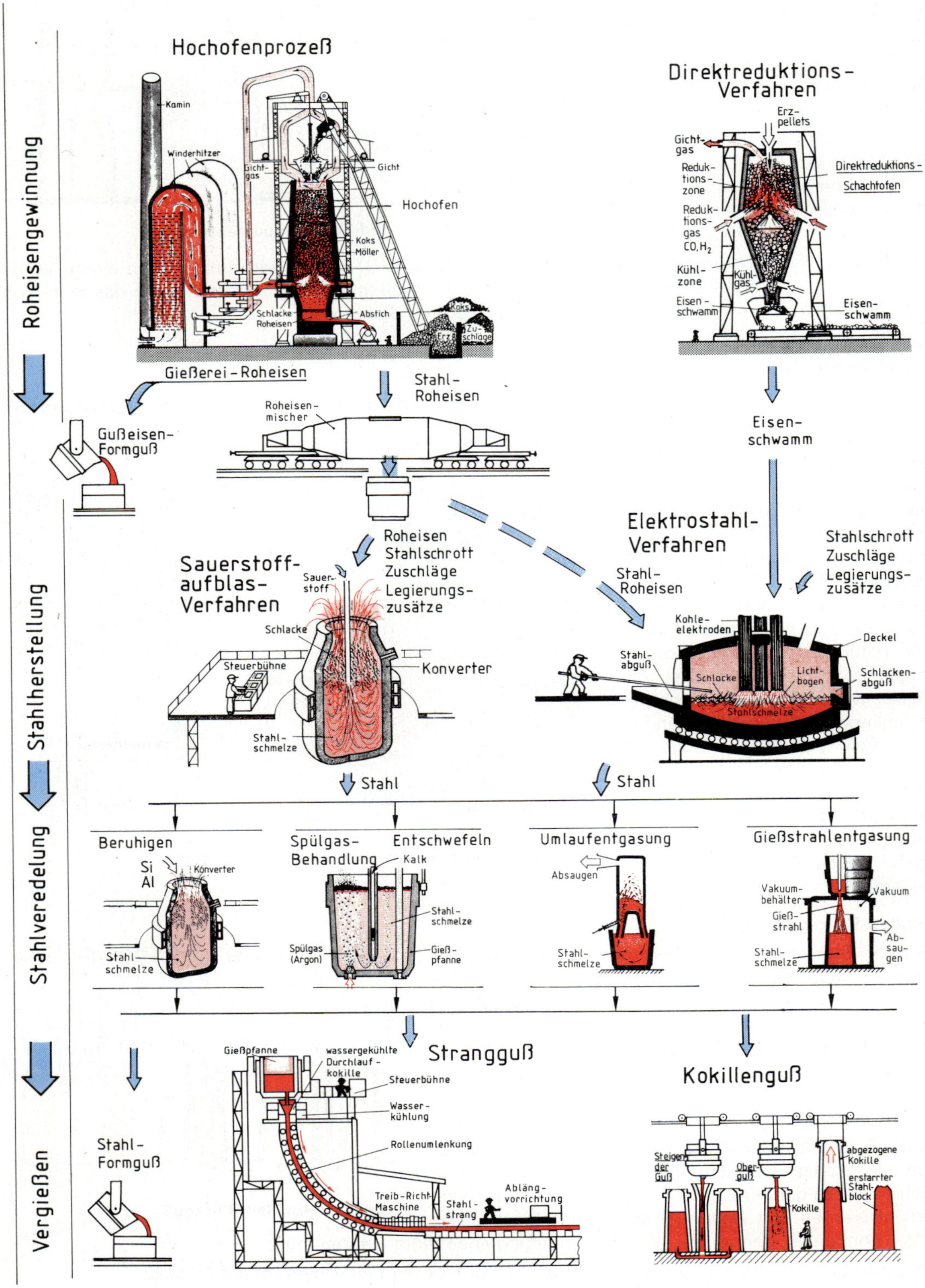

3.9 Vorgänge im atomaren Bereich bei der Metallherstellung

Die Metallbindung

Bei der Reduktion des Eisenerzes im Hochofen entstehen Metallatome, die sich zu einem Metallkörper zusammenlagern **(Bild 23/1)**. Dabei lösen sich locker gebundene Elektronen von den Atomen. Es entstehen positiv geladene Eisenionen Fe^{2+}, die von den losgelösten Elektronen (negativ geladen) wie von einer gasähnlichen Hülle umgeben sind (Elektronenhülle). Sie halten die Metallionen wie eine Art Elektronenkitt zusammen. Diese Bindungsart ist allen Metallen gemeinsam und heißt **Metallbindung.** Sie ist die Ursache des festen Zusammenhalts der Metalle, ihrer **Festigkeit.** Die dabei entstehende regelmäßige Anordnung der Metallionen nennt man **Kristallgitter.**

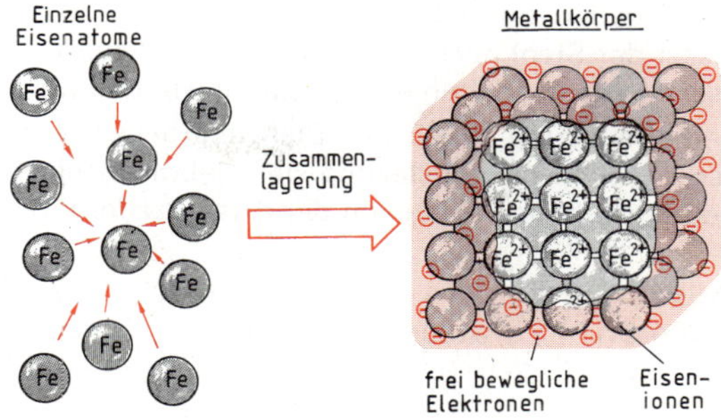

Bild 23/1: Entstehung der Metallbindung

Das Metallgefüge

Das Metallgefüge bildet sich nach dem Vergießen bei der Erstarrung der Schmelze zu einem festen Körper. **Bild 23/2** zeigt schematisch die Vorgänge im atomaren Größenbereich.

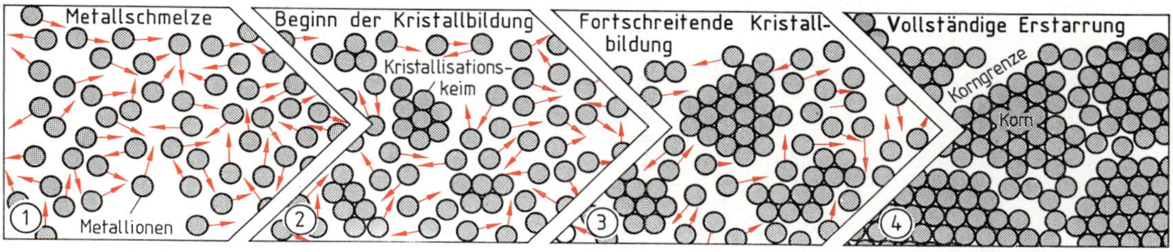

Bild 23/2: Atomare Vorgänge bei der Bildung des Metallgefüges aus einer Schmelze (schematisch)

In der Metallschmelze bewegen sich die Metallionen frei und regellos durcheinander ①. Kühlt sich die Schmelze auf die Erstarrungstemperatur ab, so beginnen sich an vielen Stellen in der Schmelze Metallionen nach dem Kristallgitterbauplan zusammenzulagern: Es entstehen erste Kristallisationskeime ②. An diese gliedern sich immer mehr Metallionen aus der Restschmelze an, so daß die Kristalle rasch wachsen ③. Wenn die Schmelze aufgebraucht ist, stoßen die wachsenden Kristalle an ihren Grenzen aneinander ④. Die dadurch unregelmäßig begrenzten Kristalle nennt man **Gefügekörner.** Zwischen den Körnern verbleibt ein schmaler Übergangsbereich aus ungeordneten Metallionen: die **Korngrenzen.**

Zur Sichtbarmachung des Gefüges trennt man eine kleine Probe des Metalls ab, schleift, poliert und ätzt die Schnittfläche. Dann betrachtet man sie unter einem Metallmikroskop. Das sich darbietende Bild wird Schliffbild genannt **(Bild 23/3).** Es zeigt einen zweidimensionalen Schnitt durch das Gefüge.

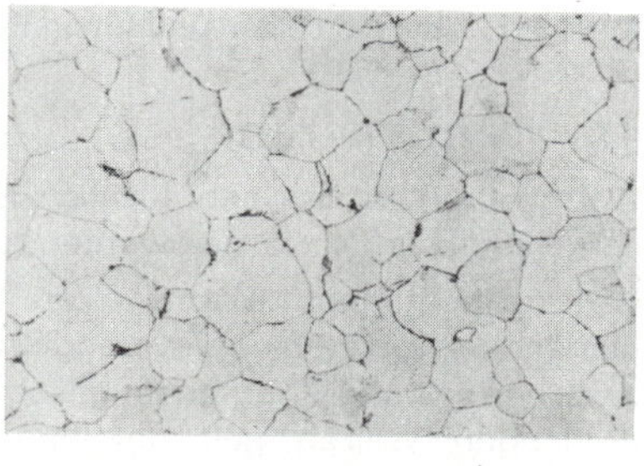

Bild 23/3: Metallgefüge im Schliffbild

Wiederholungsfragen

1 Welche Vorgänge laufen im Hochofen ab?

2 Welche Roheisenarten werden im Hochofen erzeugt?

3 Wie wird beim Direktreduktions-Verfahren das Eisenerz in Eisen umgewandelt?

4 Wodurch unterscheiden sich Roheisen und Stahl?

5 Beschreiben Sie das Sauerstoff-Aufblasverfahren.

6 Welche Stahlsorten werden im Elektro-Lichtbogenofen erzeugt?

7 Wozu dient das Beruhigen des Stahls?

8 Welche Vorteile hat der Strangguß?

9 Beschreiben Sie die Entstehung des Gefüges.

4 Verarbeitung zu Halbzeugen und Fertigerzeugnissen

Nur ein kleiner Teil des erzeugten Stahls wird zu Guß-Formteilen oder Gußmasseln vergossen.

Die überwiegende Menge wird im Stahlwerk zu Blöcken oder Strängen vergossen. In diesem Zustand besitzt der Stahl noch keine für den Stahlverarbeiter verwendbare Form und die mechanisch-technologischen Eigenschaften entsprechen nicht den notwendigen Anforderungen.

Die Formgebung zu, für den Stahlverarbeiter verwendbaren Formen, den Halbzeugen und Fertigerzeugnissen sowie die Einstellung der Gebrauchseigenschaften erfolgt durch **Umformen.** Hierbei werden mehrere Arbeitsschritte von der Ausgangsform bis zum Fertigerzeugnis durchlaufen **(Bild 24/1).**

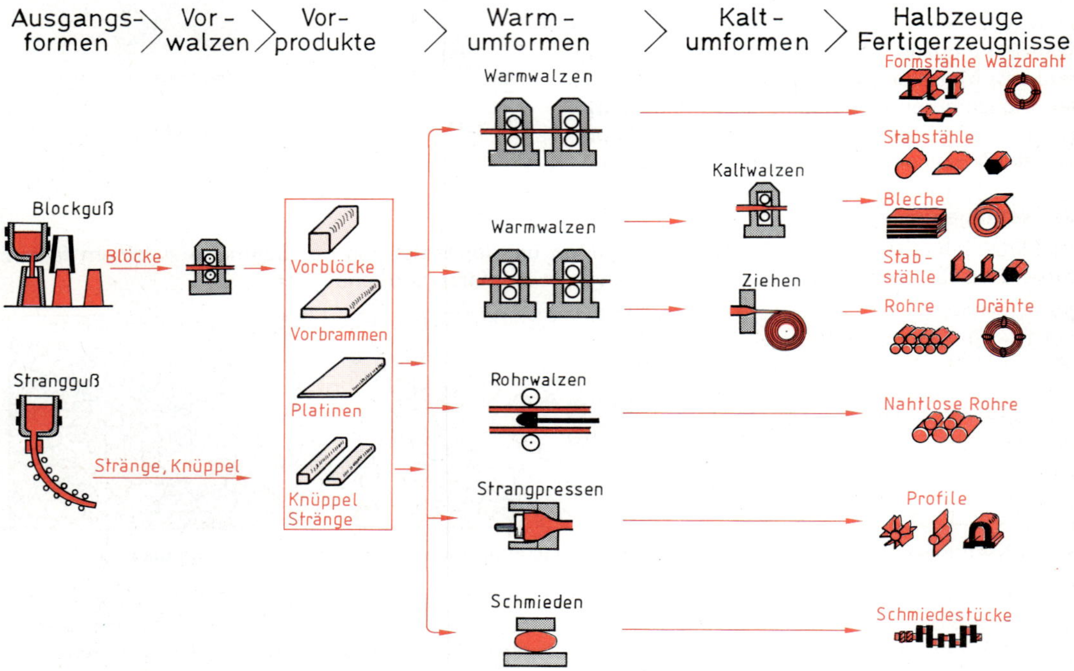

Bild 24/1: Übersicht über Umformverfahren, Halbzeuge und Fertigerzeugnisse

4.1 Warmwalzen

Warmwalzen ist das gebräuchlichste Verfahren zur Herstellung von Halbzeugen und Fertigerzeugnissen. Mit diesem Verfahren werden rund 90 % des Stahls im Walzwerk weiterverarbeitet **(Bild 24/2).**

Walzvorgang. Beim Warmwalzen wird der rotglühende Werkstoff im verengten Querschnitt zwischen zwei in entgegengesetzter Richtung drehenden Walzen geknetet und verläßt den Walzspalt mit verminderter Dicke **(Bild 25/4).** Die Walzkraft bewirkt eine Streckung des Materials in Walzrichtung, die Breitenzunahme ist gering. Dabei werden die Gefügekörner des Stahls in Walzrichtung gestreckt. Durch die hohe Temperatur im Walzgut wandeln sich die gestreckten Gefügekörner umgehend wieder in kornförmiges Gefüge um, der Stahl „rekristallisiert" (Seite 63). Dadurch hat warmgewalzter Stahl ein gleichmäßiges, feinkörniges Gefüge. Er ist nicht kaltverfestigt und die Oberfläche ist „nicht blank".

Bild 24/2: Warmwalzwerk

Warmwalzwerk. Eine Walzanlage umfaßt mehrere Bereiche, die vom Walzgut nacheinander durchlaufen werden: Die Erwärmung im Stoßofen, das Entzundern, die Walzstraße und die abschließende Abkühlung und Zurichtung **(Bild 25/1)**.

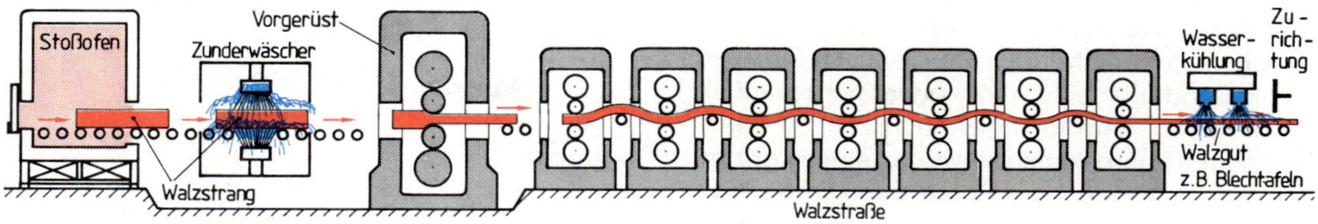

Bild 25/1: Warmwalzanlage für Bandstahl (schematisch)

Bei jedem Walzschritt kann nur eine begrenzte Umformung des Werkstoffs stattfinden, da das Walzgut ansonsten aufreißen würde. Deshalb muß der Stahl in mehreren Durchgängen (Stichen) verschiedene Walzen durchlaufen, bis aus dem Halbzeug das Fertigerzeugnis umgeformt ist **(Bild 25/2)**. Zwischen den einzelnen Stichen rekristallisiert das Werkstoffgefüge.

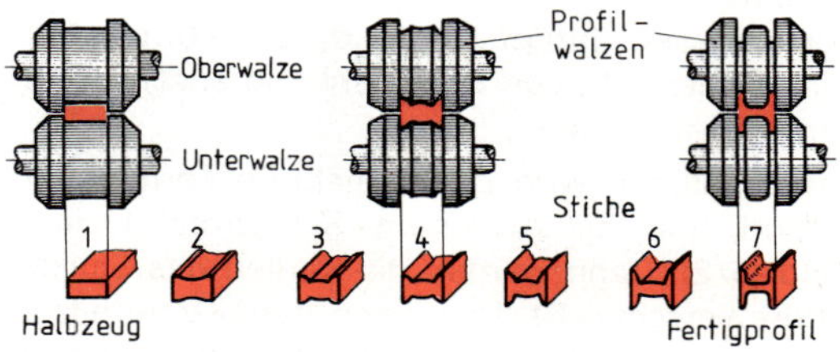

Bild 25/2: Walzen eines Formstahls

Walzenformen. Profile werden in Profilwalzen gewalzt (Bild 25/2), Bleche und Warmband zwischen glatten Zylinderwalzen **(Bild 25/3)**. Stabstähle werden entweder in einer Profil-Walzstraße oder in Kaliberwalzen gewalzt (Bild 25/3). Beim Kaliberwalzen durchläuft der Stahl die Walze in einer Richtung, danach wird die Drehrichtung der Walze umgestellt und der Stahl durchläuft die Walze in entgegengesetzter Richtung usw.

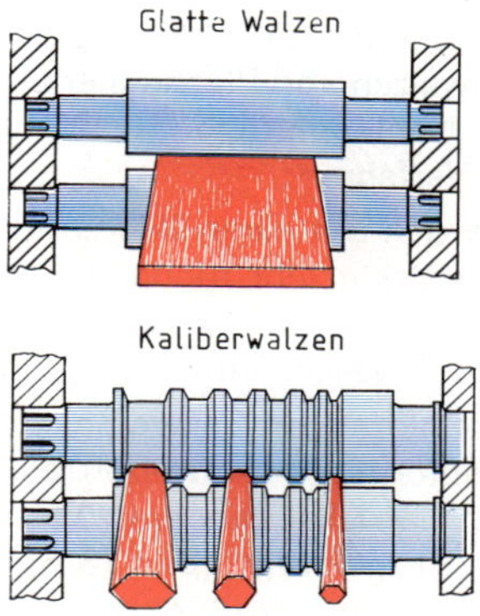

Bild 25/3: Walzenformen

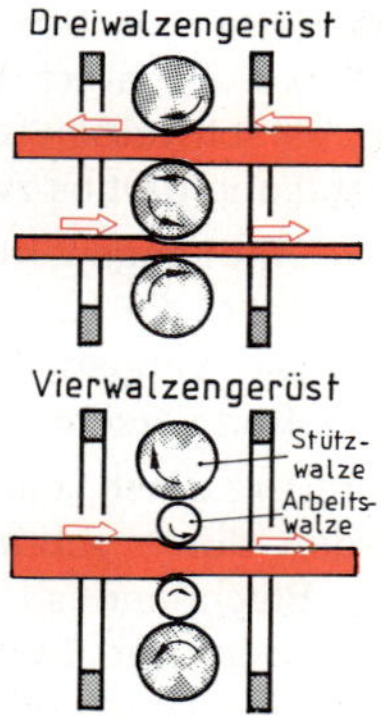

Bild 25/4: Walzengerüste

Walzgerüste. Nach der Zahl der Walzen unterscheidet man Zweiwalzengerüste (Bild 25/3), Dreiwalzengerüste, Vierwalzengerüste usw. **(Bild 25/4)**. Mit Dreiwalzengerüsten kann in beiden Richtungen gewalzt werden. Vierwalzengerüste haben zwei Arbeitswalzen und zwei Stützwalzen. Sie nehmen die Walzkräfte der dünnen Arbeitswalzen auf und verhindern ein Ausbeulen der Arbeitswalzen und damit ungleichmäßige Walzenquerschnitte.

Warmwalzerzeugnisse. Die Palette der Warmwalzerzeugnisse ist sehr umfangreich. Die gebräuchlichsten sind nebenstehend gezeigt **(Bild 25/5)**. Zu den **Formstählen** gehören I-, L- und U-Profile sowie Schienen- und Grubenausbaustahl.

Stabstähle gibt es mit rundem, quadratischem, rechteckigem, sechseckigem und halbrundem Querschnitt. Auch kompakte Querschnitte mit L-, U- und I-Form gehören zu den Stabstählen. Weitere Warmwalzerzeugnisse sind Bleche, Warmbandstahl, Walzdraht und Rohre.

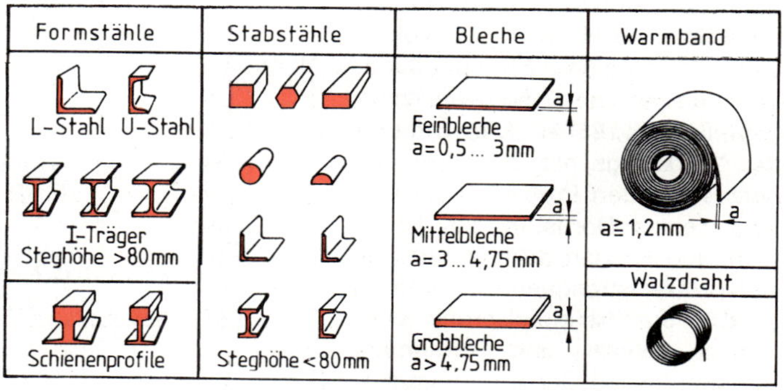

Bild 25/5: Warmwalzerzeugnisse

4.2 Rohrherstellung

Nahtlose Rohre werden mit einem mehrschrittigen Warmwalz-Verfahren gefertigt **(Bild 26/1):** Zuerst wird aus einem rotglühenden Rundblock durch Schrägwalzen ein dickwandiger Hohlblock, die sogenannte Rohrluppe, hergestellt. Sie wird anschließend mit einem hin- und hergehenden Walzverfahren, dem Pilgerschrittwalzen, zu dünnwandigeren Rohren ausgewalzt. In einem dritten Walzvorgang werden die Rohre dann in Kaliberwalzen auf den gewünschten Außendurchmesser gebracht (Maßwalzen).

Geschweißte Rohre mit kleinem oder mittlerem Durchmesser fertigt man durch Formwalzen (warm oder kalt) von Bandstahl und anschließendem Verschweißen.

Das Stahlband wird durch mehrere Formwalzen geführt, die es zu einem Schlitzrohr formen **(Bild 26/2).** Dann werden die Kanten des Schlitzrohres verschweißt. Dies kann durch Vorerhitzen mit Strom und Preßschweißen oder durch Hochfrequenzschweißen erfolgen. Abschließend wird die Schweißnaht geschliffen.

Großrohre mit Durchmessern von 1 Meter und mehr werden durch Kaltwalzen von Blechmaterial und Verschweißen der Naht gefertigt. Zu ihrer Herstellung gibt es zwei Verfahren:

Rohre mit Längsnaht werden aus einer Blechtafel hergestellt, die zu einem Schlitzrohr rundgewalzt wird. Die Längsnaht wird dann von innen und von außen verschweißt und geschliffen.

Rohre mit einer schraubenförmigen Schweißnaht werden durch schraubenförmiges Aufwalzen eines Blechbandes und anschließendem Verschweißen der Spiralnaht gefertigt **(Bild 26/3).** Das Aufwalzen und Schweißen des Rohres erfolgt kontinuierlich, so daß die Fertigung beliebiger Rohrlängen möglich ist **(Bild 38/2).**

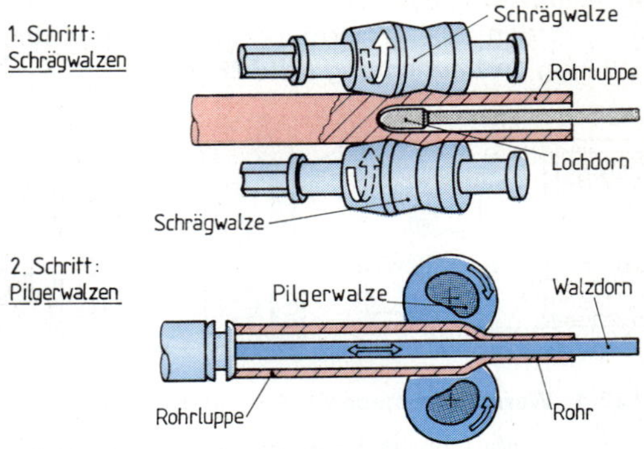

Bild 26/1: Herstellung nahtloser Rohre:

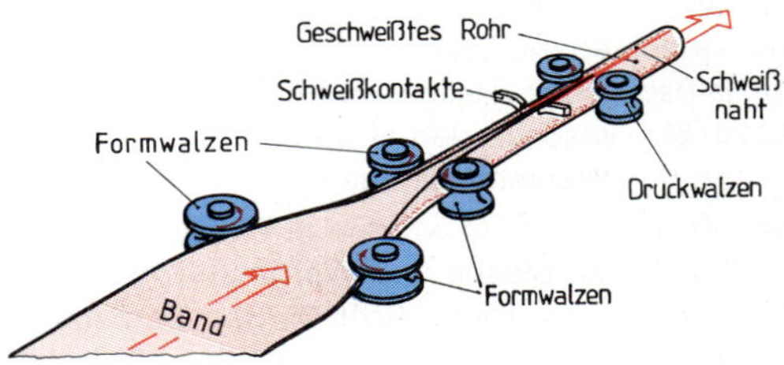

Bild 26/2: Herstellung geschweißter Rohre

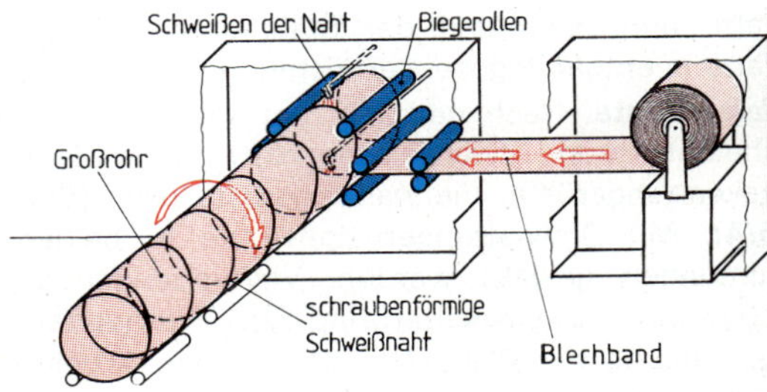

Bild 26/3: Herstellung von Großrohren mit Schraubennaht

4.3 Strangpressen

Beim Strangpressen wird ein auf Weißglut erhitzter Stahlblock (1250 °C) von einem Stempel durch ein düsenartiges Formwerkzeug gepreßt **(Bild 26/4).** Die Öffnung des Werkzeugs hat die Form des herzustellenden Profils. Durch Einlegen eines Dorns in das Formwerkzeug können auch Rohre und Hohlprofile stranggepreßt werden **(Bild 26/5).** Strangpreßprofile werden zu Fenster- und Türrahmen, Kühlrohren und Gerüsten verarbeitet.

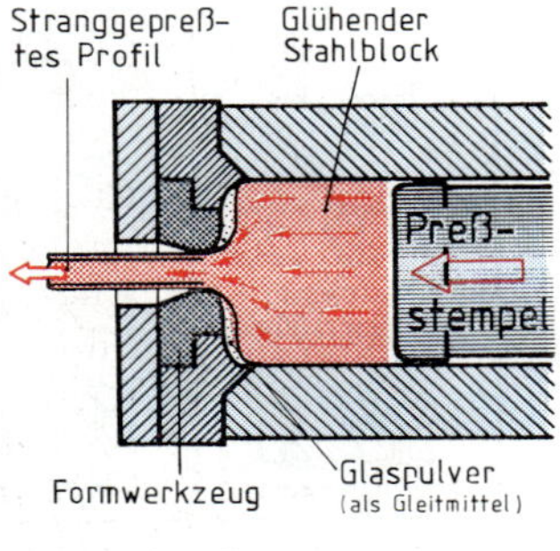

Bild 26/4:: Strangpressen

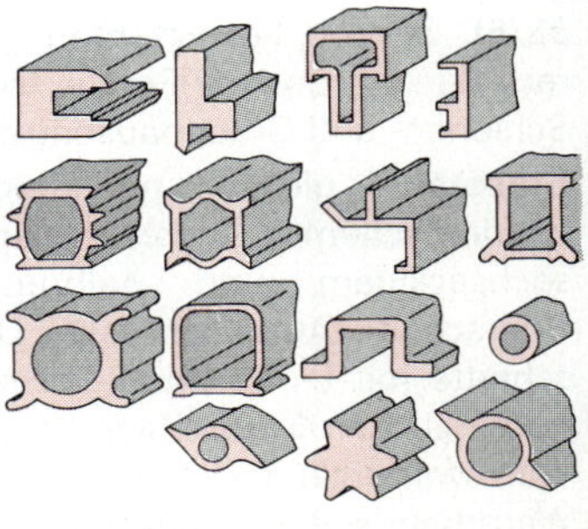

Bild 26/5: Strangpreßprofile

4.4 Kaltumformen

Das Kaltumformen ist ein Umformvorgang bei Raumtemperatur, der mit warmgewalztem Vormaterial durchgeführt wird. Vor dem Kaltumformen wird das Vormaterial durch Sandstrahlen, Beizen und Schleifen blank gemacht. Kaltumgeformter Stahl hat deshalb eine glatte, blanke Oberfläche mit hoher Maßgenauigkeit. Es können auch kleinste Abmessungen hergestellt werden, z. B. dünne Bleche. Beim Kaltumformen wird das Stahlgefüge in Walzrichtung gestreckt. Dies führt zur Erhöhung der Festigkeit (Kaltverfestigung). Durch Glühen kann die Kaltverfestigung wieder aufgehoben werden.

Kaltwalzen

Haupteinsatzgebiet des Kaltwalzens ist die Herstellung von Flacherzeugnissen, wie Tiefziehblechen, Weißblech und nichtrostendem Blech. Das blankgemachte Vormaterial wird in ein Vielwalzengerüst geführt und dort kalt umgeformt **(Bild 27/1)**. Die dünnen Arbeitswalzen werden wegen der hohen Walzkräfte von vielen Stützwalzen gehalten. Kaltgewalztes Feinblech wird zu Autokarosserien, Fassadenverkleidungen, Badewannen u. ä. verarbeitet.

Auch maßgenaue Stabstähle, Rohre, Hohlprofile und Drähte werden in einem abschließenden Umformvorgang kaltgewalzt.

Eine weitere Anwendung des Kaltwalzens ist das Profilwalzen (Rollumformen) von kaltgewalzten Blechbändern **(Bild 27/2)**. Durch dieses Verfahren lassen sich Blech-Walzprofile herstellen **(Bild 27/3)**, die im Bauwesen, im Metallbau und der Installationstechnik Verwendung finden.

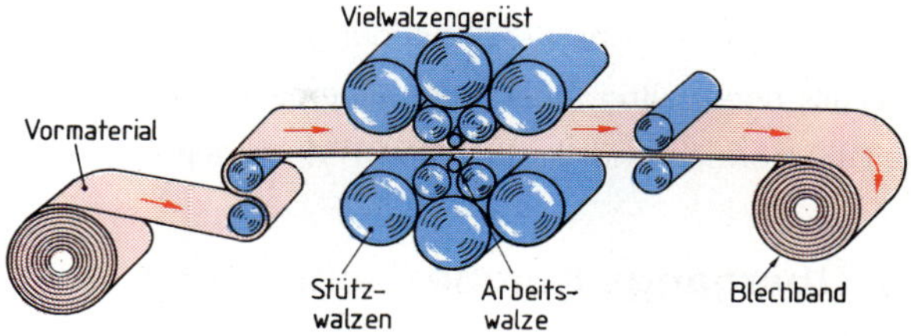

Bild 27/1: Kaltwalzen von Blechband

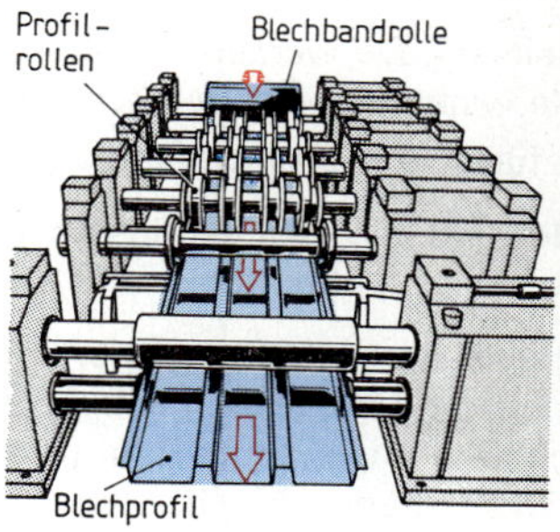

Bild 27/2: Profilwalzen eines Trapezbleches

Bild 27/3: Blech-Walzprofile

Kaltziehen

Beim Kaltziehen erhält der Werkstoff seine Endform durch Hindurchziehen eines Vormaterials durch ein sich verengendes Formwerkzeug **(Bild 27/4)**. Soll nur die Außenoberfläche glatt und maßhaltig sein, so wird der Hohlzug angewandt. Bei geforderter Glätte und Maßhaltigkeit sowohl außen als auch innen, wird mit Stopfen gezogen. Kaltgezogen werden vor allem Drähte, Präzisionsrohre und eine Vielzahl von Hohlprofilen, wie z. B. RP-Profile zum Fenster- und Türrahmenbau **(Bild 27/5** und Seite 207).

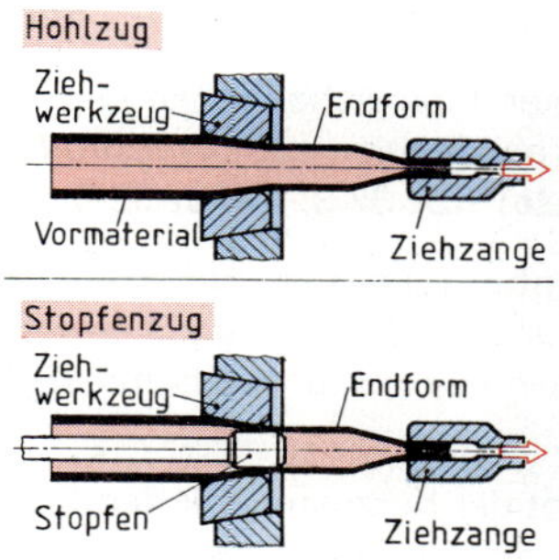

Bild 27/4: Kaltziehen

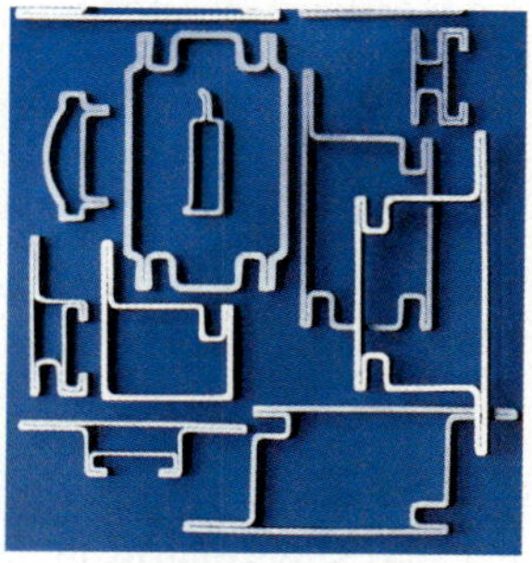

Bild 27/5: Kaltziehprofile

Wiederholungsfragen

1. **Welche Umformungsverfahren gibt es zur Herstellung von Halbzeugen und Fertigerzeugnissen?**
2. **Welche Gefügeveränderungen erfährt der Stahl beim Warmwalzen?**
3. **Nennen Sie die gebräuchlichsten Warmwalzerzeugnisse.**
4. **Beschreiben Sie die Herstellung von Rohren mit Schweißnaht.**
5. **Welche Festigkeitsänderung erfährt der Stahl durch Kaltwalzen?**
6. **Wodurch unterscheiden sich Blech-Walzprofile und Kaltziehprofile?**

5 Kurzbezeichnung der Eisen/Stahl-Werkstoffe

Zur schnelleren und besseren Verständigung benutzt man für die Werkstoffe Kurzbezeichnungen.

Es sind zur Zeit mehrere Werkstoff-Kurzbezeichnungen nebeneinander im Gebrauch, da eine systematische Kurzbezeichnung, die alle Eisen/Stahl-Werkstoffe umfaßt, noch nicht verabschiedet ist. Diese Harmonisierung wird schrittweise mit Einführung der Europäischen Normen (EN-Normen) erfolgen.

Für die Übergangszeit bis zur Gültigkeit der EN-Normen verwendet man in Deutschland bevorzugt noch eine Übergangs-Kurzbezeichnung, die auf den entsprechenden DIN-Normen basiert.

Außerdem gibt es eine Kennzeichnung der Werkstoffe durch Nummern nach DIN 17 007.

Ebenfalls noch gültig, aber nicht allgemein verbreitet, sind die Kurzbezeichnungen nach EURONORM.

Die DIN-Normen und die EURONORM werden durch die neuen Europäischen Normen EN abgelöst.

5.1 Übergangs-Kurzbezeichnungen

Die Kurznamen werden nach verschiedenen Grundsätzen gebildet, die sich in drei Gruppen ordnen lassen.

Kurznamen mit einer Festigkeitsangabe

Kurznamen mit einer Festigkeitsangabe werden für Eisen/Stahl-Werkstoffe verwendet, deren **Festigkeit im Anlieferungszustand** die wichtigste Gebrauchseigenschaft ist.

Diese Werkstoffe sind **nicht** für eine Wärmebehandlung vorgesehen.

Die **allgemeinen Baustähle** sind die am häufigsten eingesetzte Stahlgruppe für allgemeine Verwendungen ohne besondere Anforderungen.

Das **Kurzzeichen** für allgemeine Baustähle nach der früheren DIN 17 100 besteht aus dem Kennzeichen **St** und einer Festigkeits-Kennzahl (siehe rechts). Zusätzlich wird durch eine angehängte Zahl (2 oder 3) eine Gütegruppe angegeben. Die Festigkeits-Kennzahl gibt etwa $^1/_{10}$ der Mindestzugfestigkeit in N/mm^2 an. Durch Multiplizieren der Festigkeits-Kennzahl mit 9,81 N/mm^2 erhält man die Mindestzugfestigkeit in N/mm^2.

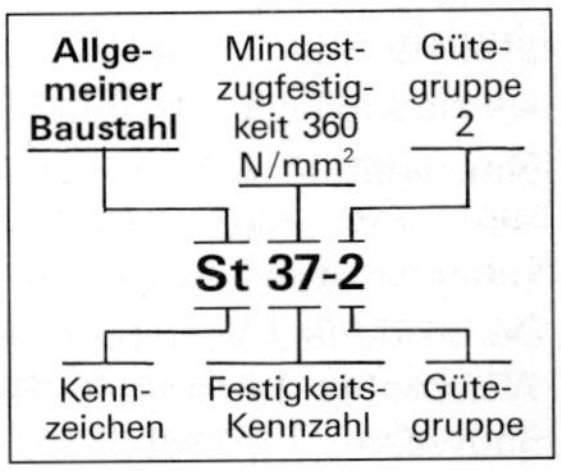

Beispiel: St 37-2 ist ein allgemeiner Baustahl der Gütegruppe 2 mit $37 \cdot 9{,}81$ N/mm^2 = 363 N/mm^2 (gerundet 360 N/mm^2) Mindestzugfestigkeit.

Zur Kennzeichnung besonderer Eigenschaften können noch Buchstaben vorangestellt werden, z. B. **K** bei Stählen zum Walzprofilieren oder **WT** bei wetterfesten Stählen. Beispiele: KSt 37-3, WTSt 52-3.

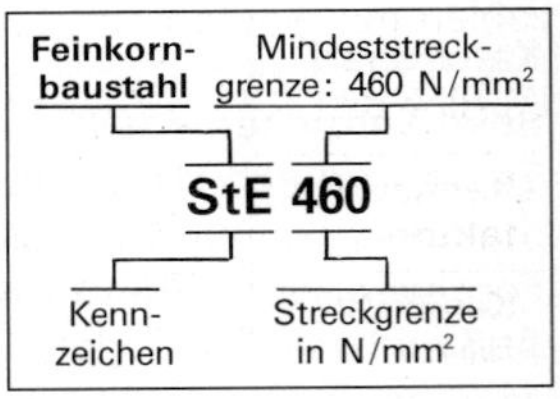

Schweißgeeignete Feinkornbaustähle für den Stahlbau haben als Kurzzeichen die Buchstaben **StE** und die Mindeststreckgrenze in N/mm^2 (siehe rechts). Beispiel: StE 255 ist ein Feinkornbaustahl mit 255 N/mm^2 Mindeststreckgrenze.

Bei den **Betonstählen** beginnt der Kurzname mit den Buchstaben **BSt**, auf die die Streckgrenze in N/mm^2 sowie ein Kennbuchstabe folgen (siehe rechts). Kennbuchstaben: S Betonstabstahl, M Betonstahlmatte.

Beispiel: BSt 500 M ist ein Betonmattenstahl mit 500 N/mm^2 Streckgrenze.

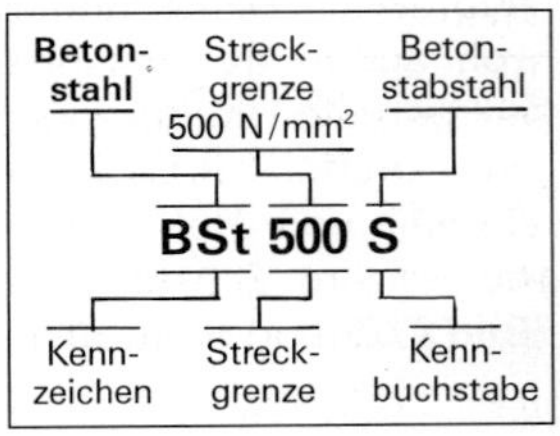

Das Kurzzeichen der **Eisen-Gußwerkstoffe** besteht aus einem ein-, zwei- oder dreibuchstabigen Guß-Kennzeichen sowie Zahlen oder Buchstaben (siehe rechtsstehendes Beispiel).

Bei den gebräuchlichsten Gußarten Grauguß **(GG-)**, Sphäroguß **(GGG-)**, Temperguß **(GTW-, GTS-)** und unlegiertem Stahlguß **(GS-)** steht hinter dem Kennzeichen eine Festigkeits-Kennzahl. Multipliziert mit 9,81 N/mm^2 ergibt sie die Mindestzugfestigkeit des Gußwerkstoffes. Beispiel: GG-30 ist ein Grauguß mit $30 \cdot 9{,}81$ N/mm^2 $\approx$ 294 N/mm^2 Zugfestigkeit.

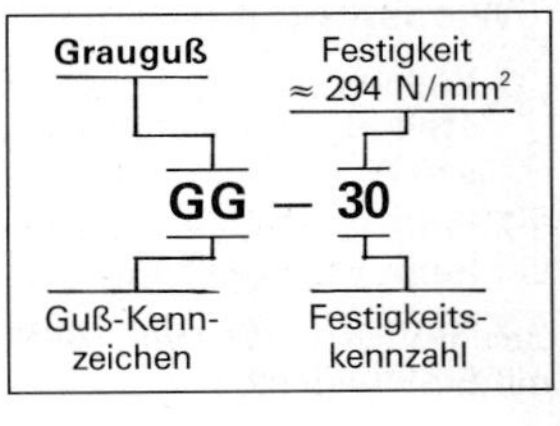

Kurznamen mit chemischer Zusammensetzung

Die Kurzbezeichnungen mit Angaben zur chemischen Zusammensetzung verwendet man bei Stählen, deren wesentliche Eigenschaften durch die genannten Bestandteile hervorgerufen werden.

Unlegierte Stähle

Bei den unlegierten Stählen besteht das Kurzzeichen aus dem Buchstaben **C** (dem chemischen Symbol von Kohlenstoff) und einer Kohlenstoff-Kennzahl (siehe rechts). Sie gibt den hundertfachen Kohlenstoffgehalt in Prozent an. Es sind **Qualitätsstähle**.

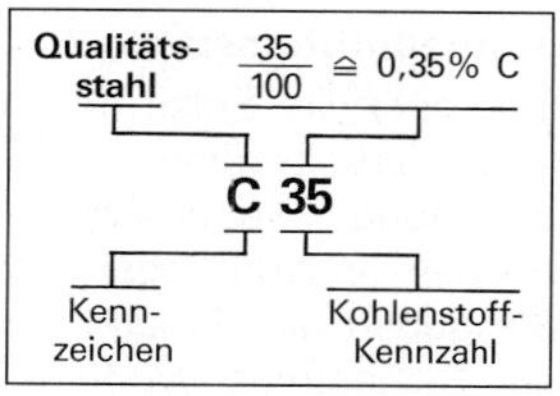

Unlegierte Stähle hoher Reinheit, die sich durch besondere Merkmale auszeichnen, enthalten als Kurzbezeichnung ein **C**, dem ein kleiner Buchstabe angehängt ist, sowie die Kohlenstoff-Kennzahl (siehe rechts). Der kleine Buchstabe, z. B. **f**, **k** oder **m**, beschreibt die besonderen Qualitätsmerkmale (siehe Tabelle 30/1). Diese Stähle sind **Edelstähle**.

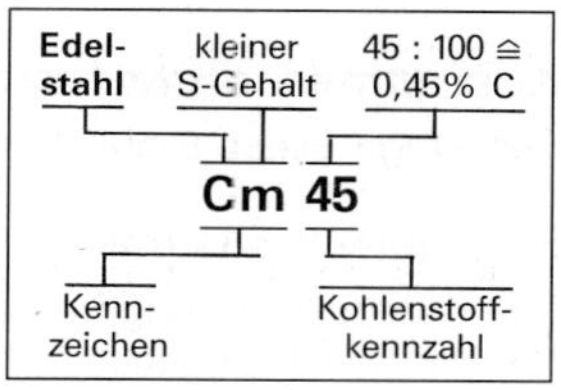

Nach der neuen Europäischen Norm **EN 10 083** werden die unlegierten Vergütungsstähle mit einem ähnlichen Kurznamen wie die frühere DIN 17 200 (siehe oben) benannt. Die Unterscheidung in Qualitätsstähle und Edelstähle erfolgt in der EN 10 083 mit einer vorangestellten 1 für Qualitätsstähle und einer 2 oder 3 für Edelstähle.

Beispiel: 2 C 60 ist ein unlegierter Edelstahl mit 0,6% Kohlenstoff.

Niedrig legierte Stähle

Als niedrig legiert bezeichnet man Stähle, bei denen kein einzelner Legierungsbestandteil über 5% beträgt. Ihre Kurzbezeichnung setzt sich aus der Kohlenstoff-Kennzahl, den chemischen Symbolen der wesentlichen Legierungselemente sowie Legierungselement-Kennzahlen zusammen (siehe nebenstehendes Beispiel). Den Gehalt der Legierungselemente kann man durch Dividieren der Kennzahlen mit einem Kennzahlfaktor berechnen.

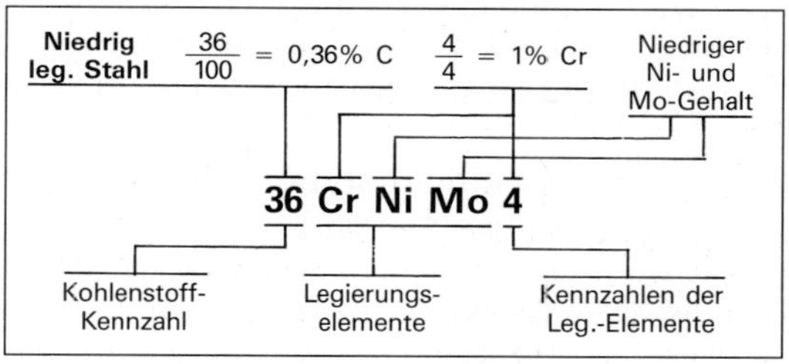

Es gibt drei Kennzahlfaktoren:

Kennzahlfaktor	**4**	gilt für	Chrom Cr	Kobalt Co	Mangan Mn	Nickel Ni	Silicium Si	Wolfram W			
Kennzahlfaktor	**10**	gilt für	Aluminium Al	Kupfer Cu	Molybdän Mo	Niob Nb	Blei Pb	Tantal Ta	Titan Ti	Vanadium V	
Kennzahlfaktor	**100**	gilt für	Kohlenstoff C	Phosphor P	Schwefel S	Stickstoff N	Cer Ce				

Beispiel: **39 CrMoV 13 9** ist ein niedrig legierter Stahl mit 39 : 100 = 0,39% C, 13 : 4 = 3,25% Cr, 9 : 10 = 0,9% Mo und geringem Vanadiumgehalt.

Hoch legierte Stähle

Bei hoch legierten Stählen ist der Gehalt mindestens eines Legierungselements größer als 5%.

Die Kurzbezeichnung der hoch legierten Stähle besteht aus einem vorangestellten **X** als Kennzeichen, der Kohlenstoff-Kennzahl, den chemischen Symbolen der wesentlichen Legierungselemente sowie in gleicher Reihenfolge den Gehalten der Legierungselemente in Prozent.

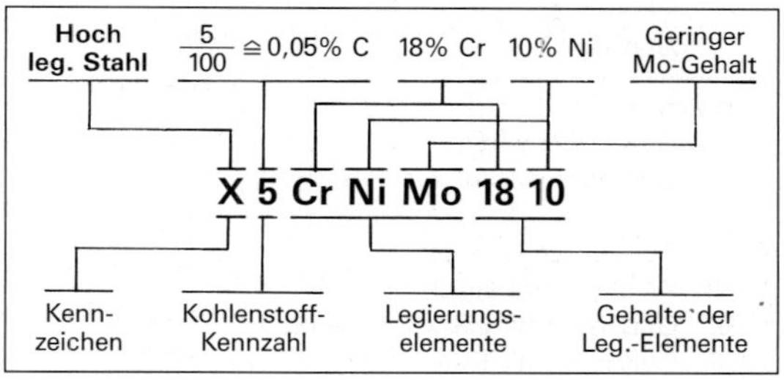

Beispiel: **X 5 CrNiMo 18 10** ist ein hoch legierter Stahl mit 5 : 100 ≙ 0,05% C, 18% Cr, 10% Ni und wenig Mo.

Legierter Stahlguß

Legierter Stahlguß enthält nach dem Gußzeichen **G** eine Kurzbezeichnung gemäß seiner Zusammensetzung, wie bei den entsprechenden niedrig oder hoch legierten Stählen.

Beispiele: **GS-22 Mo 4** ist ein niedrig legierter Stahlguß mit 22 : 100 = 0,22% C und 4 : 10 = 0,4% Mo.
G-X 6 CrNi 18 10 ist ein hoch legierter Stahlguß mit 6 : 100 = 0,06% C, 18% Cr und 10% Ni.

Schnellarbeitsstähle

Eine spezielle Sorte der hochlegierten Stähle, die Schnellarbeitsstähle, haben eine eigene Kurzbezeichnung. Sie besteht aus einem **S** als Kennzeichen und drei oder vier nachgestellten Zahlen. Sie geben die Gehalte der Legierungselemente in der Reihenfolge Wolfram — Molybdän — Vanadium — Kobalt an.

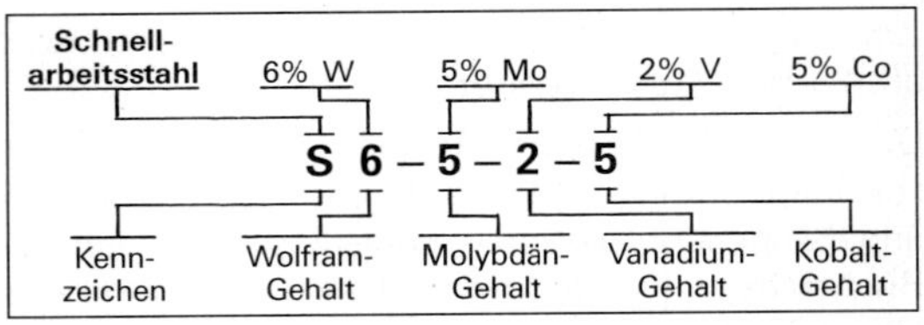

Kurznamen ohne feste Systematik

Für einige Eisen/Stahl-Werkstoffgruppen, insbesondere in Blechform, gibt es traditionelle Kurznamen.

Kesselblech aus unlegierten Stählen

Ihre Kurzbezeichnung besteht aus dem Buchstaben **H** und einer angehängten römischen Zahl von I bis IV. Sie gibt die Festigkeitsstufe an. **Beispiel: HI** oder **HIII** (Näheres Seite 191).

Bänder und Bleche aus weichen unlegierten Stählen

Ihre Kurzbezeichnung besteht aus dem Kennzeichen **St** und einer Zahl von 0 bis 30. Zusätzlich können noch Buchstaben und Zahlen zur Kennzeichnung der Oberfläche und des Behandlungszustands folgen.

Beispiel: **St 03 Z** ist ein Blech aus weichem unlegiertem Stahl der Festigkeitsgruppe 03.

Zusätzliche Kennbuchstaben und Kennzahlen in den Kurznamen

Insbesondere bei den Stählen für den Stahlbau und den unlegierten, für eine Wärmebehandlung vorgesehenen Stählen werden Kennbuchstaben und Kennzahlen für zusätzliche Merkmale verwendet **(Tabelle 30/1)**. Wenn sie die Herstellung des Werkstoffs betreffen, werden sie vorangestellt; wenn sie den Behandlungszustand beschreiben, werden sie nach dem eigentlichen Kurzzeichen gesetzt.

Tabelle 30/1: Kennbuchstaben und Kennzahlen in den Übergangs-Kurzbezeichnungen

Herstellungs-Merkmale	Eigentlicher Kurzname	Behandlungszustand
Desoxidationsart beim Schmelzen	**Anfangskurzzeichen für Stahlgruppen**	**Gütegruppen**
U Unberuhigt vergossen	**St** Allgemeiner Baustahl	2, 3 Für allgemeine Baustähle
R Beruhigt vergossen	**StE** Feinkornbaustahl	W1, W2, W3, WS } Für Werkzeugstähle
RR Besonders beruhigt vergossen	**BSt** Betonstahl	**Behandlungszustand**
Besondere Eigenschaften	**C** Unlegierter Qualitätsstahl	A Angelassen
A Alterungsbeständig	**Ck, Cm, ...** Unlegierter Edelstahl	B Beste Bearbeitbarkeit
Q Kaltverformbar	**42, 24, ...** (C-Kennzahl) Niedrig legierter Stahl	BF Wärmebehandelt auf Festigkeit
TT Kaltzäh	**X** Hochlegierter Stahl	E Einsatzgehärtet
W Warmfest	**S** Schnellarbeitsstahl	G Weichgeglüht
WT Wetterfest	**Kleinbuchstaben für besondere Qualitätsmerkmale von unlegierten Edelstählen**	H Gehärtet
Z Ziehbar	f Flamm- und/oder induktionshärtbar	K Kaltverformt, kaltgezogen
Gußarten	k Kleiner Schwefel- oder Phosphorgehalt (zusammen weniger als 0,035%)	KBK Blankgezogen
G Guß allgemein	m Gewährleisteter S-Gehalt	N Normalgeglüht
GG Gußeisen	q Kaltumformbar	NT Nitriert
GS Stahlguß		S Spannungsfrei geglüht
GTS Schwarzer Temperguß		U Unbehandelt
GTW Weißer Temperguß		V Vergütet
GGL Gußeisen mit Lamellengraphit		
GGG Gußeisen mit Kugelgraphit		

Weißblech (elektrolytisch verzinntes Stahlblech)

Diese Blechsorte hat eine Kurzbezeichnung, die aus dem Kennbuchstaben **T** und dem Mittelwert der Härte (nach HRC) sowie aus Angaben zur Zinnbeschichtung besteht.

Beispiel: **T 52 H 15/15** ist ein Weißblech mit beidseitiger Feuerverzinnung (H) von 15 g/m^2.

5.2 Werkstoffnummern nach DIN 17007

Die Werkstoffe können ebenfalls durch eine Werkstoffnummer bezeichnet werden. Diese Bezeichnungsart eignet sich besonders für die Bestellung, Bevorratung usw. mit elektronischer Datenverarbeitung (EDV). Aus den Werkstoffnummern ist die Zusammensetzung des Werkstoffs nicht direkt ersichtlich. Aus den ersten drei Ziffern ist nur eine Zuordnung zu einer Werkstoffgruppe möglich.

Die Werkstoffnummer besteht aus sieben Ziffern, die mit zwei Punkten in drei Teile unterteilt sind. Die erste Ziffer gibt die Werkstoff-Hauptgruppe an, die nächsten vier Ziffern die Sortennummer und die beiden letzten Ziffern sind Anhängezahlen. Die Punkte zwischen den drei Nummernteilen sind mitzuschreiben und mitzusprechen.

Beispiel:

1 . 0 5 7 0 . 7 1

Werkstoff-Hauptgruppe – Sortennummer – Anhängezahl

Werkstoff-Hauptgruppen

Die Werkstoff-Hauptgruppen nehmen eine erste, grobe Unterteilung der Werkstoffe in Hauptgruppen vor. Jeder Hauptgruppe ist eine Ziffer zugeordnet. Sie bedeutet:

0	Roheisen, Ferrolegierungen, Gußeisen	**3**	Leichtmetalle
1	Stahl und Stahlguß	**4 bis 8**	Nichtmetallische Werkstoffe
2	Schwermetalle (außer Eisen)	**9**	Freie Kennzahl für betriebliche Kennzeichnung

Sortennummern

Die Sortennummern werden im wesentlichen nach der chemischen Zusammensetzung der Werkstoffe gebildet. In wenigen Fällen dient auch die Werkstoffherkunft zur Festlegung.

Die beiden ersten Ziffern der vierstelligen Sortennummern geben die Sortenklasse an. Die einzelnen Ziffern der Sortenklassen sind bestimmten Werkstoffklassen zugewiesen. Die beiden weiteren Ziffern sind Zählnummern, die einem ganz bestimmten Werkstoff zugeordnet sind.

Beispiele: Die allgemeinen Baustähle haben die Sortenklasse 00 oder 01, der Stahl St 37-2 die Zählnummer 37. Demnach hat der Stahl **St 37-2** die Werkstoffnummer 1.0037.

Aluminiumlegierungen mit Mg und Si haben die Sortenklasse 32, die Al-Legierung **AlMgSi 0,5** die Zählnummer 06. Demnach hat AlMgSi 0,5 die Werkstoffnummer 3.3206.

1. 00 37

Werkstoff-Hauptgruppe: Stahl – Sortenklasse: allgemeine Baustähle – Zählnummer von **St 37-2**

3. 32 06

Werkstoff-Hauptgruppe: Leichtmetalle – Sortenklasse: AlMgSi-Legierungen – Zählnummer: **AlMgSi 0,5**

Anhängezahlen

Die Anhängezahlen bezeichnen den Behandlungszustand des Werkstoffes, wie z. B. die Erscheinungsart, das Gießverfahren, die Wärmebehandlung und die Kaltverformung. Sie können fehlen, wenn keine Angaben über den Behandlungszustand gemacht werden.

Beispiel: **81** bedeutet: Beruhigt vergossener Sauerstoffaufblasstahl, normalgeglüht

Beispiele für Werkstoffnummern:

1. 05 70

Werkstoff-Hauptgruppe: Stahl – Sortenklasse: Unlegierte Qualitätsstähle – Zählnummer: St 52-3

1. 43 01. 92

Werkstoff-Hauptgruppe: Stahl – Sortenklasse: Nichtrostende Stähle – Zählnummer: X 5 CrNi 18 10 – Anhängezahl: E-Stahl weichgeglüht

Eine Übersicht über die Sortenklasse und die Anhängezahlen befindet sich im Tabellenteil, Seite 189.

5.3 Die Einteilung und Kurzbezeichnung der Stähle nach EURONORM 20-74

Einteilung. Die EURONORM gliedert die Stähle nach ihrer Zusammensetzung in unlegierte und legierte Stähle. Nach den Anforderungen an ihre Gebrauchseigenschaften unterteilt man die unlegierten Stähle weiter in Grundstähle und unlegierte Qualitäts- und Edelstähle sowie die legierten Stähle in legierte Qualitäts- und Edelstähle.

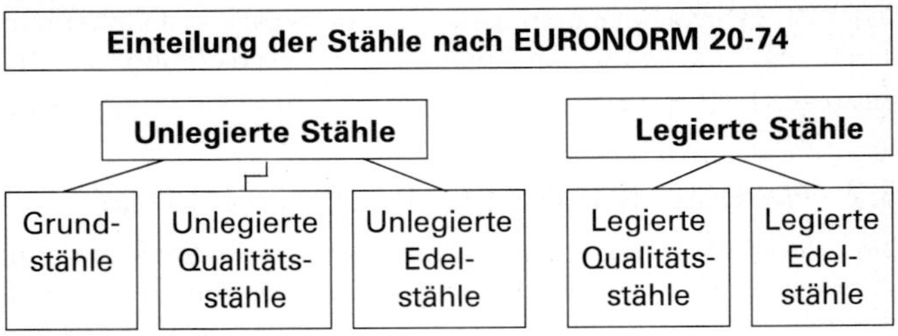

Grundstähle sind unlegierte Stähle, für die keine Wärmebehandlung sowie besondere Gütemerkmale vorgeschrieben sind und deren Zugfestigkeit 690 N/mm^2 bzw. deren Streckgrenze 360 N/mm^2 nicht überschreitet. Sie sind nicht für eine Wärmebehandlung vorgesehen.

Qualitätsstähle sind Baustähle mit besonderen Anforderungen an die Schweißbarkeit, Sprödbruchunempfindlichkeit oder Verformbarkeit. Die unlegierten Qualitätsstähle sind zum Vergüten und Oberflächenhärten bestimmt, ergeben jedoch keine exakten Härtewerte.

Edelstähle sind besonders rein und in genauer Zusammensetzung hergestellt. Sie besitzen garantierte Gebrauchs- und Verarbeitungseigenschaften im unbehandelten Zustand und nach der Wärmebehandlung.

Die Kurzbezeichnung der Stähle nach EURONORM 20-74 erfolgt nach zwei Hauptgruppen:

- in der **Hauptgruppe I** nach der Festigkeit oder dem Verwendungszweck
- in der **Hauptgruppe II** nach der chemischen Zusammensetzung.

EURONORM-Kurzbezeichnung nach der Festigkeit oder dem Verwendungszweck

Stähle, bei denen die **Festigkeit** die wichtigste Eigenschaft ist, haben eine Kurzbezeichnung, bestehend aus einem Anfangskurzzeichen (**Fe** bei Stahl, **FeG** bei Gußstahl), einer Festigkeitsangabe und ergänzenden Angaben. Nach dem Anfangskurzzeichen kann noch ein Kennbuchstabe für einen Verwendungszweck angegeben sein.

Die Festigkeitsangabe ist die Mindestzugfestigkeit in N/mm^2, bei vorangestelltem **E** die Mindeststreckgrenze. Eine nachgestellte Zahl nennt die Gütegruppe, ein chemisches Symbol ein Legierungselement und Kennbuchstaben bezeichnen besondere Eigenschaften, wie z. B. **S** Schweißeignung, **HK** kaltverformt.

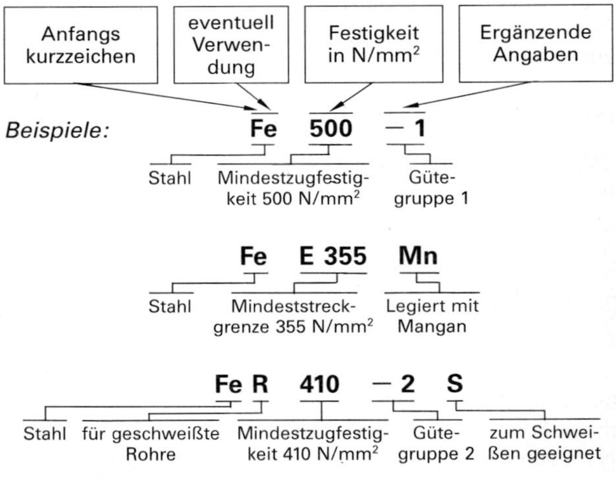

Stähle für einen bestimmten **Verwendungszweck** wie z. B. Tiefziehbleche, enthalten nach dem Anfangskurzzeichen einen Kennbuchstaben für den Verwendungszweck mit einem Eignungsgrad. Weitere Kennbuchstaben werden für besondere Eigenschaften angehängt, wie z. B. **S** für Schweißeignung, **P** für Kaltverformbarkeit, **G** für Oberflächenüberzüge usw.

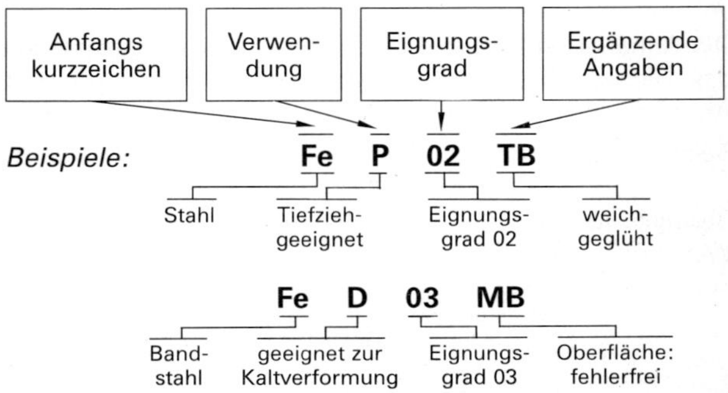

Eine Auflistung der Kennbuchstaben und ihrer Bedeutung befindet sich im Tabellenteil, Seite 187.

EURONORM-Kurzbezeichnung nach der chemischen Zusammensetzung

Unlegierte Stähle, die im wesentlichen durch ihren Kohlenstoffgehalt gekennzeichnet sind, haben das Grundkurzzeichen **C** für Stahl oder **GC** für Gußstahl sowie die Kohlenstoffkennzahl (100facher C-Gehalt).

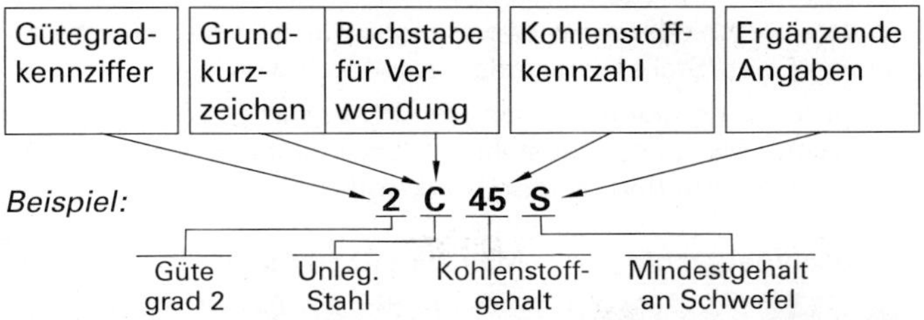

Vor dem Grundkurzzeichen kann der Gütegrad (1, 2, 3) angegeben sein, dahinter ein besonderer Verwendungszweck. Nachgestellt werden ergänzende Angaben über ein absichtlich zugegebenes Legierungselement oder besondere Eigenschaften.

Legierte Stähle mit keinem Legierungselement über 5 % haben ein ähnliches Kurzzeichen wie die niedrig legierten Stähle nach DIN 17 006. Es besteht aus der Kohlenstoffkennzahl, den chemischen Symbolen der Legierungselemente und Legierungselement-Kennzahlen. Aus ihnen kann durch Dividieren mit einem Kennzahlfaktor der Legierungselementgehalt berechnet werden (Seite 29).

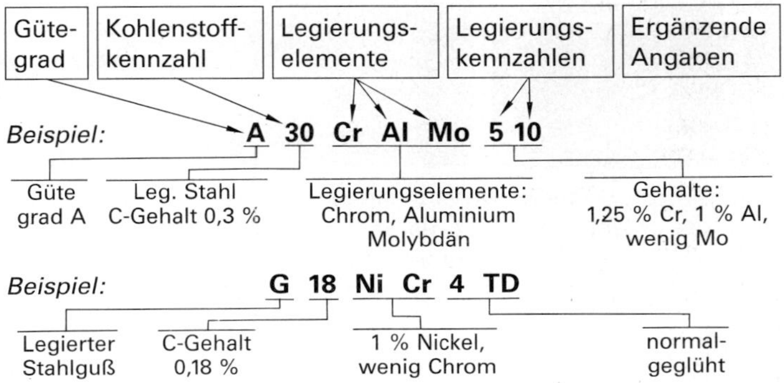

Vorangestellt werden kann ein Kennbuchstabe für den Gütegrad des Stahls (A, B, D, ...). Ergänzende Angaben können am Schluß mit Schlüsselbuchstaben gemacht werden.

Legierte Stähle mit mindestens einem Legierungselement über 5 % haben ein ähnliches Kurzzeichen wie die hoch legierten Stähle nach DIN 17 006 (Seite 29).

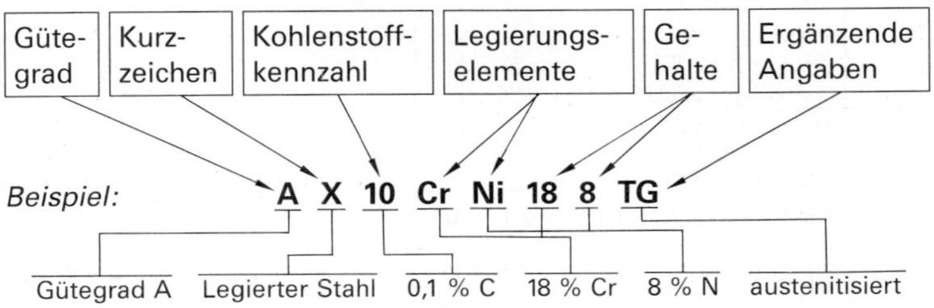

Es besteht aus einem **X,** der Kohlenstoffkennzahl, den chemischen Symbolen der Legierungselemente und, in derselben Reihenfolge, deren Gehalt. Vorangestellt werden kann der Gütegrad, nachgestellt werden können, mit Schlüsselbuchstaben, ergänzende Angaben.

Die EURONORM-Werkstoffkurzbezeichnung sieht keine Angaben über das Herstellungsverfahren des Eisen/Stahl-Werkstoffs vor. Sie werden, falls erforderlich, in vollem Wortlaut gemacht.

Wiederholungsfragen

1 Welcher Stahl hat die Kurzbezeichnung St 37-2?

2 Welche Angaben über die Stahlsorte, die Eigenschaften und die Zusammensetzung lassen sich aus den folgenden Kurzbezeichnungen ablesen?

a) WT St 52-2 b) Ck 22 c) C 85 W2
d) 30 CrNiMo 8 e) S 18-1-2-5 f) GS-50

3 Aus wieviel Ziffern und Punkten bestehen die Werkstoffnummern nach DIN 17007?

4 Welche Einteilung der Stähle macht die EURONORM 20-74?

5 Welche Angaben lassen sich aus folgenden Kurzbezeichnungen nach EURONORM 20-74 ablesen?

a) Fe 410 PB b) AX 150 CrMo 12

6 Die wichtigsten Eisen/Stahl-Werkstoffe

Um den verschiedenen Verwendungszwecken und Anforderungen gerecht zu werden, sind eine Vielzahl von Eisen/Stahl-Werkstoffen entwickelt worden.

Nach ihrer Verwendung lassen sie sich in vier Gruppen einteilen: Baustähle für den Stahlbau und das Bauwesen, Maschinenbaustähle, Werkzeugstähle und Eisen-Gußwerkstoffe. Innerhalb jeder Gruppe gibt es unlegierte und legierte Werkstoffe.

Stahlbaustähle	Maschinenbaustähle	Werkzeugstähle	Eisen–Gußwerkstoffe
			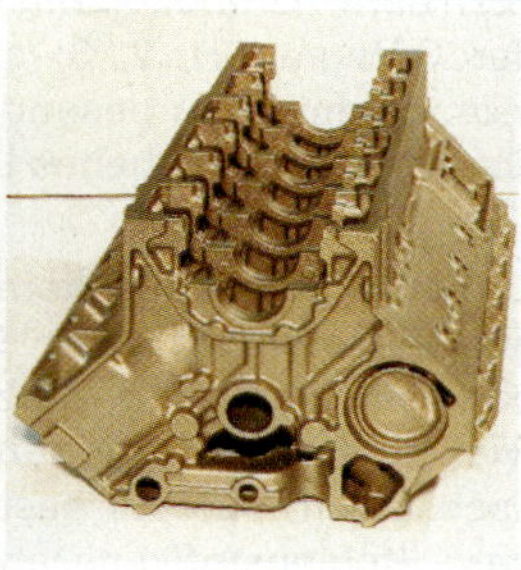

Alle Eisen/Stahl-Werkstoffe enthalten mehr oder weniger Kohlenstoff **(Bild 34/1).** Er wird nicht als Legierungselement bezeichnet, da er von der Herstellung her in den Eisen/Stahl-Werkstoffen enthalten ist. Er bestimmt jedoch wesentlich die Eigenschaften der Eisen/Stahl-Werkstoffe.

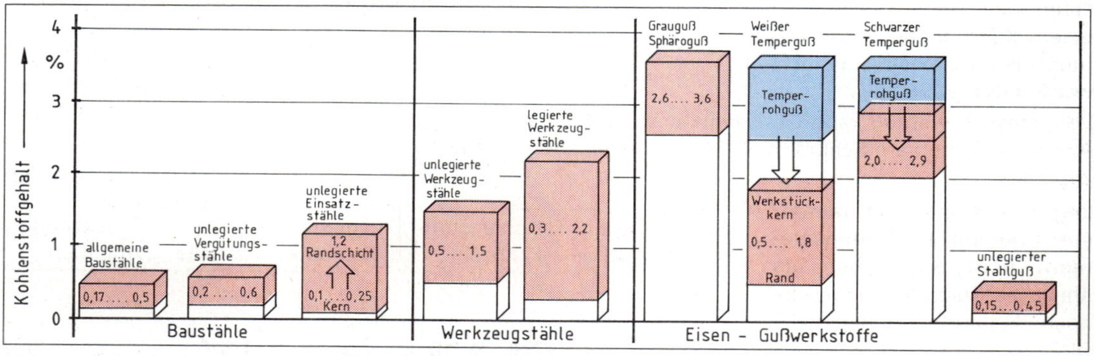

Bild 34/1: Kohlenstoffgehalte der Eisen/Stahl-Werkstoffe

Als grobe Faustregel gilt für den Kohlenstoffgehalt der unlegierten Eisen/Stahl-Werkstoffe: Baustähle enthalten 0,1 bis 0,6 %, Werkzeugstähle 0,35 bis 1,5 % C und Eisen-Gußwerkstoffe 2 bis 3,6 % C.

Stähle, die neben dem Basismetall Eisen, in nennenswertem Umfang, nur Kohlenstoff enthalten, nennt man Kohlenstoffstähle oder **unlegierte Stähle.** Im Gegensatz dazu spricht man von **legierten Stählen,** wenn andere Elemente (Legierungselemente) in wesentlichen Anteilen im Stahl enthalten sind.

Die Legierungselemente beeinflussen die Eigenschaften der Eisen/Stahl-Werkstoffe. Ob der Einfluß positiv (↑) oder negativ (↓) auf die einzelne Eigenschaft ist, zeigt die folgende Übersicht **(Tabelle 34/1).**

Tabelle 34/1: Einfluß der Legierungselemente auf die Eigenschaften der Stähle

Legierungselemente → / ↓ Eigenschaften	C	Si	S	P	Cr	Ni	Mn	Co	Mo	V	W
Festigkeit (normalgeglüht)	↑	↑	–	↓	↑	↑	↑	↑	↑	↑	↑
Zähigkeit	↓	↓	↓	↓	↓	↑	↓	↓	↑	↑	↑
Umformbarkeit (warm)	↓	↓	↓	↓	–	↑	↓	↓	–	–	↓
Spanende Bearbeitbarkeit	↓	↓	↑	↓	↓	↓	↓	–	–	–	–
Schweißbarkeit	↓	–	↓	↓	↓	↓	↓	↓	↓	↓	–
Korrosionsbeständigkeit	–	↑	↓	↑	↑	↑	↑	↑	↑	↑	↓

6.1 Baustähle für den Stahlbau und das Bauwesen

Als Baustähle bezeichnet man im Stahlbau und Bauwesen Stähle, aus denen Baugewerke, wie Treppen, Geländer, Gerüste, Türen und Tore, Tragwerke, Baukonstruktionen usw. gefertigt werden.

6.1.1 Allgemeine Baustähle

Die allgemeinen Baustähle sind unlegierte und relativ billige Stähle, die im wesentlichen durch ihre Festigkeit und Streckgrenze gekennzeichnet sind. Sie werden verwendet, wenn die Gebrauchsfestigkeit im Anlieferungszustand des Stahls vorhanden sein muß. Sie sind nicht für eine Wärmebehandlung vorgesehen.

Die allgemeinen Baustähle kommen als warmgewalzte Halbzeuge in den Handel und finden in geschweißten, genieteten und geschraubten Bauteilen des Hochbaus, Tiefbaus, Brückenbaus, Wasserbaus, Behälterbaus sowie im Maschinenbau und Fahrzeugbau Verwendung. Die nach Europäische Norm EN 10025 (früher DIN 17100) genormten, allgemeinen Baustähle zeigt **Tabelle 35/1**.

Tabelle 35/1: Allgemeine Baustähle nach EN 10025 (früher DIN 17100)

Kurzbezeichnung (nach der früheren DIN 17100)	Desoxidationsart nach EN	Desoxidationsart nach DIN	Werkstoffnummer nach DIN 17007	Kohlenstoffgehalt %	Zugfestigkeit R_m N/mm²	Streckgrenze R_e N/mm²	Bruchdehnung A %
St 33	(nicht festgelegt)		1.0035	(nicht festgelegt)	290–510	~ 175	10...18
St 37-2	(nicht festgelegt)		1.0037	0,17	340–470	195...235	17...24
USt 37-2	FU	U	1.0036	0,17			
RSt 37-2	FN	R	1.0038	0,17		215...235	17...26
St 37-3 N	FF	RR	1.0116	0,17			
St 44-2	FN	R	1.0044	0,21	410–560	235...275	14...22
St 44-3 N	FF	RR	1.0144	0,20			
St 52-3 N	FF	RR	1.0570	0,20	490–630	315...355	14...22
St 50-2	FN	R	1.0050	–	470–610	255...295	12...20
St 60-2	FN	R	1.0060	–	570–710	295...335	8...16
St 70-2	FN	R	1.0070	–	790–830	325...360	4...11

Als **Kurzbezeichnung** für die allgemeinen Baustähle sollen die Kurznamen nach der früheren DIN 17100 weiterverwendet werden, bis durch die Europäische Norm EN 10025 eine Neufestlegung erfolgt.

Die **Kurzbezeichnung** nach der früheren DIN 17100 enthält eine Festigkeitskennzahl, aus der die ungefähre Mindestzugfestigkeit abgeleitet werden kann. Beispiel: St 50-2 hat eine Mindestzugfestigkeit von $50 \cdot 9{,}81\ \text{N/mm}^2 \approx 490\ \text{N/mm}^2$.

Nach Herstellungsart und Gewährleistungsumfang gibt es zwei Gütegruppen (2, 3), wobei 3 die bessere Qualität darstellt. Sie wird durch die nachgestellte Zahl im Kurzzeichen angegeben. Die bessere Qualität wird im wesentlichen durch einen niedrigeren Phosphor- und Stickstoffgehalt erreicht.

Die allgemeinen Baustähle werden, je nach Qualität, unberuhigt FU (U), beruhigt FN (R) oder besonders beruhigt FF (RR) vergossen und kommen im warmgewalzten oder normalgeglühten Zustand in den Handel.

Die **Festigkeit** der allgemeinen Baustähle wird im wesentlichen durch ihren Kohlenstoffgehalt bestimmt, der von 0,17% (St 37-2) bis ca. 0,5% (St 70-2) beträgt. Während die Festigkeit mit dem Kohlenstoffgehalt steigt, verschlechtert sich die Bruchdehnung, die Verformbarkeit, die Schmiedbarkeit und die Schweißeignung. Ebenfalls Einfluß auf die Festigkeit haben die anderen Eisenbegleiter (Si, Mn, P, S) sowie die Gefügeart.

Der gebräuchlichste allgemeine Baustahl für normal belastete Bauteile ist **St 37-2**. Er wird im Baubereich zu Treppen, Türen, Geländern, Gittern sowie als Betonstahl verarbeitet **(Bild 35/1)**.

Bild 35/1: Geländer aus St 37-2

Die meisten allgemeinen Baustähle (St 37-2 bis St 52-3) gibt es zusätzlich mit besonderen Gebrauchseigenschaften zum Abkanten (Q), Blankziehen (Z), Gesenkschmieden (P), Profilwalzen (K) und Rohrherstellen (Ro). Diese Stähle enthalten in der Kurzbezeichnung Kennbuchstaben, z. B. RQSt 37-2.

Der allgemeine Baustahl St 52-3 N

Eine Ausnahmestellung nimmt der Stahl **St 52-3 N** ein. Er hat einen Kohlenstoffgehalt von nur 0,2% und daraus folgend gute Schweißeigenschaften sowie Sprödbruchunempfindlichkeit. Seine hohe Festigkeit und Streckgrenze erhält er durch seinen erhöhten Mangangehalt (ca. 1,5%) sowie durch das feine Gefügekorn, das durch einen geringen Aluminiumzusatz und eine geregelte Temperaturführung beim Walzen erzielt wird.

Er wird zu hochbelasteten Bauteilen, wie z. B. Tragwerken und Brücken verarbeitet **(Bild 36/1)**. Der Stahl St 52-3 N wird zwar als allgemeiner Baustahl aufgeführt, er ist aber der Prototyp der schweißgeeigneten Feinkornbaustähle (Seite 37).

Bild 36/1: Stahlkonstruktion aus St 52-3 N

Wetterfeste Baustähle

Die wetterfesten bzw. witterungsbeständigen Stähle werden in Anlehnung an DIN 17 100 geliefert und sind im Stahl-Eisen-Werkstoffblatt 087 festgelegt. Sie sind als allgemeine Baustähle zu betrachten, die durch einen geringen Zusatz von Chrom, Kupfer und Nickel eine verbesserte Korrosionsbeständigkeit gegen Witterungseinflüsse besitzen. Diese Stähle rosten zwar auch, die Korrosionsabtragrate ist jedoch wesentlich verlangsamt. Durch einen zusätzlichen Schutzanstrich können Bauteile aus wetterfestem Stahl über lange Jahre vor Korrosion geschützt werden. Sie werden bevorzugt dann eingesetzt, wenn der Witterung ausgesetzte, große Bauteile wegen ihrer Größe nicht durch Verzinken vor Korrosion geschützt werden können.

Die Kennzeichnung der Stähle erfolgt durch die Buchstaben WT. Als wetterfeste Stähle werden vor allem die gebräuchlichsten allgemeinen Baustähle eingesetzt: **WTSt 37-2**, **WTSt 37-3 N** und **WTSt 52-3 N**.

Schweißeignung der allgemeinen Baustähle

Da das Schweißen die geeignetste Fügetechnik im Stahlbau ist, ist die Schweißeignung der Stähle von besonderer Bedeutung. Uneingeschränkt zum Schweißen geeignet sind die allgemeinen Baustähle mit bis zu 0,2% Kohlenstoff, wobei die Schweißeignung mit steigender Gütegruppe zunimmt. Außerdem ist die Schweißeignung bei beruhigt vergossenen Stählen besser als bei unberuhigt vergossenen.

Gut schweißbar sind z. B. die besonders beruhigt vergossenen Baustähle **St 37-3 N** und **St 52-3 N**. Die Festigkeit ihrer Schweißnähte entspricht weitgehend der Festigkeit der Grundwerkstoffe. Weniger zum Schweißen geeignete Stähle, wie z. B. St 33, ergeben Schweißnähte verminderter Festigkeit. Nicht zum Schweißen geeignet sind Stähle mit einem C-Gehalt über 0,25%, wie z. B. St 50-2, St 60-2 oder St 70-2. Sie müssen durch Nieten oder Schrauben gefügt werden.

Erzeugnisse aus allgemeinen Baustählen

- Warmgewalzte Formstähle, Stabstähle, Walzdraht, Breitflachstahl, Band, Bleche, Rohre, Spundwände, Schienenprofile.
- Kaltprofile, die durch Kaltumformen aus Blechen, Breitflachstahl und Bandstahl hergestellt wurden. Walzprofile, Abkantprofile und Rollumformprofile (z. B. Trapezbleche).
- Stahlrohre und Stahlhohlprofile mit quadratischem und rechteckigem Querschnitt.
- Kaltgeformte Profile für den Fenster-, Türen- und Innenausbau (RP-Profile).
- Lochprofile, Selbstbauprofile, Lochbleche.
- Drähte, Drahtseile, Drahtgeflechte, Schweißdrähte.
- Streckgitter und Rippenstreckmetall, Riffelbleche, Warzenbleche.
- Schrauben, Schließringbolzen, Niete.
- Zierstäbe, Zierelemente, Treppen- und Geländerbauteile.

Nähere Angaben zu den allgemeinen Baustählen befinden sich im Tabellenteil, Seite 190.

6.1.2 Schweißgeeignete Feinkornbaustähle

Schweißgeeignete Feinkornbaustähle sind hochfeste Stähle mit einer Mindeststreckgrenze von 255 N/mm² bis 500 N/mm², die bestens zum Schweißen geeignet sind **(Tabelle 37/1)**.

Sie enthalten neben rund 0,15% Kohlenstoff, 0,5% Silicium, 0,5% bis 1,7% Mangan, 0,03% Phosphor und Schwefel je nach Sorte noch 0,3% Chrom, 0,3% bis 1% Nickel, 0,2% Kupfer sowie geringe Mengen an Vanadium (bis 0,22%), Niob (bis 0,05%) und Titan (bis 0,2%).

Die Legierungselemente bewirken das feine Gefügekorn sowie die feinverteilte Ausscheidung harter Metallkarbide. Diese beiden Effekte erzeugen die hohen Werte der Streckgrenze und Zugfestigkeit.

Eine geregelte Temperaturführung beim Walzen, die thermomechanische Behandlung, trägt ebenfalls zu den hohen mechanischen Kennwerten bei.

Die schweißgeeigneten Feinkornbaustähle werden zu stark belasteten Bauteilen verarbeitet, die durch Schweißen gefügt werden, z. B. Tragwerkskonstruktionen, Brückenbauteilen, Karosserierahmen, Ferngas-Pipelines, Druckgas-Stahlflaschen, Kranauslegern **(Bild 37/1)**.

Die Feinkornbaustähle haben einen so niedrigen Kohlenstoffgehalt (≈ 0,15%), daß sie das typische Gefüge kohlenstoffhaltiger Stähle, den Perlit (Seite 58), fast gar nicht aufweisen. Man nennt sie deshalb auch perlitarme Feinkornbaustähle.

Die schweißgeeigneten Feinkornbaustähle gibt es in vier Sortenreihen: die Grundreihe (StE), die warmfeste Reihe (WStE), die kaltzähe Reihe (TStE) und die kaltzähe Sonderreihe (EStE). Näheres im Tabellenteil Seite 190.

Tabelle 37/1: Schweißgeeignete Feinkornbaustähle (DIN 17102)

Kurzbezeichnung	Zugfestigkeit R_m [1] N/mm²	Streckgrenze R_e [1] N/mm²	Bruchdehnung A %
StE 255	320...480	195...255	≥ 25
StE 285	350...510	225...285	≥ 24
StE 315	400...560	255...315	≥ 23
StE 355	450...630	295...355	≥ 22
StE 380	460...650	305...380	≥ 20
StE 420	490...680	345...420	≥ 19
StE 460	520...730	380...460	≥ 17
StE 500	570...780	410...500	≥ 16

[1] Werte je nach Erzeugnisdicke (siehe Seite 190)

Bild 37/1: Portalkran aus Feinkornbaustahl

6.1.3 Werkstoffe für Stahlbleche

Stahlbleche werden nach ihrer Dicke unterteilt in Feinstbleche (bis 0,5 mm), Feinbleche (0,5 bis 3 mm), Mittelbleche (3 bis 4,75 mm) und Grobbleche (über 4,75 mm).

Bleche für normale Anforderungen werden aus **allgemeinen Baustählen** gefertigt: z. B. St 37-2 G (Seite 191). Mechanisch hochbeanspruchte Blechkonstruktionen, wie z. B. Druckbehälter, können aus **schweißgeeigneten Feinkornbaustählen** oder **Vergütungsstählen** bestehen.

Für besondere Verwendungen und Gebrauchsanforderungen gibt es genormte Stahlbleche aus speziellen Stahl-Werkstoffen, wie den nachfolgend aufgeführten weichen oder warmfesten Stahlblechen.

Weiche, unlegierte Stähle für Blech und Band

Blech und Band aus weichen, unlegierten Stählen gibt es in drei Stahlsorten mit Blechdicken bis 3 mm **(Tabelle 37/2)**. Es ist für Kaltumformarbeiten und Oberflächenveredelungsverfahren bestimmt. Wegen des niedrigen Kohlenstoffgehalts ist es zum Härten und Vergüten nicht geeignet. Die große Bruchdehnung dieser Bleche ermöglicht ausgezeichnete Kaltumformung, auch mit einfachen Werkzeugen auf der Baustelle.

Tabelle 37/2: Weiche Stähle für Blech und Band (Europäische Norm EN 10130)

Kurzname	C-Gehalt %	Zugfestigkeit R_m N/mm²	Streckgrenze R_e N/mm²	Bruchdehnung %
St 12	0,10	270...410	≤ 280	≥ 28
RRSt 13	0,10	270...370	≤ 240	≥ 34
St 14	0,08	270...350	≤ 210	≥ 38

Diese Eigenschaften sind die Hauptursache der vielseitigen Anwendung von Band und Blech aus weichen, unlegierten Stählen im Bauwesen (Seite 191).

Das Band und Blech wird meistens verzinkt, verkupfert, vernickelt, aluminiert, lackiert oder mit Kunststoff beschichtet. Es ist damit gegen Luft und Feuchtigkeit korrosionsfest und wird für Abdeckungen, Dachverkleidungen, Abschlüsse, Regenrinnen usw. verarbeitet **(Bild 38/1)**.

Häufiges Fügeverfahren ist das Löten. Aufgrund des niedrigen Kohlenstoffgehalts läßt sich weicher unlegierter Stahl auch gut schweißen.

Bild 38/1: Dach- und Fassadenverkleidung aus weichem, unlegiertem Stahlblech

Warmfeste Stähle für Blech und Band (Kesselbleche)

Bleche aus warmfesten Stählen werden überwiegend für Dampfkesselanlagen, Druckbehälter, Druckrohrleitungen und ähnliche Bauteile verwendet **(Bild 38/2)**.

Die unlegierten Kesselblechstähle (DIN 17155) heißen UH I, H I, H II. Die legierten Stähle sind 17 Mn 4, 19 Mn 6, 15 Mo 3, 13 Cr Mo 4 4 und 10 Cr Mo 9 10.

Die Zusammensetzung und mechanischen Eigenschaften der Kesselblechstähle sind im Tabellenteil, Seite 191, aufgelistet. Die Kesselblechstähle sind sprödbruchsicher und schmelzschweißbar. Einige Sorten müssen zum Schweißen vorgewärmt werden.

Bild 38/2: Spiralgeschweißte Großrohre aus warmfestem Kesselblechstahl

6.1.4 Nichtrostende Stähle für das Bauwesen

Die nichtrostenden Stähle, im Handwerk auch „Edelstahl Rostfrei" genannt, sind hochlegierte Stähle mit rund 0,1 % Kohlenstoff, 1 % Silicium, 2 % Mangan, mindestens 12 % Chrom sowie zum Teil Nickel, Titan und Molybdän. Sie haben eine dauerhaft blanke, glatte Oberfläche und sind ohne Beschichtung korrosionsbeständig. Höhere Chromgehalte und weitere Legierungselemente verbessern die Korrosionsbeständigkeit, die mechanischen Eigenschaften und das Warmverhalten.

Die nichtrostenden Stähle werden im Stahlbau und Bauwesen zu Geländern, Rinnen, Dachzubehör, Fassadenverkleidungen, Sanitäreinrichtungen, Fenstern, Türen und Rohrkonstruktionen verwendet **(Bild 38/3)**.

Bild 38/3: Fassadenverkleidung aus nichtrostendem Stahl

Die gebräuchlichsten nichtrostenden Stähle im Stahlbau und Bauwesen zeigt **Tabelle 38/1** sowie Seite 192.

Der Stahl **X 6 Cr 17** ist ein sogenannter martensitischer Stahl (Seite 72). Er hat eine hohe Streckgrenze, ist aber nicht für Anwendungen im Freien geeignet, da er von der Außenluft angegriffen wird. Die Stähle mit 18 % Chrom und mindestens 8 % Nickel sind sogenannte austenitische Stähle (Seite 72). Sie sind für die Außenanwendung geeignet. Die Stähle **X 5 CrNi 18 10** und **X 6 CrNiTi 18 10** ertragen Stadt- und Landatmosphäre, während für Industrie- und Seeatmosphäre die Stähle **X 5 CrNiMo 17 12 2** und **X 6 CrNiMoTi 17 12 2** erforderlich sind.

Tabelle 38/1: Nichtrostende Stähle nach DIN 17440 (Auszug)

Stahlsorte Kurzname	Zugfestigkeit R_m N/mm²	Streckgrenze $R_e/R_{p\,0,2}$ N/mm²	Bruchdehnung A %
X 6 Cr 17	450...600	270	~ 20
X 5 CrNi 18 10	500...700	195	~ 40
X 6 CrNiTi 18 10	500...730	200	~ 35
X 5 CrNiMo 17 12 2	510...710	205	~ 40
X 6 CrNiMoTi 17 12 2	500...730	210	~ 35

6.1.5 Betonstahl und Spannbetonstahl

Betonstahl wird zur Verstärkung von Betonbauteilen eingesetzt. Die Notwendigkeit hierfür liegt in den Eigenschaften des Betons. Beton ist zwar druckfest, aber spröde und kann nur geringe Zugspannungen aufnehmen. Durch die Bewehrung des Betons mit Stahl erhält man den Verbundwerkstoff **Stahlbeton** (Seite 148), der auch beträchtliche Zugspannungen aufnehmen kann, da sie von der Stahlbewehrung getragen werden.

Bei der Herstellung von Stahlbeton-Bauteilen wird der Betonstahl in die Schalung eingelegt, mit Beton umgossen und der Beton abbinden lassen.

Spannbeton enthält Stahlstäbe, die in der Schalung vorgespannt und dann mit Beton umgossen werden. Nach dem Abbinden des Betons werden die Vorspannvorrichtungen entfernt. Die Stahlstäbe wollen sich daraufhin zusammenziehen und setzen den sie umgebenden Beton unter Druckspannung. Bei Zugbelastung des Spannbetonbauteils wird zuerst die Druckspannung im Beton aufgehoben, so daß der zugspannungsempfindliche Beton überhaupt nicht, oder nur mit geringen Zugkräften belastet wird. Spannbetonbauteile sind deshalb hoch belastbar **(Bild 39/1)**.

Bild 39/1: Großhallendecke aus Spannbeton

Betonstahl ist ein Stahl mit nahezu kreisförmigem Querschnitt zur Bewehrung von Beton **(Tabelle 39/1)**.

Er wird als Betonstabstahl (S), als Betonstahlmatte (M) und als Bewehrungsdraht (auf Rollen aufgewickelt) hergestellt.

Die Betonstahlsorten BSt 420 S und BSt 500 S werden als gerippter Betonstahlstab in Durchmessern von 4 mm bis 28 mm geliefert **(Bild 39/2)**.

Die Betonstahlsorte BSt 500 M wird als Betonstahlmatte geliefert. Sie besteht aus zwei sich rechtwinklig kreuzenden Scharen von Stahlstäben, die durch Punktschweißen an den Kreuzungsstellen verbunden sind (Bild 52/5).

Betonstahl ist von der Zusammensetzung ein allgemeiner Baustahl mit maximal 0,15% bzw. 0,22% Kohlenstoff, 0,05% Phosphor, 0,05% Schwefel und 0,012% Stickstoff. Er ist zum Schweißen nach verschiedenen Verfahren geeignet. Näheres zu seinen Eigenschaften auf Seite 192.

Tabelle 39/1: Betonstähle nach DIN 488 (Auszug)

Stahlsorte	Zugfestigkeit R_m N/mm²	Streckgrenze R_e N/mm²	Bruchdehnung A %
BSt 420 S	500	420	10
BSt 500 S	550	500	10
BSt 500 M	550	500	8

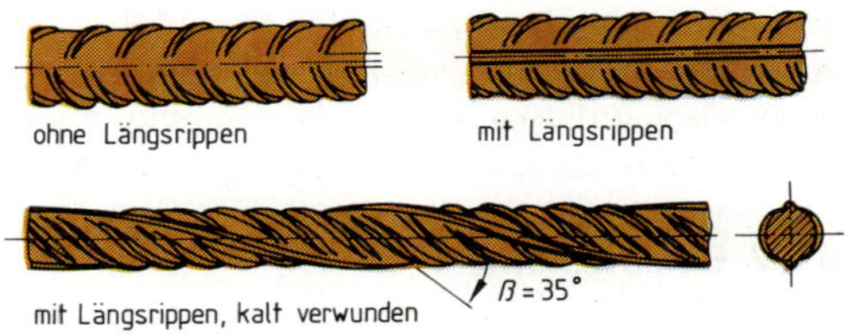

Bild 39/2: Betonstabstahl

Wiederholungsfragen

1. **Welchen Kohlenstoffgehalt haben Baustähle, Werkzeugstähle und Eisen-Gußwerkstoffe?**
2. **Welchen Einfluß hat der Kohlenstoffgehalt in Stahl auf die Festigkeit, die Zähigkeit, die Umformbarkeit und die Schweißbarkeit?**
3. **Welches sind die gebräuchlichsten allgemeinen Baustähle für normal belastete Bauteile?**
4. **Wodurch zeichnen sich wetterfeste Stähle aus?**
5. **Welche besonderen Eigenschaften haben die Feinkornbaustähle?**
6. **Was ist die Ursache der Schweißeignung der Feinkornbaustähle?**
7. **Wozu werden weiche, unlegierte Stähle bevorzugt verwendet?**
8. **Welches sind die zwei wichtigsten Legierungselemente in nichtrostenden Stählen?**

6.2 Maschinenbaustähle

Aus Maschinenbaustählen werden die einzelnen Teile der Maschinen, wie z. B. Zahnräder, Wellen, Lager, Bolzen, Schrauben usw. gefertigt.

Die wichtigsten Stähle für den Maschinen- und Fahrzeugbau sind: Vergütungsstähle, Einsatzstähle, Automatenstähle, Nitrierstähle, Federstähle, kaltzähe Stähle sowie hochwarmfeste Stähle.

Daneben finden für Gestelle, Gestänge usw. auch die im Stahlbau verwendeten allgemeinen Baustähle und schweißgeeigneten Feinkornbaustähle breite Anwendung.

6.2.1 Vergütungsstähle

Vergütungsstähle sind Baustähle, die sich aufgrund ihrer Zusammensetzung zum Vergüten eignen und die im vergüteten Zustand gute Zähigkeit bei gegebener Zugfestigkeit aufweisen **(Tabelle 40/1)**.

Der Kohlenstoffgehalt der Vergütungsstähle beträgt 0,17% bis 0,65%. Die legierten Vergütungsstähle enthalten zusätzlich Legierungsanteile an Mangan, Silicium, Chrom, Nickel, Molybdän und Vanadium.

Aus der Kurzbezeichnung der Vergütungsstähle kann ihre ungefähre Zusammensetzung abgeleitet werden. Erläuterungen hierzu auf Seite 29.

Die Vergütungsstähle unterteilt man in unlegierte Qualitätsstähle und Edelstähle (Tabelle 40/1). Die Edelstähle unterscheiden sich von den Qualitätsstählen durch geringere oxidische Einschlüsse und einen niedrigeren P- und S-Gehalt sowie garantierte Werte der Kerbschlagzähigkeit und der Festigkeit durch Vergüten.

Die Vergütungsstähle erhalten durch Vergüten (Seite 68), das heißt durch Härten mit anschließendem Anlassen, ihre Gebrauchseigenschaften: hohe Zugfestigkeit und gute Zähigkeit. Bei der Bestellung von Vergütungsstählen ist der gewünschte Wärmebehandlungszustand (**TA** = weichgeglüht, **TN** = normalgeglüht, **TQ + T** = vergütet) anzugeben.

Beispiel: Stahl EN 10 083 — 2 C 45 — TN

Aus Vergütungsstählen werden Teile gefertigt, die hoher mechanischer Belastung mit Schlag und Stoß ausgesetzt sind, wie z. B. Zahnräder, Wellen, Schrauben **(Bild 40/1)**.

Tabelle 40/1: Vergütungsstähle nach EN 10083 (Auswahl)

Stahlsorte Kurzname	Streckgrenze R_e N/mm²	Zugfestigkeit R_m N/mm²	Bruchdehnung A %
Unlegierte Qualitätsstähle			
1 C 35	min. 380	600... 750	19
1 C 60	min. 520	800... 950	13
Edelstähle			
2 C 35	min. 380	600... 750	19
34 CrMo 4	min. 650	900...1100	12
36 CrNiMo 4	min. 800	1000...1200	11

Bild 40/1: Schrauben aus Vergütungsstahl

6.2.2 Einsatzstähle

Einsatzstähle sind unlegierte und niedrig legierte Qualitäts- und Edelstähle mit einem Kohlenstoffgehalt unter 0,22%, deren Randschicht vor dem Härten aufgekohlt wird **(Tabelle 40/2)**.

Sie sind wegen des niedrigen Kohlenstoffgehalts im Ausgangszustand nicht härtbar. Durch ein Verfahren, das man **Einsetzen** nennt (Seite 69), werden die fertigen Werkstücke aus Einsatzstahl in einer Randschicht von ca. 1 mm Tiefe mit Kohlenstoff angereichert (aufgekohlt) und damit in dieser Randschicht härtbar. Härtet man die Werkstücke anschließend, so erhalten sie eine harte, verschleißfeste Randschicht. Der Werkstückkern bleibt zäh und elastisch **(Bild 40/2)**. Aus Einsatzstählen werden Zahnräder, Steuerkurven, Walzen u. ä. hergestellt.

Tabelle 40/2: Einsatzstähle nach DIN 17210 (Auswahl)
C 10, Ck 10, C 15, Ck 15, 20 Cr 4, 20 CrS 4 20 MnCr 5, 20 MoCr 4, 21 NiCrMo 2

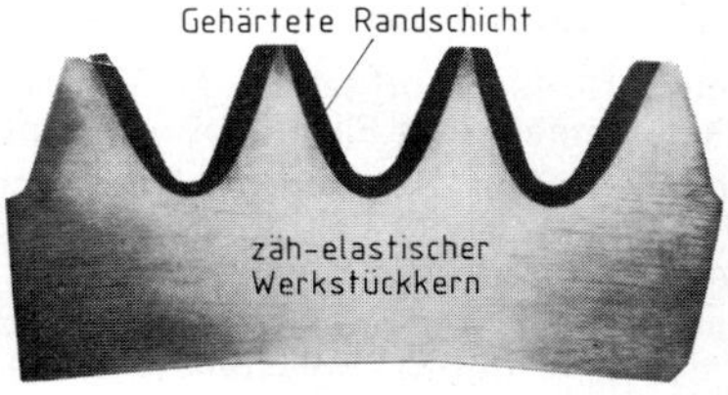

Bild 40/2: Einsatzgehärtetes Zahnrad

6.2.3 Automatenstähle

Automatenstähle sind unlegierte und niedrig legierte Qualitätsstähle mit erhöhtem Schwefelgehalt (0,18 bis 0,4 %) und zum Teil Bleizusatz (0,15 bis 0,3 %).

Diese Zusätze verleihen den Stählen eine gute Zerspanbarkeit und Spanbrüchigkeit, so daß sie sich besonders gut zur Herstellung von Massendrehteilen auf Drehautomaten eignen **(Bild 41/1)**. Der Span zerbröckelt beim Spanen und fällt vom Werkstück ab, so daß das Spanwerkzeug immer frei bleibt. Die Festigkeit wird durch den Schwefel- und Bleizusatz geringfügig verbessert, die Bruchdehnung etwas vermindert.

Der Kohlenstoffgehalt der Automatenstähle liegt zwischen 0,1 und 0,6 %. Automatenstähle mit einem Kohlenstoffgehalt von mehr als 0,3 % sind härt- und vergütbar.

Automatenstähle (DIN 1651)
9 S 20, 9 S Mn 28, 9 S Mn Pb 28, 9 S Mn 36, 9 S Mn Pb 36, 10 S 20, 10 S Pb 20, 35 S 20, 45 S 20, 60 S 20

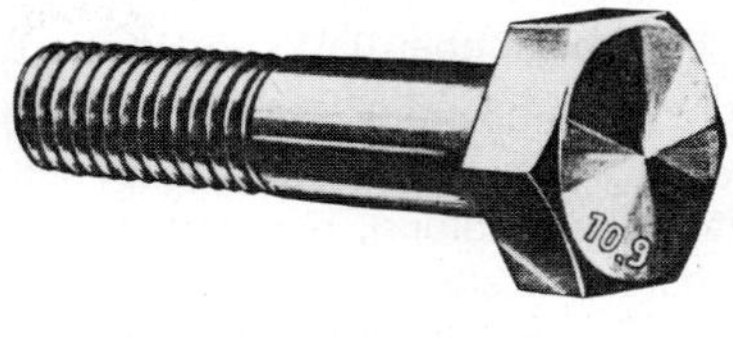

Bild 41/1: Schraube aus Automatenstahl

6.2.4 Nitrierstähle

Nitrierstähle sind vergütbare Stähle, die wegen der in ihnen enthaltenen nitridbildenden Legierungselemente für das Nitrieren, zur Erzielung hoher Randschichthärte, geeignet sind. Es sind niedrig legierte Edelstähle mit Chrom-, Molybdän-, Vanadium- und Aluminiumgehalt.

Die fertigen Werkstücke aus Nitrierstahl werden nach einem speziellen Verfahren in einer dünnen Randschicht (bis 1 mm) mit Stickstoff angereichert (Seite 69). Dadurch bilden sich in der Randschicht harte Metallnitride, die die Randschicht äußerst hart, verschleißfest und wärmebeständig machen.

Nitrierstähle werden zu Werkstücken verarbeitet, die neben größter Randschichthärte noch Temperaturbeständigkeit, Festigkeit und Zähigkeit besitzen müssen. Man fertigt aus Nitrierstählen Schleifspindeln, Zylinderbüchsen, Schnecken **(Bild 41/2)**.

Automatenstähle (DIN 1651)
9 S Mn 28, 9 S Mn Pb 28, 9 S Mn 36, 9 S Mn Pb 36, 10 S 20, 10 S Pb 20, 35 S 20, 45 S 20, 60 S 20

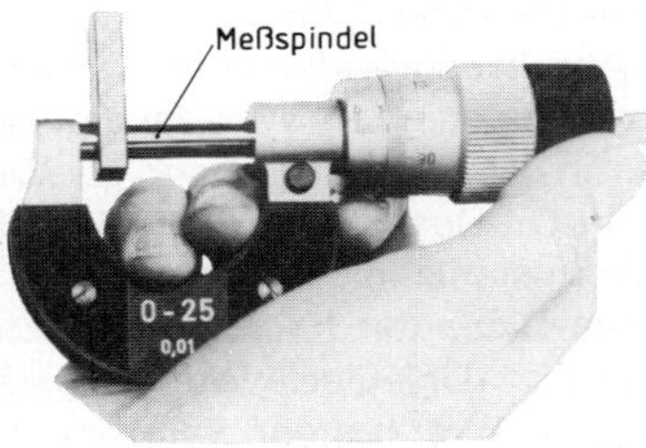

Bild 41/2: Meßspindel aus Nitrierstahl

6.2.5 Federstähle

Federstähle sind unlegierte und legierte Qualitäts- und Edelstähle, die in gehärtetem Zustand elastisch und dauerschwingfest sind.

Unlegierte Federstähle enthalten 0,5 bis 0,8 % Kohlenstoff, wie z. B. Ck 70. Legierte Federstähle enthalten neben 0,4 bis 0,7 % Kohlenstoff noch die Legierungselemente Silicium, Mangan, Chrom oder Vanadium. Typische legierte Federstähle sind z. B. die Stähle **51 Si 7** oder **50 Cr V 4**. Federstähle werden zu federnden Bauteilen aller Art verarbeitet: Blattfedern, Schraubenfedern, Tellerfedern **(Bild 41/3)**.

Bild 41/3: Schraubenfedern aus Federstahl

6.2.6 Sonderstähle

Kaltzähe Stähle werden zum Bau von Gasverflüssigungsanlagen sowie für Pumpen, Rohrleitungen, Transport- und Lagerbehälter verwendet, die Gase oder Flüssigkeit bei tiefen Temperaturen enthalten. Als kaltzäh gelten Stähle, die bei Temperaturen unter − 10 °C ausreichende Zähigkeit aufweisen. Gebräuchliche kaltzähe Stähle sind z. B. **TTSt 35, 26 CrMo 4, 16 Ni 14, X 5 CrNi 18 10, TSt E 420.**

Hochwarmfeste Stähle werden für Rohre und Behälter von Dampfkesselanlagen, für Heißdruckgefäße, für Ofenteile sowie im Chemieapparatebau für heißgehende Rohrleitungen und Reaktoren verarbeitet. Diese Werkstoffe sind durch hohe Zeitdehngrenzen und Zeitstandfestigkeit bei Temperaturen über 550 °C gekennzeichnet. Hochwarmfeste Stähle sind z. B.: **X 19 CrMo 12 1, X 8 CrNiNb 16 13, X 8 CrNiMoVNb 16 13.**

Nähere Angaben über Sorten und Eigenschaften von Maschinenbaustählen im Tabellenteil, Seite 193.

6.3 Werkzeugstähle

Werkzeugstähle sind Edelstähle, aus denen Werkzeuge zum Be- und Verarbeiten von Werkstoffen sowie zum Handhaben und Messen von Werkstücken hergestellt werden.

Sie besitzen im Gebrauchszustand eine dem Verwendungszweck angepaßte große Härte und Festigkeit bei ausreichender Zähigkeit. Außerdem sind sie verschleißfest und zum Teil wärmebeständig.

Gemeinsames Kennzeichen der Werkzeugstähle ist der relativ hohe Kohlenstoffgehalt von mindestens 0,35%, meist aber 0,5% und mehr. Er ist die Voraussetzung für die Härtbarkeit durch Abschreckhärten.

Die Werkzeugstähle werden üblicherweise in weichgeglühtem Zustand als Stabmaterial vom Stahlhersteller geliefert. Ihre Härte und Festigkeit erhalten sie nach der Formgebung zum Werkzeug durch eine Wärmebehandlung, bestehend aus Härten und anschließendem Anlassen (Seite 64). Danach sind sie so hart, daß sie nur noch durch Schleifen bearbeitet werden können.

Es gibt unlegierte, niedrig legierte und hochlegierte Werkzeugstähle. **Tabelle 42/1** zeigt eine Auswahl. Nach dem Reinheitsgrad sind alle Werkzeugstähle Edelstähle.

Die Eigenschaften der **unlegierten Werkzeugstähle** werden im wesentlichen vom Kohlenstoffgehalt bestimmt, der zwischen 0,35 und 1,5 beträgt. Die Härte der Stähle nimmt bis 1% mit dem Kohlenstoffgehalt zu, dann ist die maximale Härte erreicht. Ein größerer Kohlenstoffgehalt erhöht zusätzlich den Abnutzungswiderstand. Das Abschrecken der unlegierten Werkzeugstähle erfolgt meist in Wasser, dünnwandige Werkzeuge auch in Öl. Deshalb werden die unlegierten Werkzeugstähle als **Wasserhärter** bezeichnet. Die Dicke der Härteschicht beträgt maximal 5mm. Unlegierte Werkzeugstähle können nur zu Werkzeugen verarbeitet werden, deren Oberflächentemperatur im Einsatz unter 200°C liegt, da sonst die Härte stark abfällt.

Tabelle 42/1: Werkzeugstähle nach DIN 17 350 (Auswahl)

Stahlsorte (Kurzname)	Abschreckmittel	Härte (gehärtet) HRC	Verwendungsbeispiele
Unlegierte Werkzeugstähle			
C 85 W	Wasser	57	Kreissägeblätter für Holz
C 105 W1	Wasser	60	Gewindeschneidwerkzeuge
Niedrig legierte Stähle			
100 Cr 6	Öl	60	Lehren, Dorne
55 Ni Cr Mo V 6	Öl	40	Preßstempel
Hochlegierte Werkzeugstähle			
X 40 Cr Mo V 51	Öl, Wb, Luft	51	Schmiedegesenke
X 210 Cr W 12	Öl, Wb, Luft	60	Schnittwerkzeuge
Schnellarbeitsstähle			
S 6-5-2	Öl, Wb, Luft	64	Bohrer, Fräser
S 10-4-3-10	Öl, Wb, Luft	66	Drehmeißel

Die **niedrig legierten Werkzeugstähle** enthalten, neben 0,35 bis 1,5% Kohlenstoff, geringe Gehalte an Chrom, Nickel, Wolfram, Molybdän, Mangan und Vanadium. Sie werden in Öl abgeschreckt und deshalb **Ölhärter** genannt. Die Legierungselemente verbessern ihre Zähigkeit, Warmfestigkeit und den Verschleißwiderstand. Niedrig legierte Werkzeugstähle mit Chrom- bzw. Nickelgehalt können bei erhöhten Temperaturen (Warmarbeit) eingesetzt werden.

Die **hoch legierten Werkzeugstähle** haben Kohlenstoffgehalte von 0,3 bis 2,1% und beträchtliche Gehalte an Chrom, Wolfram, Kobalt, Molybdän, Nickel und Vanadium. Die Abschreckung erfolgt im Ölbad (Ölhärter), an bewegter Luft (Lufthärter) oder in Salzbädern (Warmbadhärten). Je höher die Legierungsgehalte, desto höher ist die Härtetemperatur. Die Stähle mit hohem C-Gehalt haben hohe Härtewerte, die Stähle mit geringem C-Gehalt sind dagegen zäher.

Die Härte der hoch legierten Werkzeugstähle hat etwa denselben Wert wie bei den unlegierten Werkzeugstählen mit etwa gleich hohem Kohlenstoffgehalt. Wesentlich verbessert ist bei den hochlegierten Werkzeugstählen die Wärmebeständigkeit und die Verschleißfestigkeit, so daß sie deutlich höhere Arbeitstemperaturen ertragen können. Sie erreichen mehrfach höhere Spanleistungen und Standzeiten als unlegierte Werkzeugstähle.

Die **Schnellarbeitsstähle** sind eine spezielle Gruppe der hoch legierten Werkzeugstähle, die auch unter der Bezeichnung Schnellschnittstähle (SS-Stähle) oder High Speed Steels (HSS-Stähle) bekannt sind. Sie werden zu Werkzeugen für hohe Arbeitstemperaturen verarbeitet (siehe Seite43). Sie enthalten 0,7 bis 1,6% Kohlenstoff sowie Wolfram, Molybdän, Vanadium und Kobalt.

Für einzelne, besonders häufige Anwendungsfälle gibt es **Werkzeugstähle für besondere Verwendungszwecke,** die speziell auf die dort geforderten Belastungen abgestimmt sind. So gibt es z.B. den Werkzeugstahl **80CrV2** für Kreissägeblätter, oder den Werkzeugstahl **S3-3-2** für Metallsägen.

Nach ihrem Verwendungszweck unterteilt man die Werkzeugstähle in **Kaltarbeitsstähle, Warmarbeitsstähle** und **Schnellarbeitsstähle**.

Kaltarbeitsstähle gibt es unlegiert sowie niedrig- und hochlegiert, Warmarbeitsstähle sind niedrig- und hochlegiert, Schnellarbeitsstähle sind immer hochlegiert.

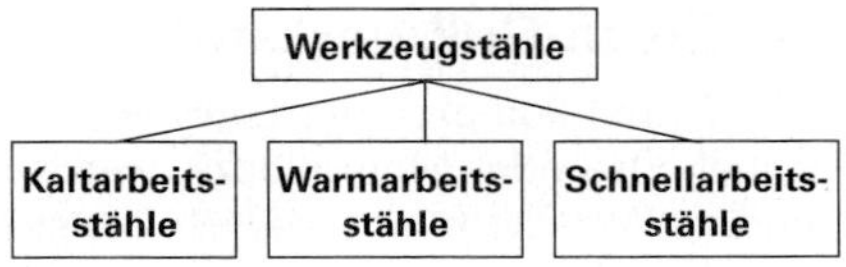

Kaltarbeitsstähle

Kaltarbeitsstähle sind unlegierte sowie legierte Werkzeugstähle für Verwendungszwecke, bei denen die Oberflächentemperatur des **Werkzeugs** im Einsatz unter 200 °C liegt.

Unlegierte Kaltarbeitsstähle werden zu Werkzeugen verarbeitet, die keiner besonders hohen Beanspruchung ausgesetzt sind **(Bild 43/1)**.

Es gibt drei Gütegruppen für unlegierte Kaltarbeitsstähle: W, W1 und W2, wobei W1 die beste Güte besitzt. Äxte und Hämmer fertigt man z. B. aus C 45 W, da sie nur mäßige Härte, aber zusätzlich Zähigkeit benötigen. Für spanende Werkzeuge ist z. B. C 105 W1 geeignet, da er neben großer Härte auch gleichmäßige Güte besitzt.

Die **legierten Kaltarbeitsstähle** erhalten durch die Legierungselemente erhöhte Festigkeit, Zähigkeit und Verschleißwiderstand.

Kantenzange aus C 45 WS

Kombizange aus 59 CrV 4

Bild 43/1: Werkzeuge aus Kaltarbeitsstahl

Warmarbeitsstähle

Warmarbeitsstähle sind legierte Werkzeugstähle für Verwendungszwecke, bei denen die Oberflächentemperatur des Werkzeugs im Einsatz zwischen 200 und 400 °C liegt.

Ihr Kohlenstoffgehalt beträgt bis 2,1 %, außerdem enthalten sie die Legierungselemente Chrom, Wolfram, Silicium, Nikkel, Molybdän, Mangan, Vanadium und Kobalt. Die Legierungselemente sind so aufeinander abgestimmt, daß die Warmarbeitsstähle neben ausreichender Härte und Festigkeit, hohe Warmfestigkeit, Warmhärte und Verschleißwiderstand bei erhöhter Temperatur besitzen **(Bild 43/2)**. Entscheidend für das Erreichen der gewünschten Eigenschaften ist die sachgerechte Wärmebehandlung.

Bild 43/2: Werkzeug aus Warmarbeitsstahl 40 Cr Mn Mo S 8 6 zum Kunststoff-Spritzgießen

Schnellarbeitsstähle

Schnellarbeitsstähle sind hochlegierte Werkzeugstähle für Verwendungszwecke, bei denen die Oberflächentemperatur des Werkzeugs im Einsatz bis 600 °C betragen kann.

Schnellarbeitsstähle enthalten bis 1,5 % Kohlenstoff sowie die Legierungselemente Wolfram, Molybdän, Vanadium, Kobalt und Chrom. Aufgrund der karbidbildenden Legierungselemente besitzen Schnellarbeitsstähle höchste Warmhärte, Warmfestigkeit, Zähigkeit sowie Anlaßbeständigkeit. Sie werden hauptsächlich zu Span- und Umformwerkzeugen höchster Leistung verarbeitet: Drehstähle, Schlicht- und Schruppwerkzeuge, Fräser, Hobelmesser, Bohrer **(Bild 43/3)**.

Schnellarbeitsstähle haben eine eigene Kurzbezeichnung, die aus dem Symbol **S** und den Legierungsgehalten in der Reihenfolge Wolfram, Molybdän, Vanadium und Kobalt besteht, z. B. S 6-5-2.

Die Eigenschaften und typische Anwendungen für Werkzeugstähle befinden sich im Tabellenteil, Seite 194.

Nutenfräser aus S 9-1-2

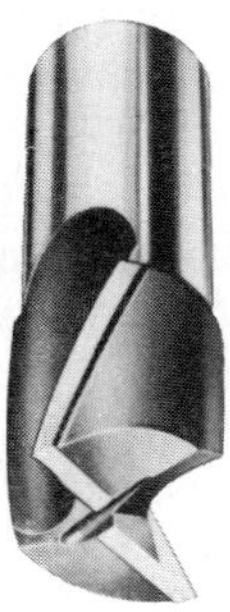

Drehmeißel aus S 10-4-3-10

Bild 43/3: Werkzeuge aus Schnellarbeitsstahl

6.4 Eisen-Gußwerkstoffe

Bauteile mit komplizierter Form, wie z. B. Hebel, Handwerkzeuge, Bartschlüssel, Maschinen- und Pumpengehäuse oder Motorblöcke, werden am wirtschaftlichsten durch Gießen hergestellt. Dazu sind besondere Werkstoffe erforderlich, die sich gut vergießen lassen: die Eisen-Gußwerkstoffe.

Die Eigenschaften der verschiedenen Eisen-Gußwerkstoffe werden im wesentlichen von ihrem Kohlenstoffgehalt bestimmt sowie von der Form, in der sich der Kohlenstoff im Gefüge ausscheidet.

Gußeisen mit Lamellengraphit (Grauguß)

Grauguß ist Eisen mit 2,6 bis 3,6 % Kohlenstoff, der als weicher, schwarzer Graphit in Form von Lamellen im Grundwerkstoff vorliegt **(Bild 44/1)**.

Die Graphitlamellen durchziehen den Gußwerkstoff mit einem feinnadeligen Geäst und bewirken durch die Kerbwirkung der Lamellen seine relativ geringe Festigkeit (100 bis 390 N/mm^2) sowie seine Sprödigkeit (Bruchdehnung ca. 1 %).

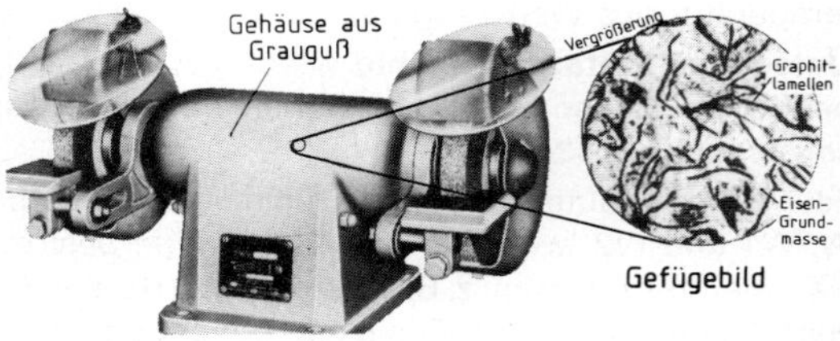

Bild 44/1: Grauguß

Die eingelagerten Graphitlamellen haben aber auch positive Auswirkungen: Der weiche Graphit der Lamellen dämpft mechanische Schwingungen und bewirkt an Verschleißflächen durch seine Gleitwirkung ausgezeichnete Gleiteigenschaften.

Grauguß wird z. B. zu dickwandigen Maschinengehäusen, zu Werkzeugmaschinenbetten und zu dickwandigen Rohren vergossen. Sie dürfen keiner stoßartigen oder hohen Belastung ausgesetzt werden.

Beispiele für Graugußwerkstoffe: **GG-20** (Grauguß mit rund 200 N/mm^2 Zugfestigkeit), **GG-170 HB** (Grauguß mit Härte 170 HB). Der Name Grauguß gründet sich auf das graue Aussehen der Bruchfläche.

Durch Zusatz von Calcium und Silicium zur Grauguß-Schmelze kann eine feinnadeligere Ausscheidung der Graphitlamellen erreicht werden. Dadurch werden die mechanischen Eigenschaften wesentlich verbessert. Diese Gußart heißt **Meehanite-Guß.** Er wird für höher belastete Teile verwendet.

Vergießt man Gußeisen in nasse Sandformen oder mit Stahlschalen ausgekleidete Gußformen, so kühlt sich das Gußeisen in der Randschicht schnell ab. Es entsteht eine harte Randschicht, in der sich der Kohlenstoff als hartes Eisenkarbid Fe_3C ausscheidet. Diese Gußart wird **Hartguß** genannt.

Gußeisen mit Kugelgraphit (Sphäroguß)

Sphäroguß ist Gußeisen mit kugelförmiger Graphitausscheidung im Gefüge **(Bild 44/2)**.

Diese Form der Ausscheidung erreicht man durch Zulegieren von Magnesium zur Gußschmelze. Die kugelförmigen Graphiteinschlüsse haben eine geringere Kerbwirkung als die Graphitlamellen, so daß die Festigkeit und die Verformbarkeit von Sphäroguß wesentlich höher ist. Festigkeit: 400 bis 800 N/mm^2, Bruchdehnung: 2 bis 15 %.

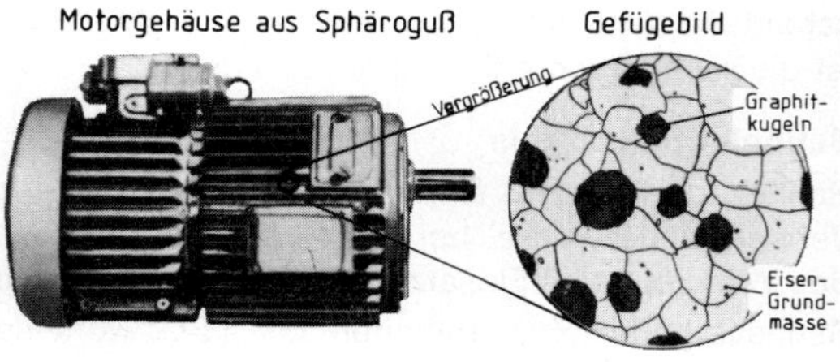

Bid 44/2: Gußeisen mit Kugelgraphit (Sphäroguß)

Sphäroguß ist zäh und schlagfest. Die Gleitfähigkeit ist ähnlich gut wie bei Grauguß, die Schwingungsdämpfung ist allerdings vermindert.

Sphäroguß wird zu Gußteilen verarbeitet, die erhöhter Belastung sowie Schlag und Stoß ausgesetzt sind: Motorengehäuse, Walzen usw. Das Kurzzeichen von Sphäroguß ist **GGG-**. Beispiel: **GGG-45.**

Austenitisches Gußeisen

Austenitisches Gußeisen ist legiertes Gußeisen mit austenitischem Grundgefüge und Lamellen- oder Kugelgraphitausscheidung. Es enthält neben 2,5 bis 3 % Kohlenstoff, 12 bis 36 % Nickel sowie Anteile an Chrom, Mangan, Silicium und teilweise Kupfer.

Es hat ausgezeichnete Korrosionsbeständigkeit, hohe Warmfestigkeit und Kaltzähigkeit. Bevorzugtes Anwendungsgebiet sind Pumpen- und Ventilgehäuse, Laufräder sowie Motorabgasleitungen.

Temperguß

Temperguß ist durch spezielle Glühbehandlungen (Tempern) zäh gemachtes Gußeisen.

Aus Temperguß werden kleine Gußteile, wie Hebel, Bartschlüssel, Schloßteile und Werkzeugteile hergestellt **(Bild 45/1)**.

Es gibt zwei Sorten von Temperguß, die nach der Art der Glühbehandlung **Entkohlend geglühter Temperguß** (Weißer Temperguß) oder **Nicht entkohlend geglühter Temperguß** (Schwarzer Temperguß) genannt werden. Ihr Kurzzeichen ist GTW- bzw. GTS-. Beispiel: **GTW-40-05** (Zugfestigkeit $\approx 400\ N/mm^2$, 5% Bruchdehnung).

Bild 45/1: Werkzeuge aus Temperguß

Ausgangsstoff für Tempergußteile ist eine Eisenschmelze mit rund 3 % Kohlenstoff, 1 % Silicium und 0,5 % Mangan. Beim Vergießen zu den kleinen Gußteilen erstarrt die Schmelze schnell. Der Kohlenstoff scheidet sich chemisch gebunden als hartsprödes Eisenkarbid Fe_3C aus **(Bild 45/2)**. Dieser Temperrohrguß ist hart-spröde und technisch unbrauchbar.

Zur Herstellung von **Weißem Temperguß** werden die Gußstücke aus Temperrohguß mehrere Tage in sauerstoffhaltiger Ofenatmosphäre geglüht. Dabei reagiert der Kohlenstoff des Eisenkarbids (Fe_3C) im Gußteil mit Luftsauerstoff zu CO_2-Gas, das durch feinste Poren aus dem Gußteil ausgast. Es entsteht ein kohlenstoffarmer Werkstoff mit Perlit- und Ferrit-Gefüge **(Bild 45/2,** oben). Er hat stahlähnliche Eigenschaften.

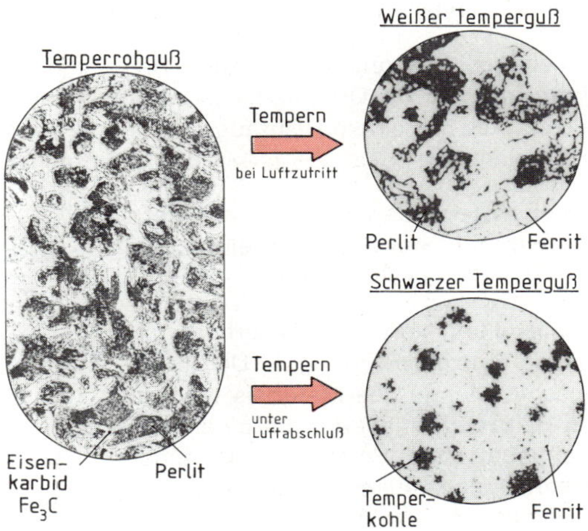

Bild 45/2: Gefügeumwandlung beim Tempern

Schwarzen Temperguß stellt man durch Glühen von Temperrohguß in inerter Atmosphäre (sauerstofffrei) her. Der chemisch gebundene Kohlenstoff im Eisenkarbid scheidet sich durch langandauerndes Glühen als rundliche Flocken, *Temperkohle* genannt, aus **(Bild 45/2,** unten). Die Werkstoff-Grundmasse ist kohlenstoffarm (Ferrit, wenig Perlit), der Werkstoff hat stahlähnliche Eigenschaften.

Stahlguß

Stahlguß ist in Formen gegossener Stahl.

Durch Normalglühen der Gußstücke erhält er das Gefüge und die Eigenschaften von Stahl: Hohe Festigkeit (370 bis 690 N/mm^2) und Zähigkeit (Bruchdehnung 8 bis 25 %).

Wie die Stähle kann auch Stahlguß vergütet und geschweißt werden. Bei besonderen Anforderungen an die Festigkeit oder Korrosionsbeständigkeit wird legierter Stahlguß verwendet.

Aus Stahlguß werden Werkstücke hergestellt, die hohen mechanischen Belastungen ausgesetzt sind: Turbinenräder, Verdichtergehäuse, Hochdruckrohre, Chemiearmaturen **(Bild 45/3)**.

Das Kurzzeichen ist **GS-**. Beispiele: **GS-70, GS-17 CrMo 5 5.**

Näheres zu Eisen-Gußwerkstoffen im Tabellenteil Seite 195.

Bild 45/3: Turbinenlaufrad aus hochlegiertem Stahlguß

Wiederholungsfragen:

1. **Welche Bauteile werden aus Vergütungsstahl gefertigt?**
2. **Welche Eigenschaften hat ein fertiges Bauteil aus Einsatzstahl?**
3. **Welche Zusätze enthalten die Automatenstähle?**
4. **Welche Legierungselemente enthalten die Schnellarbeitsstähle und woraus besteht ihre Kurzbezeichnung?**
5. **Weshalb ist Grauguß hartspröde, Sphäroguß und Temperguß zäh und schlagfest?**

7 Halbzeuge und Fertigerzeugnisse

Der Stahlverwender verarbeitet die Werkstoffe überwiegend in Form der Halbzeuge und Fertigerzeugnisse. Ihre Formen wurden aus den Anforderungen der Praxis und der Festigkeitslehre entwickelt.

Ein Teil der Halbzeuge und Fertigerzeugnisse ist genormt. Daneben gibt es eine Vielzahl nicht genormter Halbzeuge und Fertigerzeugnisse der verschiedenen Hersteller.

Die genauen Maße der genormten Halbzeuge und ihre Größenabstufungen sowie die verwendeten Werkstoffe, Oberflächenqualitäten und Behandlungszustände sind in DIN-Normen festgelegt. Sie können dem jeweiligen DIN-Blatt entnommen werden. Für die nicht genormten Fertigerzeugnisse gibt es Vereinbarungen der Hersteller über Form, Größenstufungen, Werkstoffe und Lieferzustände. Sie müssen einer Herstellerliste entnommen werden bzw. können beim Hersteller erfragt werden.

Zur genauen Benennung genormter Halbzeuge oder Fertigerzeugnisse bedient man sich einer **Kurzbezeichnung**, die im DIN-Blatt des entsprechenden Halbzeugs bzw. Fertigerzeugnisses angegeben ist. Sie setzt sich aus einem Halbzeugsymbol oder Halbzeugkurznamen, der DIN-Nummer und der Werkstoffkurzbezeichnung (Seite 28) sowie den Hauptabmessungen zusammen.

Die nebenstehenden Beispiele erläutern die Kurzbezeichnung anhand eines Profilstahls und eines Flachstahls.

Die Bestellung von Material erfolgt mit dieser Kurzbezeichnung. Die gewünschte Menge des Materials wird, je nach Halbzeug, entweder mit einer Längenangabe, einer Stückzahl oder einer Massenangabe ausgedrückt. Auch im Schriftfeld oder der Stückliste von Bauteilzeichnungen ist das zu verwendende Material mit der Kurzbezeichnung beschrieben.

	Halbzeugsymbol bzw. Kurzname	DIN-Nummer	Werkstoff-Kurzbezeichnung	Hauptabmessungen
Beispiel:	**IPB-Profil**	**DIN 1025** –	**St 37-2** –	**IPB 180**
	Breiter I-Träger IPB-Reihe	gemäß DIN 1025	Werkstoff: St 37-2	Steghöhe 180 mm
Beispiel:	**Flach**	**DIN 1017** –	**1.0112** –	**50 × 10**
	Warmgewalzter Flachstahl	gemäß DIN 1017	Werkstoff: 1.0112 ≙ WSt 37-2	50 mm breit 10 mm dick

Nicht genormte Fertigerzeugnisse sind gemäß den Material- und Bestellisten der Hersteller zu bestellen. In Zweifelsfällen oder bei Sonderwünschen sind diese anhand einer Skizze zu erläutern.

Die Halbzeuge und Fertigerzeugnisse werden von den Stahlwerken oder stahlverarbeitenden Betrieben auf Lager gefertigt und können vom Besteller im Stahlfachhandel nach Bestelliste kurzfristig bezogen werden **(Bild 46/1)**. Als Werkstoff dienen überwiegend die allgemeinen Baustähle (Seite 35).

Bild 46/1: Halbzeuge

Die folgenden Seiten geben einen Überblick über gängige Halbzeuge und Fertigerzeugnisse. Ihre Größenabstufungen, Massen und Festigkeitskennwerte finden sich im Tabellenteil, Seite 196 bis 209.

7.1 Stabstähle

Stabstähle sind genormte Fertigerzeugnisse in Stabform. Ihr Querschnitt kann kreisförmig, halbkreisförmig, quadratisch, rechteckig, sechseckig, achteckig sein. Auch kleiner **U**-, **L**-, **Z**-, **T**- und **I**-Stahl mit Höhen unter 80 mm gehört zu den Stabstählen. Stabstähle sind warmgewalzt (DIN 1013 bis DIN 1029), als auch blank geschält bzw. geschliffen (DIN 174 bis DIN 178 und DIN 668 bis DIN 671) im Handel. Die Maße, Gewichte, zulässigen Abweichungen und die statischen Kennwerte sind in den DIN-Normblättern zu finden (siehe Tabellenteil Seite 196 bis 199).

Rundstahl (DIN 1013, warmgewalzt)	**Vierkantstahl** (DIN 1014, warmgewalzt)	**Sechskantstahl** (DIN 176, blank)	**Flachstahl** (DIN 1017, warmgewalzt)
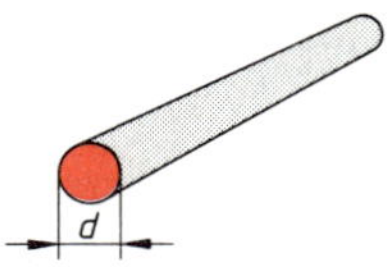	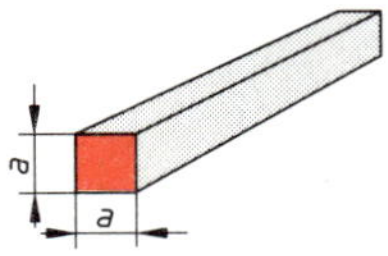	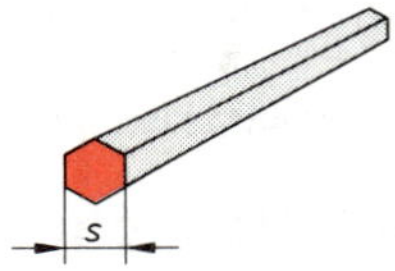	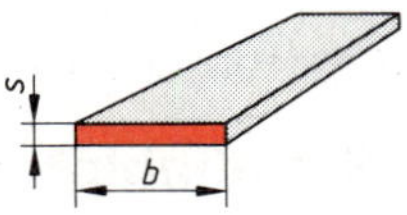
z. B. Rundstahl, 20 mm Durchmesser, **Rund DIN 1013–USt 37-2–20**	z. B. Vierkantstahl, 24 mm Kantenlänge, **Vierkant DIN 1014–USt 37-2–24**	z. B. Sechskantstahl, 18 mm Schlüsselweite, **Sechskant DIN 176–9SMn28–18**	z. B. Flachstahl, *b* = 50 mm, *s* = 16 mm, **Flach DIN 1017–1.0112–50 × 16**
T-Stahl warmgewalzter, rundkantiger T-Stahl, DIN 1024 (hochstegig)	**Z-Stahl** warmgewalzter, rundkantiger Z-Stahl, DIN 1027	**Winkelstahl** warmgew., gleichschenkl. rundkant. Winkelstahl, DIN 1028	**U-Stahl** warmgewalzter, rundkantiger U-Stahl, DIN 1026
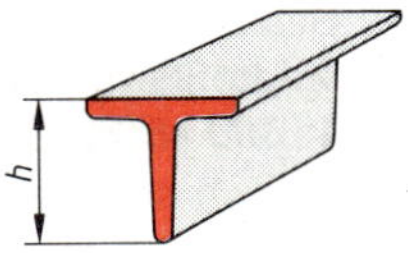	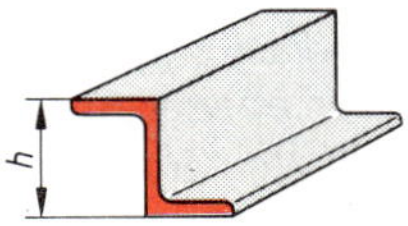	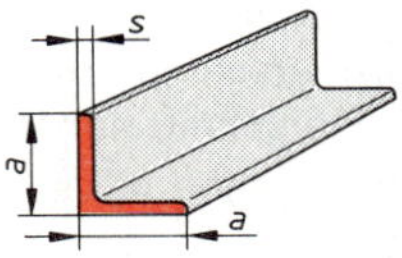	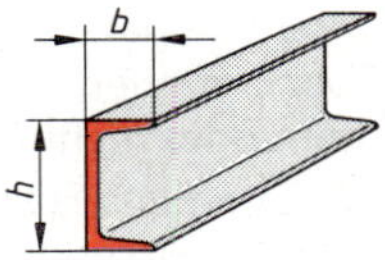
z. B. **T-Profil DIN 1024–St 37-2–T80**	z. B. **Z-Profil DIN 1027–1.0112–60**	z. B. **Winkel DIN 1028–USt 37-2–40 × 5**	z. B. **U-Profil DIN 1026–St 37-2–40 × 20**

7.2 Formstähle, Träger

Formstähle sind genormte, warmgewalzte Fertigerzeugnisse in Profilform (siehe untere Bildleiste). Zu den Formstählen gehören z. B. die verschiedenen I-Stähle, auch **Träger** genannt, mit schmalen, mittelbreiten und breiten Flanschen. Die inneren Flanschflächen können geneigt oder parallel sein. Träger sind das wichtigste Halbzeug im Bauwesen. Aus ihnen wird das Tragwerk ganzer Bauwerke im Hochbau zusammengefügt **(Bild 47/1)**.

Ebenfalls zu den Formstählen gehören U-Stahl, T-Stahl, Z-Stahl und Winkelstahl mit einer Höhe über 80 mm. Maße und Kennwerte der Formstähle und Träger im Tabellenteil Seite 197 bis 201.

Bild 47/1: Träger im Stahlhochbau

Schmale I-Träger Mit geneigten inneren Flanschflächen, I-Reihe, nach DIN 1025, Blatt 1	**Mittelbreite I-Träger** mit parallelen Flanschflächen, IPE-Reihe, (Europaträger) nach DIN 1025, Blatt 5	**Breite I-Träger** mit parallelen Flanschflächen, IPB-Reihe, nach DIN 1025, Blatt 2	**Halbierte I-Träger** z. B. halbierte breite I-Träger mit parallelen, Flanschflächen nach DIN 1025, Blatt 2
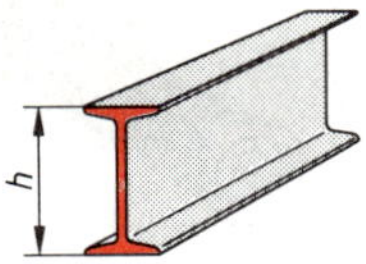	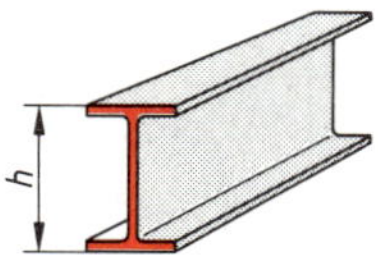	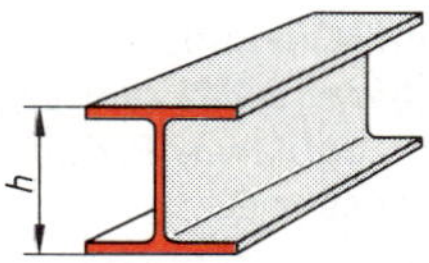	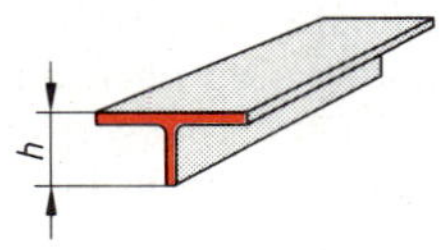
z. B. **I-Profil DIN 1025**	z. B. **IPE-Profil DIN 1025**	z. B. **IPB-Profil DIN 1025**	z. B. **$^1/_2$ IPB-Profil DIN 1025**

7.3 Wabenträger

Wabenträger werden aus zahnstangenförmig getrennten I-Trägern hergestellt **(Bild 48/1)**. Die beiden Hälften werden um eine halbe Schnitteinheit gegeneinander verschoben und an den Stegen zusammengeschweißt. Durch Einfügen von Zwischenblech kann die Bauhöhe zusätzlich vergrößert werden. Wabenträger sind leichter als I-Träger gleicher Bauhöhe, bei annähernd gleicher Tragfähigkeit. Die Durchbrüche können für Installationsleitungen genutzt werden.

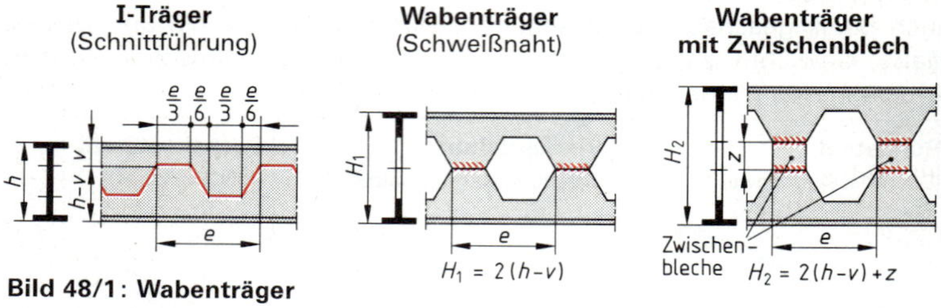

Bild 48/1: Wabenträger

7.4 Stahlhohlprofile und Stahlrohre

Stahlhohlprofile sind Hohlprofile mit kreisförmigem, quadratischem, rechteckigem oder ähnlich geformtem Querschnitt, die im Stahlbau statisch-konstruktiv verwendet werden **(Bild 48/2)**.

Die Bauteile von Rohrleitungen bezeichnet man im Gegensatz dazu als Rohre.

Stahlhohlprofile sind die bevorzugten Konstruktionselemente für den Leichtbau. Die geschlossene Mantelfläche bedingt eine hohe Verdrehsteifigkeit und eine minimale Angriffsfläche für Korrosion.

Das runde Stahlhohlprofil wird vor allem wegen seines nach allen Seiten gleich großen Trägheitsmomentes und seiner Torsionssteifigkeit als Druckstab eingesetzt. Bei überwiegender Beanspruchung in einer Ebene können ovale Rohrquerschnitte noch höhere Belastungen tragen. Die Hohlprofile mit quadratischem oder rechteckigem Querschnitt haben die Vorteile ebener Anschlußflächen **(Bild 48/3)**.

Konstruktionen aus Hohlprofilen ergeben in Verbindung mit Hohlprofilbögen (z. T. genormt) sehr leicht und dekorativ wirkende Bauwerke.

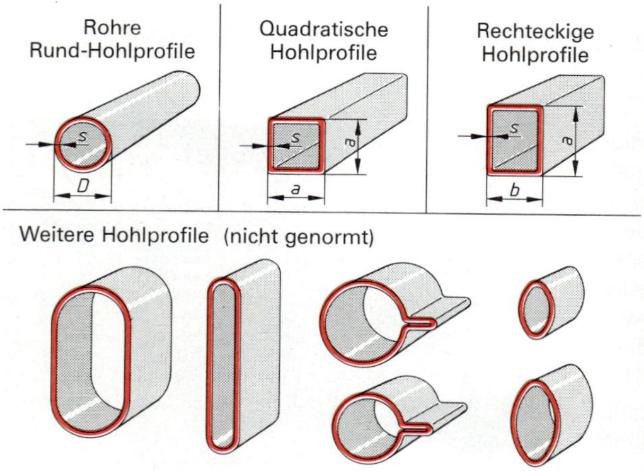

Bild 48/2 : Stahlhohlprofile

Bild 48/3: Kranturm aus Hohlprofil

Stahlrohre. Für gas- oder flüssigkeitsführende Rohrleitungssysteme werden warmgefertigte, nahtlose und geschweißte Stahlrohre, kaltgefertigte Präzisionsstahlrohre sowie Gewinderohre eingesetzt.

Warmgefertigte Stahlrohre und Gewinderohre für Rohrleitungen sind nach der **Nennweite DN** (annähernd der innere Durchmesser) gestuft, zugblanke Präzisionsstahlrohre nach dem Außendurchmesser D.

Eine Auswahl von Stahlrohren und Stahlhohlprofilen befindet sich im Tabellenteil, Seite 202 und 203.

Nahtlose und geschweißte Stahlrohre nach DIN 2448 u. 2458	**Gewinderohre** nahtlos oder geschweißt nach DIN 2440 u. 2441
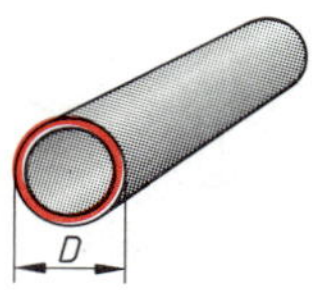	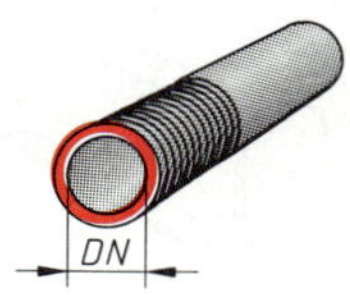

7.5 Flacherzeugnisse aus Stahl

Zu den Flacherzeugnissen gehören Breitflachstahl, Bandstahl, Bleche mit glatter Oberfläche und eingewalzten Mustern (Belagbleche) sowie Lochbleche.

Breitflachstahl und **Bleche** sind Erzeugnisse in ebenen Tafeln mit rechteckiger oder quadratischer Form **(Bild 49/1).** Die Breite von Breitflachstahl ist größer als 150 mm, die kleinste Dicke 4,76 mm. Bei den **Blechen** unterscheidet man nach der Dicke Feinstbleche (unter 0,5 mm), Feinbleche (0,5 bis 3,0 mm), Mittelbleche (3,0 bis 4,75 mm) und Grobbleche (über 4,75 mm).

Bild 49/1: Flacherzeugnisse aus Stahl

Bandstahl wird unmittelbar nach dem Walzen zu einer Rolle aufgewickelt und in dieser Form geliefert.

Bleche mit eingewalztem Muster (Belagbleche)

Belagbleche erhalten auf ihrer Oberfläche eine geringfügige Profilierung. Sie verleiht den Blechen eine griffige, trittfeste Oberfläche **(Bild 49/2).** Die Herstellung der Belagbleche erfolgt aus warmgewalztem Blech durch eine abschließende Prägewalze. Die gängigsten Belagbleche sind Riffelbleche und Tränenbleche.

Lochplatten

Lochplatten, auch gelochte Bleche oder Lochbleche genannt, sind Bleche mit gestanzter, regelmäßiger Lochung. Eine Vielzahl von Lochformen und Lochanordnungen wird von den Herstellern angeboten. Die Lochung kann bis zum Rand gehen oder einen Randstreifen frei lassen. Spezielle Ausführungen sind auf Wunsch lieferbar.

Flacherzeugnisse gibt es in warmgewalztem Zustand, die dünneren Bleche und Blecherzeugnisse auch kaltgewalzt, blank und oberflächenveredelt durch Verzinken, Verkupfern, Lackieren und Kunststoffbeschichten. Eine Auswahl gebräuchlicher Flacherzeugnisse befindet sich im Tabellenteil, Seite 206.

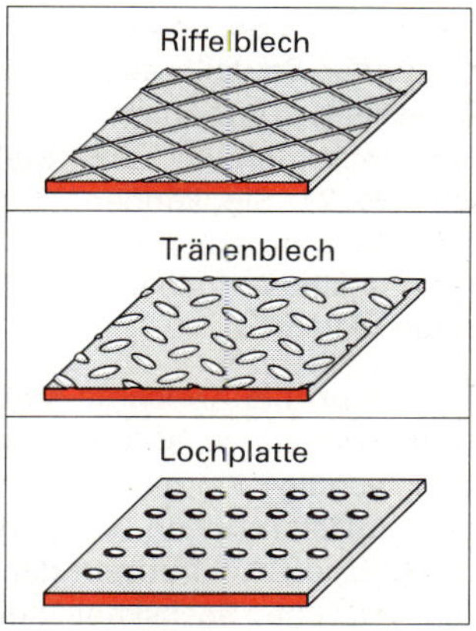

Bild 49/2: Belagbleche und Lochplatten

7.6 Profilbleche

Die gebräuchlichsten Profilbleche sind Trapezprofilbleche. Außerdem gibt es Wellbleche und Pfannenbleche **(Bild 49/3).** Sie bestehen aus beidseitig verzinktem Stahlblech mit oder ohne zusätzlicher Kunststoffbeschichtung. Zahlreiche Blechdicken und Profilformen werden hergestellt (Seite 207). Sie werden im Hochbau als Bauteile für Dächer, Decken und Wände verwendet **(Bild 49/4).**

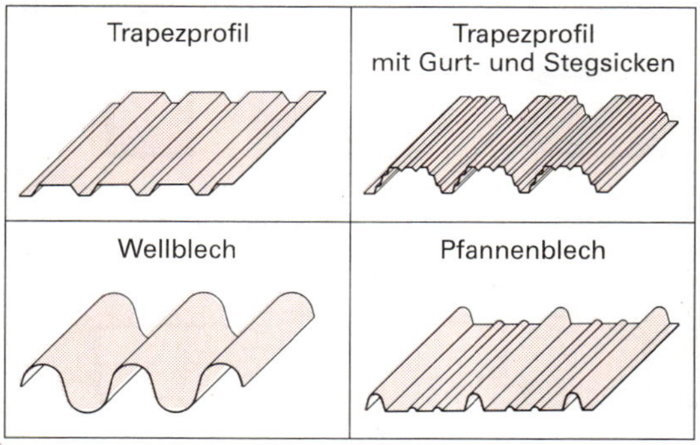

Bild 49/3: Profilbleche

Bild 49/4: Dacheindeckung mit Trapezprofilblech

7.7 Kaltprofile

Kaltprofile werden aus Bandstahl durch Profilwalzen (Walzprofile) oder durch Abkanten (Abkantprofile) kalt geformt. Im Gegensatz zu den Formstählen haben Kaltprofile eine nahezu gleichbleibende Wanddicke im gesamten Querschnitt **(Bild 50/1)**.

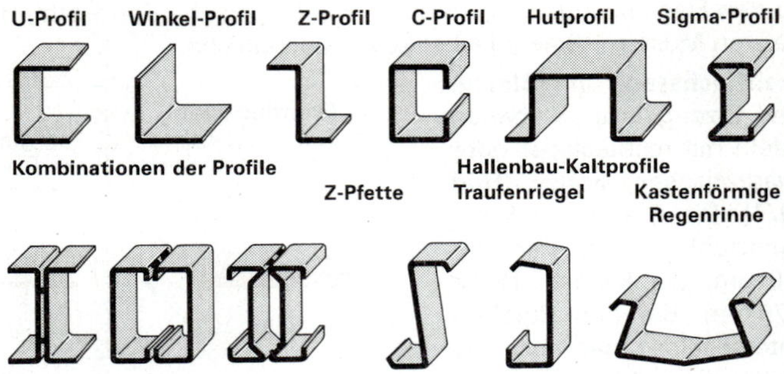

Bild 50/1: Kaltprofilformen

Die Kaltprofile sind in ihrer Form, den Abmessungen und den Querschnittswerten nicht genormt. Eine Reihe von Herstellern liefern Kaltprofile für verschiedenste Anwendungen. Die technischen Lieferbedingungen und die zulässigen Maßabweichungen sind in DIN 17 118 und DIN 59 413 festgelegt.

Zur Erhöhung der Tragfähigkeit können mehrere Kaltprofile kombiniert bzw. verdoppelt werden (Bild 50/1). Die Schweißung tragender Bauteile aus Kaltprofilen macht eine baubehördliche Zulassung erforderlich.

Kaltprofile finden als Stahlleichtbauelemente Verwendung **(Bild 50/2)**. Sie können jedoch nicht nur statische Aufgaben übernehmen, sondern durch ihre Form zugleich auch zusätzliche Funktionen haben, z. B. als Pfette, Traufelriegel oder Regenrinne (Bild 50/1).

Bild 50/2: Dachkonstruktion aus Sigma-Kaltprofil

Systemprofile (Gelochte Kaltprofile)

Systemprofile, auch Selbstbauprofile genannt, sind stabförmige, dünnwandige Kaltprofile aus Stahl, die in regelmäßigen Abständen Ausstanzungen enthalten. Systemprofile sind nicht genormt. Die Grundformen der Profile sind: Flach, U, L und C sowie Vierkant-, Sechskant- oder Achtkant-Hohlprofile **(Bild 50/3)**. Die Ausstanzungen sind Rund-, Rechteck- oder Langlöcher. Jeder Hersteller hat ein eigenes Lochbild (Tabellenteil Seite 207).

Die Systemprofile werden mit Schrauben und Muttern zu variablen Leichtbau-Konstruktionen verbunden, z. B. zu Regalen oder Gerüsten.

Bild 50/3: Systemprofile

7.8 Rahmen-Hohlprofile (RP-Profile) für Fenster, Türen, Geländer

Rahmen-Hohlprofile sind geschlossene Profile mit einer gleich dicken, im Verhältnis zum Profilquerschnitt geringen Wandstärke **(Bild 50/4)**. Sie werden entweder aus Bandstahl durch Kaltumformen, Schweißen und abschließendem Kaltwalzen oder durch Kaltziehen von Rohren hergestellt. Sie werden zugblank oder feuerverzinkt geliefert.

Rahmen-Hohlprofile sind bislang nicht genormt. Es gibt sie in vielfacher Ausführung von einer Reihe von Herstellern. Bild 50/4 und Seite 207 im Tabellenteil zeigt eine kleine Auswahl. Durch ihre, auf den speziellen Anwendungszweck, abgestimmten Querschnittformen können alle beliebigen Fenster- und Türkonstruktionen gefertigt werden.

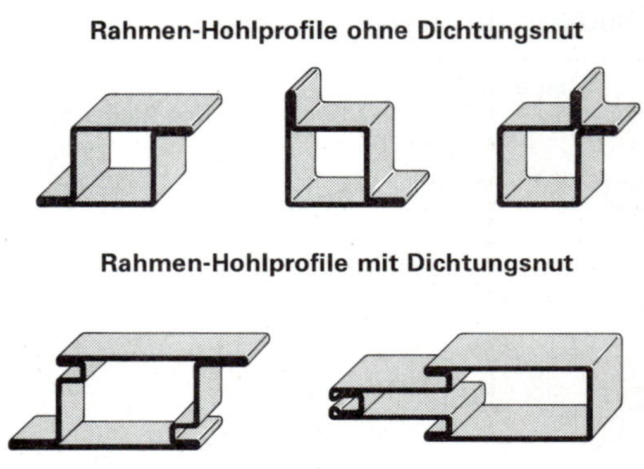

Bild 50/4: Rahmen-Hohlprofile

Thermisch getrennte Rahmen-Hohlprofile

Sie bestehen aus zwei passenden Rahmen-Hohlprofilhälften **(Bild 51/1)** und werden mittels Kunststoff-Verbindungsstücken zu einem Rahmen zusammengekuppelt **(Bild 51/2)**. Der Spalt zwischen beiden Rahmenhälften wird durch zwei umlaufende Dichtleisten geschlossen.

Stahl-Fenster bzw. Stahl-Türen aus thermisch getrennten Rahmen-Hohlprofilen **(Bild 51/3)** erfüllen die Forderungen der Wärmeschutzvorschriften.

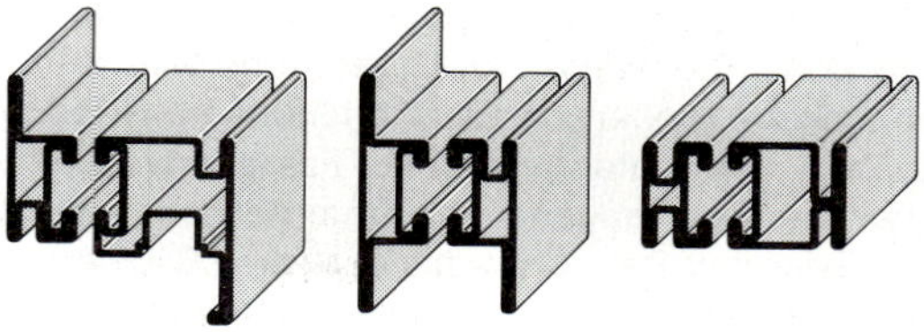

Bild 51/1: Thermisch getrennte Rahmen-Hohlprofile

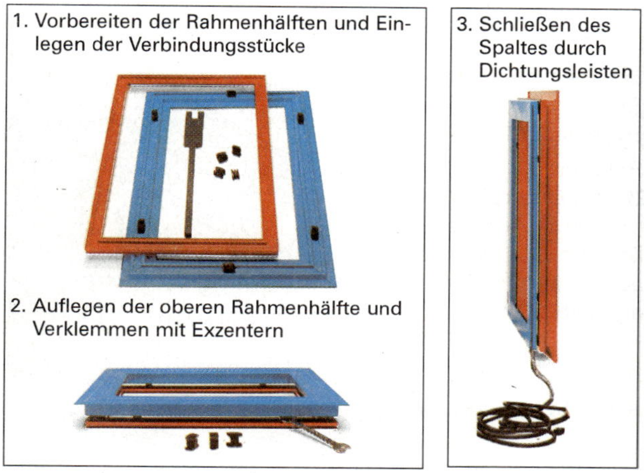

Bild 51/2: Montage eines thermisch getrennten Rahmens

Bild 51/3: Fenster mit thermisch getrenntem Stahlrahmen

Rahmenprofile für Stahltore

Diese Rahmenprofile **(Bild 51/4)** erfüllen die an sie gestellten Anforderungen bezüglich Verwindungssteifigkeit, leichtem Einschweißen von Füllstäben und ansprechender Optik. Auch gebräuchlich als Stahltor-Rahmen sind Quadrat- oder Rechteck-Hohlprofile.

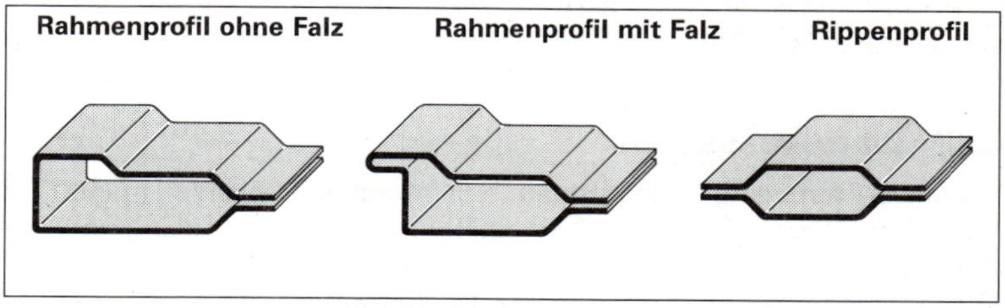

Bild 51/4: Rahmen-Hohlprofile für Stahltore

Profile für Brückengeländer (Bild 51/5)

Hohlprofile für Brückengeländer gibt es als geschlossenes Hohlprofil sowie als zweiteiliges offenes Profil, das mit Schrauben zum Geländer gefügt wird

Das geschlossene Profil besitzt große Steifigkeit. Der Vorteil des offenen Profils ist die Möglichkeit, elektrische Leitungen, z. B. für die Beleuchtung, im Untergurt verlegen zu können.

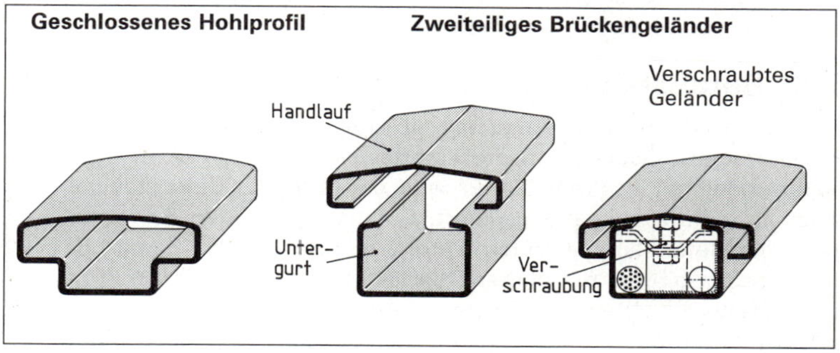

Bild 51/5: Brückengeländer-Hohlprofile

7.9 Ankerschienen

Ankerschienen sind einseitig offene Profile mit Hakenprofil **(Bild 52/1)**. Sie werden an Decken und Wänden montiert. Mit Hilfe von Ankern können daran Rohrleitungen, Heizungs- und Lüftungskanäle, Beleuchtungskörper, Fassadenverkleidungen, Gerüste, Arbeitsbühnen, abgehängte Unterdecken usw. befestigt werden. Die Fixierung der Ankerschiene am Bauwerk erfolgt entweder durch Einbetonieren oder durch Aufdübeln mit speziellen Befestigungsankern am Mauerwerk. Anker und Ankerschiene sind meist feuerverzinkt oder aus Edelstahl (Seite 208).

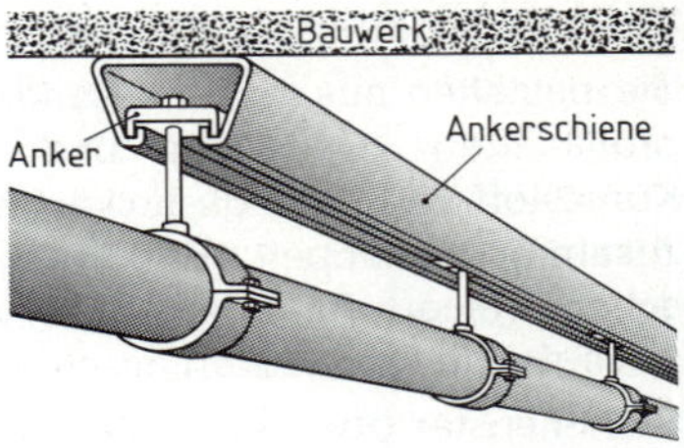

Bild 52/1: Rohrbefestigung mit Ankerschiene

7.10 Gitterroste

Gitterroste werden in Betriebsgebäuden und Anlagen für Treppenstufen, Arbeitsbühnen, Stege und Abdeckungen verwendet, wenn Lichtdurchlässigkeit oder freie Durchsicht gefordert ist.

Gitterroste bestehen aus einem rechteckigen Rahmen, in den Tragstäbe hochkant eingeschweißt sind **(Bild 52/2)**. Als Querstäbe dienen verdrillte Vierkantstäbe oder Rechteckstäbe, die in Aussparungen der Tragstäbe eingepreßt und verschweißt sind. Üblicher Korrosionsschutz ist das Verzinken. Neben Quadrat- und Rechteckrosten gibt es Rauten-, Trapez- und Wabengitter (Seite 208).

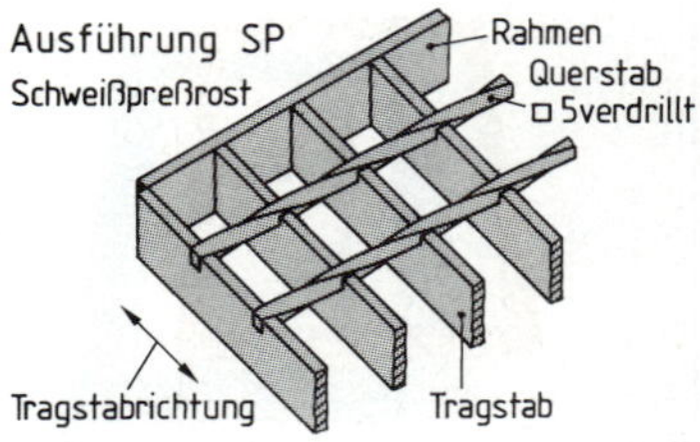

Bild 52/2: Gitterrost

7.11 Streckgitter

Streckgitter (Streckmetall) ist ein gitterartiges Flacherzeugnis aus Stahl **(Bild 52/3)**.

Die Herstellung von Streckgitter geht von dünnen Blechtafeln oder Blechbändern aus. Sie werden mit dichten Reihen von versetzten Schnitten versehen und dann gestreckt. Dadurch werden die Schnitte zu rautenförmigen Öffnungen aufgezogen.

Streckgitter hat eine relativ geringe Formsteifigkeit. Es wird als Träger für schalldämmende und wärmeisolierende Stoffe, als Raumteiler, als Dekorationsmaterial sowie als Putzträger verwendet.

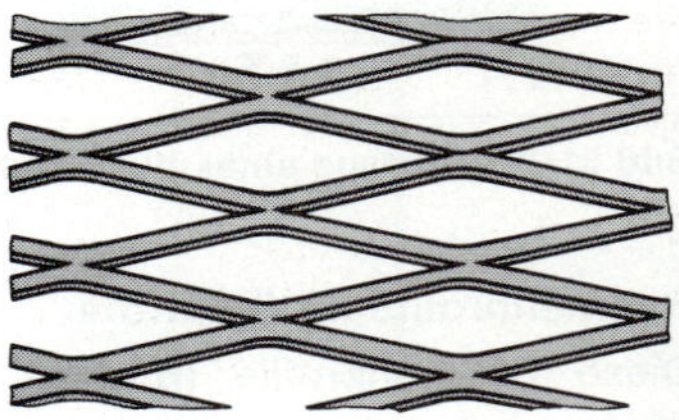

Bild 52/3: Streckgitter

7.12 Wandkassetten

Wandkassetten sind einbaufertige, nichttragende Wandelemente mit hoher Wärmedämmung. Sie bestehen aus einer beidseitig verzinkten Deckschale aus Stahlblech und einer wärmedämmenden Füllung aus Polyurethan-Hartschaum (Seite 209). An den Seiten besitzen sie ein passendes Nut/Feder-System, so daß sie zu Wänden beliebiger Länge zusammengesetzt werden können **(Bild 52/4)**. In die Nut sind elastische Dichtungsbänder eingeklebt, die bei der Montage zusammengedrückt werden und eine fugendichte Wand ergeben. Sie werden in den gängigen Wandhöhen geliefert.

Bild 52/4: Wandkassetten-Montage

7.13 Betonstabstahl und Betonstahlmatten

Betonstabstahl ist ein Stabstahl mit kreisförmigem oder nahezu kreisförmigem Querschnitt, der zur Bewehrung von Beton (Stahlbeton) geeignet ist (Seite 39). Er wird entweder als Betonstabstahl oder als Betonstahlmatte geliefert. Daraus werden die Bewehrungen der Betonbauteile durch Verdrahten zusammengestellt. Betonstabstahl gibt es mit glatter Oberfläche sowie profiliert und gerippt (Seite 208). Betonstahlmatten bestehen aus zwei sich rechtwinklig kreuzenden Scharen von Stahlstäben, die durch Punktschweißen miteinander verbunden sind **(Bild 52/5)**.

Bild 52/5: Betonstahlmatten:

7.14 Draht und Drahterzeugnisse

Ausgangsmaterial für Drahterzeugnisse ist Walzdraht, der durch Kaltziehen zu Stahldraht verarbeitet wird. Daraus werden eine Fülle von Drahterzeugnissen hergestellt.

Stahldrahtseile bestehen aus einer oder mehreren Litzen **(Bild 53/1)**. Jede Litze ist aus mehreren Drähten gewickelt. Bei Drahtseilen aus mehreren Litzen sind die Litzen schraubenförmig um einen Kerndraht angeordnet. Stahldrahtseile dienen der Aufnahme von Zugkräften, z. B. als Brückenseile, Abspannseile usw.

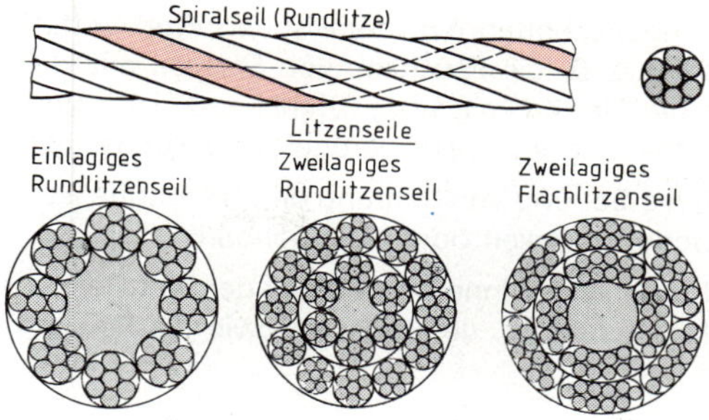

Bild 53/1: Stahldrahtseile

Rundstahlketten bestehen aus ineinander verhakten Kettengliedern (Seite 209). Sie dienen bei Hebezeugen, Baggern und Kränen zum Heben von Lasten sowie bei Schiffen zum Befestigen mit „Spiel".

Drahtgeflechte und **Drahtgewebe** sowie **Gittermatten** aus Stahldraht finden Verwendung als Bespannungen für Zäune und Gitter sowie als Berührungsschutz an Maschinen. Sie werden in verschiedenen Flechtarten und Gewebestrukturen sowie als punktgeschweißte Gittermatten hergestellt **(Bild 53/2)**. Als Werkstoff dient kohlenstoffarmer Stahl. Der gezogene Draht kann blank, verzinkt und kunststoffummantelt sein.

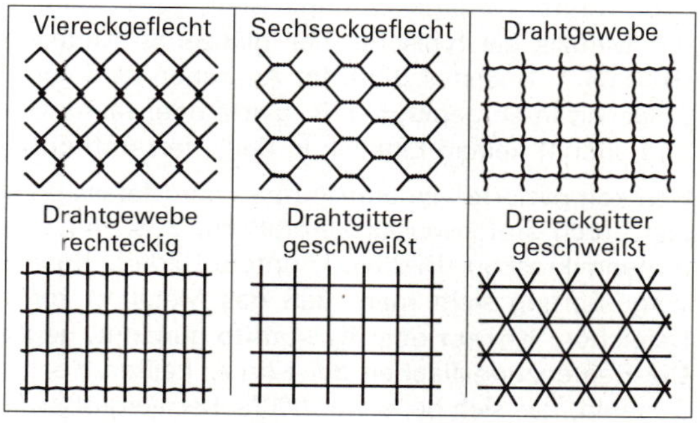

Bild 53/2: Drahtgeflechte und Gittermatten

7.15 Schmiedeeiserne Zier-Bauteile

Aus schmiedeeisernen Zier-Bauelementen werden Geländer für Treppen, Balkone und Brüstungen sowie Fenstergitter, Türe, Tore und Raumteiler gefertigt **(Bild 53/3)**.

Als Vormaterial für diese Bauteile dienen die einzelnen Zier-Bauelemente (Seite 209), die durch Zurichten und Schweißen zum Bauteil gefügt werden. Die Herstellung der Zier-Bauelemente erfolgt durch Stanzen, Schmieden oder Kaltumformen meistens in weitgehend industrialisierten Spezialbetrieben, während die Fertigung des Bauteils vom Handwerksbetrieb nach den Baumaßen durchgeführt wird.

Der Werkstoff der schmiedeeisernen Zier-Bauelemente ist St 37-2.

Treppengeländer **Fenstergitter** **Gartentor**

Bild 53/3: Schmiedeeiserne Bauteile

Wiederholungsfragen

1 **Woraus besteht die Kurzbezeichnung eines genormten Halbzeugs?**
2 **Was bedeutet I 140 DIN 1025 – USt 44-2?**
3 **Welches sind die gängigsten Formstähle?**
4 **Was zählt man zu den Flacherzeugnissen?**
5 **Wodurch unterscheiden sich Kaltprofile und Formstähle in der Querschnittsform?**
6 **Wie werden Rahmen-Hohlprofile hergestellt?**
7 **Wie sind thermisch getrennte Hohlprofil-Rahmen aufgebaut?**

8 Der innere Aufbau der Metalle

Viele Eigenschaften der metallischen Werkstoffe haben ihre Ursache im inneren Aufbau der Werkstoffe. So steigt z. B. die Festigkeit von Stählen mit kleiner werdender Korngröße (Feinkornbaustahl, Seite 37) oder die Härtbarkeit eines Stahls z. B. ist abhängig von seinem Kohlenstoffgehalt und der Form der Ausscheidung im Kristallgefüge (Vergütungsstähle, Seite 40).

Auch die Be- und Verarbeitung der Werkstoffe ist vom inneren Feinbau abhängig, z. B. die Schweißbarkeit, die Schmiedbarkeit oder die Spanbarkeit.

Die Kenntnis des inneren Aufbaus der Metalle ist deshalb für den Metallverarbeiter unumgänglich, um die Werkstoffauswahl, den Einsatz sowie die Be- und Verarbeitung fachgerecht durchzuführen.

8.1 Gefüge und kristalline Struktur

Ohne Vergrößerung erscheinen die Metalle als einheitlicher Stoff ohne Untergliederung. Man sieht nach Freilegen des Metalls die typische, hell glänzende Metalloberfläche (**Bild 54/1**, oberstes Bild). Ihr Aussehen wird vom Bearbeitungsverfahren geprägt, z. B. glatte oder rauhe Oberfläche, und erlaubt keinen Einblick in den Werkstoffaufbau.

Den komplizierten inneren Aufbau der Metalle erkennt man erst durch stufenweises Vergrößern, z. B. mit einem Elektronenmikroskop (Bild 54/1, untere Bilder). Bei 1000facher Vergrößerung sieht man, daß das Metall in kornförmigen Bereichen, **Körner** oder **Kristallite** genannt, gegliedert ist. Die Begrenzungsflächen der Körner heißen **Korngrenzen**. Das Bild, das sich bei etwa 1000facher Vergrößerung bietet, nennt man das **Gefüge** des Werkstoffs.

Betrachtet man einen kleinen Ausschnitt eines Korns bei noch stärkerer Vergrößerung, z. B. 100 000fach, so erkennt man einen stufenartigen Aufbau des Metalls aus lauter ähnlich geformten Würfeln, den **Kristallen** des Metalls. Einen solchen Aufbau aus regelmäßig angeordneten Teilchen nennt man **kristalline Struktur**.

Vergrößert man die Ecke eines Kristallwürfels noch stärker, auf 10 000 000fache Vergrößerung, so erkennt man die **atomare Feinstruktur**: die kleinsten Bausteine der Metalle, die Metallionen, umgeben von einer zusammenhängenden Elektronenwolke. Die Metallionen sind in regelmäßigen Abständen und Winkeln zueinander angeordnet, wodurch sich die würfelartige Kristallform ergibt.

Das Gegenteil, einen ungleichmäßigen Feinbau, wie er z. B. bei Glas vorliegt, nennt man eine **amorphe** Struktur.

Verbindet man zeichnerisch die Mittelpunkte der Metallionen (Bild 54/1, unterstes Bild), so ergeben die Verbindungslinien ein räumliches Gitter, das man **Raumgitter** oder **Kristallgitter** nennt. Es ist gekennzeichnet durch immer gleiche Gitterabstände und Gitterwinkel.

Die kleinste Einheit eines Kristallgitters bezeichnet man als **Elementarzelle.** Sie gibt die typische Anordnung der Metallionen einer Metallart an und wird zur Kennzeichnung der verschiedenen Kristallgittertypen benutzt (Bild 55/1).

Die Entstehung der kristallinen Struktur und des Metallgefüges aus der Metallschmelze ist auf Seite 23 gezeigt.

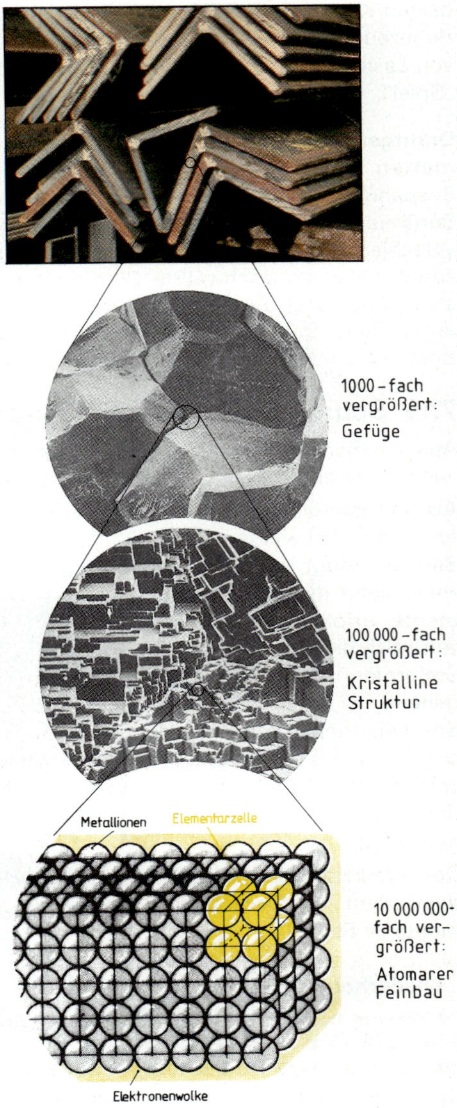

Bild 54/1: Innerer Aufbau der Metalle

8.2 Die Kristallgittertypen der Metalle

Die Metallionen der verschiedenen Metalle fügen sich in einer für jede Metallart typischen, geometrischen Anordnung zusammen. Diese sind von der Metallart und der Temperatur abhängig. Am häufigsten sind die kubisch-raumzentrierte, die kubisch-flächenzentrierte und die hexagonal dichteste Anordnung. Die grafische Darstellung der Metallionenanordnung erfolgt anhand einer Elementarzelle des Kristalls. Man zeichnet die Elementarzelle entweder mit den Ionen als Kugeln oder mit einem schematischen Strichmodell **(Bild 55/1)**.

Beim **kubisch-raumzentrierten** (krz) Kristallgitter ordnen sich die Metallionen so, daß die Verbindungslinien von Ionenmittelpunkt zu Ionenmittelpunkt einen Würfel (Kubus) bilden (Bild 55/1 oberer Bildteil). Zusätzlich befindet sich ein Ion in der Würfelmitte. Ein kubisch-raumzentriertes Kristallgitter hat z. B. Eisen bei Temperaturen unter 911 °C sowie Chrom, Wolfram und Vanadium.

Das **kubisch-flächenzentrierte** (kfz) Kristallgitter hat ebenfalls einen Würfel als Grundkörper und zusätzlich je ein Ion in der Mitte der Seitenflächen (Bild 55/1, mittlerer Bildteil). Diese Kristallform haben Aluminium, Kupfer und Nickel sowie Eisen bei Temperaturen über 911 °C.

Ein **hexagonales** (hex) Kristallgitter mit dichtester Packung besitzen die Metalle Magnesium, Zink und Titan. Bei diesem Gittertyp bilden die Ionen ein sechseckiges Prisma mit je einem Ion in der Mitte der Grundflächen sowie drei Ionen innerhalb des Prismas (Bild 55/1, unterer Bildteil).

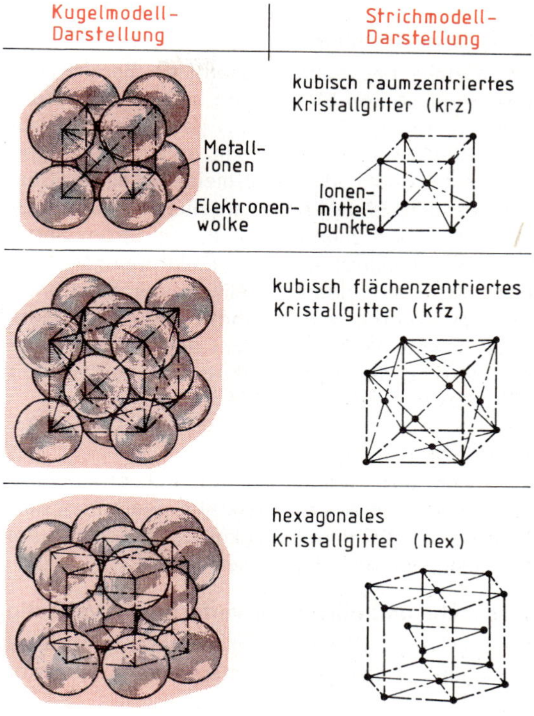

Bild 55/1: Kristallgittertypen

8.3 Der reale kristalline Aufbau

Das Raumgitter der Kristalle in Werkstoffen weist viele Abweichungen vom ideal regelmäßigen Aufbau auf. In **Bild 55/2** sind die häufigsten Gitterbaufehler in einem kubischen Raumgitter gezeigt:

Leerstelle nennt man einen nicht besetzten Gitterplatz. Ein zwischen den Gitterplätzen sich befindendes Atom heißt **Zwischengitteratom. Fremdatome** sind Atome eines anderen Elementes, die in das Kristallgitter des Grundmetalls eingefügt sind. **Versetzungen** sind linienförmige Baufehler (Bild 55/2), bei dem eine ganze Lage von Metallionen im Gitter fehlt

Gitterbaufehler bewirken Verzerrungen im Kristallgitter. Sie führen zu zusätzlichen Kräften zwischen den Metallionen. Die Folge ist eine Erhöhung der Festigkeit. Diese Wirkung ist z. B. vom Legieren her bekannt, das eine gewollte Einlagerung von Fremdatomen in das Kristallgitter des Basismaterials darstellt. Auch die Kaltverfestigung, z. B. beim Kaltwalzen, beruht auf der Vermehrung von Baufehlern. Die Verformung führt zum örtlich begrenzten Aufweiten von Kristallagen und damit zur Bildung von Leerstellen und Versetzungen.

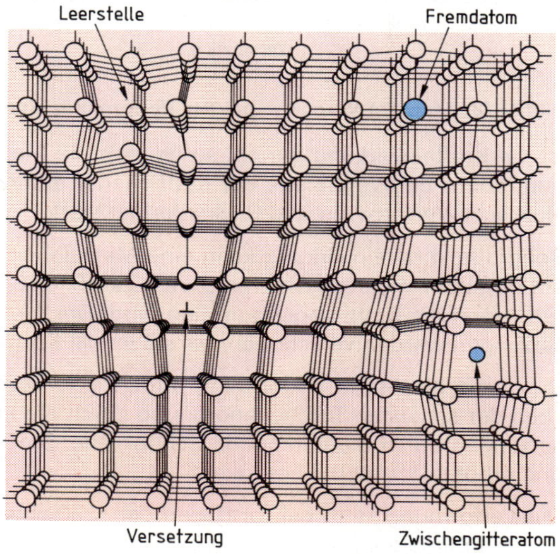

Bild 55/2: Gitterbaufehler im Kristallgitter

8.4 Kristalline Struktur und Eigenschaften

Die Bindung der Metallteilchen im Kristallverband ist die Ursache für typische Eigenschaften der Metalle, wie z. B. die gute elektrische Leitfähigkeit, die hohe Festigkeit, die elastische und plastische Verformbarkeit, die Verfestigung durch plastische Verformung und das kristalline Gefüge.

Elektrische Leitfähigkeit

Die Metalle bestehen im atomaren Bereich aus positiv geladenen Metallionen und sie umgebenden, frei beweglichen, negativ geladenen Elektronen **(Bild 56/1).** Sie umgeben und durchdringen den Metallionenverband vergleichbar einem Gas. Werden dem Metallkörper an einer Stelle zusätzlich Elektronen zugeführt, d. h. ein Strom angelegt, so verschiebt sich das „Elektronengas" und es fließen an anderer Stelle soviel Elektronen vom Metallkörper ab, wie ihm zugeführt wurden. Diese leichte Verschiebbarkeit der Elektronen ist die Ursache der guten elektrischen Leitfähigkeit der Metalle.

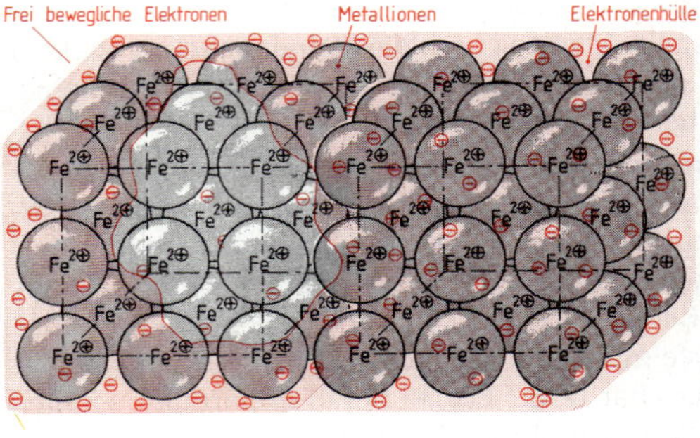

Bild 56/1: Atomare Struktur des Eisens

Festigkeit

Zwischen dem negativ geladenen Elektronengas und den positiv geladenen Metallionen wirken starke elektrostatische Anziehungskräfte. Sie halten den Metallteilchenverband zusammen und bewirken makroskopisch die hohe Festigkeit der Metalle. Gitterbaufehler verstärken durch Verspannungen zusätzlich die Festigkeit (Seite 55, Versetzungen).

Elastische und plastische Verformung, Verfestigung

Bei äußerer Krafteinwirkung auf einen Metallkörper entstehen im Kristallgitter Schubspannungen. Sie erzeugen auf gleitfähigen Gitterebenen Gleitverformungen **(Bild 56/2).**

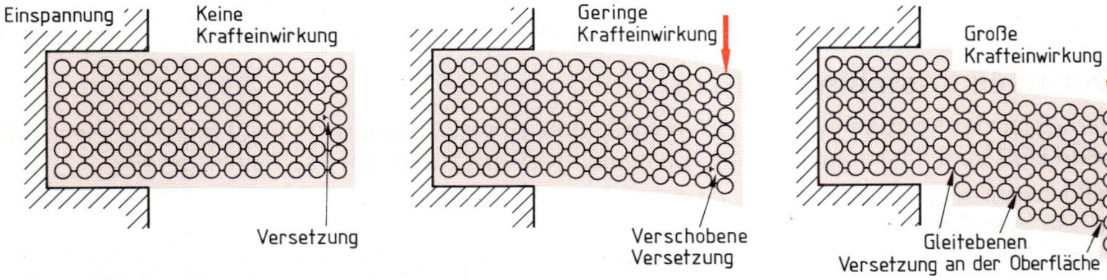

Bild 56/2: Atomare Vorgänge bei der Verformung eines Biegestabes

Ist die Krafteinwirkung gering, so werden die Metallionen nur leicht von ihrem Gitterplatz verschoben und federn bei Wegnahme der Kraft wieder in ihre Ausgangslage zurück (Bild 56/2, Mitte). Es hat eine elastische Verformung und Rückfederung stattgefunden.

Bei großer Krafteinwirkung kann eine Metallionenlage so weit verschoben werden, daß sie sprunghaft auf den benachbarten Gitterplatz verrückt (Bild 56/2, rechts). Diese neue stabile Lage bleibt auch erhalten, wenn die Kraft weggenommen wird. Der Metallkörper hat sich **plastisch verformt.** Auch die Versetzungen werden verschoben, bis sie an die Körperoberfläche gelangen.

Durch die plastische Verformung erfolgt eine **Verfestigung** des Metalls. Ursache hierfür ist das Erreichen der stabilsten Teilchenanordnung durch die Verschiebung sowie die Entstehung immer neuer Versetzungen durch die wirkenden Schubkräfte. Die Versetzungen verspannen das Kristallgitter zusätzlich und erhöhen damit die Festigkeit.

Die Verformung kann bei fortdauernder Krafteinwirkung so lange fortschreiten, bis alle Metallteilchen in ihre optimale Lage verschoben sind und so viele Versetzungen entstanden sind, daß keine weiteren mehr Platz haben. Erst dann führt weitere Belastung zum Auseinanderbrechen.

8.5 Gefüge und Eigenschaften

Als Gefüge bezeichnet man den Aufbau der Metalle aus den Körnern. Es ist gekennzeichnet durch die Korngröße und die Kornform. Sichtbar gemacht wird das Gefüge durch ein metallografisches Schliffbild **(Bild 57/1,** rechter Bildteil). Ohne Vergrößerung sichtbar ist es bei der Zinkschicht (Bild 119/1).

Üblich sind **Korngrößen** von wenigen μm (feinkörnig) bis in den mm-Bereich (grobkörnig). Feinkörniges Gefüge bedeutet verbesserte mechanische Eigenschaften gegenüber Grobkorn. Durch gezielte Wärmebehandlungs- oder Umformvorgänge kann die Korngröße eines Werkstoffs eingestellt werden.

Häufige **Kornformen** sind rundliche Formen (globular, Bild 57/1), Vieleckformen (polyedrisch, Bild 57/2 und 57/3) sowie nadel- bzw. lamellenartig geformte Kristallite (lamellar, Bild 58/1). Die einzelnen Metalle bzw. Gefügebestandteile bilden jeweils bestimmte Kornformen.

Eine Veränderung erfährt die Kornform z. B. durch das Walzen (Textur). Hierbei werden die Körner in Walzrichtung gereckt und damit die Festigkeit in dieser Richtung gesteigert.

Reine Metalle

Sie haben ein einheitliches (homogenes) Gefüge **(Bild 57/1).** Alle Körner haben dieselbe Struktur mit einem Kristallgittertyp. Die Körner unterscheiden sich in der Ausrichtung des Gitters. Die Vielzahl der Körner in einem Bauteil gewährleistet eine gleichmäßige Verteilung in alle Raumrichtungen. Unbehandelte technische Werkstoffe haben deshalb in allen Richtungen gleiche Eigenschaften, sie sind **isotrop.**

Durch den einheitlichen Aufbau, das Fehlen von Fremdatomen und wenig Gitterbaufehler haben reine Metalle eine relativ geringe Festigkeit.

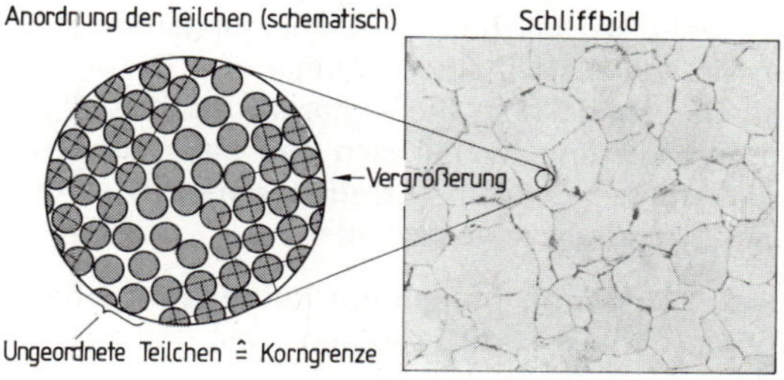

Bild 57/1: Gefüge von reinem Eisen

Legierungen

Die meisten Metalle werden in der Technik nicht rein verwendet, sondern zu Legierungen verarbeitet. Legierungen sind Gemische aus mehreren Metallen bzw. Gemische aus Metallen und Nichtmetallen. Zum Legieren werden die Legierungselemente dem flüssigen Grundmetall zugegeben und lösen sich darin auf. Beim Erstarren der Schmelze können sich, je nach Grundmetall und Legierungselementen, unterschiedliche Gefügearten ausbilden.

Bei **Mischkristall-Legierungen** bleiben die Teilchen des Legierungselementes beim Erstarren der Schmelze gleichmäßig im Kristallgitter des Grundmetalls verteilt **(Bild 57/2).** Mischkristall-Legierungen haben ein ähnliches Schliffbild wie reine Metalle.

Die Mischkristall-Legierungen sind fester als die reinen Grundmetalle, dabei aber gut umformbar. Die Steigerung der Festigkeit beruht auf den Gitterverzerrungen durch die Legierungselement-Teilchen. Mischkristalle bildet z. B. Eisen mit Nickel.

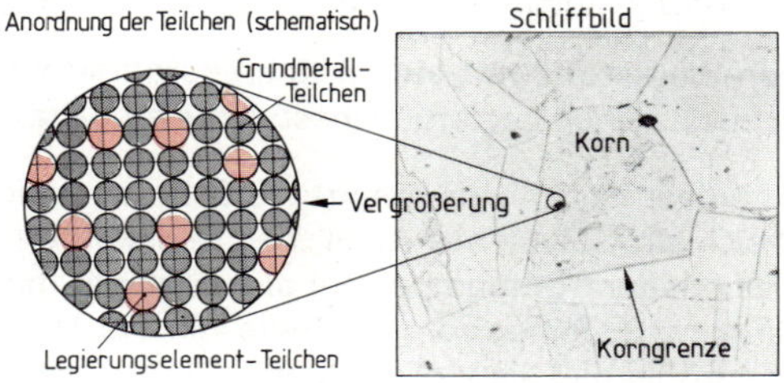

Bild 57/2: Mischkristall-Legierung

Bei **Kristallgemisch-Legierungen** lagern sich beim Erstarren die Teilchen des Legierungselementes sowie die des Grundmetalls getrennt zu eigenen Kristallen zusammen **(Bild 57/3).** Ihr Gefüge besteht aus einem Gemisch verschiedenartiger Körner. Kristallgemisch-Legierungen haben, gegenüber dem Grundmetall, eine höhere Festigkeit. Sie lassen sich aber schwerer umformen.

Kristallgemisch-Legierungen bildet z. B. Blei mit Antimon (Hartblei) sowie Eisen mit Kohlenstoff bei hohen C-Gehalten (Gußeisen).

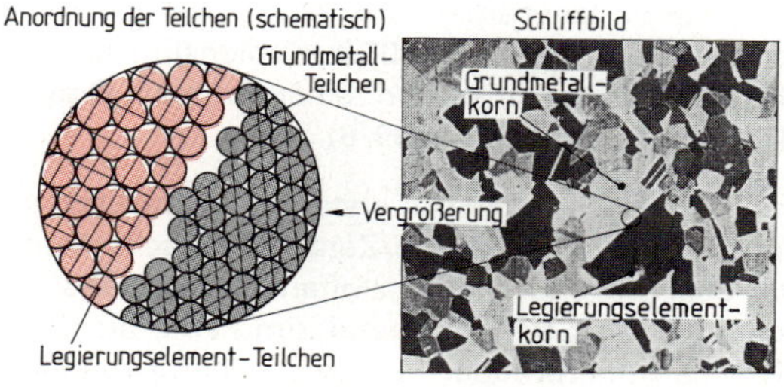

Bild 57/3: Kristallgemisch-Legierung

8.6 Gefügearten der Eisen-Werkstoffe

Reines Eisen spielt in der Technik keine Rolle, da es weich ist. Sein Schliffbild zeigt die Eisenkörner mit den Korngrenzen **(Bild 59/1)**. Reines Eisengefüge wird **Ferrit** oder **α-Eisen** genannt.

Eisenwerkstoffe enthalten aus dem Herstellungsprozeß immer einen bestimmten Kohlenstoffgehalt (Seite 17 bis 19). Obwohl man den Kohlenstoff nicht als Legierungselement bezeichnet, sind Eisen-Werkstoffe eigentlich kohlenstoffhaltige Eisen-Legierungen. In der Werkstofftechnik ist für diese Werkstoffe die Bezeichnung **kohlenstoffhaltige Stähle** oder **unlegierte Stähle** üblich.

In den kohlenstoffhaltigen Stählen (C-Gehalt bis 2,06 %) liegt der Kohlenstoff nicht elementar als Kohlenstoff vor, sondern chemisch gebunden als Eisenkarbid **Fe_3C**. Dieser Gefügebestandteil wird **Zementit** genannt. Er ist hart und spröde und überträgt diese Eigenschaften, je nach Anteil, auf den Stahl. Bezüglich der Ausscheidungsform stellen die kohlenstoffhaltigen Stähle eine Besonderheit dar **(Bild 58/1)**. Sie erstarren als Kristallgemisch-Legierung, wobei sich das Eisenkarbid in Form dünner Streifen **(Streifenzementit)** in der Eisen-Grundmasse ausscheidet.

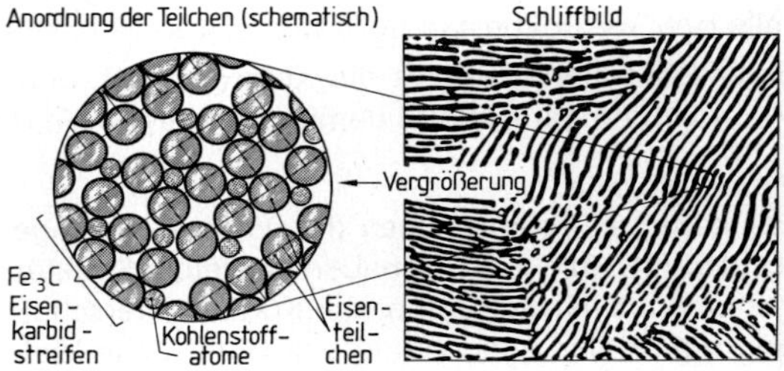

Bild 58/1: Streifenzementit in Ferrit (≙ Perlit)

Eisen-Werkstoffe mit einem Kohlenstoffgehalt unter 0,8 % (untereutektoide Stähle) haben sowohl Körner, die aus Ferrit bestehen (hell) und Körner, deren Ferrit-Grundmasse mit Streifenzementit (dunkel) durchzogen ist **(Bild 59/2)**. Diese Gefügekörner aus Ferrit-Grundmasse und Streifenzementit bezeichnet man als **Perlit-Körner.** Beim Vergütungsstahl Ck 45 mit 0,45 % Kohlenstoff besteht z. B. das Gefüge etwa zur Hälfte aus Perlitkörnern und aus Ferritkörnern (Bild 59/2).

Stahl mit 0,8 % Kohlenstoff (eutektoider Stahl) besteht aus rein perlitischem Gefüge **(Bild 59/3).**

Stähle mit einem Kohlenstoffgehalt von 0,8 bis 2,06 % (übereutektoide Stähle) enthalten einen weiteren Gefügebestandteil: den Korngrenzenzementit. Er entsteht aus dem über 0,8 % liegenden Kohlenstoffanteil. Da alle Körner bei einem C-Gehalt von 0,8 % aus Perlit bestehen, scheidet sich der überschüssige Zementit an den Korngrenzen als Kornumrandung aus **(Bild 59/4),** wovon sich seine Bezeichnung **Korngrenzenzementit** ableitet. Diese Korngrenzenzementit-Umrandung (hell) der Perlitkörner wird mit steigendem Kohlenstoffgehalt breiter.

Eisen-Werkstoffe mit einem Kohlenstoffgehalt über 2,06 % können je nach Abkühlungsbedingungen und zusätzlichen Legierungsbestandteilen ganz unterschiedliche Gefügearten bilden.

Bei zügiger Abkühlung erstarrt die Schmelze nach dem „metastabilen" **Eisen-Zementit-System.** Es bildet sich ein Gefüge aus rundlichen Perlitkörnern, die von **Ledeburit**-Gefüge umgeben sind **(Bild 59/5).** (Das Ledeburit-Gefüge besteht aus Zementit mit sehr fein verteilten Austenitkristallen). Ein solches Gefüge hat z. B. Temperrohguß (Seite 45). Der hohe Zementitanteil macht solche Eisen-Werkstoffe so hart und spröde, daß sie technisch nicht verwendbar sind.

Hat die Eisenschmelze 4,3 % C, so erstarrt sie zu einem Gefüge, das vollständig aus Ledeburit besteht.

Bei extrem langsamer Abkühlung aus der Schmelze und/oder Siliciumgehalt erstarrt die Eisenschmelze mit mehr als 2,06 % Kohlenstoff nach dem „stabilen" **Eisen-Graphit-System.** Das bedeutet, daß sich der Kohlenstoff in reiner Form als **Graphit** ausscheidet. Er durchzieht die Gefüge-Grundmasse als grobe Lamellen **(Bild 59/6).**

In der technischen Praxis erstarren Eisen-Werkstoffe mit einem Kohlenstoffgehalt über 2,06 % nach einem Eisen/Graphit-Eisen/Zementit-Mischsystem, da sie einen erheblichen Siliciumgehalt besitzen. Der überwiegende Kohlenstoffanteil scheidet sich als Graphitlamellen aus, während ein kleiner Kohlenstoffanteil als Streifenzementit (im Perlit) ausfällt. Das Gefüge derartiger Eisen-Werkstoffe besteht aus einer Ferrit-Perlit- oder rein perlitischen Grundmasse, in die Graphitlamellen eingelagert sind (Bild 59/6). Dies ist das typische Gefüge von Grauguß.

Schliffbilder des Gefüges verschiedener Eisen-Werkstoffe

(in Abhängigkeit vom Kohlenstoffgehalt, Vergrößerung: 500:1)

① Reines Eisen sowie Eisen mit bis zu 0,05 % C

Ferrit

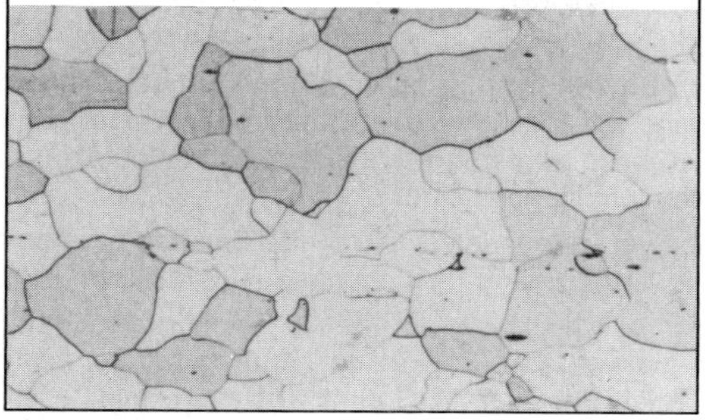

Bild 59/1: Technisch reines Eisen (0 % C)

② Eisen mit 0,05 bis 0,8 % C (untereutektoider Stahl)

Ferrit - Perlit

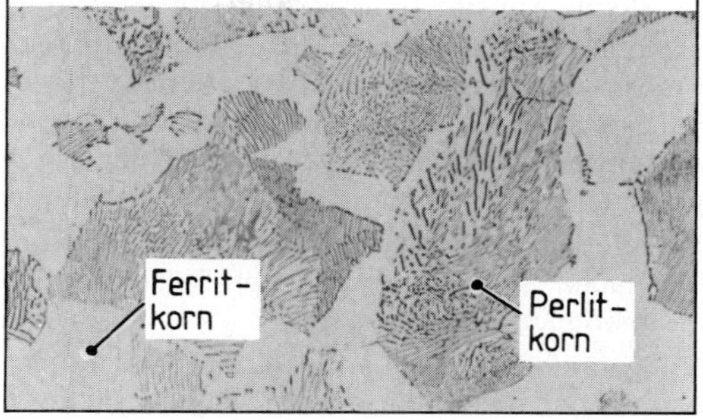

Bild 59/2: Ck 45 (0,45 % C)

③ Eisen mit 0,8 % C (eutektoider Stahl)

Perlit

Bild 59/3: Ck 80 (0,8 % C)

④ Eisen mit mehr als 0,8% C (übereutektoider Stahl)

Perlit - Zementit

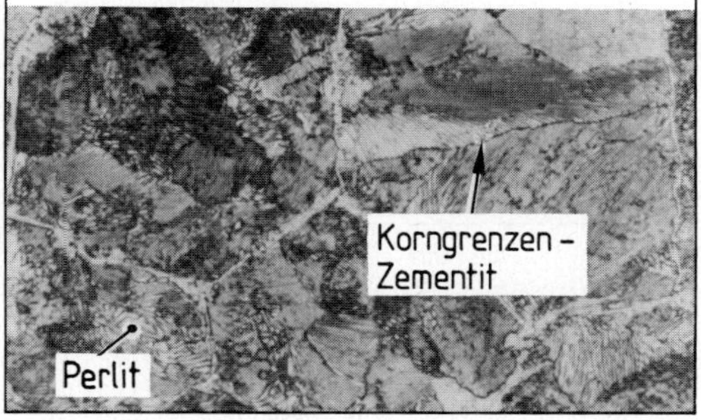

Bild 59/4: C 120 W 1 (1,2 % C)

⑤ Eisen mit über 2,06% C nach rascher Abkühlung

Ledeburit-Perlit

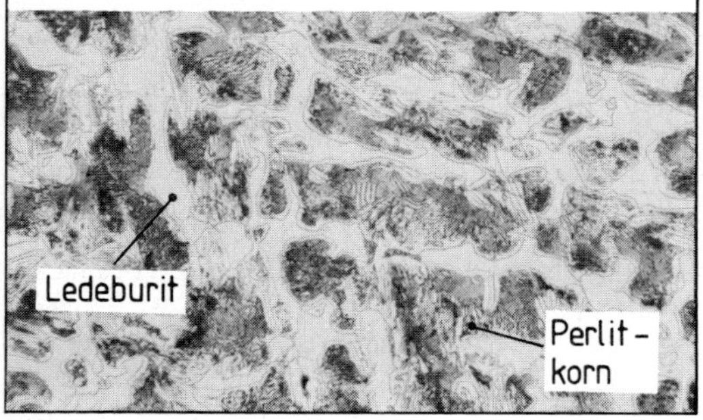

Bild 59/5: Temperrohguß (2,8 % C)

⑥ Eisen mit über 2,06% C und Si-Gehalt nach langsamer Abkühlung

Perlit-Graphit

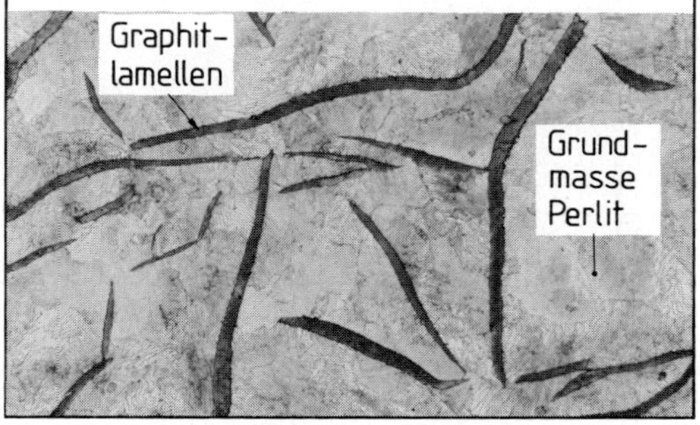

Bild 59/6: Grauguß GG-20 (3,5 % C)

8.7 Das Eisen-Kohlenstoff-Zustandsschaubild

In einem Zustandsschaubild (auch Zustandsdiagramm genannt) sind die Aggregatzustände und die Gefügearten aller Zusammensetzungen einer Zweistofflegierung in Abhängigkeit von der Temperatur aufgetragen.

Die technisch wichtigste Zweistofflegierung – das Legierungssystem Eisen-Kohlenstoff (Eisen-Werkstoffe) – hat ein kompliziert aussehendes Zustandsschaubild **(Bild 60/1)**. Es besteht aus Gefügefeldern, die die vom Kohlenstoffgehalt und der Temperatur aufgespannte Schaubildebene füllen.

Der Kohlenstoffgehalt ist auf der Abszisse (x-Achse) aufgetragen: Als markante Kohlenstoffgehalte besonders gekennzeichnet sind: 0 % (reines Eisen, Ferrit), 0,8 % (mit rein perlitischem Gefüge), 2,06 % (die Grenze zwischen Stahl und Gußeisen), 4,3 % (eine Eisenschmelze mit besonders niedrigem Schmelzpunkt) sowie 6,67 % (ein C-Gehalt, bei dem die ganze Legierung aus Zementit Fe_3C besteht). Hier endet das Schaubild, da höhere C-Gehalte technisch nicht sinnvoll sind.

Die Gefügearten, die Eisen-Kohlenstoff-Legierungen der verschiedensten C-Gehalte bei Raumtemperatur haben, sind in der untersten Reihe des Schaubilds aufgetragen. Es sind die auf Seite 58 und 59 beschriebenen Gefüge.

Als Besonderheit sei vermerkt, daß bei Kohlenstoffgehalten über 2,06 % der Kohlenstoff je nach Abkühlungsgeschwindigkeit als Zementit (in Form von Ledeburit) oder als Graphit ausfallen kann.

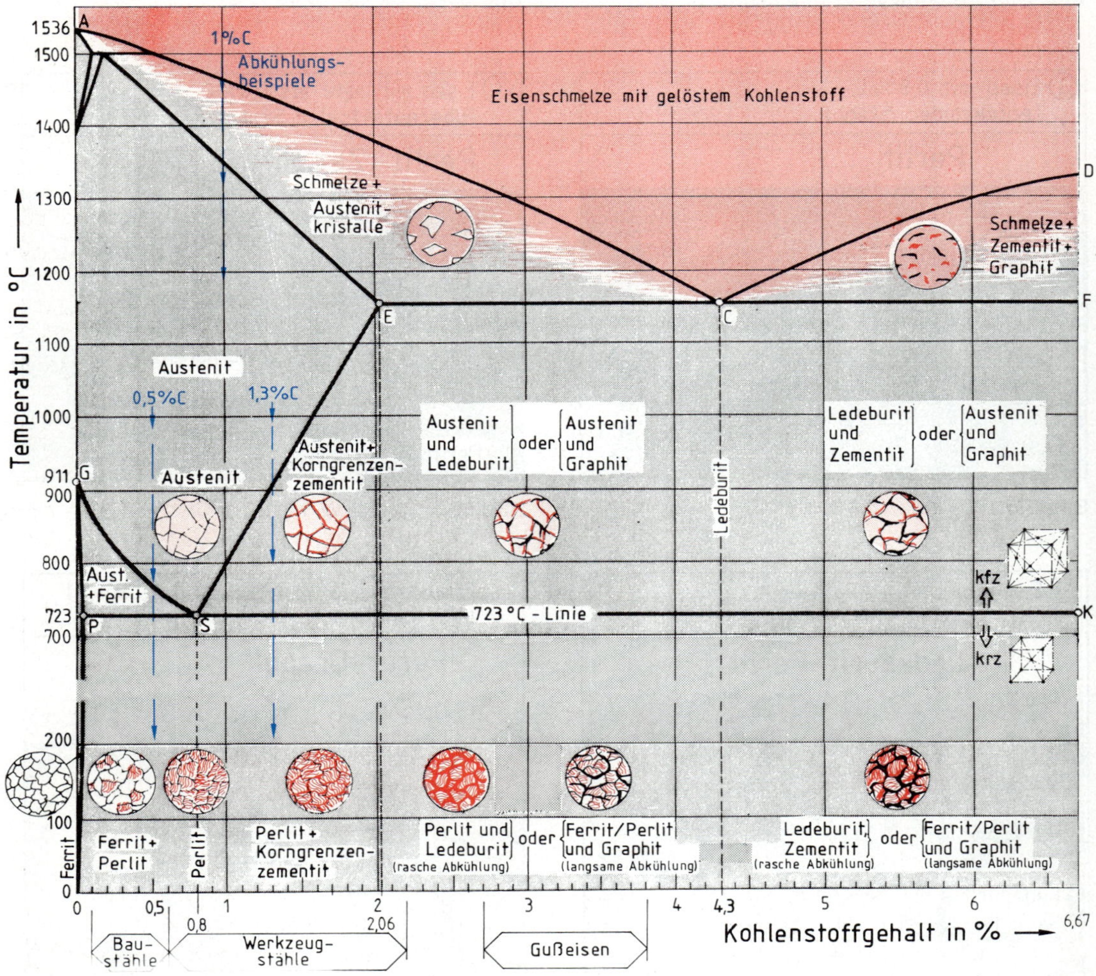

Bild 60/1: Eisen-Kohlenstoff-Zustandsschaubild und Gefügebereiche kohlenstoffhaltigen Eisens.

Auf der Ordinate (y-Achse) des Zustandsschaubildes ist die Temperatur aufgetragen (Bild 60/1).

Markante Temperaturen sind: die **Raumtemperatur** (am unteren Rand), die **723 °C-Linie** (hier findet die Gitterumwandlung vom kubisch-raumzentrierten zum kubisch-flächenzentrierten Kristallgitter statt) und 1536 °C (die Schmelztemperatur von reinem Eisen).

Jeder von Linien begrenzte Bereich im Zustandsschaubild stellt den Existenzbereich einer Gefügeart bzw. eines Aggregatzustandes dar. Die Linien markieren den Übergang von einer Gefügeart zur anderen. Die wichtigen End- und Schnittpunkte von Linien sind mit Großbuchstaben benannt.

Beispiel für einen Gefügebereich und eine Gefügeänderung (Bild 60/1)

Der Gefügebereich umschrieben von den Punkten: (0 °C/0 % C) – P – S – (0 °C/0,8 % C) entspricht Eisen-Werkstoffen mit 0 bis 0,8 % C. Sie haben bei Temperaturen unter 723 °C ein (Ferrit+Perlit)-Gefüge. Werden diese Werkstoffe über 723 °C erwärmt, so wandelt sich ihr (Ferrit + Perlit)-Gefüge zuerst in Austenit + Ferrit (Bereich P – S – G) und bei weiterer Erwärmung in reinen Austenit (Bereich G – S – E – A) um.
(Die Umwandlungen in den kleinen Feldern bei A sind von keiner technischen Bedeutung.)

Betrachtet man die Aggregatzustands- und Gefügebereiche systematisch, indem man von Eisenschmelzen unterschiedlichen Kohlenstoffgehalts ausgeht (der rot eingelegte Bereich oberhalb der Linie A-C-D), so kann man folgendes feststellen:

- Oberhalb der Linie A-C-D sind alle Eisen-Kohlenstoff-Werkstoffe flüssig (Schmelze).
- Bei Unterschreiten der Linie A-C-D beginnt ein teilweises Erstarren durch Ausscheiden einzelner Kristalle aus der Schmelze. Je nach C-Gehalt fallen unterschiedliche Kristalle aus:
  - Bei einem C-Gehalt von 0 % bis 4,3 % bilden sich Austenitkristalle mit einem kubisch-flächenzentrierten Kristallgitter. Bei weiterer Abkühlung fallen immer mehr Austenitkristalle aus, bis bei Erreichen der Linie A-E-C die ganze Schmelze erstarrt ist.

    Abkühlungsbeispiel: Eine Eisenschmelze mit 1 % C wird von 1550 °C ausgehend abgekühlt **(Bild 60/1)**: bei rund 1460 °C beginnt die Ausscheidung von Austenitkristallen, bei rund 1350 °C ist die ganze Schmelze zu Austenitkristallen erstarrt.
  - Eisenschmelzen mit 4,3 bis 6,67 % C bilden nach Unterschreiten der Linie C-D bei rascher Abkühlung Zementitkristalle, bei langsamer Abkühlung auch Graphit. Bei weiterer Abkühlung schreitet die Ausscheidung voran, bis die Schmelze bei der Linie C-F (rund 1150 °C) völlig erstarrt ist.
  - Eine Sonderstellung nimmt die Eisenschmelze mit 4,3 % Kohlenstoff ein: Sie erstarrt wie ein reines Metall vollständig bei einer Temperatur von 1150 °C zu einem feinkörnigen Gefüge, das **Ledeburit** genannt wird (Seite 58). Solch ein Schmelzpunktminimum einer Legierung heißt **Eutektikum.**
- Bei weiterer Abkühlung der nunmehr erstarrten Eisen-Kohlenstoff-Legierungen kommt es je nach C-Gehalt zu unterschiedlichen Vorgängen (siehe Abkühlungsbeispiel im Bild 60/1):
  - Eisen-Werkstoffe mit bis 2,06 % C, die Stähle, bestehen nach dem Erstarren aus Austenit. Bei einem C-Gehalt bis 0,8 % (z. B. 0,5 % C) entsteht bei Abkühlung unter die Linie G-S zunächst Ferrit und bei weiterer Abkühlung unter die Linie P-S Perlit, so daß diese Stähle unterhalb 723 °C ein Gefüge aus Ferrit + Perlit besitzen.

    Bei einem C-Gehalt von 0,8 bis 2,06 % (z. B. 1,3 %) entsteht bei Abkühlung aus dem Austenit bei Unterschreiten der Linie S-E zunächst Korngrenzenzementit und bei weiterer Abkühlung unter die 723 °C-Linie Perlit. Diese Stähle bestehen unterhalb 723 °C aus Perlit, umgeben von Korngrenzenzementit.

    Stahl mit genau 0,8 % C (eutektoide Zusammensetzung) wandelt sich bei Abkühlung unter 723 °C vom Austenit in reines Perlitgefüge um.
  - Eisen-Werkstoffe mit einem C-Gehalt von 2,06 % bis 4,3 % (Gußeisen) erstarren über die Zwischenstufe Austenit, je nach Abkühlungsgeschwindigkeit zu Perlit + Ledeburit oder Ferrit/Perlit + Graphit.

Wiederholungsfragen

1 Welchen Feinbau haben die Metalle im mikroskopischen bzw. im atomaren Bereich?

2 Welche Kristallgittertypen haben die Metalle?

3 Warum sind Metalle plastisch verformbar?

4 Welche Legierungs-Kristallarten gibt es?

5 Welche Gefügearten kommen in Stahl vor?

6 Was kann aus dem Eisen-Kohlenstoff-Zustandsschaubild abgelesen werden?

9 Wärmebehandlung der Eisen-Werkstoffe

Zweck und Ziel der verschiedenen Wärmebehandlungen ist die Veränderung des Werkstoffgefüges und damit die Beeinflussung (Verbesserung) der Eigenschaften eines Bauteils in einer gewünschten Weise. Damit kann das Bauteil die an es gestellten Anforderungen und Aufgaben besser und länger erfüllen.

Eine Wärmebehandlung besteht aus einem oder einer Folge von Wärmebehandlungsschritten, in deren Verlauf des Werkstück erwärmt, auf Temperatur gehalten und wieder abgekühlt wird (Zeit-Temperatur-Folgen). Zusätzlich kann bei einigen Verfahren während der Wärmebehandlung die chemische Zusammensetzung des Werkstoffs geändert werden.

Die Eisen-Werkstoffe haben bei verschiedenen Temperaturen unterschiedliche Gefügezustände (Seite 60/61) und können durch die Art der Abkühlung (langsam/schnell) zusätzliche Gefügearten ausbilden. Diese Vielfalt der möglichen Gefügezustände bedingt eine Vielzahl von Wärmebehandlungsverfahren. Sie können in vier Hauptgruppen unterteilt werden:

Glühen | **Härten** | **Vergüten** | **Härten der Randschicht**

Das **Glühen** besteht aus Erwärmen, Halten auf Glühtemperatur und langsamem Abkühlen. Dadurch werden die Bearbeitbarkeit und die Gebrauchseigenschaften der Bauteile verbessert.

Beim **Härten** wird auf Härtetemperatur erwärmt, dort gehalten und dann abgeschreckt.

Ziel des Härtens ist eine wesentliche Zunahme der Härte des Werkstücks. Anschließend wird meist **angelassen,** eine Wärmebehandlung zur Verminderung der durch das Härten hervorgerufenen Sprödigkeit.

Vergüten ist Härten und nachfolgendes Anlassen mit dem Ziel, neben hoher Zugfestigkeit große Zähigkeit des Bauteils zu erreichen.

Durch **Härten der Randzone** wird das Werkstück nur in einer dünnen Randschicht gehärtet, während der Werkstückkern seine ursprüngliche Zähigkeit behält.

Die Durchführung der Wärmebehandlungen erfolgt in Öfen und Bädern, die in einem Werkstattbereich oder einem eigenen Raum, der **Härterei,** aufgestellt sind **(Bild 62/1).**

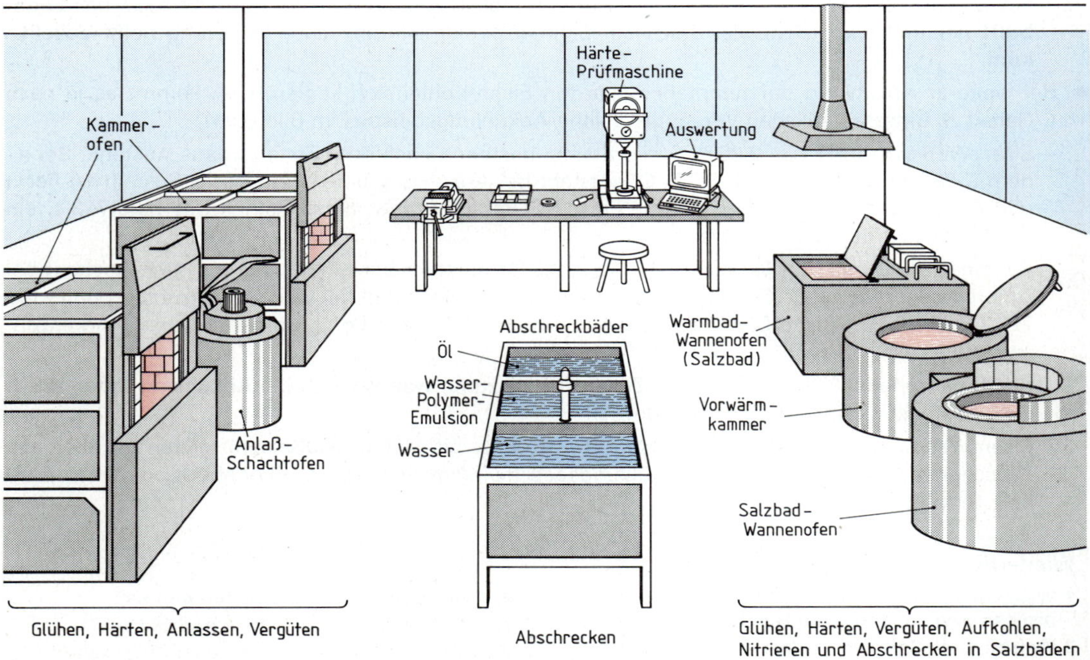

Bild 62/1: Härterei

9.1 Glühen

Glühen ist eine Wärmebehandlung, bestehend aus Erwärmen auf die geeignete Glühtemperatur, Halten auf dieser Temperatur für eine bestimmte Zeit und langsamem Abkühlen.

Geglüht werden meist Bauteile, die durch eine Bearbeitung, z. B. Walzen oder Schweißen, ein ungünstiges Gefüge besitzen. Durch die Glühbehandlung wird der ungünstige Gefügezustand beseitigt.

Zum Glühen werden die Bauteile in einen, auf Glühtemperatur erwärmten, Glühofen eingelegt (Bild 62/1). Nachdem die Bauteile die Glühfarbe des Ofeninnenraums angenommen haben, werden sie für die Glühdauer dort belassen, anschließend herausgenommen und zum langsamen Abkühlen abgesetzt. Für einfache Glühbehandlungen kann das Glühen auch in einer Esse durchgeführt werden.

Die einzelnen Glühverfahren unterscheiden sich durch die Glühtemperatur und die Glühdauer. Die Temperaturen der Glühbehandlungen können für Kohlenstoffstähle aus einem Schaubild abgelesen werden **(Bild 63/1)**. Sie sind vom Kohlenstoffgehalt der Stähle abhängig. Für legierte Stähle sind die vom Stahlhersteller angegebenen Glühtemperaturen einzuhalten (Seite 219 bis 221).

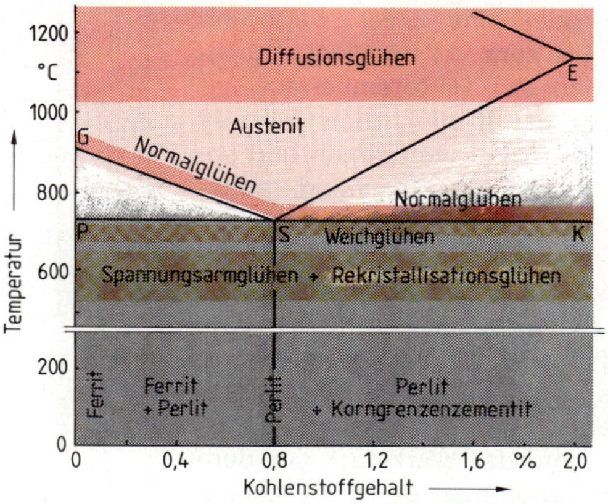

Bild 63/1: Glühtemperaturen für Kohlenstoffstähle, dargestellt im Fe/C-Zustandsschaubild

Durch **Spannungsarmglühen** werden innere Spannungen in Bauteilen und Werkstücken beseitigt, die durch Schweißen, Schmieden, Biegeumformen, Walzen oder das Vergießen entstanden sind. Kleinere Bauteile und Werkstücke werden zum Spannungsarmglühen in einen Glühofen eingelegt und dort 1 bis 2 Stunden auf 550 bis 650 °C erwärmt. Große Bauteile werden im verspannten Bereich, z. B. um eine Schweißnaht, mit Schweißbrennern großflächig auf die Glühtemperatur erhitzt.

Rekristallisationsglühen wird angewandt, wenn ein durch Walzen oder Biegen stark verfestigter Stahl wieder plastisch formbar gemacht werden soll. Das durch die Kaltverformung verzerrte Gefüge wird beim Rekristallisationsglühen aufgelöst und es bildet sich ein neues Gefüge **(Bild 63/2)**. Die Glühtemperatur beträgt 550 bis 650 °C, die Glühdauer mehrere Stunden.

Durch **Weichglühen** werden Werkstücke aus Stahl leichter spanend formbar gemacht. Dazu erwärmt man das Bauteil für mehrere Stunden auf 650 bis 730 °C (Bild 63/1). Die gleiche Wirkung erreicht man durch Pendelglühen, abwechselnd knapp oberhalb und unterhalb der PSK-Linie. Durch das Weichglühen wandelt sich der Streifenzementit in feinkörnigen Zementit um **(Bild 63/2)**. Dadurch kann die Werkzeugschneide leichter in den Werkstoff eindringen und ihn mit weniger Kraftaufwand spanen.

Das **Normalglühen** auch Normalisieren oder Rückfeinen genannt, wird angewandt, wenn das Gefüge beim Walzen, Schmieden, Gießen oder durch unsachgemäße Glühbehandlung ungleiches oder grobes Korn erhalten hat. Durch das Normalglühen (knapp oberhalb der GSK-Linie in Bild 63/1) kommt es zur vollständigen Kornneubildung, es entsteht ein gleichmäßiges, feinkörniges Gefüge. Es bewirkt das günstigste Verhältnis von Festigkeit und Zähigkeit bei nicht gehärteten Stählen und wird deshalb als „Normalgefüge" bezeichnet.

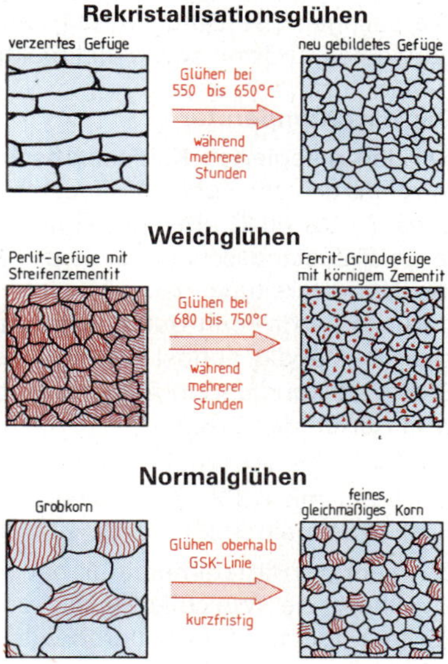

Bild 63/2: Gefügeveränderungen bei Glühbehandlungen

Unter **Diffusionsglühen** versteht man ein langzeitiges Glühen bei 1050 bis 1250 °C, mit dem Ziel, die nach dem Vergießen durch Entmischung eingetretenen Konzentrationsunterschiede in Gußstücken (Seigerung), wieder auszugleichen. Wichtig ist das Diffusionsglühen bei großen Gußstücken.

9.2 Härten

Härten ist eine Wärmebehandlung, die Stahl-Werkstücke hart und verschleißfest macht.

Das Härten besteht aus mehreren Arbeitsschritten **(Bild 64/1)**. Zuerst wird das Werkstück in einen Härteofen oder eine Esse gelegt und dort bis zum vollständigen Durchwärmen auf Härtetemperatur belassen (ca. 10 min). Dann wird es aus dem Ofen genommen und sofort in einem Tauchbad abgeschreckt. Dabei erfolgt die Härtung. Der Stahl ist dann glashart, aber spröde und bruchempfindlich. Um die Versprödung zu beseitigen, wird das Werkstück anschließend in einem Ofen auf Anlaßtemperatur erwärmt und dort gehalten. Danach wird das Werkstück aus dem Ofen genommen und zum Abkühlen abgesetzt. Das Werkstück hat dann eine Gebrauchshärte, die nur geringfügig unter der Abschreckhärte liegt, ist aber nicht mehr spröde.

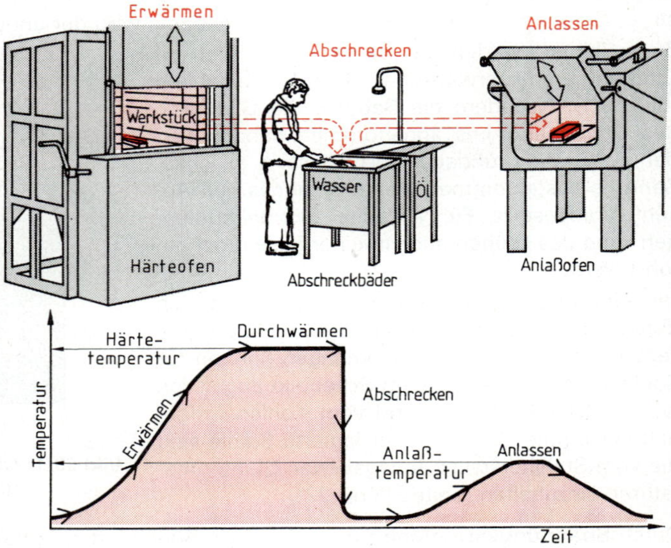

Bild 64/1: Arbeitsgänge und Temperaturverlauf beim Härten

Gehärtet werden vor allem Werkzeuge sowie Bauteile und Werkstücke, die auf Verschleiß beansprucht werden. Vor dem Härten müssen die Werkstücke annähernd ihre Endform haben, da sie nach dem Härten so hart sind, daß sie nur noch durch Schleifen endbearbeitet werden können.

Die sachgemäße Durchführung des Härtens erfordert viel Wissen über die werkstoffkundlichen Vorgänge beim Härten sowie viel praktische Erfahrung.

Die Härtetemperatur

Bei den unlegierten Kohlenstoffstählen ist die Härtetemperatur vom Kohlenstoffgehalt abhängig. Sie soll etwa 30 bis 60 °C über der GSK-Linie im Eisen/Kohlenstoff-Zustandsschaubild liegen **(Bild 64/2)**. Durch die Überschreitung der GSK-Linie ist gewährleistet, daß das Ferrit/Perlit-Gefüge des ungehärteten Stahls sich vollständig auflöst und in *Austenit* umwandelt. Diese Umwandlung in Austenit ist die Voraussetzung zum Härten des Stahls.

Beispiele für Härtetemperaturen unlegierter Stähle: Ein Stahl mit 0,3 % C hat eine Härtetemperatur von rund 870 °C, ein Stahl mit 1,1 % C rund 760 °C

Zu niedrige Härtetemperatur hat ungehärtete Werkstückbereiche (Weichfleckigkeit) zur Folge. Zu hohe Härtetemperatur führt zu grobnadeligem Härtegefüge mit großer Sprödigkeit.

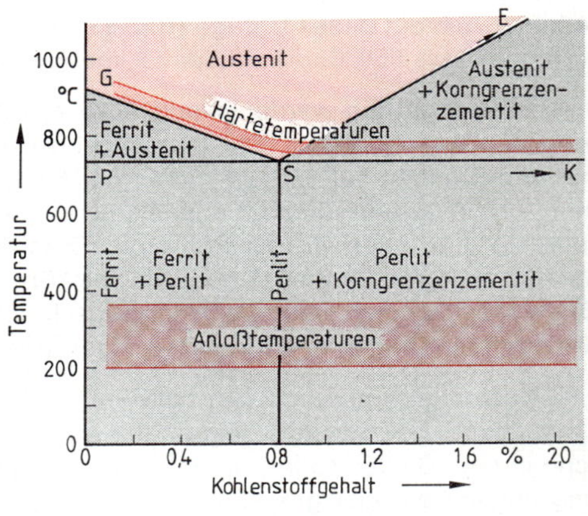

Bild 64/2: Härte- und Anlaßtemperaturen unlegierter Stähle

Stähle mit mehr als 0,8 % Kohlenstoff werden vor dem Härten weichgeglüht, so daß sie aus einer ferritischen Grundmasse mit kleinen Zementitkörnern bestehen (Bild 63/2). Beim Härten erhält man dann ein feinnadeliges Härte-Grundgefüge mit eingelagerten Zementitkörnern.

Bei legierten Stählen liegen die Härtetemperaturen meist höher als bei unlegierten Stählen und sind von den Legierungsbestandteilen abhängig. Sie können aus Tabellen entnommen werden (Tabellenteil Seite 219 bis 221).

Gittervorgänge und Gefügeveränderungen beim Härten

Die Ursache der Erhöhung von Härte und Verschleißfestigkeit beim Härten sind Veränderungen im kristallinen Aufbau des Stahls und die Bildung eines neuen Gefügezustandes:

Beim Erwärmen von ungehärtetem Stahl auf Härtetemperatur (über die GSK-Linie im Fe-C-Zustandsschaubild (Bild 64/2), wandelt sich das kubisch-raumzentrierte Kristallgitter des Eisens in das kubisch-flächenzentrierte Kristallgitter des Austenits um **(Bild 65/1).** Dadurch wird der Mittelplatz im Kristallgitter frei, der von einem Kohlenstoffatom besetzt wird. Der Kohlenstoff stammt aus dem Stahlgefügeanteil Streifenzementit (Fe_3C). Er löst sich durch das Abwandern der Kohlenstoffatome auf. Das entstehende Gefüge heißt **Austenit** oder **γ-Eisen.** Es stellt eine feste Lösung von Kohlenstoffatomen in Eisen dar. Den Vorgang der Austenitbildung nennt man **Austenitisieren.**

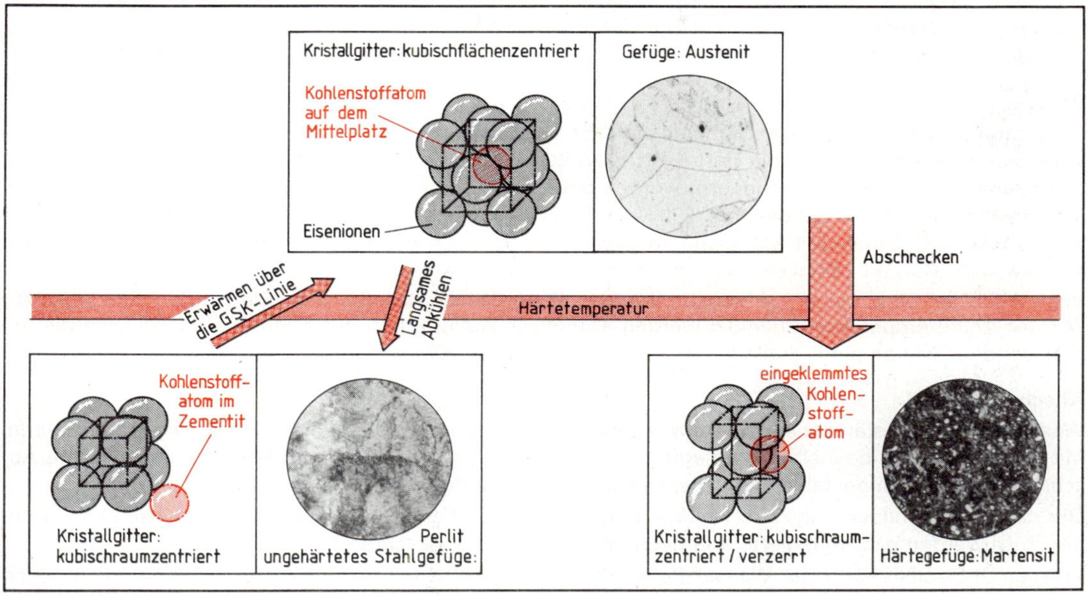

Bild 65/1: Gittervorgänge und Gefügeveränderungen beim Härten

Kühlt man anschließend den austenitisierten Stahl langsam ab (Bild 65/1, linker Bildteil), so läuft der Vorgang umgekehrt ab: Bei Unterschreiten der GSK-Linie entsteht wieder ein kubisch-raumzentriertes Kristallgitter, das Kohlenstoffatom vom Mittelplatz wandert aus dem Würfel heraus und bildet mit Eisenionen wieder Zementit (Fe_3C), der sich in Form von Streifen (Streifenzementit) ausscheidet. Es entsteht wieder das Perlit-Gefüge, wie es vor der Erwärmung vorlag.

Ganz andere Vorgänge laufen ab, wenn der austenitisierte Stahl sehr rasch abkühlt, also abgeschreckt wird, wie es beim Härten gemacht wird. Dann klappt das kubisch-flächenzentrierte Kristallgitter schlagartig in das kubisch-raumzentrierte Kristallgitter um (Bild 65/1, rechter Bildteil). Das Kohlenstoffatom in der Würfelmitte hat keine Zeit, um aus der Würfelmitte herauszuwandern und mit Eisenionen wieder Zementit zu bilden. Es bleibt im Würfelinnern „eingesperrt".

Durch das Vorhandensein zweier Atome in der Würfelmitte verzerrt sich das Kristallgitter. Die Verzerrung führt zur Bildung eines feinnadeligen Gefüges, dem Härtegefüge, das im wesentlichen aus feinnadeligem **Martensit** besteht. Dieses Gefüge ist glashart und verleiht gehärtetem Stahl die Härte und Verschleißfestigkeit.

Ist die Abkühlung nicht schroff genug, so bildet sich ein Gefüge, das in seinen Eigenschaften zwischen Martensit und Perlit liegt: das **Zwischenstufengefüge,** auch **Bainit** genannt.

In einem Übergangsbereich der Abkühlung können alle drei Gefügearten – Martensit, Zwischenstufengefüge und Perlit – in unterschiedlichen Anteilen entstehen (Bild 67/1).

Voraussetzung für die Härtbarkeit ist das Vorhandensein von ausreichend Kohlenstoff. Stahl mit weniger als 0,2 % Kohlenstoff ist nicht härtbar, weil ein zu geringer Martensitanteil gebildet wird.

Nur Stahl mit mehr als 0,2 % Kohlenstoff ist härtbar.

Abschrecken

Das Abschrecken der austenitisierten Werkstücke wird durch Eintauchen in flüssige Abschreckmittel oder durch Anblasen mit Luft erreicht.

Beim Abschrecken in Wasser oder Öl ist die richtige Haltung des Werkstücks beim Eintauchen und seine Bewegung in der Abschreckflüssigkeit wichtig **(Bild 66/1).** Die Abschreckflüssigkeit muß überall ungehindert Zutritt haben, Dampfblasen müssen sich rasch ablösen können und dürfen nicht in Hohlräumen gefangen werden. Ungleichmäßiges Abschrecken führt zu Verzug, Rissen und Weichfleckigkeit.

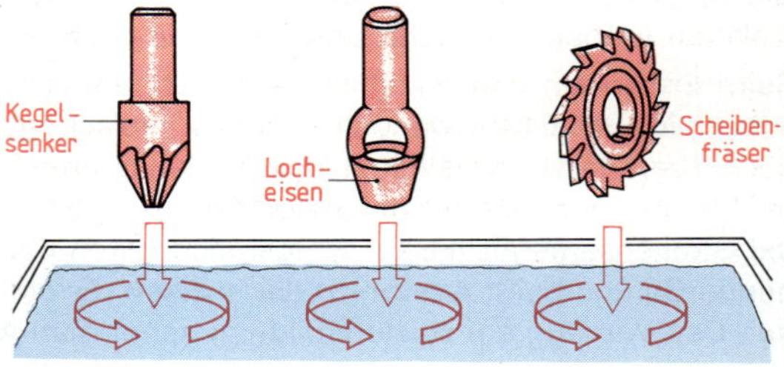

Bild 66/1: Richtiges Eintauchen beim Abschrecken

Anlassen

Nach dem Abschrecken ist der Stahl glashart. Er besitzt wegen des harten und spröden Martensits innere Gefügeverspannungen, die Härteverzug, Härterisse und vorzeitigen Sprödbruch bewirken können. Um diese Versprödung zu verringern, werden die frisch gehärteten Werkstücke angelassen (Bild 64/1). Niedrig legierte Stähle werden bei 200 °C bis 350 °C angelassen (Bild 64/2), hochlegierte Stähle bei 500 °C bis 650 °C. Durch das Anlassen wird die Sprödigkeit vermindert, die gehärteten Bauteile erhalten ein gewisses Maß an Zähigkeit. Die Härte nimmt durch das Anlassen nur geringfügig ab.

Beim Anlassen bilden sich auf blanken Werkstückoberflächen Anlaßfarben. Sie können zum Abschätzen der Anlaßtemperaturen benutzt werden. Damit die Anlaßfarben gut sichtbar sind, müssen die anzulassenden Teile an einer Stelle durch Schleifen blank gemacht werden.

Abschreckmittel

Wasser besitzt die stärkste Abschreckwirkung. Das kann zu Härteverzug oder sogar Härterissen führen. Mit Wasser werden deshalb nur unlegierte Stähle abgeschreckt, da sie zum Härten diese schroffe Abschreckwirkung (Mindestabkühlungsgeschwindigkeit) benötigen.

Öle haben eine mildere Abschreckwirkung als Wasser. Die Verzug- und Rißgefahr ist wesentlich geringer. In Öl werden niedrig legierte und hoch legierte Stähle abgeschreckt.

Wasser-Öl-Emulsionen oder **Wasser-Polymer-Emulsionen** liegen in ihrer Abschreckwirkung zwischen Wasser und Öl.

Warmbad-Abschreckbäder sind Salzschmelzen von 200 °C bis 500 °C. Die Werkstücke werden im Warmbad abgeschreckt, dort 5 Minuten bis 15 Minuten gehalten und dann an der Luft abgekühlt.

Bewegte Luft hat die mildeste Abschreckwirkung. Sie wird nur bei hochlegierten Stählen eingesetzt.

Nach dem verwendeten Abschreckmittel unterscheidet man Wasserhärtung, Ölhärtung und Lufthärtung.

Einhärtungstiefe

Die Abschreckwirkung ist an der Oberfläche des eingetauchten Werkstücks am größten, dort entsteht auch die stärkste Härtung. Ins Werkstückinnere nimmt die Härte rasch ab. Unlegierte Stähle härten nur in einer Randzone von rund 5 mm (Einhärtungstiefe), der Werkstückkern bleibt ungehärtet und damit zäh **(Bild 66/2).** Legierte Stähle härten stärker durch. Für viele Anwendungsfälle ist „nicht durchhärten" erwünscht, wie z. B. für Drehmeißel, die einen harten Schneidkeil, aber einen zähen Schaftkern benötigen. In anderen Anwendungsfällen muß das Bauteil vollständig durchgehärtet sein.

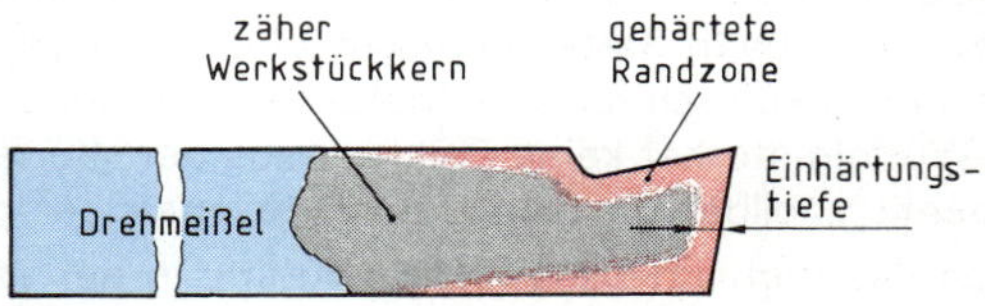

Bild 66/2: Einhärtungstiefe an einem Drehmeißel aus unlegiertem Werkzeugstahl

Härteverzug und Härterisse

Bei unlegierten Stählen kann es beim Härten durch das schroffe Abschrecken in Wasser zum Verziehen oder oberflächigem Anreißen der Werkstücke kommen. Dies kann durch Verwendung eines weniger schroffen Abschreckmittels, z. B. eine Wasser-Öl-Emulsion oder durch nur kurzzeitiges Abschrecken in Wasser und nachfolgendem Abkühlen in Öl oder durch Abschrecken im Warmbad vermieden werden.

Einfluß von Legierungselementen

Bei legierten Stählen wird die Gefügeumwandlung beim Härten durch die Legierungselemente stark beeinflußt. Viele Legierungselemente, wie z. B. Chrom, Wolfram, Mangan und Nickel setzen die kritische Abkühlungsgeschwindigkeit zur Bildung von Martensit herab, d. h. es wird auch bei langsamerer Abkühlung Härtegefüge gebildet. Legierte Stähle brauchen deshalb nicht im schroffen Abschreckmittel Wasser, sondern nur in Öl abgeschreckt werden. Bei Stählen mit hohem Legierungsanteil führt sogar Abkühlen an der Luft zur Martensitbildung.

Unlegierte Stähle sind Wasserhärter, niedrig legierte Stähle Ölhärter und hochlegierte Stähle Öl- oder Lufthärter.

Ölhärtende Stähle haben eine größere Einhärtungstiefe als wasserhärtende Stähle, weil auch im Werkstückinnern die notwendige Mindestabkühlgeschwindigkeit erreicht wird.

Bei Lufthärtern wird das Werkstück vollständig durchgehärtet.

Zeit-Temperatur-Umwandlungs-Schaubild (ZTU-Schaubild)

Damit Martensit gebildet wird und somit eine Härtung des Stahles erfolgt, muß das Abschrecken mit einer Mindestgeschwindigkeit erfolgen, die man **kritische Abkühlungsgeschwindigkeit** nennt. Andererseits kommt es bei sehr hohen Abkühlungsgeschwindigkeiten zur Bildung von starken Härtespannungen oder sogar Härterissen im Werkstoff. Deshalb muß zur Erzeugung von Martensitgefüge gerade mit einer Abkühlungsgeschwindigkeit abgeschreckt werden, die noch zur Martensitbildung führt, andererseits aber keine Härteschäden verursacht.

Wird mit zu langsamer Abkühlungsgeschwindigkeit abgeschreckt, so bildet sich **Zwischenstufengefüge** (auch Bainit genannt), ein feinkörniges Gefüge, das einen Übergang vom Perlit zum Martensit darstellt und auch in den mechanischen Eigenschaften eine Zwischenstellung einnimmt. Bei noch langsamerer Abkühlung entsteht dann letztlich wieder Perlit.

Die bei einem bestimmten Abkühlungsverlauf gebildeten Gefüge und die entstehende Härte können aus Zeit-Temperatur-Umwandlungs-Schaubildern, kurz **ZTU-Schaubildern,** abgelesen werden.

Das **kontinuierliche ZTU-Schaubild** beschreibt die Gefügezustände bei gleichbleibender Abkühlungsgeschwindigkeit von Härtetemperatur auf Raumtemperatur **(Bild 67/1).** Dazu läuft man entlang einer Abkühlungslinie im ZTU-Schaubild und liest den jeweils beim Verlassen eines Gefügebereichs genannten Prozentgehalt des Gefüges ab. (Er ist in einem Kreis angegeben.) Der fehlende Rest zu 100 % ist Martensit. Der gehärtete Stahl enthält die Summe der beim Durchlaufen der Gefügebereiche abgelesenen Bestandteile plus dem Martensitanteil.

Am Ende der Abkühlungslinie ist in einem Quadrat die Härte des gehärteten Werkstoffs angegeben.

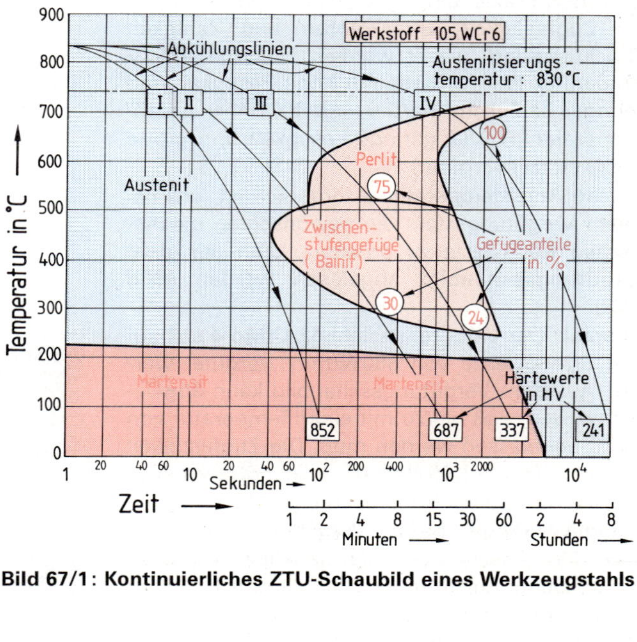

Bild 67/1: Kontinuierliches ZTU-Schaubild eines Werkzeugstahls

Beispiel: Abschrecken des Werkzeugstahls 105 WCr 6 (Bild 67/1) entlang der Abkühlungslinie II ergibt ein Gefüge mit 30 % Zwischenstufengefüge und 70 % Martensit. Die Härte des Werkstücks beträgt 687 HV. Abschrecken entlang der Linie III ergibt: 75 % Perlit, 24 % Bainit, 1 % Martensit, Härte: 337 HV.

Abschrecken in Wasser entspricht etwa der Abkühlungslinie I, Ölabschrecken je nach Ölsorte den Abkühlungslinien II und III, Luftabkühlung der Linie IV.

9.3 Vergüten

Vergüten ist eine Wärmebehandlung, die Werkstücken und Bauteilen eine gewünschte Kombination aus großer Festigkeit, hoher Streckgrenze und großer Zähigkeit verleiht.

Durchführung: Vergüten besteht aus Härten (Erwärmen, Austenitisieren, Abschrecken) und anschließendem Anlassen meist oberhalb 550 °C **(Bild 68/1).** Durch das Anlassen bei wesentlich höheren Temperaturen als beim Härten wird die Härte des Werkstoffs beträchtlich verringert. Die Festigkeit bleibt aber weitgehend erhalten und die Zähigkeit wird wesentlich verbessert.

Vergütet werden dafür besonders geeignete Werkstoffe, die Vergütungsstähle (Seite 40). Die durch Vergüten erreichbaren Festigkeiten betragen bei unlegierten Vergütungsstählen bis zu 1000 N/mm², bei legierten Vergütungsstählen bis zu 1400 N/mm². Vergütet werden auf Zug, Stoß und Wechsellast hochbeanspruchte Maschinenteile, wie z. B. Schrauben, Bolzen, Zahnräder und Wellen.

Das Vergütungsschaubild. Nach dem Härten ist der Stahl glashart und hochfest, aber spröde und bruchempfindlich, so daß er so nicht verwendbar ist. Durch das nachfolgende Anlassen kann die Glashärte beseitigt werden und je nach Anforderung der Praxis eine gewünschte Kombination der Zugfestigkeit, Streckgrenze und Zähigkeit (Bruchdehnung) erzielt werden. Niedrige Anlaßtemperatur (500 °C) bedeutet hohe Festigkeit und geringe Zähigkeit (härtevergütet), hohe Anlaßtemperatur (650 °C) geringe Festigkeit und große Zähigkeit (zähvergütet).

Welche Anlaßtemperatur erforderlich ist, um bei einem Vergütungsstahl die gewünschten mechanischen Kennwerte zu erhalten, kann aus dem **Vergütungsschaubild** abgelesen werden **(Bild 68/2).**

Beispiel: Der Vergütungsstahl **42 CrMo 4** soll auf eine Streckgrenze von 850 N/mm² vergütet werden. Aus dem Vergütungsschaubild kann abgelesen werden, daß hierzu mit einer Temperatur von 550 °C angelassen werden muß. Die Zugfestigkeit beträgt dann 1100 N/mm², die Streckgrenze 850 N/mm² und die Bruchdehnung 14 %.

Gefügevorgänge beim Vergüten (Bild 68/3). Nach dem Abschrecken liegt nadeliger Martensit vor ①. Beim Anlassen zerfällt Martensit in sehr feinverteilte Ferrit- und Zementitnadeln, die sich zwischen dem noch nicht zerfallenen Martensit ausscheiden. Bei 400 °C zerfällt nur ein geringer Martensitanteil ②, bei 550 °C ist der Zerfall vollständig ③. Ab 600 °C ballen sich die Zementitnadeln zu Zementitkörnern zusammen. Bei 700 °C angelassener Stahl besteht vollständig aus Zementitkörnern in einer Ferrit-Grundmasse ④.

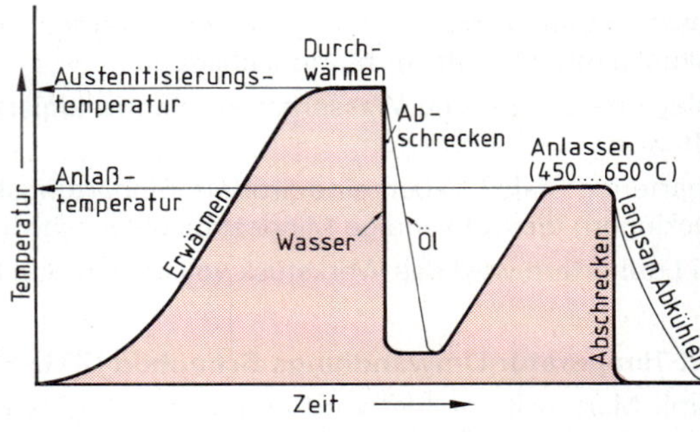

Bild 68/1: Temperaturverlauf beim Vergüten

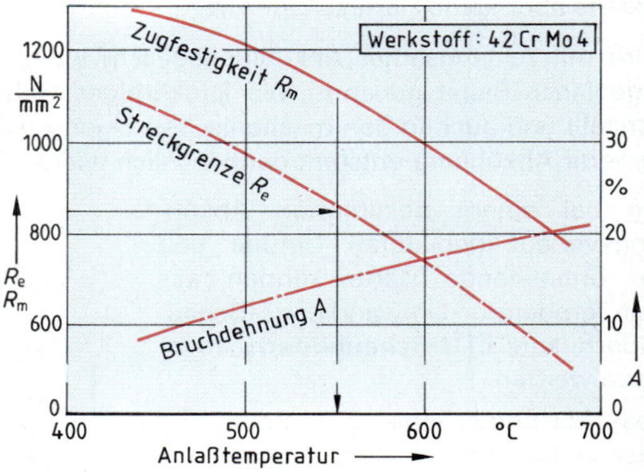

Bild 68/2: Vergütungsschaubild

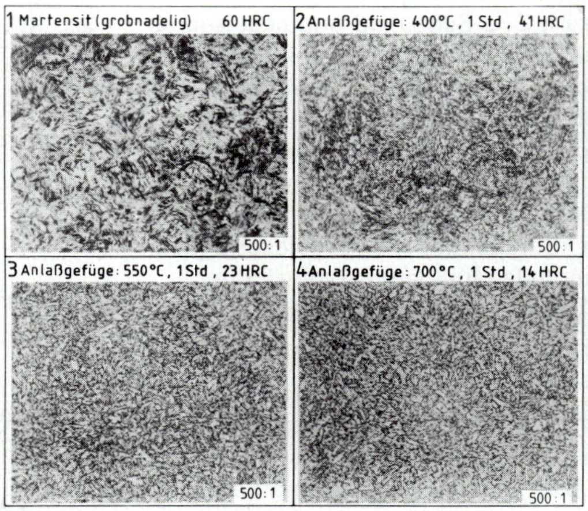

Bild 68/3: Gefüge des Vergütungsstahls Ck 45 nach dem Härten und Anlassen

9.4 Verfahren zum Härten der Randzone

Das Härten der Randzone wird angewandt, wenn das Werkstück eine harte, verschleißfeste Randschicht (0,1 bis 5 mm) und gleichzeitig einen hochfesten, zähelastischen Kern benötigt. Dies ist bei Bauteilen erforderlich, die auf ihrer Oberfläche Verschleiß oder starker Flächenpressung ausgesetzt sind und zusätzlich große oder wechselnde Kräfte übertragen müssen, wie z. B. Wellen, Zahnräder, Umlenkrollen, Laufräder, Gleitbahnen. Zum Härten der Randzone gibt es mehrere Verfahren.

Randschichthärten

Beim Randschichthärten wird eine dünne Randschicht des Bauteils durch stark gebündelte Wärmezufuhr auf Härtetemperatur erwärmt (austenitisiert) und sofort abgeschreckt **(Bild 69/1)**.

Die rasche Erwärmung der Randschicht kann mit einer Gasflamme (Flammhärten), durch eine stromdurchflossene Induktionsspule (Induktionshärten) oder durch Tauchen in einer Salzschmelze (Badhärten) erfolgen. Abgeschreckt wird mit einer mitgeführten Wasserbrause.

Beim Randschichthärten wird nur eine Randschicht des Werkstücks von rund 5 mm Dicke gehärtet, die auf Härtetemperatur erwärmt war. Der Werkstückkern bleibt ungehärtet. Zum Randschichthärten werden spezielle Stähle verwendet (Seite 220).

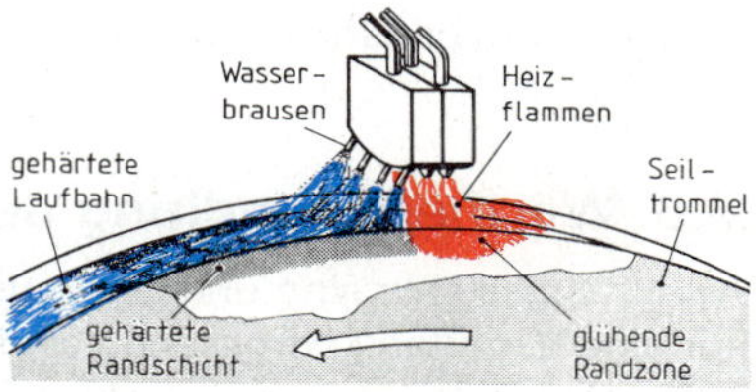

Bild 69/1: Randschichthärten einer Seiltrommel

Einsatzhärten

Beim Einsatzhärten wird die Randschicht eines Bauteils aus kohlenstoffarmem Stahl in speziellen Einsatzverfahren mit Kohlenstoff angereichert und anschließend gehärtet **(Bild 69/2)**.

Zum Einsatzhärten werden Stähle mit 0,1 bis 0,2 % Kohlenstoff verwendet (Seite 40). Sie sind wegen des niedrigen Kohlenstoffgehalts ohne Aufkohlen nicht härtbar. Die Anreicherung der Randschicht mit Kohlenstoff, **Aufkohlen** genannt, erfolgt durch Einbringen der Werkstücke in kohlenstoffabgebende Einsatzmittel und Glühen bei 850 bis 930 °C während mehrerer Stunden oder Tage. Dabei diffundiert der Kohlenstoff in die Randschicht des Werkstoffs, die damit härtbar ist. Zum Aufkohlen gibt es mehrere Verfahren: Aufkohlen in festem Einsatzmittel (Pulveraufkohlen) erfolgt durch Einpacken der Werkstücke in einem mit Kohlegranulat gefüllten Kasten, der in einen Glühofen geschoben wird. Zum Aufkohlen in flüssigem Einsatzmittel (Salzbadaufkohlen) werden die Werkstücke in eine kohlenstoffabgebende Salzschmelze getaucht und dort gehalten. Beim Gasaufkohlen werden die Werkstücke in einen gasdichten Glühofen gebracht, der von kohlenstoffabgebendem Gas durchströmt wird.

Nach dem Aufkohlen werden die Werkstücke entweder direkt mit der Aufkohlungstemperatur abgeschreckt oder nach Abkühlen erneut auf Härtetemperatur erwärmt und dann abgeschreckt. Dabei härtet nur die aufgekohlte Randschicht, der kohlenstoffarme Werkstückkern bleibt ungehärtet.

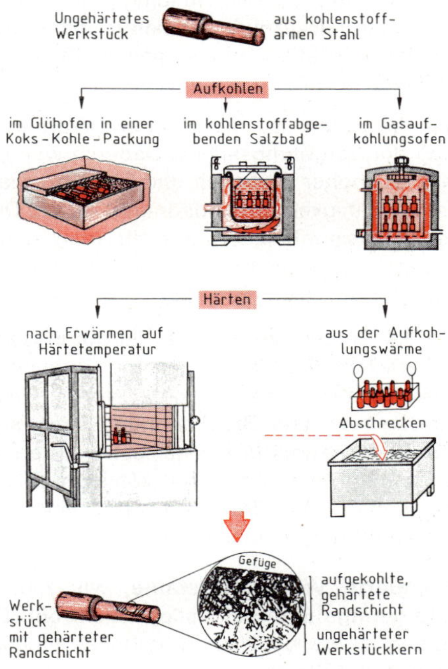

Bild 69/2: Arbeitsablauf beim Einsatzhärten

Nitrierhärten

Nitrierhärten (Nitrieren) ist ein weiteres Verfahren zum Härten der Randzone. Hierbei wird in einem Glühofen gasförmiger Stickstoff in die Randschicht des Werkstücks eingebracht, wodurch sich eine dünne, äußerst harte Randschicht bildet. Nach dem Nitrieren braucht nicht abgeschreckt zu werden.

Beim **Carbonitrierhärten** bzw. **Nitrocarburieren** wird die Randschicht des Werkstücks durch Glühen in einem Salzbad gleichzeitig aufgekohlt und nitriert (carbonitriert). Durch anschließendes Härten erzielt man eine harte Randschicht, die besonders fest mit dem Werkstückkern verklammert ist.

9.5 Wärmebehandlung der Baustähle für den Stahlbau und das Bauwesen

Die Baustähle für den Stahlbau und das Bauwesen werden üblicherweise im Anlieferungszustand verarbeitet, der warmgewalzt unbehandelt (U) oder normalgeglüht (N) ist.

Sie sind im allgemeinen **nicht** für eine Wärmebehandlung durch den Stahlverwender vorgesehen. Dies gilt für die **allgemeinen Baustähle,** einschließlich der Sorten mit besonderen Gebrauchseigenschaften, wie z. B. den wetterfesten Stählen oder den Blechen und Rohren aus allgemeinem Baustahl sowie für die **schweißgeeigneten Feinkornbaustähle** und bei Baukonstruktionen auch für die **nichtrostenden** Stähle.

In Ausnahmefällen, wenn z. B. durch eine Kaltumformung oder durch Schweißen, starke Eigenspannungen oder ungünstiges Gefüge im Schweißnahtbereich vorliegt, werden diese Werkstoffbeeinträchtigungen durch Spannungsarmglühen oder Normalglühen beseitigt (siehe Tabellenteil, Seite 219).

9.6 Wärmebehandlung der Vergütungsstähle

Vergütungsstähle sind unlegierte und legierte Stähle mit 0,2 bis 0,6 % Kohlenstoff, die im allgemeinen für eine Vergütung vorgesehen sind und dadurch ihre Gebrauchseigenschaften erhalten.

Die bei Vergütungsstählen eingesetzten Wärmebehandlungsverfahren sind Glühbehandlungen und Vergüten. Anhaltswerte für die verschiedenen Wärmebehandlungen sind im Normblatt (DIN 17 200) angegeben. **Tabelle 70/1** zeigt eine kleine Auswahl.

Als Glühbehandlungen setzt man je nach Bedarf **Weichglühen** zur Umwandlung des Streifenzementits in feinkörnigen Zementit und **Normalglühen** zur Erzielung eines gleichmäßigen, feinen Gefüges ein.

Das **Vergüten** ist die Standard-Wärmebehandlung der Vergütungsstähle. Dadurch werden Bauteile mit hoher Festigkeit und Streckgrenze sowie großer Zähigkeit (Bruchdehnung) erzielt. Diese Eigenschaftskombination erreicht man durch Abschreckhärten mit Wasser oder Öl und anschließendem Anlassen (Seite 68).

Die für einen bestimmten Vergütungsstahl erforderliche Temperatur zum Erreichen der gewünschten Kennwerte von Festigkeit, Streckgrenze und Bruchdehnung kann aus **Vergütungsschaubildern** abgelesen werden, die für die genormten Vergütungsstähle in DIN 17 200 angegeben sind. **Bild 70/1** zeigt eine Auswahl von Vergütungsschaubildern.

Tabelle 70/1: Anhaltswerte für die Wärmebehandlung einiger Vergütungsstähle in °C

Stahl	Weichglühen	Normalglühen	Vergüten	
			Härten(Öl)	Anlassen
Ck 45	650–700	850–880	840–870	540–680
41 Cr 4	680–720	840–880	830–860	540–680
36 CrNiMo 4	650–700	850–880	830–860	540–680

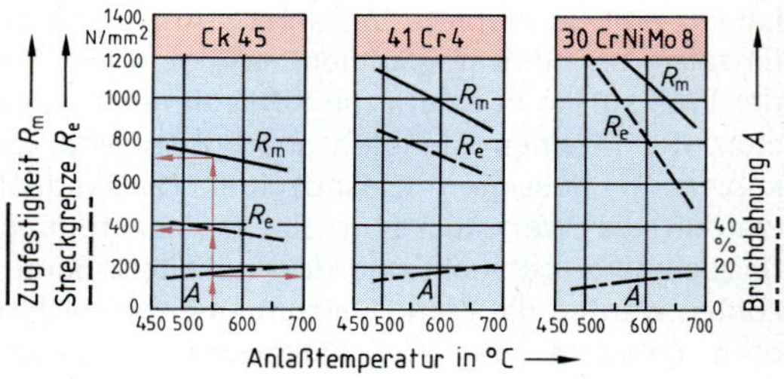

Bild 70/1: Vergütungsschaubilder

Unlegierte Vergütungsstähle, wie z. B. **Ck 45,** haben eine geringe Einhärtungstiefe (Seite 66). Eine Durchvergütung ist nur bei kleinen Bauteilen möglich. Die Zugfestigkeit und Streckgrenze haben mittlere Werte.

Legierte Vergütungsstähle werden eingesetzt, wenn stärker durchvergütete Bauteile mit hoher Streckgrenze erzielt werden sollen. Zu beachten ist, daß die erreichbare Streckgrenze wegen der Einhärtungstiefe beträchtlich von der Bauteildicke abhängt **(Bild 70/2).**

Ausführliche Daten zur Wärmebehandlung der Vergütungsstähle befinden sich im Tabellenanhang Seite 219.

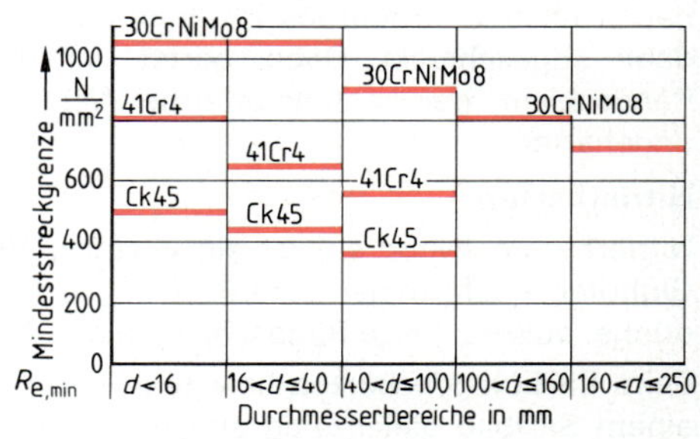

Bild 70/2: Streckgrenze und Bauteildicke

9.7 Wärmebehandlung der Werkzeugstähle

Werkzeugstähle dienen der Herstellung von Werkzeugen zur spanenden und spanlosen Formgebung (Seite 42). Ihre wichtigsten Eigenschaften sind Härte, Verschleißfestigkeit, Zähigkeit und zum Teil Temperaturbeständigkeit. Diese Gebrauchseigenschaften werden vor allem durch eine sachgerechte Wärmebehandlung erreicht.

Vom Hersteller werden die Werkzeugstähle meist als Halbzeug im weichgeglühten Zustand angeliefert oder werden im metallverarbeitenden Betrieb weichgeglüht. Dann erfolgt die Vorbearbeitung zum Werkzeug-Rohling, z. B. durch Drehen, Fräsen oder Schmieden. Zum Abbau von Bearbeitungsspanung werden die Rohlinge spannungsarmgeglüht. Anschließend wird fertigbearbeitet. Dann beginnt das eigentliche Härten.

Unlegierte und **niedrig legierte Kaltarbeitsstähle** werden über eine oder zwei Vorwärmstufen auf Härtetemperatur erwärmt und dort 10 bis 20 Minuten gehalten **(Bild 71/1).** Dabei wird das Gefüge austenitisiert. Abgeschreckt wird dann je nach Stahlsorte im Salzbad, in Wasser oder in Öl. Die Abkühlung im Abschreckmittel sollte zur Härterißvermeidung nur bis rund 100 °C erfolgen, dann wird das Werkzeug zum Temperaturausgleich in einen Ofen (150 °C) gelegt.

Unmittelbar danach wird angelassen. Die Anlaßtemperatur richtet sich nach der gewünschten Endhärte und Zähigkeit des Werkzeugs und kann aus einem Härte-Anlaßtemperatur-Schaubild abgelesen werden **(Bild 71/3).**

Hochlegierte Kaltarbeits- und **Warmarbeitsstähle** sowie **Schnellarbeitsstähle** haben eine vielschrittige Wärmebehandlung **(Bild 71/2).** Sie besteht aus einem mehrstufigen Vorwärmen und raschem Erwärmen von der letzten Stufe auf Härtetemperatur. Kaltarbeits- und Warmarbeitsstähle werden meist in Kammeröfen erwärmt und werden zum Durchwärmen rund 10 bis 20 min auf Austenitisierungstemperatur gehalten. Schnellarbeitsstähle werden bevorzugt in Salzschmelzen erwärmt und nur 1 bis 2 Minuten auf Austenitisierungstemperatur gehalten. Abgeschreckt wird in Luft, bei Schnellarbeitsstählen vorzugsweise in Öl oder im Warmbad (Salzbad, rund 550 °C) mit anschließendem Abkühlen an der Luft.

Durch das **Warmbadhärten,** auch **gestuftes Härten** genannt, werden Härteverzug und Härterisse vermieden.

Direkt nach dem Abkühlen wird nacheinander zwei- oder dreimal angelassen, wobei die Anlaßtemperatur nach den gewünschten Gebrauchseigenschaften ausgewählt wird **(Bild 71/3).**

Während die unlegierten und niedrig legierten Werkzeugstähle durch das Anlassen bei relativ niedrigen Temperaturen beträchtlich an Härte verlieren, steigt sie bei den Schnellarbeitsstählen durch Carbidausscheidungen sogar leicht an.

Ausführliche Angaben zu Wärmebehandlungstemperaturen, Eigenschaften und Härtegefüge der Werkzeugstähle im Tabellenteil Seite 221.

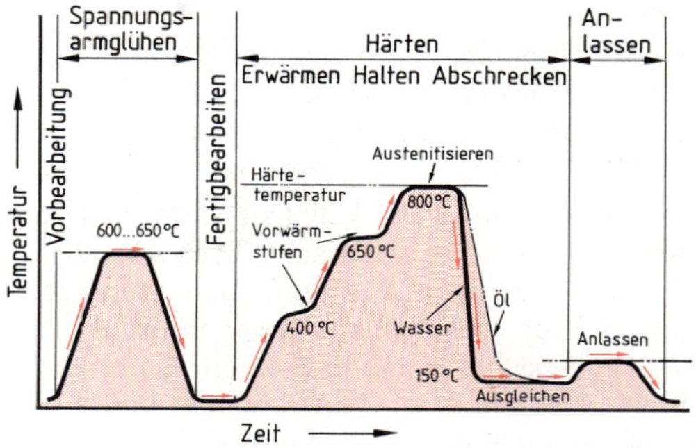

Bild 71/1: Temperatur-Zeit-Folge-Schaubild für die Wärmebehandlung von Kaltarbeitsstählen

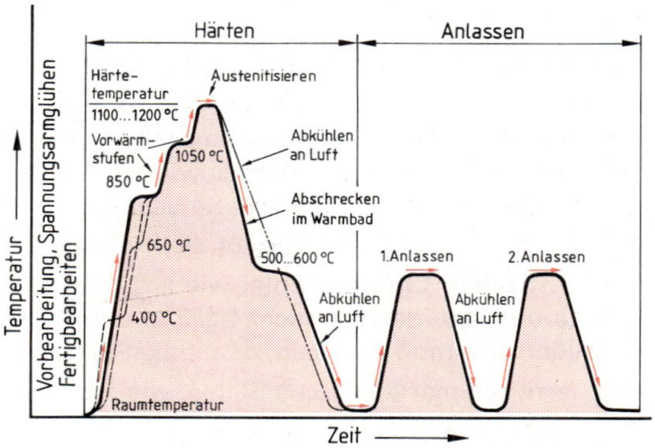

Bild 71/2: Temperatur-Zeit-Folge-Schaubild für die Wärmebehandlung von Schnellarbeitsstählen

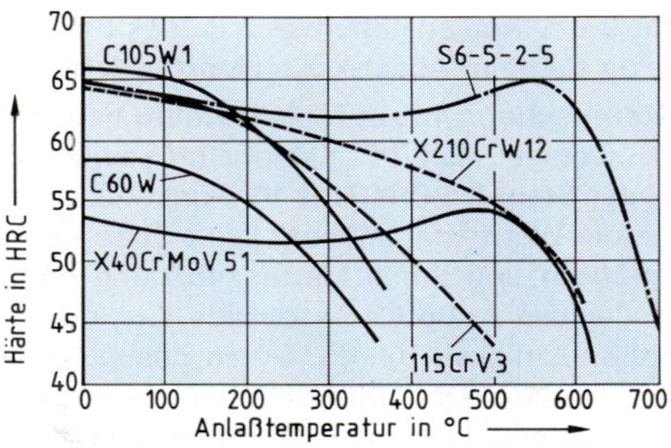

Bild 71/3: Härte und Anlaßtemperaturen

9.8 Wärmebehandlung der nichtrostenden Stähle

Die Wärmebehandlung der nichtrostenden Stähle ist äußerst unterschiedlich, je nachdem, ob es sich um einen ferritischen, einen martensitischen oder einen austenitischen Stahl handelt.

Diese verschiedenartigen Gefügezustände werden durch die unterschiedlich hohen Gehalte an Kohlenstoff sowie durch die Legierungselemente Chrom und Nickel hervorgerufen, die den Stählen zur Erlangung ihrer Korrosionsbeständigkeit zulegiert sind.

Nichtrostende Stähle		
ferritisch	martensitisch	austenitisch
Cr ≧ 13 % C ≦ 0,1 %	Cr ≧ 13 % C ≧ 0,2 %	Cr > 15 %, Ni > 8 % C ≦ 0,1 %
z. B. X 6 Cr 17	z. B. X 20 Cr 13	z. B. X 5 CrNi 18 10

Welches Gefüge ein nichtrostender Chrom-Nickel-Stahl (nach dem Abschrecken) hat, kann aus dem Dreieck-Zustands-Schaubild abgelesen werden **(Bild 72/1).**

Reines Eisen liegt in der linken Ecke des Zustands-Dreiecks vor, waagrecht nach rechts ist steigender Chromgehalt aufgetragen, senkrecht nach oben der Nickelgehalt. Jeder Punkt im Zustands-Dreiecksfeld entspricht einem Chrom-Nikkel-Stahl bestimmter Zusammensetzung. Sie kann durch Ziehen von Parallelen auf den Dreiecksseiten abgelesen werden.

Beispiel: Der Punkt ① im Schaubild entspricht einem Stahl der Zusammensetzung 18 % Chrom, 10 % Nickel und 72 % Eisen (X 5 CrNi 18 10).

Dieser Stahl hat nach dem Abschrecken ein austenitisches Gefüge, da er im Gefügefeld Austenit liegt.

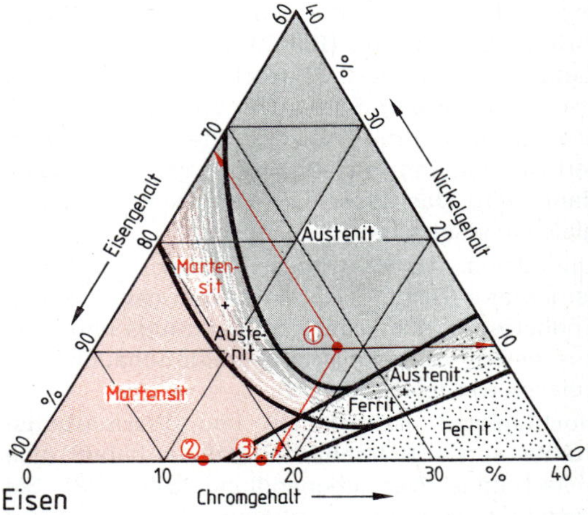

Bild 72/1: Zustandsschaubild der Cr-Ni-Stähle (mit Gefügebestandteilen nach dem Abschrecken)

Aus dem Schaubild ist ersichtlich, daß es Chrom-Nickel-Stähle mit rein **ferritischem,** rein **martensitischem,** rein **austenitischem** sowie mit Mischgefüge aus den drei Gefügebestandteilen gibt.

Die Wärmebehandlungen sind für die jeweilige Gruppe der nichtrostenden Stähle ähnlich:

Die **ferritischen Chrom-Stähle** (wie z. B. X 6 Cr 17, Punkt ③) haben ein umwandlungsfreies ferritisches Gefüge und sind deshalb **nicht härtbar.** Die Wärmebehandlung besteht aus Glühen bei 750 bis 850 °C. Die Glühdauer muß kurz sein, damit die Stähle nicht durch Chromkarbidausscheidung verspröden.

Halb ferritisch-martensitische Stähle, wie z. B. X 6 Cr 13 können auch gehärtet werden.

Die ferritischen Stähle sind schwer verformbar, haben nur mäßige Zähigkeit und sind schlecht schweißbar. Positive Eigenschaften sind die Rost-, Säure- und Hitzebeständigkeit.

Bei Kohlenstoffgehalten über 0,2 %, wie z. B. X 20 Cr 13, sind die Chromstähle nicht mehr rein ferritisch, sondern zunehmend martensitisch, so daß sie härtbar sind.

Die **martensitischen Chrom-Stähle** enthalten mindestens 13 % Chrom und als Martensitbildner meist mehr als 0,2 % Kohlenstoff, wie z. B. der Stahl **X 38 Cr 13** (Punkt ② im Schaubild). Diese Stähle sind **härtbar,** da sie beim Abschrecken Martensit bilden. Sie sind bis 550 °C warmfest, aber nicht rostfrei.

Die **austenitischen Chrom-Nickel-Stähle** haben einen Chromgehalt von über 15 %, einen Nickelgehalt über 8 %, weniger als 0,1 % Kohlenstoff sowie zum Teil geringe Anteile an Si, Mo, V, Nb, Ti, Al und Co, wie z. B. der Stahl **X 5 CrNiTi 18 10** (Punkt ①). Sie haben ein umwandlungsfreies, austenitisches Gefüge. Da durch die Wärmebehandlung keine Gitter- und Gefügeumwandlung eintritt, sind diese Stähle **nicht normalglühbar** und durch Martensitbildung **nicht härtbar.** Durch Glühen bei 400 bis 500 °C scheiden sich aus der Legierung Chromkarbide aus, die zur Festigkeitssteigerung (Ausscheidungshärtung) aber schlechterer Zähigkeit führen. Durch Lösungsglühen bei 1000 bis 1150 °C werden die Carbide wieder aufgelöst, der Werkstoff wird dadurch gut verformbar und zäh. Die austenitischen Chrom-Nickel-Stähle sind nichtrostende, kaltzähe und warmfeste Stähle.

Genaue Angaben zur Wärmebehandlung der nichtrostenden Stähle im Tabellenteil Seite 220.

9.9 Wärmebehandlung der Stähle für Randzonenhärtung

Stähle für Flamm- und Induktionshärtung (Randschichthärtung)

Die Wärmebehandlung von Werkstücken aus Stählen für Flamm- und Induktionshärtung besteht üblicherweise aus zwei Wärmebehandlungsschritten: Im ersten Schritt wird das Werkstück vergütet und erlangt dadurch hohe Festigkeit und Zähigkeit. Der zweite Wärmebehandlungsschritt ist die Flamm- oder Induktionshärtung (Randschichthärtung) durch rasche Erwärmung der Randschicht auf Härtetemperatur und sofortiges Abschrecken (Seite 69). Durch diese kombinierte Wärmebehandlung aus Vergüten und Randschichthärten erzielt man ein Werkstück mit hoher Festigkeit und Zähigkeit sowie einer harten und verschleißfesten Oberfläche. Wärmebehandlungstemperaturen im Tabellenteil Seite 220.

Einsatzstähle

Die Wärmebehandlung der Einsatzstähle (unlegierte und niedrig legierte, kohlenstoffarme Stähle, Seite 40) wird durch das Aufkohlen der Randschicht als Voraussetzung für die Härtbarkeit beeinflußt (Seite 69). Die unterschiedlichen Kohlenstoffgehalte in der Randschicht sowie im Werkstückinnern bewirken beim Härten unterschiedliches thermisches Zusammenziehen und damit Härtespannungen und Härterisse, die zum Aufreißen und Abplatzen der Härteschicht führen können. Deshalb werden die aufgekohlten Werkstücke zum Härten einer zum Teil mehrschrittigen Temperaturführung unterworfen **(Bild 73/1)**.

Beim **Direkthärten** wird direkt im Anschluß an die Aufkohlung das noch auf Härtetemperatur befindliche Werkstück abgeschreckt.

Als **Einfachhärten** bezeichnet man eine Wärmebehandlung, bei der die aufgekohlten Werkstücke erst abgekühlt und zum Härten erneut erwärmt, abgeschreckt und angelassen werden.

Durch **Härten nach isothermer Umwandlung** (im Salzbad) können Härtespannungen weitgehend vermieden werden.

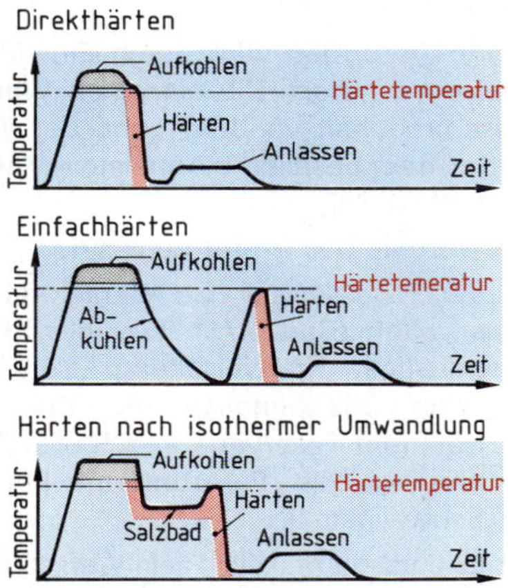

Bild 73/1: Wärmebehandlungsfolgen beim Einsatzhärten (Auswahl)

Nitrierstähle

Die Wärmebehandlung der Nitrierstähle besteht aus zwei Behandlungsschritten. Die unnitrierten Werkstücke werden zuerst vergütet, um ein hochfestes und zähes Werkstück zu erhalten. Dann werden die vergüteten Werkstücke nitriert (Seite 69) und erlangen dabei ihre harte und verschleißfeste Randschicht durch die Ausbildung von äußerst harten Metallnitriden im Metallgefüge. Nach dem Nitrieren braucht nicht gehärtet zu werden.

Genaue Angaben zur Wärmebehandlung von Stählen für Randzonenhärtung auf Seite 220.

Wiederholungsfragen

1 **In welche Gruppen können die Wärmebehandlungsverfahren unterteilt werden?**

2 **Welche Geräte enthält eine Härterei?**

3 **Welche Glühverfahren gibt es und wozu werden sie im einzelnen angewandt?**

4 **Wie wird das Werkstoffgefüge durch Normalglühen verändert?**

5 **Aus welchen Arbeitsgängen besteht das Härten?**

6 **Wie hoch ist die Härtetemperatur eines unlegierten Stahls (im Fe/C-Zustandsschaubild)?**

7 **Welche Gefügearten können beim Härten entstehen?**

8 **Wie wird beim Abschrecken richtig eingetaucht?**

9 **Welche Wirkung haben die einzelnen Abschreckmittel?**

10 **Was kann aus dem ZTU-Schaubild abgelesen werden?**

11 **Welche Eigenschaftskombination der Bauteile soll durch das Vergüten erzielt werden?**

12 **Was sagt das Vergütungsschaubild aus?**

13 **Beschreiben Sie das Randschichthärten!**

14 **Aus welchen Arbeitsgängen besteht das Einsatzhärten?**

15 **Was ist zur Wärmebehandlung der allgemeinen Baustähle und der Feinkornbaustähle zu sagen?**

16 **Welche Wärmebehandlungsschritte durchläuft ein Schnellarbeitsstahl beim Härten?**

17 **Welche nichtrostenden Stähle sind härtbar?**

10 Be- und Verarbeitung von Eisen/Stahl-Werkstoffen

Der Metallverarbeiter im Fachbereich Baumetall, Stahlbau und Metallbau geht bei der Fertigung seiner Bauteile und Gewerke meist von Halbzeugen oder vorgefertigten Halbfertigerzeugnissen aus.

Die Fertigungsverfahren, die bei der Verarbeitung vom Halbzeug bis zum fertigen Bauteil zur Anwendung kommen, lassen sich in 5 Hauptgruppen zusammenfassen:

Umformen	Trennen, Spanen	Fügen	Beschichten	Stoffeigenschaft ändern

Die Fertigungsverfahren der Hauptgruppe Urformen sind bei der Herstellung der Werkstoffe beschrieben, z. B. das Gießen (Seite 21), das Sintern (Seite 124) oder das Extrudieren (Seite 138). Dasselbe gilt für eine Reihe von Verfahren aus der Fertigungshauptgruppe Umformen (Seite 24 bis 27).

10.1 Umformen

Beim Umformen wird durch Einwirkung äußerer Kräfte die Form eines Rohbauteils in gewünschter Weise verändert. Die einzelnen Werkstoffteilchen werden gegeneinander verschoben, ohne daß der Zusammenhalt verloren geht, der Werkstoff wird plastisch verformt. Die Fähigkeit, sich plastisch zu verformen, besitzen die meisten Metall-Werkstoffe, sie haben ihre Ursache im inneren Aufbau der Metalle (Seite 56).

Die Vorteile des Umformens sind:

- der Faserverlauf des Werkstoffs bleibt erhalten **(Bild 74/1).** Das bewirkt eine günstige Kraftverteilung im Bauteil ohne Spannungsspitzen. Bei durchtrenntem Faserverlauf, z. B. durch Spanen, ist die Faserunterbrechung die Schwachstelle.
- Es entsteht praktisch kein Werkstoffabfall.
- Beim Kaltumformen wird die Festigkeit des Werkstoffs erhöht (Kaltverfestigung).

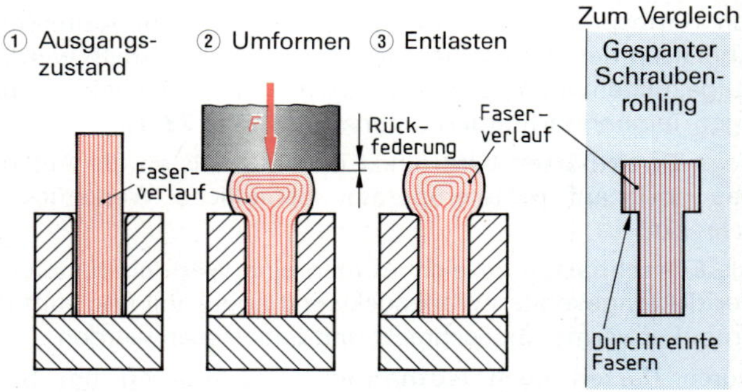

Bild 74/1: Faserverlauf beim Umformen (kalt)

Das Umform-Verhalten verschiedener Eisen/Stahl-Werkstoffe ist recht unterschiedlich. Es läßt sich anhand der Spannungs-Dehnungs-Schaubilder der Werkstoffe anschaulich darstellen **(Bild 74/2).** Es gilt für Raumtemperatur.

Die Eisen/Stahl-Werkstoffe mit geringem Kohlenstoffgehalt, wie z. B. **St 14** (0,10 % C) oder **St 37-2** (0,17 % C) lassen sich gut umformen, da sie eine große Bruchdehnung (*A*) besitzen. Sie lassen sich im großen Dehnbereich zwischen der Streckgrenze und der Zugfestigkeit umformen (roter Kurvenbereich).

Die Eisen/Stahl-Werkstoffe mit hohem Kohlenstoffgehalt, wie z. B. **C 105 W 1** (1,05 % C) oder Gußeisen (ca. 3,5 % C) sind technisch nicht kaltumformbar, da sie nur einen kleinen Dehnbereich besitzen.

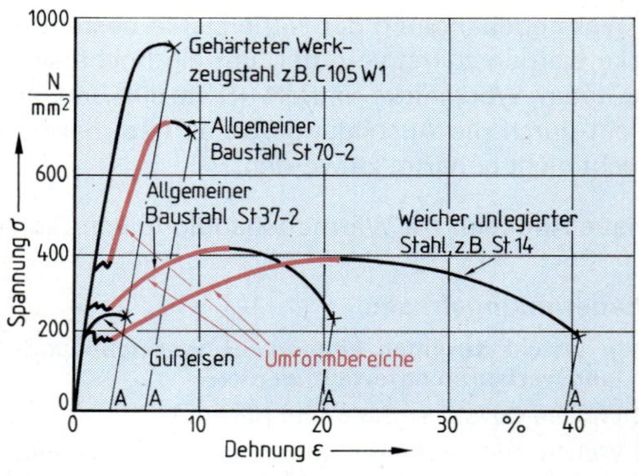

Bild 74/2: Verformungsverhalten

Die zur Umformung bei Raumtemperatur (Kaltumformen) erforderlichen Kräfte sind bei dickeren Bauteilen und Werkstücken sehr groß. **Kaltumgeformt** werden deshalb vor allem Flacherzeugnisse, wie Bleche und Bandmaterial oder Form- und Profilstähle mit kleinen Abmessungen. Die Stähle sollten normalgeglüht sein.

Mit steigender Temperatur nimmt die Festigkeit der Werkstoffe stark ab und gleichzeitig wird ihre Dehnbarkeit wesentlich größer. Große Bauteile und kompakte Werkstücke werden bei erhöhten Temperaturen umgeformt, man spricht von **warmumformen** bzw. **schmieden.**

Biegeumformen

Gebogen wird im Schraubstock, mit einfachen Vorrichtungen und auf Maschinen **(Bild 75/1).**

Beim Biegeumformen wird der Werkstoff in der Biegezone verformt. Die Außenseite wird gestreckt, die Innenseite gestaucht, ein mittlerer Werkstoffbereich (neutrale Faser) ist unbelastet.

Um ein Überdehnen zu vermeiden, darf ein kleinster, zulässiger **Biegeradius** nicht unterschritten werden. Bleche sind quer zur Walzrichtung zu biegen. Die **Rückfederung** nach dem Biegevorgang ist durch Überbiegen auszugleichen. Die Länge des **Zuschnitts** von Biegeteilen ist durch einen Korrekturfaktor zu berücksichtigen. Fertigungsangaben zum Biegeumformen im Tabellenteil, Seite 222.

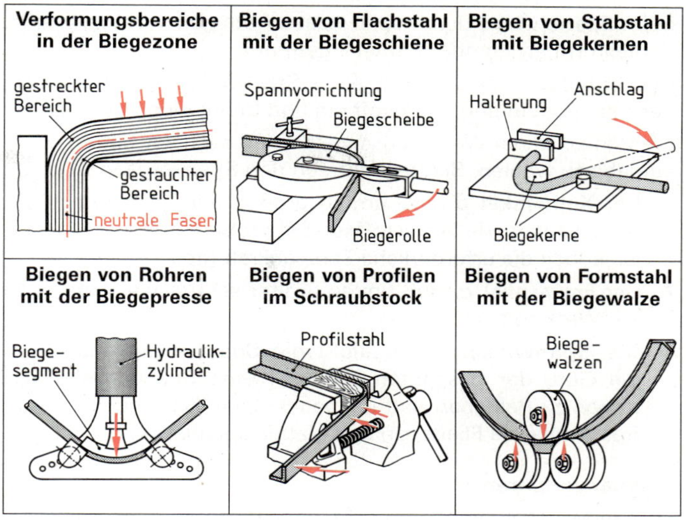

Bild 75/1: Biegeumformverfahren

10.2 Schmieden

Schmieden ist Umformen von Metallen im erwärmten plastischen Zustand durch Schlag oder Druck. Schmiedbar sind alle Eisen/Stahl-Werkstoffe, die im erwärmten Zustand plastisch umformbar sind.

Die **Schmiedbarkeit** wird im wesentlichen vom Kohlenstoffgehalt der Eisen-Werkstoffe bestimmt. Sie verschlechtert sich mit steigendem C-Gehalt.

Stähle mit niedrigem C-Gehalt (bis ca. 0,5 %) sind gut schmiedbar. Mit steigendem C-Gehalt verringert sich die Warmumformbarkeit. Stähle mit mehr als 1,7 % C sind ebenso wie die Eisen-Gußwerkstoffe (2,5 bis 4 % C) nicht schmiedbar.

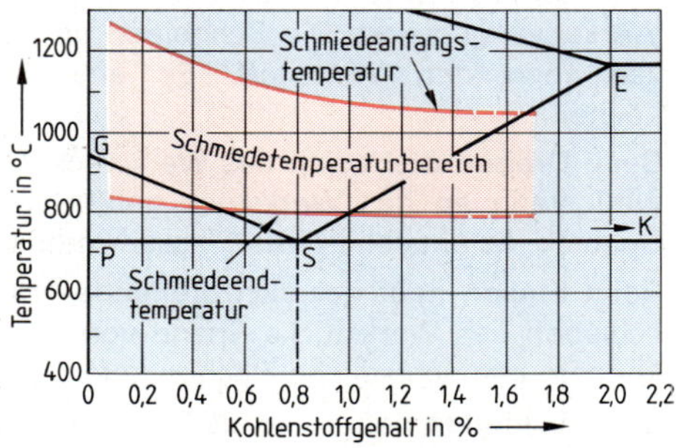

Bild 75/2: Schmiedetemperaturbereich unlegierter Stähle

Legierte Stähle sind ebenfalls schmiedbar. Günstig auf die Schmiedbarkeit wirken die Legierungselemente Mangan, Chrom und Nickel, ungünstig Phosphor-, Schwefel-, Stickstoff- und Wasserstoffgehalte.

Geschmiedet werden kann ein Werkstoff in einem **Schmiedetemperaturbereich** zwischen Anfangs- und Endtemperatur. Bei unlegierten Stählen ist der Schmiedetemperaturbereich im wesentlichen vom C-Gehalt abhängig **(Bild 75/2).** Bei legierten Stählen wird sie zusätzlich von den Legierungselementen und deren Gehalt beeinflußt (Seite 222).

Überschreiten der Schmiedetemperatur führt zu Grobkornbildung und „Verbrennen" des Stahls, zu niedrige Schmiedetemperatur zu Schmiederissen.

Während des Schmiedens erfolgt eine fortlaufende Gefügeneubildung, so daß geschmiedete Bauteile ein unverzerrtes Gefüge ohne Kaltverfestigung besitzen.

Wichtige **Schmiedeverfahren** sind das Freiformschmieden von Hand auf dem Amboß sowie das Gesenkschmieden in Gesenken auf Schmiedemaschinen **(Bild 75/3).**

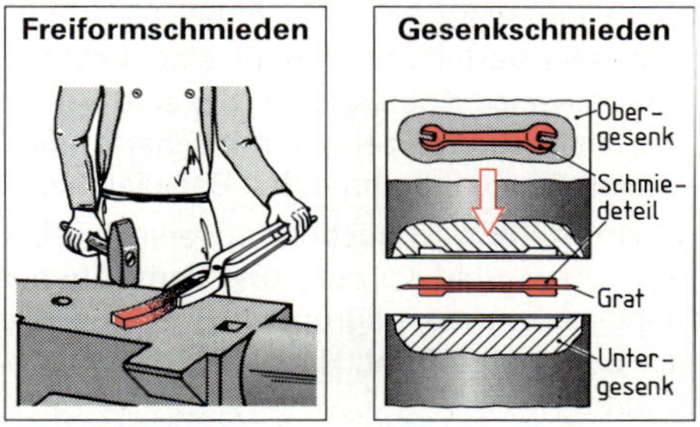

Bild 75/3: Schmiedeverfahren

10.3 Spanen

Beim Spanen wird durch spanweises Abtragen von Werkstoffteilchen mit einem Schneidwerkzeug die Bauteilform erzielt oder Bauteile getrennt.

Die Grundform der Schneide eines Spanwerkzeugs ist der Keil **(Bild 76/1)**. Er dringt durch die Wirkung der Spankraft in den Werkstoff ein und trennt einen Span ab.

Die Winkel an der Werkzeugschneide sind nach der Spanaufgabe zu wählen. Sie beeinflussen den Spanvorgang:

- Der **Keilwinkel** β muß um so größer sein, je härter der zu spanende Werkstoff ist. Bei großem Keilwinkel ist jedoch die erforderliche Zerspankraft groß.
- Der **Freiwinkel** α muß um so größer sein, je weicher der Werkstoff ist.
- Der **Spanwinkel** γ beeinflußt die Spanbildung und die Güte der gespanten Fläche. Kleine Spanwinkel führen zu Reißspan und unebener Spanfläche, große Spanwinkel zu Fließspan und glatter Spanfläche.

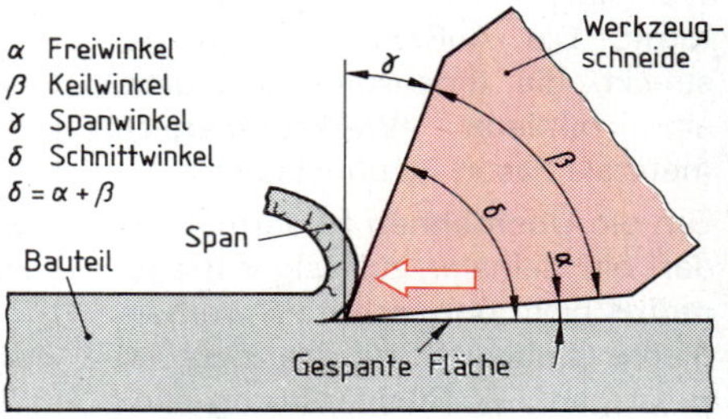

Bild 76/1: Der Spanvorgang

Zerspanverfahren

Im handwerklich-industriellen Metallbereich nehmen die Spanverfahren eine bedeutende Rolle ein **(Bild 76/2)**.

Das **Sägen** ist Spanen mit einem vielzahnigen, dünnen Sägeblatt. Die Schnittbewegung ist gerade oder kreisförmig. Gesägt wird überwiegend zum Trennen.

Feilen ist handwerkliches Spanen mit geradliniger Schnittbewegung. Die Feile hat eine Vielzahl kleiner Schneidzähne. Gefeilt wird bei Reparaturen, beim Entgraten usw.

Beim **Bohren** wird der sich drehende Bohrer auf das Werkstück gedrückt. Die Schneiden an der Bohrerspitze zerspanen den Werkstoff. Es entstehen kreisrunde Löcher.

Beim **Drehen** dreht sich das Werkstück. Der Drehmeißel wird stetig an das Werkstück geführt und hebt einen Span ab. Es entstehen rotationssymmetrische Bauteile.

Beim **Fräsen** hebt der sich drehende Fräser durch Vorschieben des Werkstücks Späne vom Werkstück ab. Es können unterschiedliche Flächen gefertigt werden.

Beim **Schleifen** heben die als Schneiden wirkenden Körner der Schleifscheibe viele kleine Späne vom Werkstück ab.

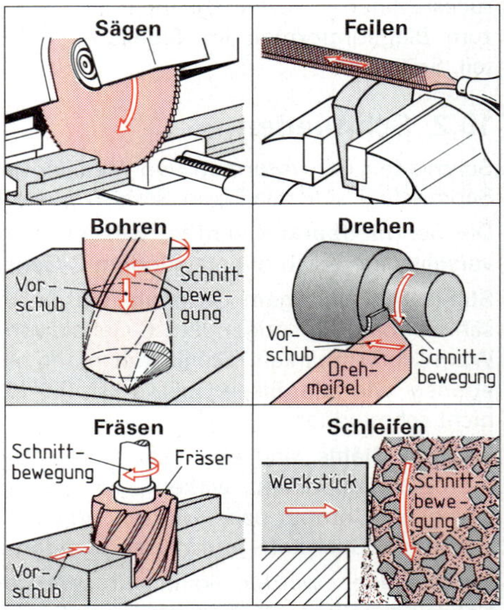

Bild 76/2: Zerspanverfahren

Schneidstoffe zur Stahlzerspanung

Als Schneidstoffe werden eingesetzt: Schnellarbeitsstähle, Hartmetalle und Schneidkeramik.

Schnellarbeitsstähle (HSS) sind hochlegierte Werkzeugstähle mit Wolfram-, Molybdän-, Vanadium- und teilweise Kobaltgehalt. Sie sind sehr hart (60 bis 67 HRC), zäh und warmfest bis 600 °C. Sie werden vor allem zu Werkzeugen mit scharfen Schneidkanten und kleinem Keilwinkel verarbeitet: Spiralbohrer, Fräser, Einstechdrehmeißel. Beispiele von Schnellarbeitsstählen: S 6-5-2, S 10-4-3-10 (Seite 194).

Hartmetalle sind hochharte, verschleißfeste, warmfeste Verbundwerkstoffe aus harten Wolframkarbid- und Titankarbid-Körnern und dem zähen Bindemetall Kobalt (Seite 128). Sie werden in die drei Zerspanungs-Anwendungsgruppen **P, M** und **K** eingeteilt (Seite 255). Durch eine Hartstoff-Beschichtung wird die Standzeit erhöht. Haupteinsatzgebiet hartmetallbestückter Werkzeuge ist das Drehen, Fräsen, Steinbohren.

Schneidkeramik wird bevorzugt zum Drehen mit höchsten Spanleistungen eingesetzt (Seite 129).

Zerspanbarkeit der Eisen/Stahl-Werkstoffe

Zur Beschreibung der Zerspanbarkeit eines Werkstoffes dienen im wesentlichen drei Bewertungsgrößen:

Die **Standzeit.** Sie bezeichnet die Zeit, die das Spanwerkzeug bis zum Unbrauchbarwerden im Einsatz ist. Gewünscht ist eine möglichst große Standzeit, da dann die Werkzeugkosten niedrig sind.

Die **Oberflächengüte** der gespanten Fläche. Sie ist durch die Funktion des Bauteils vorgegeben.

Die **Spanbedingungen,** wie Zerspankraft und Spanform. Sie beschreiben die Arbeitsbedingungen für Mensch und Maschine. Angestrebt werden eine möglichst kleine Zerspankraft sowie kurzbrechende Späne.

Beeinflussung der Zerspanbarkeit

Die Zerspanbarkeit der Eisen/Stahl-Werkstoffe wird durch eine Reihe von Faktoren beeinflußt **(Bild 77/1).**

Werkstoffseitig bestimmend sind der Kohlenstoffgehalt und die Legierungselemente sowie das Gefüge und die mechanischen Eigenschaften.

Kohlenstoffgehalt. Stähle mit niedrigem C-Gehalt ($< 0{,}15\,\%$) sind schlecht zerspanbar, da das Ferritgefüge weich ist und zum Verkleben neigt. Gut zerspanbar sind Stähle mit 0,2 bis 4 % C. Mit weiter steigendem C-Gehalt wird die Zerspanbarkeit schwerer, da der Verschleiß wegen des wachsenden Zementitgehalts (hart) zunimmt.

Legierungselemente. Sie beeinflussen die Zerspanbarkeit durch Veränderung des Gefüges oder durch Bildung von Einschlüssen **(Tabelle 77/1).** Überwiegend positiv wirken Mangan, Schwefel und Blei.

Wärmebehandlung. Eine Verbesserung der Zerspanbarkeit ergibt das Weichglühen (Seite 63).

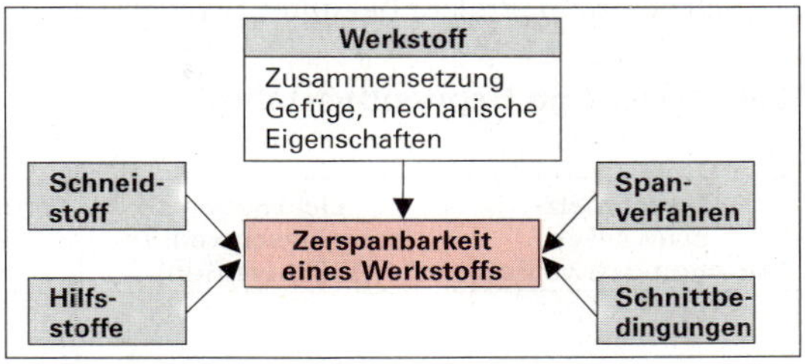

Bild 77/1: Einflüsse auf die Zerspanbarkeit

Tabelle 77/1: Einfluß der Legierungselemente

	C	Si	Mn	Cr	Ni	Mo	S	Pb
Standzeit	⊖	⊖	⊖	⊖	⊖	⊖	⊖	⊕
Oberflächengüte	⊕		⊕		⊖		⊕	⊕
Spanform	⊕		⊕	⊕	⊖	⊕	⊕	⊕

Zerspanbarkeitsklassen

Die Zerspanbarkeit wird durch Zerspanbarkeitsklassen gekennzeichnet **(Tabelle 77/2):**

1 bedeutet leichte, **3** mittlere und **5** schwere Zerspanbarkeit, **2** und **4** sind Zwischenwerte. Leicht spanbar sind die unlegierten Einsatzstähle, die Automatenstähle sowie die ferritischen und zum Teil die martensitischen nichtrostenden Stähle.

Mittlere Zerspanbarkeit zeigen die allgemeinen Baustähle, die unlegierten Vergütungsstähle, die legierten Einsatzstähle und die austenitischen nichtrostenden Stähle. Schwer spanbar sind die legierten Vergütungsstähle mit hoher Festigkeit.

Die Zerspanbarkeitsklasse setzt sich aus einer zweistelligen Zahl zusammen: die Stahlgruppenzahl (1 bis 5) und die Zerspanbarkeitskennzahl (1 bis 5).

Tabelle 77/2: Zerspanbarkeitsklassen (DIN 4990)

↓ Stahlgruppe / Zerspanbarkeitsklassen →	1	2	3	4	5
	leicht		mittel		schwer
Stahlgruppe 1: Unlegierte und niedrig legierte Stähle					
Allgemeine Baustähle					
Vergütungsstähle, unlegiert					
Vergütungsstähle, legiert					
Einsatzstähle, unlegiert					
Einsatzstähle, legiert					
Automatenstähle, unbehandelt					
Stahlgruppe 2: Hochlegierte Stähle					
Nicht rostende Stähle – ferritisch					
Nicht rostende Stähle – martensitisch (geglüht)					
Nicht rostende Stähle – austenitisch					
Werkstoffgruppe 3: Eisen-Gußwerkstoffe					
Grauguß, Sphäroguß					
Temperguß					

Beispiele: **St 37-2** hat z. B. die Zerspanbarkeitsklasse **12** (Stahlgruppe 1, Zerspanbarkeitsklasse 2), **X 5 CrNi 18 9** die Zerspanbarkeitsklasse **23.**

Richtwerte der Zerspanparameter

Für eine bestimmte Spanaufgabe können Richtwerte der Spanparameter (z. B. Schnittgeschwindigkeit, Vorschub usw.) aus Erfahrungstabellen entnommen werden. Dazu muß das Spanverfahren, der zu spanende Werkstoff und seine Abmessungen sowie der Schneidstoff festgelegt sein.

Richtwerte der Spanparameter befinden sich im Tabellenteil, Seite 223 bis 225.

10.4 Schweißen

Schweißen ist die am häufigsten angewandte Fügetechnik, um Stahlbauteile unlösbar miteinander zu verbinden. Sie hat andere Fügeverfahren, wie z. B. das Nieten, weitgehend verdrängt. Durch Schweißen fügt man meist Bauteile aus gleichartigen Werkstoffen. Die Bauteile werden während des Schweißvorgangs an der Fügestelle in flüssigem oder teigigem Zustand zu einem stoffschlüssigen Bauteil vereinigt.

Im Schlosser-, Stahlbau- und Metallbaubereich am wichtigsten sind die **Schmelzschweißverfahren.** Bei diesen Verfahren werden die Bauteile an der Verbindungsstelle stark erwärmt, so daß sie schmelzen und zusammenfließen. Zum Auffüllen der Schweißfuge wird meist ein Zusatzwerkstoff zugegeben. Die Schweißnaht erreicht bei guter Schweißung die Festigkeit der Grundwerkstoffe.

10.4.1 Wichtige Schweißverfahren

Elektrolichtbogen-Schweißverfahren

Gasschmelzschweißen (Autogen-Schweißen)	Lichtbogen schmelzschweißen (E-Schweißen)	Metall-Inertgas-Schweißen MIG	Metall-Aktivgas-Schweißen MAG	Wolfram-Inertgas-Schweißen WIG

Schutzgas-Schweißverfahren

Das Aufschmelzen des Werkstoffs erfolgt beim Gasschmelzschweißen mit einer Gasflamme, bei den anderen Schweißverfahren mit einem Elektrolichtbogen. Bei den Schutzgas-Schweißverfahren MIG, MAG und WIG wird die Schweißnahtschmelze durch Umspülen mit Schutzgas vor eigenschaftsverschlechternden Einflüssen geschützt.

Jedes Schweißverfahren hat spezifische Eigenheiten, die seine Einsatzmöglichkeiten bedingen.

Gasschmelzschweißen (G-Schweißen)

Beim Gasschmelzschweißen, auch Autogenschweißen genannt, schmilzt die Flamme eines Schweißbrenners die Bauteilkanten und den Zusatzwerkstoff zum Schweißgut auf **(Bild 78/1).** Es verbindet nach dem Erstarren die beiden Bauteile über die Schweißnaht unlösbar miteinander. Brenngas ist meist Acetylen, das im Brenner mit reinem Sauerstoff aus einer Druckgasflasche gemischt wird.

Zum sachgerechten Schweißen eines Bauteils muß der passende Schweißbrenner (abhängig von der Bauteildicke), das richtige Schweißgas-Mischungsverhältnis (neutrale Flamme) und der geeignete Schweißzusatz (abhängig vom Werkstoff) ausgewählt werden. Richtwerte sind im Tabellenteil, Seite 226 und 227, zu finden. Zur Durchführung ist handwerkliche Erfahrung erforderlich.

Mit dem Gasschmelzschweißen können nur dünne Bauteile aus unlegierten und niedriglegierten Stählen geschweißt werden.

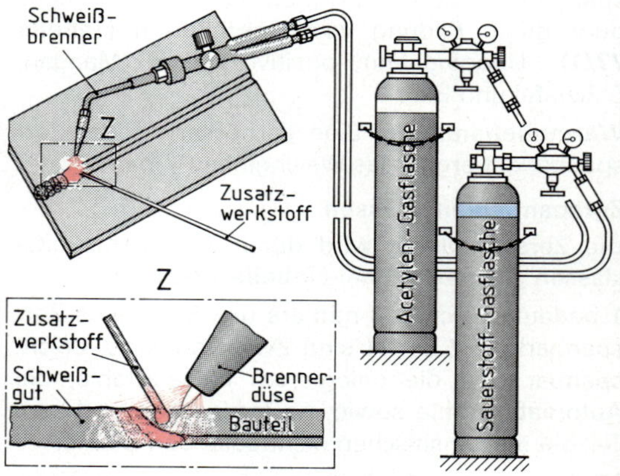

Bild 78/1: Gasschmelzschweißen

Brennschneiden

Das Brennschneiden ist ein Trennverfahren. Es wird mit der gleichen Anlage wie das Gasschmelzschweißen durchgeführt. Unterschiedlich in Aufbau und Funktion ist der Schneidbrenner **(Bild 78/2).** Er hat eine ringförmige Wärmeflamme und einen Sauerstoffschneidstrahl, der den Stahl in einer scharfumrissenen Trennfuge verbrennt. Durch Brennschneiden lassen sich nur unlegierte und niedriglegierte Stähle mit einem C-Gehalt unter 1,5 % trennen (Seite 227).

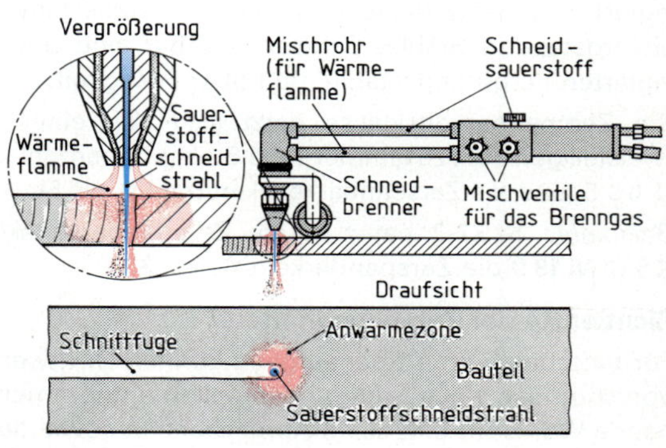

Bild 78/2: Brennschneiden

Lichtbogenschmelzschweißen (E-Schweißen)

Die Schmelzwärme liefert ein Elektro-Lichtbogen zwischen einer abschmelzenden Elektrode und dem Schweißgut **(Bild 79/1).** Die mit abbrennende Elektrodenumhüllung schützt das flüssige Schweißbad vor der Oxidation und bildet eine Reinigungsschlacke.

Es kann mit Gleich- und Wechselstrom niedriger Spannung gearbeitet werden, der von einer Schweißstromquelle geliefert wird. Der Schweißstrom und die Elektrode werden nach Bauteildicke, Schweißnahtqualität und zu schweißendem Werkstoff ausgewählt (Seite 228 und 229).

Das E-Schweißen ist das gebräuchlichste Schweißverfahren.

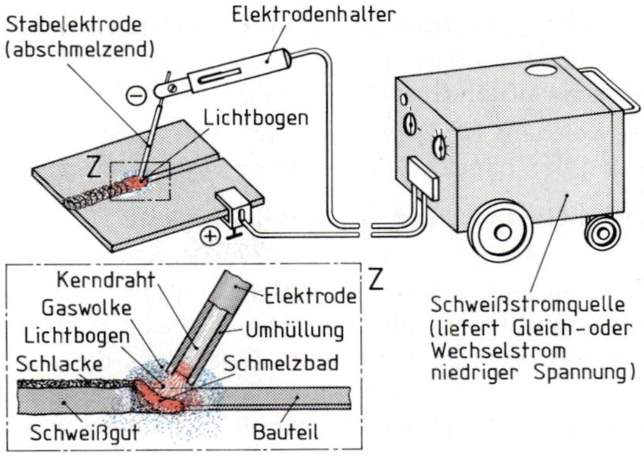

Bild 79/1: Lichtbogenschmelzschweißen

Schutzgasschweißen (SG-Schweißen)

Bei den Schutzgasschweißverfahren wird das von einem Lichtbogen erschmolzene Schweißbad von Schutzgas umströmt und schützt es vor Reaktionen mit dem Luftsauerstoff. Je nach Elektrode und Schutzgas unterscheidet man verschiedene Verfahren.

Beim **MIG-** und **MAG-Verfahren** (**M**etall-**I**nert**g**as und **M**etall-**A**ktiv**g**as) wird eine Drahtelektrode fortlaufend durch den Schweißbrenner zugeführt und schmilzt im Lichtbogen mit den Bauteilkanten zum Schweißgut zusammen **(Bild 79/2).** Beim MIG-Verfahren umspülen inerte Gase die Schweißstelle, beim MAG-Verfahren reaktions-aktive Schweißgase.

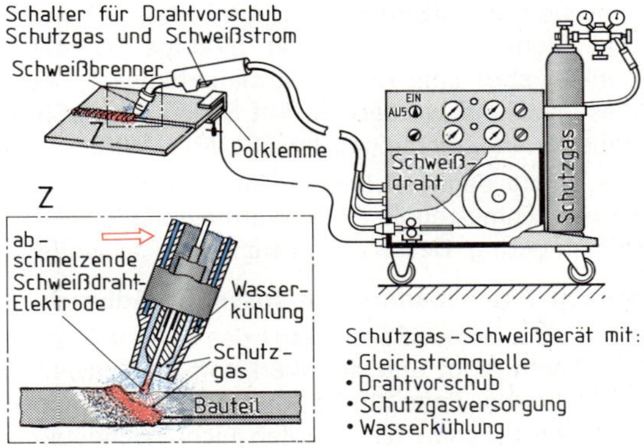

Bild 79/2: MIG, MAG-Schweißanlage

Beim **WIG-Schweißen** (**W**olfram-**I**nert**g**as) brennt der Lichtbogen zwischen einer nicht abschmelzenden Wolfram-Elektrode und dem Schmelzbad **(Bild 79/3).** Der Zusatzwerkstoff wird als Schweißstab zugeführt.

Schutzgase und Schweißzusätze für das Schutzgasschweißen im Tabellenteil, Seite 230–231.

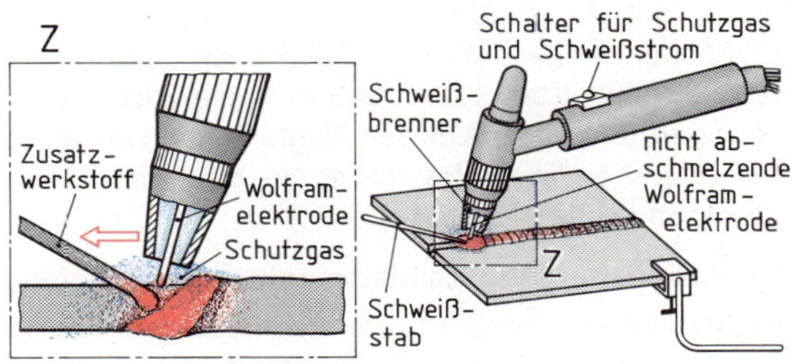

Bild 79/3: WIG-Schweißen

Hinweise zur Auswahl des Schweißverfahrens in folgender Übersicht.

	Eignung			Nahtvorbereitung		Schweißtechnische Hinweise				
Schweißverfahren	**Werkstoff**	**Materialdicke**	**Schweißposition (DIN 1912)**	**Öffnungswinkel**	**Toleranzanforderung**	**Abschmelzleistung**	**Einbrand**	**Wärmeeinflußzone**	**Schweißverzug**	**Spritzerbildung**
Gasschmelzschweißen	Unlegierte und niedrigleg. Stähle	dünn	alle	0°, 60°	grob	gering	gering	groß	mittel	keine
Lichtbogenschmelzschweißen	Alle Stähle	mittel, dick	alle	60°	grob	mittel	mittel	mittel	mittel	gering
MIG-Schweißen	Hochlegierte Stähle, Al, Cu, Ti	mittel, dick	alle	40° ... 60°	eng	groß	groß	mittel	gering	mittel
MAG-Schweißen	Unlegierte und niedrigleg. Stähle	mittel, dick	alle	40° ... 60°	eng	groß	groß	mittel	gering	mittel
WIG-Schweißen	Hochlegierte Stähle, Al, Cu, Ti	dünn	w, h	0° ... 60°	mittel	gering	gering	klein	sehr gering	keine

10.4.2 Werkstoffkundliche Gesichtspunkte beim Schweißen

Ziel des Schweißens ist eine Bauteil-Verbindung mit denselben mechanischen Gütewerten wie die der verschweißten Grundwerkstoffe.

In welchem Maß ein Werkstoff zum Schweißen geeignet ist und welche Qualität die Schweißverbindung hat, hängt von einer Reihe von Faktoren ab.

Schmelzpunkt und Wärmeleitfähigkeit

Zum Schweißen muß der Werkstoff an der Schweißstelle über den Schmelzpunkt erhitzt werden. Günstig für das Schweißen ist deshalb ein niedriger Schmelzpunkt. Außerdem darf die an die Schweißstelle gebrachte Wärmeenergie nicht wieder schnell von der Schweißstelle weggeleitet werden, d. h. die Wärmeleitfähigkeit des Werkstoffs sollte möglichst niedrig sein.

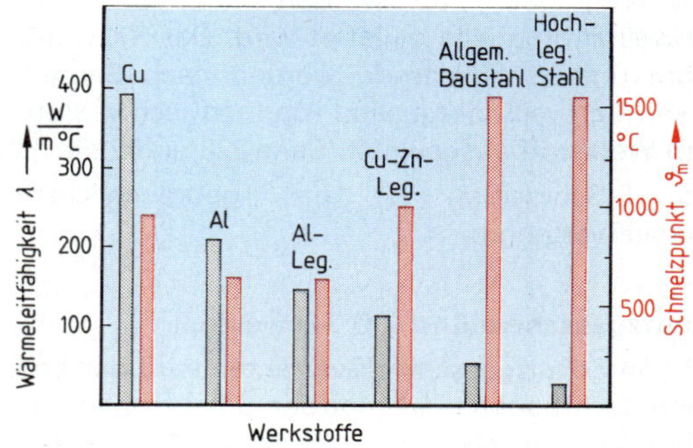

Bild 80/1: Schmelzpunkte und Wärmeleitfähigkeit der Metalle

Die technischen Werkstoffe erfüllen nicht beide Anforderungen **(Bild 80/1)**. Die NE-Metalle Kupfer und Aluminium haben zwar niedrige Schmelzpunkte, aber eine hohe Wärmeleitfähigkeit. Aus diesem Grund werden sie mit Schweißverfahren hoher Energiedichte geschweißt (MIG, WIG).

Die Stähle dagegen haben einen wesentlich höheren Schmelzpunkt, ihre Wärmeleitfähigkeit ist jedoch gering. Deshalb sind sie besser schweißbar.

Verzug, Eigenspannungen, Risse, Sprödbruch

Nach dem Schweißen erstarrt das Schweißgut und kühlt bis auf Raumtemperatur ab. Dabei zieht sich das Schmelzgut und der Werkstoff im Schweißnahtbereich zusammen (Umkehrung der thermischen Ausdehnung, Seite 12). Es kommt zum Schrumpfen bzw. zum Verziehen des Bauteils. Kann das Bauteil dem thermischen Schrumpfen nicht nachgeben, so werden Eigenspannungen im Bauteil aufgebaut. Bei spröden Werkstoffen, wie z. B. Gußeisen, können die Eigenspannungen zu Rissen in der Schweißnaht oder im Randbereich der Schweißnaht führen. Dehnfähige Werkstoffe, wie z. B. die Stähle, bauen einen Teil der Eigenspannungen durch plastisches Fließen ab. Es verbleiben jedoch beträchtliche Eigenspannungen, die die plastischen Verformungsreserven des Werkstoffs und damit die Sicherheit der geschweißten Konstruktion wesentlich vermindern. In Verbindung mit mehrachsigen Beanspruchungen des geschweißten Bauteils kann es dann auch bei Schweißkonstruktionen aus zähen Stählen bei relativ geringer Belastung zu dem gefürchteten verformungslosen Trennbruch oder Sprödbruch kommen (Seite 275, Bild 4).

Oxidationsneigung, Schlackeneinschlüsse, gelöste Gase

Bei den hohen Temperaturen des flüssigen Schmelzguts kommt es zu Reaktionen mit der umgebenden Atmosphäre. Von Bedeutung ist die Reaktion des Luftsauerstoffs mit dem flüssigen Metall zu festen Metalloxiden sowie das Lösen von Gasen in der Metallschmelze.

Besonders Aluminium hat eine große Oxidationsneigung. Beim Schweißen an der Luft ist das flüssige Schweißgut von einer dicken Oxidhaut (Al_2O_3) bedeckt. Sie verhindert das Zusammenfließen des Schweißguts und bildet Schlackeneinschlüsse in der Schweißnaht. Aluminium kann deshalb nur unter Schutzgas geschweißt werden. Bei Eisen/Stahl-Werkstoffen ist die Oxidationsneigung geringer. Es kann an der Luft geschweißt werden (z. B. mit dem G-Schweißen).

Bessere Schweißnähte erhält man, wenn das flüssige Schweißgut von einem Schutzgas umspült wird (SG-Schweißen) und wenn eine Reinigungsschlacke die Metalloxide aufnimmt (Elektroden mit Umhüllung). Die Reinigungsschlacke (Umhüllung) kann zudem Desoxidationsmittel sowie Legierungselemente enthalten.

Gelöste Gase (Wasserstoff, Stickstoff) im flüssigen Schmelzgut bilden durch Ausgasen beim Erstarren Hohlräume in der Schweißnaht (sogenannte Fischaugen) und führen durch Bildung sprödharter Metallverbindungen an den Korngrenzen zur Versprödung der Schweißnaht (Bruchbild Seite 275/5). Das Lösen von Gasen wird durch Schweißen unter Schutzgas vermieden oder zumindest stark vermindert.

Legierungselemente, Zusatzwerkstoffe

Die in Stählen vorhandenen Begleitelemente Kohlenstoff, Phosphor und Schwefel verschlechtern die Schweißbarkeit. Der Kohlenstoffgehalt sollte 0,2 % nicht überschreiten, Phosphor und Schwefel sollten unter 0,03 % betragen. Mangan und Silicium sind nicht störend.

Zum Schweißen geeignet sind deshalb allgemeine Baustähle mit weniger als 0,2 % C sowie die schweißgeeigneten Feinkornbaustähle, die ebenfalls weniger als 0,2 % C enthalten. Die Legierungselemente hochlegierter Stähle, wie z. B. Chrom, Nickel, Titan, Wolfram und ähnliche erschweren die Schweißbarkeit, da sie bereitwillig mit dem Luftsauerstoff reagieren. Hochlegierte Stähle können deshalb nur unter Schutzgas oder Schlacke geschweißt werden. Der geeignete Zusatzwerkstoff für eine Schweißarbeit muß in seiner Zusammensetzung in etwa dem zu schweißenden Grundwerkstoff entsprechen. Der Gehalt an Kohlenstoff, Phosphor und Schwefel ist meist geringer als der der Grundwerkstoffe, um die Schweißbarkeit zu verbessern. Die anderen Legierungselemente sind etwas höher als im Grundwerkstoff enthalten, um ihren Abbrand während des Schmelzvorgangs auszugleichen.

Vorgänge in der Wärmeeinflußzone

An der Schweißstelle und in der Wärmeeinflußzone (WEZ) kommt es durch den Schweißvorgang zu einer völligen Veränderung bzw. Neubildung des Werkstoffgefüges **(Bild 81/1)**. Im Vergleich der Temperaturverlaufskurve mit dem Fe-C-Zustands-Schaubild können die Vorgänge erläutert werden.

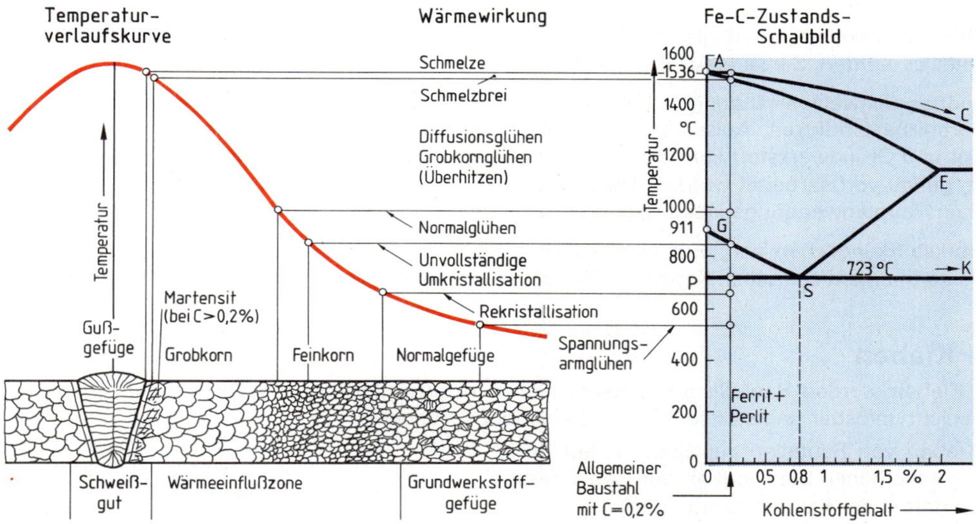

Bild 81/1: Temperaturverlauf und Gefügezustände im Bereich einer Schweißstelle

Das erstarrte Schmelzgut (die Schweißnaht) hat ein Gußgefüge mit strahlenförmig vom Schweißnahtrand zur Mitte verlaufenden, großen Gefügekörnern.

In der Wärmeeinflußzone hat der Werkstoff während des Schweißvorgangs eine nicht beabsichtigte „Wärmebehandlung" erfahren, die mit wachsendem Abstand von der Schweißnaht unterschiedliche Auswirkungen hat und fließend ineinander übergehen. Sie sind mit den üblichen Wärmebehandlungen vergleichbar (Seite 63 ff.).

Im schmelzgrenznahen Bereich wurde der Werkstoff bis nahe an die Schmelztemperatur erwärmt und bildet dadurch große Gefügekörner (Grobkorn). Bei einem Kohlenstoffgehalt von über 0,2 % bildet sich hier durch das rasche Abkühlen der Naht (Abschrecken) grobnadeliger Martensit. Er härtet und versprödet den Werkstoff und macht ihn rißanfällig.

Der anschließende Werkstoff wurde auf eine Temperatur erwärmt, die dem Normalglühen entspricht. Demzufolge hat sich hier feinkörniges Gefüge (Feinkorn) gebildet. Es ist häufig feiner als das Grundgefüge des Werkstoffs.

Dann folgt ein Bereich unvollständiger Rekristallisation, der fließend in das Grundgefüge des Werkstoffs übergeht. Hier erfolgt noch eine geringe Rekristallisation sowie kurzfristiges Spannungsarmglühen bzw. Anlassen.

10.5 Löten

Löten ist ein Verfahren zum unlösbaren, stoffschlüssigen Verbinden von Metallteilen. Die Verbindung wird durch einen Zusatzwerkstoff, das Lot, hergestellt. Es wird geschmolzen, benetzt die Fügeflächen und verbindet beim Erstarren die Bauteile über eine dünne, metallische Stoffbrücke. Die Schmelztemperatur des Lots liegt weit unterhalb der Schmelztemperatur der Fügeteile, so daß die Fügeteile im festen Zustand bleiben.

Löten wird zum Fügen von Stahlbauteilen angewandt, wenn seine Vorteile, z. B. gegenüber dem Schweißen, zum Tragen kommen:

- Es können Bauteile aus unterschiedlichen Metallen miteinander verbunden werden, z. B. die Hartmetallspitze eines Steinbohrers mit dem Schaft aus Vergütungsstahl **(Bild 82/1)**.
- Die Arbeitstemperatur ist beim Löten wesentlich niedriger als beim Schweißen. Dadurch werden weitgehend Gefügeveränderungen, Verzug und Wärmespannungen in den Bauteilen vermieden. Dies ist besonders bei dünnwandigen Bauteilen, z. B. bei Rohren, Behältern, Kühlern, Blechbauteilen, von Vorteil.
- Die Verbindungsstelle ist glatt und braucht nicht nachgearbeitet zu werden. Sie ist elektrisch gut leitend.

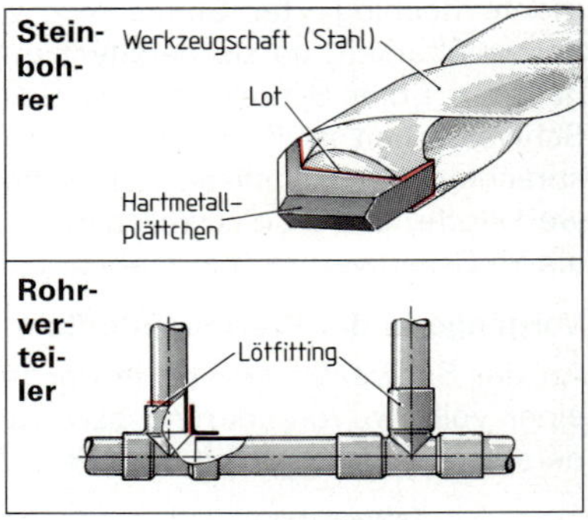

Bild 82/1: Gelötete Bauteile

Gegenüber Schweißverbindungen haben Lötverbindungen eine wesentlich geringere Festigkeit und Temperaturbeständigkeit. Außerdem sind Lötverbindungen, wegen der unterschiedlichen Werkstoffe von Lot und Grundwerkstoff korrosionsanfällig. Zudem müssen Fügeteile, wegen der engen Lötspalttoleranz, genau vorbearbeitet werden. Diese Nachteile schränken das Löten bei massiven Stahlbauteilen ein. Sein Hauptanwendungsgebiet liegt im Spenglerei-, Installations- und Blechnerei-Bereich.

Die werkstoffkundlichen Vorgänge beim Löten, die Lötverfahren und die Lötwerkstoffe für eine Lötaufgabe sind in einem speziellen Kapitel (Seite 104) sowie im Tabellenteil (Seite 248) aufgeführt.

10.6 Kleben

Beim Kleben werden Bauteile aus unterschiedlichen oder gleichartigen Werkstoffen über eine Klebstoffschicht unlösbar und stoffschlüssig miteinander verbunden.

Das Kleben von Bauteilen aus Stahl ist auf Sonderfälle beschränkt. Dies liegt an den besonderen Eigenschaften der Klebeverbindungen:

- der begrenzten Festigkeit der Klebstoffe
- der Einschränkung auf Scher- und Torsionsbelastung und dem Bedarf großer Klebeflächen **(Bild 82/2)**.
- keine Temperaturbeständigkeit über 200 °C
- der Versprödung durch Alterung

Angewandt werden Klebeverbindungen, wenn deren spezifische Vorteile zum Tragen kommen:

- der Möglichkeit der Verbindung von Bauteilen aus unterschiedlichen Werkstoffen, z. B. PVC-Handlauf auf Stahlgeländer
- der Verbindung dünner Bleche **(Bild 82/3)**
- dem Abdichten von Fügeflächen
- dem Sichern von Schrauben

Ausführliche Informationen über Klebstoffe und ihre Einsatzmöglichkeit auf Seite 143 sowie Seite 263.

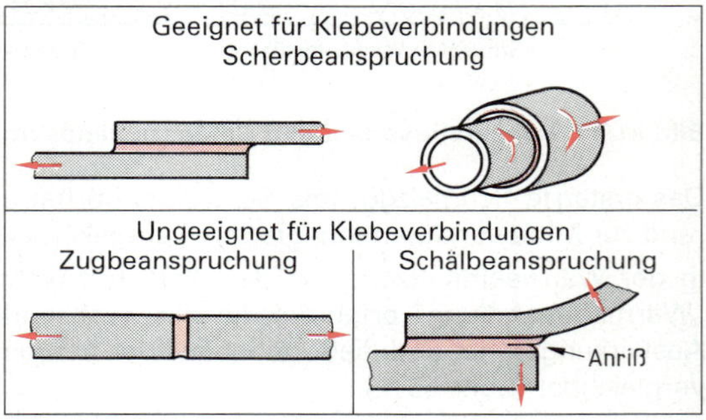

Bild 82/2: Beanspruchung bei Klebeverbindungen

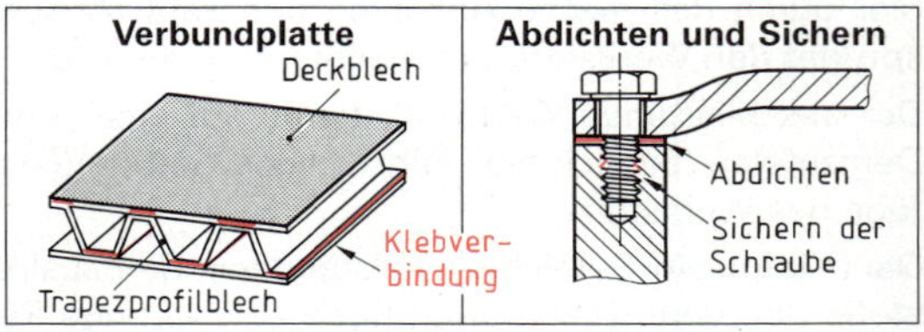

Bild 82/3: Typische Klebeverbindungen

10.7 Schraubenverbindungen

Schraubenverbindungen dienen der Befestigung von Bauteilen sowie zur Verbindung von Einzelbauteilen zu einem Gesamtbauwerk. Schraubenverbindungen sind lösbar und wirken über Kraft- und/oder Formschluß.

Schraubenverbindungen, die die Kräfte über eine **S**cher- und **L**ochleibungsbelastung (Formschluß) übertragen, bezeichnet man als **SL-Verbindung.** Werden die Kräfte mit **h**ochfesten **v**orgespannten Schrauben (**HV**-Schrauben) vollständig über die von der Vorspannkraft erzeugten Reibungskräfte getragen (Kraftschluß), so spricht man von einer **g**leitfesten **V**erbindung **(GV-Verbindung).**

Die häufigste Schraubenverbindung im Stahlbau ist die Verbindung mit **Sechskantschraube** und **Mutter (Bild 83/1).**

Sie besteht aus Kopf, Schaft, Gewinde, Unterlegscheiben und Mutter. Sie hat ein metrisches ISO-Regelgewinde. Die Schraubenlänge (Schaftlänge) ergibt sich aus Klemmlänge, Scheibendicke *s*, Mutterndicke *m* und Überstand *ü* (2 Gewindegänge). Der Lochdurchmesser ist um 1 mm größer als der Gewindeaußendurchmesser der Schraube.

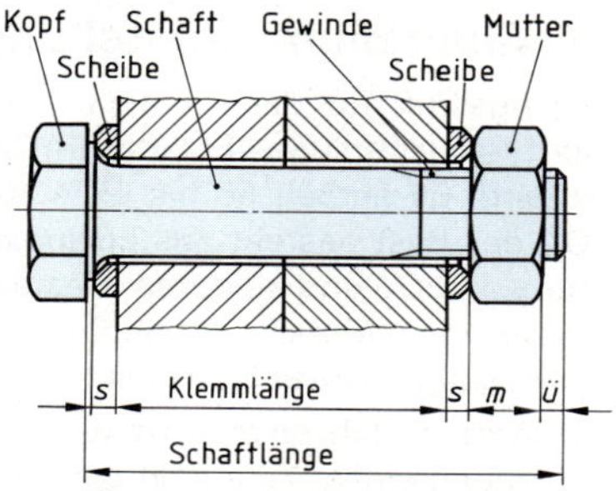

Bild 83/1: Schraubenverbindung (mit HV-Sechskantschraube)

In der **Schraubenbezeichnung** ist nicht der Werkstoff, sondern eine genormte Festigkeitsklasse angegeben. Außerdem enthält sie die DIN-Nummer, den Gewindeaußendurchmesser und die Schaftlänge (siehe nebenstehendes Beispiel).

Die **Festigkeitsklasse** wird durch zwei Zahlen, z. B. 10.9 angegeben. Die erste Zahl ergibt mit 100 multipliziert die Zugfestigkeit, z. B. 10 x 100 ≙ 1000 N/mm². Mit der zweiten Zahl, hier .9 (gemeint ist 0,9) kann durch Multiplizieren mit der Zugfestigkeit die Streckgrenze R_e ermittelt werden, also hier $R_e = 0{,}9 \cdot 1000\,N/mm^2 = 900\,N/mm^2$.

Beispiel für Schrauben-Kurzbezeichnung:

Sechskantschraube DIN 7990 – M 20 x 60 – 10.9

Sechskantschraube nach DIN 7990	Metrisches Gewinde M 20	Schaftlänge 60 mm	Festigkeitsklasse

Die üblichen Stähle für Schrauben der Festigkeitsklassen 3.6, 4.6, 4.8, 5.6, 6.8 und 8.8 sind Ck 15, Cq 22, Cq 35, Cq 45, 35 B 2, 19 Mn B 4. Schrauben der Festigkeitsklassen 9.8, 10.9 und 12.9 bestehen aus 34 Cr 4, 41 Cr 4, 34 CrMo 4, 42 CrMo 4, 34 CrNiMo 6 oder 30 CrNiMo 8.

Entsprechend den Anforderungen der Praxis gibt es eine Vielzahl von genormten Schrauben **(Bild 83/2).** Sie unterscheiden sich in der Kopfform, dem Gewinde und der Schaftform. Ebenso gibt es verschiedenartige Muttern.

Schraubensicherungen sollen das Lösen der Schraubenverbindung verhindern, wenn die Vorspannkraft, z. B. durch plastische Verformung der Fügeteile, unwirksam wird.

Eine Auswahl von Bauelementen für genormte Schraubenverbindungen befinden sich im Tabellenteil, Seite 210 bis 215.

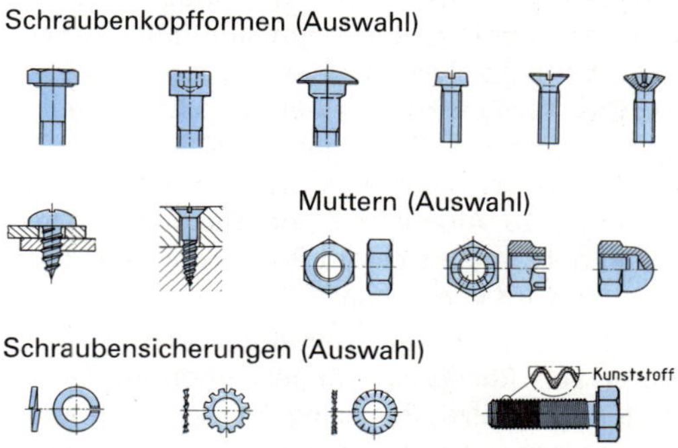

Bild 83/2: Schrauben, Muttern, Sicherungen

Wiederholungsfragen

1. **In welchem Bereich ihres Spannungs-Dehnungs-Diagramms können Werkstoffe umgeformt werden?**
2. **Wie verändert sich die Schmiedbarkeit unlegierter Stähle mit dem Kohlenstoffgehalt?**
3. **Welche Schneidstoffe werden zur Stahlzerspanung eingesetzt?**
4. **Für welche Werkstoffe und Bauteildicken wird das Lichtbogenschmelzschweißen eingesetzt?**
5. **Welches Gefüge liegt im Schweißgut und in der Wärmeeinflußzone einer Schweißnaht vor?**
6. **Welche Vorteile bzw. Nachteile hat das Löten gegenüber dem Schweißen?**

11 Aluminium und Aluminiumlegierungen

Aluminium ist nach Stahl das heute am meisten verwendete Metall. Diese bedeutende Stellung in der Technik hat es vor allem aufgrund seiner geringen Dichte. Aluminium ist ein Leichtmetall mit einer Dichte von 2,7 g/cm³, also nur rund ein Drittel der Dichte von Stahl. Seine breite Anwendung im Bauwesen und Metallbau begründet sich neben der geringen Dichte auf seinem dekorativen Aussehen, der langen Lebensdauer und den wirtschaftlichen Bearbeitungsverfahren. Diese günstigen Eigenschaften gleichen in vielen Fällen seinen höheren Materialpreis gegenüber Stahl aus.

11.1 Aluminium-Herstellung (Bild 84/1)

Ausgangsstoff für die Aluminium-Gewinnung ist **Bauxit,** ein rotbraunes Erz, das im Tagebau gefördert wird. Es enthält 55 bis 65 % Aluminiumoxid Al_2O_3, der Rest besteht aus Eisenoxid Fe_2O_3, Siliciumoxid SiO_2 und anderen Gesteinen. Die Gewinnung des Metalls Aluminium aus dem Erz Bauxit erfolgt in zwei Schritten:

Im **ersten Verfahrensschritt** wird aus dem Bauxiterz hochreines Aluminiumoxid Al_2O_3 hergestellt. Dazu wird das zerkleinerte Bauxitgestein in einem Druckgefäß mit Natronlauge vermischt, auf 250 °C erhitzt und auf einen Druck von 30 bar gebracht. Unter diesen Bedingungen reagiert das Al_2O_3 des Bauxits zu $Al(OH)_3$ und löst sich in der Natronlauge. Die anderen Bestandteile des Bauxits (Fe_2O_3, SiO_2 usw.) bleiben ungelöst und werden in einem Trommelfilter als Rotschlamm abgetrennt. Die mit $Al(OH_3)$ gesättige Natronlauge leitet man in ein Kristallisationsgefäß, läßt dort das $Al(OH)_3$ auskristallisieren und brennt es in einem Drehrohrofen bei 1200 °C zu Aluminiumoxid Al_2O_3. Es ist ein weißes Pulver, die **Tonerde.**

Der **zweite Verfahrensschritt** ist die Reduktion des Aluminiumoxids Al_2O_3 zum Metall Aluminium. Sie erfolgt in der Aluminiumhütte durch Schmelzflußelektrolyse in Elektrolysezellen (Bild 84/1). Das Al_2O_3 wird in einer Kryolithschmelze (Na_3AlF_6) von rund 950 °C gelöst (20 %) und zerfällt unter der Wirkung des elektrischen Stroms (Elektrolyse) zu Aluminium und Sauerstoff. Das Aluminium sammelt sich am Boden der Elektrolysezelle und wird von Zeit zu Zeit abgesaugt.

Dieses flüssige **Primär-Aluminium** wird in der Gießerei zur Reinigung umgeschmolzen. Dann wird der Schmelze Recycling-Aluminium sowie bei Legierungen die Legierungselemente zugegeben und anschließend die Schmelze zu Formaten und Masseln vergossen. Die Masseln dienen als Schmelzgut in Formengießereien. Die Formate werden im Halbzeugwerk zu Halbzeugen aller Art weiterverarbeitet.

Die Material- und Energiebilanz der Al-Gewinnung: Zur Herstellung von 1 t Aluminium werden 4 t Bauxiterz sowie 15 000 kWh elektrische Energie (dreimal soviel wie bei Stahl) benötigt.

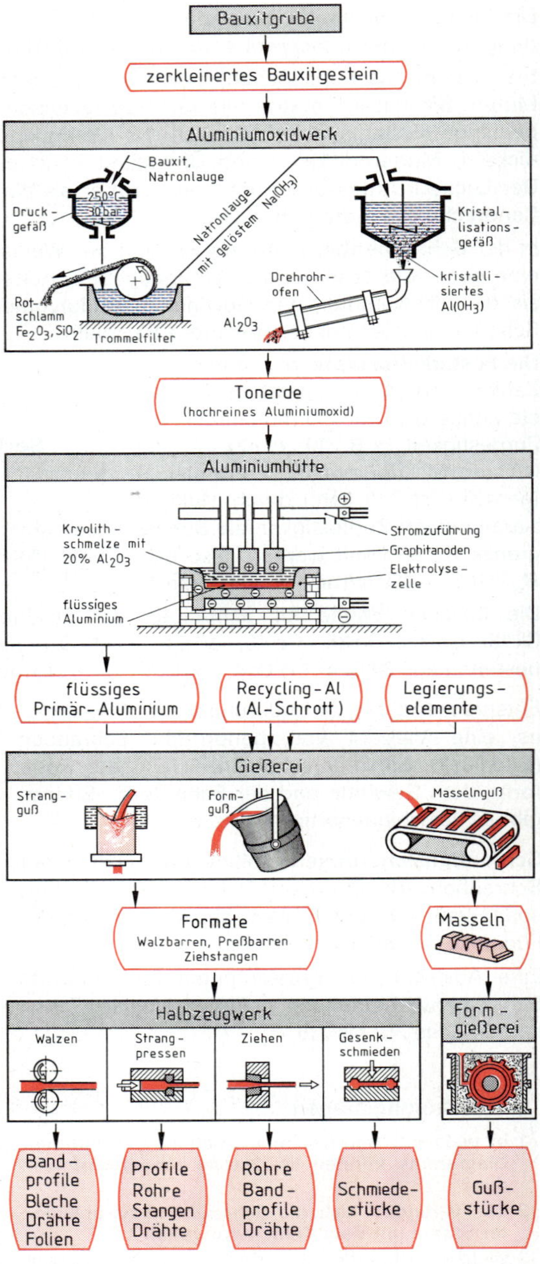

Bild 84/1: Fließbild der Aluminium-Herstellung

11.2 Eigenschaften und Verwendung

Aluminium ist ein silberhell glänzendes Metall, dessen Oberfläche im Laufe der Zeit matt wird. Es hat eine Reihe von interessanten Eigenschaften **(Bild 85/1)**:

- **Aluminium ist leicht.** Seine Dichte beträgt 2,7 g/cm³, also etwa ⅓ der Dichte von Stahl. Ein Bauteil aus Aluminium hat nur ein Drittel der Masse eines größengleichen Bauteils aus Stahl. Das bedingt eine leichte Handhabbarkeit bei der handwerklichen Bearbeitung. Türen und Fenster aus Aluminium sind nur geringfügig schwerer als solche aus Holz.
- **Aluminium ist fest.** Die Zugfestigkeit von unlegiertem Aluminium beträgt vergossen ca. 100 N/mm², hart gewalzt 125 bis 190 N/mm². Durch Legieren läßt sich die Festigkeit wesentlich steigern. Aushärtbare Al-Legierungen haben Zugfestigkeiten bis 600 N/mm² und erreichen damit die Festigkeit unlegierter Baustähle.
- **Aluminium ist korrosionsbeständig.** Es bildet auf seiner Oberfläche von selbst eine dünne aber dichte und fest haftende Oxidschicht. Durch Oberflächenbehandlung (Eloxieren) wird die Oxidschicht noch verstärkt. Aluminium ist deshalb gegen normale atmosphärische Einflüsse beständig. Die Lebensdauer von Al-Teilen am Bau ist außerordentlich lang.
- **Aluminium ist leicht umformbar und vielseitig bearbeitbar.** Es läßt sich walzen, schmieden, strangpressen, abkanten, biegen, drücken, tiefziehen sowie sägen, bohren, drehen, schleifen, schneiden und polieren. Bestimmte Legierungen (Gußlegierungen) lassen sich gut vergießen, andere Legierungen sind gut schweißbar.
- **Aluminium ist ein guter Leiter für den elektrischen Strom und Wärme.** Die Wärmeleitfähigkeit ist viermal so groß wie die von Stahl. Das elektrische Leitvermögen gleichschwerer Leiter ist doppelt so groß, wie das von Kupfer. 95 % der Hochspannungs-Freileitungen bestehen deshalb aus Aluminiumdrähten.
- **Aluminium ist ungiftig.** Sowohl im festen, als auch im gelösten Zustand ist Aluminium gesundheitlich unbedenklich.
- **Aluminium ist nicht warmfest.** Es hat einen Schmelzpunkt von 658 °C und ist nur etwa bis 150 °C ohne größeren Festigkeitsverlust einsetzbar.

Die exakten physikalischen und mechanisch-technologischen Eigenschaftswerte sind im Tabellenteil Seite 232, aufgeführt.

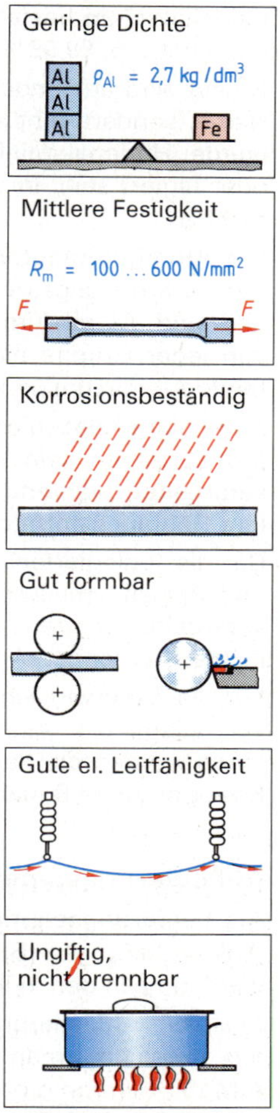

Bild 85/1: Eigenschaften von Aluminium

Verwendung

Die vielseitige Verwendung von Aluminium gründet sich auf seine besonderen Eigenschaften. Die niedrige Dichte, in Verbindung mit der hohen Festigkeit und der Korrosionsbeständigkeit, machen es zu einem ausgezeichneten **Leichtbauwerkstoff (Bild 85/2)**: Für den Bau von Verkehrsmitteln (30 %), für Konstruktionsteile im Metallbau und Bauwesen (25 %) sowie für Maschinenteile (10 %).

Die gute elektrische Leitfähigkeit ermöglicht zudem den Einsatz als **Leiterwerkstoff** in der Elektrotechnik (10 %). Seine Ungiftigkeit und die gute Umformbarkeit sind die Voraussetzung für Anwendungen zu Haushaltswaren (5 %) und Verpackungsmitteln (10 %).

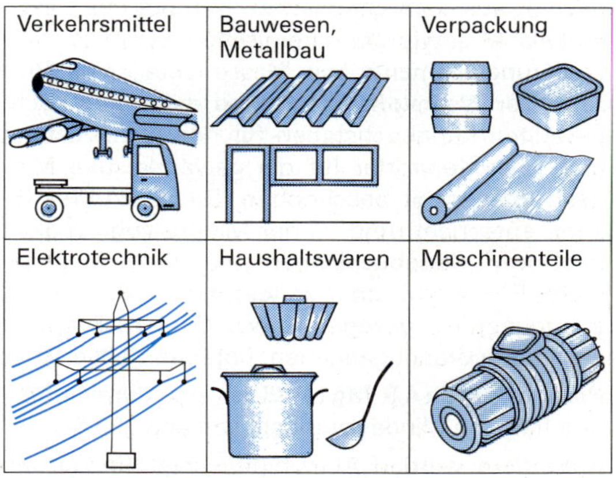

Bild 85/2: Anwendungsbereiche von Aluminium

11.3 Aluminium-Werkstofftypen

Unlegierte Aluminiumwerkstoffe gibt es in den Qualitäten *Reinaluminium* und *Reinstaluminium.*

Reinaluminium besteht z. B. zu 99,5 % aus Aluminium, seine Kurzbezeichnung ist **Al 99,5.** Reinstaluminium hat z. B. 99,99 % Aluminium, seine Kurzbezeichnung ist **Al 99,99R.**

Häufig wird auch noch der Herkunftsname *Hüttenaluminium* verwendet. Er ist kein qualitätsbezogener Name, sondern gibt lediglich an, daß der Aluminiumwerkstoff direkt aus der Aluminiumhütte geliefert wurde. Hüttenaluminium kann in den Qualitäten Rein- oder Reinstaluminium vorliegen bzw. unlegiert oder legiert sein. In der Kurzbezeichnung enthält Hüttenaluminium ein nachgestelltes **H,** wie z. B. bei Al 99,5H.

Die **Aluminiumlegierungen** unterteilt man nach der Verarbeitungsart in Aluminium-Knetlegierungen und Aluminium-Gußlegierungen, wobei es von jeder Gruppe nichtaushärtende und aushärtende Aluminiumwerkstoffe gibt **(Bild 86/1).**

Aluminium-Knetlegierungen werden durch Umformverfahren, wie Walzen oder Strangpressen, verarbeitet, während Aluminium-Gußlegierungen ihre Gebrauchsform durch Gießen erhalten.

Da die unlegierten Aluminiumwerkstoffe Rein- und Reinstaluminium ebenfalls durch Umformen verarbeitet werden, zählt man auch sie zu den nichtaushärtenden Aluminium-Knetwerkstoffen.

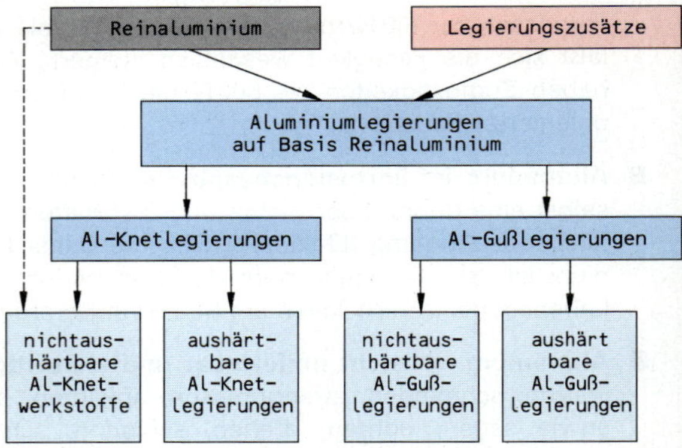

Bild 86/1: Einteilung der Al-Werkstoffe

Für die handwerkliche Verarbeitung interessieren vor allem die Aluminium-Knetwerkstoffe. Aus ihnen werden die handelsüblichen Halbzeuge hergestellt, die als Ausgangsmaterial für handwerkliche Erzeugnisse im Bauwesen und Metallbau dienen.

Al-Legierungstypen

Als **Legierungselemente** für Aluminiumlegierungen dienen vor allem Magnesium, Silicium, Kupfer, Zink und Mangan **(Bild 86/2).** Die gängigen Al-Legierungen enthalten 1, 2, oder 3 dieser Elemente und werden nach den in ihnen enthaltenen Elementen in Legierungstypen unterteilt.

Beispiel: Al-Legierungen, die Mg und Si enthalten, bezeichnet man als Al-Legierungen des Typs AlMgSi. Hiervon gibt es mehrere Werkstoffe, z. B. AlMgSi 0,5, AlMgSi 1, AlMgSi 2,

Die **Bezeichnung** der Aluminiumlegierungen erfolgt mit einem Kurzzeichen nach DIN 1700. Es besteht aus dem chemischen Symbol des Basismetalls **Al** sowie den chemischen Symbolen der Legierungselemente mit Massenanteilen in Prozent. Der Werkstoffzustand wird mit einem nachgestellten Kennbuchstaben für den Lieferzustand und einer Kennziffer für die gewährleistete Mindestzugfestigkeit beschrieben. Die Kennziffer (F-Zahl) entspricht rund $^{1}/_{10}$ der Mindestzugfestigkeit in N/mm². Kennbuchstaben sind: W = weichgeglüht, F = warm- oder kaltgeformt (z. B. gewalzt, stranggepreßt, gezogen usw.), G = rückgeglüht aus einer vorangegangenen, höheren Kaltverfestigung.

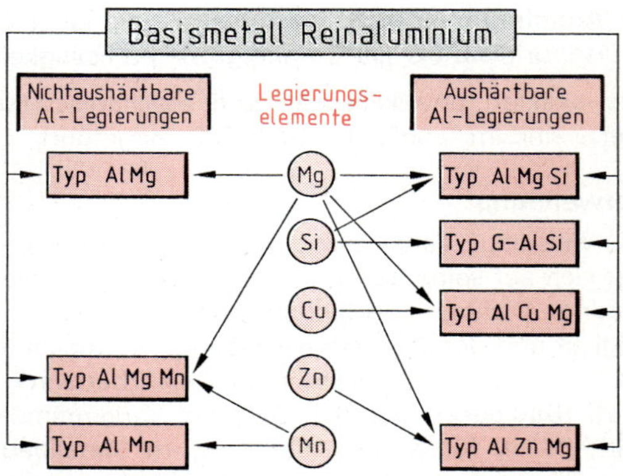

Bild 86/2: Aluminium-Legierungstypen

Beispiel: **AlZn 4,5 Mg1 F 35** ist ein Aluminiumwerkstoff mit 4,5 % Zn und 1 % Mg; er ist umgeformt und hat eine Mindestzugfestigkeit von 350 N/mm².

Außerdem werden Aluminiumwerkstoffe mit einer Werkstoffnummer nach DIN 17 007 (Seite 31) bezeichnet. Der Werkstoff AlZn 4,5 Mg1 hat z. B. die Werkstoffnummer 3.3547.

Härten von Aluminiumlegierungen

Durch Aushärten kann die Festigkeit und Härte aushärtbarer Aluminiumlegierungen auf etwa den doppelten Betrag des ungehärteten Werkstoffs gesteigert werden. Das Aushärten erfolgt in drei Arbeitsgängen:

- Lösungsglühen bei rund 500 °C
- Abschrecken in Wasser oder Öl
- Auslagern

Direkt nach dem Abschrecken hat der Werkstoff nur leicht erhöhte Festigkeit. Erst im Laufe der Zeit steigt die Festigkeit bis zum Endwert an. Beim **Auslagern** bei Raumtemperatur (Kaltauslagern) ist die Endfestigkeit nach rund 5 Tagen erreicht, beim Warmauslagern (150 bis 200 °C) bereits nach 10 Stunden. Durch Warmauslagern lassen sich zudem höhere Endfestigkeitswerte erreichen.

Ausgehärtete Aluminium-Bauteile dürfen nicht stark erwärmt werden, da sie sonst ihre Aushärte-Festigkeit verlieren. Deshalb können die meisten aushärtbaren Aluminiumlegierungen nicht ohne Festigkeitsverlust gelötet oder geschweißt werden.

Im Bauwesen erhält der Verarbeiter den Aluminiumwerkstoff im Verwendungszustand. Das Aushärten, Kaltverfestigen oder Weichglühen erfolgt beim Halbzeughersteller. Nur in Ausnahmefällen wird beim Verarbeiter eine Wärmebehandlung vorgenommen.

11.4 Genormte Aluminiumwerkstoffe

Es gibt eine Fülle genormter Aluminiumwerkstoffe für die verschiedensten Anwendungen. Im folgenden sind die wichtigsten genormten Aluminiumwerkstoffe für das Bauwesen und den Metallbau, ihre besonderen Eigenschaften und ihre Hauptanwendungen beschrieben. **Tabelle 87/1** zeigt die mechanisch-technologischen Eigenschaften. Eine umfassende Auflistung und Beschreibung der Aluminiumwerkstoffe befindet sich im Tabellenteil Seite 232.

Nichtaushärtbare Aluminium-Knetwerkstoffe

Sie können weich, d. h. unbehandelt, sowie hart, d. h. durch Verformung verfestigt, geliefet werden.

Reinaluminium Al 99,5 ist der preislich günstigste Werkstoff für weiche Bleche und Bänder. Er besitzt gute Korrosionsbeständigkeit, aber nur geringe Festigkeit.

AlMg 3 ist der Standardwerkstoff für Walzfabrikate mittlerer Festigkeit. Er hat erhöhte Korrosionsbeständigkeit, vor allem gegen Meerwasser und ist bestens zum Polieren und Eloxieren geeignet.

Al Mg 4,5 Mn ist der härteste und zugfesteste Aluminiumwerkstoff, der nicht aushärtbaren Al-Knetlegierungen. Seine Festigkeit erhält er durch Kaltverformung. Er hat beste Tieftemperatureigenschaften und ist gut schweißbar.

Tabelle 87/1: Eigenschaften und Verwendung gängiger Aluminiumwerkstoffe

Werkstoff	Zustand	Streckgrenze $R_{p,0,2}$ in N/mm²	Zugfestigkeit R_m in N/mm²	Bruchdehnung in %	Besondere Eigenschaften Verwendung
Nichtaushärtbare Al-Knetwerkstoffe					
Al 99,5 **3.0255**	weich hart	20– 50 110–165	65– 95 130–170	40 4	preisgünstig, korrosionsfest Bleche, Bänder, Fließpreßteile
AlMg3 **3.3535**	weich hart	80–160 250–300	190–230 290–320	20 3	witterungs- und meerwasserbeständig, polierfähig, Behälter, Rohrleitungen, Bootskörper
Al Mg4,5Mn **3.3547**	weich warm gewalzt	125–190 mind. 125	275–350 bis 370	17 12	hohe Zugfestigkeit, korrosionsbeständig Bleche, Rohre, Schiffsbau
Aushärtbare Al-Knetlegierungen					
Al MgSi0,5 **3.3206**	kalt ausgel. warm ausgel.	90–160 195–280	150–210 245–300	15 10	preisgünstig, gut schweißbar und anodisierbar Fenster, Türen, Tragkonstruktionen
Al Zn4,5Mg1 **3.4335**	kalt ausgel. warm ausgel.	220–270 275–370	300–360 350–420	12 10	härtet nach dem Schweißen selbsttätig wieder aus, Schweißkonstruktionen
Al ZnMgCu1 **3.4365**	warm ausgel.	410–530	480–610	3	höchste Festigkeit, geringe Korrosionsbeständigkeit, hochbelastete Maschinenteile
Al MgSiPb **3.0615**	warm ausgel.	200–350	280–380	3	aushärtbare Automatenlegierung Automaten-Drehteile
Al-Gußwerkstoffe					
G-AlSi12 **3.2581**	weich warm ausgel.	100–140 220–320	170–220 290–370	3 3	Sehr gut vergießbar, korrosionsbeständig Gußstücke aller Art
G-AlMg3 **3.2541**	gegossen	70–100	140–190	3–8	polierbar, anodisierbar Beschläge, Armaturen

Aushärtbare Aluminium-Knetlegierungen

AlMgSi0,5 ist der Standardwerkstoff für preiswerte, stranggepreßte Al-Profile. Das aus der Strangpresse austretende, heiße Profil wird durch Anblasen mit Luft unmittelbar abgeschreckt und anschließend bei ca. 170 °C warm ausgelagert. Durch dieses Aushärten direkt aus der Umformwärme ist der Werkstoff besonders preisgünstig.

AlMgSi0,5 ist der häufigste im Bauwesen und Metallbau verwendete Aluminiumwerkstoff. Er läßt sich gut schweißen und eloxieren. Die Schweißstelle hat jedoch eine wesentlich verminderte Festigkeit. Man fertigt daraus Fenster, Türen, Rolläden, Beschläge und Tragkonstruktionen.

AlZn4,5Mg1 ist ein spezieller Werkstoff für hochbelastete Schweißkonstruktionen im Metallbau. Nach dem Schweißen nimmt die Schweißzone durch selbsttätiges Aushärten ohne besondere Maßnahmen im Laufe von einigen Wochen wieder die Festigkeitswerte des kalt ausgelagerten Zustands wieder an.

AlZnMgCu1,5 ist der Aluminiumwerkstoff mit der höchsten Festigkeit. Er erreicht warm ausgehärtet die Streckgrenze der Stähle **St 70** und von vergütetem **C 45.** Er wird für mechanisch hochbelastete Konstruktionsteile für Flugzeuge, Fahrzeuge und Maschinen eingesetzt. Ohne Oberflächenschutz ist dieser Werkstoff jedoch nur bedingt korrosionsbeständig.

AlMgSiPb ist ein warmaushärtbarer Al-Automatenwerkstoff, d. h. er bildet beim Spanen kurzbrechende Späne. Er ist korrosionsbeständig und eloxierbar.

Auminium-Gußwerkstoffe

G-AlSi12 ist der gebräuchlichste Al-Gußwerkstoff mit guter Vergießbarkeit und Korrosionsbeständigkeit. Er ist aushärtbar und wird zu Maschinen-Bauteilen, wie z. B. Kreissägentischen, Maschinengehäusen u. ä. verarbeitet.

G-AlMg3 ist der Aluminium-Gußwerkstoff für Armaturen und Beschläge. Er läßt sich nur erschwert vergießen, dafür aber gut polieren und anodisieren.

Aluminium-Glänzwerkstoffe

Aluminium mit einer Mindestreinheit von 99,85 % und Aluminiumlegierungen auf einer Aluminiumbasis dieser Reinheit können nach vorhergehendem mechanischen Polieren mit chemischen oder elektrolytischen Verfahren hochglänzend poliert (geglänzt) und anschließend anodisiert werden. Die so behandelten Teile haben ein äußerst dekoratives Äußeres. Aluminium-Glänzwerkstoffe sind z. B. Al99,9Mg1, Al99,85Mg0,5 usw. Aus ihnen fertigt man Armaturen, Beschläge und Modeschmuck.

11.5 Aluminium-Halbzeuge

Die Aluminium-Halbzeuge können in einer großen Vielfalt von Ausführungen und Abmessungen über die Hersteller oder den Fachhandel bezogen werden. In welchen Aluminiumwerkstoffen die handelsüblichen Halbzeuge gefertigt werden, ist aus einer Aufstellung im Tabellenteil (Seite 233) ersichtlich. Die Mindestfestigkeit der Aluminium-Halbzeuge ist in DIN-Normen festgelegt (Seite 236).

Walzerzeugnisse

Walzerzeugnisse sind Bleche, Blechstreifen, Bänder und Folien in vielfach gestaffelten Abmessungen **(Bild 88/1).** Ihre Herstellung geht von stranggegossenen Formaten aus, die zunächst gewalzt und anschließend auf Fertigmaß kaltgewalzt werden (Bild 84/1).

Bleche bzw. **Platten** gibt es in Dicken von 0,2 bis 200 mm als Zuschnitte von 1000 bis 3500 mm Breite und 2000 bis 10 000 mm Länge. Bleche können mit glatter Oberfläche, mit eingewalzten Riffel- oder Raupenmustern, als profilierte Bleche, als Formbleche und Lamellen sowie mit verschiedenen Beschichtungen bezogen werden. Glatte Bleche und Bänder gibt es in mehreren Oberflächenqualitäten.

Bänder gibt es von der Rolle in etwa folgenden Abmessungen: 0,021 bis 0,35 mm Dicke, bis zu 1400 mm Breite.

Folien aus Reinaluminium gibt es von 0,004 bis 0,02 mm Dicke.

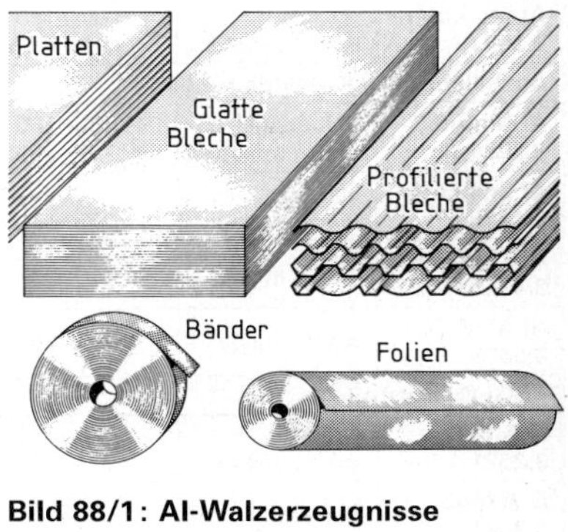

Bild 88/1: Al-Walzerzeugnisse

Strangpreßerzeugnisse

Durch Strangpressen werden Vollstangen, Rohre und Rohrprofile, Hohlprofile, Formprofile sowie Profile für spezielle Anwendungen, wie z. B. für Fensterrahmen, Türrahmen usw., hergestellt.

Die Strangpreßerzeugnisse sind das Vormaterial der im Bauwesen und Metallbau hergestellten und verarbeiteten Bauteile. Sie können aus Katalogen der Al-Halbzeug-Hersteller bzw. des Fachhandels bestellt werden. Ihre gängige Länge beträgt 5 bis 6 m.

Für große Bestellungen können auch Profile nach eigenen Angaben geliefert werden.

Al-Stangenmaterial (genormt)

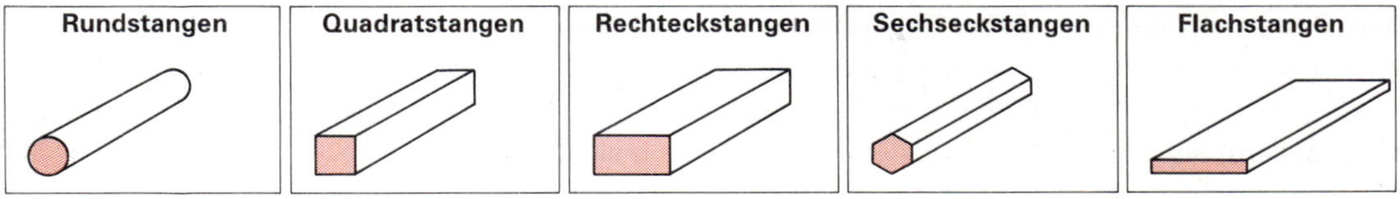

Al-Rohre, Rohrprofile, Hohlprofile (teilweise genormt)

Die Profilformen sind äußerst vielfältig: rund, quadratisch, rechteckig, sechskantig, oval, mit Stegen nach innen oder außen, mit Winkel- und Querverbindungen, Mehrkammerrohre, konische Rohre, Rippenrohre usw.

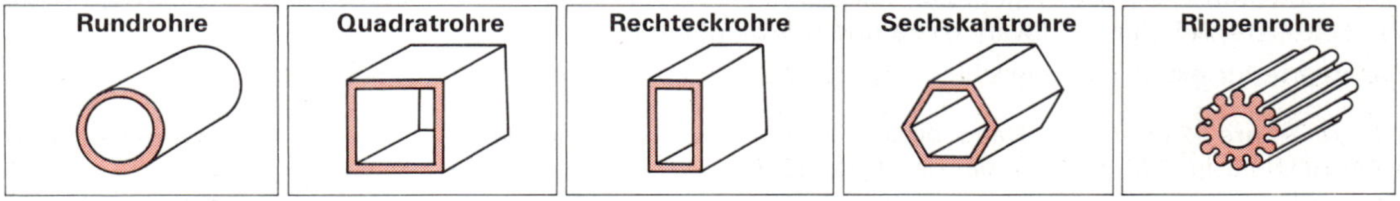

Al-Formprofile (genormt)

Die Formprofile gibt es als genormte **L**-, **U**-, **T**-, **I**- und **Z**-Profile mit runden (R) und mit scharfen (S) Kanten. Daneben gibt es eine Vielzahl nicht genormter Profilnormen.

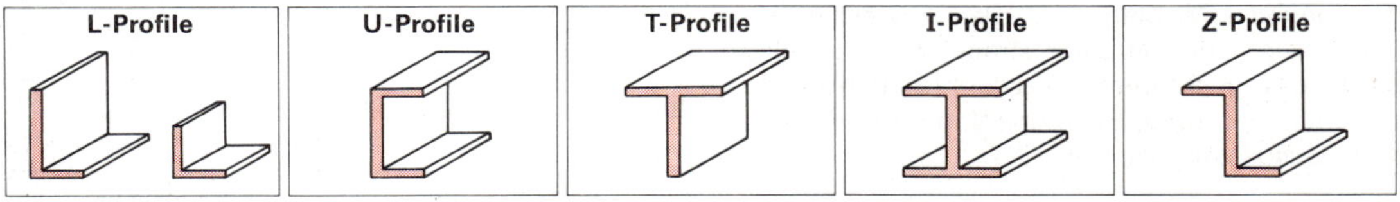

Der Tabellenteil enthält eine Auswahl genormter Al-Halbzeuge mit Größenabstufungen, Maßen, Gewichten und statischen Kennwerten (Seite 233 bis 236).

Die **Bestellung** von genormten Al-Halbzeugen erfolgt mittels einer **Kurzbezeichnung.** Sie ist ähnlich aufgebaut, wie die Kurzbezeichnung von Stahl-Halbzeugen (Seite 46).

Beispiel: Die Kurzbezeichnung für ein 3 m langes I-Profil mit gerundeten (R) Kanten (DIN 9712) und den Maßen $50 \times 50 \times 4 \times 4$ ($h \times b \times s \times t$) aus dem Werkstoff AlMgSi0,5 mit der Festigkeitszahl F22 lautet:

I-Profil DIN 9712 – AlMgSi0,5 F22 – R $50 \times 50 \times 4 \times 4 \times 3000$

Al-Rahmenhohlprofile (nicht genormt)

Al-Rahmenhohlprofile dienen zur Herstellung der Rahmen von Fenstern, Türen, Eingängen, Trennwänden, Verglasungen und Vordächern **(Bild 89/1).** Sie sind nicht genormt. Die verschiedenen Hersteller bieten jeweils ihre Systeme mit Zubehör an. Die Formen und Maße sind bei den Herstellern zu erfragen und über diese zu beziehen.

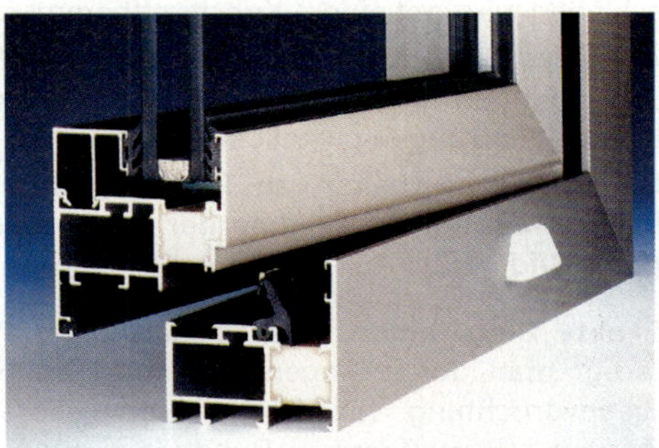

Bild 89/1: Al-Fensterrahmen-Hohlprofil

11.6 Be- und Verarbeitung von Aluminium

Die sachgemäße Behandlung des Aluminiums beginnt mit der richtigen Lagerung der Aluminium-Halbzeuge in trockenen, lüftbaren Räumen. Bei liegender Lagerung müssen genügend Unterstützungspunkte (aus Holz) vorhanden sein, so daß Durchhängen und damit bleibende Verformung vermieden wird. Die Entnahme der Teile muß durch Herausheben erfolgen. Ziehen, Schieben oder Herausschleifen beschädigt die korrosionsschützende Oberflächenschicht. Die stehende Lagerung kürzerer Teile erfolgt mit ca. 15° Neigung zur Abstützung.

Biegen von Rohren und Strangpreßprofilen

Beim Biegen sind die besonderen Eigenschaften des Aluminiums zu beachten:

- es hat eine weiche, durch kantige Stahlbauteile ritz- und eindrückbare Oberfläche
- es ist kerb- und knickempfindlich
- es hat eine starke Rückfederung
- es hat eine große Wärmedehnung und Wärmeleitfähigkeit

Biegearbeiten an Aluminiumbauteilen können kalt oder warm durchgeführt werden. Erwärmen bringt eine Erleichterung der Biegearbeit. Die Warmumformtemperatur liegt je nach Werkstoff bei 300 bis 400 °C. Kaltverfestigte und ausgehärtete Aluminiumwerkstoffe verlieren jedoch durch die Erwärmung an Festigkeit. Darf kein Festigkeitsverlust auftreten, so dürfen ausgehärtete Legierungen höchstens auf 100 °C erwärmt werden.

Die erzielbaren kleinsten Biegeradien bei Aluminiumhalbzeugen sind abhängig vom Werkstofftyp, dem Werkstoffzustand, der Profilwanddicke und der Biegetemperatur.

Richtwerte für die kleinstmöglichen Biegeradien sind im Tabellenteil (Seite 237) aufgeführt.

Dünne Rohre können von Hand oder mit einfachen Hilfslehren kalt gebogen werden **(Bild 90/1).** Es empfiehlt sich mit einer Schraubenfeder auszusteifen.

Rohre mit größeren Durchmessern und größeren Wanddicken sind warm zu biegen, da dadurch das Biegen erleichtert wird. Das Anwärmen der Biegestelle kann mit einer streuend eingestellten Schweißbrennerflamme erfolgen. Beim Warmbiegen muß mit Sand, Schraubenfedern oder ähnlichem ausgesteift werden.

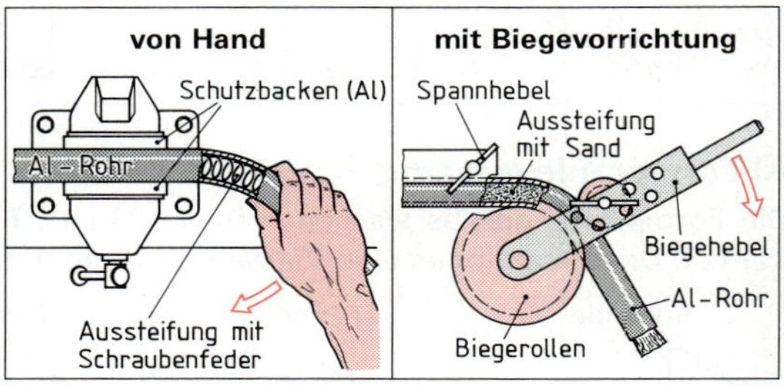

Bild 90/1: Biegen von Al-Rohren

Das Biegen von **Profilen** erfordert handwerkliches Geschick und Erfahrung. Einfache, für viele Anwendungen aber ausreichend genaue Rundungen, wie z. B. für Geländer, lassen sich durch Schlagen oder Drücken herstellen **(Bild 90/2).** Ein ausgeformter Holzblock dient als Unterlage, geschlagen wird mit einem Kunststoffhammer.

Auch das Biegen von Hand auf einfachen Biegevorrichtungen ist möglich, wenn keine Genauigkeitsanforderungen gestellt sind.

Genaue Biegearbeiten an Profilen werden auf Biegelehren mit Aussteifung der Profile durchgeführt **(Bild 90/2).**

Exakte Biegeradien, auch dickwandiger Profile, fertigt man durch Biegen auf einer Drei-Rollen-Biegevorrichtung (Bild 90/2). Auf diese Weise werden z. B. paßgenaue Rundbögen für Fenster hergestellt.

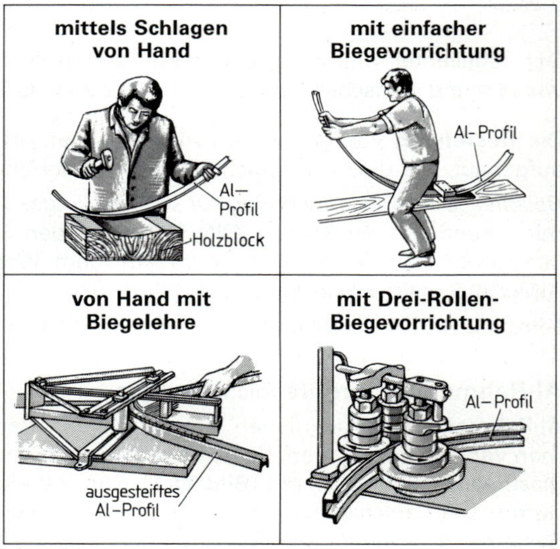

Bild 90/2: Biegen von Al-Profilen

Spanen von Aluminium

Aluminiumwerkstoffe sind im allgemeinen gut spanend bearbeitbar. Die Schnittkräfte sind wesentlich geringer als bei den Stählen. Deshalb können die Schnittgeschwindigkeiten höher und die Spanwinkel größer gewählt werden.

Je nach Zusammensetzung und Behandlungszustand werden die Aluminiumwerkstoffe in drei Hauptgruppen etwa gleicher Spanbarkeit eingeteilt:

- **Gruppe I**: Reinaluminium sowie die nichtaushärtbaren und aushärtbaren Al-Knetlegierungen in weichem Zustand.
  Sie neigen zum Schmieren und erfordern Werkzeuge mit großen Spanwinkeln bis 45°. Sie bilden lange, zähe Späne und sind deshalb für Automatendreharbeiten nicht geeignet.
- **Gruppe II**: Kaltverfestigte und ausgehärtete Al-Knetwerkstoffe sowie Al-Gußlegierungen mit einem Siliciumgehalt unter 10 %.
  Sie lassen sich gut spanen, bilden aber ebenfalls lange Späne. Um diesen Nachteil auszugleichen, gibt es speziell für Automatendreharbeiten geeignete Al-Legierungen mit Bleizusatz, die kurzbrechende Späne bilden.
- **Gruppe III**: Al-Gußlegierungen mit mehr als 10 % Silicium.
  Sie sind gut spanbar, beanspruchen aber die Werkzeuge stärker. Sie werden überwiegend mit Hartmetallwerkzeugen bei niedriger Schnittgeschwindigkeit gespant.

Einen wesentlichen Einfluß auf die Güte der Spanbarkeit hat die richtig gewählte Schnittgeschwindigkeit für den einzelnen Aluminiumwerkstoff. Richtwerte für die Schnittgeschwindigkeiten beim Sägen (Kreissäge), Bohren, Drehen und Fräsen können Tabellen entnommen werden (Tabellenteil, Seite 237).

Als Kühlschmiermittel beim Spanen von Aluminiumwerkstoffen werden Mineralöle oder Öl/Wasser-Emulsionen verwendet. Schneidstoffe sind Schnellarbeitsstähle oder Hartmetall.

Sägen. Das Sägen von Aluminium wird überwiegend mit Metallkreissägen ausgeführt. Sägeblätter mit einem speziellen Anschliff sorgen für klemmfreies Sägen **(Bild 91/1)**.

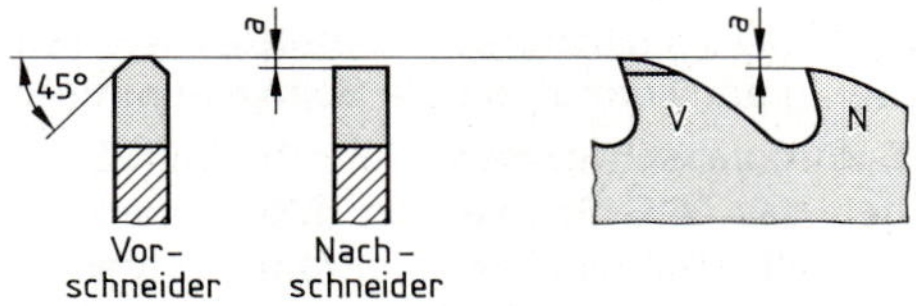

Bild 91/1: Sägezahn-Zahnschliff für Al-Werkstoffe

Beim Trennen mit der Hand- oder Stichsäge sind Sägeblätter mit ausgerundeten Spanräumen und Zähnen mit großen Spanwinkeln zu verwenden.

Bohren. Für gelegentliches Bohren von Aluminium kann man den üblichen Wendelbohrer (Spiralbohrer) für Stahl verwenden, dessen Spitzenwinkel man auf 130 °C bis 140 °C anschleift (gegenüber 118 °C bei Stahl). Bei regelmäßigen Bohrarbeiten in Aluminium benützt man spezielle Wendelbohrer für Aluminium mit 40° Drallwinkel und 140° Spitzenwinkel **(Bild 91/2)**.

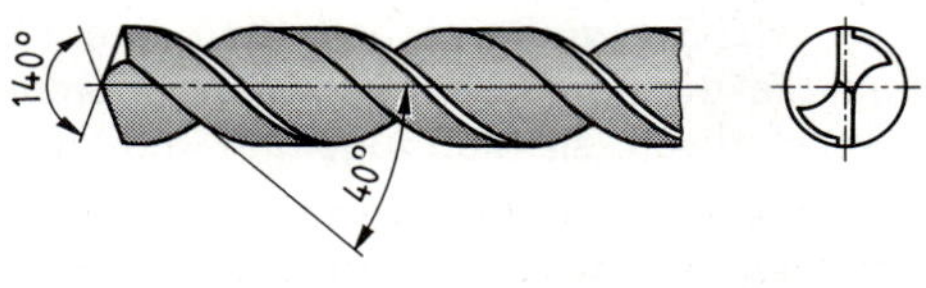

Bild 91/2: Wendelbohrer für Al-Werkstoffe

Feilen. Zum Feilen verwendet man gefräste Spezialfeilen mit ausgerundetem Spanraum und großem Spanwinkel.

Drehen. Das Drehen von Aluminiumwerkstoffen ist problemlos, wenn die erforderliche Schnittgeschwindigkeit (100 bis 450 m/min) eingehalten und Drehmeißel mit geeigneter Schneidengeometrie verwendet werden **(Bild 91/3)**. Der Drehmeißel wird auf Mitte Werkstück eingestellt, der Einstellwinkel $\varkappa$ beträgt 45°.

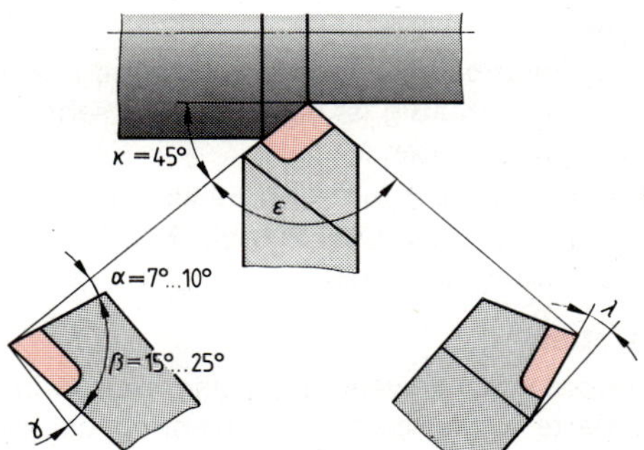

Bild 91/3: Winkel beim Drehen von Al-Werkstoffen

Fräsen. Aluminiumwerkstoffe können nach allen Verfahren gefräst werden. Die geeignete Schnittgeschwindigkeit und Schneidengeometrie ist einzuhalten (Tabellenteil, Seite 237).

11.7 Fügen von Aluminiumbauteilen

Schweißen

Alle Al-Werkstoffe sind grundsätzlich schweißbar. Bei Anwendung des geeigneten Schweißverfahrens ist es die Fügetechnik, die die höchsten Bauteilfestigkeiten ergibt.

Durch den Schweißvorgang wird die Festigkeit im Schweißgut auf den Wert herabgesetzt, den der Werkstoff ohne festigkeitssteigernde Nachbehandlung, wie Aushärten oder Kaltverfestigen, hat. Dies führt besonders bei den aushärtbaren Al-Legierungen zu starkem Festigkeitsabfall in der Schweißnaht. Für stark beanspruchte Schweißkonstruktionen hat man deshalb die Legierungen des Typs AlZnMg (z. B. AlZn4,5Mg1) entwickelt. Ihre Schweißnaht härtet im Laufe einiger Tage selbsttätig aus und hat danach annähernd den hohen Ausgangswert der Festigkeit.

Erschwerend wirkt sich beim Schweißen von Aluminium sein großes Bindungsbestreben zu Sauerstoff und damit die Bildung einer störenden Oxidhaut aus. Deshalb sind die Schweißverfahren ohne Schutzgas nur bedingt geeignet **(Tabelle 92/1)**. Eine ausführliche Bewertung der Schweißverfahren befindet sich im Tabellenteil, Seite 238.

Tabelle 92/1: Eignung von Schweißverfahren für Al-Bauteile

		Gasschmelzschweißen	Lichtbogenschweißen	MIG-schweißen	WIG-schweißen
Schweißnahtqualität		ungenügend	ungenügend	sehr gut	gut
Anwendbarkeit	Materialdicke 1...4 mm	ausreichend	nicht geeignet	nicht geeignet	gut
	über 4 mm	ungenügend	ungenügend	sehr gut	gut
Kosten	Anlagekosten	gering	gering	hoch	hoch
	Betriebskosten	hoch	hoch	gering	gering

Das **Gasschmelzschweißen** mit Acetylenflamme und Flußmittel wird nur noch behelfsmäßig bei Reparaturen eingesetzt, da die Schweißnaht sprödhart und stark korrosionsanfällig ist.

Auch das **Lichtbogenschmelzschweißen** (E-Schweißen) mit flußmittelumhüllter Stabelektrode wird wenig angewandt, da die Schweißnahtgüte schlecht ist.

Schutzgasschweißen (Seite 79, Bild 79/2 und 79/3). Einwandfreie Schweißnähte hoher Festigkeit ergeben das **MIG-Schweißen** (Metall-Inertgas-Schweißen) mit abschmelzender Aluminium-Elektrode und das **WIG-Schweißen** (Wolfram-Inertgas-Schweißen). Bei beiden Verfahren wird die Bildung der störenden Aluminiumoxidhaut durch Umspülen der Schweißstelle mit Inertgas (Argon doer Helium) verhindert.

Beim **MIG-Schweißen** schmilzt ein Lichtbogen zwischen einer abschmelzenden Al-Drahtelektrode und den Bauteilkanten den Werkstoff nieder und bildet das Schmelzbad. Die abschmelzende Al-Drahtelektrode füllt die Schweißnaht auf. Sie wird automatisch nachgeschoben.

Das **WIG-Schweißen** arbeitet mit einem Lichtbogen, der zwischen einer nicht abschmelzenden Wolfram-Elektrode und dem Schweißbad brennt. Der zum Auffüllen der Schweißnaht erforderliche Zusatzwerkstoff wird als Stab zugeführt und im Schmelzbad geschmolzen.

Der zugeführte Schweißzusatzwerkstoff sollte eine möglichst ähnliche Zusammensetzung wie das zu schweißende Bauteil haben.

Schweißzusatzwerkstoffe und Richtwerte für das MIG- und WIG-Schweißen sind im Tabellenteil aufgeführt (Seite 238, 239).

Löten

Aluminiumbauteile werden nur in geringem Maße gelötet. Wenn möglich, ist das Schweißen vorzuziehen. Zweckmäßig ist das Löten bei sehr geringen Materialdicken sowie bei der Verbindung von Aluminium mit anderen Metallen.

Hartgelötet wird mit siliciumhaltigen Al-Loten (z. B. L-AlSi12) bei Arbeitstemperaturen von rund 600 °C. Weichgelötet wird bei 200 bis 300 °C mit Zinn- oder Zinkloten (z. B. L-SnZn40). Lote und Flußmittel im Tabellenteil, Seite 239.

Kleben

Bevorzugtes Anwendungsgebiet des Klebens von Aluminium im Bauwesen und Metallbau ist die kombinierte Schraub/Klebe-Verbindung der Fensterrahmenecken **(Bild 144/1)**. Der Klebstoff hat hier die Aufgabe, die Festigkeit der Verbindung zu vergrößern sowie die Spalten zwischen Rahmenprofil und Eckwinkel abzudichten. Zur Anwendung kommen vor allem Kleber auf Basis Methacrylat und Epoxidharz (Tabellenteil, Seite 265).

Schraubenverbindungen

Die übliche Schraubenverbindung besteht aus Schraube, Mutter und Scheiben (Seite 83). Bei Al-Schrauben gibt es die gleichen Schraubenformen wie bei Stahlschrauben (Seite 210).

Schraubenverbindungen haben gegenüber Schweiß-, Löt-, Klebe- und Nietverbindungen den Vorteil der Lösbarkeit. Außerdem tritt kein wärmebedingter Festigkeitsabfall auf.

Als Werkstoff für die Al-Schrauben wählt man möglichst denselben oder einen ähnlichen Aluminium-Werkstoff wie die zu verschraubenden Bauteile (Seite 233). Andernfalls besteht die Gefahr der Korrosionselementbildung (Seite 113).

Gering belastete Bauteile aus Al-Strangpreßprofilen können auch mit Treibschrauben gefügt werden **(Bild 93/1)**.

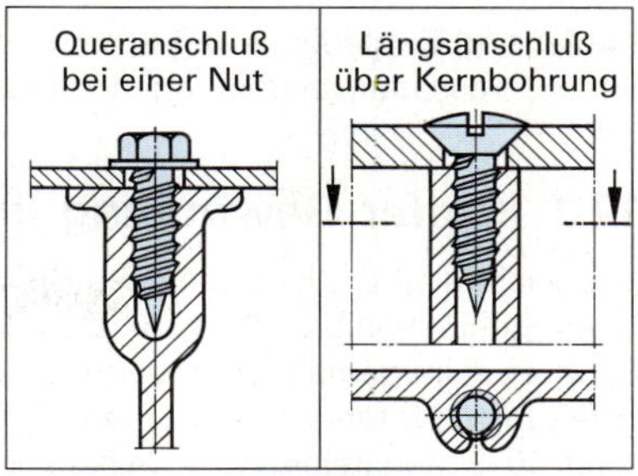

Bild 93/1: Treibschrauben-Verbindung für Al-Strangpreßprofile

Nieten

Nieten mit Vollnieten hat nur in Spezialfällen Bedeutung. Häufig angewandt werden die von einer Seite zu setzenden Dornbruchniete und Durchziehniete sowie der von zwei Seiten zu setzende Schließringbolzen **(Bild 93/2)**. Dornbruchniete und Durchziehniete ergeben mäßig belastbare Verbindungen, Schließringbolzen können große Kräfte übertragen. Die Niete bestehen aus hochfesten Al-Werkstoffen.

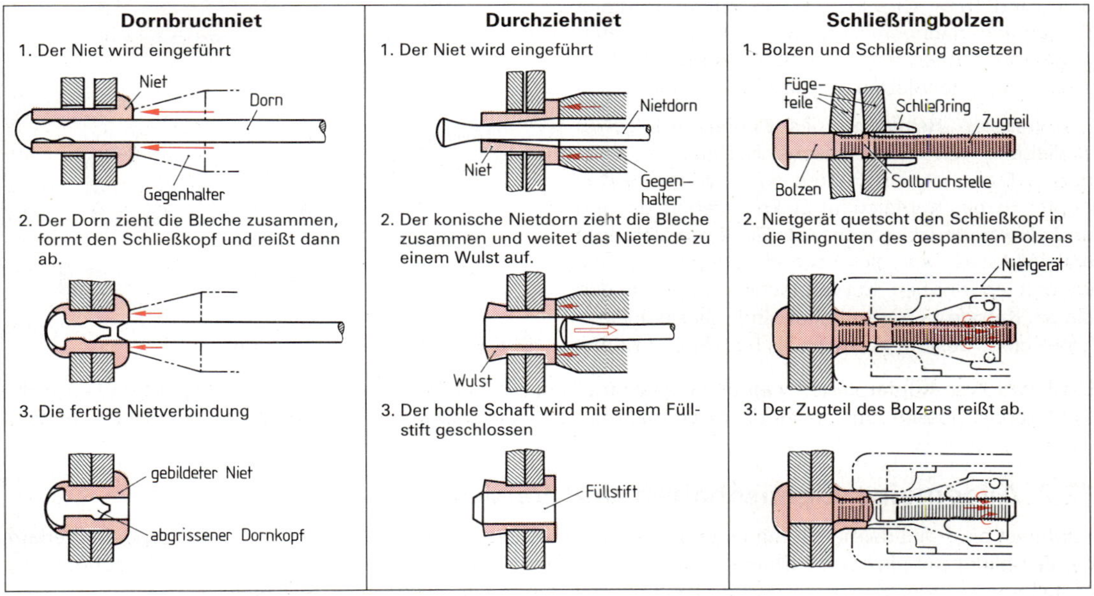

Bild 93/2: Arbeitsabläufe beim Setzen verschiedener Niete

Wiederholungsfragen

1 **Mit welchem Verfahren wird aus reinem Aluminiumoxid (Tonerde) Aluminium gewonnen?**

2 **Welche besonderen Eigenschaften haben Aluminiumwerkstoffe?**

3 **Aus welchen Angaben besteht das Kurzzeichen eines Aluminiumwerkstoffs?**

4 **Wie werden aushärtbare Al-Legierungen gehärtet?**

5 **Welches ist die gebräuchlichste Al-Legierung im Handwerk?**

6 **Aus welchem Aluminiumwerkstoff fertigt man die Beschläge für Fenster und Türen?**

7 **Nennen Sie einige durch Strangpressen hergestellte Al-Halbzeuge.**

8 **Welche Methoden gibt es zum Biegen von Al-Profilen?**

9 **Wie werden Al-Profile abgelängt?**

10 **Mit welchen Verfahren werden Aluminiumbauteile hauptsächlich geschweißt?**

12 Kupfer und Kupferlegierungen

Kupfer und Kupferlegierungen sind im Bauwesen und Metallbau häufig verwendete Werkstoffe: für Dachrinnen, Fassadenverkleidungen, Wasserrohre, Treppengeländer, Beschläge an Türen und Fenstern.

12.1 Kupfer-Gewinnung (Bild 94/1)

Das wichtigste Erz ist Kupferkies $CuFeS_2$ mit einem Kupfergehalt von 0,3% bis 1%. Das Roherz wird am Fundort fein gemahlen und durch Schwimmaufbereitung (Flotation) auf einen Kupfergehalt bis rund 10% angereichert. In einem Erz-Flammofen wird das Erz mit Zuschlägen aufgeschmolzen. Das entstehende Schmelzgut ist „Kupferstein", ein Gemisch aus Cu_2S und FeS sowie Schlacke. Die Kupferstein-Schmelze wird in einem Konverter mit Preßluft durchgeblasen. Es entsteht Rohkupfer: $2\ Cu_2S + 2\ O_2 \longrightarrow 4\ Cu + 2\ SO_2$.

Das Schwefeleisen FeS wird oxidiert und in die Schlacke überführt. Das erhaltene Rohkupfer enthält rund 97% Cu. Es wird in einem Raffinier-Flammofen nachgereinigt. Ihn verläßt das feuerraffinierte Kupfer mit rund 99% Kupferanteil. Es wird zu Anodenplatten vergossen.

Zur weiteren Reinigung des Kupfers erfolgt anschließend die elektrolytische Raffination (Reinigung). Dazu werden Platten aus feuerraffiniertem Kupfer in ein Kupfersulfat-Elektrolysebad gehängt und als Anode (+) geschaltet. Sie lösen sich unter der Wirkung des elektrischen Stroms auf und werden an dünnen Kupferblechen abgeschieden, die als Katode (−) geschaltet sind. Dieses Elektrolyse-Kupfer besteht zu mehr als 99,9% aus Kupfer.

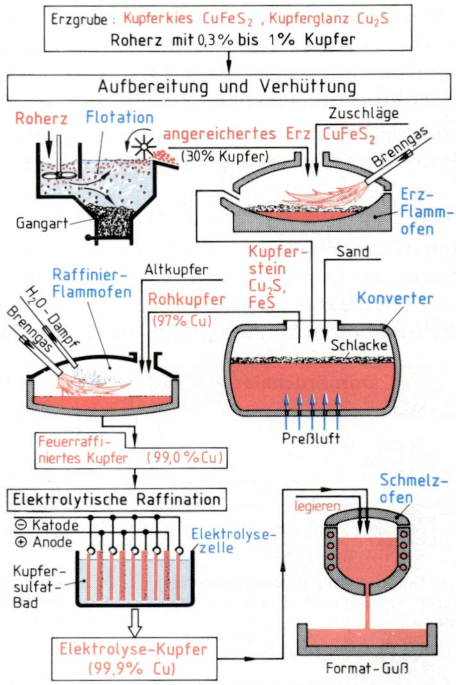

Bild 94/1: Kupfer-Gewinnung

Die Elektrolyse-Kupferplatten werden eingeschmolzen, die Schmelze desoxidiert bzw. legiert und zu Gußformaten vergossen, aus denen die Kupferhalbzeuge durch Walzen und Strangpressen hergestellt werden.

12.2 Allgemeine Eigenschaften und Verwendung

Kupfer ist ein Halbedelmetall, mit einer an frischen Flächen metallisch glänzenden, roten Farbe. Im Verlauf der Zeit bildet sich, je nach Luftatmosphäre, eine rotbraune bis grüne Deckschicht (Patina). Sie schützt das Metall vor weiterer Korrosion und gibt Kupfer sein typisches, dekoratives Aussehen.

Die Dichte von Kupfer beträgt 8,94 kg/dm^3, es schmilzt bei 1083 °C. Es ist ursprünglich ein weiches, gut umformbares Metall. Durch Kaltverformen kann seine Festigkeit und Härte wesentlich gesteigert werden. Seine Festigkeit beträgt weichgeglüht rund 200 N/mm^2, kaltverformt bis über 400 N/mm^2. Die Bruchdehnung nimmt durch das Kaltverformen von rund 50% auf 2% ab.

Seine hervorstechendsten Eigenschaften sind die hohe elektrische Leitfähigkeit, das dekorative Aussehen und die Korrosionsbeständigkeit gegen Wasser, schwache Säuren und an der Luft.

Die **Verwendung** des Kupfers als Werkstoff **(Bild 95/1)** erfolgt wegen seiner besonderen Eigenschaften:

- der sehr guten elektrischen Leitfähigkeit ⟶ Stromkabel, Stromschienen, elektrische Kontakte
- der Korrosionsbeständigkeit u. dem Aussehen ⟶ Dachrinnen, Fassadenverkleidungen, Rohrleitungen
- der guten Wärmeleitfähigkeit ⟶ Lötkolben, Heiz- u. Kühlschlangen, Wärmetauscher

Außerdem ist Kupfer das Basismetall einer Reihe wichtiger Kupferlegierungen (Seite 96).

12.3 Kupfersorten

Man unterscheidet bei den unlegierten Kupferwerkstoffen drei Gruppen (Tabelle 95/1):

Die **sauerstoffhaltigen Kupfersorten** (E-Cu) zeichnen sich durch eine besonders hohe elektrische Leitfähigkeit aus. Sie enthalten jedoch einen Restanteil Sauerstoff von 0,005% bis 0,040%. Beim Glühen, Schweißen oder Hartlöten nehmen diese Kupfersorten Wasserstoff aus den Flammgasen und der Luft auf, der mit dem Restsauerstoff im Kupfer zu Wasser reagiert. Es führt zur Versprödung (Wasserstoffsprödigkeit). Diese Kupfersorten sollten deshalb nicht geschweißt oder hartgelötet werden.

Tabelle 95/1: Kupfersorten nach DIN 1708 (Auswahl)

Kurzzeichen Werkstoff-Nr.	**Zusammensetzung in %**	**Hauptanwendung Besondere Eigenschaften**
Sauerstoffhaltiges Kupfer		
E-Cu 57 2.0060	Cu ≧ 99,00 O_2 : 0,005 bis 0,040	Halbzeug für die Elektrotechnik und die Elektronik
Sauerstofffreies Kupfer, nicht desoxidiert		
OF-Cu 2.0040	Cu ≧ 99,95	Elektrotechnik-Halbzeug, wasserstoffbeständig, löt- und schweißbar
Sauerstofffreies, mit Phosphor desoxidiertes Kupfer		
SE-Cu 2.0070	Cu ≧ 99,90 P : 0,003	Elektrotechnik-Halbzeug, wasserstoffbeständig, gut umformbar, löt- und schweißbar Plattierwerkstoff
SF-Cu 2.0090	Cu ≧ 99,90 P : 0,015 bis 0,04	Halbzeuge für das Bauwesen und den Apparatebau, Rohrleitungen, gut löt- und schweißbar
SW-Cu 2.0076	Cu ≧ 99,90 P : 0,005 bis 0,014	Halbzeuge für den Apparatebau, gut umformbar, gut löt- und schweißbar

Die **sauerstofffreien, nicht desoxidierten Kupfersorten,** wie z. B. **OF-Cu,** haben eine gute elektrische Leitfähigkeit und sind zusätzlich wasserstoffbeständig.

Die **sauerstofffreien, mit Phosphor desoxidierten Kupfersorten** haben die größte Bedeutung für das Bauwesen. Sie sind wasserstoffbeständig, d. h. verspröden beim Schweißen und Löten nicht und haben je nach Restphosphorgehalt unterschiedliche elektrische Leitfähigkeit. Die Kupfersorte **SF-Cu** ist wegen ihrer Wasserstoffbeständigkeit, der guten Umformbarkeit sowie der Schweiß- und Lötbarkeit der wichtigste Kupferwerkstoff für das Bauwesen, den Apparatebau und für Rohrleitungen.

Eine Auswahl genormter Kupfersorten sowie deren Festigkeitseigenschaften und Haupteinsatzgebiete findet sich im Tabellenteil Seite 240.

12.4 Verarbeitung

Der überwiegende Teil des Kupfers kommt als Halbzeug in den Handel. Ihre Herstellung erfolgt durch Walzen, Strangpressen und Ziehen (Seite 24 bis 27).

Handwerklich kann Kupfer gut verarbeitet werden: Bleche, Bänder, Rohre und Profile lassen sich im weichen Zustand leicht umformen. Kaltverfestigtes Material kann durch Weichglühen bei 400 °C bis 600 °C wieder leicht formbar gemacht werden.

Bei der **spanenden Bearbeitung** ist die Arbeit durch die sich bildenden langen Späne erschwert. Es sind Schneidwerkzeuge mit großem Spanwinkel zu verwenden. Als Schmiermittel sind Schneidöle bzw. Schneidöl/Wasser-Emulsionen zu wählen. Kaltverfestigtes Kupfer ist besser spanbar als weiches Kupfer.

Elektromotorwicklung (SE-Cu)

Fassadenverkleidung (SF-Cu)

Bild 95/1: Anwendung von Kupfer

Kupfer kann geschweißt und gelötet werden. Zu schweißende oder zu lötende Bauteile sollten bevorzugt aus sauerstofffreien Kupfersorten bestehen. Anwendbar ist das Gasschmelzschweißen, bessere Schweißergebnisse ergibt das WIG-Schweißen bei dickeren Wandstärken und das MIG-Schweißen bei dünneren Bauteilen. Hartgelötet wird entweder mit Messingloten oder silberhaltigen Loten, weichgelötet wird mit Zinn-Blei-Loten, z. B. L-Sn50Pb (Seite 107 bis 109).

12.5 Niedrig legierte Kupferwerkstoffe

Durch geringe Zusätze bestimmter Elemente können einige Eigenschaften des reinen Kupfers, wie z. B. die Festigkeit oder die Zerspanbarkeit, erheblich verbessert werden, während gleichzeitig die besonderen Eigenschaften des Kupfers, nämlich die gute elektrische Leitfähigkeit und Wärmeleitfähigkeit sowie die Korrosionsbeständigkeit, weitgehend erhalten bleiben.

Legierungselemente, die dies bewirken, sind u. a. Arsen, Beryllium, Cadmium, Chrom, Eisen, Kobalt, Mangan, Nickel, Schwefel, Silber, Silicium, Tellur, Zink, Zinn, Zirkon, und zwar allein oder in Kombination.

In den meisten Fällen bleibt die Konzentration der einzelnen Elemente unter oder wenig höher als 1 bis 2 Prozent.

Es gibt nicht aushärtbare sowie aushärtbare, niedrig legierte Kupferwerkstoffe **(Tabelle 96/1).** Ihre Hauptanwendungsgebiete sind Bauteile mit hoher Leitfähigkeit für Elektrizität und Wärme sowie Korrosionsbeständigkeit und Festigkeit **(Bild 96/1).**

Eine ausführliche Übersicht über ihre Eigenschaften befindet sich im Tabellenteil Seite 240.

Tabelle 96/1: Niedrig legierte Kupferwerkstoffe

Kurzzeichen Werkstoff-Nr.	Besondere Eigenschaften	Hauptanwendungsgebiete
Nicht aushärtbare Knetlegierungen		
Cu Cd 1 2.1266	Hohe Kaltverfestigung Gute elektrische Leitfähigkeit	elektrische Freileitungen, Fahrdrähte, Elektroden
Cu Si 2 Mn 2.1522	Gute Schweißeignung und Korrosionsbeständigkeit	Bauteile für den Apparatebau Schrauben, Bolzen
Aushärtbare Knetlegierungen		
Cu Be 2 2.1247	auf höchste Festigkeit aushärtbar, mittlere el. Leitfähigkeit	Stecker, Federn und Spiralen, Funkenfreie Werkzeuge
Cu Ni 2 Si 2.0855	auf hohe Festigkeit aushärtbar, korrosionsbeständig	Schrauben, Bolzen Freileitungsdrähte

Bild 96/1: Wärmetauscher aus Cu Si 2 Mn

12.6 Kupfer-Zink-Legierungen (Messing)

Durch Legieren von Kupfer mit 5 bis 45 % Zink (Zn) können Werkstoffe mit einer dekorativen, goldgelben Farbe hergestellt werden. Sie werden allgemein als Messing bezeichnet.

Kupfer-Zink-Legierungen haben ein ähnlich gutes Korrosionsverhalten wie Kupfer, ihre elektrische Leitfähigkeit ($\varkappa = 10$ bis $30\ \text{m}/\Omega\ \text{mm}^2$) sowie das Wärmeleitvermögen ($\lambda = 70$ bis 240 W/mK) sind jedoch wesentlich schlechter.

Die mechanischen Eigenschaften der Kupfer-Zink-Legierungen sind vom Zinkgehalt der Legierung abhängig **(Bild 96/2).** Mit steigendem Zinkgehalt nimmt die Festigkeit und die Verformbarkeit zu, um ab 30 bis 40 % Zink rasch abzufallen. Dies beruht auf den unterschiedlichen Gefügebestandteilen der verschiedenen Legierungen:

Legierungen mit bis zu 37 % Zink bestehen aus α-Messing, einem gut verformbaren Gefüge.

Zwischen 37 und 46 % Zink enthält die Legierung (neben dem α-Gefüge) einen wachsenden Anteil an β-Gefüge, das wesentlich härter ist.

Kupfer-Zink-Legierungen mit 46 bis 50 % Zink bestehen ausschließlich aus β-Gefüge. Sie sind sehr hart und wenig verformbar.

Bei noch höheren Zinkgehalten tritt ein γ-Gefügeanteil auf, der diese Legierungen wegen der Sprödigkeit technisch unbrauchbar macht.

Gebräuchlich sind Cu-Zn-Legierungen bis 45 % Zink.

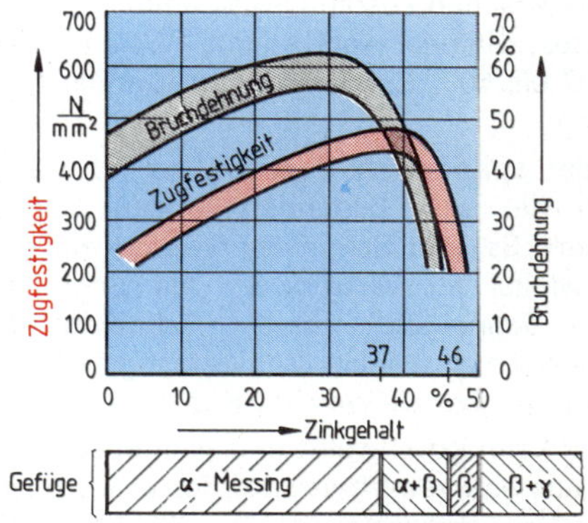

Bild 96/2: Gefüge und mechanische Eigenschaften von Kupfer-Zink-Legierungen (ohne Kaltverformung)

Kupfer-Zink-Legierungen werden in Cu-Zn-Knetlegierungen und Cu-Zn-Gußlegierungen unterteilt.

Kupfer-Zink-Knetlegierungen gibt es von 5 % Zink (CuZn5) bis rund 45 % Zink (CuZn40). Zusätzlich können zur besseren Spanbarkeit noch geringe Anteile an Blei (Pb) sowie andere Legierungsbestandteile (Al, Si, Mn) enthalten sein (z. B. Cu Zn 40 Pb2). Die Knetlegierungen werden zu Halbzeugen wie Blechen und Bändern, Rohren, Stangen, Drähten und Profilen verarbeitet **(Bild 97/1).**

Kupfer-Zink-Legierungen sind nicht aushärtbar. Unbehandelt sind sie je nach Zusammensetzung weich bis mittelhart, können aber durch Kaltverformen wesentlich verfestigt werden, z. B. von 300 N/mm² Zugfestigkeit auf über 600 N/mm². Bei Halbzeugen wird der Verfestigungsgrad durch eine angehängte Festigkeitskennzahl angegeben.

Beispiel: CuZn 40 Pb 2 F 61 ist eine Kupfer-Zink-Legierung mit rund 40% Zink, 2% Blei und einer durch Kaltverfestigung auf „federhart" erzielten Mindestzugfestigkeit von 610 N/mm².

Im Bauwesen und Metallbau werden einige Kupfer-Zink-Legierungen recht häufig eingesetzt (Bild 97/1). Ihre besonderen Eigenschaften und Hauptanwendungen zeigt **Tabelle 97/1.**

Einen umfassenden Überblick über die Kupfer-Zink-Legierungen, ihre Eigenschaften und Anwendungen findet sich im Tabellenteil Seite 241.

Die **handwerkliche Verarbeitung** der Kupfer-Zink-Legierungen ist im allgemeinen problemlos **(Bild 97/2):** Warmumformen ist bei Legierungen jeder Zusammensetzung gut durchführbar. Kaltumformbar sind Legierungen bis 37 % Zink (α-Messing). Dabei tritt eine Verfestigung ein, die durch Spannungsfreiglühen wieder rückgängig gemacht werden kann.

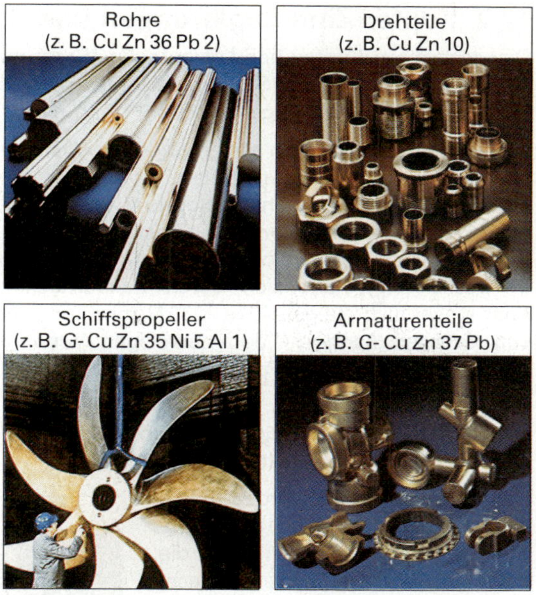

Bild 97/1: Halbzeug und Fertigteile aus Kupfer-Zink-Legierungen (Messing)

Tabelle 97/1: Kupfer-Zink-Knetlegierungen für den Metallbau und das Bauwesen

Kurzzeichen Werkstoff-Nr.	**Besondere Eigenschaften, Hauptanwendung**
CuZn10 2.0230	Gute Leitfähigkeit, sehr gut kaltumformbar, Elektrotechnikteile
CuZn40 2.0360	Gut kalt- und warmumformbar, Beschlag- und Schloßteile
CuZn44Pb2 2.0410	Warmumformbar, gut spanbar Bauprofile, Handläufe, Beschläge

Gut spanbar sind die bleihaltigen Kupfer-Zink-Legierungen.

Geschweißt werden kann mit dem Gasschmelzschweißen sowie mit dem WIG-Schweißen. Bleihaltige Legierungen (mit Pb > 1%) sind weniger gut schweißbar. Weich- und Hartlöten ist im allgemeinen gut durchführbar.

Genauere Hinweise zur handwerklichen Verarbeitung befinden sich im Tabellenteil, Seite 244.

Kupfer-Zink-Gußlegierungen gibt es ebenfalls mit 5 bis 45 % Zinkgehalt sowie geringen Anteilen weiterer Legierungselemente (Pb, Al, Si, Ni). Die gebräuchlichste Kupfer-Zink-Gußlegierung für das Bauwesen ist **G-CuZn37Pb,** die wegen ihrer Korrosionsbeständigkeit und der guten Löt- und Spanbarkeit zu Armaturen und Sanitärartikeln verarbeitet wird (Bild 97/1).

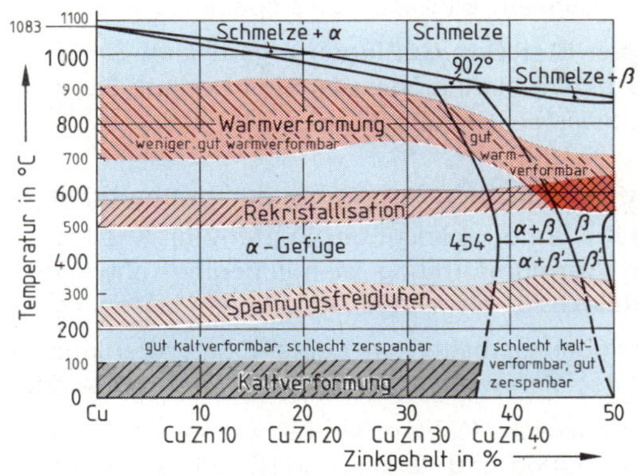

Bild 97/2: Bereiche der Wärmebehandlung

12.7 Kupfer-Zinn-Legierungen und Kupfer-Zinn-Mehrstofflegierungen

Die genormten Kupfer-Zinn-Legierungen (Bronzen) enthalten 2 bis 13% Zinn (Sn) sowie teilweise geringe Zusätze anderer Legierungselemente (Pb, Zn, Ni).

Kupfer-Zinn-Legierungen zählen zu den korrosionsbeständigsten Kupferwerkstoffen. Außerdem besitzen sie gute Gleiteigenschaften und Verschleißfestigkeit in Kombination mit anderen Metallen. Ihre Festigkeit ist im weichen Zustand mittelmäßig ($\approx$ 300 N/mm²), läßt sich durch Kaltverformen aber wesentlich steigern (bis 1230 N/mm²). In diesen Grenzen kann sie dem jeweiligen Verwendungszweck angepaßt werden: von weich geglüht bis federhart.

Die Kupfer-Zinn-Legierungen werden in Knet- und Gußlegierungen unterteilt **(Tabelle 98/1).**

Tabelle 98/1: Kupfer-Zinn-Legierungen

Kurzzeichen Werkstoff-Nr.	Zusammensetzung in %	Besondere Eigenschaften Hauptanwendung
Cu Sn 6 2.1020	94 Cn, 6 Sn	Gute Gleiteigenschaften, Korrosionsbeständig, Gleitlager, Flachstecker
G- Cu Sn 12 2.1052.01	88 Cu, 12 Sn	Gute Gleiteigenschaften und Korrosionsbeständigkeit, Ventil- und Pumpengehäuse
G- Cu Sn 10 Zn (Rotguß) 2.1086.01	88 Cu, 10 Sn 2 Zn	Besonders korrosionsbeständig, Pumpengehäuse

Die **Knetlegierungen** werden zu Blechen, Bändern, Rohren und Stangen geformt, aus denen dann die Fertigteile, wie z. B. Gleitlager, Flachstecker, Metallschläuche usw. gefertigt werden **(Bild 98/1).**

Aus den **Gußlegierungen** stellt man nach den verschiedenen Gießverfahren Armaturen, Pumpen- und Ventilgehäuse, Schneckenräder, Gleitlager, Glocken usw. her.

Lagerbuchsen (CuSn8P)

Elektroteile (CuSn-Legierung)

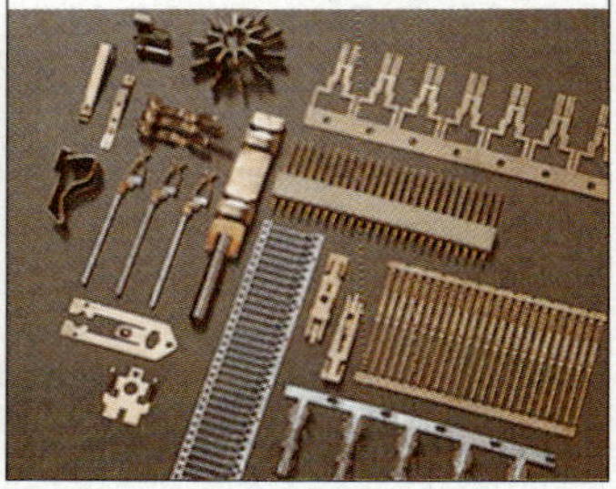

Bild 98/1: Bauteile aus Kupfer-Zinn-Legierungen

Für das Bauwesen werden aus Kupfer-Zinn-Legierungen Fenster- und Türgriffe, Beschlagteile, Metallschläuche und Armaturen für Gas- und Wasserleitungen gefertigt.

Im Maschinenbau verwendet man Federn, Gleit- und Führungsbahnen sowie Lagerschalen aus Kupfer-Zinn-Legierungen.

Zinnhaltige Mehrstofflegierungen

In vielen Kupfer-Zinn-Legierungen ist als drittes Legierungselement Zink enthalten. Diese Kupfer-Zinn-Zink-Gußlegierungen werden allgemein **Rotguß** genannt. *Beispiel:* **G-CuSn10Zn.** Sie sind sehr gut vergießbar, sehr korrosionsbeständig und gut spanend zu bearbeiten. Aus ihnen fertigt man stark korrosionsbeanspruchte Pumpengehäuse, Rohrleitungen, Fittings usw. Nickelzusätze verbessern zusätzlich die Festigkeit; Bleizusätze die spanende Bearbeitbarkeit.

Kupfer-Blei-Zinn-Gußlegierungen (Guß-Zinn-Bleibronzen) sind vorzügliche Lagermetalle mit besten Gleiteigenschaften, vor allem bei Notlauf. Sie werden deshalb zu Gleitlagern und Gleitbahnen verarbeitet. *Beispiel:* **G-CuPb15Sn.**

Handwerkliche Verarbeitung der zinnhaltigen Kupferlegierungen

Die Kaltumformbarkeit der Kupfer-Zinn-Knetlegierungen ist bis zu einem Zinngehalt von etwa 9 % sehr gut. Warmumformung ist nur bedingt anwendbar. Die Zerspanbarkeit ist bei bleifreien Legierungen mittelmäßig; bleihaltige Legierungen lassen sich gut zerspanen.

Verbindungsarbeiten an Kupfer-Zinn-Legierungen sind am besten durch Weich- oder Hartlöten durchführbar. Schweißen mit dem WIG- und MIG-Verfahren sind anwendbar.

Gebräuchliche Kupfer-Zinn-Legierungen sowie Kupfer-Zinn-Mehrstofflegierungen, deren Eigenschaften, Verwendung und Verarbeitungshinweise finden sich im Tabellenteil, Seite 241 und 245. Halbzeuge aus Kupferwerkstoffen, wie Stangen, Bleche, Schrauben, Rohre und Profile auf den Seiten 242 und 243.

12.8 Kupfer-Nickel-Zink-Legierungen (Neusilber)

Die genormten Kupfer-Nickel-Zink-Legierungen enthalten 47 bis 64 % Kupfer, 10 bis 25 % Nickel und 15 bis 42 % Zink. Außerdem können zur Verbesserung bestimmter Eigenschaften noch geringe Anteile an Blei, Mangan und Zink beigegeben sein.

Der Kupferanteil bestimmt die Zähigkeit, Nickel verbessert die Korrosionsbeständigkeit, Zink die Festigkeit und Blei die Zerspanbarkeit.

Die besondere Eigenschaft der Kupfer-Nickel-Zink-Legierungen ist die silberähnliche Farbe sowie die Korrosions- und Anlaufbeständigkeit gegen Luft, Wasser und schwache Säuren. Außerdem haben sie gute Festigkeits- und Federungseigenschaften.

Zwei häufig verwendete Kupfer-Nickel-Zink-Legierungen zeigt **Tabelle 99/1** (siehe auch Seite 241).

Im Bauwesen wählt man Kupfer-Nickel-Zink-Legierungen z. B. für metallisch dekorative Eingangstüren, Innenverkleidungen und Treppengeländer **(Bild 99/1).** In der Ausstattung verwendet man es für Schanktischabdeckungen, Küchenspülen, Wasserarmaturen und Sicherheitsschlüssel. Im allgemeinen Konsumbereich wird es wegen des silberähnlichen Aussehens zu Bestecken, Geschirr, Möbelbeschlägen, Musikinstrumenten, Brillengestellen, Reißzeug und Schmuck verarbeitet.

Tabelle 99/1: Kupfer-Nickel-Zink-Legierungen

Kurzzeichen Werkstoff-Nr.	Zusammensetzung in %	Besondere Eigenschaften Hauptanwendung
Cu Ni 18 Zn 20 2.0740	62 Cu, 18 Ni, 20 Zn	Anlaufbeständig Dekorativer Innenausbau, Beschläge, Schmuck
Cu Ni 10 Zn 42 Pb 2.0770	47 Cu, 10 Ni, 42 Zn, 1 Pb	Hohe Festigkeit, Drehteile, Schlüssel, Reißzeug

Innenwandverkleidung

Sicherheitsschlüssel

Bild 99/1: Bauteile aus Kupfer-Nickel-Zink-Legierung

12.9 Kupfer-Aluminium-Legierungen und Kupfer-Nickel-Legierungen

Die handelsüblichen Kupfer-Aluminium-Legierungen enthalten bis zu 14% Al sowie Anteile an Fe, Ni oder Mn. Ihre Farbe ist gelblich.

Die Kupfer-Nickel-Legierungen bestehen aus über 50% Cu, bis 45% Ni sowie Gehalten an Fe und Mn. Ihre Farbe ist silberhell.

Die hervorstechendste Eigenschaft dieser beiden Legierungen ist ihre ausgezeichnete Korrosionsbeständigkeit, besonders gegen Meerwasser. Sie werden überwiegend im Schiffbau sowie im Anlagenbau für wasserführende Bauteile verwendet.

Eine Besonderheit ist die Legierung CuNi25. Sie ist der Werkstoff vieler „Silbermünzen" **(Bild 99/2).**

Bild 99/2: Münzen aus Cu Ni 25

Wiederholungsfragen

1. **Welche besonderen Eigenschaften hat Kupfer?**
2. **Welche Kupfersorten unterscheidet man?**
3. **Welche Kupfersorte wird im Bauwesen bevorzugt verwendet?**
4. **Wie können Kupferteile gefügt werden?**
5. **Was ist Messing, Bronze und Neusilber?**
6. **Wie ändert sich die Festigkeit von Cu-Zn-Legierungen mit dem Zinkgehalt?**
7. **Nennen Sie einige Cu-Zn-Legierungen.**
8. **Wozu verwendet man im Bauwesen die Werkstoffe Messing, Bronze und Neusilber?**
9. **Welche besondere Eigenschaft haben Kupfer-Nickel-Zink-Legierungen?**

13 Weitere technisch wichtige Metalle

13.1 Zink (Zn)

Dichte	7,14 kg/dm³
Schmelzpunkt	418 °C
Zugfestigkeit	30 . . . 150 N/mm²
Bruchdehnung	30 . . . 50 %

Zink ist ein niedrig schmelzendes Schwermetall mit geringer Festigkeit sowie guten Gieß- und Korrosionseigenschaften. An frischen Schnittflächen ist es leicht bläulich-metallisch glänzend. An der Luft überzieht es sich im Laufe von Wochen mit einer dünnen grauen Deckschicht, die es gegen atmosphärischen Korrosionsangriff für mehrere Jahre bis Jahrzehnte schützt. Von konzentrierten Säuren, Laugen und Salzlösungen wird Zink rasch angegriffen. Der gute atmosphärische Korrosionsschutz ist die Hauptursache der Verwendung von Zink. Etwa die Hälfte des erzeugten Zinks wird als Beschichtung für den Korrosionsschutz von Stahlbauteilen verbraucht (Seite 119).

Unlegiertes Zink hat eine so geringe Festigkeit, daß es als Konstruktionswerkstoff keine Bedeutung hat. Als weitere negative Eigenschaften sind seine Kaltsprödigkeit unter 0 °C, die Kerbempfindlichkeit und das Kriechverhalten zu nennen.

Unlegiertes Zink, das je nach Reinheit *Hüttenzink* oder *Feinzink* heißt **(Tabelle 100/1)**, wird überwiegend als Verzinkerei-Zink und als Basis für Zink-Legierungen verarbeitet.

Tabelle 100/1: Zinkwerkstoffe

Werkstoff	Zusammensetzung	Besondere Eigenschaften Verwendung
Hüttenzink z. B. Zn 98,5	97,5...99,5 % Zn	Verzinkerei-Zink Basiszink für Legierungen
Feinzink z. B. Zn 99,99	99,95...99,995Zn	Basis-Feinzink für Legierungen
Titanzink z. B. D-Zn bd	Basis: Feinzink 0,2 % Titan 1,0 % Kupfer	Verbesserte Festigkeit, Dacheindeckbleche, Regenrinnen und -fallrohre
Zink-Guß-legierungen z. B. GD-ZnAl4	Basis: Feinzink 4...6 % Al 1...3 % Cu	Gute Gießbarkeit Feingliedrige, maßgenaue Guß-Kleinteile

Titanzink ist eine speziell für das Bauwesen entwickelte Zinklegierung, die als Blech in Dicken von 0,6 bis 1,0 mm verarbeitet wird. Titanzink enthält 0,2 % Titan und rund 1 % Kupfer. Bleche aus Titanzink besitzen die günstigen Korrosionseigenschaften des Zinks, lassen sich gut weichlöten und haben eine wesentlich höhere Dauerstandfestigkeit als unlegiertes Zink. Haupteinsatzgebiet von Titanzinkblech ist die Dachverkleidung sowie Regenrinnen und Regenfallrohre **(Bild 100/1)**.

Bild 100/1: Dacheindeckung mit Titanzinkblech

Bei der Verarbeitung und Verlegung von Titanzinkblech sind einige Besonderheiten zu beachten: Wegen der Kerbempfindlichkeit sind die Biegekanten nicht mit der Reißnadel, sondern mit dem Bleistift anzureißen. Auf frischem Kalk- oder Zementmörtel sowie frischen Brettern darf Titanzinkblech nicht verlegt werden (Zwischenlage aus Bitumen), da die Lauge des Mörtels bzw. die Gerbsäure des Holzes das Zink angreift. Zinkbleche dürfen nicht mit Kupfer oder Stahlbauteilen befestigt werden oder Kontakt haben, da es sonst zu Korrosion kommt. Ein Zusammenbau mit Aluminium ist möglich.

Zink-Gußlegierungen enthalten 4 bis 6 % Aluminium und meistens zusätzlich 1 bis 3 % Kupfer (Tabelle 100/1). Sie lassen sich sehr gut vergießen. Wegen der niedrigen Schmelztemperatur können sie in automatischen Druckgußmaschinen in Stahlformen vergossen werden. Aus Zink-Druckguß werden bevorzugt feingliedrige, maßgenaue Bauteile, wie z. B. Gehäuse kleiner Maschinen, hergestellt **(Bild 100/2)**.

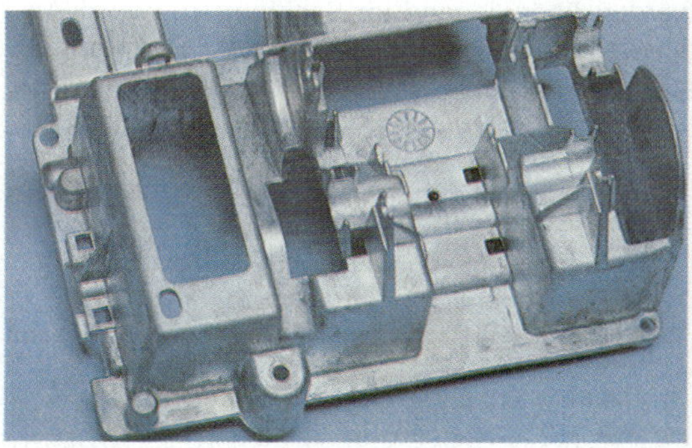

Bild 100/2: Gerätegehäuse aus Zinkdruckguß

Weitere Zinkbleche, Zinkwerkstoffe, Zinkhalbzeuge und deren Eigenschaften im Tabellenteil Seite 246.

13.2 Zinn (Sn)

Dichte	7,3 kg/dm³
Schmelzpunkt	232 °C
Zugfestigkeit	40 ... 50 N/mm²
Bruchdehnung	≈ 40 %

Zinn ist ein silberhell glänzendes Metall mit besonders niedrigem Schmelzpunkt. Gegen Luft, Wasser sowie leicht saure und basische Stoffe, wie z. B. Lebensmittel, ist es beständig. Von starken Säuren und Laugen wird es angegriffen.

Zinn ist ein sehr weiches, dehnbares und geschmeidiges Metall. Es verfestigt sich nicht durch Kaltverformung. Beim Umformen von Zinn, z. B. beim Biegen eines Zinnstabes, entsteht ein knirschendes Geräusch, der sogenannte Zinnschrei. Er entsteht beim Abgleiten der Zinnkristalle aufeinander. Bei niedrigen Temperaturen (unter + 13 °C) kann das metallische Zinn zu einer amorphen Modifikation zerfallen (Zinnpest). Dadurch wird das Metall zerstört. Wegen seiner sehr geringen Festigkeit kann Zinn nicht als Konstruktionswerkstoff eingesetzt werden.

Die Hauptanwendungsgebiete des Zinns liegen in der Kombination mit anderen Werkstoffen:

- Als Beschichtung dünner Stahlbleche (Seite 246).
  Man erhält ein korrosionsbeständiges Blech das vor allem zu Konservendosen verarbeitet wird **(Weißblech).**
- Als Basis- oder Legierungselement für Weichlote **(Bild 101/1).** Durch Legieren von Zinn mit Blei erhält man Legierungen, die sehr niedrige Schmelzpunkte (Seite 104) sowie ein gutes Benetzungs- und Verbindungsverhalten zu anderen Werkstoffen besitzen.
- Als Legierungselement für Kupferlegierungen (Seite 98) sowie Lagermetalle (z. B. PbSb15Sn10).

Bild 101/1: Zinn-Blei-Weichlot

13.3 Blei (Pb)

Dichte	11,3 kg/dm³
Schmelzpunkt	327 °C
Zugfestigkeit	15 ... 20 N/mm²
Bruchdehnung	30 ... 50 %

Blei ist ein mattgrau aussehendes Metall, das nur kurzzeitig an frischen Schnittflächen metallisch hell glänzt. Es ist so weich, daß es mit dem Fingernagel geritzt werden kann. Seine Korrosionsbeständigkeit, vor allem gegen starke Säuren, wie z. B. Schwefelsäure, ist ausgezeichnet. Eine besondere Eigenschaft des Bleis ist seine abschirmende Wirkung für Röntgen- und Gammastrahlen.

Blei sowie Bleiverbindungen sind giftig. Bleirohre für Trinkwasserleitungen sind deshalb nicht mehr zugelassen. Bei Arbeiten mit Blei sind die Vorschriften der Berufsgenossenschaft zu beachten.

Unlegiertes Blei gibt es in den Qualitäten Hüttenblei und Feinblei. Es wird als Basiswerkstoff für Bleilegierungen sowie für Bauteile zur Abschirmung von Röntgen- und Gammastrahlen verwendet.

Die wichtigsten Bleiwerkstoffe im Bauwesen sind **Hüttenblei, Rohrblei** und **Hartblei.** Sie sind wesentlich fester und härter als unlegiertes Blei. Hartblei wird als Blech für Dachabschlüsse an Kaminen und Dachfenstern **(Bild 101/2)**, Rohrblei für Blei-Druckrohre verwendet (Seite 246).

Bild 101/2: Dachabschluß aus Hartblei

Das mengenmäßig größte Einsatzgebiet für Blei sind Bleiakkumulatorplatten für Autobatterien, Kabelummantelungen sowie chemische Bleiverbindungen, wie der Korrosionsschutz-Farbstoff Menninge (Bleioxid PbO_2).

Auch als **Legierungsmetall** wird Blei häufig eingesetzt: Blei-Zinn-Legierungen dienen als Weichlote (Seite 105), Blei-Antimon-Zinn-Legierungen als Lagermetalle (z. B. PbSb15Zn10). In den meisten Automatenwerkstoffen (Automaten-Stählen, Automaten-Aluminium- und Kupferwerkstoffen) bewirkt ein Bleigehalt von rund einem Prozent die Bildung von kurzbrechenden Spänen.

13.4 Nickel (Ni)

Dichte	8,9 kg/dm³
Schmelztemp.	1453 °C
Zugfestigkeit	370...700 N/mm²
Bruchdehnung	2...60 %

Nickel ist ein mattsilber glänzendes Schwermetall **(Bild 102/1)** mit ausgezeichneter Korrosionsbeständigkeit und Warmfestigkeit.

Wegen des hohen Materialpreises ist die Verwendung von Nickelwerkstoffen auf Spezialanwendungen beschränkt.

Korrosionsschutzschichten auf Stahlbauteilen, wie z.B. bei Pkw's und Stahlmöbeln bestehen meist aus einer galvanisch aufgebrachten Grundschicht aus Nickel, die von einer Chromschicht überdeckt ist. Die Nickelschicht ist hierbei der eigentliche Träger der Korrosionsbeständigkeit, die Chromschicht wird wegen der Härte und dem dekorativen Aussehen aufgebracht.

Bild 102/1: Nickelstangen

Als **Legierungselement** überträgt Nickel seine Korrosionsbeständigkeit und Warmfestigkeit auch auf die Legierungen, wie z.B. in den hochlegierten Stählen (Beispiel X5 Cr Ni 18 10) oder in Kupfer-Nickel-Legierungen.

Unlegiertes Nickel wird nur in geringem Umfang für kleine Laborgeräte sowie für Plattierungen von Chemiebehältern aus Stahl verwendet.

Große Bedeutung haben Nickelbasislegierungen (Seite 246).

Korrosionsbeständige Nickellegierungen bestehen aus rund 65 % Nickel, 30 % Kupfer sowie, je nach Werkstofftyp, wenigen Prozent Eisen, Aluminium oder Titan. *Beispiel:* NiCu30Fe

Diese Nickellegierungen werden zu Wärmeaustauscherrohren sowie zu Chemieapparaturen verarbeitet und eingesetzt, wenn besondere Anforderungen an die Korrosionsbeständigkeit gestellt werden **(Bild 102/2).**

Bild 102/2: Chemieanlage mit Einbauten aus Nickellegierungen

Hitzebeständige und hochwarmfeste Nickellegierungen enthalten 40 bis 80 % Nickel, 15 bis 25 % Chrom sowie je nach Werkstofftyp wenige Prozent Eisen, Molybdän, Titan oder Aluminium. *Beispiel:* NiCr20TiAl. Die Legierungen werden zu Heizrohren und Kesseleinbauten in Kraftwerken verarbeitet und können in Brenngasatmosphäre Temperaturen bis 1100 °C ertragen.

13.5 Titan (Ti)

Dichte	4,5 kg/dm³
Schmelzpunkt	1670 °C
Zugfestigkeit	290...740 N/mm²
Bruchdehnung	15...30 %

Titan ist ein silberhell glänzendes Leichtmetall mit hoher Festigkeit, Zähigkeit, guten Warmeigenschaften (bis 500 °C) und ausgezeichneter Korrosionsbeständigkeit. Durch Legieren mit Aluminium, Vanadium, Zinn, Molybdän, Kupfer und Eisen werden vor allem die Festigkeitswerte bis auf über 1000 N/mm² weiter verbessert.

Wegen des hohen Materialpreises werden Titanwerkstoffe nur für Spezialanwendungen eingesetzt, wenn die ungewöhnlich günstige Eigenschaftskombination von geringem Gewicht, hoher Festigkeit und Korrosionsbeständigkeit erforderlich ist. Titanlegierungen werden vor allem für tragende Konstruktionsbauteile in Flugzeugen eingesetzt. Unlegierte Titanwerkstoffe finden als Rohre und Behälter in Salpetersäure führenden Chemieanlagen sowie Meerwasserentsalzungsanlagen Verwendung (Seite 246).

13.6 Magnesium (Mg)

Dichte	1,75 kg/dm³
Schmelzpunkt	651 °C
Zugfestigkeit	100...250 N/mm²
Bruchdehnung	1...12 %

Magnesium ist ein silberhell glänzendes Leichtmetall mit geringer Festigkeit und geringer Korrosionsbeständigkeit. Es ist das leichteste Gebrauchsmetall. In Span- und Pulverform ist es brennbar und deshalb in reiner Form nicht als Konstruktionswerkstoff verwendbar. Stäbe aus unlegiertem Magnesium dienen als kathodischer Korrosionsschutz (Seite 120) für Stahltanks. Magnesiumlegierungen mit Aluminium- und Zinkgehalt werden zu Leichtbauteilen im Fahrzeug- und Flugzeugbau eingesetzt.

13.7 Legierungsmetalle

Die am häufigsten verwendeten Legierungsmetalle für Stähle sind Chrom (Cr), Mangan (Mn), Nickel (Ni), Kobalt (Co) und Vanadium (V) **(Tabelle 103/1).**

Ihre Hauptbedeutung liegt in der eigenschaftsverbessernden Wirkung in legierten Stählen. Insbesondere die Korrosionsbeständigkeit, die Warmfestigkeit und die Zähigkeit der Stähle wird durch sie zum Teil drastisch verbessert.

Als Reinmetalle oder Basiswerkstoff haben sie nur für Spezialanwendungen Bedeutung.

Tabelle 103/1: Legierungsmetalle

Metall Symbol	**Dichte** in kg/dm³	**Schmelztemperatur** in °C	**Besondere Eigenschaften**	**Verwendung**
Chrom Cr	7,1	1900	brillanter Metallglanz, korrosionsbeständig	Schutzüberzüge (Verchromen), Legierungselement für nichtrostende Stähle
Mangan Mn	7,3	1250	hart, spröde	Legierungsmetall für zähharte Stähle
Nickel Ni	8,9	1455	heller Metallglanz, korrosionsbeständig	Schutzüberzüge (Vernickeln), Basiswerkstoff für korrosionsbeständige Nickelwerkstoffe, Legierungselement für korrosionsbeständige Stähle
Kobalt Co	8,8	1490	zäh, korrosionsbeständig	Bindemetall für Hartmetalle Legierungselement für warmfeste Stähle
Vanadium V	6,0	1720	hart, spröde	Legierungselement für zähharte Stähle

13.8 Hochschmelzende Metalle

Die hochschmelzenden Metalle werden als Reinmetalle oder Basiswerkstoffe für Spezialanwendungen im Hochtemperaturbereich sowie wegen ihrer Korrosionsbeständigkeit im Chemieanlagenbereich eingesetzt **(Tabelle 103/2).** Darüber hinaus dienen sie als Legierungselement für hitzebeständige und warmfeste Stähle.

Tabelle 103/2: Hochschmelzende Metalle

Metall Symbol	**Dichte** in kg/dm³	**Schmelztemperatur** in °C	**Besondere Eigenschaften**	**Verwendung**
Molybdän Mo	10,2	2600	korrosionsbeständig zunderbeständig	Heizleiter, Legierungselement für hitzebeständige Stähle
Tantal Ta	16,6	3000	zähhart, korrosionsbeständig gegen Säuren	Spezielle Chemieapparate und Geräte, Legierungselement für warmfeste Stähle
Wolfram W	19,3	3380	zähhart, warmkorrosionsbeständig gegen Säuren, höchste Schmelztemperatur	Elektroden für WIG- und MIG-Schweißgeräte, Glühfäden für Glühlampen, Heizleiter, Legierungselement für warmfeste Stähle

13.9 Edelmetalle

Von den Edelmetallen hat im Metallbaubereich nur **Silber (Ag)** eine technische Bedeutung. Es wird zu Silberbasisloten (Seite 108) sowie elektrischen Kontakten und Leitungen verarbeitet.

Platin (Pt) und **Gold (Au)** wird in wenigen Sonderfällen zu extrem korrosionsbeständigen Chemiegeräten, überwiegend jedoch zu Schmuck verarbeitet.

Wiederholungsfragen

1 Warum darf Titanzinkblech nicht auf frischem Mörtel und frischem Holz verlegt werden?

2 Welche technischen Anwendungen hat Zinn?

3 Was ist Hartblei und wozu wird es verwendet?

4 Wozu werden Nickellegierungen verwendet?

5 Welches sind die wichtigsten Legierungsmetalle?

14 Lote und Flußmittel

Lote und Flußmittel sind die für das Fügeverfahren **Löten** benötigten Stoffe.

14.1 Werkstoffkundliche Vorgänge beim Löten

Löten ist nach DIN 8505 ein Verfahren zum stoffschlüssigen Fügen von metallischen Werkstoffen, wobei eine flüssige Phase durch Schmelzen eines Lotes entsteht. Sie bildet nach dem Erstarren die stoffschlüssige Verbindung. Die zu fügenden Werkstoffe schmelzen dabei nicht. Die Schmelztemperatur des Lots liegt deutlich unterhalb der Schmelztemperatur der zu fügenden Grundwerkstoffe.

Lote sind meist Legierungen. Diese weisen gegenüber reinen Metallen grundsätzliche Unterschiede auf: Reine Metalle haben einen **Schmelzpunkt,** d. h. sie werden bei einer bestimmten Temperatur auf einen Schlag flüssig. Legierungen hingegen besitzen einen **Schmelzbereich,** auch Schmelzintervall genannt **(Bild 104/1).** Beim Erhitzen werden sie ab einer bestimmten Temperatur, der **Solidustemperatur,** erst ein wenig schmierig und bei weiterer Temperaturerhöhung breiartig, bis sie bei Überschreiten einer oberen Temperaturgrenze, der **Liquidustemperatur,** ganz flüssig sind.

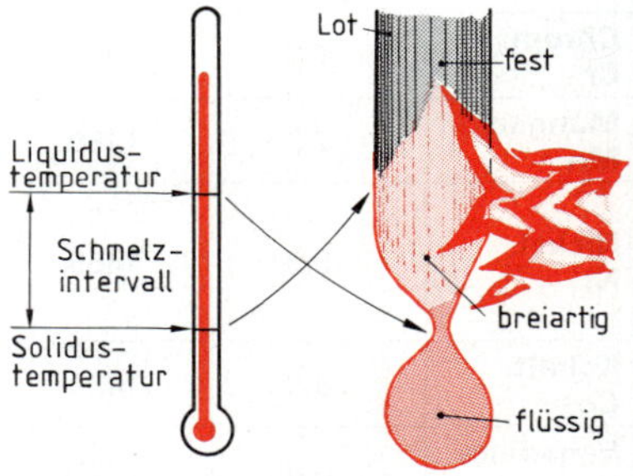

Bild 104/1: Schmelzverhalten von Legierungen

Die Schmelzbereiche eines Legierungssystems lassen sich aus dem **Zustandsschaubild** ablesen. **Bild 104/2** zeigt z. B. das Zustandsschaubild des Legierungssystems Blei-Zinn, einem üblichen Weichlot-Legierungssystem. Die linke Begrenzung des Zustandsschaubildes bildet das reine Blei mit einer Schmelztemperatur von 327 °C, die rechte Begrenzung reines Zinn mit 232 °C Schmelztemperatur.

Eine Legierung aus 60% Blei / 40% Zinn beginnt bereits bei 260 °C zu schmelzen (bei Unterschreiten der Liquiduslinie). Ganz fest ist sie erst bei etwa 183 °C (bei Unterschreiten der Soliduslinie). Innerhalb dieses Schmelzbereichs ist die Legierung breiig, d. h. sie enthält noch feste Kristalle im bereits geschmolzenen Anteil. Mit steigendem Zinnanteil sinkt der Schmelzbeginn (Liquiduslinie) bis zu einem Tiefstwert bei 183 °C. An diesem Punkt hat die Legierung etwa 62% Sn / 38% Pb. Diese Legierung hat keinen Schmelzbereich, sondern einen Schmelzpunkt, wie ein reines Metall (bei 183 °C). Solche Legierungen nennt man **eutektische Legierungen**.

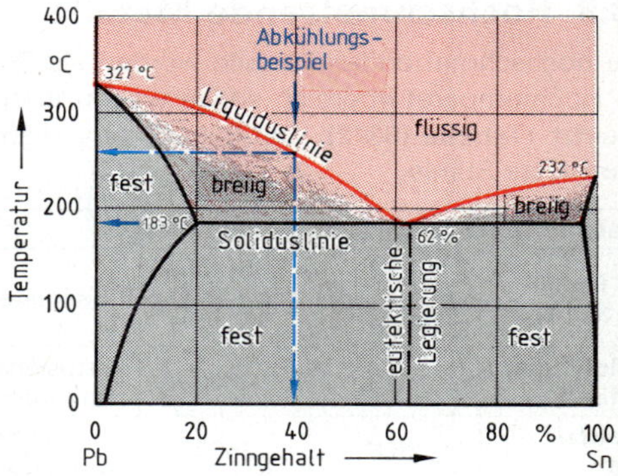

Bild 104/2: Zustandsschaubild von Blei-Zinn-Legierungen

Das Löten mit einem bestimmten Lot muß innerhalb eines Temperaturbereichs durchgeführt werden **(Bild 104/3).** Die untere Temperaturgrenze, die sogenannte **Arbeitstemperatur,** ist die niedrigste Oberflächentemperatur des Bauteils, bei dem das Lot die zu fügenden Werkstoffe benetzt, sich fließend ausbreitet und die Bauteile durch Legieren fest verbindet. Nach oben begrenzt wird die Temperatur beim Löten durch die **maximale Löttemperatur.** Oberhalb dieser Temperatur verbrennt das Lot und die Verbindung ist mangelhaft. Arbeitstemperatur und maximale Löttemperatur werden von den Lot-Herstellern angegeben.

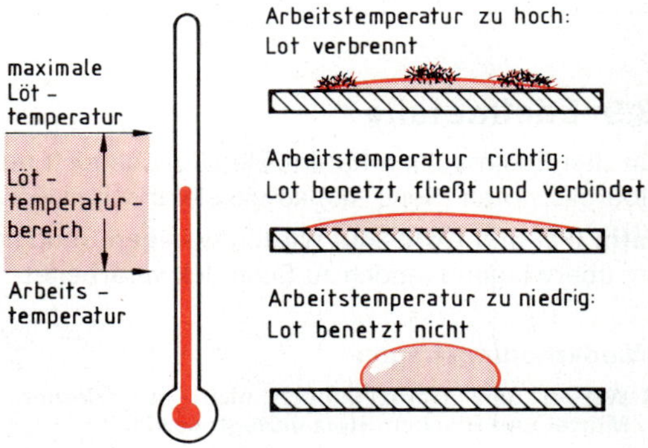

Bild 104/3: Verhalten des flüssigen Lots

Der **Lötvorgang** erfolgt in vier Phasen **(Bild 105/1)**:

- Schaffen einer metallisch blanken Fügefläche durch Aufstreichen von Flußmittel ①
- Erwärmen der Fügestelle und Aufbringen des flüssigen Lots ②
- Benetzen und Fließen des Lots, Füllen des Lötspalts durch das flüssige Lot ③
- Legieren des Lotwerkstoffs und Erstarren der Lötnaht ④

Abschließend werden die Flußmittelreste entfernt.

Voraussetzung für das **Benetzen** der Metalloberfläche durch das flüssige Lot ist eine saubere, metallisch blanke Metalloberfläche der Fügeteile. Sie sind jedoch meistens verschmutzt und mit einer Oxidschicht bedeckt, die fest mit dem Metall verwachsen ist **(Bild 105/2).** Sie muß vor dem Aufbringen des flüssigen Lots entfernt werden. Dies ist die Aufgabe des **Flußmittels.** Es wird vor dem Löten als dünne Schicht auf die Lötstellen aufgestrichen und löst den Schmutz sowie die Oxidschicht. Das flüssige Lot kann die dann blanke Metalloberfläche benetzen und breitet sich fließend aus. Dabei unterkriecht es die Flußmittelschicht, die durch die Temperatur des flüssigen Lots verdampft.

Vor dem Löten werden die zu fügenden Teile in der späteren Festlage behelfsmäßig fixiert. Zwischen den Fügeteilen ist ein Spalt. Er ist durch das vorherige Einstreichen der beiden Teile mit Flußmittel gefüllt **(Bild 105/3).** Hat der Spalt die richtige Breite (0,05 bis 0,2 mm), so wird das flüssige Lot in den Spalt hineingezogen, da es sich auf beiden Flächen ausbreiten will. Diese sogenannte **Kapillarwirkung** läßt das Lot auch in tiefe Spalten eindringen oder sogar in senkrechten Spalten hochsteigen.

Beim Kontakt des flüssigen, heißen Lots mit dem Werkstoff der Fügeteile lösen sich Stoffteilchen des festen Werkstoffs im Lot **(Bild 105/4).** Ebenso dringen Atome des flüssigen Lot-Werkstoffs in die Kristalle des angrenzenden Werkstoffs der Fügeteile ein. Dieser Vorgang wird Diffusion genannt. Das gegenseitige Durchdringen von Lot-Werkstoff und Fügeteil-Werkstoff führt zur Bildung einer Legierung, die ausgehend von den Fügeteil-Oberflächen im Laufe der Lötzeit den gesamten Lötspalt umfaßt.

Die erstarrte Lötnaht besteht nicht aus reinem Lot-Werkstoff, sondern aus einer Legierung aus Lot-Werkstoff und Fügeteil-Werkstoff. Sie bildet eine stoffschlüssige, feste Verbindung der beiden Fügeteile über die Lötnaht.

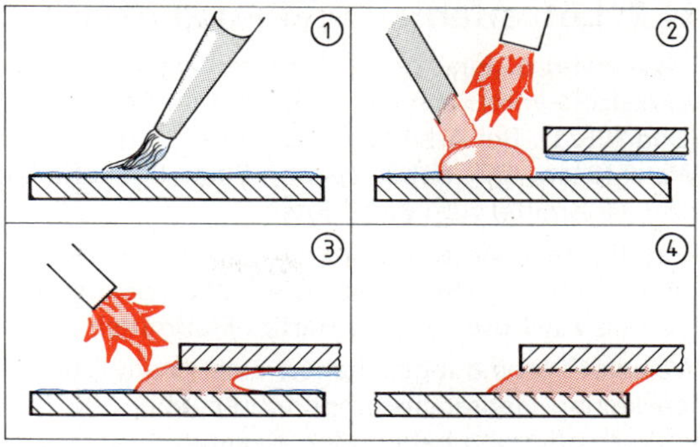

Bild 105/1: Arbeitsgänge beim Löten

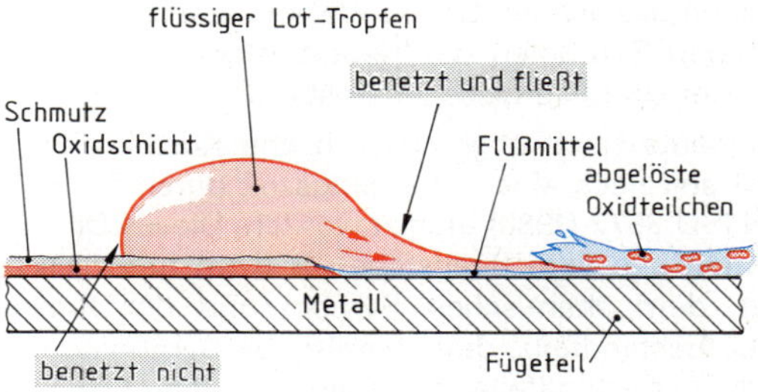

Bild 105/2: Wirkung des Flußmittels

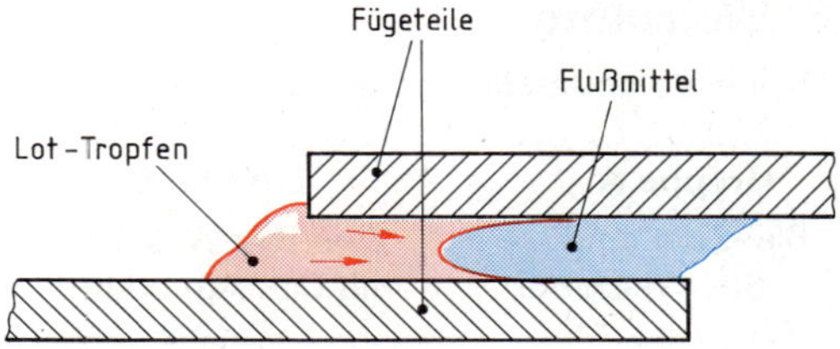

Bild 105/3: Kapillarwirkung

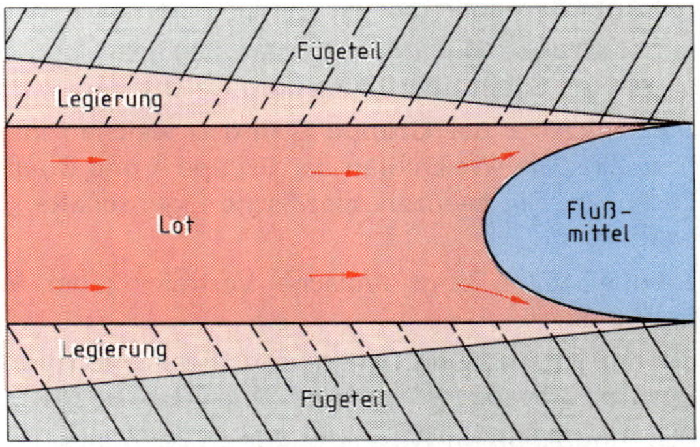

Bild 105/4: Legierungsbildung im Lötspalt

14.2 Lötverfahren und Kurzbezeichnung der Lotwerkstoffe

Lötverfahren. Eine grobe Unterteilung der Lötverfahren und der Lotwerkstoffe wird nach der Arbeitstemperatur beim Löten vorgenommen **(Bild 106/1)**. Bei Arbeitstemperaturen unterhalb 450 °C spricht man von **Weichlöten.** Die dabei verwendeten Lötstoffe nennt man **Weichlote** bzw. Flußmittel zum Weichlöten.

Benötigt man Arbeitstemperaturen beim Löten oberhalb von 450 °C, so nennt man es **Hartlöten.** Die dabei benützten Lötstoffe bezeichnet man als **Hartlote** bzw. als Hartlot-Flußmittel.

Weichlot-Verbindungen haben eine relativ geringe Festigkeit und dürfen keinen Gebrauchstemperaturen über 100 °C ausgesetzt sein. Hartlot-Verbindungen haben eine wesentlich höhere Festigkeit und können, je nach Hartlot, bis zu Temperaturen von 500 °C belastet werden.

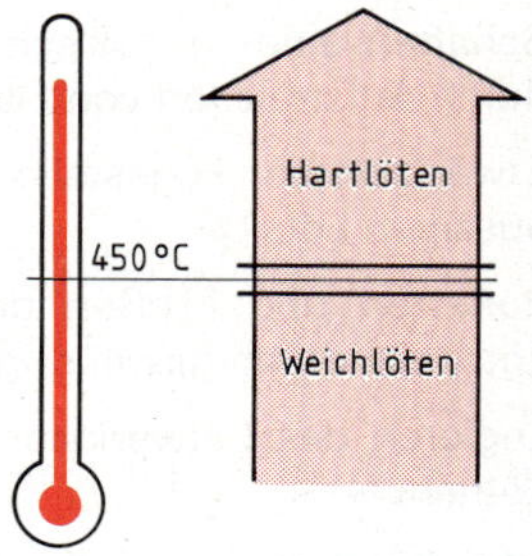

Bild 106/1: Lötverfahren

Kurzbezeichnung der Lotwerkstoffe

Lotwerkstoffe werden nach DIN 8513 mit einem Werkstoff-Kurzzeichen bezeichnet. Es besteht aus dem Buchstaben **L,** den chemischen Symbolen der Hauptbestandteile sowie Prozentangaben der charakteristischen Bestandteile.

Die heute noch allgemein übliche Kurzbezeichnung nach DIN 8613 soll nach einer Übergangszeit durch ein Kurzzeichen nach DIN ISO 3677 (1980) ersetzt werden. Dieses DIN ISO-Kurzzeichen besteht aus dem Buchstaben **B** (vom französischen Brasure = Lot), dem chemischen Symbol und der Prozentangabe des Hauptbestandteils, den chemischen Symbolen der weiteren Legierungsbestandteile mit mehr als 2 % Gewichtsanteil sowie der Solidus- und Liquidustemperatur in °C.

Außerdem hat jeder Lotwerkstoff eine Werkstoffnummer.

Beispiel für die Kurzbezeichnung eines Lotwerkstoffes:
Blei-Zinn-Lot mit 20 % Zinn und 0,2 bis 1,2 % Antimon,
Solidustemperatur 186 °C
Liquidustemperatur 270 °C

Kurzzeichen nach DIN 8513
L – Pb Sn 20 Sb

Kurzzeichen nach DIN ISO 3677
B Pb 80 Sn 186-270

Werkstoffnummer nach
DIN 17 007: **2.3420**

14.3 Weichlote

Die Weichlote unterteilt man in vier Gruppen: **A, B, C** und **D.**

Gruppe A	**Gruppe B**	**Gruppe C**	**Gruppe D**
Blei-Zinn- und Zinn-Blei-Weichlote Ah Aa Af	Zinn-Blei-Weichlote mit Cu-, Ag- oder P-Zusatz	Sonder-Weichlote	Spezial-Weichlote für Al-Werkstoffe

Die **Gruppe A** der Blei-Zinn- und Zinn-Blei-Weichlote unterteilt man dann nochmals in Antimon-haltige (Ah), Antimon-arme (Aa) und Antimon-freie (Af) Weichlote. Die Antimon-haltigen Weichlote sind härter und fester als die Antimon-freien Lote. Die Lote der Gruppe A werden eingesetzt, wenn keine besonderen Anforderungen gestellt werden.

In der **Gruppe B** werden bessere Festigkeit und besseres Fließverhalten der Weichlote durch Zusätze an Kupfer, Silber oder Phosphor erreicht.

Die Weichlote der **Gruppe C und D** weichen in ihrer Zusammensetzung deutlich von den Blei-Zinn- bzw. Zinn-Blei-Weichloten der Gruppe A und B ab. Es sind meist Lote mit den Basismetallen Zinn oder Cadmium. Sie besitzen spezifische Eigenschaften, die von den Loten der Gruppe A und B nicht erfüllt werden.

Tabelle 107/1 zeigt typische Vertreter jeder Weichlot-Gruppe. Weitere Angaben im Tabellenteil Seite 248.

Bei der Verarbeitung Cadmium-haltiger Lote ist auf gute Durchlüftung der Arbeitsräume oder Ausstattung mit Absaugvorrichtungen zu achten, da die beim Löten entstehenden Cadmiumdämpfe giftig sind.

Blei- und Antimon-Weichlote dürfen nach dem FVGW-Arbeitsblatt GW2 (Ausgabe 83) in der Trinkwasserinstallation nicht mehr verwendet werden (siehe Tabellenteil Seite 249).

Tabelle 107/1: Weichlote (Typische Vertreter)					
Lotwerkstoffgruppe		**Lotwerkstoff-Beispiele**		**Löttemperatur bereich °C**	**Verwendung**
		Kurzzeichen	**Zusammensetzung**		
Gruppe A Blei-Zinn- und Zinn-Blei-Weichlote	**Ah**	L-PbSn20Sb3 (Antimon-haltig)	Basismetall: Pb 20 % Sn, bis 3 % Sb	185...325	Kupferrohr-Installation, Karosseriebau
	Aa	L-PbSn40(Sb) (Antimon-arm)	Basismetall: Pb 40 % Sn, bis 0,5 % Sb	185...325	Klempnerarbeiten, Feinblechlötungen
	Af	L-Sn60Pb (Antimon-frei)	Basismetall: Sn, 40 % Pb	185...325	Kupferrohre (Kaltwasser), Elektrolötungen
Gruppe B Zinn-Blei-Weichlote mit Cu-, Ag- oder P-Zusatz		L-Sn60PbCu2	Basismetall: Sn bis 2 % Cu, Rest Pb	185...350	Elektrogerätebau Elektronikbauteile Feinwerktechnik
		L-Sn63PbAg	Basismetall: Sn 35,6 % Pb; 1,4 % Ag	185...350	
Gruppe C Sonder-Weichlote		L-SnAg5	Basismetall: Sn 3 bis 5 % Ag	230...395	Kupferrohre (Kalt- und Warmwasser), Kältetechnik
Gruppe D Spezial-Weichlote für Al-Werkstoffe		L-CdZn20	Basismetall: Cd bis 20 % Zn	280...350	Al-Bauteile: Kühler, Kabel, Bleche, Anschlüsse

14.4 Flußmittel für Weichlote

Die Flußmittel werden mit einer Kurzbezeichnung benannt, die aus Buchstaben und Ziffern besteht. Es gelten folgende Kürzel: **F** Flußmittel, **S** Schwermetall, **L** Leichtmetall, **W** Weichlot, **H** Hartlot. Ziffern geben die Korrosionswirkung des Flußmittels an, wobei eine kleine Ziffer (ab 11) starke Korrosion und eine große Ziffer (bis 32) keine Korrosion bedeutet.

Man unterscheidet drei Weichlot-Flußmitteltypen zum Löten von Schwermetallen:

F-SW 11 und **F-SW 12** sind stark korrodierend. Sie bestehen aus Zinkchlorid und Ammoniumchlorid. Die Rückstände müssen sorgfältig entfernt werden.

F-SW 21 bis **F-SW 26** wirken schwach korrodierend. Sie bestehen aus organischen Säuren und Halogenverbindungen. Die Rückstände sollten entfernt werden.

F-SW 31 und **F-SW 32** wirken nicht korrodierend. Sie bestehen aus Kollophonium und die Rückstände brauchen nicht entfernt werden.

Zum Weichlöten von Leichtmetallen dienen die Flußmittel: **F-LW 1, F-LW 2, F-LW 3.**

Eine umfangreiche Zusammenstellung gebräuchlicher Weichlote und Weichlot-Flußmittel findet sich im Tabellenteil Seite 248, 249.

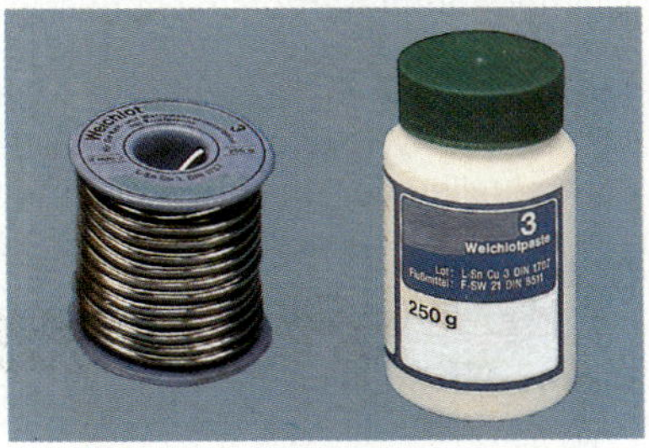

Bild 107/1: Weichlot und Flußmittel

14.5 Verarbeitung der Weichlote

Die Weichlote werden meist in Form von Drähten geliefert, die auf einer Rolle aufgewickelt sind **(Bild 107/1).**

Das fachgerechte Löten erfolgt in mehreren Arbeitsgängen:

- Die Lötflächen mit Lösungsmittel oder Waschlauge von anhaftendem Fett und Schmutz sowie mit Schmirgelleinen von Rost und Zunder reinigen
- Das Flußmittel auf die Lötflächen auftragen
- Die zu fügenden Werkstoffe fixieren. Der Lötspalt sollte 0,05 bis 0,2 mm breit sein.
- Lötstelle mit dem Brenner gleichmäßig auf die Arbeitstemperatur erwärmen.
- Lot am Lötspalt ansetzen und nachführen, bis der Lötspalt vollständig gefüllt ist **(Bild 107/2).**
- Werkstück in fixierter Lage abkühlen lassen.
- Flußmittelreste mit Wasser und Lappen entfernen.

Bild 107/2: Weichlöten

14.6 Hartlote

Hartlote gibt es in großer Vielfalt. Eine Unterteilung ist nach mehreren Gesichtspunkten möglich, so z. B. nach der Zusammensetzung, dem Löttemperaturbereich oder der Verwendung.

Bei einer Unterteilung nach der Verwendung ergeben sich folgende Hartlot-Werkstoffgruppen:

Universal-Hartlote (Cd-frei)				Universal-Hartlote, niedrigschmelzend (Cd-haltig)	Spezial-Hartlote für Cu-Werkstoffe (P-haltig)	Spezial-Hartlote für Hartmetalle	Spezial-Hartlote für Sonderfälle	Hochtemperatur-Hartlote	Spezial-Hartlote für Al-Werkstoffe
Kupferlote	Ms-artige Lote	Bz-artige Lote	Ag-haltige Lote						
Cu	Cu, Zn	Cu, Sn	Cu, Zn, Ag, Sn	Cu, Ag, Zn, Cd	Cu, Ag, P	Ag, Cu, Zn, + Mn, Ni, Co, Si	Ag, Cu, Zn + Ni, Cd, In	Ag, Cu, Zn + Ni, In	Al, Si

In **Tabelle 108/1** sind typische Vertreter jeder Hartlot-Werkstoffgruppe aufgeführt.

Die **Universal-Hartlote** sind für verschiedene zu lötende Grundwerkstoffe einsetzbar. Die Lote sind Kupferbasis-Werkstoffe, die unterschiedliche Mengen an Zink, Zinn oder Silber enthalten. Danach kann man sie in Kupferlote, Messing-artige Hartlote, Bronze-artige Hartlote und Silber-haltige Hartlote (Silber-Hartlote) unterteilen. Ihr Löttemperaturbereich liegt im allgemeinen zwischen 850 bis 1100 °C, bei den Silber-Hartloten zwischen 730 und 1100 °C.

Die **niedrigschmelzenden Universal-Hartlote** enthalten neben Kupfer und Zink einen hohen Silber-Anteil sowie einen Cadmium-Zusatz (bis rund 20 %). Die Silber- und Cadmium-Anteile setzen den Schmelzbereich dieser Lote deutlich herab. Sie haben einen Löttemperaturbereich von 610 bis 800 °C. Er liegt damit unterhalb der Solidustemperatur der normalen, nicht silberhaltigen Hartlote (800 bis 1083 °C). Die niedrigschmelzenden Hartlote werden deshalb z. B. für Zweitlötungen eingesetzt, da die Erstlöt-Stelle eines normalen Hartlots, bei der Löttemperatur des anschließend verarbeiteten niedrigschmelzenden Hartlots nicht flüssig wird.

Mit den Universal-Hartloten können verschiedene Werkstoffe gelötet werden: Stähle, zum Teil Gußeisen, Kupfer-Werkstoffe und Nickel-Werkstoffe. Zum Löten einiger einzelner Werkstoffe, wie z. B. der Hartmetalle oder der Al-Werkstoffe gibt es Spezial-Hartlote mit besonderen Eigenschaften.

Tabelle 108/1: Hartlote (Typische Vertreter)

Lotwerkstoffgruppe		Lotwerkstoff-Beispiele Kurzzeichen	Zusammensetzung	Löttemperatur Bereich °C	Verwendung
Universal-Hartlote (Cd-frei)	**Kupferlote**	L-SF Cu	Cu, bis 0,04 P	1100	Schutzgaslötungen an Stahl-Massenbauteilen
	Messingartige Lote	L-CuZn40	40 % Zn, 0,5 % Sn, bis 0,3 % Mn, Rest Cu	900...1100	Verzinkte Stahlrohre, Stahlmöbel
	Bronzeartige Lote	L-CuSn6	94 % Cu, 6 % Sn, bis 0,4 % P	1040...1100	Stähle und Ni-Werkstoffe
	Silberhaltige Lote	L-Ag44	44 % Ag, 30 % Cu, 26 % Zn	730...1100	Elektrotechnik Stähle, Kupfer-Werkstoffe
Niedrigschmelzende Universal-Hartlote (Cd-haltig)		L-Ag40Cd	40 % Ag, 19 % Cu, 21 % Zn, 20 % Cd	610... 800	Gas- und Wasserinstallation Elektrotechnik
Spezial- Hartlote für Cu-Werkstoffe (P-haltig)		L-Ag15P	15 % Ag, 80 % Cu, 5 % P	710... 800	Kupferrohr-Installation
Spezial-Hartlote für Hartmetalle		L-Ag49	49 % Ag, 16 % Cu, 24 % Zn, 7 % Mn, 4 % Ni	690...1020	Hartmetallwerkzeuge
Spezial-Hartlote für Sonderfälle		L-Ag56InNi	56 % Ag, 26 % Cu, 14 % In, 4 % Ni	730... 960	Edelstahl-Lötungen Vakuumtechnik
Hochtemperatur-Hartlote (Ni-haltig)		L-Ni5	79 % Ni, 19 % Cr, 10 % Si	1100...1400	Hochlegierte Stahlbauteile
Spezial-Hartlote für Al-Werkstoffe		L-AlSi12	88 % Al, 12 % Si	560... 600	Bauteile aus Al-Werkstoffen

Die **phosphorhaltigen Hartlote für Kupferwerkstoffe** besitzen Phosphorgehalte bis 7 %. Mit diesen Hartloten können Kupfer-Werkstoffe ohne Flußmittel gelötet werden, da die Lote einen „Selbstfließeffekt" zeigen. Er kommt dadurch zustande, daß der im Lot enthaltene Phosphor an der Oberfläche der Lötstelle mit dem Kupfer reagiert und dort eine flußmittelartige Verbindung bildet. Sie bewirkt das Benetzen und Fließen des Lots auf den Kupfer-Werkstoffen. Der Vorteil dieser Lote liegt darin, daß nach dem Löten an der Lötstelle keine Flußmittelreste vorhanden sind, die korrodierend wirken können.

Die **Hartmetall-Spezialllote** dienen dem Auflöten von Hartmetall-Schneidplatten auf den Werkzeugträger. Diese Hartlote bestehen aus Silber, Kupfer und Zink sowie einem Mangananteil und zum Teil Kobalt- und Nickelgehalten (siehe Tabelle 108/1). Die Legierungselemente bewirken durch eine verstärkte Reaktion mit den Grundwerkstoffen eine verbesserte Benetzung und Verklammerung. Außerdem erhöhen sie die Festigkeit des Lotwerkstoffes. Die Hartmetall-Spezialllote müssen fast immer mit Flußmittel verarbeitet werden.

In der Gruppe der **Spezial-Hartlote für Sonderfälle** sind verschiedenartige Lote zusammengefaßt, die den Lötverbindungen spezielle Eigenschaften geben. Diese Lote werden z. B. zum Löten von Bauteilen aus hochlegierten Stählen (Edelstahl) oder zum Löten von Molybdän- oder Wolfram-Werkstoffen verwendet. Sie werden mit Flußmittel verarbeitet.

Die **Hochtemperatur-Hartlote** bestehen entweder aus einer Nickellegierung oder aus Edelmetallegierungen. Ihre Verarbeitung erfolgt meist im Schutzgas- oder Vakuumofen. Wegen ihres hohen Preises ist ihre Anwendung auf Sonderfälle beschränkt.

Aluminium-Hartlote sind Al-Legierungen mit gutem Fließverhalten, wie z. B. die eutektische Al-Si-Legierung L-AlSi 12. Die Verarbeitung erfolgt mit Flußmittel und erfordert viel Erfahrung. Die Lötstelle ist korrosionsbeständig.

14.7 Flußmittel für Hartlote

Die Flußmittel für Hartlote werden nach ihrer Wirktemperatur sowie der Arbeitstemperatur des verwendeten Hartlots unterteilt:

F-SH 1 sind z. B. Flußmittel mit Wirktemperaturen von 500 bis 800 °C, die zum Hartlöten von Hartloten mit Arbeitstemperaturen von 600 bis 800 °C geeignet sind.

F-SH 2: Wirktemperaturen 750 bis 1100 °C, Hartlot-Arbeitstemperaturen 750 bis 1000 °C, usw.

Eine umfangreiche Zusammenstellung gebräuchlicher Hartlote und Hartlot-Flußmittel enthält der Tabellenteil, Seite 247 und 248.

Die **Verarbeitung der Hartlote** erfolgt ähnlich wie beim Weichlöten (Seite 107). Die höheren Arbeitstemperaturen sind einzuhalten. Hartlote sind in Form von blanken Drähten oder flußmittelummantelten Drähten im Handel **(Bild 109/1)**. Bei letzteren entfällt das Einstreichen der Lötstelle mit Flußmittel.

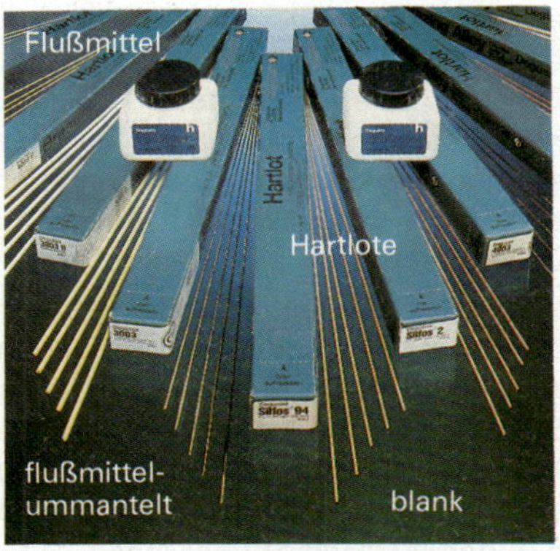

Bild 109/1: Hartlote und Hartlot-Flußmittel

Wiederholungsfragen

1 **Wie unterscheidet sich das Schmelzverhalten eines reinen Metalls und einer Legierung?**
2 **Was ist eine eutektische Legierung?**
3. **Welche Aufgabe hat das Flußmittel?**
4 **Wie kommt die Kapillarwirkung zustande?**
5 **Wie entsteht die feste Verklammerung von Fügeteil und Lotwerkstoff?**
6 **Wodurch unterscheidet sich das Weichlöten vom Hartlöten?**
7 **Welche Kurzbezeichnungen gibt es für die Lotwerkstoffe? Nennen Sie Beispiele!**
8 **Was sagt die Kurzbezeichnung L-Sn 60 Pb?**
9 **Wie wird eine Lötung durchgeführt?**
10 **Was sind Universal-Hartlote?**

15 Korrosion und Korrosionsschutz

Bauteile müssen nicht nur den mechanischen Belastungen standhalten, sie haben auch den im Laufe ihrer Nutzung zu erwartenden Umwelteinflüssen und Korrosionsbeanspruchungen zu widerstehen. Die Wirkung der Umwelteinflüsse kann man an einer blanken Stahlschraube beobachten, die im Freien eingesetzt ist: die metallisch blanke Oberfläche wird im Laufe weniger Stunden stumpf, dann bilden sich in einigen Tagen rotbraune Rostflecken und nach wenigen Wochen ist die ganze Oberfläche mit einer zusammenhängenden Rostschicht bedeckt. Diesen Vorgang nennt man Korrosion. Er kann bis zur völligen Zerstörung des Bauteils fortschreiten **(Bild 110/1)**.

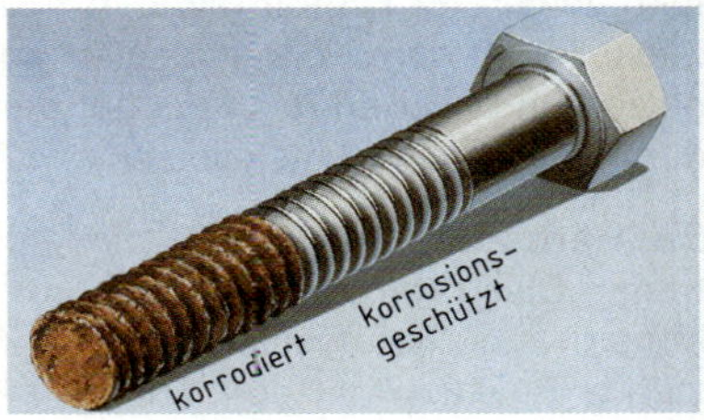

Bild 110/1: Zerstörung durch Korrosion

Unter Korrosion versteht man die von der Oberfläche ausgehende Zerstörung metallischer Werkstoffe durch chemische und elektrochemische Reaktionen.

Die beiden, der Korrosion zugrunde liegenden Ursachen, sind chemische Reaktionen und elektrolytische Vorgänge. Man spricht von chemischer Korrosion oder elektrochemischer Korrosion.

15.1 Chemische Korrosion

Unter chemischer Korrosion versteht man die Oberflächen-Reaktion von Metallbauteilen mit einem umgebenden Stoff, ohne den Einfluß von Wasser und Feuchtigkeit.

Die chemische Korrosion beruht auf dem Bestreben der Metalle mit Stoffen der Umgebung zu reagieren.

Zum Verständis erinnert man sich an die Vorgänge bei der Metallherstellung **(Bild 110/2)**. Die metallischen Werkstoffe werden bei der Verhüttung durch Reduktion aus Metallverbindungen (Erzen) gewonnen. Das entstandene Metall befindet sich in einem chemisch instabilen Zustand. Ist ein geeigneter Reaktionspartner und geeignete Reaktionsbedingungen vorhanden, dann läuft dieser Vorgang umgekehrt ab. Das Metall reagiert mit Sauerstoff der umgebenden Luft (chemisch eine Oxidation) und bildet wieder ein Metalloxid.

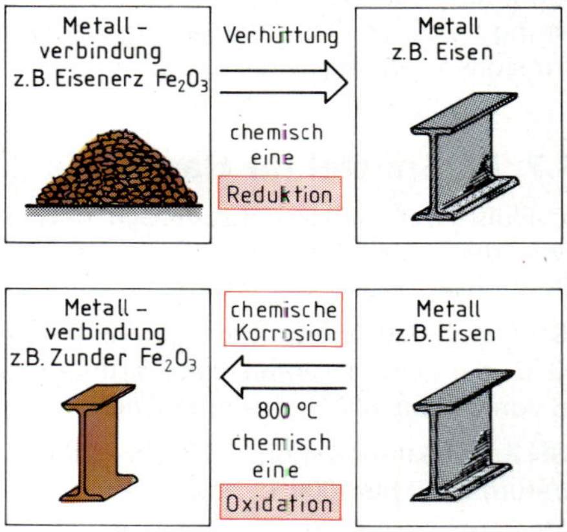

Bild 110/2: Chemische Vorgänge

Bei Stahl, Aluminium und Kupfer kommt es mit reiner, trockener Luft bei üblichen Umgebungstemperaturen nur zu sehr langsam verlaufenden chemischen Reaktionen. Stahl läuft an und bekommt im Laufe der Zeit eine dunkelgraue Oberfläche aus Fe_2O_3. Aluminium bildet eine sehr dünne aber stabile Al_2O_3-Schicht, die so dünn ist, daß der Metallglanz über lange Zeit durchscheint. Kupfer läuft ebenfalls an und bildet erst im Laufe von Jahren eine dunkelbraun aussehende Cu_2O-Schicht.

Erst bei Temperaturen über 600 °C wird Stahl von trockener Luft rasch korrodiert **(Bild 110/3)**. Die Oberfläche wird durch Zunderbildung zerstört: $4\,Fe + 3\,O_2 \rightarrow 2\,Fe_2O_3$.

Auch Aluminium und Kupfer zeigen rasche chemische Korrosion erst bei hohen Temperaturen.

Chemische Korrosion tritt beim Schmieden, beim Glühen oder Härten sowie beim Schweißen als Abbrand (Zunder) in Erscheinung.

Im Vergleich zu den Gesamtschäden durch Korrosion ist die chemische Korrosion von relativ geringer Bedeutung.

Bild 110/3: Verzundertes Schmiedestück (chemische Korrosion)

15.2 Elektrochemische Korrosion

Der überwiegende Teil der in der Praxis auftretenden Korrosion wird durch elektrochemische Vorgänge verursacht. Sie führen z. B. bei allgemeinem Baustahl zum Rosten der Bauteile im Freien.

Bei der elektrochemischen Korrosion laufen die zur Korrosion führenden Vorgänge an der Metalloberfläche in einer elektrisch leitenden Flüssigkeitsschicht, dem **Elektrolyt,** ab.

Voraussetzung für elektrochemische Korrosion ist deshalb das Vorhandensein einer elektrisch leitenden Flüssigkeit, in der Regel Wasser. Es ist bei feuchter Witterung im Freien auf allen Metallbauteilen in Form eines dünnen Feuchtigkeitsfilms praktisch überall vorhanden.

Es gibt mehrere Wirkungsmechanismen bei der elektrochemischen Korrosion. Die wichtigsten sind die Sauerstoffkorrosion und die Korrosion an Korrosionselementen.

Sauerstoffkorrosion

Diese Korrosionsart wirkt z. B. auf den Außenflächen nasser oder feuchter Stahlbauteile. Die dabei ablaufenden Vorgänge kann man an einem kleinen Werkstoffbereich, auf dem ein Wassertropfen haftet, verdeutlichen **(Bild 111/1).**

In der Tropfenmitte geht Eisen als Fe^{2+}-Ionen in Lösung (Lokalanode) und reagiert weiter zu Fe^{3+}.

$$Fe \rightarrow Fe^{2+} + 2e^- \rightarrow Fe^{3+} + 3e^-$$

Die frei werdenden Elektronen fließen zum Tropfenrand und bewirken einen Zerfall des im Wasser gelösten Sauerstoffs in OH^--Ionen (Lokalkatode).

$$O_2 + 2\,H_2O + 4e^- \rightarrow 4\,OH^-$$

Die gebildeten Fe^{3+}-Ionen und OH^--Ionen verbinden sich im Wasser $Fe^{3+} + 3\,OH^- \rightarrow Fe(OH)_3$ und reagieren weiter zu **Rost FeOOH.**

$$Fe(OH)_3 \rightarrow FeOOH + H_2O$$

Er scheidet sich als kleiner Rostring ab.

Dieser Vorgang findet auf einem korrodierenden Stahlbauteil an unzähligen Stellen statt. Die örtlich begrenzte Rostbildung kann man zu Beginn der Korrosion auf frischen Stahlbauteilen beobachten. Sie ist an dem zuerst fleckenförmigen Auftreten von Roststellen zu erkennen **(Bild 111/2).** Im weiteren Verlauf der Korrosion vergrößern sich die Flecken und wachsen dann zu einer geschlossenen Korrosionsschicht zusammen. Die gebildete Rostschicht ist porös (Bild 177/1) und blättert ab, so daß der Korrosionsvorgang unter der losen Rostschicht weiter fortschreitet.

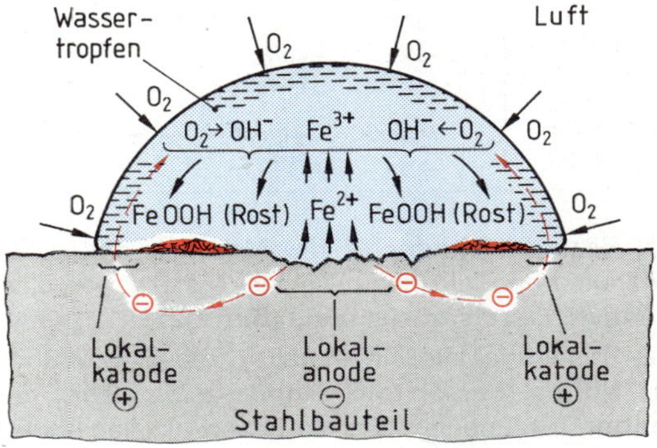

Bild 111/1: Elektrochemische Vorgänge bei der Sauerstoffkorrosion

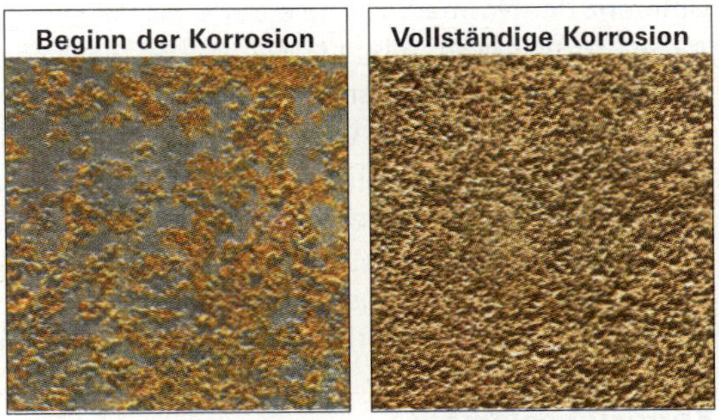

Bild 111/2: Sauerstoffkorrosion auf einem Stahlbauteil

Korrosion an Korrosionselementen

Ursache dieser Korrosionsart sind elektrochemische Vorgänge, wie sie in einem galvanischen Element ablaufen **(Bild 111/3).**

Die Anordnung **galvanisches Element** besteht aus zwei verschiedenen Metallstücken (Elektroden), die elektrisch leitend miteinander verbunden sind und in eine elektrisch leitende Flüssigkeit, den **Elektrolyt,** tauchen. Liegt solch eine Anordnung vor, so löst sich das unedlere der beiden Metalle langsam an der Oberfläche auf. Zwischen den Elektroden herrscht eine kleine Spannung und es fließt ein kleiner Strom.

Bei dem in Bild 111/3 gezeigten galvanischen Element mit einer Zink- und einer Eisen-Elektrode, lösen sich Zink-Ionen aus der

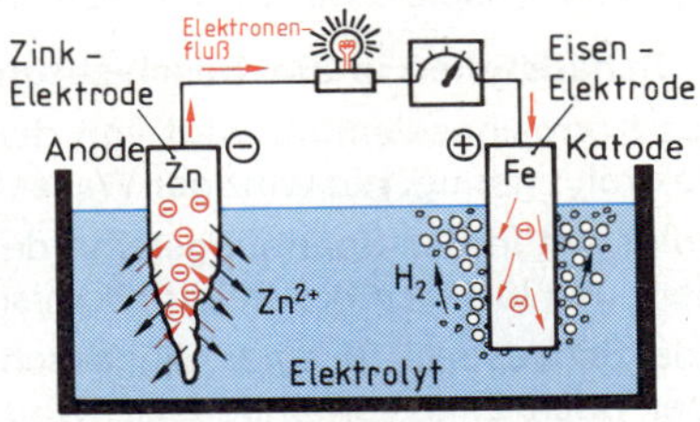

Bild 111/3: Galvanisches Element

Elektrode und liegen im Elektrolyt als Zn^{2+}-Ionen vor. Zwischen den Elektroden herrscht eine Spannung von 0,35 V. An der anderen Elektrode, hier das Eisen, zersetzen sich Wasserbestandteile (H_3O^+) in Wasserstoff H_2 und perlen als Gas an der Elektrode hoch.

Der Elektrodenwerkstoff, der sich auflöst, ist der unedlere der beiden Werkstoffe.

Durch Versuche wurde ermittelt, welcher Werkstoff bei einer Werkstoffpaarung der edlere bzw. der unedlere ist. Das Ergebnis ist die **elektrochemische Spannungsreihe der Metalle (Tabelle 112/1).**

Tabelle 112/1: Elektrochemische Spannungsreihe der Metalle

Metalle	K Na Mg Ti Al Mn Zn Cr Fe Cd Co Ni Sn Pb H Cu Ag Hg Pt Au
Gebildete Ionen	K^+ Na^+ Mg^{2+} Ti^{2+} Al^{3+} Mn^{2+} Zn^{2+} Cr^{3+} Fe^{2+} Cd^{2+} Co^{2+} Ni^{2+} Sn^{2+} Pb^{3+} H^+ Cu^{2+} Ag^+ Hg^{2+} Pt^{2+} Au^{3+}
Normal-Potential in Volt	−3V −2,5V −2V −1,5V −1V −0,5V 0 +0,5V +1V +1,5V
Elektrochemischer Charakter	unedel ← zunehmend unedel — 0 — zunehmend edel → edel

Als Bezugselektrode für die Messung des elektrochemischen Charakters (edel/unedel) eines Metalls verwendet man eine Normal-Wasserstoffelektrode **(Bild 112/1).**

Die Spannung, die ein Metall in dieser Meßanordnung gegen die Normal-Wasserstoffelektrode zeigt, nennt man **Normalpotential.** Die unedlen Metalle haben ein negatives Normalpotential, die edlen Metalle ein positives Normalpotential (Tabelle 112/1). Die Normal-Wasserstoffelektrode (H) ist der Nullpunkt.

Aus der Spannungsreihe läßt sich die Spannung ermitteln, die in einem galvanischen Element herrscht. Dazu bildet man die Differenz der Normalpotentiale der Elektroden.

Beispiel: zwischen den Elektroden im galvanischen Element Zink/Eisen (Bild 111/3) herrscht eine Spannung von

$\Delta U = -0{,}41\,V - (-0{,}76\,V) = +0{,}35\,V.$

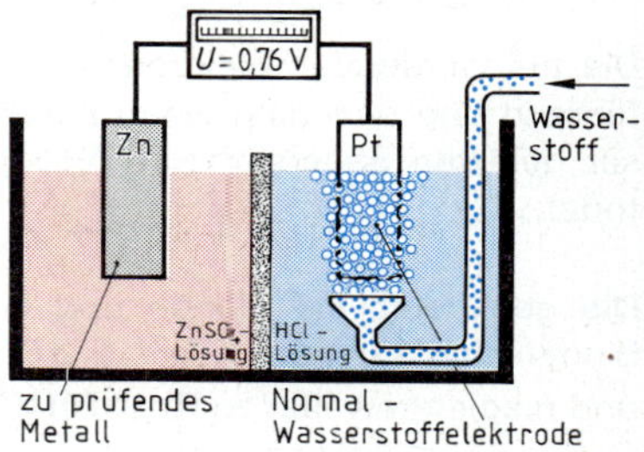

Bild 112/1: Messung des Normal-Potentials

Die unedleren Metalle stehen in der Spannungsreihe links, die edlen Metalle rechts. Bei einer Werkstoffpaarung ist der weiter links stehende der unedlere, der rechts stehende der edlere.

Beispiele: Bei der Werkstoffpaarung Cu/Al in einem galvanischen Element geht Al in Lösung, da es in der Spannungsreihe weiter links steht.
Bei Sn/Fe-Werkstoffpaarung: Fe geht in Lösung.

Korrosionselemente

Die Bedingungen eines galvanischen Elementes herrschen an zahlreichen Stellen an Maschinen und Werkstücken. Man nennt diese Stellen Korrosionselemente. Sie liegen überall dort vor, wo zwei verschiedene Metalle sich berühren und etwas Flüssigkeit vorhanden ist. Dabei genügt als Flüssigkeit bereits der durch Anfassen hinterlassene Handschweiß oder ein dünner Feuchtigkeitsfilm.

Typische Beispiele für Korrosionselemente **(Bild 113/1):**

- **Schadstellen in Zinkbeschichtungen auf Stahlblech**

Das Korrosionselement wird von den Zinkrändern und dem Stahlboden der Schadstelle gebildet. Als Elektrolyt genügt ein winziger Wassertropfen, der die Schadstelle füllt.

Zink steht in der Spannungsreihe der Metalle weiter links als Stahl. Es ist demnach das unedlere Element und löst sich bei elektrochemischer Reaktion auf.

Eine Schadstelle in einer Zinkbeschichtung auf Stahl vergrößert sich langsam fortlaufend. Solange aber noch Zink vorhanden ist, wird das Stahlblech nicht angegriffen. Erst wenn die ganze Zinkbeschichtung zerstört ist, beginnt die Korrosion des Stahlblechs.

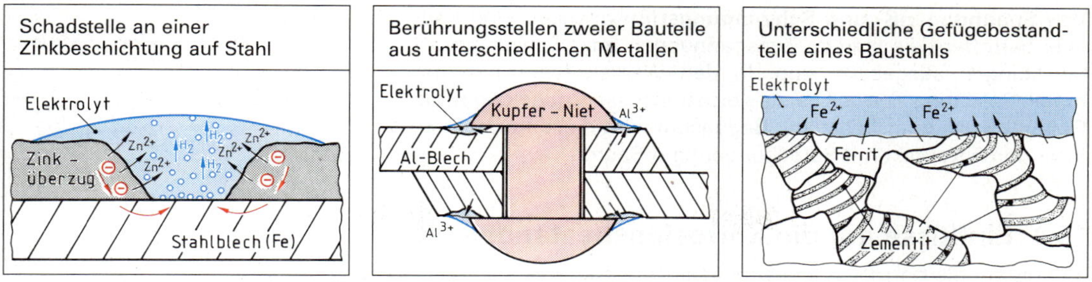

Bild 113/1: Korrosionselemente (elektrochemische Korrosion)

- **Kontaktstellen zwischen Bauteilen aus unterschiedlichem Werkstoff**

Beispiel: die Verbindungsstelle zweier Aluminiumbleche mit einem Kupferniet (Bild 113/1, Mitte).

Das Korrosionselement besteht an der Berührungsstelle von Kupfer und Aluminium, wenn ein wenig Wasser hinzukommt. Aluminium ist das unedlere Element und löst sich auf. Dies führt zu Anfressungen und Abtrag am Aluminiumblech.

- **Die Oberfläche eines Metallbauteils mit unterschiedlichen Gefügebestandteilen (Bild 113/1, rechts)**

Korrosionselemente bestehen hier zwischen den verschiedenen Gefügebestandteilen, wobei das Ferrit (Fe) unedler ist als das Zementit (Fe_3C). Bei Vorhandensein eines Feuchtigkeitsfilms (Elektrolyt) auf der Oberfläche des Stahlbauteils erfolgt elektrochemische Korrosion. Die unedleren Ferritkörner lösen sich auf und bilden mit der Luft und dem Wasser Rost FeOOH.

15.3 Erscheinungsformen der Korrosion

Die Korrosion kann je nach Werkstoff und der Art des angreifenden Stoffes unterschiedliche Erscheinungsformen zeigen (siehe rechte Bildleiste).

Die **gleichmäßige Flächenkorrosion** ist durch einen Korrosionsangriff gekennzeichnet, der einen annähernd gleichmäßigen Flächenabtrag bewirkt. Er schreitet mit gleicher Geschwindigkeit voran. Dadurch ist er vorausberechenbar und relativ ungefährlich.

Bei der **Mulden- und Lochfraß-Korrosion** wird der Werkstoff bevorzugt an bestimmten Stellen angegriffen. Dort bilden sich Mulden und zum Teil auch tiefe Löcher. Diese Korrosionsart tritt vor allem bei Kontakt von Baustahl mit salzhaltigem Wasser (Chloriden) auf. Sie ist sehr gefährlich.

Zur **Kontaktkorrosion** kommt es an Stellen, wo sich zwei Bauteile aus unterschiedlichen Werkstoffen berühren. Das dort wirksame Korrosionselement führt zur örtlichen Auflösung des unedleren Metalles. Diese Korrosionsform ist sehr gefährlich, da sie bevorzugt an Verbindungsstellen wirksam ist.

Spalt- und Belüftungskorrosion tritt auf, wo in der Elektrolyt-Flüssigkeit unterschiedliche Sauerstoffkonzentrationen herrschen. Dies ist z. B. in engen Spalten zwischen zwei Blechen aus demselben Werkstoff oder dicht unterhalb der Flüssigkeitsoberfläche an der Kesselwand der Fall.

Bei der **kristallinen Korrosion** verläuft die Korrosion entlang haarfeiner Risse in den Werkstoff hinein. Sie kann bevorzugt entlang der Korngrenzen verlaufen (interkristallin) oder durch die Kristalle hindurch fortschreiten (transkristallin). Sie ist gefährlich, da sie äußerlich nicht erkennbar ist.

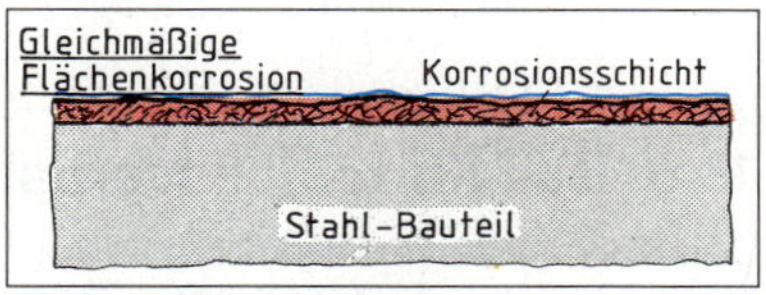

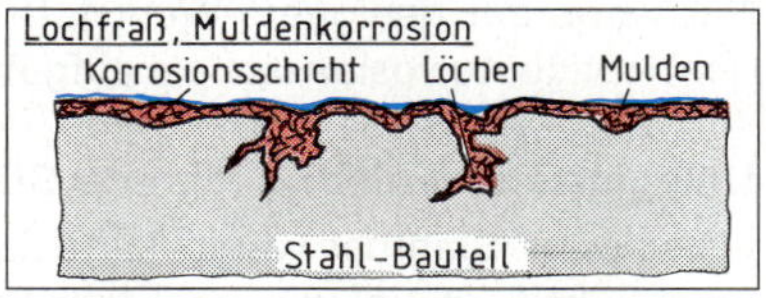

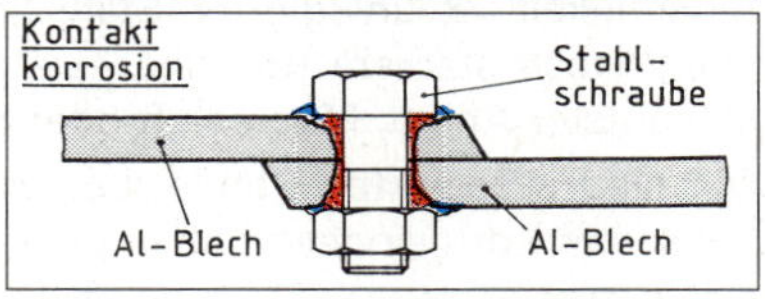

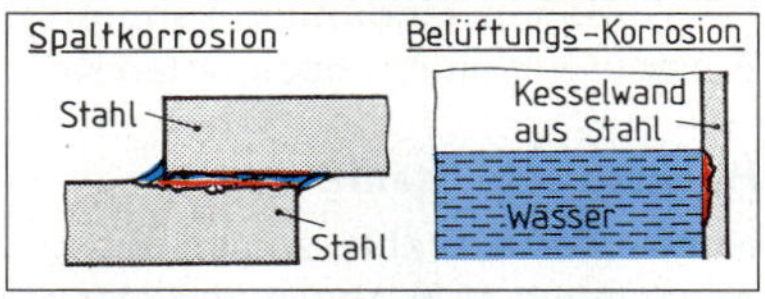

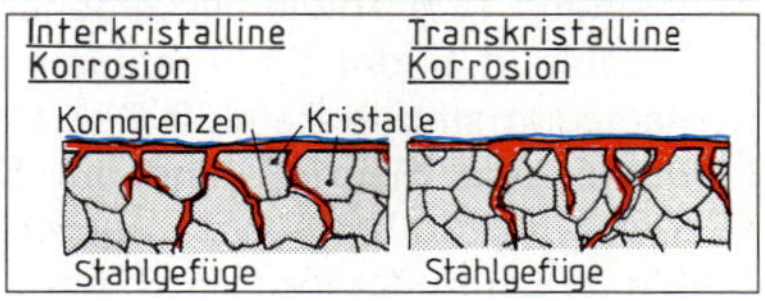

Von **Spannungsriß- und Schwingungsriß-Korrosion** sind Bauteile betroffen, die starken Zugspannungen oder Schwingungsbelastungen ausgesetzt sind. In den Werkstoffbereichen mit hoher Belastung kommt es zu Korrosionsrissen quer durch die Gefügekörner (transkristallin). Begünstigt wird diese Korrosionsform durch Kontakt mit Salzlösungen und Säuren.

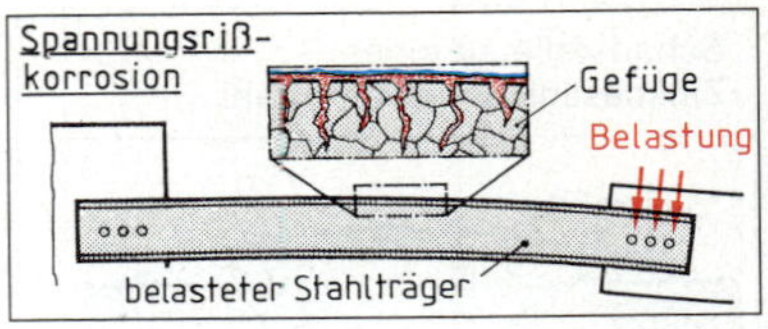

15.4 Einflüsse auf die Korrosionsbeständigkeit

Einfluß auf die Korrosion eines Bauteils haben eine Reihe von Faktoren:

- **Die Zusammensetzung und das Reaktionsverhalten des Werkstoffs**

Es ist dafür entscheidend, ob der Werkstoff mit dem umgebenden Stoff eine chemische oder elektrochemische Reaktion eingeht, d. h. ob Korrosion eintritt.

- **Die entstehende Korrosionsschicht**

Sie kann, wie bei dem unedlen Metall Aluminium, dünn, aber undurchlässig für Luft und Feuchtigkeit sein **(Bild 114/1)**. Dadurch verhindert sie ein weiteres Korrodieren des darunter liegenden Metalls.

Bei anderen Metallen, wie z. B. bei Stahl, ist die Korrosionsschicht (Rost) porös und blättert ab. Dadurch wird die Metalloberfläche immer wieder freigelegt und die umgebenden Stoffe können das Metall unter der Rostschicht weiter angreifen.

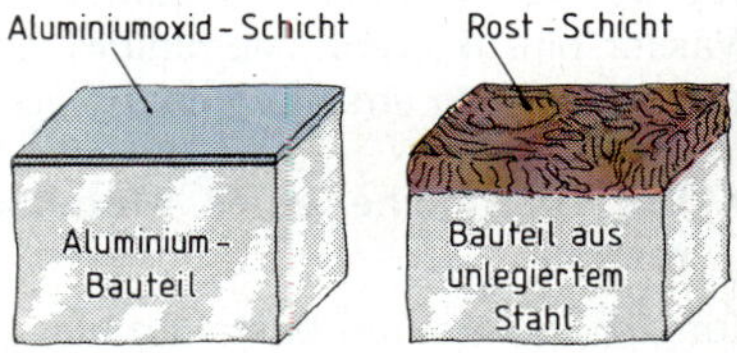

Bild 114/1: Verschiedenartige Korrosionsschichten

- **Der umgebende Stoff, das Wirkmedium**

Reine, trockene Luft ist am günstigsten. Stark korrodierend wirken feuchte Luft oder Wasser, wenn sie mit Säureionen verunreinigt sind. Extrem korrosiv wirken Säuren, Laugen und Salzlösungen.

- **Korrosionsgerechte Konstruktion**

Sie kann z. B. verhindern, daß sich an Stellen im Bauteil stehendes Wasser bildet oder daß es zur Korrosionselementbildung zwischen zwei Teilen eines Bauwerks kommt (Seite 116).

15.5 Das Korrosionsverhalten der Werkstoffe

Das Korrosionsverhalten der Werkstoffe ist für den Metallbau-Fachmann von überragender Bedeutung. Nur wenn der geeignete Werkstoff für einen bestimmten Anwendungsfall ausgewählt wird bzw. wenn der richtige Korrosionsschutz aufgebracht wird, hat das Bauteil eine lange Lebensdauer.

Unlegierte und niedrig legierte Stähle

Unlegierter Stahl ist wenig korrosionsfest. Nur in beheizten Innenräumen mit weniger als 65 % Luftfeuchtigkeit ist unlegierter Stahl korrosionsbeständig. Im Außenbereich korrodiert unlegierter Stahl stark. Noch stärkere Korrosion als an sauberer Atmosphärenluft tritt auf, wenn unlegierter Stahl verschmutzter Abluft, Meeresluft oder Süß- bzw. Meerwasser ausgesetzt ist.

Die niedrig legierten Stähle (Legierungsbestandteile weniger als 5 %) haben nur ein geringfügig verbessertes Korrosionsverhalten gegenüber unlegiertem Stahl.

Für Außenanwendungen kann unlegierter und niedrig legierter Stahl nur eingesetzt werden, wenn die Bauteile mit einem geeigneten Korrosionsschutz versehen werden (Seite 117).

Hochlegierte Stähle

Hochlegierte Stähle zeigen ein deutlich verbessertes Korrosionsverhalten. Durch Chromgehalte von mindestens 12 % sowie Nickelgehalte von mindestens 8 % (z. B. X 5CrNi 18 9) erfolgt eine Passivierung des Stahls, d. h. der Stahl reagiert nicht mit den Luftbestandteilen, er ist passiv. Stähle dieser Zusammensetzung sind in Reinluft-Gebieten im Freien einsetzbar, ohne daß sie korrodieren. Für Gebiete mit Industrie- und Meerluft sind nur Stähle mit zusätzlichem Molybdän- und Titangehalt korrosionsfest (z. B. X 5CrNiMo 18 10). Von aggressiven Stoffen, wie Salzlösungen oder Säuren werden auch diese Stähle im Laufe der Zeit durch interkristalline Korrosion angegriffen.

Aluminium und Aluminiumlegierungen sind im allgemeinen relativ korrosionsbeständig, da Aluminiumwerkstoffe eine korrosionsschützende Oxidschicht bilden. Durch anodische Oxidation (Seite 120) wird die natürliche Oxidschicht verstärkt, wodurch die Korrosionsbeständigkeit verbessert wird.

Gute Korrosionsbeständigkeit haben Rein-Aluminium sowie Aluminiumlegierungen mit Magnesium-, Mangan- und Siliciumgehalten. Diese Aluminiumwerkstoffe sind auch in Industrieluft und Meeratmosphäre im Freien einsetzbar. Wenig korrosionsbeständig sind kupferhaltige Al-Legierungen.

Kupfer ist sehr korrosionsbeständig. Es bildet an der Luft im Laufe von Jahren eine schützende Schicht, die Patina, die zudem durch ihre grüne Farbe sehr dekorativ wirkt. Selbst in aggressiven Atmosphären ist der Korrosionsangriff gering und zudem gleichmäßig (ca. 5 µm pro Jahr). Die Kupfer-Zink-Legierungen (Messing) sowie die Kupfer-Zinn-Legierungen (Bronzen) haben ein ähnlich gutes Korrosionsverhalten wie reines Kupfer. Auch bei ihnen ist der Korrosionsabtrag gering und gleichmäßig. Noch korrosionsbeständiger sind die Kupfer-Nickel-Legierungen (Neusilber).

Zink ist an sich ein unedles Metall. Es bildet aber an der Atmosphäre eine natürliche Schutzschicht aus Zinkkarbonat. Sie bewirkt, daß Zink nur sehr langsam korrodiert. Der Korrosionsabtrag ist gleichmäßig und beträgt je nach Klima 0,25 bis 10 µm pro Jahr. Zink wird deshalb als Schutzüberzug für Stahlbauteile verwendet (Seite 118).

Eine ähnlich gute Korrosionsschutzwirkung haben Beschichtungen aus **Cadmium.**

Zinn hat ebenfalls eine gute Korrosionsschutzwirkung. Sein Korrosionsabtrag in Stadtluft beträgt nur rund 1,5 µm pro Jahr. Da Zinn aber ein weiches Metall ist und ein Schutzüberzug aus Zinn leicht beschädigt wird, verwendet man es meist nur für Innenbeschichtungen, z. B. bei Weißblech.

Blei bildet an der Atmosphäre eine natürliche Schutzschicht aus Bleioxid. Der Korrosionsabtrag beträgt 1 bis 4 µm pro Jahr. Eine Besonderheit ist seine Korrosionsbeständigkeit gegen Schwefelsäure. Es wird deshalb in der Chemieindustrie zur Auskleidung schwefelsäureführender Anlagen verwendet.

Nickel ist ein sehr korrosionsbeständiger Werkstoff. Der Korrosionsabtrag in Industrieluft beträgt nicht über 6 µm pro Jahr. Nickellegierungen, wie z. B. Monelmetall (NiCu 30) und Neusilber (CuNi 25) gehören zu den korrosionsbeständigsten Werkstoffen überhaupt.

Chrom bildet von Natur aus eine harte und dauerhaft blanke Passivschicht. Es wird als letzte Schicht eines Dreifach-Metallüberzugs aus Kupfer-Nickel-Chrom auf Stahl aufgebracht. Chrom wird außerdem in großem Maß als Legierungselement für korrosionsbeständigen Stahl verbraucht.

Weitere Angaben zur Korrosionsbeständigkeit der Werkstoffe enthält der Tabellenteil Seite 250.

15.6 Korrosionsschutz von Stahl-Bauteilen

Stahlbaukonstruktionen sind im wesentlichen der atmosphärischen Korrosionsbeanspruchung ausgesetzt.

Ohne Korrosionsschutz können im Freien nur hochlegierte Stähle mit etwa 18 % Chrom, 10 % Nickel und 1 % Molybdän eingesetzt werden. Sie behalten auch in Indsutrie- und Meeratmosphäre weitgehend ihr stahlblankes Aussehen, was für ihre hauptsächliche Verwendung als Fassadenverkleidung erforderlich ist.

Mit Einschränkungen können auch die wetterfesten Stähle (niedrig legierte chrom-, nickel- und kupferhaltige Stähle) ohne Korrosionsschutz im Freien verwendet werden. Sie korrodieren zwar, die Korrosionsabtragrate ist jedoch gering, so daß die Bauteile über viele Jahre ihre Funktionstüchtigkeit behalten. Ihr korrodiertes Aussehen ist allerdings oft störend.

Die ganz überwiegende Zahl der Stahl-Bauteile, sie bestehen aus unlegierten Stählen, muß mit einem Korrosionsschutz versehen werden. Die wetterfesten Stähle erhalten durch einen zusätzlichen Korrosionsschutz eine besonders lange Lebensdauer.

Als Korrosionsschutzsysteme werden hauptsächlich verwendet:

- Korrosionsschutz-Beschichtungen (Anstriche, Lackierungen) aus ein bis vier Schichten
- Metallische Überzüge
- Metallische Überzüge und zusätzlich ein oder zwei Anstriche (Duplex-System)

Damit die Korrosionsschutzsysteme voll wirksam werden, müssen einige Voraussetzungen erfüllt sein:

- die zu schützende Metalloberfläche muß sorgfältig vorbereitet sein
- das geeignete Korrosionsschutzsystem muß ausgewählt werden
- der Korrosionsschutz muß sachgemäß aufgebracht werden
- die Konstruktion des Stahl-Bauteils muß korrosionsschutzgerecht gestaltet sein.

15.6.1 Korrosionsschutzgerechte Gestaltung

An eine Stahlkonstruktion werden vielfältige Anforderungen gestellt. Sie muß statisch sicher, wirtschaftlich, fertigungs-, schweiß- und montagegerecht sowie korrosionsschutzgerecht konstruiert sein.

Bei der korrosionsschutzgerechten Gestaltung sind einige Grundregeln zu beachten **(Bild 116/1)**:

- Die Konstruktion sollte möglichst wenig gegliedert sein. Es sollten Profile mit kleinen Oberflächen gewählt werden sowie zusammengesetzte Profile vermieden werden.
- Die Profilflächen müssen von allen Seiten zugänglich sein, um Korrosionsschutzmaßnahmen (z. B. Anstriche) durchführen zu können.
- Stellen, an denen sich Wasser oder Staub ansammeln können, sind zu vermeiden. Dazu sind die Profile so anzuordnen, daß sie nach unten offen sind, geneigte Flächen sind zu wählen und Entwässerungslöcher sind vorzusehen.
- Offene Spalte und Schlitze sind zu vermeiden oder durch durchlaufende Schweißnähte zu schließen.
- Bauteile aus unterschiedlichen Werkstoffen sind durch isolierende Zwischenschichten zu trennen.

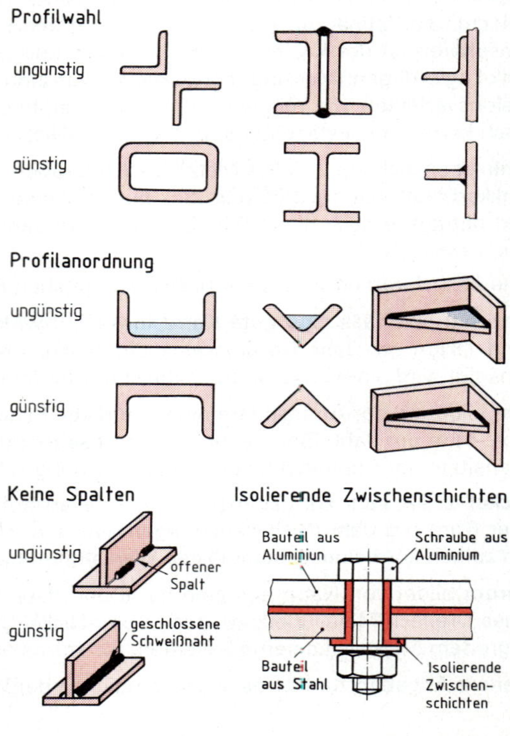

Bild 116/1: Korrosionsschutzgerechte Konstruktion

15.6.2 Vorbereiten der Stahloberfläche für die Beschichtung

Voraussetzung für eine gute Haftung und Haltbarkeit der Korrosionsschutzbeschichtung ist eine sachgemäße Vorbereitung der Stahloberfläche. Sie richtet sich nach dem Ausgangszustand der Bauteile.

Nur verschmutzte, aber sonst stahlblanke Bauteile, müssen von anhaftendem Staub, Schmutz, Öl und Fett gereinigt werden. Dies erfolgt durch Abblasen, Abwaschen oder Abspritzen mit Druckluft, Wasser, Heißdampf oder Waschlauge. Anschließend muß trocken geblasen werden.

Mit Rost oder Zunder bedeckte Stahl-Bauteile müssen von diesen anhaftenden Schichten befreit werden. Das im Stahlbau meistens erforderliche Entrosten bzw. Entzundern kann mittels mehrerer Verfahren durchgeführt werden. Das wirksamste und wirtschaftlichste Verfahren ist das **Strahlen.**

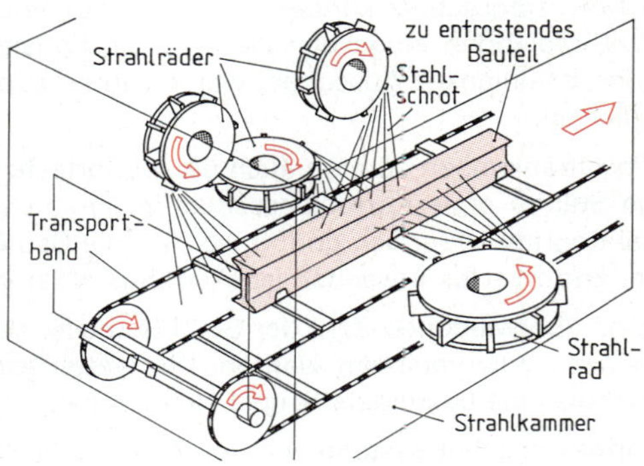

Bild 116/2: Durchlaufstrahlen

Kleine und mittelgroße Bauteile werden in Durchlaufanlagen gestrahlt **(Bild 116/2)**, große Bauteile in Strahlhallen oder auf der Baustelle hinter aufgestellten Strahlenschutzwänden **(Bild 117/1)**. Als Strahlmittel werden Stahlschrot oder Schlackengries verwendet.

Arbeitsaufwendiger als das Strahlen ist die maschinelle Entrostung, z. B. mit rotierenden Drahtbürsten, Schleifmaschinen oder Nadelpistolen. Die Entrostung per Hand, z. B. mit Schabern, wird nur zum Aussäubern kleiner Flächen eingesetzt.

Die Flammentrostung und die chemische Entrostung mit Rostumwandlern spielen wegen ihrer unvollständigen Oberflächenreinigung fast keine Rolle.

Bild 117/1: Freistrahlen

Nach der sachgemäßen Reinigung und Entrostung der Stahloberfläche wird sie sofort mit einem sogenannten **Shop-Primer** beschichtet. Dies ist eine dünne Beschichtung von 15 bis 20 µm, die überschweißbar ist. Sie dient als vorübergehender Korrosionsschutz während der Lagerung, des Transports, der Bearbeitung im Stahlbauwerk bzw. der Werkstatt und bei der Verarbeitung auf der Baustelle. Sie wird deshalb auch **Fertigungsbeschichtung** genannt. Häufig wird diese Vorkonservierung bereits im Halbzeugwerk direkt nach der Halbzeugfertigung und Entzunderung aufgebracht und deshalb auch **Walzstahlkonservierung** genannt.

15.6.3 Norm-Reinheitsgrade

Zur Festlegung der Güte der Oberflächenvorbereitung dienen **Norm-Reinheitsgrade (Tabelle 117/1)**. Sie sind durch Beschreibungen und Vergleichsfotos festgelegt. Beginnend von einem Ausgangszustand beschreiben sie verschiedene Qualitäten der Entrostung einer korrodierten Stahloberfläche.

Tabelle 117/1: Norm-Reinheitsgrade in Anlehnung an DIN 55928, Teil 4

Ausgangszustand **z. B. Rostgrad C**	Norm-Reinheitsgrad **C Sa 1**	Norm-Reinheitsgrad **C Sa 2**	Norm-Reinheitsgrad **C Sa 2½**	Norm-Reinheitsgrad **C Sa 3**

Die Stahloberfläche ist total mit Rost bedeckt	Loser Zunder, loser Rost und lose Altbeschichtungen sind entfernt.	Nahezu aller Zunder, Rost und alte Beschichtungen sind entfernt	Zunder und Rost sind fast ganz entfernt. Reste nur als leichte Schattierung sichtbar.	Zunder, Rost und alte Beschichtungen sind vollständig entfernt.

Der erforderliche Norm-Reinheitsgrad richtet sich nach dem aufzubringenden Beschichtungssystem. In der Regel wird auf den Norm-Reinheitsgrad **Sa 2½** entrostet.

Die Norm-Reinheitsgrade werden bei Arbeitsaufträgen für die Entrostung korrodierter Stahlbauteile als Maßstab verwendet. *Beispiel:* In einem Arbeitsauftrag wird festgelegt, daß ein korrodiertes Stahlträger-Bauwerk mit dem Rostgrad C durch Strahlen auf den Norm-Reinheitsgrad **C Sa 2½** zu entrosten ist. Nach Berechnung der zu entrostenden Fläche (siehe Seite 204) kann ein Angebotspreis ermittelt werden.

15.6.4 Korrosionsschutzbeschichtungen auf Stahl-Bauteilen

Ein dauerhafter Korrosionsschutz von Stahl-Bauteilen mit Lackierungen bzw. Anstrichen ist nur durch komplette Anstrich-Schutzsysteme und sachgemäße Oberflächenvorbereitung möglich. Sie widerstehen auch stärksten Belastungen, wie z. B. in aggressiver Meeres- und Industrieatmosphäre **(Bild 118/1)**.

Korrosionsschutzsysteme bestehen aus zwei oder vier Schichtlagen **(Bild 118/2)**. Die Gesamtschichtdicke soll 150 µm bei Reinluft-Atmosphäre und bis 250 µm bei aggressiver Industrie-Atmosphäre betragen. Da *ein* Schichtauftrag mit einem normalschichtigen Lack eine Schichtdicke von rund 40 µm ergibt, sind dann mindestens vier Schichtaufträge, bestehend aus zwei Grundbeschichtungen (GB) und zwei Deckbeschichtungen (DB) erforderlich. Bei Verwendung hochviskoser, dickschichtiger Lacke erbringen je eine Grund- und eine Deckbeschichtung die erforderliche Schichtdicke.

Die Kanten der Bauteile müssen durch eine zusätzliche, dickschichtige Deckbeschichtung geschützt werden.

Das **Aufbringen** der Grundbeschichtung erfolgt meist durch Pinselauftrag, die Deckschichten werden durch Spritzen (Airless-Spritzen) aufgetragen.

Die **Beschichtungsstoffe** bestehen im wesentlichen aus den pulverförmigen **Pigmenten** und dem flüssigen **Bindemittel,** die zu einer dünnbis dickflüssigen Masse angerührt sind. Außerdem können sie noch Verdünner, Füllstoffe, Antiabsetzmittel und Verlaufmittel enthalten.

Bei den Pigmenten unterscheidet man zwei Arten: Die Pigmente der Grundbeschichtung sind **aktive Pigmente (Tabelle 118/1).** Sie wirken durch ihr chemisches bzw. elektrochemisches Verhalten auch bei beschädigter Beschichtung korrosionsverhindernd.

Beispiel: Zinkstaub-Pigmente schützen den Stahl bei Korrosionselementbildung durch das eigene Auflösen vor elektrochemischer Korrosion.

Die Pigmente für die Deckbeschichtung sind **passive Pigmente,** die nur bei unverletzter Beschichtung wirksam sind. Ihnen werden zusätzlich Farbpigmente beigemischt, um farblich zu gestalten oder um z. B. im Chemie-Rohrleitungsbau verschiedene Durchflußstoffe zu kennzeichnen (Bild 118/1).

Bild 118/1: Korrosionsschutzbeschichtete Rohrleitungen und Träger in einem Chemiewerk

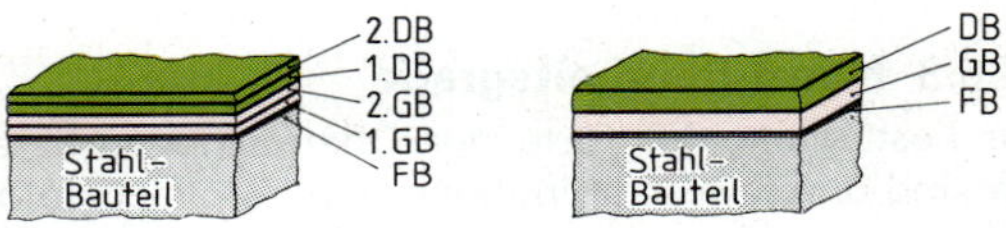

GB = Grundbeschichtung, DB = Deckbeschichtung, FB = Fertigungsbeschichtung (Shop-Primer)

Bild 118/2: Aufbau von Beschichtungssystemen

Tabelle 118/1: Hauptbestandteile der Beschichtungsstoffe (Auswahl)

Aktive Pigmente meist für Grundbeschichtungen	**Passive Pigmente** meist für Deckbeschichtungen	**Bindemittel**
Bleimennige Zinkchromat Zinkphosphat Zinkstaub Bleistaub	Aluminiumpulver Bleiweiß Eisenglimmer Titanoxid Zinkoxid Eisenoxid	Alkydharz Vinylchlorid-Copolymerisat Epoxidharz Polyurethanharz Chlorkautschuk

Die **Auswahl des geeigneten Korrosionsschutzsystems** ist anhand einer Beanspruchungsanalyse nach DIN 55 928, T1 vorzunehmen. Es sind die landschaftsbezogene Atmosphäre, die örtlichen Schadstoffbelastungen und die Art der Konstruktion zu berücksichtigen. Die Korrosionsschutzsysteme werden nach DIN 55 928, T5 mit einer Schutzsystem-Kennzahl bezeichnet.

Hinweise zur Auswahl von Korrosionsschutzsystemen befinden sich im Tabellenteil, Seite 252 bis 253.

Die **Lebensdauer** (Standzeit) eines sachgemäß aufgebrachten Korrosionsschutzsystems auf Stahlbauteilen beträgt bei 160 µm Schichtdicke 12 bis 15 Jahre, bei 240 bis 320 µm Schichtdicke 15 bis 25 Jahre. Gegen Ende der Standzeit muß bei intakter Grundbeschichtung die Deckbeschichtung erneuert werden. Bei Durchrostung der Grundbeschichtung ist ein vollständiger Abtrag des beschädigten Beschichtungssystems sowie der Roststellen erforderlich und es muß eine komplette Neubeschichtung aufgebracht werden.

15.6.5 Korrosionsschutz durch Feuerverzinken

Bild 119/1: Feuerverzinktes Stahl-Bauteil

Feuerverzinken ist das weitaus gebräuchlichste Verfahren, um Stahl-Bauteile und Stahl-Halbzeuge mit einem metallischen Überzug gegen Korrosion zu schützen **(Bild 119/1)**. Es wird eingesetzt, wenn ein dauerhafter Korrosionsschutz erzielt werden soll. Es ist zudem ein vergleichsweise preiswerter Korrosionsschutz.

Nicht anwendbar ist das Feuerverzinken bei sehr großen und sperrigen Bauteilen von über 15 m Länge.

Das Feuerverzinken von Stahl-Bauteilen wird in **Verzinkereien** ausgeführt. Es erfolgt in mehreren Schritten **(Bild 119/2)**. Zuerst muß eine rost- und fettfreie Stahloberfläche geschaffen werden. Dies geschieht durch Strahl-Entrosten und anschließendes Tauchen in ein Entfettungs- und Beizbad. Nach Abspülen der Beizreste wird das Bauteil durch Tauchen in ein Flußmittelbad mit einer Flußmittelschicht überzogen, die in einem nachgeschalteten Ofen getrocknet wird. Dann erfolgt das Feuerverzinken durch Tauchen in ein schmelzflüssiges Zinkbad von rund 450 °C. Das flüssige Zink reagiert an der Oberfläche mit dem Stahl und es entsteht durch wechselseitige Durchdringung (Diffusion) eine dünne Eisen-Zink-Legierungsschicht auf der Stahloberfläche, die von einer darüber liegenden Reinzinkschicht überdeckt ist **(Bild 119/2)**. Die Gesamtschichtdicke beträgt 50 bis 85 µm. An den besonders korrosionsgefährdeten Kanten bildet sich von selbst eine dickere Schicht.

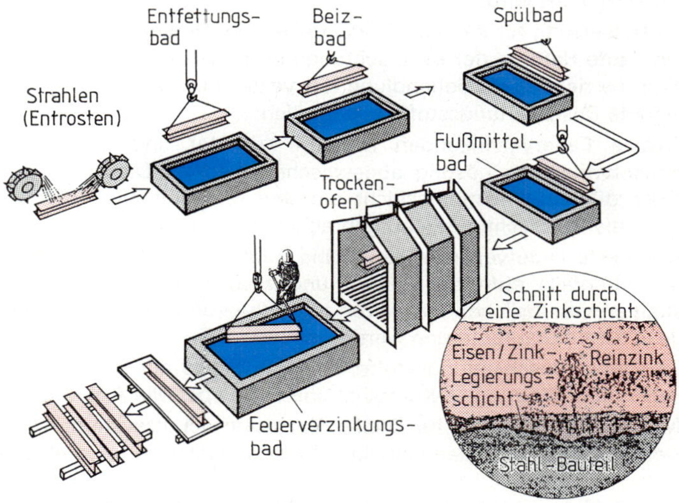

Bild 119/2: Arbeitsablauf beim Feuerverzinken

Genormte Korrosionsschutzsysteme durch Feuerverzinken im Tabellenteil Seite 253.

Feuerverzinkungsgerechte Konstruktion. Die Bauteile müssen so geformt sein, daß das flüssige Zink in Hohlräume eindringen und wieder abfließen kann. Feuerverzinkte Bauteile sollten ebenfalls mit feuerverzinkten Schrauben und Muttern gefügt werden.

Die **Korrosionsschutzdauer** beträgt je nach Beanspruchung, Art der Atmosphäre und der Schadstoffbelastung bei einer Schichtdicke von 85 µm zwischen 8 und 40 Jahren **(Bild 119/3)**. Bei normaler Belastung kann mit 20 bis 30 Jahren gerechnet werden.

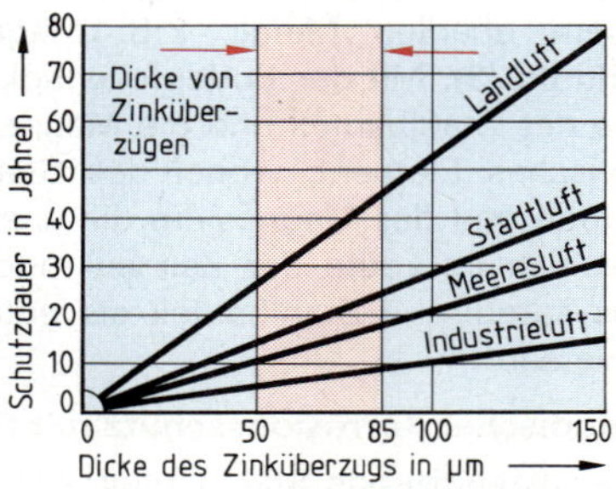

Bild 119/3: Schutzdauer von Feuerverzinkungen auf Stahl

Ausbessern von Schäden. Ein dauerhafter Korrosionsschutz besteht nur dann, wenn eine geschlossene Zinkschicht vorhanden ist. Schäden an der Feuerverzinkung, z. B. durch Schweißen, Bohren oder Sägen, müssen sofort ausgebessert werden. Dies erfolgt durch Zinkstaubbeschichtung oder durch thermisches Aufspritzen von Zink auf die Schadstellen. Verbleiben trotzdem Fehlstellen, so vergrößern sich diese im Laufe der Zeit durch Auflösen des Zinküberzugs aufgrund der Korrosionselementbildung (Seite 112). Der Korrosionsschutz geht dann allmählich verloren.

Das **Feuerverzinken von Halbzeugen,** wie dünnen Blechen oder Drähten, wird in kontinuierlichen Durchlaufanlagen durchgeführt. Die Zink-Schichtdicke beträgt hierbei rund 40 µm.

15.6.6 Feuerverzinkung und Beschichtung (Duplex-Systeme)

Einen besonders wirkungsvollen Korrosionsschutz besitzen Beschichtungssysteme aus einer Feuerverzinkung und zusätzlichen Anstrichen **(Bild 120/1)**. Die Korrosionsschutzdauer ist 1,5- bis 2mal so lang, wie die Summe der Schutzzeiten der einzelnen Schutzüberzüge. Dadurch sind in Land- und Stadtatmosphäre Standzeiten von 25 bis 50 Jahren zu erreichen **(Bild 120/2)**. Ursache dieser Langlebigkeit ist die Ausheilungswirkung der Zinkschicht: Bei Schadstellen bzw. Porigkeit der Anstriche entstehen Verwitterungsprodukte des darunter liegenden Zinks, die die Schadstellen bzw. Poren ausfüllen, so daß Korrosionsangriff an diesen Schadstellen verhindert wird.

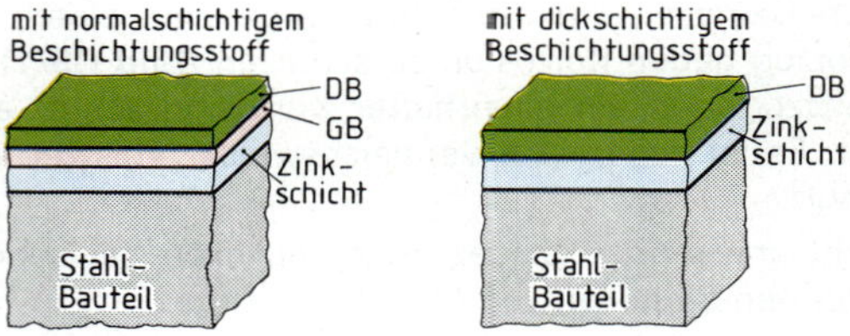

Bild 120/1: Aufbau von Duplex-Systemen

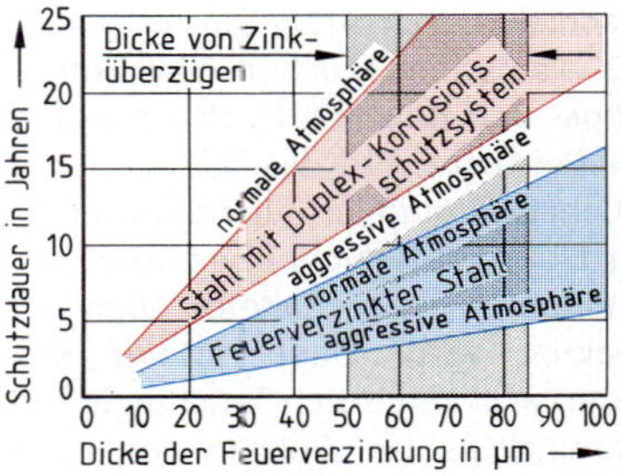

Bild 120/2: Schutzdauer-Vergleich

Voraussetzung für die volle Wirksamkeit des Duplex-Systems ist eine gute Haftung der Beschichtung auf dem Zinküberzug. Dazu sind die richtige Vorbehandlung der verzinkten Flächen und geeignete Beschichtungsstoffe erforderlich.

Frische Feuerverzinkungen müssen entfettet und mit einer phosphathaltigen Lösung abgewaschen werden. Dies führt zu einer dünnen Phosphatschicht auf dem Zinküberzug, auf der dann die Beschichtungen aufgebracht werden können.

Bewitterte Feuerverzinkungen (3 bis 5 Jahre Bewitterung) müssen ebenfalls entfettet werden und zusätzlich durch Dampfstrahlen von löslichen Zinksalzen befreit werden. Dann kann die Beschichtung aufgetragen werden.

Geeignete Beschichtungsstoffe sind z. B. Lacke auf Basis von Vinylharz, Acrylharz, Epoxidharz, Steinkohlenteer, Bitumen-Öl-Kombinationen und spezielle Alkydharze.

Anwendungsbeispiele für Duplex-Korrosionsschutzsysteme sind Stahlbauteile und Fassadenelemente, wenn ein besonders langanhaltender Korrosionsschutz erzielt werden soll (Tabellenteil Seite 253).

15.6.7 Katodischer Korrosionsschutz von Stahl-Bauteilen

Der katodische Korrosionsschutz wird zusätzlich zum Isolieranstrich bei erdverlegten Rohren und Tanks sowie bei Stahl-Wasserbauten und bei Schiffen eingesetzt.

Es gibt zwei Verfahren:

Katodischer Korrosionsschutz mit Opferanode

Das zu schützende Bauteil ist leitend mit Platten aus einem unedlen Metall, z. B. Magnesium, verbunden **(Bild 120/3)**. Mit der Bodenfeuchtigkeit als Elektrolyt bilden das Stahlbauteil und die Magnesiumplatten ein galvanisches Element, wobei das Stahlbauteil die edlere Katode und das Magnesium die unedlere Anode ist. Sie löst sich im Laufe der Zeit auf und heißt Opferanode. Das katodische Stahlbauteil als edlere Elektrode bleibt unversehrt.

Katodischer Korrosionsschutz mit Fremdstromanoden

Das zu schützende Stahlbauteil, z. B. ein Tank, ist an den positiven Pol einer Batterie als Katode ⊕ geschaltet, während Graphitanoden ⊖ am negativen Pol der Batterie anliegen. Die angelegte Spannung (Schutzpotential) bewirkt, daß das Stahlbauteil immer Katode ist und damit geschützt ist.

Korrosionsschutz mit Opferanoden

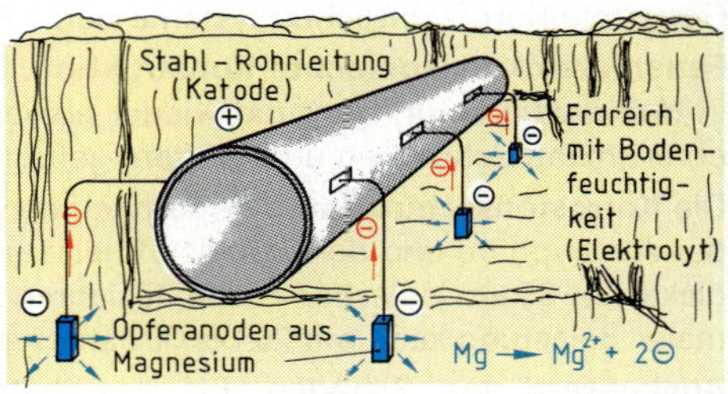

Korrosionsschutz mit Fremdstromanoden

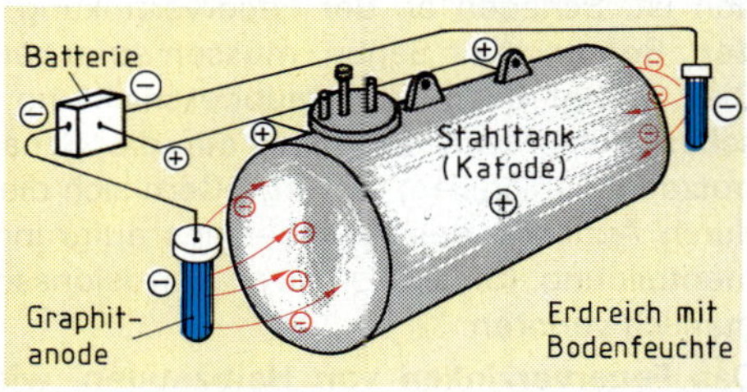

Bild 120/3: Katodischer Korrosionsschutz

15.7 Korrosion und Korrosionsschutz von Aluminium-Bauteilen

Die Bedeutung von Aluminium im Bauwesen beruht zu einem wesentlichen Teil auf seiner Beständigkeit gegen Witterungseinflüsse. Ursache der Beständigkeit ist eine dünne, aber dichte und fest haftende Oxidschicht (Al_2O_3), die sich von Natur aus in kurzer Zeit auf der frischen Aluminium-Oberfläche bildet. Sie schützt das darunter liegende Metall für eine begrenzte Zeit vor Korrosionsangriff. Bei langanhaltender Einwirkung der Atmosphäre auf Bauteile im Freien oder bei aggressiver Atmosphäre (sauer oder alkalisch) verfleckt die natürliche Oxidschicht und es kommt zur Absonderung von weißlichen Ausblühungen. Der Metallcharakter der Oberfläche und das dekorative Aussehen gehen verloren. Im weiteren Verlauf kommt es dann zu tieferreichender Werkstoffzerstörung.

Eine wesentliche Steigerung der Korrosionsbeständigkeit, auch gegen aggressive Atmosphären, läßt sich mit zwei Verfahren erzielen: mit der anodischen Oxidation (Eloxieren) oder der Beschichtung mit Anstrichsystemen sowie einer Kombination der beiden Verfahren.

15.7.1 Anodische Oxidation

Die anodische Oxidation ist ein Verfahren, das aus mehreren Einzelschritten besteht **(Bild 121/1)**.

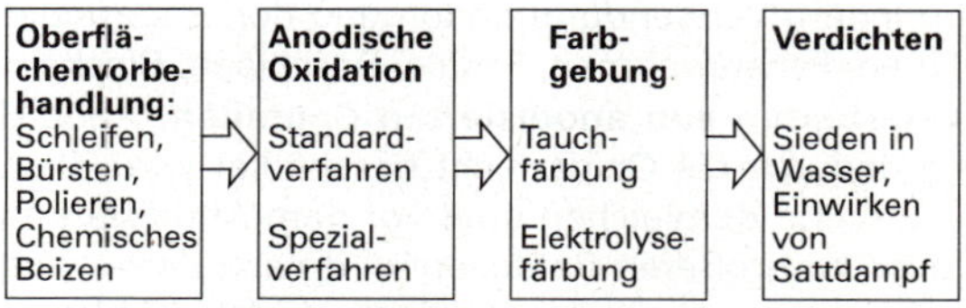

Bild 121/1: Verfahrensablauf der anodischen Oxidation

Der erste Schritt dient der **Oberflächenvorbehandlung.** Da die ursprüngliche Oberflächengeometrie durch die anodische Oxidation nicht verändert wird, bestimmt der vor der Behandlung vorliegende Oberflächenzustand das Aussehen der fertigen Bauteile. Glatte Oberflächen werden durch Schleifen, Bürsten und Polieren erzielt, mattierte Oberflächen durch chemisches Beizen. Genauere Angaben über die Oberflächenbehandlung befinden sich im Tabellenteil, Seite 253.

Direkt vor der **anodischen Oxidation** wird kurz gebeizt, um die natürliche Oxidschicht abzutragen. Dann werden die Bauteile in das Anodisierungsbad gehängt und als Anode ⊕ geschaltet **(Bild 121/2).** Elektrolyt ist eine wäßrige Lösung aus Schwefelsäure, Oxalsäure oder einer Mischung aus beiden Säuren. Bei den Standard-Anodisationsverfahren wird Gleichstrom angelegt. (Spezialverfahren arbeiten zeitweise auch mit Wechselstrom). Unter der Wirkung der angelegten Spannung entsteht am Bauteil reaktionsfreudiger atomarer Sauerstoff, der mit dem Werkstoff reagiert und die Aluminiumoxidschicht bildet:

$$2\,Al + 3\,H_2O \longrightarrow Al_2O_3 + 3\,H_2$$

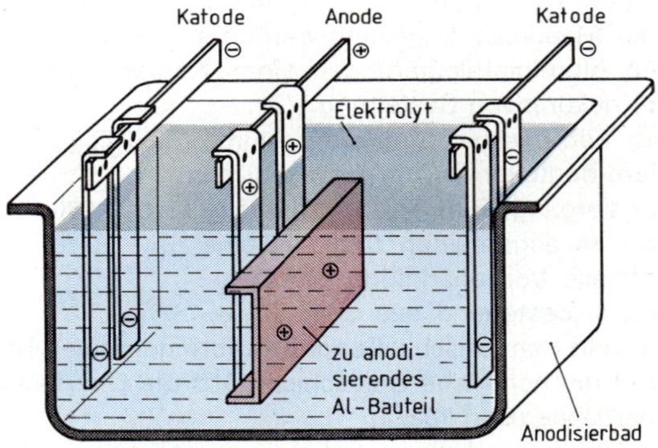

Bild 121/2: Anodisierzelle

Es entsteht eine farblose, mikroporige, etwa 15 bis 30 µm dicke Schicht. Sie wächst ⅓ aus der ursprünglichen Oberfläche heraus und ⅔ in das Metall hinein **(Bild 121/3).**

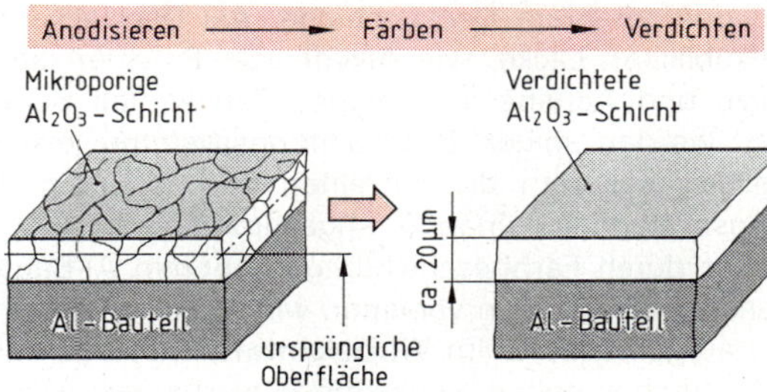

Bild 121/3: Anodisierschichten

Soll eine **farbige Oxidschicht** erzielt werden, so wird durch anschließende Tauchfärbung, elektrolytische Färbung oder durch Farbanodisation der gewünschte Farbton erzeugt (Tabellenteil, S. 253).

Die abschließende **Verdichtung** der zunächst mikroporigen Aluminiumoxidschicht erfolgt durch Sieden der Bauteile in entsalztem Wasser bzw. Behandlung in Sattdampf bei 98 °C. Hierbei reagiert das Al_2O_3 zu Böhmit AlO(OH). Dadurch schließen sich die Poren und es entsteht eine absolut dichte Schicht **(Bild 121/3).**

Die sachgemäße Verdichtung der anodisch erzeugten Oxidschicht ist für deren Haltbarkeit und Beständigkeit von großer Bedeutung. Die erhaltenen Schichten sind hart, verschleißfest, elektrisch isolierend und in hohem Maße korrosionsfest.
Anodisierte Aluminium-Bauteile sind gegenüber chemisch neutralen Stoffen im Bereich pH 5 bis pH 8 beständig. Auch kurzzeitiger Kontakt mit sauren oder schwach alkalischen Medien wird schadlos überstanden. Gegenüber Witterungseinflüssen an normaler Land- und Stadtatmosphäre sind anodisierte Aluminium-Bauteile über Jahrzehnte geschützt. Bei erhöhter Korrosionsbeanspruchung, z. B. durch Industrieatmosphäre oder Meeresklima verbessert eine zusätzliche Farbbeschichtung die Beständigkeit.
Im Laufe der Zeit treten an anodisierten Aluminium-Bauteilen fest haftende Verschmutzungen auf, die das dekorative Aussehen beeinträchtigen. Sie können mit handelsüblichen Spezial-Reinigungsmitteln beseitigt werden.
Zum Schutz gegen mechanische Beschädigungen (Kratzer, Riefen) bei Transport, Lagerung und Einbau sowie gegen Zement- und Mörtelspritzer (pH = 10 bis 12) werden die anodisierten Bauteile mit Abziehfolien oder einem Klarlack beschichtet.
Angewandt wird die anodische Oxidation weitgehend bei allen Aluminium-Bauteilen, die im Freien und im Innern Verwendung finden und den ursprünglichen Metallcharakter behalten sollen: Verkleidungen, Türen, Fensterrahmen, Profile, Beschläge, Bleche usw.
Verarbeiten von anodisierten Bauteilen. Anodisierte Bauteile sollten nicht mehr bearbeitet werden, da dadurch die Oxidschicht beschädigt wird. Das Umformen, Zuschneiden, Bohren von Schraubenlöchern und dergleichen muß vor dem Anodisieren durchgeführt werden. Der Zusammenbau von Einzelteilen zu größeren Bauteilen wird nach dem Anodisieren vorgenommen. Dabei ist mit großer Vorsicht vorzugehen, damit die Anodisierschicht nicht beschädigt wird.

15.7.2 Farbbeschichtungen und Überzüge auf Aluminium-Bauteilen

Farbbeschichtungen und Überzüge aus Kunststoff sind erforderlich bei Bauteilen aus Aluminium-Werkstoffen, wenn hohe Anforderungen an die Korrosionsbeständigkeit in aggressiver Industrieatmosphäre oder Meeresklima gestellt werden sowie wenn Bauteile aus wenig korrosionsbeständigen, kupferhaltigen Aluminiumlegierungen einen Korrosionsschutz erhalten sollen. Außerdem dienen die Anstriche der dekorativen Gestaltung.

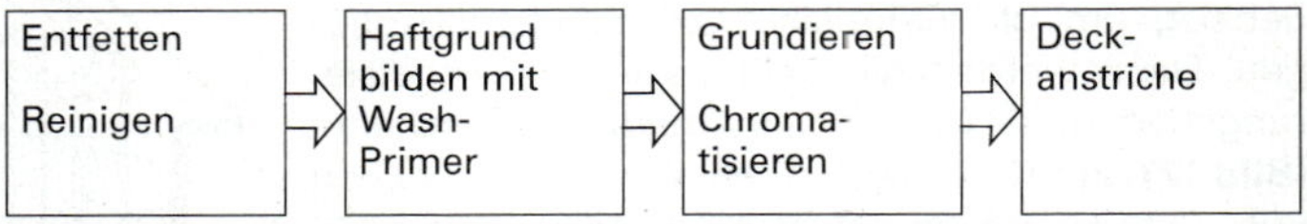

Bild 122/1: Verfahrensablauf der Farbbeschichtung

Die Farbbeschichtung von Aluminium-Bauteilen ist ein mehrschrittiger Vorgang **(Bild 122/1).** Sie erfordert im allgemeinen zunächst eine spezielle Vorbehandlung der Oberfläche, bestehend aus dem Entfetten und dem anschließenden Aufbringen eines Haftgrundbildners, auch Wash-Primer genannt. Er entfernt die natürliche Oxidschicht, ätzt die Oberfläche leicht an und schafft eine reaktionsbereite Metalloberfläche **(Bild 122/2).**

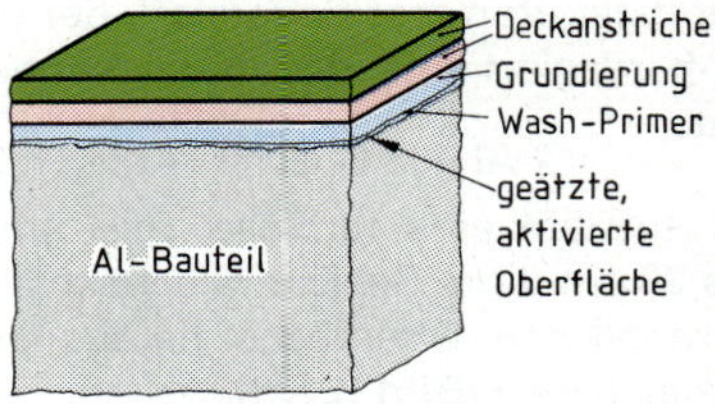

Bild 122/2: Aufbau einer Farbbeschichtung auf Al-Bauteilen

Unmittelbar auf diese Vorbehandlung folgt das Auftragen eines Grundanstrichs oder, bei industrieller Bandbeschichtung, eine Grundierung auf Zinkchromat-Basis, die der Aluminiumoberfläche eine grünliche Farbe verleiht. Daran anschließend folgen ein oder mehrere Deckanstriche. Als Decklacke sind alle handelsüblichen Lacke, wie Alkydharze, Polymerisatharze, Epoxidharze und Acrylharze geeignet (Tabellenteil Seite 253). Bevorzugt werden sollten Beschichtungssysteme jeweils eines Herstellers, bei dem die einzelnen Komponenten des Beschichtungssystems aufeinander abgestimmt sind.
Außer durch Farbbeschichtungen können Al-Bauteile auch mit Kunststoffüberzügen versehen werden. Sie werden entweder durch Wirbelsintern oder durch Kaschieren aufgebracht. Beim **Wirbelsintern** wird das auf rund 250 °C erhitzte Bauteil in einen lockeren, von Luft durchwirbelten Kunststoff-Pulverhaufen (Wirbelbett) getaucht. Die Kunststoffteilchen aus einem thermoplastischen Kunststoff schmelzen am heißen Bauteil und fließen zu einem geschlossenen Überzug von rund 1 mm Dicke zusammen.
Durch **Kaschieren,** d. h. Aufkleben von Kunststoff-Folien, werden vor allem Bleche und Bänder überzogen.
Hinweise zu Korrosionsschutz von Al-Bauteilen im Tabellenteil, Seite 253.

15.8 Korrosion und Korrosionsschutz von Kupferwerkstoffen

Kupfer hat von Natur aus eine gute Korrosionsbeständigkeit.

An der Atmosphäre, auch in Meeres- und Industrieluft, ist Kupfer beständig. Frisches Kupfer überzieht sich im Laufe weniger Monate mit einer dunkelbraunen Schicht aus Kupferoxid CuO_2, die mit der Zeit in die grüne „Patina" übergeht. Sie besteht aus einem Gemisch aus basischen Kupfersalzen: Kupferkarbonat $CuCO_3$, Kupfersulfat $CuSO_4$, in Meeresnähe auch Kupferchlorid $CuCl_2$. Diese Schutzschicht ist Folge einer langsamen, gleichmäßigen Flächenkorrosion. Sie schützt das darunter liegende Kupfer für sehr lange Zeit (viele Jahrzehnte).

Angegriffen wird Kupfer von feuchten Ammoniak- und Schwefelwasserstoffdämpfen bzw. Industrieatmosphäre, die diese Stoffe enthält.

Gegen warmes und kaltes Trink- und Brauchwasser ist Kupfer gut beständig. Es bildet im Wasser eine natürliche Schutzschicht aus Kupferoxid Cu_2O. Kupfer ist deshalb bevorzugter Werkstoff für Wasserleitungen.

Bild 123/1: Lochfraß-Korrosion in einem Kupferrohr

Korrosion tritt in Wasserleitungen in Form von Mulden- und Lochfraß auf, wenn mehrere ungünstige Umstände zusammenkommen **(Bild 123/1).** Unter den möglichen Faktoren spielen die Wasserverhältnisse und die Kohlenstoffverunreinigung (Kohlenstoffilm) der Oberfläche eine wichtige Rolle. Außerdem beginnt Lochfraßkorrosion in der Regel an Oberflächenschadstellen, wie Erosionsbahnen durch das strömende Wasser oder an Stellen mit Lotresten, Flußmittelresten und Schadstellen durch die Installation.

Die Korrosionsbeständigkeit einiger Kupferlegierungen, z. B. von nickelhaltigen Kupferlegierungen (wie z. B. CuNi10Fe) ist gegenüber reinem Kupfer noch stark verbessert. Sie gehören mit zu den korrosionsbeständigsten Werkstoffen und werden unter anderem zu Rohrleitungen und Apparaten für die Chemieindustrie verarbeitet.

Korrosionsschutz ist bei Kupferwerkstoffen normalerweise nicht erforderlich, da er sich von alleine ausbildet. Die Schutzschicht (Patina) von Kupferbauteilen im Freien ist wegen ihrer dekorativen Wirkung zudem meist erwünscht.

Soll das Aussehen des blanken Metalls erhalten bleiben, so kann die polierte Oberfläche mit einem glasklaren Kunstharzlack konserviert werden. Dieser Schutz hält im Freien jedoch nur für eine begrenzte Zeit, in Innenräumen kann er sehr lange beständig sein.

Für Kupferrohrleitungen der Wasserinstallation gilt es Verunreinigungen im Rohrsystem und Schadstellen an den Innenflächen der Rohre zu vermeiden. Besonders zu achten ist auf das Entgraten der Rohrenden, das Vermeiden von Flußmitteleintrag in das Rohrsystem beim Löten sowie das Freispülen der fertigen Rohrleitungsanlagen von Verunreinigungen.

Wiederholungsfragen

1 Was versteht man unter Korrosion?

2 Welche Korrosionsursachen gibt es?

3 Nennen Sie drei Korrosionselemente und erklären Sie die dort ablaufenden Vorgänge!

4 In welchen Erscheinungsformen kann Korrosion auftreten?

5 Welche Faktoren beeinflussen die Korrosion?

6 Welches Korrosionsverhalten hat Baustahl?

7 Welche Al-Legierungen sind nicht korrosionsbeständig?

8 Welche Stähle eignen sich ohne Korrosionsschutz für Anwendungen im Freien?

9 Wie werden Stahl-Bauteile für eine Korrosionsschutz-Beschichtung vorbehandelt?

10 Wie ist ein Anstrich-Schutzsystem aufgebaut?

11 Aus welchen Bestandteilen bestehen Beschichtungsstoffe?

12 Wie wird das Feuerverzinken von Stahl-Bauteilen durchgeführt?

13 Welche Vorteile hat eine kombinierte Feuerverzinkung und Beschichtung (Duplex-System)?

14 Aus welchen Verfahrensschritten besteht die anodische Oxidation für Aluminium-Bauteile?

15 Wie werden farbige Anodisierschichten erzeugt?

16 Wie müssen anodisierte Aluminium-Bauteile behandelt werden?

17 Was muß zur Vermeidung von Korrosion bei der Kupferrohrinstallation beachtet werden?

16 Sinterwerkstoffe

Sinterwerkstoffe sind Werkstoffe, die ausgehend von Metallpulver, in einem mehrstufigen Herstellungsverfahren durch Pressen von Rohteilen und anschließendes Sintern hergestellt werden.

Diese Herstellungstechnik nennt man **Pulvermetallurgie (Bild 124/1).**

Im Gegensatz dazu erfolgt die übliche Herstellung metallischer Werkstoffe durch Gießen der Metallschmelze in eine Form oder durch Gießen eines Stranges und anschließende Formgebung (Seite 22).

16.1 Herstellung von Sinterteilen

Mischen. Im ersten Produktionsschritt werden die pulverförmigen Rohstoffe in der gewünschten Zusammensetzung des späteren Fertigteils gemischt. Zur besseren Verdichtung beim anschließenden Pressen wird ein Gleitmittel zugegeben.

Pressen. Im zweiten Schritt werden aus dem Metallpulver Preßlinge gefertigt. Dazu wird das Metallpulver in ein Preßwerkzeug mit der Hohlform des zu formenden Werkstücks gefüllt und mit einem Druck von 200 bis 600 KN/cm^2 verdichtet. Es entsteht ein Preßling, der durch Verkrallen und Adhäsion der Pulverteilchen Zusammenhalt besitzt. Er wird aus dem Preßwerkzeug ausgestoßen. Die Preßlinge haben die spätere Werkstückform. Durch die Wahl des Preßdruckes kann die Raumerfüllung (bzw. die Restporosität) des späteren Werkstoffgefüges eingestellt werden.

Sintern. Die Preßlinge durchlaufen anschließend einen mit Schutzgas gespülten Tunnelofen (Sinterofen). Dort werden sie auf eine Temperatur erwärmt, die etwa $^1/_3$ unterhalb der Schmelztemperatur des Sinterwerkstoffs liegt, z. B. bei Sinterstahl 1000 bis 1200 °C. Dabei kommt es an den Berührungsstellen der Pulverteilchen durch Diffusion zum Verschweißen der Teilchen. Diesen Vorgang nennt man Sintern. Die Form der Sinterteile bleibt durch den Sinterprozeß unverändert, es treten nur geringe Maßänderungen auf. Gesinterte Formteile haben ausreichende Festigkeit, so daß sie für normale Belastungen eingesetzt werden können.

Kalibrieren. Sinterteile, die große Maßgenauigkeit oder hohe Oberflächengüte aufweisen müssen, werden durch einen anschließenden Preßvorgang (bei Raumtemperatur) auf das Endmaß genaugepreßt (kalibriert).

Schmieden. Sollen nicht nur Maßkorrekturen, sondern eine wesentliche Festigkeitssteigerung der Sinterteile erreicht werden, so werden sie nach dem Sintern in einem Formwerkzeug bei hoher Temperatur (Rotglut) preßgeschmiedet.

Nachbehandlung. Verschiedene anschließende Nachbehandlungsverfahren dienen zur Erzielung spezifischer Eigenschaften oder verbessern die mechanische Belastbarkeit.

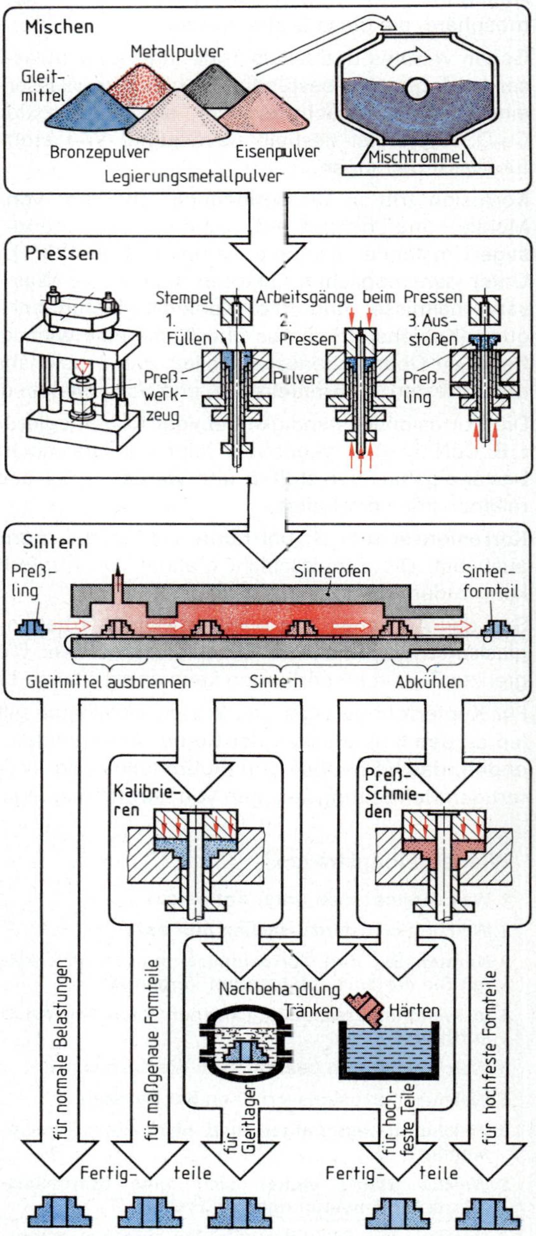

Bild 124/1: Schema der Fertigung von Sinterteilen

Poröse Sintergleitlager werden z. B. im Vakuum mit flüssigem Gleitmittel (MoS_2) getränkt und werden dadurch selbstschmierend sowie wartungsfrei. Sinterteile, die besonders hohe mechanische Belastungen tragen müssen, werden gehärtet bzw. vergütet. Aggressiven Umwelteinflüssen ausgesetzte Sinterteile werden dampfbehandelt oder durch galvanisches Beschichten mit Nickel oder Zink gegen Korrosion geschützt.

16.2 Besonderheiten der Sintertechnik

Im Vergleich zu den anderen Verfahren der Metallverarbeitung (Gießen, Spanen, Umformen) hat die Sintertechnik eine Reihe von Besonderheiten.

Kostengünstige Formgebung. Beim Preßvorgang und anschließenden Sintern entstehen in *einem* Arbeitsgang einbaufertige, kompliziert geformte Bauteile **(Bild 125/1)**. In den meisten Fällen ist keine oder nur geringfügige Nachbearbeitung erforderlich. Nur quer zur Preßrichtung liegende Vertiefungen oder Löcher müssen nachgearbeitet werden.

„Unmögliche" Werkstoffkombinationen. Durch die Sintertechnik ist es möglich, Werkstoffe zu einem kombinierten Werkstoff (Verbundwerkstoff) zusammenzufügen, die mit den üblichen Metallherstellungsverfahren nicht kombinierbar sind **(Bild 125/2)**. *Beispiele:*
- Gleitlagerwerkstoffe mit eingelagerten Festschmierstoffteilchen
- Hartmetalle aus ineinander unlöslichen Bestandteilen

Angepaßte Festigkeit und Härte. Sinterteile können durch den verwendeten Preßdruck bei der Herstellung des Preßlings eine unterschiedliche Restporosität aufweisen. Sie beeinflußt entscheidend die Zugfestigkeit des gesinterten Formteils **(Bild 125/3)**. Eine zusätzliche Steigerung der Festigkeit und Härte kann durch Sinterschmieden sowie durch Vergüten erzielt werden. Deshalb ist es möglich, die mechanischen Eigenschaften eines Sinterteils durch geeignete Wahl der Herstellungsbedingungen genau der Bauteilfunktion anzupassen.

Gesteuerte Porosität. Durch die Wahl der Ausgangspulver-Korngröße sowie den Preßdruck und die Sintertemperatur können Sinterwerkstoffe erzeugt werden, deren Porosität zwischen 70 % und annähernd dichtem Gefüge (fast 0 % Restporosität) beträgt **(Bild 125/4)**. Daraus ergibt sich eine Vielzahl von Anwendungsmöglichkeiten: Metallfilter, Gleitlagerwerkstoffe, kraftübertragende Bauteile.

Eingeschränkte Anwendbarkeit. Aufgrund des Herstellungsverfahrens ergeben sich Einschränkungen in der Anwendbarkeit der Sintertechnik:
- die Fertigung von Einzelstücken oder Kleinserien (unter 10 000 Stück) ist unwirtschaftlich
- die herstellbare Werkstückgröße ist begrenzt
- keine Verwendung für höchst belastete Bauteile

Bild 125/1: Sinterformteile

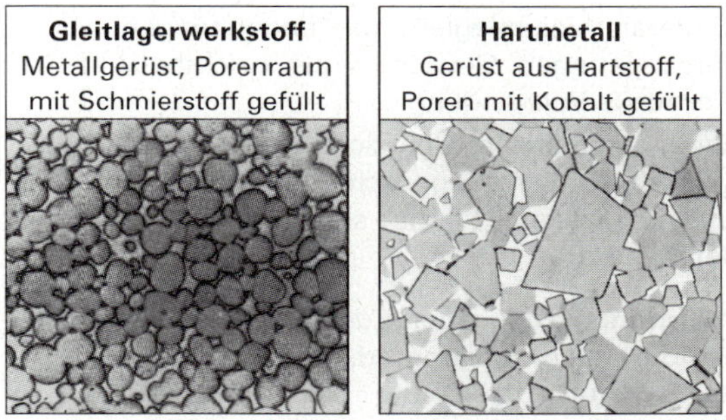

Bild 125/2: Gefüge kombinierter Werkstoffe

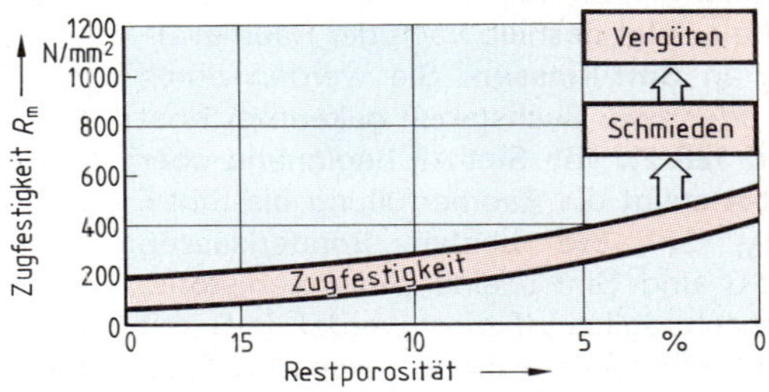

Bild 125/3: Festigkeit von Sinterstählen

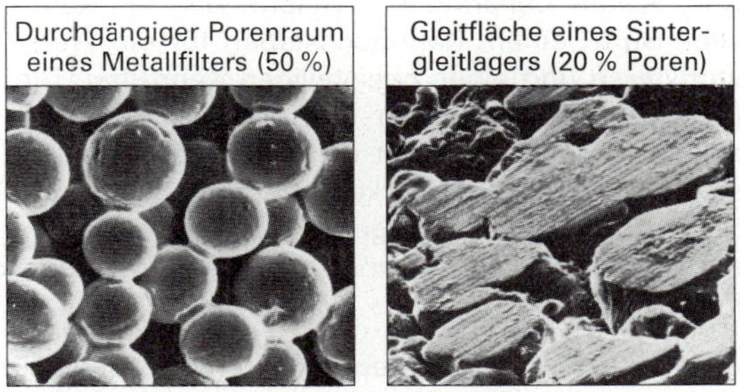

Bild 125/4: Unterschiedliche Porosität

16.3 Sintermetalle

Die Sintermetalle lassen sich nach der Zusammensetzung in drei Werkstoffgruppen zusammenfassen:

- **Sinterstähle** mit Gehalten an Kupfer (1 bis 10 %), Nickel, Chrom, Vanadium, Mangan, Molybdän und Blei
- **Sinterkupferlegierungen** mit Gehalten an Zinn (CuSn), Zink (CuZn) sowie Nickel-Zink (CuNiZn)
- **Sinteraluminiumlegierungen** mit Gehalten an Kupfer-Magnesium (AlCuMg) sowie Silicium-Magnesium (AlSiMg)

Die Sinterstähle und hier insbesondere die Sinterschmiedestähle werden vor allem wegen ihrer hohen Festigkeit verwendet **(Bild 126/1).** Man fertigt aus ihnen vorwiegend kraftübertragene Formteile.

Sinterkupferlegierungen zeichnen sich durch gute Gleiteigenschaften sowie Korrosionsbeständigkeit aus. Ihre Haupteinsatzgebiete sind deshalb Gleitlager und poröse Metallfilter.

Sinteraluminiumlegierungen finden wegen ihres geringen Gewichtes als Leichtbau-Formteile Verwendung.

Eine ausführliche Übersicht über Sinterwerkstoffe, ihre Eigenschaften und Einsatzmöglichkeiten findet sich im Tabellenteil Seite 254.

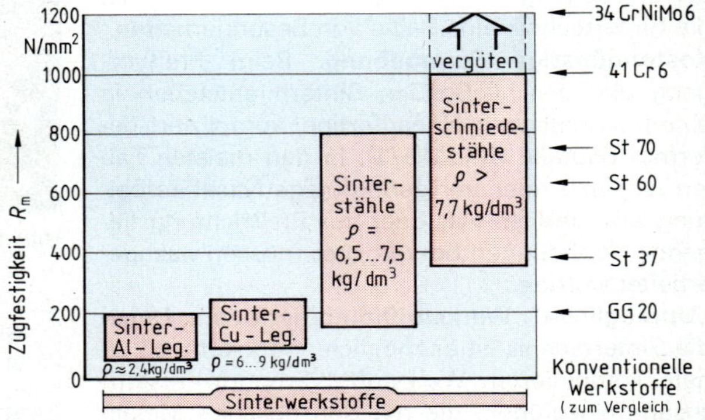

Bild 126/1: Festigkeit der Sintermetalle im Vergleich mit konventionellen Werkstoffen

Normung. Neben der Zusammensetzung ist die Raumerfüllung, d. h. der prozentuale Anteil der Dichte des kompakten Werkstoffs, die zweite bestimmende Materialgröße eines Sinterwerkstoffs. Die Einteilung und Normung der Sinterwerkstoffe erfolgt deshalb nach der Raumerfüllung in **Sint-Klassen.** Sie werden durch ein oder zwei Buchstaben gekennzeichnet **(Bild 126/2).** Von Sint-AF beginnend über Sint-A steigt die Raumerfüllung bis Sint-F stetig an. Die beiden Sonderklassen Sint-G und Sint-S sind Sinterwerkstoffe, die nachträglich infiltriert werden (z. B. mit einem Metall) oder die eingelagerten Festschmierstoffe (z. B. Graphit) enthalten.

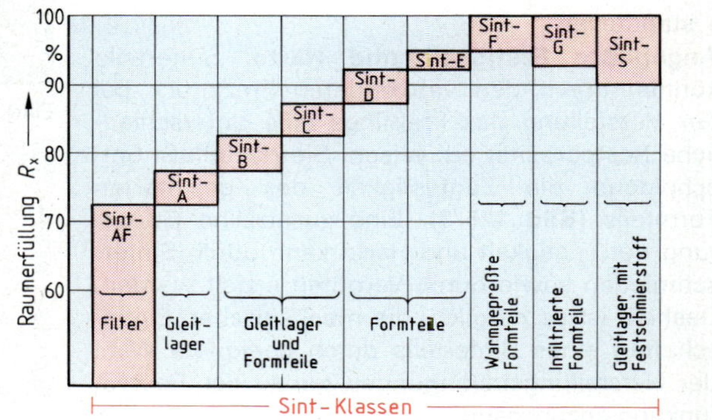

Bild 126/2: Raumerfüllung und Verwendung der Sint-Klassen

Kurzzeichen. Sintermetalle werden mit einem Kurzzeichen benannt. Es besteht aus der Kennsilbe **Sint-,** einem Kennbuchstaben für die Werkstoffklasse und einer zweistelligen Kennziffer. Die erste Zahl der Kennziffer gibt die Zusammensetzung an: Sintereisen hat die Kennziffer 0, Sinterstahl 1, 2 oder 3, Sinterkupferlegierungen 5 und Sinteraluminiumlegierungen 7. Die zweite Zahl der Kennziffer kennzeichnet den Werkstoff gemäß Werkstoffleistungsblatt (WLB) des Fachverbandes Pulvermetallurgie.

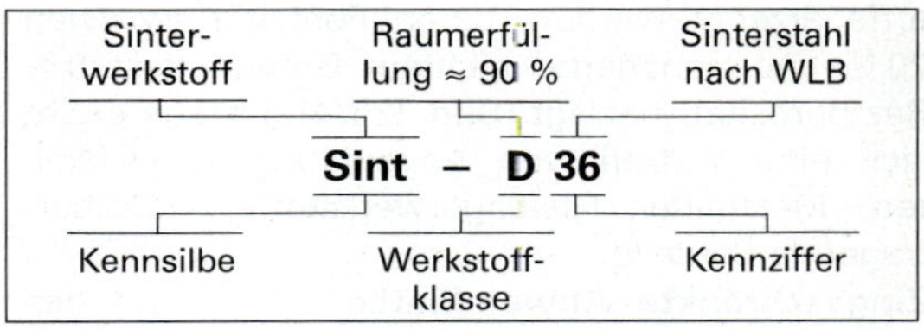

Beispiele: **Sint-E 71** Sinteraluminiumlegierung (AlMgSi), Raumerfüllung: rund 94 %
Sint-C 52 Sinterkupferlegierung (CuZnPb), Raumerfüllung: rund 85 %

16.4 Typische Verwendung von Sintermetallen

Sinterformteile

Ein Formteil wird dann aus Sintermetall gefertigt, wenn die Sintertechnik wirtschaftlicher ist als die herkömmliche Formgebung durch Gießen, Spanen oder Umformen. Dies ist bei einer Vielzahl kleiner und mittelgroßer Bauteile mit komplizierter Bauteilform der Fall, die in großer Stückzahl benötigt werden.

Im Bauschlosser- und Metallbaubereich sind dies z. B. Schloßteile und Beschlagteile aus Sinterstahl und Sinterkupferlegierungen **(Bild 127/1)**.

Darüber hinaus sind in fast allen Maschinen, Geräten und Hebezeugen Sinterformteile enthalten, wie z. B. Zahnräder, Hebel, Scheiben, Kraftübertragungsteile, Flansche, Elektrobauteile usw.

Sinterformteile, die geringer mechanischer Belastung ausgesetzt sind, entsprechen der Sinterwerkstoffklasse Sint-C, höher belastete Formteile der Klasse Sint-D und Sint-E. Besonders hoch belastete Bauteile sind warmumgeformte Sinterschmiedestähle der Klasse Sint-F.

Eine Sonderstellung nimmt die Klasse der Sint-G-Werkstoffe ein. Hierbei handelt es sich um einen mit Kupferlegierung infiltrierten Sinterstahl.

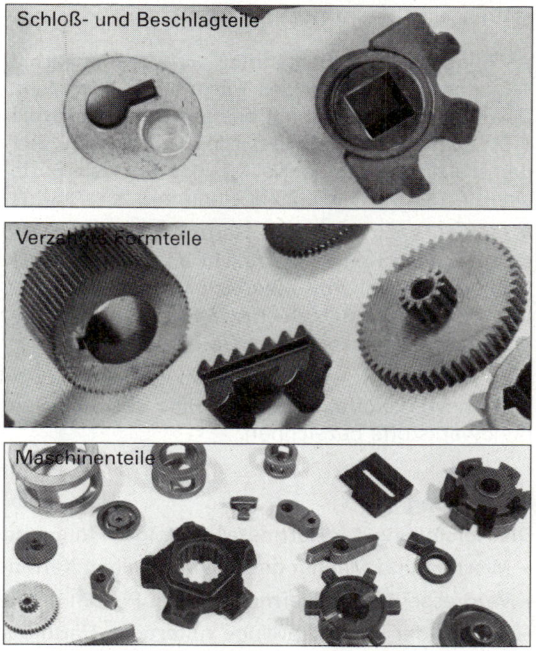

Bild 127/1: Sinterformteile

Sintergleitlager

Gleitlager aus Sintermetall **(Bild 127/2)** enthalten einen Porenanteil von 15 bis 25 %, der mit einem Flüssigschmierstoff gefüllt wird. Sie entsprechen den Sinterwerkstoffklassen Sint-A bis Sint-C. Im Betriebszustand erwärmt sich das Gleitlager. Dadurch tritt flüssiger Schmierstoff aus den Poren aus und bildet einen Schmierfilm. Aufgrund dieses Selbstschmiereffektes sind Sintergleitlager wartungsfrei. Als Werkstoff für Sintergleitlager verwendet man entweder Sinter-Kupfer-Zinn-Legierungen oder Sinterstahl mit eingelagerten Graphitteilchen.

Bild 127/2: Sintergleitlager

Hochporöse Sinterkörper

Die hochporösen Sinterkörper entsprechen der Sinterwerkstoffklasse Sint-AF. Sie haben einen zusammenhängenden Porenraum, der mehr als 27 % einnimmt (Bild 125/4, links). Als Werkstoffe werden vor allem Chrom-Nickel-Stähle und Kupfer-Zinn-Legierungen verwendet **(Bild 127/3)**.

Eingesetzt werden die hochporösen Sinterkörper

- als Metallfilter zum Reinigen von Gasen, z. B. in Druckluftleitungen
- als Flammenrückschlagsicherung in Schweißgaszuführungen
- als Schalldämpfer für Motoren und Kompressoren.

Bild 127/3: Hochporöse Sinterkörper

16.5 Hartmetalle

Hartmetalle sind zusammengesetzte Werkstoffe (Verbundwerkstoffe) aus harten Karbidteilchen (Hartstoffen) und einem zähen Bindemetall.

Wichtigster Karbidbestandteil ist Wolframkarbid **WC,** das 60 bis 90 % des Hartmetalls ausmacht. Der restliche Karbidanteil besteht aus Titankarbid **TiC,** Tantalkarbid **TaC** und Niobkarbid **NbC.** Bindemetall ist das zähe Kobalt, das je nach Sorte einen Anteil von 5 bis 25 % einnimmt.

Äußerlich sieht man den Hartmetallen ihren zusammengesetzten Aufbau nicht an, da die Einzelbestandteile im Größenbereich weniger µm verteilt sind **(Bild 128/1).** Sichtbar wird der Verbundaufbau im mikroskopischen Gefügebild.

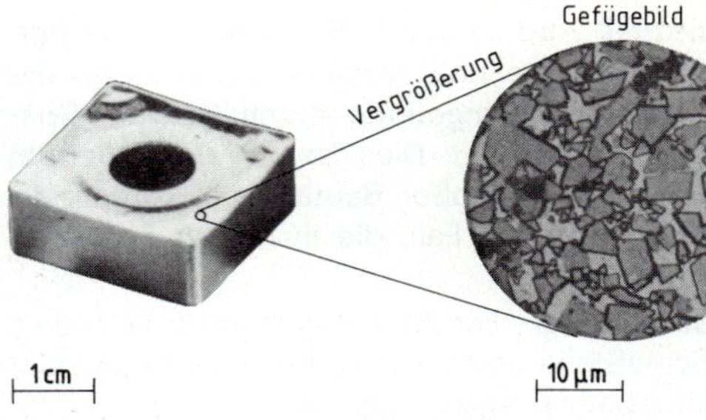

Bild 128/1: Hartmetall-Schneidplatte

Vom Aufbau her – der Kombination mehrerer Stoffe zu einem neuen Werkstoff – sind die Hartmetalle Verbundwerkstoffe. Da sie mit Hilfe der Sintertechnik hergestellt werden, kann man sie als Sinter-Verbundwerkstoffe bezeichnen.

Herstellung

Die Herstellung der Hartmetalle erfolgt in folgenden Einzelschritten **(Bild 128/2):**

– Mischen und Mahlen der pulverförmigen Karbide und des Kobaltpulvers
– Verpressen der Pulvermischung zu Platten oder zu Formkörpern und
– Sintern der Pulverpreßlinge zu fertigen Hartmetall-Formkörpern.

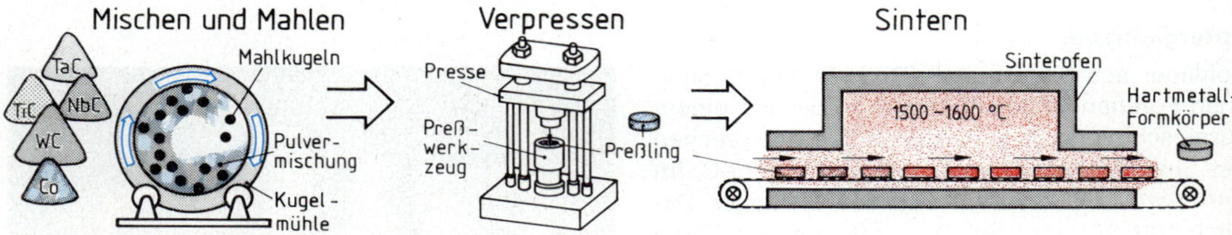

Bild 128/2: Herstellung von Hartmetall-Formkörpern (schematisch)

Die Sintertemperatur liegt oberhalb der Schmelztemperatur des Kobalts (1495 °C) bei 1500 bis 1600 °C. Die Kobaltpulverteilchen schmelzen während des Sinterns, benetzen die Karbidteilchen und verbinden sie zu einem kompakten Körper (Bild 128/1, rechts). Nach dem Sintern sind die Hartmetall-Formteile so hart, daß sie nur noch durch Schleifen mit Diamantwerkzeugen bearbeitet werden können.

Eigenschaften und Verwendung

Hartmetalle besitzen eine große Härte bei ausreichender Zähigkeit, gute Verschleißfestigkeit und eine hohe Wärmebeständigkeit bis rund 1000 °C. Ihre Härte beträgt je nach Karbidanteil 1300 bis 1750 HV30 und ist damit rund doppelt so hoch wie die Härte von Schnellarbeitsstählen.

Verwendung finden die Hartmetalle als Bestükkung von Werkzeugen zum Spanen, zum Steinbohren und zum spanlosen Umformen **(Bild 128/3).** Die Standzeiten hartmetallbestückter Spanwerkzeuge sind 50- bis 100mal größer als die von Werkzeugen aus Schnellarbeitsstahl.

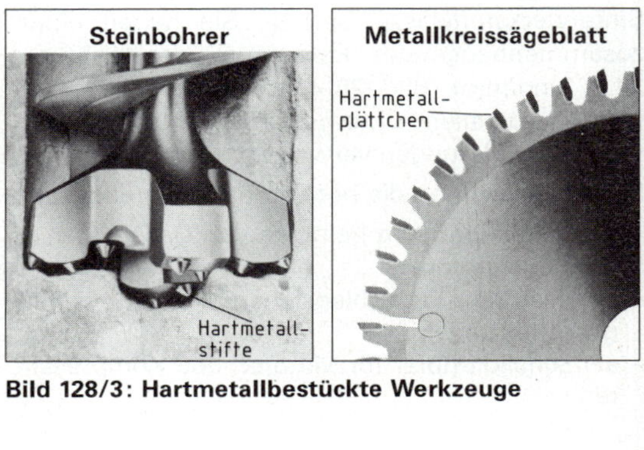

Bild 128/3: Hartmetallbestückte Werkzeuge

Normung der Hartmetalle

Die Hartmetalle sind in Hauptgruppen eingeteilt **(Tabelle 129/1).** Die Hauptgruppen **P, M** und **K** sind Hartmetalle für die spanende Formung. Hauptgruppe **G** enthält die Hartmetalle für die spanlose Formung und den Verschleißschutz. Eine angehängte Zahl unterteilt die Hauptgruppen weiter in Anwendungsgruppen, z. B. P20, G40. Mit steigender Anhängezahl nimmt der Karbidanteil und damit die Härte und Verschleißfestigkeit zu, während gleichzeitig die Zähigkeit geringer wird. Eine ausführliche Auflistung der Hartmetalle, ihrer Eigenschaften und Anwendung findet sich im Tabellenteil Seite 255.

Tabelle 129/1: Normung der Hartmetalle

Hartmetalle für spanende Formung			Hartmetalle für spanlose Formung und Verschleißschutz
P Kennfarbe blau	**M** Kennfarbe gelb	**K** Kennfarbe rot	**G** Kennfarbe braun
P01 P10 P20 P30 P40 P50	M10 M20 M30 M40	K01 K10 K20 K30 K40	G05 G10 G20 G30 G40 G50 G60
für langspanende Werkstoffe: ungehärteter Stahl, Stahlguß	für lang- und kurzspanende Werkstoffe: Stahl, Stahlguß, Gußeisen	für kurzspanende Werkstoffe: Gußeisen, Automatenstahl, Automaten-NE-Legierungen, Kunststoffe	für Ziehmatritzen, Stanzwerkzeuge, Steinbohrerspitzen, Preßmatrizen
→ → **Zunehmende Härte und Verschleißfestigkeit** → →			
← ← **Zunehmende Zähigkeit, abnehmende Härte** ← ←			

Beschichtete Hartmetalle

Eine weitere Steigerung der Standzeit und der Schnittgeschwindigkeit bei der spanenden Formung wird durch beschichtete Hartmetall-Schneidwerkzeuge erreicht. Die Beschichtung besteht aus mehreren, ineinander verzahnten Schichten aus TiC, TiN sowie Al-O-N und hat insgesamt nur eine Dicke von wenigen µm. Sie wird durch chemische Abscheidung aus der Gasphase aufgebracht und gibt den Hartmetallwerkzeugen eine goldgelbe Färbung.

16.6 Oxidkeramik (Schneidkeramik)

Als Oxidkeramik bezeichnet man Sinter-Verbundwerkstoffe aus den Hartstoffen Korund und Titankarbid sowie einem keramischen Bindemittel.

Zur Herstellung werden Pulver aus den Hartstoffen Korund (chemisch Al_2O_3) und Titankarbid (TiC) mit Zirkonoxidpulver (ZrO_2) gemischt, zu Formteilen gepreßt und anschließend bei 1800 bis 2000 °C gesintert. Es entsteht ein keramikartiger Werkstoff mit weißer bis grauer Färbung.

Oxidkeramik ist noch härter, noch temperaturbeständiger und noch verschleißfester als die Hartmetalle, aber wesentlich stoßempfindlicher. Man fertigt daraus Wendeplättchen für Schneidwerkzeuge **(Bild 129/1)** sowie Hochtemperaturteile wie Schmelztiegel, Schutzrohre und Düsen.

Bild 129/1: Teile aus Oxidkeramik

Wiederholungsfragen

1. **In welchen Fertigungsschritten werden Sinterwerkstoffe hergestellt?**
2. **Was versteht man unter Kalibrieren?**
3. **Welche Bauteile werden bevorzugt mit der Sintertechnik hergestellt?**
4. **Nach welcher Eigenschaft werden die Sinterwerkstoffe in Klassen eingeteilt?**
5. **Woraus besteht das Kurzzeichen für einen Sinterwerkstoff?**
6. **Welche besondere Eigenschaft besitzen die Sintergleitlager?**
7. **Woraus bestehen die Hartmetalle?**
8. **Wie werden die Hartmetalle hergestellt?**
9. **Welche vorteilhaften Eigenschaften haben Hartmetalle gegenüber Werkzeugstahl?**
10. **Wie kann man die Standzeit von Hartmetallwerkzeugen weiter steigern?**
11. **Was ist Oxidkeramik?**

17 Kunststoffe (Plaste)

Kunststoffe, auch Plaste genannt, sind synthetisch hergestellte, organische Werkstoffe.

Sie werden aus den Hauptrohstoffen Erdöl oder Erdgas sowie weiteren Ausgangsstoffen durch chemische Umwandlung, das heißt **Synthese** hergestellt. Sie heißen **organische** Werkstoffe, weil sie aus organischen Kohlenstoff- bzw. Siliciumverbindungen bestehen.

17.1 Eigenschaften und Anwendung

Kunststoffe haben in der Technik als Werkstoff eine große Bedeutung erlangt. Während sie früher noch als billige Ersatzwerkstoffe angesehen wurden, haben sie heute in vielen Anwendungsbereichen die alten Werkstoffe verdrängt und sich eine Vielzahl neuer Anwendungen erobert.

Ihre vielseitige Verwendbarkeit beruht auf den speziellen Eigenschaften der Kunststoffe sowie der Möglichkeit, Kunststoffe mit sehr unterschiedlichen Eigenschaften herzustellen. So gibt es Kunststoffe, die hart, fest und zurückfedernd sind sowie andere Kunststoffe, die weich und gummielastisch sind, aber auch solche, die plastisch verformbar und gießbar sind. Außerdem sind die meisten Kunststoffe recht preiswert.

Alle Kunststoffe haben gemeinsame, typische Eigenschaften, die ihre Verwendung bedingen:

Typische Eigenschaften ⇒	**Daraus sich ergebende Verwendungsmöglichkeiten**	
● Niedrige Dichte meistens 0,9 bis 1,5 kg/dm^3 wenige bis 2,2 kg/dm^3	Transportbehälter: Eimer, Kanister, Flaschen, Bierkästen, Folientüten Leichtbauteile: Wellplatten, Abdichtbahnen, Verkleidungen	 Werkzeugkasten  Kanister  Folien
● Verschiedene mechanische Eigenschaften: von hart, fest und zäh bis weich und gummiartig	Feste Kunststoffe: Maschinenteile, Zahnräder, Beschläge, Profile Weiche Kunststoffe: Schläuche, Schaumstoffe, Dichtungen	 Zahnräder  Schläuche  Schaumstoff
● Gut formbar und leicht verarbeitbar Einfärbbar Schäumbar	Kompliziert geformte Bauteile, wie Zahnräder, Beschläge, Kleinteile, Gehäuse für Maschinen und Geräte, Haushaltswaren, Sportartikel	 Gehäuse  Beschläge  Eimer
● Wärmedämmend und kälteisolierend (besonders als Schaumstoff)	Wärmedämmung von Rohrleitungen und Gebäuden, Kälteisolierung von Gefriergeräten, Gehäuseausschäumungen, Verpackungsmaterial	 Dämmplatten 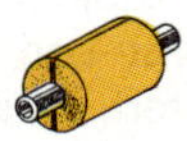 Rohrisolierung 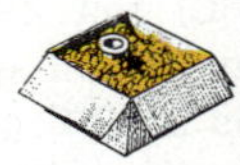 Packchips
● Elektrisch nichtleitend (isolierend)	Elektroisolierteile, wie Stecker, Steckdosen, Gehäuse von E-Maschinen Isoliergriffe an Werkzeugen Kabelummantelungen	 Elektro-Isolierteile 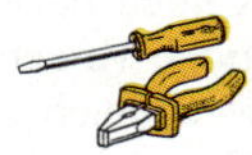 Isoliergriffe  Kabel-ummantelung
● Korrosions- und chemikalienbeständig	Behälter für Chemikalien, Kanister, Rohrleitungen, Schutzanstriche, Bautenschutz-Imprägnierungen, Schutzkleidung und Schutzhandschuhe	 Schutz-handschuhe  Flaschen  Beschichtung

Kunststoffe besitzen jedoch auch Eigenschaften, die ihre Einsetzbarkeit begrenzen:

- sie haben eine geringe Wärmebeständigkeit
- sie sind zum Teil brennbar
- nur wenige Kunststoffe besitzen hohe Festigkeit
- sie sind z. T. unbeständig gegen Lösungsmittel

Kunststoff-Bauteile dürfen deshalb nicht auf Dauer Temperaturen über 150 °C ausgesetzt sein (Ausnahmen hiervon sind die Kunststoffe Polytetrafluorethylen und die Silikonkunststoffe), keinen besonders hohen mechanischen Belastungen unterliegen und nicht für längere Zeit mit organischen Lösungsmitteln in Berührung kommen.

17.2 Herstellung und innerer Aufbau

Die Herstellung der Kunststoffe erfolgt in einer vielschrittigen Abfolge von komplizierten, chemischen Vorgängen. Diese kann man in zwei wichtige Teilschritte gliedern **(Bild 131/1)**:

1 Aus dem Rohstoff (z. B. Erdgas) wird durch chemische Umwandlung ein reaktionsfähiges Vorprodukt erzeugt. Das Vorprodukt besteht aus einzelnen Molekülen, die aus wenigen Atomen zusammengesetzt sind. Diese Vorprodukte aus Kleinmolekülen werden **Monomere** genannt.

2 Das monomere Vorprodukt wird in einer weiteren chemischen Reaktion durch Verknüpfen tausender Monomer-Moleküle zu vielgliedrigen **Makromolekülen** zusammengelagert. Die dabei entstehenden Kunststoffe nennt man auch **Polymere.**

Die Mehrzahl der Kunststoffe besteht aus Makromolekülen, die neben dem Hauptelement Kohlenstoff die Elemente Wasserstoff und teilweise Sauerstoff, Stickstoff, Fluor oder Chlor enthalten.

Davon abweichend haben die Silikon-Kunststoffe anstatt des Kohlenstoffgerüstes einen Grundkörper aus dem chemisch ähnlichen Element Silicium.

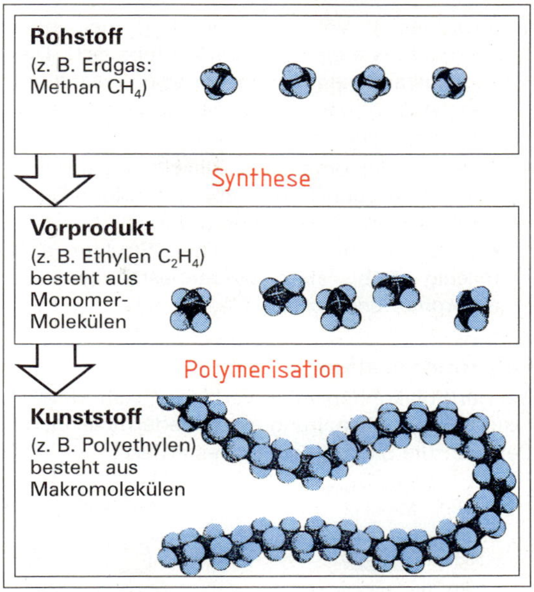

Bild 131/1: Teilschritte bei der Kunststoff-Herstellung (Beispiel: Polyethylen)

Der zweite Teilschritt zur Herstellung der Kunststoffe, die Zusammenlagerung der Monomer-Moleküle zu Makromolekülen, erfolgt je nach Kunststoffart nach verschiedenen Reaktionsarten: durch Polymerisation, durch Polykondensation oder durch Polyaddition.

Polymerisation

Bei der Polymerisation entstehen Makromoleküle durch Verknüpfen der ungesättigten Moleküle einer Monomerart unter Aufhebung der Doppelbindung.

Beispiel: die Bildung von Polyethylen aus Ethylen:

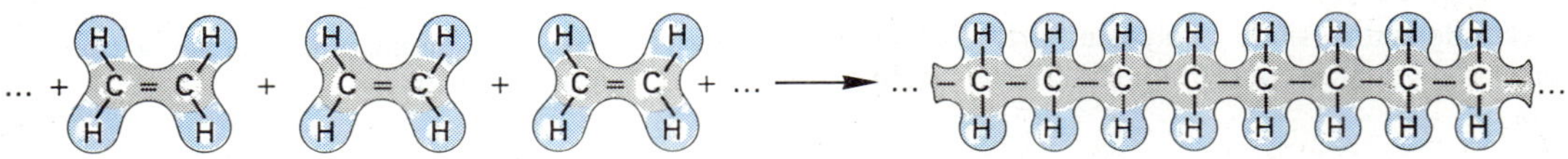

Es entstehen fadenartige Makromoleküle, die untereinander nicht verknüpft sind. Kunststoffe, die durch Polymerisation entstanden sind, nennt man **Polymerisate.** Polymerisate sind: Polyethylen, Polypropylen, Polyvinylchlorid, Polystyrol.

Der feste Zusammenhalt der Polymerisations-Kunststoffe bei Raumtemperatur wird durch Nebenvalenz-Bindungskräfte zwischen den fadenartigen Makromolekülen hervorgerufen **(Bild 131/2).** Die Nebenvalenzkräfte nehmen mit steigender Temperatur erheblich ab. Dies bewirkt, daß diese Kunststoffe bei Raumtemperatur fest, bei leicht erhöhter Temperatur pastenartig weich und bei weiter erhöhter Temperatur flüssig sind.

Es gibt keine definierten Umwandlungspunkte zwischen den verschiedenen Aggregatzuständen, sondern einen fließenden Übergang.

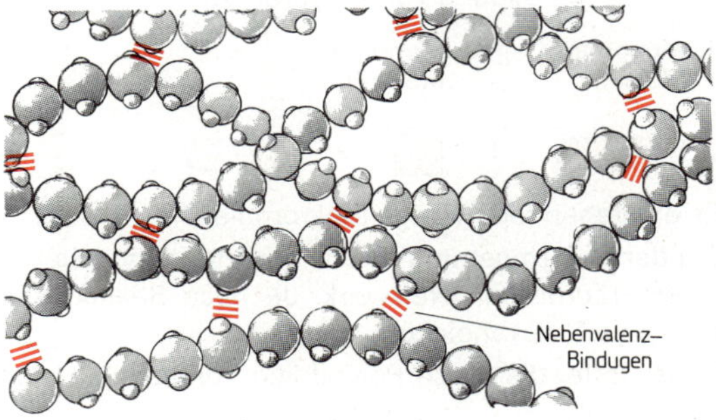

Bild 131/2: Innere Struktur der Polymerisate

Die fadenförmigen Makromoleküle können verschieden angeordnet sein **(Bild 132/1)**:

- entweder in völliger Unordnung ineinander verknäult, wie ein Filz oder Wattebausch Diesen Zustand nennt man **amorph** (gestaltlos). Kunststoffe mit amorpher Struktur sind glasartig transparent und meist spröde.
- oder die Makromoleküle liegen bereichsweise parallel ausgerichtet nebeneinander. Diese Struktur nennt man **teilkristallin.**
  Kunststoffe mit teilkristalliner Struktur sind milchig trüb, aber wärmebeständiger als amorphe Kunststoffe.

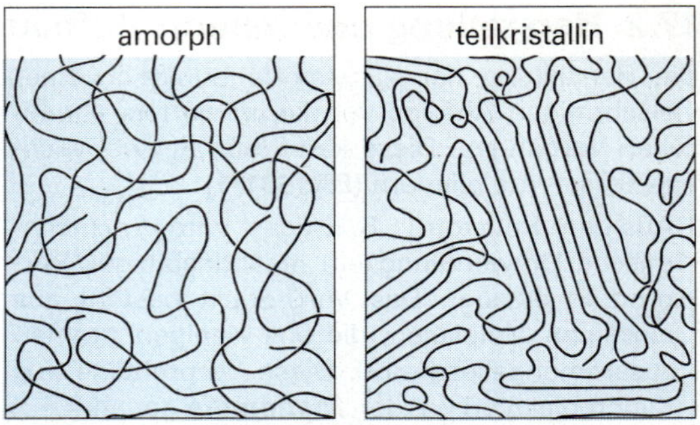

Bild 132/1: Anordnungsmöglichkeiten der fadenförmigen Makromoleküle

Polykondensation

Bei der Polykondensation verbinden sich Moleküle zweier verschiedenartiger Monomere zu Makromolekülen unter Abspaltung eines niedermolekularen Stoffes, wie z. B. Wasser H_2O oder Ammoniak NH_3.
Beispiel: die Bildung von Polyesterharz*:

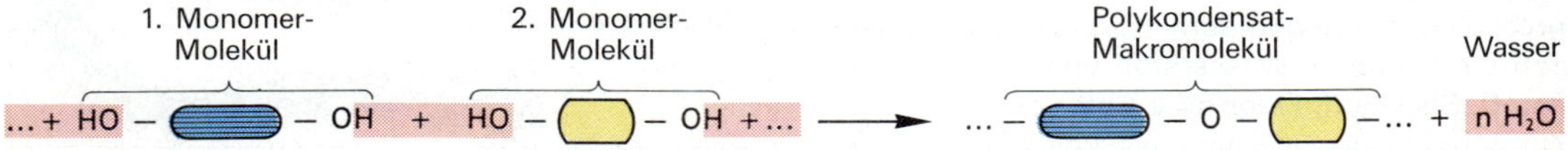

Es entstehen fadenartige Makromoleküle. In dieser Vorform ist Polyesterharz flüssig.

Durch Zugabe eines Härters bei der Ur-Formgebung vernetzen die Makromoleküle dreidimensional untereinander und bilden einen starren Verband **(Bild 132/2).** Das Harz ist dann ausgehärtet und ein harter, nicht mehr erweichbarer Kunststoff.

Bei Erwärmung verändern diese Kunststoffe ihren Zustand nur unmerklich und behalten den starren Zustand bis zur Hitzezersetzung bei.

Kunststoffe, die durch Polykondensation entstehen, nennt man **Polykondensate.**

Polykondensate sind: Polyesterharz, Polyamid, Formaldehydharze wie Phenolharz, Harnstoffharz usw.

Bild 132/2: Räumliche Verknüpfung der vernetzten Makromoleküle

Polyaddition

Bei der Polyaddition verbinden sich gleiche oder verschiedenartige Monomermoleküle ohne Abspaltung eines Nebenproduktes zu Makromolekülen
Beispiel: die Bildung von Polyurethan*

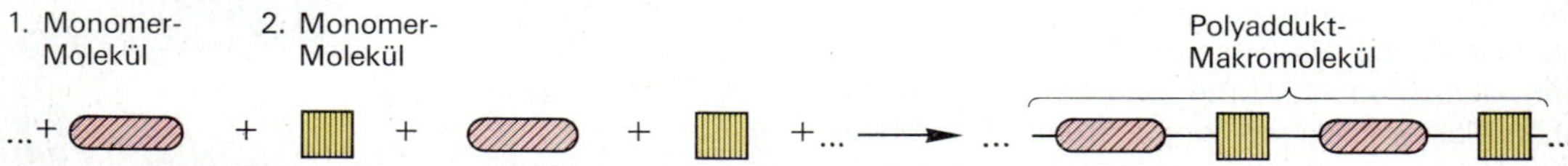

Es entstehen fadenartige Makromoleküle. In dieser Vorform ist Polyurethanharz flüssig.

Bei der Urformgebung wird ein Härter zugegeben. Dadurch vernetzen die fadenartigen Makromoleküle zu einem räumlichen Netzwerk. Je nach Reaktionsbedingungen entstehen engmaschig oder weitmaschig vernetzte Makromoleküle.

Kunststoffe, die durch Polyaddition entstanden sind, heißen **Polyaddukte** (z. B. Polyurethanharze, Epoxidharze).

* Die Symbole in den chemischen Formeln stehen für kompliziert gebaute Molekülanteile.

17.3 Technologische Einteilung

Für den Kunststoff-Verarbeiter ist das Festigkeitsverhalten, insbesondere auch bei Erwärmung, die wichtigste Eigenschaft der Kunststoffe. Deshalb unterteilt man die Kunststoffe nach ihrem Festigkeitsverhalten in drei Gruppen: Thermoplaste, Duroplaste und Elastomere.

Die Festigkeit wird im wesentlichen vom inneren Aufbau, der Struktur der Kunststoffe, bestimmt.

Thermoplaste

Die Thermoplaste bestehen aus fadenförmigen, nicht vernetzten Makromolekülen **(Bild 133/1)**. Bei Raumtemperatur sind sie biegsam oder hart. Bei Erwärmung auf 100 °C werden sie weich und leicht umformbar, bei weiterer Erwärmung teigig und schließlich flüssig. Bei Abkühlung werden sie wieder fest und hart.

Thermoplaste sind warm umformbar und schweißbar.

Bei zu starker Erwärmung zersetzen sich die Thermoplaste.

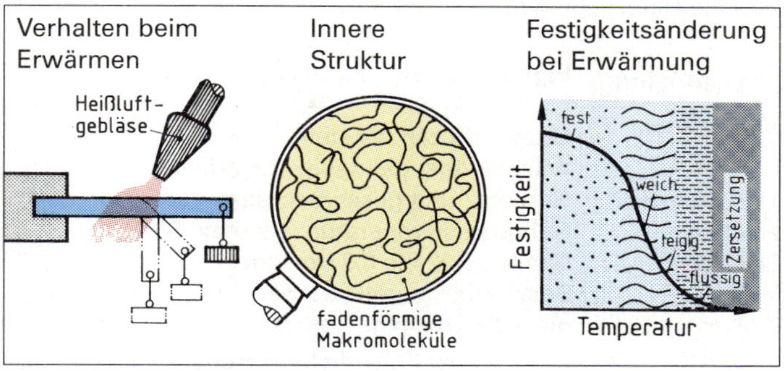

Bild 133/1: Thermoplaste

Duroplaste

Die Duroplaste bestehen im Fertigzustand aus engmaschig vernetzten Makromolekülen **(Bild 133/2)**. Sie sind bei Raumtemperatur fest und hart und verändern ihre mechanischen Eigenschaften bei Erwärmung nur geringfügig, da die Vernetzungsstellen keine Verschiebung der Makromoleküle zulassen. Sie erweichen nicht und werden nicht flüssig. Bei zu starker Erwärmung zersetzen sie sich, ohne vorher weich zu werden.

Duroplaste sind nicht warm umformbar und nicht schweißbar.

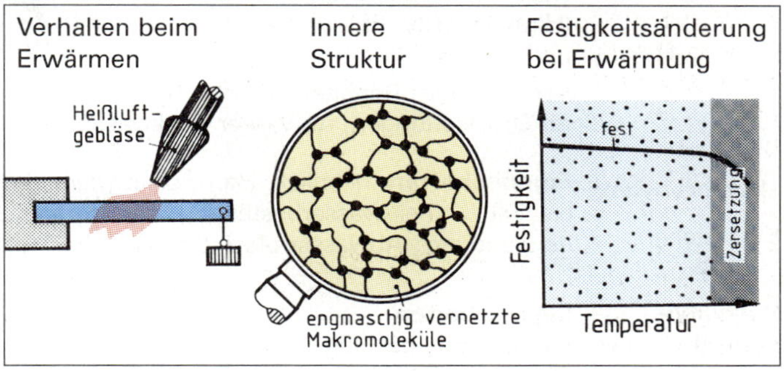

Bild 133/2: Duroplaste

Elastomere

Die Elastomere, auch Elaste oder Gummi genannt, haben im Fertigzustand weitmaschig vernetzte Makromoleküle **(Bild 133/3)**. Durch äußere Krafteinwirkung können sie sich um mehrere hundert Prozent dehnen und nehmen nach Entlastung wieder ihre ursprüngliche Form an: diese Eigenschaft nennt man gummielastisch. Im Rohzustand sind die Elastomere nur wenig vernetzt. Sie können in diesem Zustand begrenzt warm umgeformt werden, vernetzen dabei weiter und sind danach nicht mehr umformbar.

Elastomere sind begrenzt warm umformbar, aber nicht schweißbar.

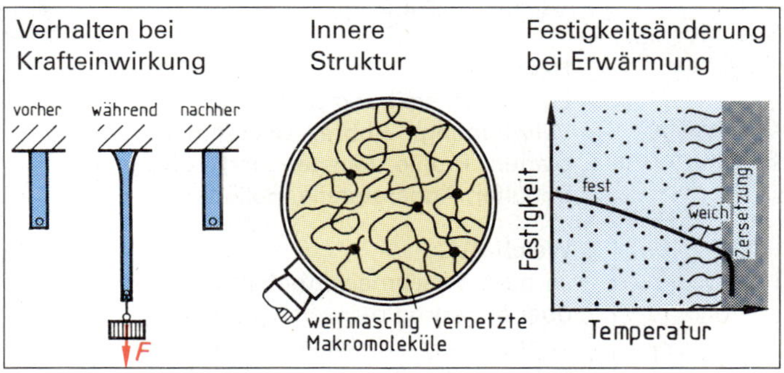

Bild 133/3: Elastomere

17.4 Thermoplaste

Die Thermoplaste sind mengenmäßig die Kunststoffgruppe mit der breitesten Verwendung. Das liegt vor allem an ihrer guten Verarbeitbarkeit (warm umformbar, schweißbar, leicht trennbar) und an der Vielzahl thermoplastischer Kunststoffsorten für fast jeden Anwendungsfall.

Die beiden Thermoplaste Polyethylen (PE) und Polyvinylchlorid (PVC) sind nicht nur im Bau- und Metallbereich, sondern allgemein die Kunststoffsorten mit dem größten Marktanteil. Sie werden vor allem als Halbzeuge und Fertigteile verwendet. Durch Warmumformen sowie Schweißen oder Kleben werden die Halbzeuge dann weiterverarbeitet.

Polyethylen

Kurzzeichen

PE

Handelsnamen:
Hostalen
Lupolen
Vestolen
Trolen
Supralen

Chemische Strukturformel

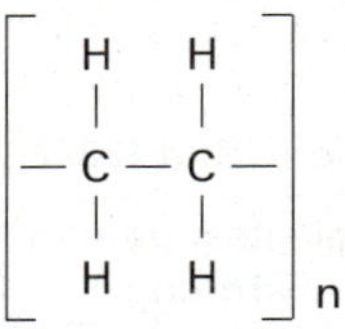

Eigenschaften: Farblos durchscheinend bis milchig weiß
Lederartig zäh bis steif
Wachsartige, gleitfähige Oberfläche
Geruchs- und geschmacksfrei
Gebrauchstemperatur: bis max. 80 °C
Dichte: 0,92 bis 0,97 kg/dm^3
Beständig gegen Säuren und Laugen, quillt durch einige Lösungsmittel

Es gibt zwei Polyethylensorten:

Weich-PE, auch Hochdruck-PE oder LDPE (**L**ow **D**ensity PE) genannt: es ist relativ weich bis lederartig zäh
Verwendung: Dichtungsbahnen, Schläuche, Folien

Hart-PE, auch Niederdruck-PE oder HDPE (**H**igh **D**ensity PE) genannt: es ist steif und zähhart.

Verwendung: Behälter, Öltanks, Rohre für Druckleitungen, Abwasser Trinkwasser.

Dichtungsbahnen (PE)

Schläuche (PE)

Behälter, Fässer (PE)

Abwasserrohre (PP)

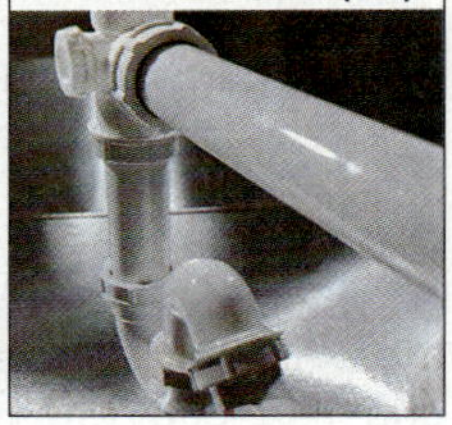

Polypropylen

Kurzzeichen

PP

Eigenschaften: Ähnlich Hart-Polyethylen, jedoch formbeständig in heißem Wasser bis 100 °C (heißwasserbeständig), sehr formstabil, glatte Oberfläche.
Verwendung: Abwasserrohre, Gehäuse, heißwasserbeständige Küchengeräte-Gehäuse.

Polyvinylchlorid

Kurzzeichen

PVC

Handelsnamen:
Vinoflex
Hostalit
Vinnol
Vestolit
Trosiplast

Chemische Strukturformel

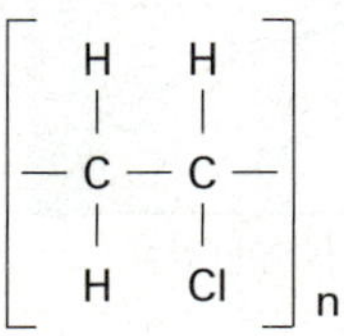

Eigenschaften:
Farblos, durchsichtig
Dichte: 1,35 kg/dm^3
Gebrauchstemperatur: bis 65 °C

PVC wird in zwei Sorten angeboten:
ohne Zusätze als Hart-PVC
sowie das mit Weichmachern weichgemachte Weich-PVC

Hart-PVC
Es ist hart, steif und zähhart
Verwendung: Rohre, Dachrinnen, Wellplatten, Profile, Fenster- und Türrahmen, Behälter, Apparateteile, Rolläden

Weich-PVC
Je nach Weichmachergehalt von halbhart über lederartig bis weichgummiartig
Verwendung: Schläuche, Abdichtungsbahnen, Handläufe, Fugenbänder, Kunstleder, Fußbodenbeläge

Fensterrahmen

Hausentwässerungsleitungen

Dachrinne

Rolläden

Acrylglas

Kurzzeichen
PMMA
(**Poly**methyl-
methacrylat)
Handelsnamen:
Plexiglas, Resarit

Eigenschaften: Farblos und glasklar, lichtecht, durchlässig für ultraviolettes Licht, Oberflächenglanz.
Hart und zäh, unzerbrechlich.
Beständig gegen Bewitterung, verd. Säuren, Laugen, Salzlösungen, Öl, Benzin.

Verwendung: Schutzgläser, Lichtkuppeln, Badewannen, Waschbecken, Wellplatten.

Schutzglas
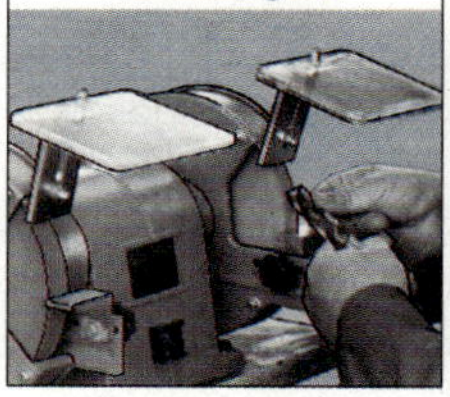

Lichtkuppel

Polystyrol

Kurzzeichen
PS
Handelsnamen:
Polystyrol, Vestyron, Hostyren, Styropor, Styrodur, Styrofoam

Eigenschaften: Farblos, durchsichtig, mit Oberfl.-Glanz, Dichte 1,05 kg/dm^3.
Hart und spröde, splittert beim Bruch.
Beständig gegen verdünnte Säuren und Laugen; unbeständig gegen Lösungsmittel; leicht brennbar.
Polystyrol-Hartschaum: Dämmaterial für Wärme, Kälte und Schall sowie als Verpackungsmaterial und Drainageplatten.

Arbeitshelm aus ABS-Styrol

Dämmplatten aus PS-Hartschaum

Polystyrol-Copolymerisate

Handelsnamen:
Luran, Vestodur, Hostyren

Reines Polystyrol ist spröde und hat deshalb nur begrenzte Anwendungsmöglichkeiten. Durch Beimischen von anderen Kunststoff-Vorprodukten zum Ausgangsstyrol kann vor allem die Sprödigkeit des reinen Polystyrols überwunden werden. Diese sogenannten Styrol-Copolymerisate nennt man auch **schlagfestes Polystyrol**. Je nach verwendeter Beimischung bezeichnet man sie als SAN-Styrol, SB-Styrol, ABS-Styrol.

Verwendung: Gehäuse, Leuchtenabdeckungen, Schutzhelme, Rohre.

Polyamide

Kurzzeichen
PA
Handelsnamen:
Ultramid, Vestamid, Trogamid, Durethan, Zytel, Perlon, Nylon

Eigenschaften: Milchig weiß, glatte, abriebfeste Oberfläche.
Hart u. zäh, beständig gegen schwache Säuren, Salzlösungen, Lösungsmittel.

Verwendung: Beschläge, Profile, Zahnräder, Schrauben, Kettenglieder, Dübel, Scharniere, Schutzhelme.

Polyamid läßt sich zu Fasern verspinnen.

Verwendung: Seile, Gewebe.

Dübelhüllen
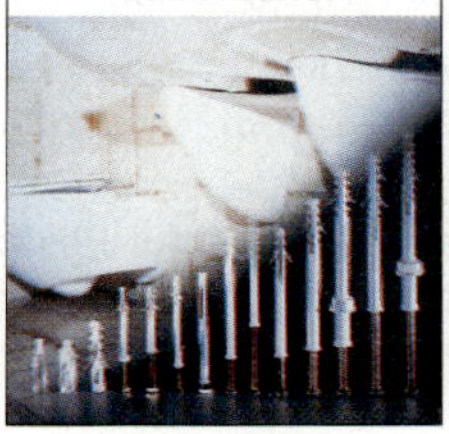

Winkelschleifer-Gehäuse

Polycarbonate

Kurzzeichen
PC
Handelsnamen:
Makralon, Lexan

Eigenschaften: Glasklar mit glänzender Oberfläche, hohe Festigkeit.
Hart-elastisch, schlagzäh, unzerbrechlich
Beständig gegen Bewitterung sowie schwache Säuren und viele Lösungsmittel. Schwer entflammbar.

Verwendung: Bruchsichere Verglasungen, Duschkabinen, Werkzeuggriffe.

Sporthallen-Verglasungen

Werkzeuggriffe

Polytetrafluorethylen

Kurzzeichen
PTFE
Handelsnamen:
Teflon, Hostaflon TF, Fluon

Eigenschaften: Milchig weiß, wachsartige, gleitfähige Oberfläche, wasser- und klebstoffabweisend, hartgummiartig, zäh, abriebfest.
Äußerst chemikalienfest, auch gegen Lösungsmittel, temperaturbeständig von −200 °C bis +260 °C.

Verwendung: Temperaturbeständige Beschichtungen, Dichtungen, Trennmittel, Auskleidungen.

Beschichtung eines Schweißkeils

Chemierohrleitungs-Auskleidung

17.5 Duroplaste

Die duroplastischen Kunststoffe sind entweder als Fertigteil im Gebrauch, z. B. als Gehäuse, Platten, Formteile usw., oder gelangen als flüssiges oder pulverförmiges Vorprodukt, z. B. als Gießharz, Kleber, Lack oder Dichtungsmasse zum Verarbeiter.

Die Vorprodukte bestehen aus unvernetzten Makromolekülen, die durch Zugabe eines Härters oder unter Druck und Hitze engmaschig vernetzen und damit ihre endgültige, feste Gestalt erhalten. Diesen Vorgang nennt man **Aushärten** und die duroplastischen Kunststoffe auch **aushärtbare Kunststoffe**.

Bei den Duroplast-Fertigteilen erfolgt die Aushärtung bereits bei der Urformgebung. Sie können danach nicht mehr umgeformt und nicht geschweißt werden.

Wegen des meist harzartigen Aussehens der Duroplast-Vorprodukte nennt man die Duroplaste auch **Harze**.

Formaldehydharze
Phenolharz PF
Harnstoffharz UF
Melaminharz MF

Eigenschaften: Farblos bis gelbbraun
Hart und spröde
Dichte: 1,25 kg/dm^3
Beständig gegen schwache Säuren, Laugen und Lösungsmittel.

Verwendung: In reiner Form als Bindemittel (Leim) und Lackrohstoff.

Spanplatten

Elektrobauteile

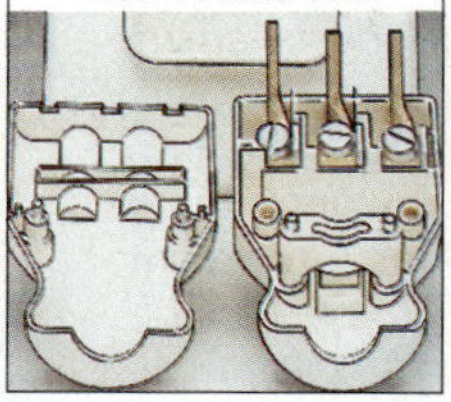

Als Konstruktionswerkstoff können die reinen Formaldehydharze nicht verarbeitet werden, da sie zu spröde sind. Sie werden im Verbund mit anderen Werkstoffen verarbeitet, so z. B. als Bindemittel mit Holzschnitzeln zu Spanplatten verpreßt, mit Gesteinsmehl zu Preßmassen für Elektrobauteile geformt, mit Holzschichten zu Sperrholz verleimt, mit Papierlagen zu Möbelbeschichtungen verklebt usw.

Ungesättigtes Polyesterharz

Kurzzeichen
UP
Handelsnamen:
Leguval, Palatal, Vestopal, Aerolyte

Eigenschaften: Farblos, glasklar
Hart und meist spröde
Gut vergießbar, gute Haftfähigkeit.

Verwendung: Als Klebstoff (Zweikomponenten-Kleber) u. für Schnellhärtlacke.
Als Bindemittel für Preßmassen, Schichtpreßstoffe, schnellhärtenden Mörtel.
Als Bindeharz für glasfaserverstärkte Kunststoffteile (GF-UP).

Haustür-Vordach aus GF-UP

Bauprofile

Epoxidharz

Kurzzeichen
EP
Handelsnamen:
Epoxin, Araldit, Lekutherm, Epikote, Beckopox

Eigenschaften: Farblos bis honiggelb
Hart, zäh, gut vergießbar. Gute Klebefähigkeit, chemikalienbeständig.

Verwendung: Als Lack, Gießharz und Zweikomponenten-Kleber.
Als Bindemittel für Kunstharzmörtel und Kunstharzbeton sowie als Bindung für glasfaserverstärkte Kunststoff-Bauteile (GF-EP).

Heizöltanks aus glasfaserverstärktem EP

Zweikomponentenkleber aus EP

Polyurethanharz

Kurzzeichen
PUR
Handelsnamen:
Baydur, Bayflex, Desmodur, Vulkollan, Moltopren, Desmocoll

Eigenschaften: Honiggelb, durchsichtig
Gute Klebefähigkeit.
Je nach Vernetzungsgrad: hart und zähelastisch bis weich und gummielastisch.

Verwendung: Als Lack, Gießharz, Kleber, Konstruktionswerkstoff für Gehäuse, Rollen usw.
Als Spachtel- und Fugenvergußmasse.
Als Hartschaumstoff (Isolierung) und Weichschaumstoff (Polsterung).

Bohrmaschinengehäuse aus PUR

Rohrisolierung aus PUR-Hartschaum

Siliconharze

Kurzzeichen
SI
Handelsnamen:
Silicone,
Baysilon

Eigenschaften: Milchig weiß
Wasser- und klebstoffabweisend
Je nach Herstellung fest und steif bis weich und gummielastisch, einsetzbar zwischen −50 °C bis +180 °C
Chemikalienbeständig.

Verwendung: Wasserabweisende Schutzanstriche und Imprägnierungen, Dichtungen, Gießformen für Kunstharze.

Fassaden-Imprägnierung

Dichtungen Gleitteile

17.6 Elastomere (Elaste, Gummi, Kautschuk)

Die Elastomere, in der Umgangssprache meist Gummi genannt, werden sowohl zu Fertigteilen geformt sowie auch als pastenförmige Vorprodukte, z. B. in Form von Fugenfüllmasse, verwendet.

Naturgummi wird nur noch für Spezialzwecke verwendet. Die heute gebräuchlichsten Elastomere sind synthetische Elastomere, wie z. B. Butadienkautschuk, Ethylen-Propylen-Kautschuk oder Chloroprenkautschuk.

Butadienkautschuk

Kurzzeichen
SBR, NBR
Buna S

Eigenschaften: Gelb bis dunkelbraun, meist mit Ruß schwarz eingefärbt.
Hart- bis weichelastisch, abriebfest.

Verwendung: Fahrzeugreifen, Gummihämmer, Puffer, Schläuche, Dichtungen.

Fahrzeugreifen

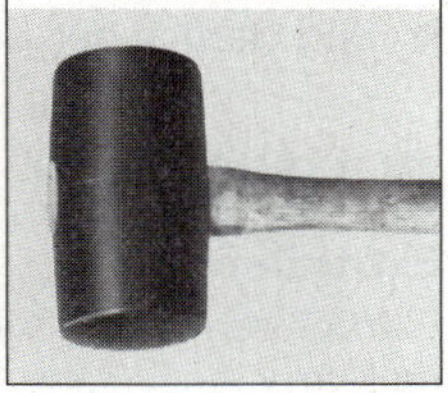
Gummihammer

Ethylen-Propylen-Kautschuk

Eigenschaften: Durchsichtig bis milchig.
Verwendung: Profildichtungen.

Chloroprenkautschuk

Kurzzeichen
CR
Handelsnamen:
Neopren, Perbunan C, Baypren

Eigenschaften: Dunkelbraun, meist schwarz eingefärbt.
Witterungs- und chemikalienbeständig, wenig wärmeempfindlich, reißfest.

Verwendung: Profildichtungen für Fenster und Türen, Fugenbänder, Folien.
Basisrohstoff für Klebstoffe.

Fensterrahmen-Profildichtung

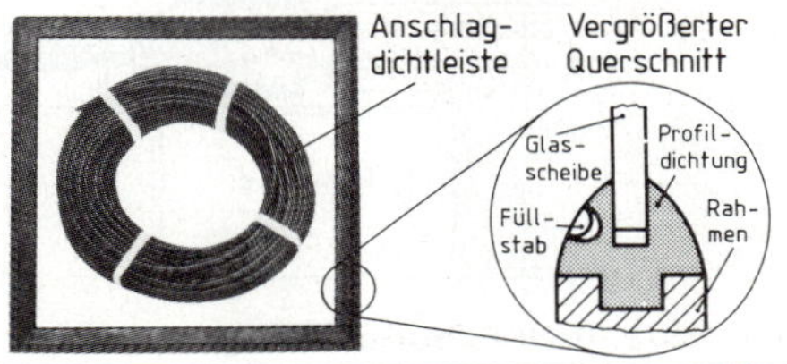

Siliconkautschuk

Kurzzeichen
SIR
Handelsnamen:
Baysilon, Silopren, Silicone, Silastic

Eigenschaften: Durchsichtig bis milchig weiß, geruchs- und geschmacklos.
Wasser- und klebstoffabweisend, glatte Oberfläche.
Gute Wärmebeständigkeit zwischen −50 °C bis +180 °C.

Verwendung: Fugendichtungsmassen und -bänder, Abformmassen, Schläuche, Dichtungen, Elektroisolierungen.

Fugendichtungsband

Fugendichtmasse

Weich-PVC
Weich-PUR
Polyisobutylen
Fluorkarbonkautschuk

Einige der thermoplastischen und duroplastischen Kunststoffe können durch chemische Behandlung weitmaschig vernetzt werden, so daß sie gummielastisch werden. Dazu gehören gummielastisches Weich-PVC (Handelsname: Vinoflex), Weich-Polyurethan (Handelsname: Adiprene, Desmopan, Urepan, Vulkollan), Polyisobutylen (Handelsnamen: Oppanol, Vistanex) und Fluorkarbonkautschuk (Handelsname: Viton). Jeder dieser Elastomere hat spezifische Eigenschaften und besondere Anwendungen.

Eine umfassende Übersicht über die Kunststofftypen, deren Eigenschaften und Anwendungsmöglichkeiten sowie Kunststoff-Halbzeuge und -Formmassen befindet sich im Tabellenteil, Seite 256 und 259.

17.7 Bestimmen der Kunststoffart

Das Zuordnen eines unbekannten Kunststoffs zu einer Kunststoffart erfolgt durch Ermitteln bestimmter Eigenschaften des unbekannten Kunststoffs und Vergleich mit Tabellen, in denen die Erkennungsmerkmale der gebräuchlichsten Kunststoffe aufgetragen sind (Tabellenteil Seite 260).

Als einfach zu bestimmende Erkennungsmerkmale verwendet man:

- das Aussehen (ungefärbt) und die Oberflächenbeschaffenheit, z. B. weiß, milchig, durchsichtig; glatt, wachsartig, glänzend
- die allgemeinen mechanischen Eigenschaften, z. B. weich, hart, zäh, spröde, gummiartig, steif
- das Verhalten der Probe bei langsamem Erhitzen im Glühröhrchen **(Bild 138/1)**, z. B. schmilzt, zersetzt sich
- die Reaktion der Schwaden, z. B. sauer, alkalisch
- das Brennverhalten in kleiner Flamme **(Bild 138/2)**, z. B. nicht entzündbar, brennt in der Flamme, brennt heftig weiter
- den Geruch der Schwaden.

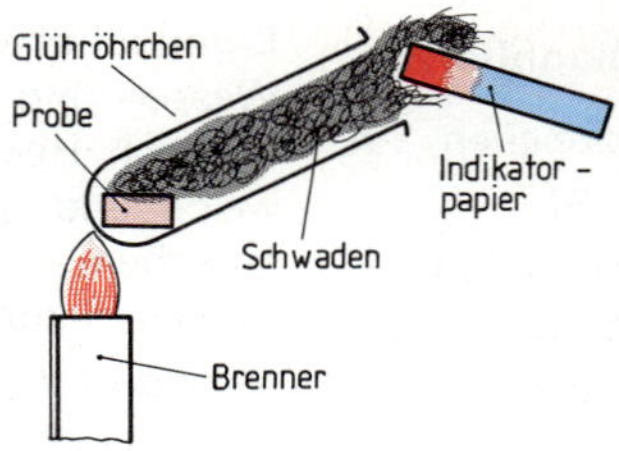

Bild 138/1: Langsames Erhitzen

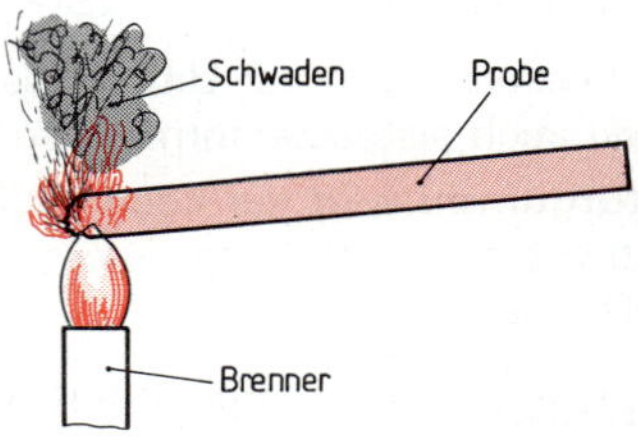

Bild 138/2: Brenn-Prüfung

17.8 Halbzeug- und Fertigteile-Herstellung (Urformen)

Extrudieren

Extrudieren ist das vielseitigste Urformverfahren für Thermoplaste sowie nicht vernetzte Elastomere. Eine Extrusionsanlage besteht aus dem Extruder sowie einer Reihe von Zusatzeinrichtungen **(Bild 138/3)**.

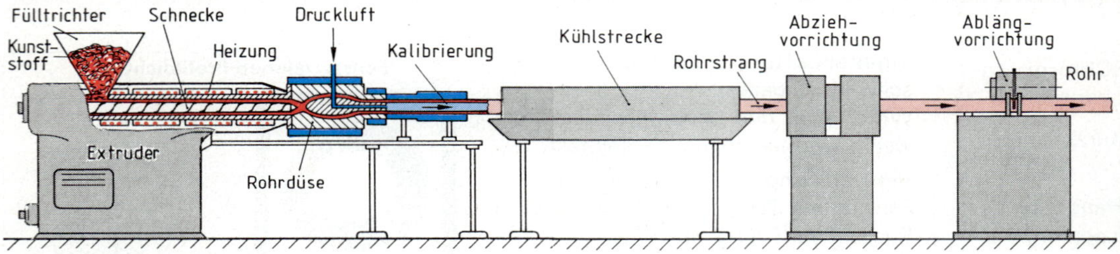

Bild 138/3: Rohr-Extrusionsanlage

Der Extruder ist eine stetig arbeitende Schneckenstrangpresse mit einem vorgesetzten Formwerkzeug. Die im Extruder erwärmte, teigige Kunststoff-Formmasse wird von der langsam rotierenden Schnecke fortlaufend durch das Formwerkzeug gepreßt und tritt als Endlosstrang aus. In einer nachgeschalteten Kühlstrecke erstarrt es.

Durch Extrudieren werden Rohre, Stäbe, Tafeln, Profile und Bahnen hergestellt.

Extrusionsblasen

Hohlkörper, wie Fässer, Tanks und Kanister werden durch Extrusionsblasen in einem mehrschrittigen Arbeitszyklus gefertigt **(Bild 138/4)**: Ein aus einem Extruder austretendes, noch warmes und plastisch formbares Kunststoff-Schlauchstück wird in eine Hohlform geführt ①. Nach Schließen der Hohlform bläst Druckluft das Schlauchstück auf und preßt es an die gekühlte Hohlformwand, so daß es seine Form annimmt und erstarrt ②. Dann öffnet die Hohlform und stößt das fertige Bauteil aus ③. Danach beginnt ein neuer Arbeitszyklus.

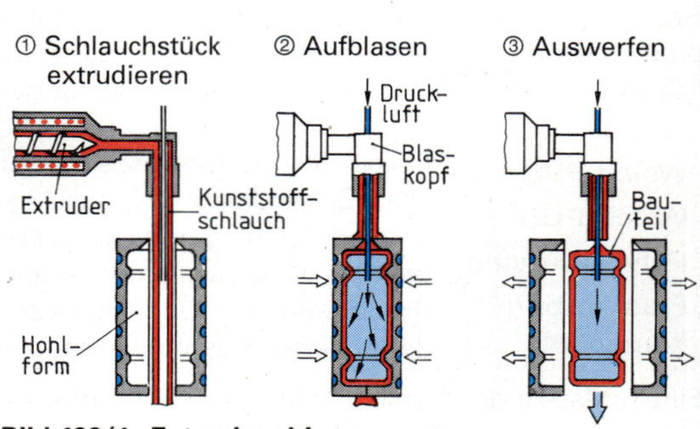

Bild 138/4: Extrusionsblasen

Folien werden durch **Folienblasen** hergestellt: Ein aus einem Extruder austretender, dünner, plastisch formbarer Kunststoffschlauch wird zu einem dünnwandigen Foliensack aufgeblasen. Dabei kühlt sich die Folie ab, erstarrt und wird fortlaufend aufgewickelt.

Kalandrieren

Kalandrieren, das heißt Auswalzen, ist das bevorzugte Herstellungsverfahren für Tafeln, Dichtungsbahnen und dicke Folien aus thermoplastischen Kunststoffen **(Bild 139/1)**.

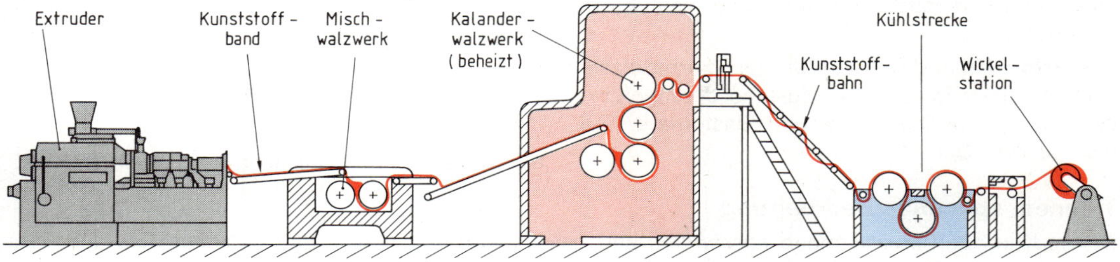

Bild 139/1: Kalandrieranlage

Die Kunststoff-Formmasse wird in einem Extruder durch Erwärmen plastifiziert und als formbares Band zuerst einer Mischwalze und dann einem Kalander-Walzwerk zugeführt. Dort wird es in mehreren Walzschritten auf die gewünschte Dicke gewalzt. Durch abschließendes Durchlaufen einer Prägewalze kann eine Oberflächenstruktur (Prägung) aufgebracht werden.

Spritzgießen

Beim Spritzgießen wird die Thermoplast-Formmasse im Zylinder einer Spritzgußmaschine erwärmt und plastifiziert **(Bild 139/2)**.

Zu Beginn des Fertigungszyklus fährt die Extruderschnecke in Richtung Werkzeug und spritzt die formbare Kunststoffmasse mit großer Geschwindigkeit in die gekühlte Hohlform eines zweiteiligen Werkzeugs. Dort erstarrt die Formmasse. Die Extruderschnecke fährt inzwischen in die Ausgangsstellung zurück. Anschließend öffnet das Werkzeug und wirft das fertige Bauteil aus. Dann schließt das Werkzeug und es beginnt ein neuer Fertigungszyklus.

Durch Spritzgießen werden Formteile, wie Eimer, Gehäuse, Zahnräder, Beschläge usw., hergestellt.

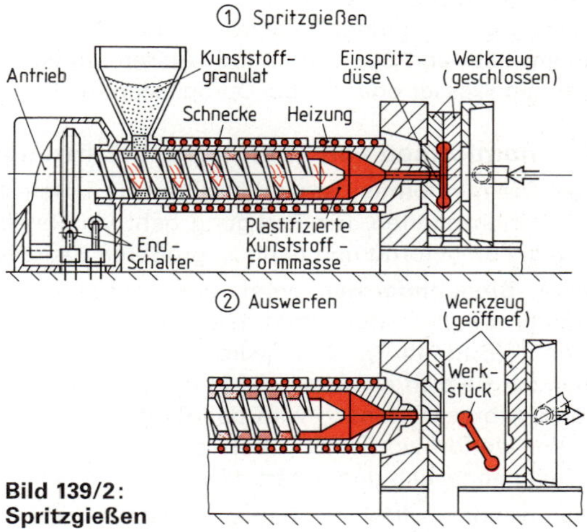

Bild 139/2: Spritzgießen

Formpressen

Durch **Formpressen** werden duroplastische und elastomere Kunststoffe sowie mit Füllstoffen vermischte Kunststoff-Formmassen zu Formteilen, wie Gehäusen, Beschlägen, Dichtungen usw. verarbeitet. Der Formvorgang verläuft in drei Arbeitsschritten **(Bild 139/3)**. Zuerst wird eine abgemessene Portion vorgewärmter Kunststoff-Formmasse, der Härter beigegeben ist, in den Formhohlraum gefüllt ①. Vom heruntergehenden Stempel wird die Masse in die Form gedrückt und härtet an den heißen Hohlraumwänden aus ②. Ein Auswerfer stößt das Formteil aus ③. Dann beginnt ein neuer Fertigungszyklus.

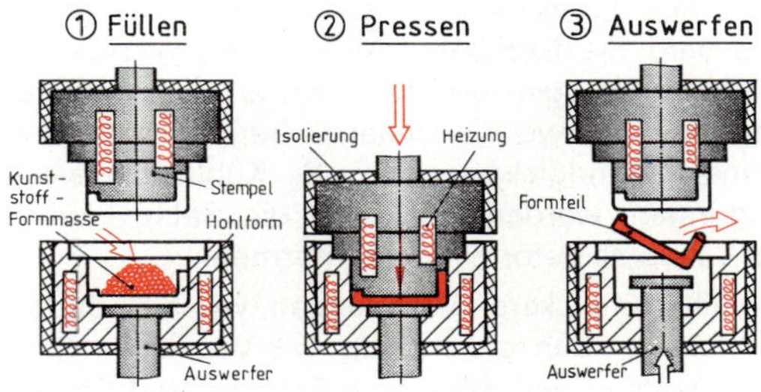

Bild 139/3: Formpressen

17.9 Weiterverarbeitung der Halbzeuge

Die Verarbeitungsmöglichkeiten der Kunststoffe sind vom Kunststofftyp sowie von der Temperatur abhängig. Beispiel Hart-PVC: **(Bild 140/1)**

Umgeformt wird im thermoelastischen Zustand. Dieser Zustand tritt nur bei Thermoplasten auf, so daß nur sie umgeformt werden können. Duroplaste und vernetzte Elastomere sind nicht warm umformbar.

Das **Urformen** und **Schweißen** der Thermoplaste wird im thermoplastischen Zustand durchgeführt (Bild 140/1). Die Duroplaste und Elastomere sind nicht schweißbar.

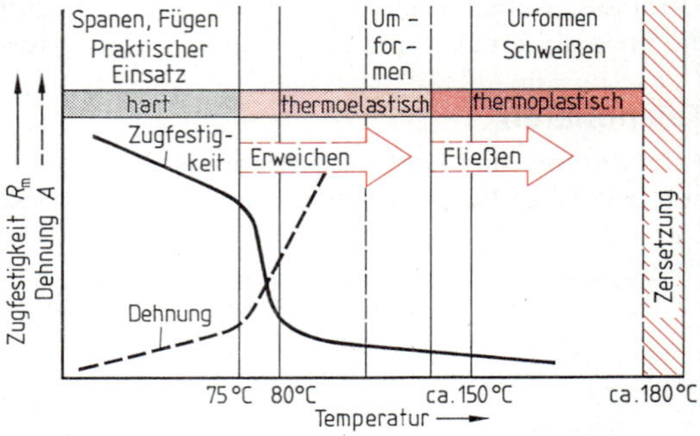

Bild 140/1: Verarbeitungsbereiche von Hart-PVC

Trennen, spanende Bearbeitung

Dünne Kunststofftafeln können *geschnitten* und *gelocht* werden. Dickere Stücke trennt man durch *Sägen.* Platten aus hartsprödem Kunststoff, wie Polystyrol, lassen sich durch *Ritzen* wie Glas *brechen.*

Halbzeugabschnitte und Fertigteile aus Kunststoff können durch *Feilen, Sägen, Raspeln* und *Schaben* von Hand spanend nachbearbeitet werden. Dazu sind besonders geformte Werkzeuge zu benutzen.

Für die maschinelle spanende Bearbeitung eignen sich nur harte Kunststoffe. Sie können *gebohrt, gehobelt, gedreht, gerieben, gesägt* und *gefräst* werden. Beim Zerspanen der Kunststoffe muß berücksichtigt werden, daß sie eine wesentlich geringere Wärmeleitfähigkeit als Metalle besitzen und deshalb die beim Spanen entstehende Wärme schlecht abgeleitet wird. Einzuhalten sind eine hohe Schnittgeschwindigkeit, geringer Vorschub und eine besondere Schneidengeometrie der Werkzeuge (große Spanwinkel und Spankammern). Außerdem ist für ausreichende Kühlung zu sorgen: bei Thermoplasten mit Wasser oder Öl, bei Duroplasten mit Preßluft. Richtwerte im Tabellenteil, Seite 261.

Warmumformen von Thermoplast-Halbzeugen

Das Warmumformen ist ein Verfahren zur Herstellung meist großformatiger Bauteile aus thermoplastischen Kunststoffen. Die Fertigung geht von Tafeln, Hartfolien, Stangen, Profilabschnitten und Rohren aus, die umgeformt und dann zu größeren Bauteilen gefügt werden.

Beim **Biegeumformen** wird der Halbzeugabschnitt zuerst in der Umformvorrichtung eingespannt **(Bild 140/2).** Dann wird er im umzuformenden Bereich erwärmt und in die gewünschte Form gebracht. Danach wird das Bauteil solange in der Umformvorrichtung belassen, bis es vollständig abgekühlt und erhärtet ist.

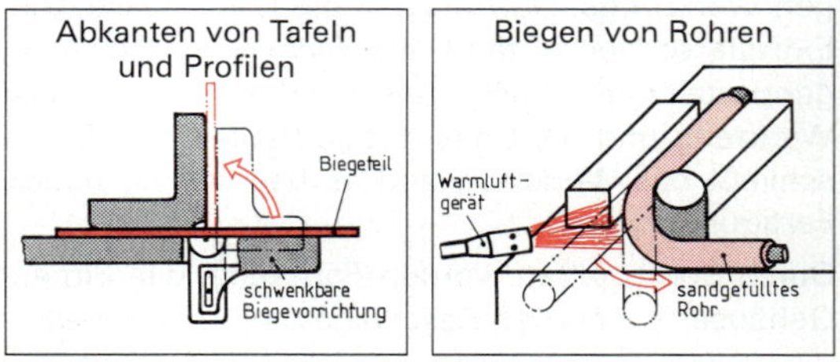

Bild 140/2: Biegeumformen von Halbzeug

Dünnwandige, flächige Bauteile werden durch **Zugumformen** bzw. **Zugdruckumformen** gefertigt **(Bild 140/3).** Eine erwärmte Tafel oder Hartfolie wird in ein Tiefziehwerkzeug eingespannt. Der Werkzeughohlraum ist über Kanäle an eine Vakuumpumpe angeschlossen. Bei Anlegen des Vakuums wird die formbare Tafel in den Werkzeughohlraum gezogen und legt sich an die gekühlte Wandung an, wo sie erstarrt. Gegenstände mit dünnen Wanddicken, wie z. B. Kühlschrankverkleidungen, werden nur durch die Saugwirkung des Vakuums geformt (Zugumformen).

Bauteile mit dickeren Wandungen, wie z. B. Badewannen, werden gleichzeitig mit Vakuum in die Form gesaugt und mit einem Stempel und Druckluft in die Form gepreßt (Zugdruckumformen).

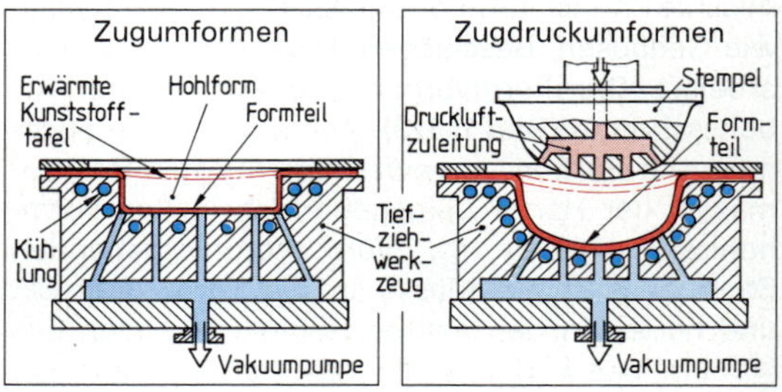

Bild 140/3: Vakuum-Umformen

17.10 Schweißen von Kunststoffen

Durch Schweißen können thermoplastische Kunststoffe gefügt werden. Dabei werden die zu verschweißenden Teile örtlich auf Schweißtemperatur erwärmt und mit oder ohne Zusatzwerkstoff verschweißt. Die verschiedenen Schweißverfahren unterteilt man nach der Erwärmungsart:

Warmgasschweißen

Das Warmgasschweißen erfolgt mit einem heißen Luftstrom, der im Schweißgerät von einem elektrischen Heizelement oder einer Gasflamme erzeugt wird (Schweißgeräte siehe Tabellenteil, Seite 262). Der aus dem Schweißgerät austretende, heiße Luftstrom erwärmt die Fügeflächen und den Schweißstab bis zum teigigen Zustand, so daß der Grundwerkstoff und der Zusatzwerkstoff unter leichtem Druck zusammenfließen. Der Zusatzwerkstoff wird entweder mit der Hand oder durch Vorrichtungen zugeführt. Dadurch ergeben sich mehrere Warmgas-Schweiß-Verfahren **(Bild 141/1).**

Durch Warmgasschweißen werden vor allem lange Nähte geschweißt. Die wichtigsten Schweißnahtformen sind die V-Naht, die X-Naht und die Kehlnaht (siehe Seite 262).

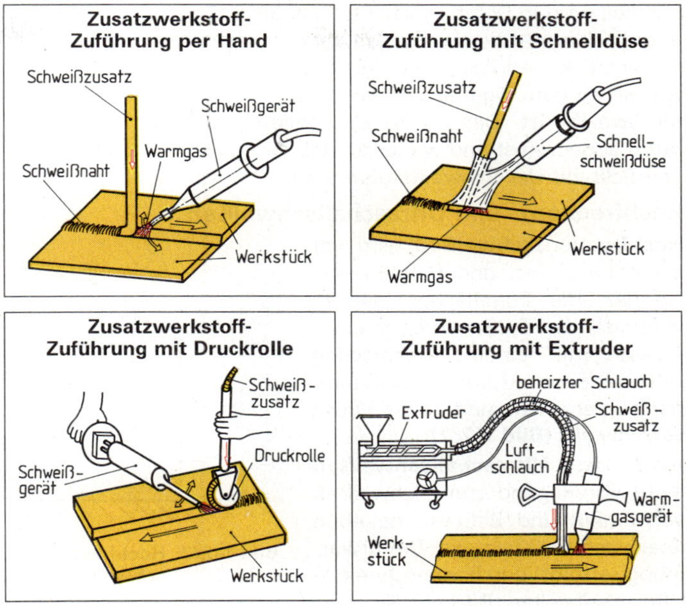

Bild 141/1: Warmgas-Schweißverfahren

Ein Warmgas-Schweißverfahren vor allem für dicke Schweißnähte, z. B. an Großbehältern, ist das Warmgas-Extrusions-Schweißen **(Bild 141/1).** Hierbei wird der Zusatzwerkstoff von einem kleinen, transportablen Extruder erwärmt und durch einen beheizten Schlauch zur Schweißnaht gepreßt.

Heizelementschweißen

Beim Heizelementschweißen werden die zu verbindenden Teile an den Fügeflächen mit einem Heizelement durch Anlegen bis zum teigigen Zustand erwärmt **(Bild 141/2).** Dann zieht man das Heizelement heraus und preßt die Teile sofort gegeneinander, so daß sie verschweißen.

Heizelementschweißen ist vielfältig anwendbar:

- zum *Stumpfschweißen* von Tafeln, Profilen und Rohren,
- zum *Abkantschweißen,*
- zum *T-Stoß-Schweißen* und *Überlappschweißen* von Tafeln,
- zum *Muffenschweißen,*
- zum *Heizkeilschweißen* von Kunststoffbahnen und Folien.

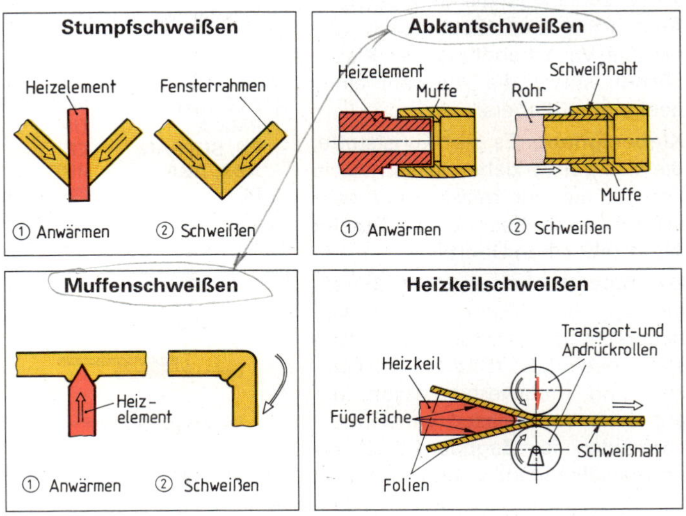

Bild 141/2: Heizelement-Schweißverfahren

Reibschweißen

Durch Reibschweißen verbindet man rotationssymmetrische Teile, wie Stangen und Rohre. Dazu werden die beiden zu verbindenden Teile in eine Drehmaschine oder besser eine Reibschweißmaschine eingespannt **(Bild 142/1).** Ein Fügeteil wird in Rotation versetzt (ca. 3000 1/min) und so lange rotierend gegen das stillstehende Gegenstück gedrückt, bis durch die Reibungswärme an den Fügeflächen die Schweißtemperatur erreicht ist. Dann wird das rotierende Teil rasch abgebremst und weiter an das stillstehende gedrückt, bis der Schweißstoß erstarrt ist.

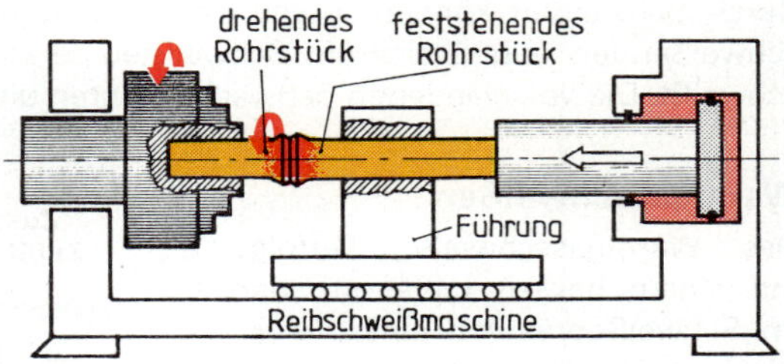

Bild 142/1: Reibschweißen

Hochfrequenz- und Ultraschallschweißen

Hochfrequenzschweißen wird vor allem für Folien und Bahnen verwendet. Die Fügeflächen der zu verbindenden Teile werden in einer Presse mit einem elektrischen Hochfrequenzfeld auf Schweißtemperatur erwärmt und unter Druck verschweißt **(Bild 142/2).**

Auch das **Ultraschallschweißen** dient vorwiegend zum Schweißen von Folien und Bahnen, daneben aber auch für Kleinteile. Die Erwärmung erfolgt durch energiereiche Ultraschallwellen **(Bild 142/3).**

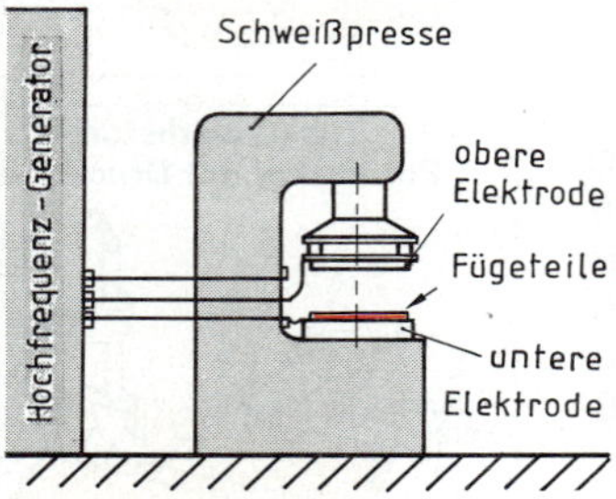

Bild 142/2: Hochfrequenzschweißen

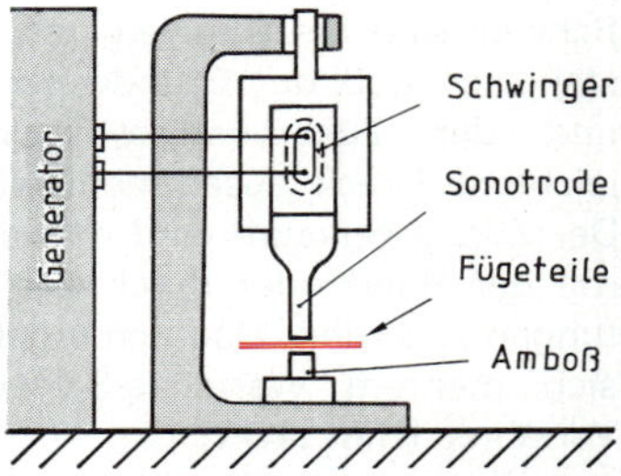

Bild 142/3: Ultraschallschweißen

Das für eine Schweißung zu wählende Verfahren hängt von der Kunststoffart und der Bauteilform ab. Hinweise zur Auswahl des geeigneten Schweißverfahrens befinden sich im Tabellenteil Seite 262.

17.11 Kleben von Kunststoffen

Die meisten Kunststoffe können durch Kleben untereinander oder mit anderen Stoffen fest verbunden werden.

Voraussetzung ist die klebegerechte Ausführung der Klebestellen, die richtige Vorbehandlung der Klebeflächen sowie die Auswahl eines geeigneten Klebers.

Klebeeignung. Es gibt Kunststoffe, die sich gut verkleben lassen sowie andere, die nur mäßig oder sehr schwer verklebbar sind. **Tabelle 142/1** gibt einen Überblick.

Tabelle 142/1: Klebeeignung der Kunststoffe

gut klebegeeignet		mäßig klebegeeignet	schwer klebbar
PVC-hart **PMMA** **PS, SB, SAN** **ABS, ASA** **PC**	**PF, UF, MF** **UP** **EP** **PUR** **Chloropren-Kautschuk**	**PVC-weich** **PA** **POM** **Butadien-Kautschuk**	**PE** **PP** **PTFE** **SI-Harz** **SI-Gummi**

Die **Belastbarkeit** einer Klebeverbindung wird zudem von der klebegerechten Gestaltung der Klebestelle beeinflußt **(Bild 142/4).** Günstig sind Klebeverbindungen, die auf Scherung belastet werden. Zu vermeiden ist Zugbeanspruchung und Schälbeanspruchung (S. 82).

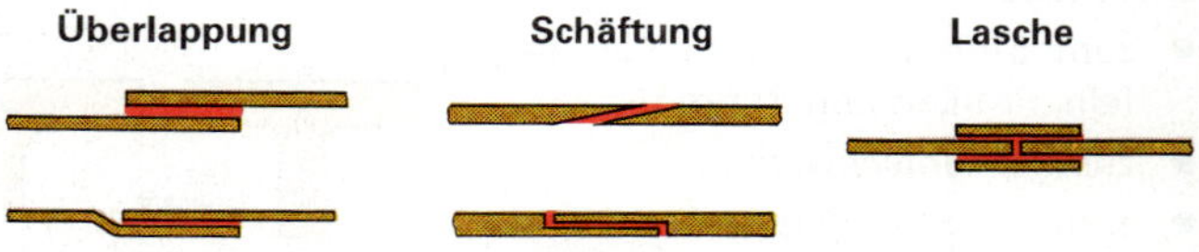

Bild 142/4: Günstige Gestaltung ebenflächiger Klebestellen

Eine ausführliche Übersicht über die Gestaltung von Klebestellen, die Vorbehandlung der Klebeflächen und geeignete Klebstoffe befindet sich im Tabellenteil, Seite 263 und 264.

17.12 Spezielle Anwendungen von Kunststoffen im Metallbau

Klebstoffe

Die Klebstoffe für stark belastbare Verklebungen haben als Rohstoffbasis synthetisch hergestellte Kunststoffe. Sie verbinden die Fügeflächen zweier Bauteile durch Flächenhaftung (Adhäsionskräfte) an den Grenzflächen von Klebstoff und Bauteil sowie durch ihre Eigenfestigkeit (Kohäsionskräfte) in der Klebstoffuge **(Bild 143/1)**.

Man unterteilt die Klebstoffe nach ihrer Zusammensetzung und Wirkungsweise:

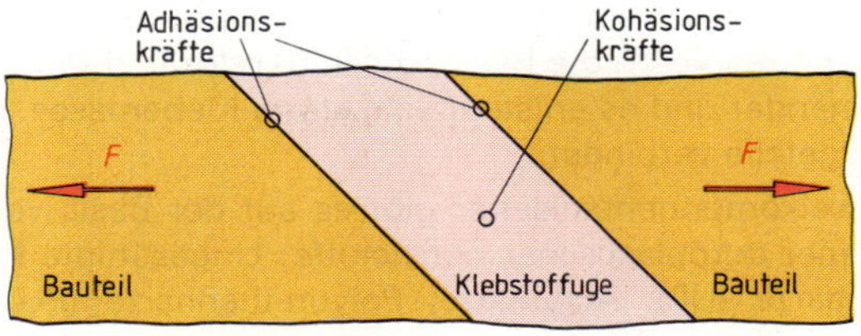

Bild 143/1: Klebe-Verbindung (schematisch)

Dispersionsklebstoffe bestehen im Verarbeitungszustand aus feinverteilten (dispergierten) Klebstoffteilchen in Wasser. Nach dem Klebstoffauftrag verdunstet das Wasser. Dadurch kommen die Klebstoffteilchen miteinander in Kontakt und verkleben untereinander und mit den Klebeflächen. Sie härten dann entweder physikalisch oder chemisch aus. Wird der Dispersionsklebstoff auf einem porösen Stoff (Mauerwerk, Holz) aufgebracht, so dringt er in die Poren ein und verklammert die beiden Fügeteile formschlüssig miteinander.

Dispersionsklebstoffe finden als Baukleber für saugfähige Baustoffe (Steine, Fliesen, Dämmplatten) sowie als Holzkleber (Handelsname in Kleinpackung z. B.: Ponal) Verwendung.

Sie können aus Polyvinylacetat (PVAC), Polyacrylsäureester oder synthetischem Kautschuk bestehen.

Lösungsmittelklebstoffe (Kleblacke) bestehen aus einem leicht verdunstbaren Lösungsmittel, in dem der Klebstoff gelöst ist. Nach dem Klebstoffauftrag verdunstet das Lösungsmittel, der zurückbleibende Klebstoff verbindet die Fügeflächen und härtet physikalisch oder chemisch aus. Lösungsmittelklebstoffe verwendet man zum Kleben von Papier (in Aceton gelöstet Cellulosenitrat, Handelsname z. B. Uhu) sowie zum Verbinden von anlösbaren Kunststoffen, wie z. B. PVC. Der Klebstoff enthält ein Lösungsmittel, das den Kunststoff anlöst und damit eine feste Klebeverbindung bewirkt.

Beispiel: Tetrahydrofuran-Klebstoffe zum Verkleben von PVC-Muffenrohren **(Bild 143/2).**

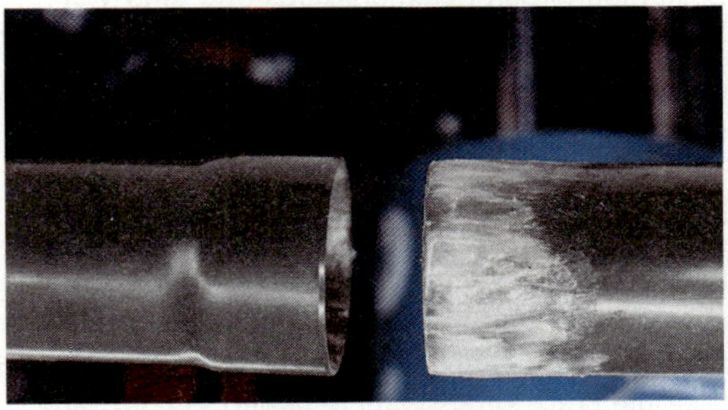

Bild 143/2: Verkleben von PVC-Muffenrohren mit Lösungsmittelklebstoff

Kontaktklebstoffe sind Lösungsmittelklebstoffe mit kautschukartigem Klebstoffanteil, wie z. B. Butadienkautschuk, Styrol-Butadien-Kautschuk, Chloroprenkautschuk, Nitrilkautschuk, Polyisobutylen. Der Klebstoff wird auf beide Fügeflächen dünn aufgetragen. Dann wartet man rund 15 Minuten, bis das Lösungsmittel abgedunstet ist. Danach werden die Fügeteile fest zusammengedrückt. Die Klebeverbindung hat sofort annähernd ihre endgültige Festigkeit. (Handelsnamen z. B. Pattex, Uhu allplast).

Kontaktklebstoffe verwendet man bevorzugt zum Verkleben von elastischen Kunststoff-Bauteilen sowie Schaumstoffen untereinander und mit anderen Werkstoffen, wie z. B. beim Einkleben von Dichtungsprofilen in Fensterrahmen.

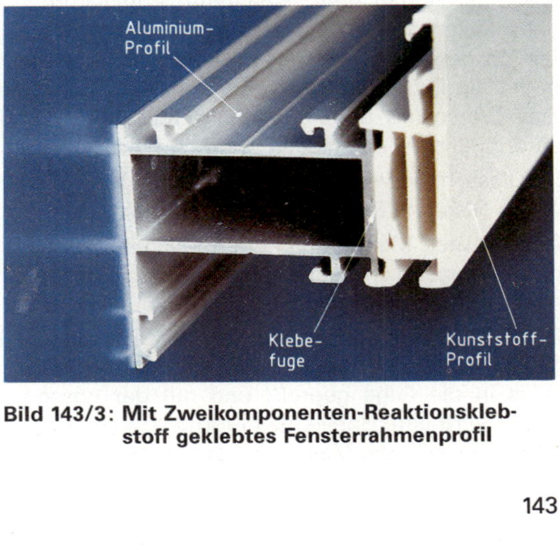

Bild 143/3: Mit Zweikomponenten-Reaktionsklebstoff geklebtes Fensterrahmenprofil

Zweikomponenten-Reaktionsklebstoffe bestehen aus zwei Bestandteilen (Komponenten), die unmittelbar vor dem Gebrauch zusammengemischt werden. Danach ist der Klebstoff eine begrenzte Zeit (Topfzeit) verarbeitbar. Dann reagieren die Bestandteile (Binder und Härter) miteinander und es entsteht eine starre Klebemasse, die die Fügeteile verbindet.

Zweikomponentenkleber gibt es auf der Basis verschiedener duroplastischer Kunststoffe: Ungesättigte Polyesterharze (UP), Acrylharze, Polyurethanharze (PUR) und Epoxidharz (EP).

Zweikomponenten-Klebstoffe sind Universalklebstoffe. Ihr bevorzugtes Einsatzgebiet ist die Verklebung von Metallteilen untereinander sowie mit anderen Werkstoffen **(Bild 144/1)**.

Handelsname für Kleinpackungen: Uhu plus, Henkel-Stabilit, Terotop, Scotch-Weld usw.

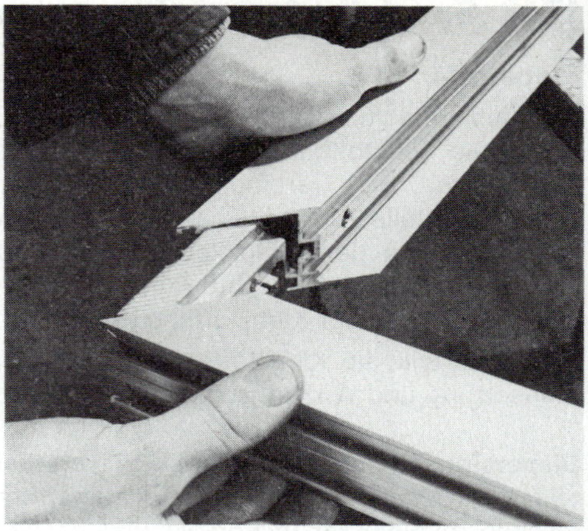

Bild 144/1: Kleben einer Fensterrahmen-Eckverbindung mit einem Reaktionsklebstoff

Einkomponenten-Reaktionsklebstoffe enthalten alle Bestandteile bereits fertig gemischt. Nach dem Klebstoffauftrag verdunstet das Lösungsmittel und die Aushärtung setzt durch chemische Reaktion mit dem Luftsauerstoff und/oder der Luftfeuchtigkeit ein. Einkomponenten-Reaktionsklebstoffe bestehen aus den Grundstoffen Cyanacrylat oder Cyanacrylsäureester (CY).

Einkomponenten-Reaktionsklebstoffe sind vielfältig verwendbar. Bevorzugte Anwendungsgebiete sind Verklebungen von Kunststoffen, Metallen und keramischen Bauteilen.

Die Einkomponenten- und Zweikomponenten-Reaktionsklebstoffe werden häufig auch als **Strukturklebstoffe** oder **Konstruktionsklebstoffe** bezeichnet.

Schmelzklebstoffe sind bei Raumtemperatur fest oder pastenartig. Zum Gebrauch müssen sie z. B. in einer Klebepistole erhitzt und dadurch geschmolzen werden, so daß sie aufgetragen werden können. Physikalisch härtende Schmelzkleber gibt es auf Basis Polyvinylbutyral (PVB) und Polyisobutylen (PIB), chemisch aushärtende Schmelzkleber auf Basis Epoxidharz (EP) und Phenol- oder Melaminharz.

Genauere Angaben über die klebegerechte Gestaltung, die Vorbehandlung der Klebeflächen sowie über die Klebstoffauswahl befinden sich im Tabellenteil, Seite 263 bis 265.

Fugendichtungsmassen

Fugendichtungsmassen haben die Aufgabe, Dehnfugen zwischen starren Bauteilen zu schließen. Sie bestehen aus einer reinen oder verstärkten Kunststoffmasse, die beim Füllen der Fuge pastenartig formbar ist und dabei fest an den Fugenwänden anklebt. Nach dem Abbinden bildet die Dichtmasse einen dauerelastischen, gummiartigen Verschluß der Fuge. Sie schützt die Bauteile vor eindringender Feuchtigkeit und Schmutz.

Im Glaserhandwerk nennt man den Fugenverschluß zwischen Glas und Rahmen **Versiegelungsmasse.**

Den größten Marktanteil haben Siliconmassen, daneben gibt es Fugendichtungsmassen auf Basis Polysulfid (SR), Acryl, Polyurethan (PUR) und Polyisobutylen (PIB).

Fugendichtungsmassen werden in Kartuschen geliefert **(Bild 144/2)**. Beim Verarbeiten werden sie mittels einer Düse in die Fuge gepreßt und mit der nassen Fingerkuppe wird eine Hohlkehle geformt. Durch die Luftfeuchtigkeit vernetzt die Masse im Laufe einiger Tage.

Bild 144/2: Fugendichtungsmasse

Kunstharze als Zusatz zu Putzen, Mörtel, Beton

Kunststoffe (Harze) werden mineralischen Putzen, Mörtel und Beton zugesetzt, um spezielle Baustoffe mit verbesserten Eigenschaften zu erzielen. So setzt man z. B. Mörtel- oder Zementkombinationen Kunstharz zu, um einen in wenigen Minuten abbindenden Schnellmörtel bzw. Schnellbeton zu erhalten. Sie werden bevorzugt bei der Montage von Stahlteilen an Betonbauteilen verwendet **(Bild 145/1)**.

Als beizumischende Kunstharze werden Ungesättigte Polyesterharze (UP), Epoxidharz (EP), Polyurethanharz (PUR) und Methacrylatharz (MMA) eingesetzt.

Bild 145/1: Montage mit Schnellmörtel

Flüssigkunststoffe für den Bauteil- und Bautenschutz

Der Schutz von Bauteilen und Bauten ist auf verschiedenartige Weise möglich **(Bild 145/2)**: Die **Imprägnierung** dient vor allem dem Schutz gegen Wasser, die **Einlaßgrundierung** soll einen guten Haftgrund für weitere Beschichtungen schaffen. Die **Versiegelung** soll eine porentiefe Abdichtung herstellen und die **Beschichtung** einen korrosionsschützenden und dekorativen Oberflächenschutz bewirken.

Kunststoff/Wasser-Dispersionen, auch Kunststoff-Latex genannt, dienen zum Bautenanstrich für innen und außen. **Alkydharzlacke** sind der gebräuchlichste Anstrichstoff für Bauteile aus Metallen. Für Spezialzwecke werden auch Polyurethan-, Epoxidharz-, Siliconharz- und Chlorkautschuklacke verwendet.

Genauere Angaben im Tabellenteil, Seite 251 bis 253.

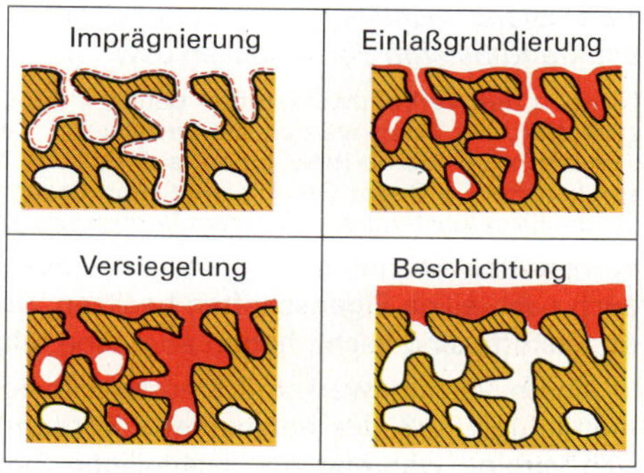

Bild 145/2: Oberflächenbehandlungsarten

Schaumstoffe

Schaumstoffe bestehen aus einem blasenartigen Kunststoffgerüst mit luftgefüllten Poren. Ihre Dichte beträgt nur 15 bis 50 kg/m³. Sie bestehen meist aus Polystyrol (PS) oder Polyurethan (PUR).

Harte Schaumstoffe (PS, PUR) besitzen geschlossenzellige Poren, sie sind steif und wenig verformbar. Ihr Hauptanwendungsgebiet ist der Wärme- und Trittschallschutz **(Bild 145/3)**.

Weich-elastische Schaumstoffe (PUR) sind offen- bis gemischtzellig, weich und leicht verformbar. Sie dienen als Polsterwerkstoff sowie zum Raumschallschutz.

Bild 145/3: Wärmedämmplatten aus Polystyrol-Schaumstoff

Wiederholungsfragen

1. Welches sind die typischen Eigenschaften der Kunststoffe?
2. In welchen zwei wichtigen Teilschritten verläuft die Herstellung der Kunststoffe?
3. Welche drei Reaktionsarten gibt es zur Kunststoffherstellung?
4. Wie unterteilt man die Kunststoffe?
5. Welche charakteristischen Eigenschaften haben die Kunststoffgruppen?
6. Nennen Sie 5 Thermoplaste.
7. Ordnen Sie die folgenden Kunststoffe der Gruppe Thermoplaste, Duroplaste oder Elaste zu: PUR, PVC, PE, EP, SI, PS, CR.
8. Welche Herstellungsverfahren gibt es zur Halbzeug-Fertigung von Thermoplasten?
9. Welche Kunststoffgruppe kann warmumgeformt und geschweißt werden?
10. Welche Kunststoff-Schweißverfahren gibt es?
11. Welche Kunststoffe sind gut verklebbar?
12. Welche Klebstoffarten gibt es?

18 Verbundwerkstoffe

Verbundwerkstoffe sind Werkstoffe, die aus zwei oder mehreren Einzelstoffen bestehen und zu einem neuen Werkstoff verbunden sind.

Durch diesen besonderen inneren Aufbau unterscheiden sich die Verbundwerkstoffe grundsätzlich von den anderen Werkstoffen der Technik.

18.1 Innerer Aufbau

Das Verbundwerkstoff-Bauprinzip liegt bei zahlreichen Naturstoffen vor, wie z. B. bei Holz, das aus reißfesten Zellulosefasern und einer verbindenden Lignin-Masse besteht. (Deutlich sichtbar bei gesplittertem Holz.) Verbundstruktur haben ebenfalls Bambusrohr, Pflanzenstengel, Knochen, Tierhorn.

Der Mensch hat sich schon sehr früh die Vorteile der Verbundbauweise zunutze gemacht. Er erfand z. B. die Verbundwerkstoffe *strohverstärkte Lehmziegel* oder *Sperrholz* (verleimte Holzschichten).

Wichtige Verbundwerkstoffe der modernen Technik sind *Stahlbeton, glasfaserverstärkte Kunststoffe, Hartmetalle, Schleifkörper, Verbundplatten, Mehrlagenfolien, Sandwichbauteile, plattierte Bleche, verstärkte Kunststoff-Formmassen* usw.

Nicht zu den Verbundwerkstoffen gehören die Legierungen. Sie bestehen zwar auch aus zwei oder mehreren Einzelstoffen, bei ihnen werden die Einzelstoffe (Legierungselemente) aber im flüssigen Zustand gemischt und lösen sich bis in die Atome (bzw. Ionen) auf. Es kann bei der Erstarrung dann auch zur Ausscheidung verschiedener Phasen kommen, z. B. der Graphitlamellen in Grauguß (Seite 44). Diese Ausscheidungen sind jedoch wesentlich kleiner als die Einzelbestandteile in einem Verbundwerkstoff.

Werkstoffe, die nur aus einem Stoff bestehen, haben oft den Nachteil, daß sie neben vorteilhaften auch nachteilige Eigenschaften besitzen. Beispiele: Stahl hat eine hohe Festigkeit, ist aber sehr schwer. Kunststoffe sind leicht, haben aber eine relativ geringe Festigkeit.

In einem Verbundwerkstoff sind jeweils solche Einzelwerkstoffe mit passenden Eigenschaften zusammengefügt, daß der entstandene Verbundwerkstoff die vorteilhaften Eigenschaften beider Stoffe in sich vereint, während die nachteiligen Eigenschaften der Einzelstoffe überdeckt sind. So besitzt z. B. glasfaserverstärkter Kunststoff (GFK) die hohe Festigkeit der Glasfasern und die Zähigkeit des Kunststoffs. Die Sprödigkeit der Glasfasern und die relativ geringe Festigkeit der Kunststoffe sind im GFK-Verbund nicht vorhanden.

Es gibt unterschiedliche Verbundwerkstoffarten. Man unterscheidet sie nach der Form der Einzelstoffe **(Bild 146/1)**:

Faserverstärkte bzw. **drahtverstärkte Verbundwerkstoffe** bestehen aus einer Grundmasse (Bindung), in die Fasern bzw. Drähte eingebettet sind.
Beispiele: Stahlbeton, Glasfaserverstärkte Kunststoffe (GFK).

Teilchenverstärkte Verbundwerkstoffe besitzen eine meist zähe Grundmasse (Bindung), in die unregelmäßig geformte Körner eingelagert sind.
Beispiele: Hartmetalle, Schleifkörper, Kunststoff-Formmassen.

Schichtverbundwerkstoffe sind lagenweise aus zwei oder mehr Schichten verschiedener Werkstoffe zusammengefügt.
Beispiele: Ausbauplatten, Plattierte Bleche, Sandwich-Bauteile.

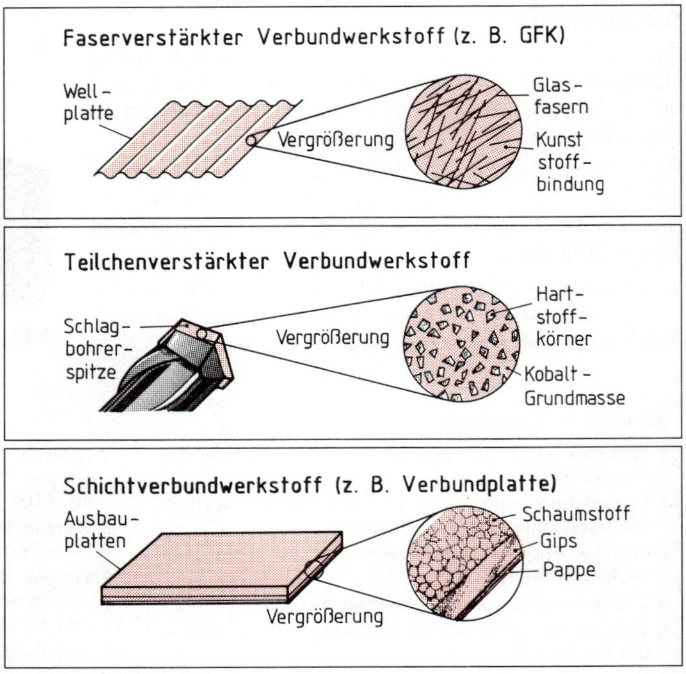

Bild 146/1: Verbundwerkstoffarten

18.2 Faser- und drahtverstärkte Verbundwerkstoffe

Bei faser- und drahtverstärkten Verbundwerkstoffen soll die hohe Festigkeit von Fasern bzw. Drähten auf den Verbund übertragen werden. Die Verstärkung erfolgt überwiegend in Faser- bzw. Drahtrichtung.

Deshalb werden, je nach gewünschter Verstärkung, unterschiedliche Faseranordnungen ausgeführt **(Bild 147/1)**. Bei flächigen Bauteilen ist die Faserrichtung jeweils die Verstärkungsrichtung. Bei zylindrischen Bauteilen ergibt eine Anordnung der Fasern in Umfangsrichtung eine Verstärkung gegen Innendruck.

Die Fasern werden als Endlosfasern oder Faserabschnitte eingebettet.

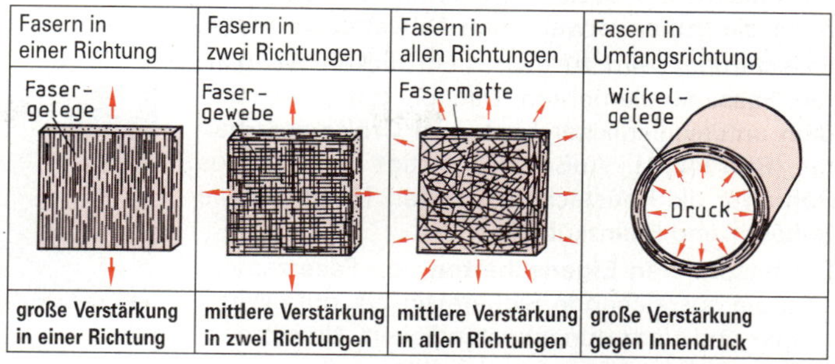

Bild 147/1: Faseranordnungen und Verstärkungsrichtungen

Glasfaserverstärkte Kunststoffe (GFK)

GFK bestehen aus dünnen Glasfasern (10 bis 50 µm dick) und einer Kunststoffbindung, meist ungesättigtes Polyesterharz (GF-UP) oder Epoxidharz (GF-EP). Sie vereinen die hohe Zugfestigkeit der Glasfasern (bis 1000 N/mm²) mit der Zähigkeit und Korrosionsbeständigkeit der Kunststoffe in einem neuen Werkstoff, der zudem eine geringe Dichte von 1,6 bis 2 kg/dm³ aufweist. Je nach Menge und Richtung der eingelegten Glasfasern erhält man unterschiedlich verstärkte Kunststoffverbunde. Die mechanischen Eigenschaften von GFK befinden sich im Tabellenanhang, Seite 266 und 267.

Verwendung: GFK werden im Bauwesen zu Wellplatten, Profilen, Rohren, Tanks und Behältern verarbeitet **(Bild 147/2,** links). Im Maschinenbau fertigt man daraus Zahnräder, Formteile und Gehäuse, im Fahrzeugbau Karosserieteile, im Bootsbau und Flugzeugbau Rumpfteile sowie im Konsumgüterbereich Sportgeräte.

Herstellung. Zur Herstellung werden Glasfasermatten, -stränge und -gewebe mit flüssigem Harz getränkt, in die gewünschte Form gebracht und dann ausgehärtet **(Bild 147/2,** rechts). Die Formgebung kann durch Formwalzen, durch Körperwickeln, durch lagenweises Auflegen von Hand (Handlaminieren), durch Verspritzen mit einer Pistole (Faserharzspritzen), durch Formpressen oder durch Schleudern erfolgen.

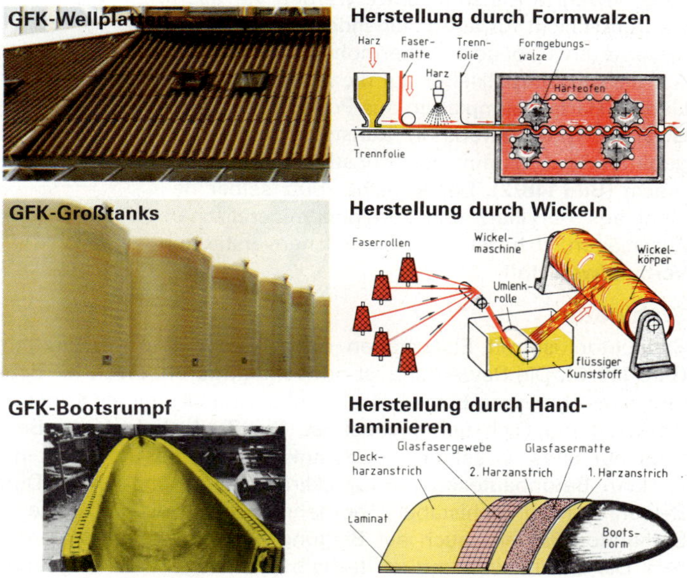

Bild 147/2: Bauteile aus GFK und ihre Herstellung

Verarbeitung. GFK können mit allen spanabhebenden Verfahren bearbeitet oder getrennt werden. Bearbeitungshinweise im Tabellenteil, Seite 261.

Das Fügen kann durch Verschrauben, Vernieten oder Kleben erfolgen. Schäden an GFK-Bauteilen können durch Füllen der Schadstelle mit Harz/Fasergewebestücken geschlossen werden.

Neben der Verstärkung mit Glasfasern, werden Kunststoffe auch mit anderen Fasern, wie z. B. Kohlenstoffasern, verstärkt. Dieser Verbundwerkstoff, **CFK** genannt, ist noch fester sowie extrem steif und stabil. Er wird als Leichtbauwerkstoff in der Luft- und Raumfahrt sowie für hochwertige Sportgeräte, wie Ski, Tennisschläger, Flugzeugteile usw. verwendet.

Faserverstärkter Zement (Faserzement)

Faserzement besteht aus geschnittenen Fasern und einer Bindemasse aus Zement. Er ist vor allem unter dem Handelsnamen „Eternit" bekannt. Als Fasern verwendet man meist spezielle organische Synthesefasern auf Basis Polyacrylnitrat (Dolanit 10) oder Polyvinylalkohol (Kuralon). Sie ersetzen immer mehr die früher verwendeten Asbestfasern (Asbestzement).

Faserzement wird zu etwa 1 cm dicken Wellplatten, Fassadenelementen, Dachplatten und Schindeln unterschiedlicher Form und Größe verarbeitet **(Bild 148/1)**. Außerdem fertigt man daraus Rohre für die Haustechnik und den Tiefbau sowie Behälter und Pflanzkübel.

Die besonderen **Eigenschaften** von Faserzement sind die ausreichende Biegefestigkeit, gute Witterungs- und Verrottungsbeständigkeit, Nichtbrennbarkeit und der Natursteincharakter.

Die **Bearbeitung** von Faserzement aus Synthesefasern ist problemlos. Getrennt wird mit der Kreissäge, gebohrt mit dem Hartmetallbohrer.

Bei der Bearbeitung von Asbestzement sind Schutzmaßnahmen zu ergreifen, um die Entstehung von gesundheitsschädlichem Asbest-Feinstaub zu vermeiden. Nicht Trennschleifen!

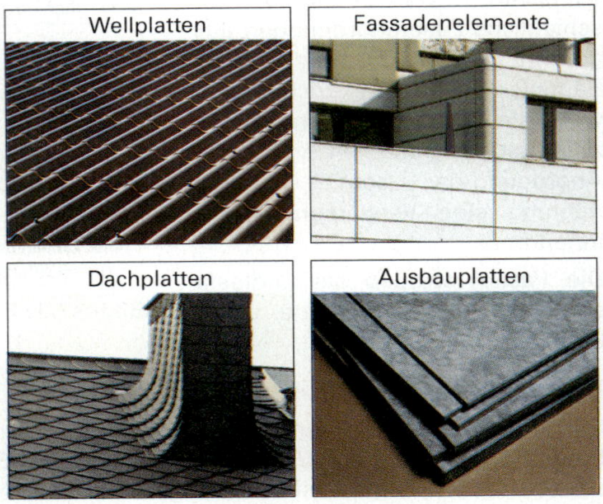

Bild 148/1: Bauteile aus Faserzement

Faserbewehrte Kunstharzputze

Faserbewehrte Kunstharzputze werden vor allem als Deckschicht für außenliegende Wärmedämmsysteme an Gebäuden (Thermohaut) verwendet. Auf die mit Spezialkleber auf die Außenwand geklebten Hartschaumplatten aus Polystyrol werden Glasfaser-Gittergewebe in Kunststoffmörtel eingebettet und darauf der Kunstharzputz aufgebracht **(Bild 148/2)**. Der Kunstharzputz selber besteht aus Acrylharz und körnigen mineralischen Zuschlägen, d. h. ist also ein teilchenverstärkter Verbundwerkstoff.

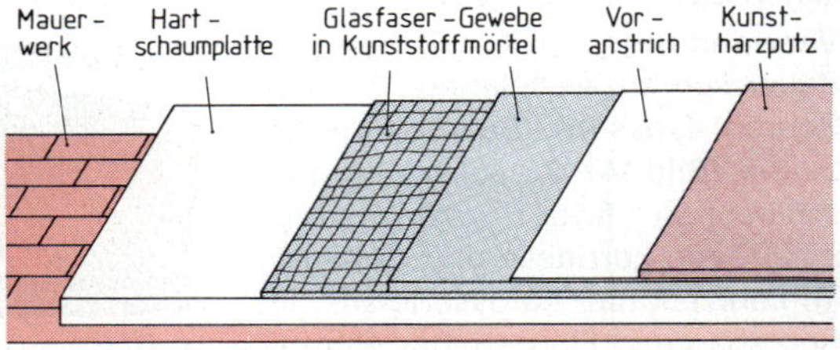

Bild 148/2: Aufbau eines bewehrten Putzes

Stahlbeton

Stahlbeton ist mit Eisenstäben oder Eisenmatten verstärkter Beton **(Bild 148/3)**. Die Bewehrung ist notwendig, da unbewehrter Beton wegen seiner geringen Belastbarkeit und Rißanfälligkeit als Konstruktionswerkstoff praktisch unbrauchbar ist. Die Zugfestigkeit von Beton beträgt nur etwa $^1/_{10}$ seiner Druckfestgkeit. Das bedeutet, daß in unverstärkten Betonbauteilen nur Druckkräfte auftreten dürfen. Durch die Bewehrung mit Stahlstäben übernehmen diese die Zugkräfte, so daß Stahlbeton-Bauteile auch auf Biegung und Zug belastet werden können. Die Stahlbewehrung ist deshalb überwiegend im Zugbereich des Bauteils konzentriert.

In **Stahlbeton-Verbundkonstruktionen** sind Stahlbetonbauteile mit Stahlbauteilen kombiniert (Bild 148/3). Hierbei bringen die Stahlbauteile die hohe Tragfähigkeit für Zug- und Biegebelastung ein, während der Beton die Druckbelastung und den Schutz gegen Brandeinwirkung übernimmt.

Spannbeton. Eine weitere Erhöhung der Belastbarkeit von Betonbauteilen erreicht man durch Vorspannen von Stahlspannstäben in der flüssigen Betonmasse, die nach dem Erstarren des Betons entlastet werden.

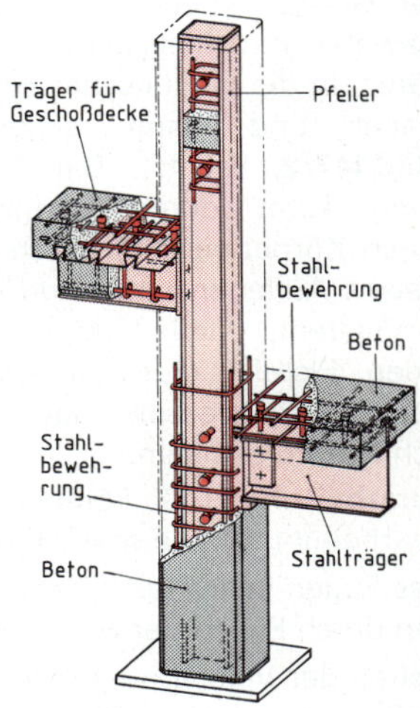

Bild 148/3: Stahlbeton-Verbundkonstruktion

18.3 Teilchenverstärkte Verbundwerkstoffe

Sie bestehen aus einer Grundmasse, in die kleine kornförmige Teilchen eingelagert sind. Durch Einbringen der Teilchen verbessern sich die mechanischen Eigenschaften der Formmasse, wie z. B. die Härte, die Formstabilität, die Festigkeit. Wegen der geringen Größe der Teilchen (im µm- oder $^{1}/_{10}$-mm-Bereich) sind die teilchenverstärkten Verbundwerkstoffe meist nicht als Verbund erkennbar.

Verstärkte Kunststoff-Formmassen

Sie bestehen aus einer Kunststoff-Grundmasse (Bindung) und darin gleichmäßig verteilten, feinkörnigen oder kurzfaserigen Füll- bzw. Verstärkungsteilchen. Als Füll- und Verstärkungsstoffe verwendet man Gesteinsmehl, Zellstoff- und Glasfaserabschnitte sowie Glimmersplitter und Ruß. Als Grundmasse dienen thermoplastische und duroplastische Kunststoffe (siehe Tabellenteil, Seite 258 und 267).

Verstärkte Thermoplast-Formmassen werden durch Extrudieren, Kalandrieren oder Spritzgießen geformt (Seite 138). Man fertigt aus ihnen Gehäuse, Behälter, Platten usw. **(Bild 149/1).** Sie dürfen wegen ihrer Erweichung in der Wärme keiner übermäßigen Erwärmung ausgesetzt werden.

Verstärkte Duroplast-Formmassen, wie z. B. Phenolharz-, Harnstoffharz- und Melaminharz-Formmassen, werden durch Formpressen geformt. Man fertigt aus ihnen Kleinteile, Elektroisolierteile, Kleinmaschinen- und Gerätegehäuse (Bild 149/1). Bauteile aus Duroplast-Formmassen sind auch bei Erwärmung formstabil.

Kleingetriebe aus glasfaserverstärkter Polyacetal-Formmasse

Elektroisolierteile aus Harnstoffharz-Zellstoff-Formmasse

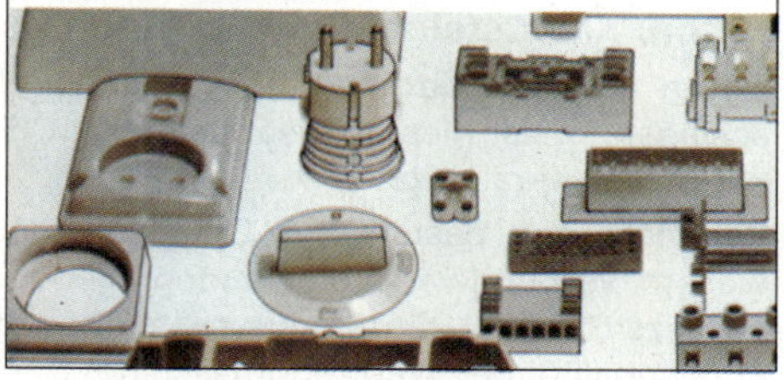

Bild 149/1: Bauteile aus verstärkten Kunststoff-Formmassen

Verstärkte Elastomer-Formmassen bestehen aus der Elastomer-Grundmasse und einem Füllstoff. Sie sind auf einen speziellen Anwendungsfall optimiert. So enthält z. B. Gummi für Fahrzeugreifen als Füllstoff Ruß, die Grundmasse ist eine auf die Reifenverwendung abgestimmte Gummimischung.

Schleifkörper und Trennscheiben

Schleifkörper und Trennscheiben bestehen aus scharfkantigen Schleifmittelkörnern (Korund-, Siliciumkarbid-, Bornitrid- oder Diamantsplitter) und einer Bindung aus Kunstharz, Keramik oder Gummi **(Bild 149/2).** Die scharfkantigen Schleifmittelkörner übernehmen die Spanabnahme, die Bindung verleiht dem Schleifkörper den Zusammenhalt.

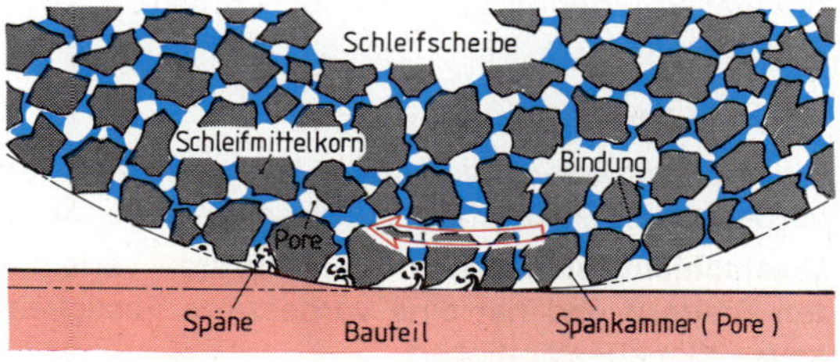

Bild 149/2: Aufbau eines Schleifkörpers (vergrößert)

Die **Eigenschaften** und **Verwendung** eines Schleifkörpers werden durch das Schleifmittel und seine Korngröße sowie durch den Bindungswerkstoff, seine Haftfähigkeit für die Schleifmittelkörner (Härte) und sein Gefüge (Porosität) bestimmt **(Bild 149/3).**

Jeder Schleifkörper hat eine **Bezeichnung** aufgedruckt, aus der seine Form und Abmessungen, seine Eigenschaften sowie seine höchstzulässige Umfangsgeschwindigkeit ablesbar ist.

Erläuterungen und Beispiele dazu im Tabellenteil, Seite 267.

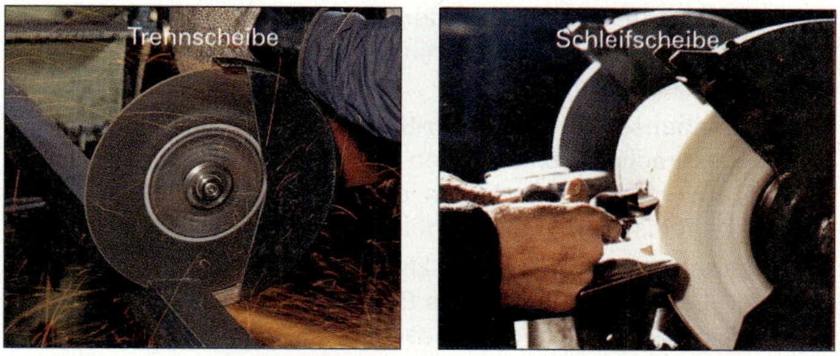

Bild 149/3: Einsatz von Schleifkörpern

Hartmetalle, Schneidkeramik

Hartmetall ist ein Verbundwerkstoff aus sprödharten Karbidteilchen (WC, TiC, TaC, NbC) und einer metallischen Bindung aus zähem Kobalt (Co). Diese Verbundkombination ergibt einen Werkstoff mit außerordentlicher Härte und Verschleißfestigkeit (durch die Karbide) sowie ausreichender Zähigkeit (durch das Bindemetall). Hauptanwendung der Hartmetalle ist die Bestükkung von Werkzeugen zum Spanen, Steinbohren und Umformen **(Bild 150/1).**

Schneidkeramik ist ein keramikartiger Verbundwerkstoff aus sehr harten Korund- und Titankarbidteilchen (Al_2O_3, TiC) sowie Zirkonoxid (ZrO_2) als keramischer Bindung (Seite 129). Er wird als Schneidwerkstoff zum Spanen verwendet.

Die **Herstellung** der Hartmetalle und Schneidkeramik erfolgt mit der Pulvermetallurgie (Sintertechnik). Eine ausführliche Behandlung dieser Werkstoffe befindet sich im Kapitel Sinterwerkstoffe, Seite 128 und 129 sowie im Tabellenteil Seite 255.

Bild 150/1: Wendeschneidplatten zum Spanen aus Hartmetall und Schneidkeramik

Beton, Kunststeine, Polymerbeton

Beton und **Kunststeine** sind Verbundwerkstoffe aus den Ausgangsstoffen Zement und körnigen Zuschlägen, meist Kies und Natursteinsplit. Sie werden zu Gehwegplatten, Verbundsteinen und kleineren Formteilen verarbeitet.

Polymerbeton besteht aus Granitsplit und einem Kunststoffharz (z. B. Epoxidharz) als Bindung. Aus diesem Verbundwerkstoff werden Werkzeugmaschinengestelle gefertigt. Sie zeichnen sich durch ein ausgezeichnetes Dämpfungsverhalten gegen Schwingungen aus und verbessern dadurch die Fertigungsqualität der Werkzeugmaschine.

18.4 Schichtverbundwerkstoffe

Durch die Verbindung mehrerer Lagen verschiedener Werkstoffe können bestimmte vorteilhafte Eigenschaften oft sehr unterschiedlicher Werkstoffe in einem Bauteil vereint werden. Dies gilt sowohl für mechanische, wärmetechnische und chemische Eigenschaften. In besonderen Fällen, wie z. B. bei den Bimetallen, können gänzlich neue Effekte auftreten, die z. B. für Meß- und Regelzwecke nutzbar gemacht werden.

Holz-Schichtverbundwerkstoffe

Holz-Schichtverbundwerkstoffe finden im Bau- und Ausbaugewerbe wegen ihrer, gegenüber Vollholz, verbesserten Eigenschaften vielfache Verwendung **(Bild 150/2).**

Brettschichtholz besteht aus mehreren verleimten Brettern und hat eine verbesserte Festigkeit sowie Klimabeständigkeit.

Furnier-Sperrholz besteht aus mindestens drei aufeinander geleimten Holzlagen, die um 90° gegeneinander versetzt sind. Dadurch erhält man eine Holzplatte mit verminderter Anisotropie, d. h. weniger unterschiedlichen Eigenschaften längs und quer zur Faser.

Dies gilt ebenso für **Stäbchen-Sperrholz,** in der Umgangssprache Tischlerplatten genannt. Sie bestehen aus zwei Deckfurnieren und einer Mittellage nebeneinanderliegender Holzleisten.

Holzspanplatten werden aus kleinen Holzschnitzeln und Leim oder Zement als Bindemittel durch Verpressen hergestellt. Auf diese Weise werden Holzabfälle zu Bau- und Möbelholz verwertet.

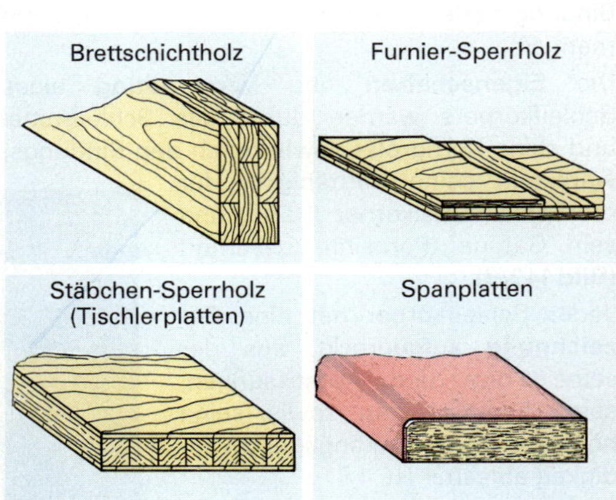

Bild 150/2: Holz- und Schichtverbundwerkstoffe

Kunstharz-Schichtpreßstoffe

Die Herstellung der Kunstharz-Schichtpreßstoffe erfolgt durch Warmverpressen mehrerer übereinander liegender, harzgetränkter Bahnen zu Platten, Formteilen, Profilen und Rohren. Bei Verwendung von Papierbahnen erhält man *Hartpapier* (Hp). Textilgewebelagen oder Glasgewebebahnen ergeben *Hartgewebe* (Hgw), getränkte Holzfurniere *Kunstharz-Preßholz* (KP). Als Tränkharz wird Phenolharz, Harnstoffharz, Melaminharz, ungesättigtes Polyesterharz und Epoxidharz verwendet.

Hartpapier wird überwiegend für Isolier- und Trägerteile im Elektrobereich verarbeitet. Hartgewebe und Kunstharz-Preßholz finden im Bauwesen als Verkleidungen, im Maschinenbau für Modelle sowie für Möbel Verwendung. Die genormten Qualitäten haben Richtwerte der mechanischen Eigenschaften (Tabellenanhang, Seite 267).

Kernverbunde (Sandwichbauteile)

Kernverbunde, auch Sandwichbauteile genannt, bestehen aus zwei Decklagen, z. B. Aluminiumblechen, zwischen die eine versteifende Füllage, z. B. aus Hartpappe, Hartschaumstoff oder Aluminiumwaben eingeklebt ist **(Bild 151/1)**. Diese Bauteile sind außerordentlich formstabil, dabei extrem leicht und bei Pappe- oder Schaumstoff-Füllagen zusätzlich wärme- und kältedämmend. Im Bauwesen werden sie bevorzugt als Fassadenelemente oder zur Raumabtrennung verwendet. Im Karosserie-, Fahrzeug- und Flugzeugbau werden nach diesem Bauprinzip hochsteife Fahrgastzellen und Strukturteile gefertigt.

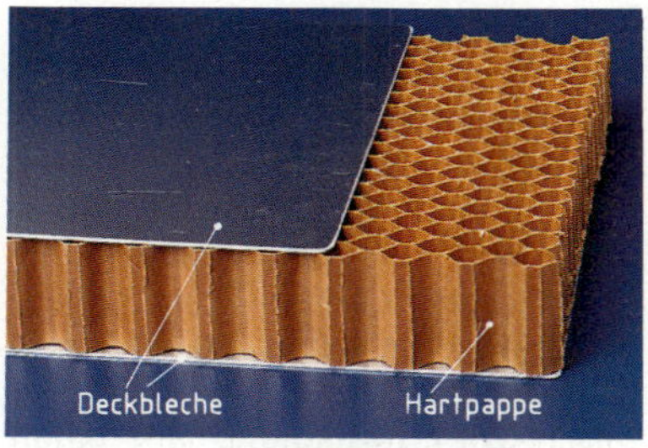

Bild 151/1: Sandwich-Bauteil

Bau-Schichtverbunde

Gipskarton-Verbundplatten dienen zum Innenausbau und Renovieren. Sie bestehen aus einer kartonkaschierten Gipsschicht und einer Hartschaumstofflage zur Wärmedämmung.

Wärmedämmbahnen zur Dachisolierung aus Steinwolle/Al-Folie/Kunststoffolie ergeben gleichzeitig gute Wärmedämmung und Wasserdampfdichtigkeit **(Bild 151/2)**.

Bitumenbahnen bestehen aus einer bitumengetränkten Trägerbahn, die beidseitig mit einer Bitumenschicht abgedeckt ist. Als Trägerbahn wird Rohfilz, Jutegewebe und Glasfaservlies eingesetzt. Bitumenbahnen dienen zur Bauwerksabdichtung gegen Wasser und Feuchtigkeit.

Bild 151/2: Wärmedämmbahn

Plattierte Bleche

Sie bestehen aus einem preiswerten Grundwerkstoff, meist hochfestem, unlegiertem Stahl, auf den eine dünne Schicht eines rost- und säurebeständigen Werkstoffs aufgewalzt ist **(Bild 151/3)**. Der Grundwerkstoff übernimmt die mechanischen Belastungen, während der aufplattierte Werkstoff gegen Korrosion schützt. Plattierte Werkstoffe werden vor allem im Behälter- und Chemieapparatebau eingesetzt.

Bild 151/3: Behälter aus plattiertem Stahlblech

Bimetalle

Bimetalle sind dünne Blechstreifen aus zwei aufeinandergewalzten und dabei preßverschweißten Metallblechen unterschiedlicher Wärmeausdehnung, z. B. Cu/Ni. Bei der Erwärmung krümmen sich die Bimetallstreifen, was für Temperaturmeß- und Regelvorgänge genutzt wird.

Wiederholungsfragen

1 Welche Verbundwerkstoffarten gibt es?
2 Was bedeutet GFK, GF-UP und GF-EP?
3 Welche Wirkung hat die Stahlbewehrung in Stahlbeton?
4 Wodurch werden die Eigenschaften und Anwendungsmöglichkeiten eines Schleifkörpers bestimmt?
5 Woraus bestehen Hartmetalle?

19 Glas und Glasbauteile

Glas ist ein lichtdurchlässiges Schmelzprodukt aus glasbildenden, mineralischen Stoffen. Je nach Art der Ausgangsstoffe gibt es verschiedene Glasarten.

Die weitaus gebräuchlichste Glasart ist **Kalknatron-Silikat-Glas.** Es wird aus Kalk, „Natron" (Soda) und Quarzsand (SiO_2) erschmolzen. Es ist gemeint, wenn man allgemein von Glas spricht.

19.1 Herstellung von Flachglas

Unter Flachglas versteht man die in flacher, tafelartiger Form hergestellten Glasprodukte. Das im Bauwesen verwendete Glas ist überwiegend Flachglas aus Kalknatron-Silikat-Glas.

Erzeugung der Glasschmelze

Ausgangsstoff für die Glasherstellung ist ein Gemisch aus rund 75 % Quarzsand (SiO_2), 15 % Kalk ($CaCO_3$) und 15 % Soda (Na_2CO_3). Die industrielle Erschmelzung erfolgt in gemauerten Schmelzwannen-Öfen von rund 50 m Länge **(Bild 152/1).** Das Ausgangsgemisch wird fortlaufend am einen Ofenende zugegeben. Es schmilzt in der Ofenwärme zur Glasmasse zusammen und fließt zähflüssig unter weiterem Erhitzen zum anderen Ofenende. Auf die Schmelze gerichtete Brennerflammen erhitzen die Glasmasse. Am Entnahmeende des Ofens tritt die Glasschmelze als zähflüssige Masse aus dem Ofen aus und gelangt zur Formgebungswalze. Dort wird es zu Flachglas ausgewalzt.

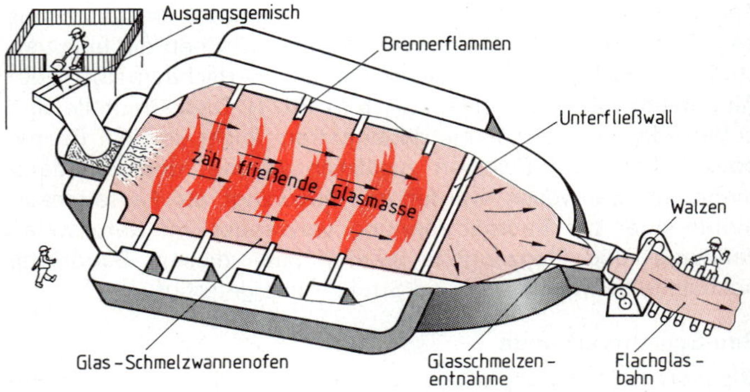

Bild 152/1: Glas-Schmelzwannenofen mit Formwalze

Flach-Gußglas. Der aus dem Schmelzwannenofen austretende, zähflüssige Glasstrang wird zwischen zwei wassergekühlte Formwalzen geführt und dort auf die Dicke der späteren Glasplatte gewalzt (Bild 152/1). Die glühendrote Glastafel läuft dann in einen Kühltunnel, in dem sie langsam abkühlt. Das so hergestellte Flach-Gußglas ist lichtdurchlässig aber nicht klar durchsichtig. Durch unterschiedliche Oberflächenstruktur der Formwalzen können verschiedenartige Flach-Gußglasarten hergestellt werden: Antikglas, Ornamentglas usw. Durch Zugabe von Farbstoffen zur Glasschmelze kann farbiges Gußglas und durch Einwalzen eines Drahtgewebes drahtverstärktes Gußglas hergestellt werden.

Fenster- und Spiegelglas muß klar durchsichtig und optisch unverzerrt sein. Diese Eigenschaften werden mit einem speziellen Flachglas-Herstellungsverfahren erreicht: dem Float-Verfahren (von engl. to float = fließen, treiben). Bei diesem Verfahren wird das aus der Formwalze austretende, glutrote Glasband auf ein flüssiges Zink-Metallband von rund 1000 °C geführt **(Bild 152/2).**

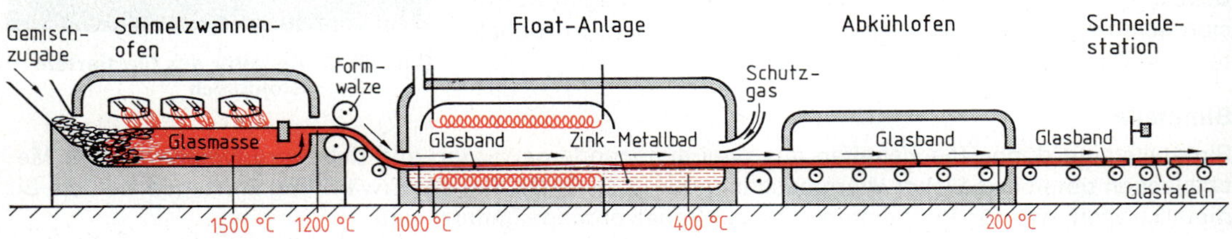

Bild 152/2: Herstellung von Fenster- und Spiegelglas nach dem Float-Verfahren (schematisch)

Dort breitet sich die dickflüssige Glasmasse schwimmend auf dem Zinkbad aus (ϱ_{Glas} = 2,5 kg/dm³, ϱ_{Zink} = 7,1 kg/dm³) und bildet zwei völlig ebene, optisch unverzerrte Glasoberflächen aus. Auf seinem Weg über das etwa 60 m lange Zinkbad wird das Glasband langsam auf 400 °C abgekühlt. Anschließend durchläuft es einen Abkühlofen und gelangt danach zur Zerschneidestation.

19.2 Eigenschaften von Glas (Kalknatron-Silikat-Glas)

Die wichtigste Eigenschaft des Glases, die Lichtdurchlässigkeit, ist je nach Glassorte unterschiedlich. Flach-Gußglas läßt etwa 80 % des Lichtes durchtreten, Fensterglas je nach Glasdicke 75 bis 90 %. Die Dichte von Glas beträgt 2,5 kg/dm³. Es ist ein guter Isolator für elektrischen Strom und leitet die Wärme schlecht. Bei Raumtemperatur ist es hart-spröde und zerbricht mit einem Splitterbruch. Die Erweichung beginnt bei 550 °C, ab 1000 °C ist es leicht formbar.

Glas ist witterungsbeständig, auch an aggressiver Industrie- und Meerluft. Es ist korrosionsfest gegen fast alle Säuren (Ausnahme Flußsäure), viele Laugen und Salzlösungen. Außerdem ist es nicht entflammbar. Weitere physikalisch-technische Eigenschaften des Glases sind im Tabellenteil, Seite 268, aufgeführt.

Der **atomare Feinbau** von Glas unterscheidet sich grundsätzlich von dem der Metalle. Die Metalle haben eine **kristalline** Struktur, d. h. ihre kleinsten Teilchen, die Metallionen, sind in immer gleichen Abständen und Winkeln zueinander angeordnet (Bild 55/2). In Glas sind die Atome völlig unregelmäßig angeordnet **(Bild 153/1)**. Diese Art des inneren Aufbaus nennt man eine **amorphe** Struktur. Da diese unregelmäßige Anordnung der kleinsten Teilchen typisch für Flüssigkeiten ist, bezeichnet man Glas vom Feinbau her, auch als unterkühlte Flüssigkeit.

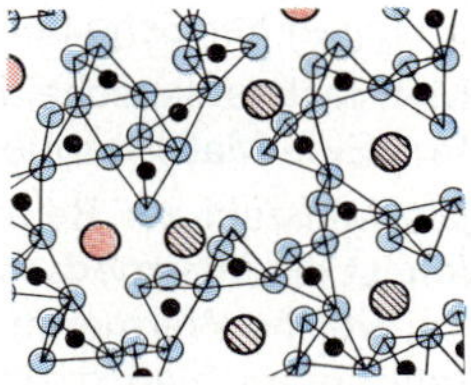

Bild 153/1: Atomarer Feinbau von Glas

19.3 Gußglassorten

Gußglas wird eingesetzt, wo Lichtdurchlässigkeit erwünscht, klare Durchsicht aber unerwünscht oder überflüssig ist: für Fenster im Sanitärbereich, für Hauseingänge, Türen und Trennwände.

Für die verschiedenen Zwecke und Geschmacksrichtungen gibt es die jeweils passende Gußglassorte **(Bild 153/2)**.

Rohglas ist ein Gußglas mit glatter oder nur wenig gemusterter Oberfläche. Man verwendet es, wenn es weder auf klare Durchsicht noch auf ansprechende Gestaltung ankommt.

Ornamentglas besitzt eine starke Oberflächenstrukturierung, die neben der dekorativen Wirkung Blendfreiheit und starke Lichtstreuung hervorruft.

Drahtglas wird aus zwei Rohglastafeln hergestellt, zwischen die im zähflüssigen Zustand ein Drahtgewebe eingewalzt wird. Drahtglas hält bei Glasbruch die Glassplitter zusammen. Es verringert die Gefahr von Schnittverletzungen und wirkt einbruchshemmend.

Gartenklarglas ist ein Gußglas mit genörpelter Oberfläche und lichtstreuender Wirkung. Es wird vor allem im Außenbereich von Gebäuden und im Unterglas-Gartenbau verwendet.

Antikglas wird durch Färben der Glasmasse, unvollständiges Entgasen der Glasschmelze und absichtliches Einwalzen von Oberflächenunregelmäßigkeiten auf „antik" getrimmt. Es wird für Verglasungen alter oder rustikal ausgestalteter Gebäude eingesetzt.

Bild 153/2: Durchsichtigkeit der Glassorten

19.4 Fenster- und Spiegelglas

Das nach den Float-Verfahren hergestellte Flachglas (Bild 152/2) hat völlig glatte, parallele Oberflächen. Es ist klar und unverzerrt durchsichtig (Bild 153/2). Die Durchlässigkeit für Licht liegt je nach Glasdicke bei 75 bis 90 %. Es wird überwiegend zur Fensterverglasung eingesetzt. Mit einer einseitigen Silberschicht versehen, wird es auch zu Spiegeln verarbeitet. Wegen dieser beiden Hauptanwendungen nennt man es Fenster- und Spiegelglas oder nach dem Herstellungsverfahren Floatglas.

Fensterverglasungen mit *einer* Glasscheibe dürfen wegen der gestiegenen Anforderungen an den Wärmeschutz nicht mehr verwendet werden. Üblich sind heute vorgefertigte Mehrfach-Isolierglasscheiben.

19.5 Wärmeschutzverglasungen

Es kommen hauptsächlich zwei Arten von Wärmeschutzverglasungen zum Einsatz.

Mehrfach-Isolierscheiben

Sie bestehen aus zwei oder drei Glasscheiben (z. B. 4 mm dick), die mittels eines Metallrandprofils durch Kleben oder Löten fest verbunden sind **(Bild 154/1).** Der Glaszwischenraum von 9 bis 12 mm ist gasdicht verschlossen und mit Luft oder einem Gas mit niedriger Wärmeleitfähigkeit, z. B. Argon, gefüllt. Ein Trockenmittel im Randprofil verhindert das Beschlagen der Scheibeninnenseiten mit Kondenswasser.

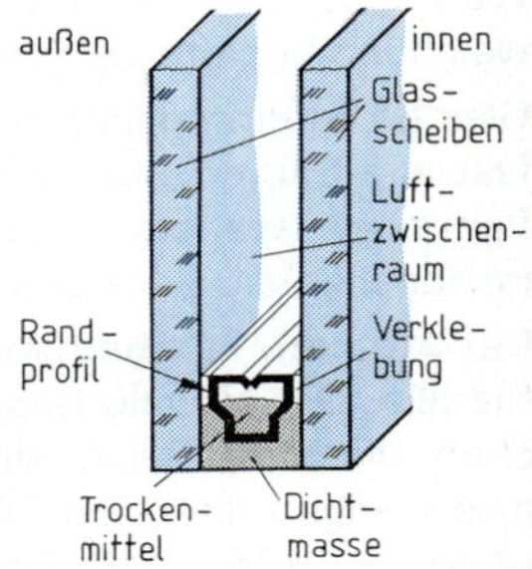

Bild 154/1: Zweischeiben-Isolierverglasung

Mehrfach-Isolierscheiben werden vom Glashersteller mit Fertigmaß geliefert. Eine Maßveränderung beim Verarbeiter ist nicht möglich.

Die Maßzahl zur Beurteilung der Wärmeisolier-Eigenschaften von Bauteilen ist die **Wärmedurchgangszahl *k*,** häufig auch ***k*-Wert** genannt. Sie gibt an, welche Wärmemenge (in Watt) pro m^2 und Sekunde bei 1 Grad Temperaturunterschied durch das Bauteil hindurchgeht. Sie wird in der Einheit W/m^2 K gemessen.

Der *k*-Wert einer Zweischeiben-Isolierverglasung aus 4 mm dicken Scheiben mit 12 mm Luftzwischenraum beträgt 3,0 W/m^2 K, gegenüber 5,6 W/m^2 K bei einer Einscheibenverglasung. Das heißt, der Wärmeverlust einer Zweischeibenverglasung beträgt nur etwa die Hälfte, im Vergleich zu einer Einscheibenverglasung. Bei einer Dreischeiben-Isolierverglasung vermindert sich der *k*-Wert auf rund ein Drittel ($k = 1{,}9\ W/m^2$ K).

Mehrfach-Isolierscheiben weisen zusätzlich einen beträchtlichen Schallschutz auf: rund 30 Dezibel bei einer Zweischeibenverglasung.

Ausführliche Angaben über Wärmedurchgangszahlen und die Schalldämmung von Verglasungen befinden sich im Tabellenteil Seite 268.

Zweifach-Isolierscheiben mit Wärmebeschichtung

Hierbei ist die raumseitige Glasscheibe auf der Innenseite mit einer hauchdünnen Goldschicht versehen **(Bild 154/2).** In der kalten Jahreszeit reflektiert sie den Großteil der Wärmestrahlung des beheizten Raumes und vermindert somit den Wärmeverlust. Der k-Wert einer wärmeschutzbeschichteten Zweifach-Isolierverglasung beträgt rund 1,6 W/m^2 K und übertrifft damit den k-Wert eines Dreifach-Isolierglases ohne Beschichtung. In der warmen Jahreszeit reflektiert die Beschichtung einen Teil der einfallenden Sonnenstrahlung und verhindert damit ein übermäßiges Aufheizen des Raums.

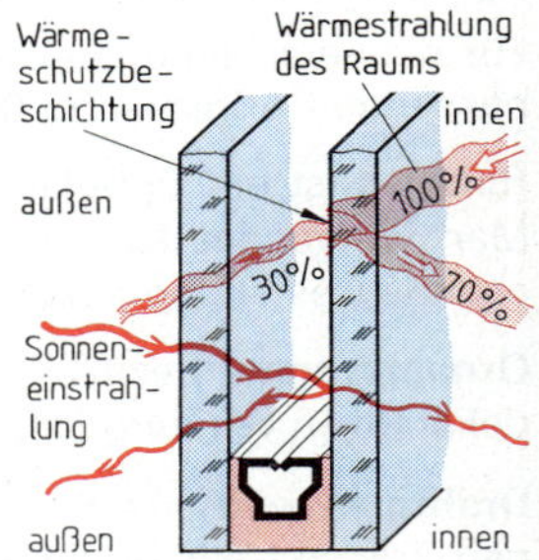

Bild 154/2: Zweischeiben-Isolierverglasung mit Wärmebeschichtung

Einfluß des Rahmens. Einen wesentlichen Einfluß auf die Wärmedurchgangszahl eines Fensters hat der Rahmen **(Bild 154/3).** Angaben hierzu finden sich im Tabellenteil Seite 268).

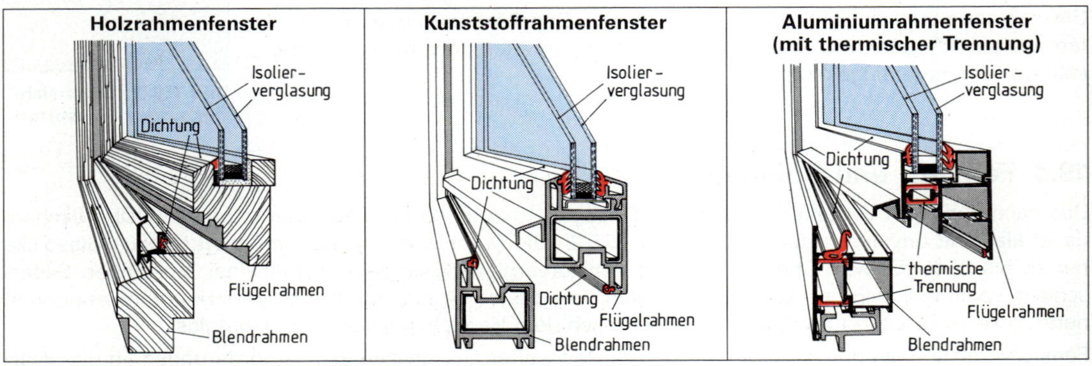

Bild 154/3: Fensterrahmen-Bauarten

19.6 Verglasung mit Wärme- und Sonnenschutz

Hierbei handelt es sich meist um eine Zweischeiben-Verglasung, wobei die Außenscheibe beidseitig mit einer Sonnenlicht-reflektierenden, hauchdünnen TiO_2-Schicht versehen ist und die Innenscheibe mit einer wärmeschützenden Goldschicht belegt ist **(Bild 155/1)**. Verglasungen dieser Art werden vor allem für ganzverglaste Hochhäuser verwendet, bei denen die Fenster nicht geöffnet werden können und der Luftaustausch und die Raumtemperatur im Sommer mit einer Klimaanlage geregelt werden. Die Sonnenschutzwirkung der Verglasung vermindert im Sommer die Aufheizung durch Sonneneinstrahlung und damit die Betriebskosten der Klimaanlage. Der Wärmeschutz verhindert im Winter das Auskühlen der Räume und damit die Betriebskosten der Heizanlage.

Außerdem bewirkt die Sonnenschutzbeschichtung bei Draufsicht von außen einen Spiegeleffekt, so daß von außen nicht in die Räume eingesehen werden kann. Von innen herrscht freie Durchsicht.

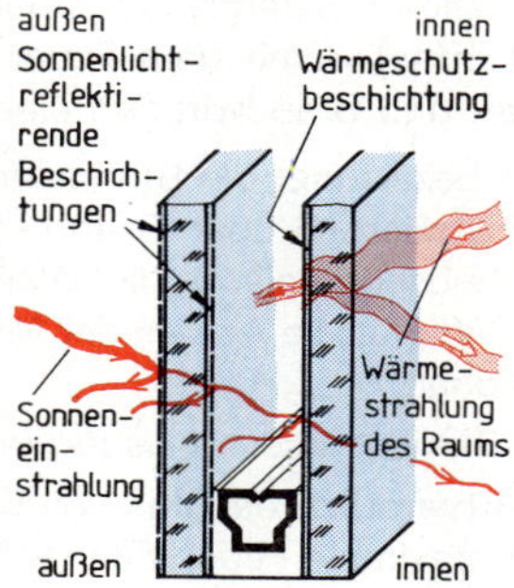

Bild 155/1: Verglasung mit Wärme- und Sonnenschutz

19.7 Schallschutzverglasungen

Schallschutzverglasungen haben die Aufgabe, den Lärm aus dem Außenbereich eines Gebäudes so weit zu reduzieren, daß in den Wohn- und Schlafräumen ein erträglicher Schallpegel herrscht.
Die Maßzahl für die Schalldämmfähigkeit eines Bauteils ist das **Schalldämpfmaß** R_w. Es gibt an, um wieviel Dezibel ein Bauteil den Lärm mindert.

Mit den üblichen **Zweischeiben-Isolierverglasungen** wird bereits eine beachtliche Schalldämmung von $R_w = 30$ Dezibel erreicht. Eine weitere Steigerung der Schalldämmung erzielt man durch die Verwendung unterschiedlich dicker Glasscheiben. Dadurch wird eine Kopplung der Resonanzschwingungen der beiden Scheiben vermindert. Diesem Zweck dient auch die Vergrößerung des Scheibenabstands. Besonders zu achten ist bei Schallschutzfenstern auf Fugendichtheit und eine schalldämmende Rahmenkonstruktion.

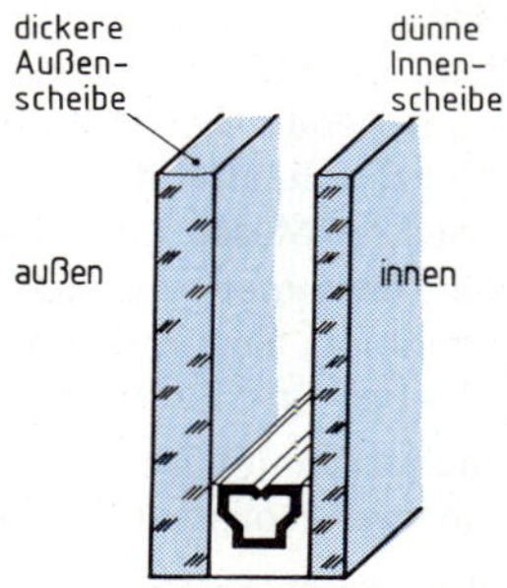

Bild 155/2: Einfache Schallschutz-Verglasung

Einfache Schallschutzfenster haben eine Zweischeiben-Verglasung, bestehend aus einer dickeren Außenscheibe und einer dünneren Innenscheibe **(Bild 155/2)**. Der Scheibenzwischenraum ist mit einem Spezialgas gefüllt. Je nach Dicke der verwendeten Glasscheiben (Gesamtscheibendicke bis 45 mm) wird ein Schalldämmaß R_w von bis zu 40 Dezibel erreicht.

Mit **Verbundfenstern** mit insgesamt drei Glasscheiben läßt sich ein Schalldämmaß bis 45 Dezibel erzielen **(Bild 155/3)**. Hierbei ist ein Zweischeiben-Isolierglas in einem Verbundfenster mit einer dritten, dickeren Glascheibe kombiniert.

Kastenfenster mit getrenntem Rahmen, besonderer Dichtung, großem Scheibenabstand und Dickglas erreichen Schalldämmaße bis 50 Dezibel. Sie werden verwendet, wenn Wohn- und Schlafräume an stark befahrene Straßen oder Bahnkörper grenzen. Dadurch läßt sich lauter Straßenlärm von rund 80 Dezibel auf 30 Dezibel reduzieren.

Die einzelnen Glasscheiben der Schallschutzverglasung können zusätzlich Wärme- und Sonnenschutz-beschichtet sein, so daß Verglasungen mit kombiniertem Wärme-, Sonnen- und Schallschutz möglich sind. Eine Übersicht der Schalldämmaße verschiedener Verglasungen befindet sich im Tabellenteil Seite 268.

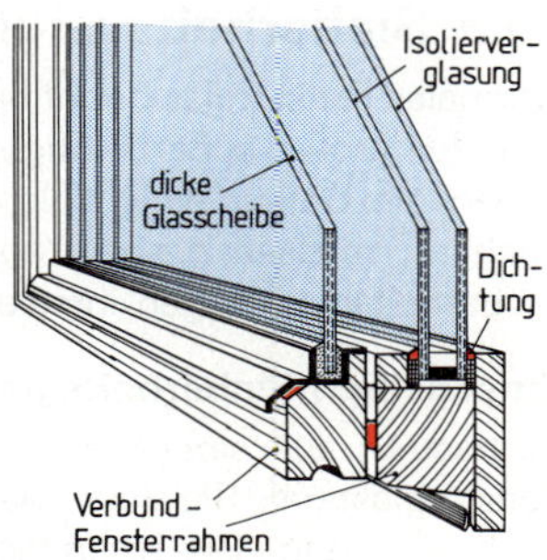

Bild 155/3: Verbundfenster mit Wärme- und Schallschutz

19.8 Brandschutzverglasungen

Normales Fensterglas zerspringt bei Hitzeeinwirkung nach kurzer Aufheizzeit in großflächige Bruchstücke und öffnet damit dem Feuer den Weg zu weiterer Ausbreitung. Brandschutzverglasungen müssen die Hitze- und Brandwirkung eine bestimmte Zeit aushalten, ohne eine Öffnung für das Feuer freizugeben.

Man bezeichnet die Brandschutzgläser mit einer **Feuerwiderstandsklasse**, bestehend aus einem Kennbuchstaben (G oder F) und einer Zahl. G-Brandschutzgläser lassen die Wärmestrahlung durch, während F-Brandschutzgläser die Wärmestrahlung zum überwiegenden Teil abschirmen. Die angehängte Zahl, z. B. 60 gibt die Anzahl der Minuten an, während der die Verglasung dem weiteren Ausbreiten des Feuers standhält.

Als Brandschutzverglasung wirken **(Bild 156/1)**:

Drahtverstärktes Glas von 6 mm bis 10 mm Dicke und **Glasbausteine**. Ihre maximale Feuerwiderstandsdauer beträgt 60 min. Beide Verglasungen zerspringen bereits nach wenigen Minuten Aufheizzeit, das Drahtgeflecht beim Drahtglas und das Mörtelgerüst der Glasbausteinwand hält die Verglasung jedoch eine begrenzte Zeit zusammen und verhindert somit ein Herausfallen des Glases.

Mehrfachverglasungen mit dicken Glasscheiben. Sie bestehen z. B. aus vier 8 mm dicken Glasscheiben mit drei Luftzwischenräumen. Die Brandschutzwirkung wird dadurch erzielt, daß es im Falle eines Brandes eine bestimmte Zeit dauert, bis die äußere Scheibe erhitzt ist und zerspringt. Erst danach kann sich die nächste Scheibe erhitzen und nach Ablauf einer Aufheizzeit zerspringen, usw.

Mehrfachverglasungen erreichen die Feuerwiderstandsklasse G 30.

Mehrfachverbundgläser mit durchsichtigen Zwischenschichten aus Alkalisilikat oder Gel. Sie bestehen z. B. aus vier dünnen Fensterglasscheiben (3 mm), zwischen die drei Schichten aus glasklar durchsichtigem Alkalisilikat (1,2 mm) eingeklebt sind (Bild 156/1). Bei Hitzeeinwirkung schäumt die dem Feuer zugewandte Alkalisilikatschicht zu einer weißen Masse auf. Sie hält die zerspringende, feuerseitige Glasscheibe zusammen und schützt die innen liegenden Glasscheiben vor Hitzestrahlung. Erst im Laufe der Zeit werden die weiter innen liegenden Glasscheiben und Zwischenschichten schrittweise zerstört.

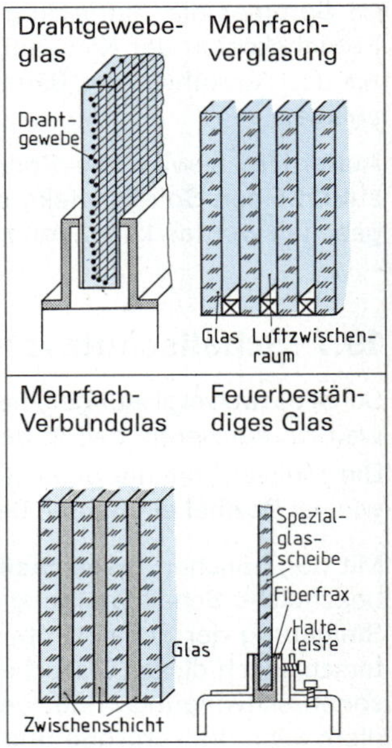

Bild 156/1: Brandschutzverglasungen

Mehrfachverbundgläser sind glasklar durchsichtig und haben etwa dieselbe Gesamtdicke wie eine Zweischeiben-Isolierverglasung. Es gibt sie in den Feuerwiderstandsklassen F 30 und F 90.

Feuerbeständiges Spezialglas. Es besteht aus einer besonderen Glasmasse, z. B. Borsilikatglas, und ist zusätzlich thermisch vorgespannt (thermische Vorspannung siehe unten). Dieses Glas ist in der Lage, der Hitzeeinwirkung über sehr lange Zeit zu widerstehen, ohne zu zerbrechen. Feuerbeständiges Spezialglas gibt es in den Feuerwiderstandsklassen G 30, G 60, G 90 und G 120.

19.9 Sicherheitsverglasungen

Normales Fensterglas bricht bei schlag- oder stoßartiger Belastung mit harten Gegenständen. Es entstehen zum Teil große, scharfkantige Splitter, die schwere Verletzungen hervorrufen können. Verglasungen, bei denen die Gefahr einer solchen Belastung besteht, z. B. bei Geländerverglasungen oder Wintergartendächern, müssen deshalb aus Sicherheitsglas bestehen. Außerdem benutzt man spezielle Sorten von Sicherheitsglas wegen ihrer einbruchhemmenden und schützenden Wirkung.

Einscheiben-Sicherheitsglas (Vorgespanntes Glas)

Es besteht aus *einer* Glasscheibe, die thermisch vorbehandelt ist: Ausgangsmaterial ist eine normale Fensterglastafel. Sie wird oberflächig auf einer Seite rasch auf etwa 600 °C erwärmt **(Bild 157/1)**. Wenn die Erwärmung etwa bis in die Scheibenmitte vorgedrungen ist, wird sofort durch Anblasen mit kalter Luft abgekühlt. Dadurch kühlt eine dünne Randschicht sofort ab. Im Innern der Glasscheibe verbleibt noch ein heißer Bereich, der langsam abkühlt. Das damit verbundene Zusammenziehen des Glases wird von den beiden äußeren, erkalteten und damit starren Glasbereichen behindert.

Im Innern der Glasscheibe entstehen dadurch Zugspannungen, in den äußeren Randbereichen herrscht Druckspannung. Die Druckspannungen an den Scheibenoberflächen erhöhen die Festigkeit des Glases beträchtlich, so daß es wesentlich schlag- und stoßfester als normales Glas ist. Es ist nur durch starke Schläge oder Stöße mit einem Hammer oder Stein zum Splittern zu bringen. Dann zerfällt es in viele kleine Glaskrümel ohne scharfe Ränder.

Im Baubereich wird Einscheiben-Sicherheitsglas zu Glastüren und Treppenverglasungen verwendet. Sein Haupteinsatzgebiet ist die Pkw-Verglasung.

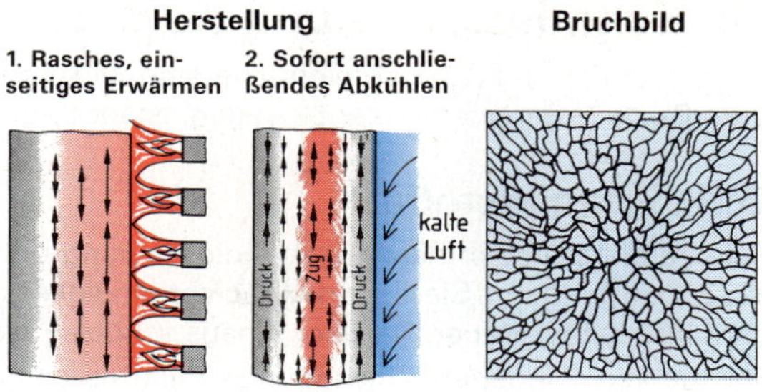

Bild 157/1: Einscheiben-Sicherheitsglas

Mehrscheiben-Sicherheitsglas (Verbund-Sicherheitsglas)

Dieses Glas besteht aus zwei oder mehr Glasscheiben, die durch eine durchsichtige, zähelastische Kunststoffolie miteinander verklebt sind **(Bild 157/2)**. Bei starker Gewalteinwirkung mit harten Gegenständen zersplittern die Scheiben an der Schlagstelle, die Glasbruchstücke bleiben aber an der Folie kleben. Es entsteht kein Loch und die zerbrochene Scheibe bleibt teilweise durchsichtig. Im Baubereich wird Mehrscheiben-Sicherheitsglas zu einbruchsicheren Fenstern, zu Türen, bei Brüstungen und Trennwänden verwendet. Außerdem wird es für Pkw-Windschutzscheiben und Maschinen-Schutzabdeckungen verarbeitet.

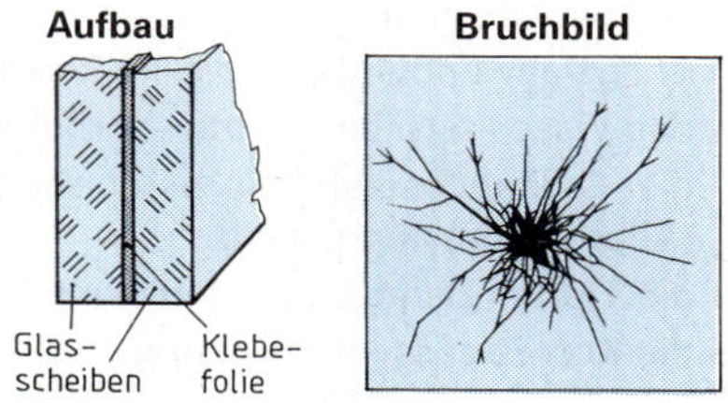

Bild 157/2: Mehrscheiben-Sicherheitsglas

Panzerglas ist Mehrscheiben-Sicherheitsglas mit mindestens vier Scheiben und 25 mm Dicke. Es gewährt erhöhte Einbruchsicherheit. Ab 60 mm Dicke ist Panzerglas durchschußsicher für Handfeuerwaffen. Es wird für Verglasungen von Bankschaltern und Juwelierläden verwendet.

19.10 Weitere Glasprodukte

Glasbausteine sind ziegelförmige Glashohlkörper von 20 bis 30 cm Kantenlänge und 6 bis 10 cm Dicke. Sie werden mit Mörtel zu fest sitzenden Einbaufenstern zusammengesetzt, die lichtdurchlässig aber nicht durchsichtig sind **(Bild 157/3)**. Neben Sichtschutz und bedingter Einbruchsicherheit bieten sie Schallschutz (Schalldämmaß 40 Dezibel) und Brandschutz. Die Lichtdurchlässigkeit beträgt 50 bis 85 %.

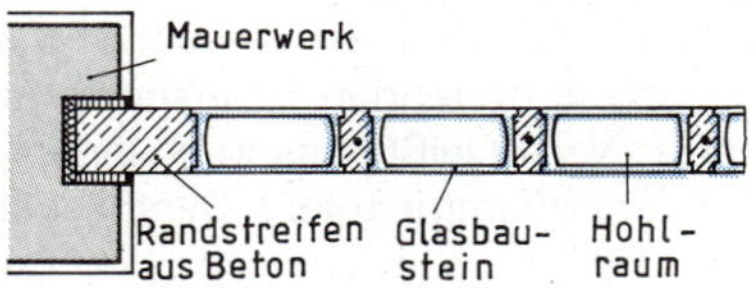

Bild 157/3: Glasbaustein-Fenster

Glaswolle wird durch Zerfasern eines flüssigen Glasstrahls auf einer schnell rotierenden Scheibe hergestellt. Glaswolle ist als lose Schüttung sowie in Form von folienbeschichteten Bahnen, Matten und Schalen im Handel (Bild 151/2). Sie wird zur Isolierung gegen Kälte und Lärm verwendet.

Glasfasern stellt man durch Pressen von flüssigem Glas durch haarfeine Düsen her. Mehrere hundert, nur etwa 10 bis 20 µm dicke Einzelfasern werden zu einem Strang zusammengefaßt und zu Geweben, Matten und Vliesen weiterverarbeitet. Die Glasfasern haben eine hohe Zugfestigkeit und werden deshalb als Verstärkungseinlage in glasfaserverstärkten Kunststoffen (GFK) verwendet (Seite 147).

Wiederholungsfragen

1 **Wie wird Fensterglas hergestellt?**
2 **Wodurch unterscheiden sich Gußglas und Fensterglas?**
3 **Welche Arten von Wärmeschutzglas gibt es?**
4 **Wie sind Schallschutzverglasungen aufgebaut?**
5 **Was gibt die Feuerwiderstandsklasse einer Verglasung an?**
6 **Welche Arten von Sicherheitsglas gibt es?**

20 Schmierstoffe und Kühlschmierstoffe

Schmierstoffe und Kühlschmierstoffe sind wichtige Hilfsstoffe der Technik. Überall, wo sich Maschinen oder Bauteile gegeneinander bewegen, ist ihr Einsatz unumgänglich.

20.1 Schmierstoffe

Schmierstoffe haben die Aufgabe, die Reibung und den Verschleiß zwischen sich bewegenden Bauteilen zu vermindern. Sie bewirken Leichtgängigkeit und damit die Funktion der Maschinen und verlängern ihre Lebensdauer. Darüber hinaus schützen die Schmierstoffe die Gleitflächen vor Korrosion.

Für die verschiedenen Anwendungen gibt es geeignete Schmierstoffe. Eine erste Unterteilung erfolgt nach dem Aggregatzustand in *Schmieröle* (flüssig), *Schmierfette* (pastenartig) und *feste Schmierstoffe*.

Schmieröle

Schmieröle werden zur Schmierung von Maschinenteilen und Lagern in geschlossenen Gehäusen eingesetzt **(Bild 158/1)**. Sie werden meist im Umlauf geführt und tragen die Reibungswärme von der Schmierstelle weg.

Wichtige anwendungstechnische Eigenschaften der Schmieröle sind:

- das Viskositäts-Temperatur-Verhalten (möglichst gleichbleibend)
- die Oxidationsstabilität bei hohen Temperaturen und Drucken (Alterungsbeständigkeit)
- die Tieftemperatur-Fließfähigkeit
- die Korrosionsschutzwirkung

Bild 158/1: Schmieröl

Mineralische Schmieröle (Mineralöle) sind die am häufigsten verwendeten Schmieröle. Sie werden aus Erdöl durch Destillation und Reinigung gewonnen. Von der Zusammensetzung sind Mineralöle Gemische von Kohlenwasserstoffen. Die Größe der Moleküle bestimmt die Viskosität (Zähflüssigkeit) des Mineralöls.

Zur Verbesserung der schmierstoffbegleitenden Eigenschaften (Oxidationsstabilität, Rostschutz usw.) sind den Schmierölen Zusätze, in der Fachsprache *Additive* genannt, beigegeben. Mineralöle sind die Schmieröle für die normale Schmierung.

Synthetische Schmieröle (Syntheseöle) sind chemisch erzeugte Flüssigkeiten mit Schmierstoffeigenschaften. Sie sind relativ teuer und werden für spezielle Anwendungsgebiete eingesetzt, wenn Mineralöle den auftretenden Beanspruchungen nicht gewachsen sind (hohe und niedrige Temperaturen, extreme Verschleißbeanspruchungen), oder spezielle Forderungen nicht erfüllen können (wie z. B. Schwerentflammbarkeit). Syntheseöle sind Poly-α-Olefine, Polyglycole, Esteröle und Silikonöle.

Die **Einteilung** der Schmieröle erfolgt vorab nach der Zusammensetzung in Mineral- und Syntheseöle und dann nach dem Verwendungszweck in Schmierölarten, die durch einen Kennbuchstaben angegeben werden **(Tabelle 158/1)**.

Für jede Schmierstelle ist das vom Maschinenhersteller empfohlene Schmieröl zu verwenden. Es wird mit einem **Kennzeichen** benannt, das am Schmierstoffbehälter und den Schmierstellen dauerhaft angebracht ist. Das Kennzeichen besteht aus einem Symbol, in das Schmieröl-Kennbuchstaben und die ISO-Viskositätsklasse (ISO VG) eingetragen sind.

Eine Auswahl von Schmierölen zeigt der Tabellenteil, Seite 269.

Tabelle 158/1: Schmieröle nach DIN 51502 (Auswahl)

Schmierölgruppe Symbol	Schmierölart Verwendung	Kennbuchstabe	Bezeichnungs-Beispiele
Mineralöle	**Normalschmieröle** ohne Zusätze für Anwendungen ohne besondere Anforderungen	N	B 150 (ISO VG = 150)
	Bitumenhaltige Schmieröle, bevorzugt für offene Schmierstellen	B	
	Schmieröle mit Zusätzen, z. B. für die Umlaufschmierung von Werkzeugmaschinen	CL	CL 68 (ISO VG = 68)
Syntheseöle	**Esteröle** mit gutem Viskositäts-Temperatur-Verhalten	E	E 100
	Polyglycolöle mit gutem Viskositäts-Temperatur-Verhalten und Stabilität	PG	PG 220

Schmierfette

Schmierfette sind pastenartige Gemische aus Schmieröl und Seife **(Bild 159/1)**. Die Konsistenz der Schmierfette wird mit einer Konsistenzkennzahl (NLGI-Klasse) angegeben, die von 000 (sehr weich) über 00, 0, 1 bis 6 (hartpastig) reicht (siehe Seite 269).

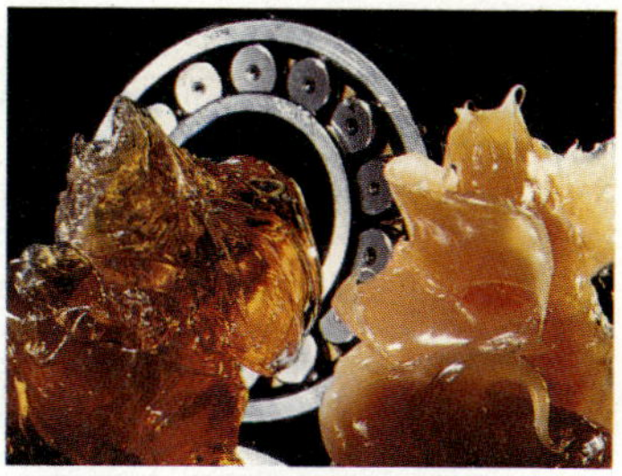

Bild 159/1: Schmierfett

Haupteinsatzgebiet der Schmierfette ist die Schmierung von Gleit- und Wälzlagern, die nicht über ein Schmierkanalsystem versorgt werden sowie von einfachen Lagerstellen. Bei Gleit- und Wälzlagern ist das Lagergehäuse so ausgebildet, daß der gesamte Schmierbereich und ein Schmierfettreservoir über einen Schmiernippel mit Schmierfett gefüllt werden. Während des Laufs erwärmt sich die Lagerstelle und damit angrenzendes Schmierfett. Dadurch tritt Schmieröl aus dem Schmierfett aus und unterhält die Schmierung. Eine Schmierfettfüllung hält für eine lange Betriebszeit, häufig für die Lagerlebensdauer (Wartungsfreiheit).

Das **Kennzeichen** der Schmierfette besteht aus einem Symbol (Dreieck oder Rhombus), in das Kennbuchstaben für die Schmierfettart und den Gebrauchstemperaturbereich sowie die Konsistenzkennzahl eingetragen sind (siehe rechts).

Beispiele für Schmierfett-Kennzeichen		
Dreieck: K / 2 N	**Schmierfett auf Mineralölbasis**	
	Schmierfettart	**K**
	Konsistenzkennzahl	**2**
	Gebrauchstemperaturbereich	**N**
Rhombus: OG / PG 3 / R	**Schmierfett auf Syntheseölbasis**	
	(Polyglycol)	**PG**
	Schmierfettart	**OG**
	Konsistenzkennzahl	**3**
	Gebrauchstemperaturbereich	**R**

Feste Schmierstoffe

Die wichtigsten festen Schmierstoffe sind Pulver aus Graphit, Molybdändisulfid (MoS_2) oder Polytetrafluorethylen (PTFE). Sie bestehen aus winzigen gleitfähigen Plättchen, die im Schmierspalt aufeinander abgleiten. Feste Schmierstoffe werden an Schmierstellen eingesetzt, die sehr hohen oder tiefen Temperaturen ausgesetzt sind. Häufig sind sie auch Schmierölen bzw. Schmierfetten beigemischt, um im Fall nicht ausreichender flüssiger Schmierung eine Notlaufschmierung zu gewährleisten.

Weitergehende Informationen zu den Schmierstoffen finden sich im Tabellenteil Seite 269.

20.2 Kühlschmierstoffe

Kühlschmierstoffe werden beim Spanen in reichlichem Strom über die Spanstelle geleitet **(Bild 159/2)**. Sie vermindern durch Schmierung die Reibung zwischen Spanwerkzeug und Werkstück, kühlen die durch die Spanungswärme erhitzten Teile und tragen die Wärme mit sich fort. Dadurch wird der Werkzeugverschleiß vermindert und die Standzeit der Werkzeuge erhöht. Je nach Spanaufgabe verwendet man verschiedene Kühlschmierstoffe:

Bild 159/2: Einsatz von Kühlschmieremulsion beim Fräsen

Kühlschmieremulsionen (früher Bohrölemulsionen genannt) sind Mischungen aus Mineralöl (2 bis 10 %), die mit Wasser und Zusätzen zu einer milchartigen Flüssigkeit verquirlt werden. Sie werden beim Sägen, Bohren, Fräsen und Drehen von Eisen/Stahl-Werkstoffen eingesetzt, wo es besonders auf die Kühlwirkung ankommt.

Nichtwassermischbare Kühlschmierstoffe (früher Schneidöle genannt) sind Mineralöle, die meist Zusätze zur Verbesserung der Schmierfähigkeit, zum Korrosionsschutz usw. enthalten. Sie werden bei Spanaufgaben eingesetzt, bei denen die Verminderung der Reibung besonders wichtig ist. Dies ist z. B. beim Gewindeschneiden, Fräsen und Reiben von Eisen/Stahl sowie bei allen Spanverfahren bei Kupfer- und Aluminiumwerkstoffen erforderlich.

Wiederholungsfragen

1. **Welche Eigenschaften soll ein gutes Schmieröl haben?**
2. **Welche Vorteile haben Syntheseöle?**
3. **Welches Kennzeichen hat ein Normalschmieröl mit der Viskositätsklasse 100?**
4. **Für welche Lager verwendet man Schmierfette?**

21 Baustoffe

Der überwiegende Teil der Wohn- und Bürogebäude besteht aus den Baustoffen Mauerwerk, Beton, Holz und Verbundplatten (siehe Übersicht). Die Kenntnis dieser Baustoffe und ihrer Eigenschaften ist erforderlich, um Metall-Bauteile sachgerecht an Wänden und Decken zu montieren.

- **Mauerwerksbaustoffe**
  - **Mauerziegel** – z. B. Vollziegel, Hochlochziegel, Leichtziegel
  - **Kalksandsteine** – z. B. Vollsteine, Lochsteine, Blocksteine
  - **Gasbetonsteine** – z. B. Plansteine, Blocksteine, Wandplatten
  - **Leichtbetonsteine** – z. B. Bims-Beton-Steine
- **Beton**
  - **Betonsteine** – z. B. Hohlblocksteine, Betonplatten
  - **Stahlbeton** – z. B. Deckenplatten, Träger, Stürze
- **Holz**
  - **Vollholz** – z. B. Bauschnittholz, Rundholz
  - **Holzverbunde** – z. B. Brettschichtholz, Spanplatten
- **Verbundplatten** – z. B. Holzrahmenplatten, Gipskartonplatten

21.1 Mauerwerksbaustoffe

Mauerziegel gibt es in einer Vielzahl von Formaten **(Bild 160/1)**. Sie werden aus Ton, Ziegelerde und Lehm gebrannt (Rohdichte 1 bis 2 kg/dm^3).

Die Leichthochlochziegel enthalten in der Ausgangsmasse etwa 50 % Styropor-Kügelchen, die nach dem Brand im Ziegel Poren hinterlassen. Ihre Rohdichte beträgt rund die Hälfte von Vollziegeln (0,6 . . . 1,0 kg/dm^3).

Die großformatigen Leichthochlochziegel werden wegen ihrer ausgezeichneten Wärmedämmung mit Wärmedämmörtel zu einschaligen Außenwänden vermauert **(Bild 160/3)**.

Vollziegel und Hochlochziegel werden zu zweischaligem Verblendmauerwerk oder Innenwänden verarbeitet.

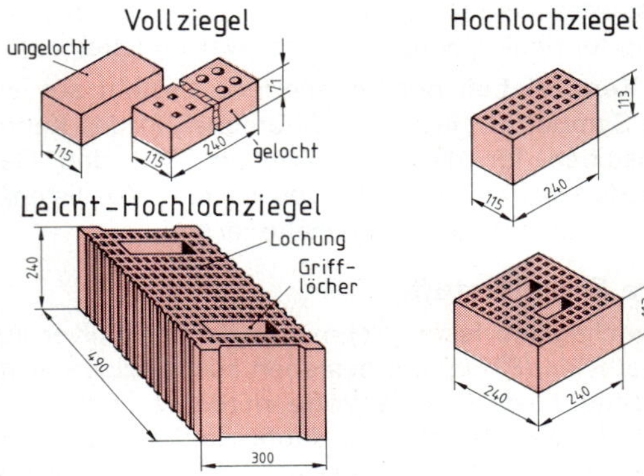

Bild 160/1: Mauerziegel-Formate

Kalksandsteine werden aus einer Quarzsand/Branntkalk-Mischung (12:1) hergestellt. Die Stein-Rohlinge werden in einem Druckbehälter in heißem Wasserdampf von 220 °C und 16 bar gehärtet. Es werden Vollsteine, Lochsteine und Hohlblocksteine **(Bild 160/2)** hergestellt, die zu Mauerwerken gemauert werden (Rohdichte 0,6 bis 2,2 kg/dm^3). Wegen der geringen Wärmedämmung sind keine einschaligen Außenmauern möglich.

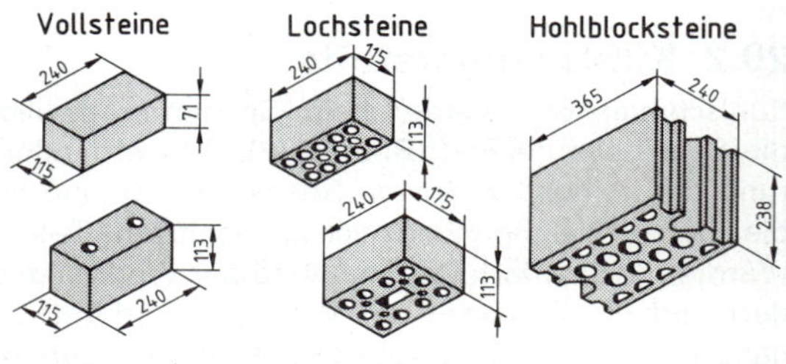

Bild 160/2: Kalksandstein-Formate

Gasbetonsteine fertigt man in einem mehrschrittigen Prozeß: Eine Mörtel-Mischung aus Quarzsand, Zement, Kalk und einem Treibmittel (Al-Pulver) wird in große Formen vergossen. Das Treibmittel entwickelt Gas und treibt den Mörtel mit vielen kleinen Poren zu einem Block auf. Der verfestigte Großblock wird zu großformatigen Vollsteinen oder Platten geschnitten und anschließend in einem Druckbehälter unter heißem Wasserdampf bei 180 °C und 15 bar ausgehärtet. Die Rohdichte beträgt 0,4 bis 0,8 kg/dm^3. Gasbetonsteine werden als großformatige Vollsteine sowie Wand- und Deckenplatten verarbeitet. Sie besitzen sehr gute Wärmedämmung und werden zu einschaligen Außen- und Innenmauern verarbeitet.

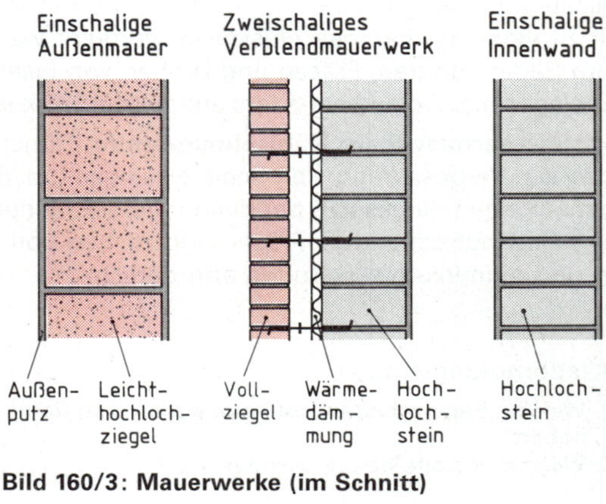

Bild 160/3: Mauerwerke (im Schnitt)

Leichtbetonsteine werden aus Zement, Sand und Leichtzuschlägen wie Naturbims oder Lavaschlacke hergestellt. Die Betonmasse wird in Formen gepreßt und zum Erhärten meist einer Wärmebehandlung ausgesetzt. Steinformate sind Vollsteine, Lochsteine und Hohlblocksteine **(Bild 161/1).** Ihre Rohdichte beträgt 0,5 bis 1,4 kg/ dm^3. Leichtbetonsteine werden bevorzugt zu einschaligen Außen- und Innenmauern vermauert. Sie besitzen mittlere Wärmedämmeigenschaften. Zur Verbesserung der Wärmedämmung gibt es Leichtbetonsteine mit eingegossenen Hartschaumplatten.

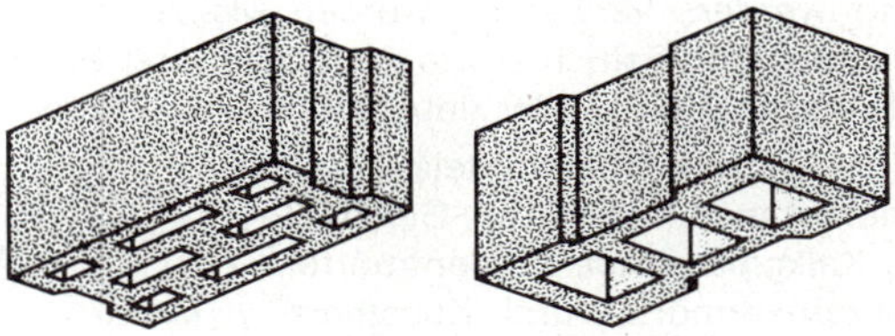

Bild 161/1: Leichtbeton-Hohlblocksteine

21.2 Bauwerksteile aus Beton

Beton ist ein künstlicher Baustoff, der aus einem Gemisch von Zement, Zuschlag und Wasser durch Erhärten des Zement-Wasser-Gemisches entsteht. Der Zement ist das Bindemittel. Unter Zuschlag versteht man im allgemeinen Sand, Kies oder Splitt. Darüber hinaus können dem Beton zur Beeinflussung oder Änderung bestimmter Eigenschaften Zusatzmittel zugesetzt sein.

Die Herstellung von Bauwerksteilen aus Beton erfolgt durch Einfüllen der breiigen Betonmasse in eine Schalform, Verdichten und Aushärten lassen. Nach einem Tag ist die breiige Masse zu einem bröckeligen Festkörper erstarrt, der im Laufe von 28 Tagen seine Gebrauchsfestigkeit erlangt und dann voll belastet werden kann. Die Endfestigkeit erreicht Beton erst nach mehreren Jahren.

Beton wird nach der Druckfestigkeit in 7 Festigkeitsklassen eingeteilt **(Tabelle 161/1).** Die Betonqualität wird durch den Zementgehalt (Wasserzementwert) und die Verdichtung bestimmt. Die Zugfestigkeit von Beton ist gering, die Druckfestigkeit hoch. Beton-Bauteile sind in der Regel mit einer eingelegten Stahlbewehrung verstärkt, die die Zugkräfte trägt (Seite 148).

Beim Anfertigen von Bohrungen bzw. Verankerungslöchern in Betonteilen ist darauf zu achten, daß die Bewehrung nicht beschädigt wird.

Tabelle 161/1: Betonfestigkeitsklassen

Betonfestigkeitsklasse	Mindest-Druckfestigkeit nach 28 Tagen in N/mm^2	Verwendung
B 5 B 10	5 10	Für unbewehrten Beton
B 15 bis B 55	15 bis 55	Für unbewehrten und bewehrten Beton

21.3 Bauholz

Holz ist ein natürlicher Baustoff, der vor allem wegen seiner leichten Bearbeitbarkeit, seiner relativ hohen Festigkeit bezogen auf das geringe Gewicht, der guten Wärmedämmung und seinem natürlich-dekorativen Aussehen verwendet wird.

Der innere, biologische Aufbau des Holzes ist kompliziert. Vereinfachend kann man es als natürlichen Verbundwerkstoff aus Zellulosefasern und einer Ligninmasse auffassen (Seite 146).

Das äußere Bild des Holzes wird von seiner Maserung bestimmt, die verschiedene Anschnitte sichtbar machen **(Bild 161/2).** Die tragenden Bauteile im Holzbau sind meist aus den Nadelhölzern Fichte, Tanne und Kiefer gefertigt.

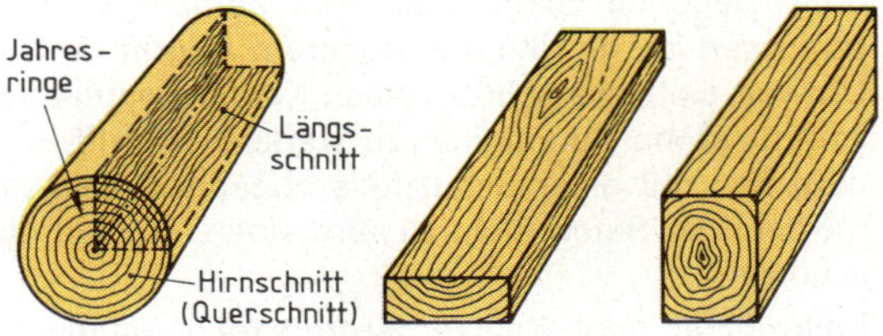

Bild 161/2: Bauholz

Bauholz ist in der Regel Bauschnittholz von rechteckigem Querschnitt: Bretter, Bohlen, Balken, Latten. Für Stützen und Gerüste wird auch Rundholz verwendet.

Der Nachteil des Werkstoffs Holz für den Tragwerk-Holzbau ist der Verzug durch Feuchtigkeitsänderung. Deshalb werden häufig veredelte Holzwerkstoffe, wie z. B. Brettschichtholz (Leimbinder), Sperrholz und Holz-Spanplatten verwendet (Seite 150). Dies sind Verbundwerkstoffe aus Holz und einem Kunststoff-Bindemittel.

21.4 Verbindungsmittel (Mörtel)

Die im allgemeinen Sprachgebrauch als Mörtel bezeichneten Verbindungsmittel sind Gemische aus einer oder mehreren Bindemittelsubstanzen und Sand, die mit Wasser zu einer breiartigen Masse angerührt werden. Verwendet werden Mörtel zum Errichten von Mauerwerk, zur Herstellung von Putzschichten und Estrich sowie zur Schließung von Fugen bei Fertigbauteilen und zum Verankern von Metall-Anschlußteilen oder Bauteilen in Bauwerken.

Nach Art des Bindemittels unterscheidet man Kalkmörtel, Gipsmörtel, Kalkgipsmörtel, Zementmörtel, Kalkzementmörtel und Kunstharz-Klebemörtel **(Tabelle 162/1)**. Nach dem Verwendungszweck unterteilt man in Mauermörtel, Putzmörtel für Innen- und Außenputze, Estrichmörtel, Ansetzmörtel und Montagemörtel bzw. Schnellmörtel.

Tabelle 162/1: Mischungsverhältnisse für Mörtel (Auswahl)

Mörtelart		Typ	Kalk	Zement	Gips	Sand
Mauer-mörtel	**Kalkmörtel**	I	1			1...4,5
	Kalkzementmörtel	II	1...2	1		8
Außenputz-mörtel	**Kalkmörtel**	PI	1			3...4,5
	Kalkzementmörtel	PII	1...2	1		9...11
Innenputz-mörtel	**Kalk-, Kalkzement-M.**	PI, PII	wie oben			
	Gipsmörtel	PIV a			1	
	Kalkgipsmörtel	PIV c	1		0,5...2	3...4
Estrichmörtel (Zementestrich)				1		3...4
Montagemörtel (Schnellzement)		Fertige Mörtelmischung auf Zementbasis mit schnellabbindenden Zusätzen				

Herkömmlich werden die Mörtel auf dem Bau durch Mischen der Ausgangsstoffe hergestellt. Es setzen sich jedoch immer mehr werksmäßig vorgemischte Fertigmörtel durch, die nur noch mit Wasser angerührt werden müssen. Sie enthalten die Bindemittel Zement und Kalk sowie Zusätze im richtigen Mischungsverhältnis.

Vom Metallbauer werden bevorzugt die **Montagemörtel** verwendet. Dies sind schnell abbindende Verbindungsmittel auf Zementbasis mit oder ohne Kunstharzzusätzen (Seite 145), die als vorgefertigte Mischung in kleinen Gebinden abgepackt sind. Nach dem Anrühren mit Wasser beginnt die Mörtelmasse nach rund 5 Minuten auszuhärten und erreicht nach 1 Stunde nahezu Endfestigkeit. Bauteile und Anschlußteile brauchen deshalb nur kurze Zeit fixiert zu werden und können danach sofort in Gebrauch genommen werden.

21.5 Einwirkungen von Mörtel auf Metall-Bauteile

Beim Verankern von Metall-Bauteilen in Bauwerken kann es durch das Verbindungsmittel zu Schädigungen kommen **(Tabelle 162/2)**.

Tabelle 162/2: Korrosion der Metalle durch Mörtel

	Stahl	Aluminium	Kupfer	Zink
Zementmörtel (ebenso Beton)	kein Angriff	starker Angriff	kein Angriff	Angriff
Kalk- oder Kalkzement-M.	Angriff	starker Angriff	kein Angriff	starker Angriff
Gipsmörtel (ebenso Gipsputz)	naß: Angriff trocken: kein Angriff	kein Angriff	kein Angriff	naß:Angriff trocken: kein Angriff

Zementmörtel greifen Stahl-Bauteile nicht an. Der Montagemörtel für Stahl-Bauteile ist deshalb Zementmörtel. Die Zinkschicht auf verzinkten Stahl-Bauteilen wird im Bereich der Einbettung angegriffen, was aber nicht schadet, da der darunter liegende Stahl dann von Zement eingeschlossen ist, der ihn vor weiterem Angriff durch Umwelt einflüsse schützt. Auch Kupfer-Bauteile werden von Zementmörtel nicht angegriffen. Dagegen kommt es bei Aluminium zu starkem Angriff, so daß Aluminium-Bauteile während der Montage auf dem Bau mit einer Schutzfolie abgedeckt sein müssen. Ist ein Kontakt von Al-Bauteilen mit Zementmörtel oder Beton nicht zu vermeiden, so sind die einzubettenden Teile mit einem Bitumenanstrich zu schützen.

Kalkmörtel oder **Kalkzementmörtel** verhindert nur kurzfristig die Rostbildung auf Stahl-Bauteilen, dann kommt es zur Korrosion. Kupfer wird nicht angegriffen. Aluminium-Bauteile werden von Kalk- oder Kalkzementmörtel stark angegriffen und müssen vor dem Kontakt geschützt werden.

Frischer **Gipsmörtel** oder feuchter **Altgipsputz** führt bei Stahl-Bauteilen zur Rostbildung. Trockener Gips bewirkt keine Korrosion. Zinkbeschichtungen auf Stahl werden langsam angegriffen, halten aber stand, bis der Gips getrocknet ist. Aluminium- und Kupfer-Bauteile werden von Gipsmörtel nicht angegriffen, so daß sie vorteilhaft mit Gipsmörtel verankert werden. Dies ist jedoch nur möglich, wenn die Eingipsstelle nicht dauerfeucht ist, da der Gips sonst fault.

21.6 Befestigen von Metallbauteilen an Bauwerken

Für das Befestigen von Metall-Bauteilen oder Metall-Fertigteilen an Bauwerken gibt es eine Reihe von Möglichkeiten bzw. Befestigungssystemen. Die Auswahl des geeigneten Befestigungssystems muß den Bauteilwerkstoff, den Bauwerksbaustoff und die Belastungsart berücksichtigen.

Einzementieren

Das Einlassen von Metall-Bauteilen und Maueranker in Beton und Mauerwerk erfolgt durch Bohren bzw. Stemmen eines Befestigungslochs mit Hinterschnitt, Einbringen des Mauerankers und Füllen des Lochs mit einem Verbindungsmittel **(Bild 163/1)**. Das Befestigungsloch muß vor dem Füllen mit dem Verbindungsmittel gut angefeuchtet werden. Bis zum Aushärten des Verbindungsmittels muß das Bauteil bzw. der Maueranker fixiert werden. Das geeignete Verbindungsmittel ist entweder schnell abbindender Montagezement oder Gipsmörtel.

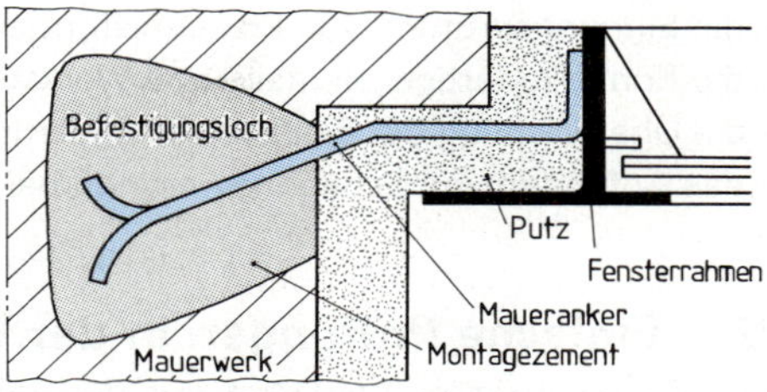

Bild 163/1: Einzementieren eines Fensterrahmens

Dübeln

Die Befestigung von Metall-Bauteilen mit Dübeln gewinnt immer mehr an Bedeutung, da es eine genaue und schnell auszuführende Befestigungsmethode ist. Eine Reihe von standardisierten Dübeln ermöglichen die Montage in jedem Mauerwerk **(Bild 163/2)**.

Mit *Kunststoffdübeln* können Bauteile in Beton sowie Vollsteinen mit dichtem Gefüge befestigt werden. *Rahmendübel* dienen zur Befestigung leichter Bauteile an Mauerwerk aus Leichthochlochziegeln.

Gasbetondübel sind speziell für Gasbetonmauerwerk geeignet. Mit *Metallspreizdübeln* können schwere Bauteile an Beton angesetzt werden.

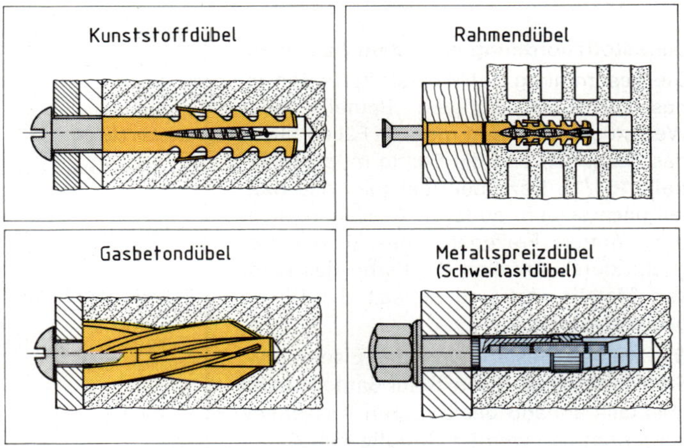

Bild 163/2: Dübelarten (Auswahl)

Bolzen

Bolzen werden mit einem Bolzensetzwerkzeug in Mauerwerk oder Beton getrieben **(Bild 163/3)**. Sie dienen der Befestigung von Fensterrahmen, Verkleidungen u. ä.

Schrauben

Schrauben dienen zum Befestigen von Metall-Bauteilen an Beton- und Holzkonstruktionen **(Bild 163/4)**.

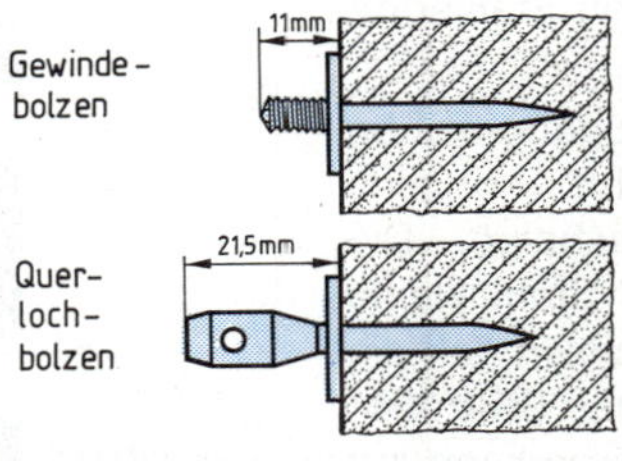

Bild 163/3: Bolzenarten

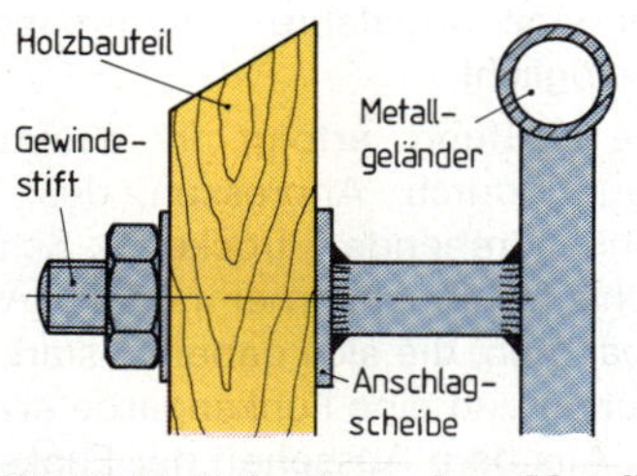

Bild 163/4: Befestigen eines Metall-Bauteils an einer Holzkonstruktion

Wiederholungsfragen

1. **Welches Mauerwerk fertigt man aus großformatigen Leichthochlochziegel und welches aus Kalksandstein-Hohlblocksteinen?**
2. **Nach welcher Zeit darf Beton belastet werden?**
3. **Welche Verbindungsmittel sind zum Einlassen von Stahl-Bauteilen und Al-Bauteilen geeignet?**
4. **Welche Befestigungsmöglichkeiten gibt es für schwere Bauteile?**

22 Werkstoffprüfung

Die Auswahl eines Werkstoffs für einen bestimmten Verwendungszweck erfolgt auf Grund seiner mechanisch-technologischen, physikalischen und chemischen Eigenschaften. Die **Bestimmung der Eigenschaften** und ihre Beschreibung durch **Kenngrößen** ist die wichtigste Aufgabe der Werkstoffprüfung. Weitere Aufgaben der Werkstoffprüfung sind:

- die Eignungsprüfung von Erzeugnisformen (Halbzeugen) für bestimmte Verwendungen
- die Kontrolle fertiger Bauteile und Werkstücke auf Materialfehler (Qualitätssicherung)
- die Überwachung der Eigenschaftsänderungen während der Fertigung, z. B. bei der Wärmebehandlung
- das Auffinden von Schadensursachen bei Schadensfällen.

22.1 Einfache Prüfungen in der Werkstatt

Sie können in jeder Werkstatt mit den dort vorhandenen Werkzeugen ohne besondere Maschinen durchgeführt werden. Sie liefern keinen Kennwert mit zahlenmäßigem Ergebnis, ergeben jedoch wichtige Hinweise auf die Werkstoffart, die Zusammensetzung, die Eigenschaften und die Verwendbarkeit. Für den erfahrenen Praktiker sind diese Prüfungen in Routineangelegenheiten von großem Nutzen.

Werkstoffzuordnung nach dem Aussehen

Die Bestimmung der Werkstoffgruppen eines nicht bezeichneten Bauteils oder Werkstücks ist in den meisten Fällen durch das Aussehen und die Dichte möglich **(Tabelle 164/1)**. Dazu beurteilt man das Bauteil nach seinem äußeren Aussehen, stellt dann mittels Freilegen eines kleinen Bereichs durch Anfeilen die Farbe des blanken Metalls fest und schätzt die Dichte des Werkstoffs.

Die weitere Bestimmung der Eisen- bzw. Stahlsorte eines Eisen/Stahl-Bauteils kann ebenfalls anhand des äußeren Aussehens vorgenommen werden **(Tabelle 164/2)**.

Tabelle 164/1: Zuordnung zu einer Werkstoffgruppe

Äußerliches Aussehen	dunkelgrau bis rostbraun	hellgrau bis weißlich	rotbraun bis grünlich	gelblich
Farbe des blanken Metalls	stahlblank	hellsilber	kupferrot	messinggelb
Geschätzte Dichte	große Dichte	geringe Dichte	große Dichte	große Dichte
⇩ **Werkstoffgruppe**	⇩ Eisen/Stahl-Werkstoff	⇩ Aluminium Al-Legierung	⇩ Kupfer Cu—Legierung	⇩ CuZn-Legierung (Messing)

Tabelle 164/2: Aussehen von Eisen/Stahl-Bauteilen

Verzunderte Oberfläche, gerundete Kanten	Blanke Oberfläche, scharfe Kanten	Glatte, silbrige Oberfläche	Graue, rauhe Oberfläche, gerundete Kanten
⇩ **Baustahl** warm gewalzt	⇩ **Baustahl** kalt gewalzt	⇩ **Werkzeugstahl** gezogen	⇩ **Gußeisen**

Werkstoffbestimmung durch Funkenprobe

Die Funkenprobe ist eine einfache, schnell durchzuführende Prüfung, die dem erfahrenen Praktiker eine ungefähre Bestimmung der Stahlsorte ermöglicht.

Die Prüfung erfolgt in einem abgedunkelten Raum durch Anpressen des Stahls an eine schnelldrehende, trockene Schleifscheibe. Die Schleifscheibenkörner nehmen vom Stahl kleine Späne ab, die sich dabei so stark erhitzen daß sie glühen und eine Funkengarbe erzeugen **(Bild 164/1)**. Aus dem Aussehen der Funkengarbe kann auf die Zusammensetzung des Werkstoffs rückgeschlossen werden. Kohlenstoffstähle haben z. B. zusammenhängende Funkenbahnen mit „Kohlenstoffexplosionen". Sie entstehen beim Verbrennen des Kohlenstoffs im glühenden Span. Mit steigendem Kohlenstoffgehalt wird die Funkengarbe verästelter und C-Explosionen-reicher.

Weitere Funkenbilder Seite 270.

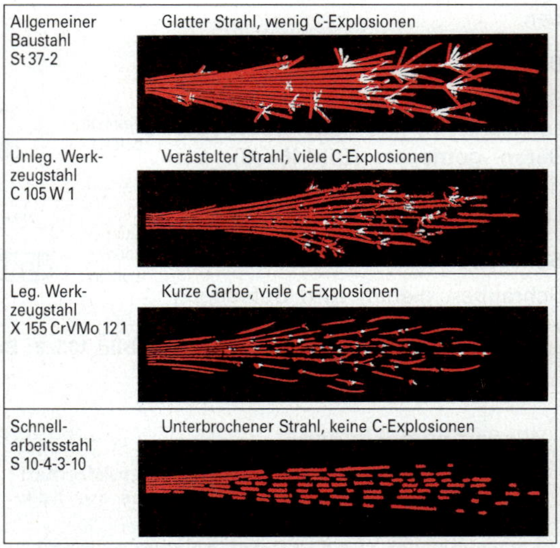

Bild 164/1: Funkenbilder

Werkstoffbeurteilung durch Biege/Bruch-Prüfung

Die Biege/Bruch-Prüfung erlaubt eine Aussage über das Verformungsverhalten eines Werkstoffs sowie über seinen Behandlungszustand. Zur Prüfung wird eine Probe im Schraubstock gebogen **(Bild 165/1).**

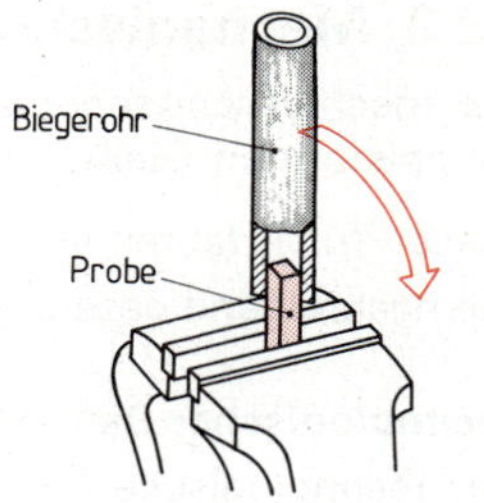

Bild 165/1: Biege-Bruch-Prüfung

Sprödharte Werkstoffe, wie z. B. Grauguß, setzen dem Biegen großen Widerstand entgegen. Sie brechen beim gewaltsamen Versuch sie zu biegen.

Zähharte Werkstoffe, wie z. B. vergüteter Stahl, lassen sich unter großem Kraftaufwand biegen und federn zurück. Sie sind nur durch Überdehnen und vielmaliges Hin- und Herbiegen zum Bruch zu bringen.

Weiche Werkstoffe, wie z. B. Aluminium oder ungehärteter Baustahl, lassen sich relativ leicht biegen. Sie federn nur wenig zurück und gehen nach einigen Biegevorgängen an der Biegestelle zu Bruch.

Das Aussehen der Bruchfläche gibt bei Stählen Hinweise auf die Wärmebehandlung: Ungehärteter allgemeiner Baustahl hat eine grobkörnige, faserige Bruchfläche, gehärteter Vergütungs- oder Werkzeugstahl eine feinkörnige, samtartig aussehende Bruchfläche. Bruchflächenbilder Seite 275.

Biege- und Faltprüfung auf dem Amboß

Biege- und Faltprüfungen dienen zur Ermittlung des Umformungsvermögens der Werkstoffe. Diese einfache Form des genormten technologischen Biegeversuchs (Seite 166) wird mit einem Hammer auf dem Amboß durchgeführt **(Bild 165/2).** Die Proben, meist Flachstäbe von rund 30 mm Breite und 250 mm Länge, werden zuerst gebogen und dann gefaltet. Bei Auftreten des ersten Risses wird der Versuch beendet. Der erreichte Biegewinkel wird als Maß für die Umformbarkeit zum Vergleich herangezogen.

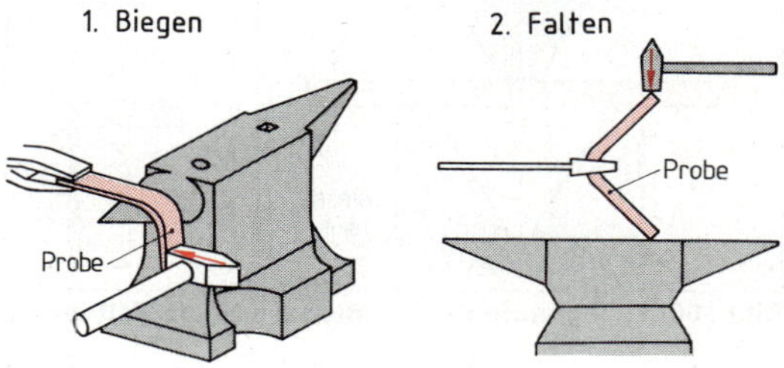

Bild 165/2: Biege- und Faltprüfung

Ausbreitversuch

Mit dem Ausbreitversuch beurteilt man die Schmiedbarkeit von Stahl. Hierzu werden Flachproben bei Rotglut mit der abgerundeten Finne eines Handhammers auf die 1,5-fache Breite ausgeschmiedet **(Bild 165/3).** Es darf dabei kein Riß auftreten.

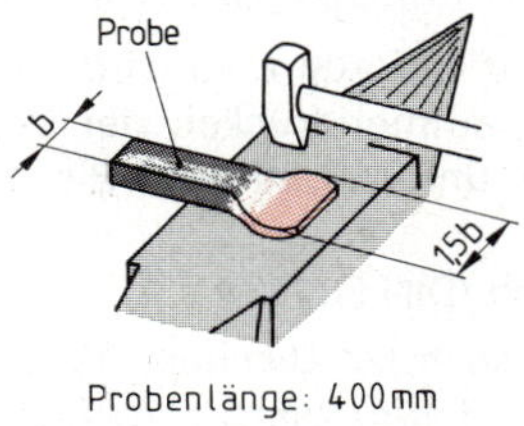

Bild 165/3: Ausbreitversuch

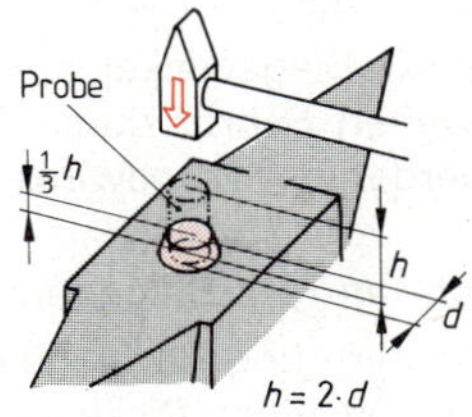

Bild 165/4: Stauchversuch

Stauchversuch

Der Stauchversuch wird an Knüppeln, Stangen und Drähten zur Prüfung der Eignung zur Kalt- und Warmformung durch Stauchen und zum Nachweis von Materialfehlern durchgeführt. Die Probe wird bis zum ersten Anriß oder bis auf ⅓ der Ausgangshöhe gestaucht **(Bild 164/4).**

Schweißnahtprüfungen

Die Schweißnahtprüfungen (DIN 50 127) dienen zur Beurteilung der Schweißausführung aufgrund des Bruchflächenaussehens. Sie können zudem zur Qualifikationsprüfung der Schweißer benutzt werden.

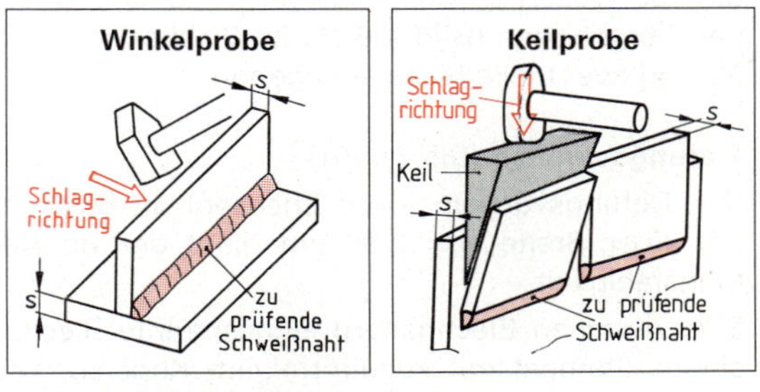

Bild 165/5: Schweißnahtprüfungen

Man verwendet geschweißte Winkelproben und Keilproben **(Bild 165/5).** Die Prüfstücke werden in den Schraubstock eingespannt und mit Hammerschlägen bis zum Bruch der Schweißnaht gebogen bzw. auseinandergetrieben. Beurteilt wird das Bruchgefüge und eventuell aufgetretene Schweißnahtfehler.

22.2 Mechanisch-technologische Prüfverfahren für Erzeugnisformen

Die mechanisch-technologischen Prüfverfahren dienen zur Eignungsprüfung von Werkstoffen und Erzeugnisformen (Halbzeugen) für eine bestimmte Anwendung oder ein spezielles Fertigungsverfahren.

Diese Prüfverfahren liefern keine formunabhängigen Werkstoffkennwerte.

Die nachfolgend gezeigten Prüfverfahren sind eine Auswahl aus der Vielzahl der Prüfungen.

Technologischer Biegeversuch (Faltversuch) (DIN 50 111)

Der technologische Biegeversuch (Faltversuch) dient dazu, das Umformvermögen eines metallischen Werkstoffs zu prüfen.

Eine Biegeprobe mit rechteckigem, kreisförmigen oder vieleckigem Querschnitt wird in einer Biegevorrichtung entweder bis zum ersten Anriß oder einem bestimmten Biegewinkel zügig gebogen. Es werden zwei Arten von Biegevorrichtungen und eine Faltvorrichtung verwendet **(Bild 166/1)**.

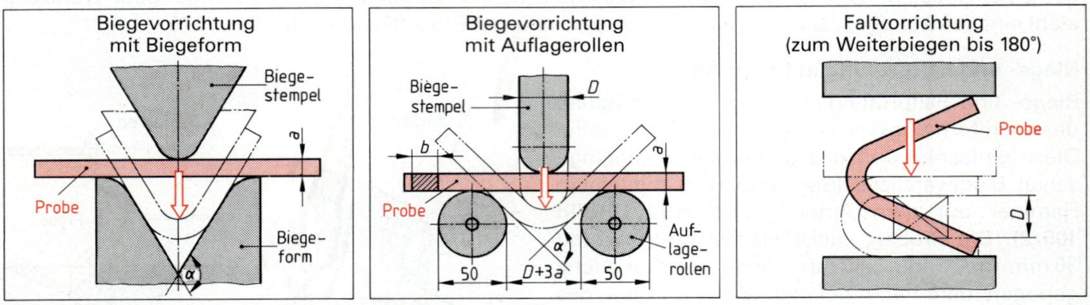

Bild 166/1: Technologischer Biegeversuch (Faltversuch)

Das Biegen in der Biegeform wird angewandt, wenn bis zu einem bestimmten Winkel gebogen werden soll. Der Außenwinkel des V-förmigen Einschnitts entspricht dem geforderten Biegewinkel α.

In der Biegevorrichtung mit Auflagerollen kann ein Biegewinkel bis rund 90° erzielt werden.

Ist ein Biegewinkel von 180° gefordert, so wird nach dem Vorbiegen auf rund 90°, der Versuch in einem zweiten Schritt durch Zusammendrücken der Probenenden (Falten) zu Ende geführt. Im Prüfbericht werden der Biegewinkel α und aufgetretene Risse vermerkt.

Hin- und Herbiegeversuch (DIN 50 153)

Der Hin- und Herbiegeversuch (an Blechen, Bändern oder Streifen mit einer Dicke unter 3 mm) dient zum Ermitteln der Verformbarkeit durch mehrfaches Hin- und Herbiegen.

Die Probe wird in die Versuchsvorrichtung eingespannt und entweder bis zur vorgeschriebenen Biegezahl oder bis zum Auftreten von Rissen abwechselnd nach rechts und links um 90° hin- und hergebogen **(Bild 166/2)**. Im Prüfbericht wird die Biegezahl N_b und eventuelle Risse angegeben.

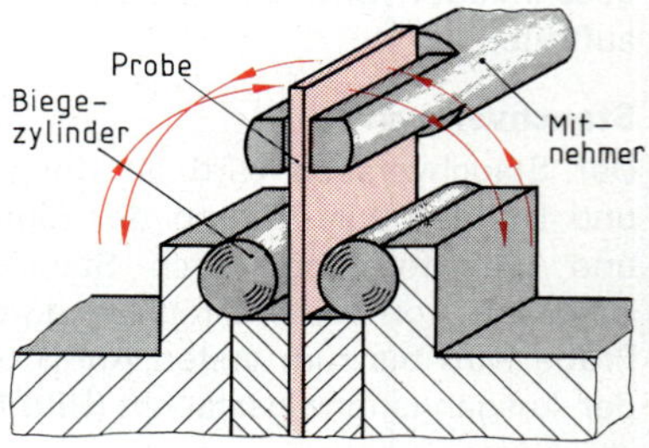

Bild 166/2: Hin- und Herbiegeversuch

Tiefungsversuch (DIN 50 101)

Der Tiefungsversuch (nach Erichsen) an Blechen und Bändern mit einer Breite von ≧ 90 mm dient der Beurteilung der Tiefungsfähigkeit.

Eine zwischen Blechhaltern eingespannte Blechprobe wird von einem Stempel mit kugelförmigem Kopf so weit eingedrückt, bis ein Einriß im Blech sichtbar ist **(Bild 166/3)**.

Die hierbei erzielte Einbeultiefe wird gemessen (in mm). Sie wird als **Erichsen-Tiefung *IE*** bezeichnet und dient als Maß für die Tiefungsfähigkeit.

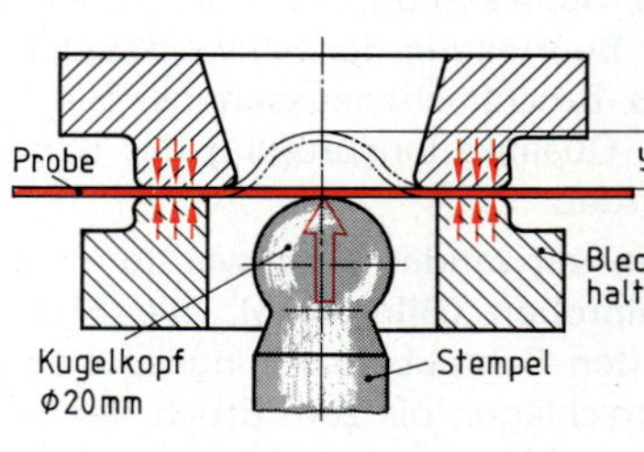

Bild 166/3: Tiefungsversuch

Prüfung von Rohren

Zur Prüfung von Rohren auf ihre Qualität und Eignung gibt es eine Reihe von Prüfungen.

Mit dem **Ringaufdornversuch** (DIN 50 137) und dem **Aufweitversuch** (DIN 50 135) werden Rohre auf makroskopische Außen- und Innenfehler, wie Schalen, Risse, Riefen usw. untersucht sowie ihre Verformbarkeit beim Aufweiten geprüft **(Bild 167/1).** Dazu wird ein kegeliger Dorn in den Rohrabschnitt gedrückt, bis ein Riß sichtbar wird.

Weitere Prüfverfahren für Rohre sind Zugversuche in Rohrachsrichtung und quer dazu sowie Falt-, Bördel- und Innendruckversuche.

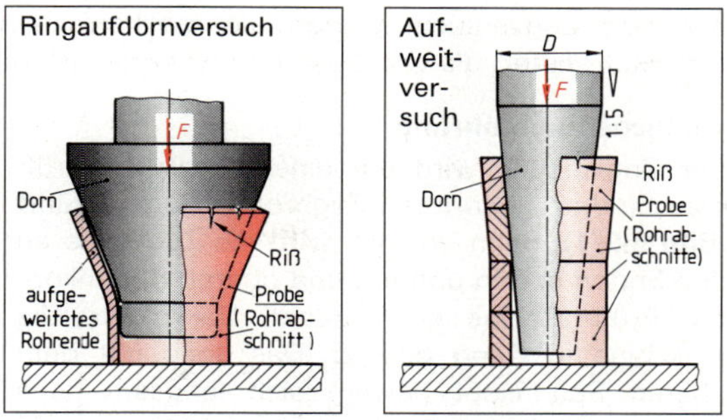

Bild 167/1: Aufweit-Prüfungen an Rohren

Prüfung von Schweiß- und Lötverbindungen

Das Festigkeits- und Verformungsverhalten von **Schweißnähten** wird entweder in der Zugversuchsvorrichtung (Seite 168) gemäß DIN 50 120 oder in der Vorrichtung des Technologischen Biegeversuchs (Seite 166) gemäß DIN 50 121 geprüft. Die Proben enthalten mittig die zu prüfende Schweißnaht **(Bild 167/2).** Der Prüfbericht enthält die gemessenen Kennwerte des Versuchs (z. B. beim Zugversuch die Zugfestigkeit R_m) sowie eine Beurteilung des Bruchbildes der Schweißnaht und eventuelle Schweißnahtfehler.

Lötverbindungen werden mit dem Zugversuch (Seite 168) und dem Scherversuch (Seite 170) geprüft. Die Zugprobe wird aus zwei Rundstabhälften hergestellt, die mittig zusammengelötet werden. Die Scherprobe besteht aus einem Rundstab mit einem am Umfang aufgelöteten Ring **(Bild 167/3).** Im Prüfbericht werden die ermittelten Kennwerte genannt, z. B. beim Scherversuch die Scherfestigkeit τ_B sowie die Bruchbilder und eventuelle Fehler beschrieben.

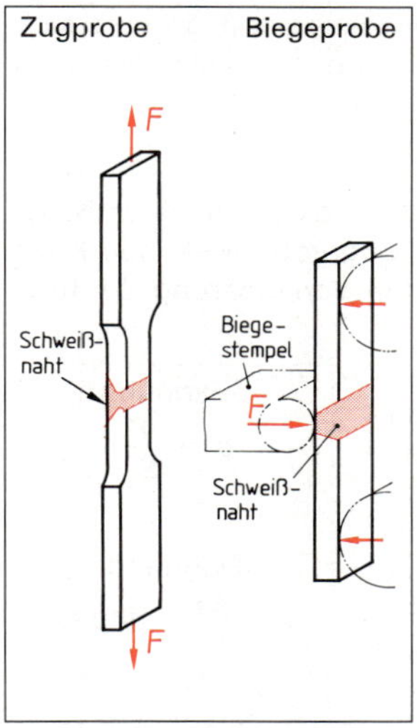

Bild 167/2: Schweißnaht-Proben

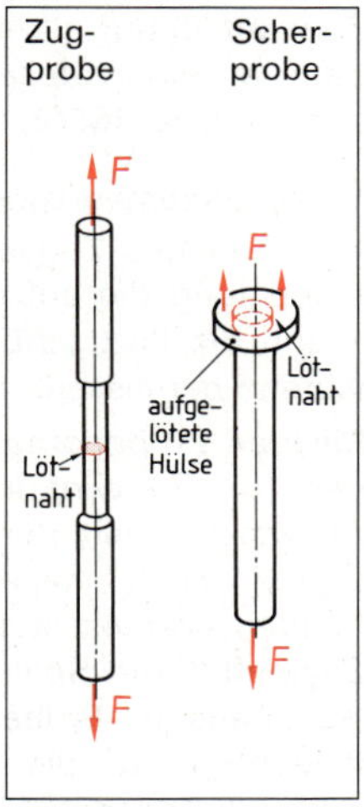

Bild 167/3: Proben für Lötnaht-Prüfungen

Prüfung von Metallklebungen

Die Prüfungsverfahren für Metallklebungen dienen zum Ermitteln der Belastbarkeit unter verschiedenen Belastungsarten. Sie werden vor allem zur vergleichenden Beurteilung von Verklebungen herangezogen.

Im **Zugversuch** für Metallklebungen (DIN 53 288) wird die Zugfestigkeit der Klebung bei Beanspruchung senkrecht zur Klebfläche bestimmt **(Bild 167/4).**

Der **Zugscherversuch** (DIN 53 283) bestimmt die Klebfestigkeit von einschnittig überlappten Verklebungen bei Beanspruchung der Fügeteile durch Zugkräfte in Richtung der Klebefläche.

Der **Winkelschälversuch** (DIN 53 283) dient zum Ermitteln des Widerstands von Metallverklebungen gegen abschälende Kräfte.

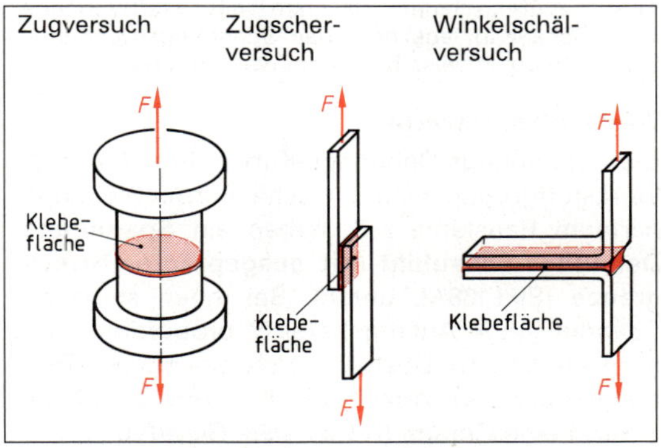

Bild 167/4: Prüfungen für Metallklebungen

22.3 Zugversuch (DIN 50 145)

Mit dem Zugversuch werden die mechanischen Werkstoff-Kennwerte bei Zugbeanspruchung bestimmt. Er liefert die wichtigsten Kennwerte zur Auslegung von tragenden Bauteilen.

Versuchsdurchführung

Der Zugversuch wird auf einer speziellen Prüfmaschine an genormten Zugproben durchgeführt **(Bild 168/1)**. Beim Versuch wird die Zugprobe an den Enden in den unteren und oberen Spannkopf der Prüfmaschine eingespannt. Dann wird die Maschine in Gang gesetzt. Das Joch mit dem oberen Spannkopf bewegt sich langsam nach oben und belastet die Zugprobe mit einer stetig wachsenden Zugkraft. Unter ihrer Wirkung verlängert sich die Zugprobe zuerst ohne sichtbare äußere Veränderungen. Bei weiter ansteigender Zugkraft dehnt sie sich weiter und schnürt sich dann an einer Stelle ein, bis sie schließlich dort zerreißt **(Bild 168/2,** oben).

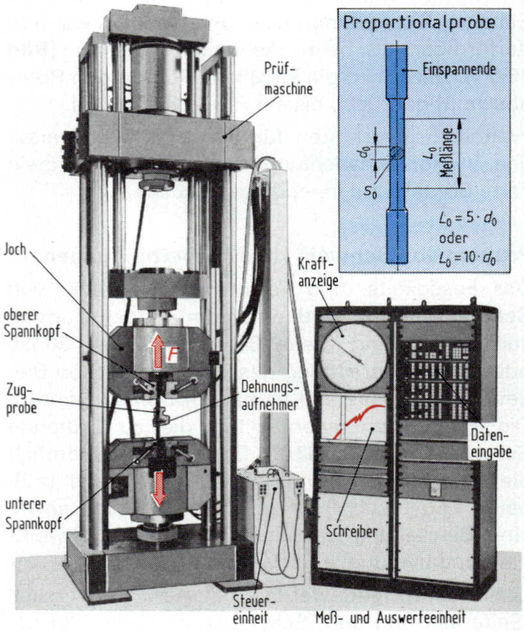

Bild 168/1: Universalprüfmaschine

Versuchsauswertung

Während des Zugversuchs wird mit einer Meßeinrichtung die auf die Zugprobe wirkende Kraft F und die dazugehörende Verlängerung ΔL fortlaufend gemessen.

Mit den Probeabmessungen (L_0, S_0) wird in der Auswerteeinheit der Maschine nach nebenstehenden Formeln aus der Zugkraft F die Spannung σ und aus der Probenverlängerung ΔL die Dehnung ε berechnet.

Spannung

$$\sigma = \frac{F}{S_0}$$

Dehnung

$$\varepsilon = \frac{\Delta L}{L_0} \cdot 100\ \%$$

Ein Schreiber zeichnet die Spannungs- und dazugehörenden Dehnungswerte fortlaufend auf. Man erhält das **Spannungs-Dehnungs-Schaubild (Bild 168/2,** unten). Aus ihm können die Werkstoffkennwerte abgelesen werden.

Ältere Prüfmaschinen zeichnen ein Kraft-Verlängerungs-Schaubild, aus dem das Spannungs-Dehnungs-Schaubild punktweise berechnet werden muß.

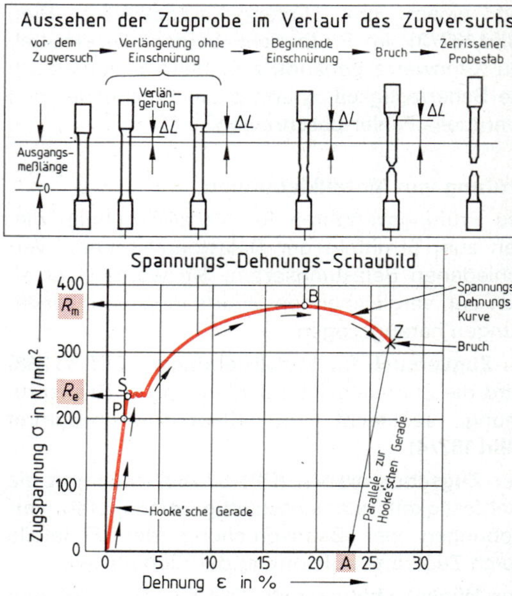

Bild 168/2: Spannungs-Dehnungs-Schaubild eines ungehärteten Baustahls (St 37-2)

Werkstoffkennwerte

Die Spannungs-Dehnungs-Kurve hat für jede Werkstoffgruppe eine typische Form. Die ungehärteten Baustähle z. B. haben ein **Spannungs-Dehnungs-Schaubild mit ausgeprägter Streckgrenze** (Bild 168/2, unten). Bei ihnen steigt die Spannung im Anfangsbereich proportional mit der Dehnung an. Deshalb ist die Spannungs-Dehnungs-Kurve bis zum Punkt P (Proportionalitätsgrenze) eine Gerade (Hooke'sche Gerade).

Der proportionale Zusammenhang zwischen Spannung σ und Dehnung ε wird mit dem **Hooke'schen Gesetz** beschrieben: $\sigma = E \cdot \varepsilon_e$

Der konstante Faktor E heißt **Elastizitätsmodul.** Er ist ein Maß für die Steifigkeit eines Werkstoffs z. B. $E_{Stahl} \approx 210\,000\ N/mm^2$; $E_{Al} \approx 70\,000\ N/mm^2$.

Zwischen den Punkten **P** und **S** (Bild 168/2) ist die Kurve leicht gekrümmt. Beim Punkt **S** fällt sie leicht ab und schwankt um einen Mittelwert. Die Zugprobe verlängert sich hier bei gleichbleibender Spannung, man sagt, sie „streckt sich". Diese Spannung nennt man **Streckgrenze R_{eH}**. Sie ist der wichtigste Kennwert zur Auslegung von tragenden Bauteilen.

Nach dem Streckbereich steigt die Spannung in der Zugprobe bis zum Punkt **B.** Diesen Höchstwert der Spannung bezeichnet man als **Zugfestigkeit R_m**. Sie gibt die maximale Spannung an, die in dem Werkstoff vorliegen kann und wird aus dem Höchstwert der Kraft F_m und dem ursprünglichen Probenquerschnitt S_0 berechnet:

$$R_m = \frac{F_m}{S_o}$$

Dann beginnt sich die Zugprobe bei gleichzeitiger Einschnürung immer rascher zu dehnen. Ihre Belastbarkeit sinkt bis zum Punkt **Z,** wo sie zerreißt. Die bleibende Dehnung, die die Zugprobe nach dem Bruch aufweist, heißt **Bruchdehnung A** und ist ein Maß für die Dehnbarkeit eines Werkstoffs.

Ein **Spannungs-Dehnungs-Schaubild ohne ausgeprägte Streckgrenze** haben gehärtete Stähle, Aluminium- und Kupfer-Werkstoffe **(Bild 169/1).** Bei ihnen steigt die Kurve von Beginn an stetig an und fällt wieder stetig ab, ohne einen Knick aufzuzeigen. Da bei diesen Werkstoffen eine Streckgrenze fehlt, diese aber für die Festigkeitsberechnungen wichtig ist, hat man eine Ersatz-Streckgrenze, die **0,2 %-Dehngrenze $R_{p0,2}$**, kurz **Dehngrenze,** eingeführt. Dies ist die Spannung, bei der die Zugprobe nach Entlastung eine bleibende Dehnung von 0,2 % aufweist. Man bestimmt die 0,2 %-Dehngrenze durch eine Parallele zum Anfangsstück der Spannungs-Dehnungs-Kurve bei 0,2 % Dehnung. Der Schnittpunkt der Parallelen mit der Spannungs-Dehnungs-Kurve ergibt den $R_{p0,2}$-Wert (Bild 169/1).

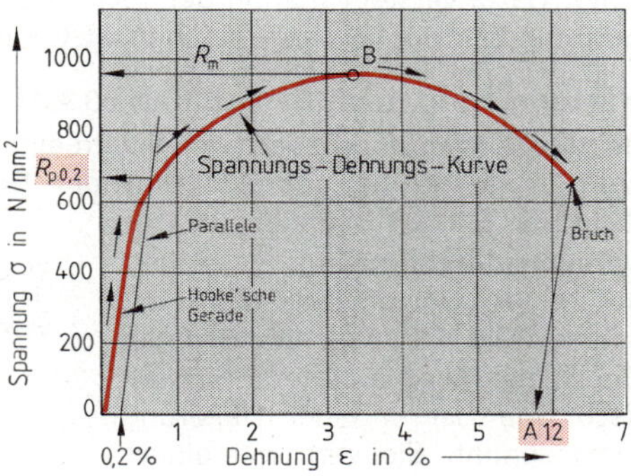

Bild 169/1: Spannungs-Dehnungs-Schaubild ohne ausgeprägte Streckgrenze

22.4 Druckversuch (DIN 50 106)

Beim Druckversuch wird eine zylindrische Druckprobe einer langsam stetig zunehmenden Druckkraft ausgesetzt und bis zum Bruch oder Anriß belastet **(Bild 169/2).** Die Druckkraft verformt die Probe zuerst äußerlich nicht sichtbar. Bei sehr großer Druckkraft verformt sie sich zu einem tonnenförmigen Gebilde. Je nach Werkstoff kommt es zu unterschiedlichem Bruchverhalten: Sprödharte Werkstoffe, wie z. B. Gußeisen, zerspringen schlagartig in mehrere große Bruchstücke. Knetbare Werkstoffe, wie z. B. die Baustähle, werden zu einer flachen Platte, mit Rissen in Druckrichtung, zerquetscht.

Der wichtigste Kennwert des Druckversuchs ist die 0,2 %-**Stauchgrenze $\sigma_{d0,2}$**. Dies ist diejenige Druckspannung, bei der die Probe eine bleibende Stauchung von 0,2 % erfährt (Berechnung auf Seite 271).

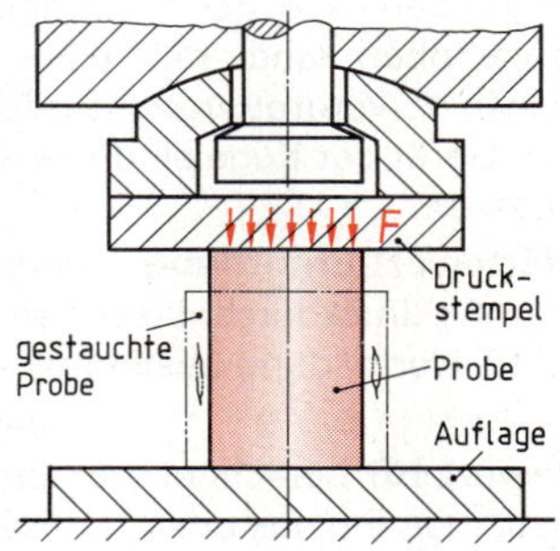

Bild 169/2: Druckversuch

22.5 Biegeversuch (DIN 50 110)

Der Biegeversuch dient zur Ermittlung der Biegefestigkeit und Verformungsfähigkeit von Gußeisen und anderen spröden Werkstoffen. Die Probe wird beidseitig auf zylindrische Biegeauflager gelegt und mittig mit einer langsam wachsenden Kraft belastet, bis sie bricht **(Bild 169/3).** Gemessen wird die Höchstkraft F_{max} und die Bruchdurchbiegung f_B.

Daraus wird die **Biegefestigkeit σ_{bB}** berechnet.

Die Berechnungsformeln finden sich auf Seite 271.

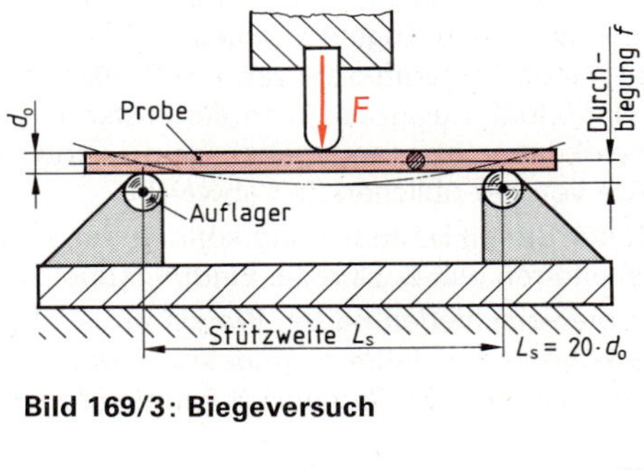

Bild 169/3: Biegeversuch

22.6 Scherversuch (DIN 50 141)

Der Scherversuch dient dazu, an einer zylindrischen Probe die Scherfestigkeit τ_{aB} eines metallischen Werkstoffs zu bestimmen.

Zur Versuchsdurchführung wird die Probe in eine Schervorrichtung eingelegt und zügig mit einer steigenden Kraft beaufschlagt, bis die Probe abgeschert wird **(Bild 170/1)**. Die dabei erreichte Höchstkraft F_m wird gemessen und mit dem Probenquerschnitt S_o die Scherfestigkeit τ_{aB} berechnet:

Die Scherfestigkeit ist eine wichtige Werkstoff-Kenngröße, da gerade verbindende Bauteile wie Bolzen, Laschen, Schrauben und Niete auf Scherung beansprucht werden.

$$\tau_{aB} = \frac{F_m}{2 \cdot S_o}$$

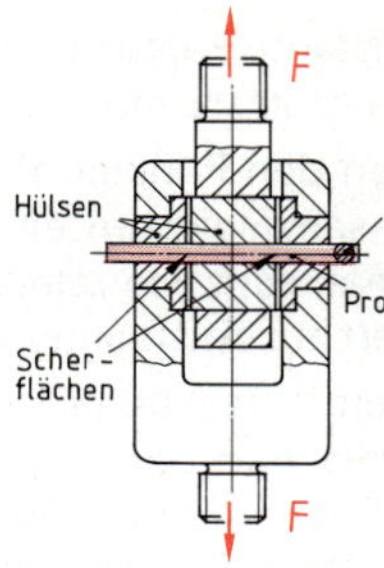

Bild 170/1: Scherversuch

22.7 Härteprüfungen

Die Härteprüfverfahren dienen zur Bestimmung von Kennwerten für die Härte der Werkstoffe.

Unter Härte versteht man in der Technik den Widerstand, den ein Werkstoff dem Eindringen eines genormten Eindringkörpers entgegensetzt. Zur Bestimmung der Härte gibt es genormte Prüfverfahren.

Härteprüfung nach Brinell (DIN 50 351)

Bei der Härteprüfung nach Brinell wird eine Kugel aus gehärtetem Stahl oder Hartmetall mit einer Prüfkraft in die Probe gedrückt und der Durchmesser des entstandenen Kugeleindrucks gemessen **(Bild 170/2,** linker Bildteil).

Versuchsdurchführung. Sie erfolgt auf einer Universal-Härteprüfmaschine (Bild 170/2, rechter Bildteil). Die Probe liegt auf dem Probentisch oder ist in einer Halterung festgespannt. Sie wird mit einem Handrad bis an den Eindringkörper herangefahren. Dann wird die Prüfkraft aufgegeben. Nach 10 bis 15 Sekunden wird der Eindringkörper abgehoben und mit einer optischen Vergrößerungseinrichtung am Gerät der Kugeleindruck ausgemessen.

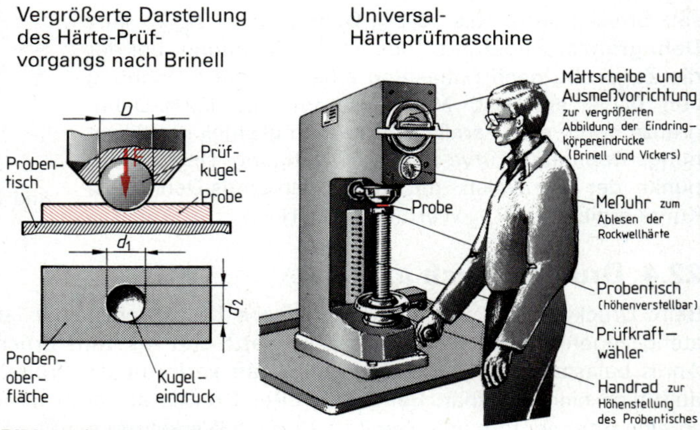

Bild 170/2: Brinell-Härteprüfung

Härtewert-Ermittlung. Zuerst wird der Eindruckdurchmesser d durch Mittelwertbildung bestimmt:

$d = (d_1 + d_2) / 2$. Aus dem Eindruckdurchmesser d und der Prüfkraft F kann dann der **Brinell-Härtewert HB** berechnet werden (Berechnungsformel im Tabellenteil Seite 272). In der beruflichen Praxis liest man ihn aus einer der Härteprüfmaschine beigegebenen Tabelle ab.

Der Härtewert nach Brinell wird mit einem **Kurzzeichen** angegeben. Es besteht aus dem Härtewert, den Kennbuchstaben **HBW** (Hartmetall-Prüfkugel) oder **HBS** (Stahl-Prüfkugel), dem Kugeldurchmesser in mm und einer Prüfkraft-Kennzahl (= Prüfkraft in N × 0,102). Zusätzlich kann die Prüfkraft-Einwirkdauer in s angegeben sein, wenn diese von der üblichen Zeit abweicht.

Beispiel

228 HBW 5 / 750

- 228: Härtewert
- HBW: Härte nach Brinell (HM-Prüfkugel)
- 5: Kugeldurchmesser in mm
- 750: Prüfkraftkennzahl

Mit der Brinell-Härteprüfung können nur weiche und mittelharte Werkstoffe geprüft werden. Bei harten Werkstoffen würde sich die Eindringkugel verformen.

Für die verschieden harten Werkstoffe sind die Prüfkräfte F je nach Prüfkugeldurchmesser D festgelegt. Sie können aus Tabellen abgelesen werden (Seite 272). **Beispiel**: Zur Brinell-Härteprüfung eines Baustahls mit einer Prüfkugel D = 5 mm wird eine Prüfkraft F = 7355 N angewandt.

Härteprüfung nach Vickers (DIN 50 133)

Bei der Härteprüfung nach Vickers wird die Spitze einer vierseitigen Pyramide aus Diamant (Spitzenwinkel 136°) in die Probe eingedrückt und die Diagonalen des entstandenen Pyramideneindrucks gemessen **(Bild 171/1).**

Die Versuchsdurchführung erfolgt auf einer Universal-Härteprüfmaschine mit dem gleichen Arbeitsablauf wie bei der Brinell-Härteprüfung (Seite 170). Gemessen werden die beiden Diagonalen d_1 und d_2 des Pyramideneindrucks und daraus der Mittelwert d gebildet.

Der **Vickers-Härtewert HV** errechnet sich aus der Prüfkraft F (in N) und der Pyramideneindruckdiagonalen d (in mm) nach der Formel:

$$HV = 0{,}1891 \cdot \frac{F}{d^2}$$

In der beruflichen Praxis wird der Vickershärtewert HV mit F und d aus einer Tabelle (gemäß DIN ISO 409) abgelesen, die der Härteprüfmaschine beiliegt.

Der Vickers-Härtewert wird mit einem **Kurzzeichen** angegeben. Es besteht aus dem Härtewert, den Kennbuchstaben **HV** sowie den Prüfbedingungen. Beträgt die Krafteinwirkdauer 10 bis 15 s, so wird sie im Kurzzeichen weggelassen.

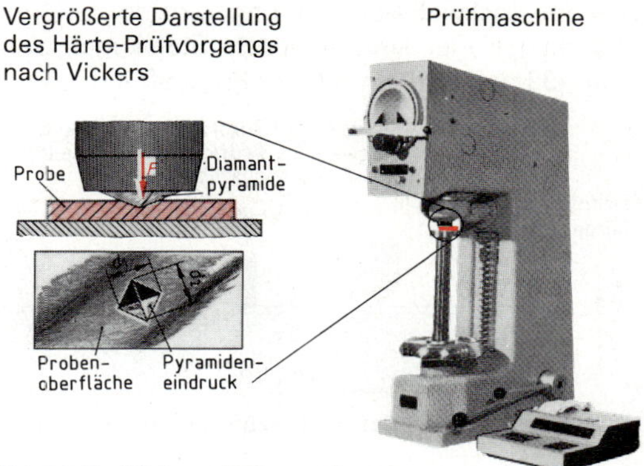

Bild 171/1: Vickers-Härteprüfung

Beispiel

810 HV 5 / 25

Härtewert	Härte nach Vickers	Prüfkraft in N · 0,102	Einwirkdauer in s
810	HV	5	25

Ein wesentlicher Vorteil der Vickers-Härteprüfung ist die Verwendung nur *eines* Eindringkörpers und die Eignung des Verfahrens sowohl zur Prüfung weicher als auch harter Werkstoffe. Außerdem ist die Vickers-Härteprüfung für normale Prüfungen sowie zur Prüfung kleiner und kleinster Härtebereiche geeignet. Dies erreicht man durch eine Vielzahl von gestuften Prüfkräften, die in drei Bereiche unterteilt sind:

- den **Makrobereich** für normale Härtebestimmungen mit den Prüfkräften von 49,03 N (HV 5) bis 980,7 N (HV 100). Sie werden auf der normalen Prüfmaschine durchgeführt (Bild 171/1).
- den **Kleinlastbereich** zur Prüfung dünner Schichten und fertiger Werkstücke mit Prüfkräften von 1,961 N (HV 0,2) bis 29,42 N (HV 3) und
- den **Mikrobereich** zur Prüfung einzelner Gefügekörner mit Prüfkräften von weniger als 1,961 N.

Die Vickers-Härteprüfung im Kleinlast- und Mikrobereich wird mit Kleinlast-Härteprüfgeräten durchgeführt **(Bild 171/2).**

Bild 171/2: Vickers-Kleinlast-Härteprüfer

Tragbare Härteprüfgeräte

Für die Qualitätskontrolle im Werkstofflager, in der Werkstatt oder auf der Baustelle gibt es tragbare Härteprüfgeräte **(Bild 171/3).** Sie arbeiten meist nach dem Brinell- oder Vickers-Verfahren.

Mechanisch arbeitende Geräte werden mit einer Schraubzwinge oder einem Kettenzug am zu prüfenden Bauteil fixiert und dann die Prüfung wie mit den ortsfesten Geräten durchgeführt.

Elektronisch ausgerüstete Härteprüfgeräte werden mit dem Eindringkörper auf das zu messende Bauteil aufgesetzt. Die Elektronik mißt die Eindruckoberfläche und zeigt den Härtewert direkt an.

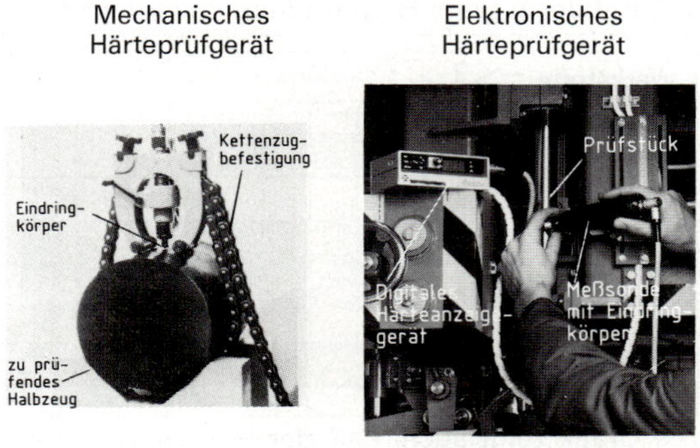

Bild 171/3: Tragbare Härteprüfgeräte

Härteprüfung nach Rockwell (DIN 50 103)

Bei der Rockwell-Härteprüfung wird der Eindringkörper (entweder ein Diamantkegel oder eine gehärtete Stahlkugel) zuerst mit einer geringen Vorkraft (98 N) und dann mit der Prüfkraft in die Probe eingedrückt **(Bild 172/1)**.

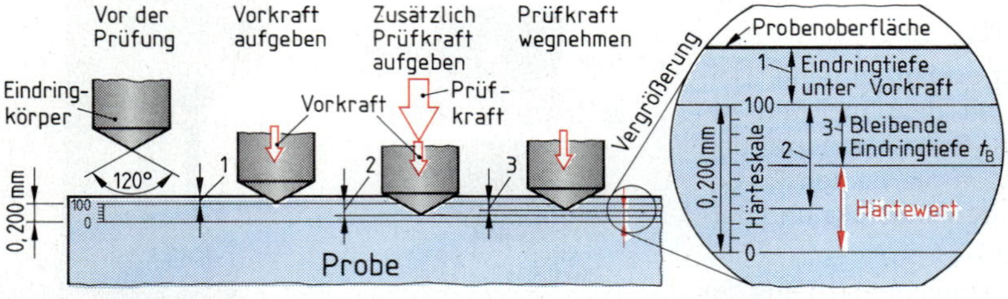

Bild 172/1: Prinzip der Härteprüfung nach Rockwell C (mit Kegel-Prüfkörper)

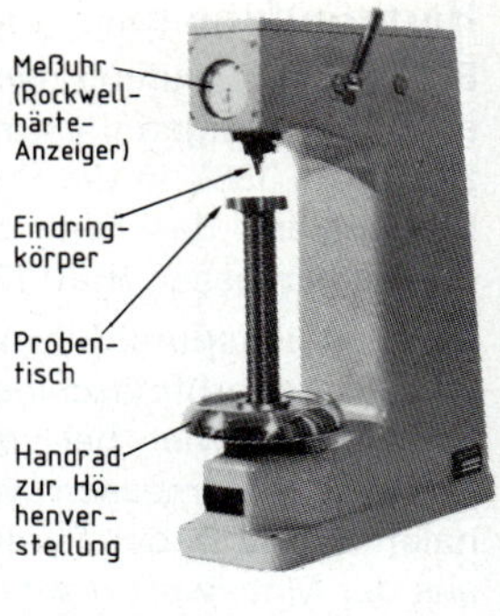

Bild 172/2: Rockwell-Härteprüfgerät

Nach einer Einwirkdauer wird bis auf die Vorkraft entlastet. Die dann vorliegende, bleibende Eindringtiefe t_B in die Probe wird mit einer im Härteprüfgerät eingebauten Meßuhr gemessen und umgewertet als Rockwell-Härtewert unmittelbar am Prüfgerät angezeigt **(Bild 172/2)**.

Der Rockwell-Härtewert wird mit einem **Kurzzeichen** angegeben, das aus dem Härtewert und dem Verfahrenszeichen besteht.

Beispiel

48 HRC

Härtewert (48) – Härte nach Rockwell (HRC)

Der Vorteil der Rockwell-Härteprüfung liegt in der unmittelbaren Anzeige des Härtewertes am Prüfgerät und damit in der schnellen Versuchsdurchführung und Härtewertermittlung. Deshalb wird die Rockwell-Härteprüfung bevorzugt zur schnellen Härteprüfung in der Werkstatt und zur halbautomatischen Prüfung industrieller Massenteile eingesetzt.

Um die gesamte Bandbreite der Werkstoffe mit Rockwell-Verfahren prüfen zu können, gibt es mehrere Einzelverfahren. Sie unterscheiden sich durch die Eindringkörper (Kegel bzw. Kugel) sowie unterschiedlich große Prüfkräfte. Die folgende Tabelle gibt einen Überblick.

Eindringkörper	Diamantkegel mit 120 ° Kegelwinkel und abgerundeter Spitze		Gehärtete Stahlkugel mit 1,5875 mm Durchmesser (1/16 inch)	
Verfahrensname	**Rockwell C (HRC)**	**Rockwell A (HRA)**	**Rockwell B (HRB)**	**Rockwell F (HRF)**
Anwendungsbereiche	Gehärtete Stähle und Legierungen	Sehr harte Werkstoffe, z. B. Hartmetalle	Mittelharte Werkstoffe, z. B. ungehärtete Stähle	Stahlbleche, weiche CuZn-Legierungen

Weitere Rockwell-Härteprüfverfahren (HRN, HRT, HRB_m, HRF_m, HR 30 T_m) arbeiten mit kleineren Vorkräften und Prüfkräften. Sie werden zur Prüfung kleiner Werkstücke und dünner Härteschichten eingesetzt. Eine Übersicht über die Rockwell-Härteprüf-Verfahren enthält der Tabellenteil Seite 272.

Anwendungsbereiche und Umwertung der verschiedenen Härtewerte

Die folgende Grafik zeigt die Anwendungsbereiche der verschiedenen Härteprüfverfahren. Die Brinell-Härteprüfung hat nur einen begrenzten Einsatzbereich. Mit den verschiedenen Rockwell-Verfahren sowie mit der Vickers-Härteprüfung können praktisch alle Werkstoffhärten geprüft werden.

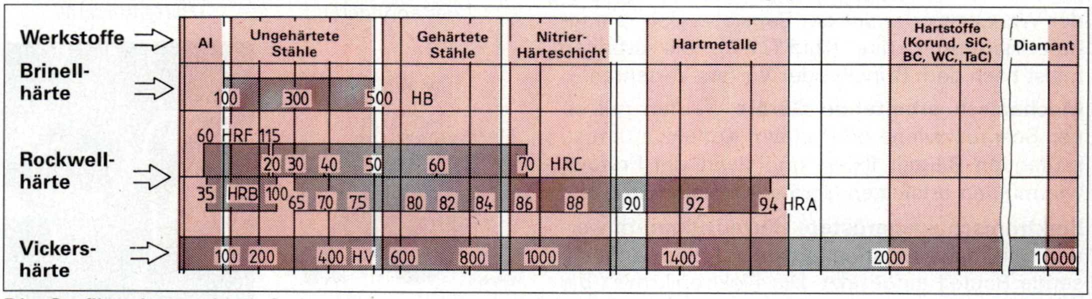

Die Grafik zeigt auch, daß der Härtewert eines Prüfverfahrens dem Härtewert eines anderen Prüfverfahrens zugeordnet werden kann. Eine Umwertungstabelle enthält der Tabellenteil Seite 273.

22.8 Kerbschlagbiegeversuch (DIN 50 115)

Mit dem Kerbschlagbiegeversuch wird das Bruchverhalten beim Durchschlagen einer Probe untersucht.

Man erhält mit dem Kerbschlagbiegeversuch keinen Kennwert für die Auslegung von Bauteilen, sondern lediglich Anhaltswerte über die Zähigkeit eines Werkstoffs. Zur Versuchsdurchführung wird eine genormte Probe (z. B. DVM-Probe) mit beiden Enden an die Widerlager eines Pendelschlagwerkes angelegt **(Bild 173/1).** Nach Ausklinken des Pendelhammers fällt er auf einer Kreisbahn herunter und trifft waagrecht auf die Probe, die er entweder durchschlägt oder verformt durch die Widerlager zieht. Der Pendelhammer wird dabei in seiner Bewegung abgebremst: bei zähen Werkstoffen stärker, da viel Schlagenergie zum Durchtrennen bzw. Verformen der Probe verbraucht wird, bei spröden Werkstoffen weniger stark, da die Probe glatt durchschlagen wird.

An einem Anzeigegerät kann die beim Versuch verbrauchte **Schlagarbeit A_v** direkt abgelesen werden. Sie wird als Prüfergebnis in der Einheit Joule (J) angegeben.
Beispiel: A_v (DVM) = 74 J

Der früher übliche Kennwert **Kerbschlagzähigkeit $a_K = A_v/S$** soll nicht mehr verwendet werden.

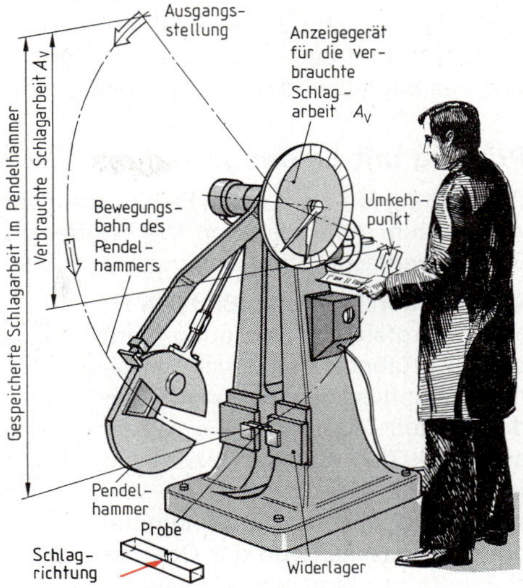

Bild 173/1: Kerbschlagbiegeversuch

22.9 Dauerschwingfestigkeits-Prüfung (DIN 50 100)

Bauteile, die über lange Zeit häufig wechselnder oder schwingender Belastung ausgesetzt sind, wie z. B. Brückenträger oder Bolzen an Tragwerken, können bei relativ kleiner Spannung im Bauteil zu Bruch gehen. Sie zeigen ein typisches Bruchbild, den **Dauerbruch (Bild 173/2).** Man spricht von Werkstoff-Ermüdung.

Werkstoffe für solche Bauteile müssen auf ihre **Dauerfestigkeit** geprüft werden. Dies erfolgt mit einer Maschine, die die Proben mit einer Schwingbelastung beaufschlagt (Bild 173/2).

Etwa 10 Proben eines Werkstoffs werden in einer Versuchsreihe so lange der Schwingbelastung ausgesetzt, bis sie brechen. Die Versuchsdauer beträgt mehrere Stunden bis Tage.

Die Wechselspannung σ_a der Schwingbelastung und die Bruch-Schwingspielzahl N jedes Einzelversuches werden in einem Diagramm, dem **Wöhler-Schaubild*** aufgetragen **(Bild 173/3).** Der Spannungsausschlag der Schwingbelastung σ_a wird ausgehend von der Streckgrenze R_e von Versuch zu Versuch gesenkt, bis auch bei 10 000 000 (10^7) Lastwechseln kein Bruch der Probe eintritt. Diese Wechselspannung kann der Werkstoff auf Dauer ertragen, sie wird **Dauerschwingfestigkeit** oder kurz **Dauerfestigkeit σ_D genannt.**

Weitere Begriffe und Beispiele zum Dauerschwingversuch im Tabellenteil Seite 271.

* August Wöhler: Deutscher Materialforscher

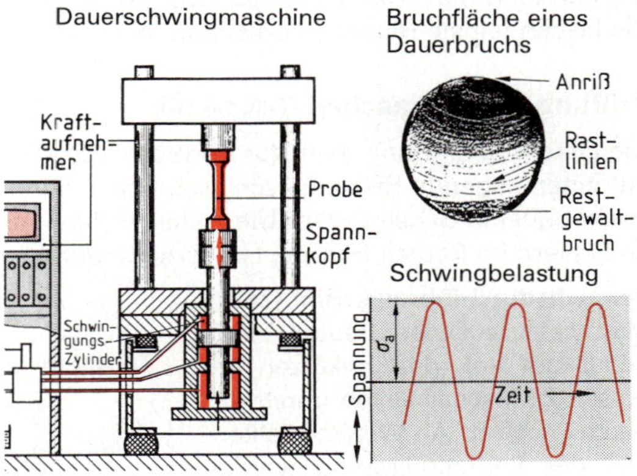

Bild 173/2: Dauerschwingversuch

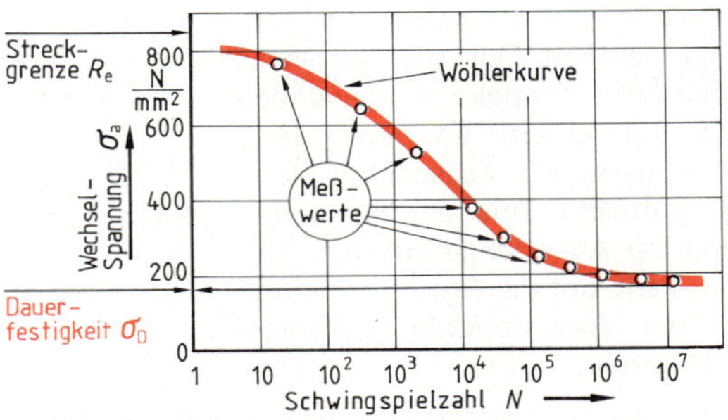

Bild 173/3: Wöhler-Schaubild

22.10 Zerstörungsfreie Werkstoffprüfungen

Die zerstörungsfreien Werkstoffprüfverfahren dienen zum Auffinden von Werkstoffehlern in Werkstücken, Bauteilen und Schweißnähten sowie zur Qualitätskontrolle und zur Gewährleistung der Funktionstüchtigkeit und Bauwerkssicherheit. Zur Durchführung braucht keine Materialprobe genommen werden und das Bauteil wird weder beschädigt noch in seinen Eigenschaften verändert.

Prüfung mit Eindringverfahren (DIN 54 152)

Die Eindringverfahren (auch Farbaufsprühverfahren, Penetrationsverfahren oder Kapillarverfahren genannt) werden zum Auffinden von Werkstoffehlern, wie z. B. Haarrissen oder Mikroporen verwendet, die zur Bauteiloberfläche offen sind.

Versuchsdurchführung (Bild 174/1): Nach sorgfältiger Reinigung wird das zu prüfende Werkstück mit einem dünnflüssigen Farbstoff (Eindringmittel) besprüht. Es dringt aufgrund der Kapillarwirkung in vorhandene Haarrisse ein. Anschließend wird das Eindringmittel durch Abwaschen von der Oberfläche entfernt. Dann wird ein saugfähiger Entwickler (z. B. weiße Schlemmkreide) auf das Werkstück aufgebracht. Sie saugt die in die Haarrisse eingedrungene Farbe (Eindringmittel) heraus und färbt die Kreideschicht an diesen Stellen.

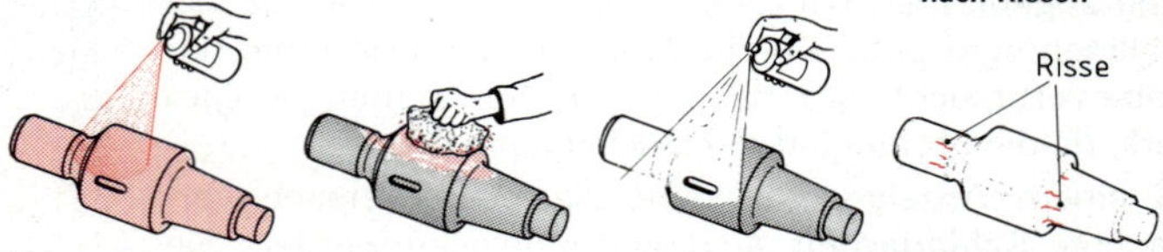

Bild 174/1: Arbeitsablauf bei der Prüfung mit Eindringverfahren

Als Eindringmittel kann auch eine fluoreszierende Flüssigkeit verwendet werden. Das Absuchen des Bauteils auf Fehler erfolgt dann unter UV-Licht in einer Dunkelkammer.

Mit den Eindringverfahren werden vor allem die Oberflächen gehärteter Werkstücke auf Fehler geprüft. Sie lassen feinste Haarrisse erkennen, die auch unter der Lupe nicht sichtbar sind.

Prüfung mit Ultraschall (DIN 54 119)

Die Ultraschallprüfung dient zur Kontrolle von Werkstücken, Halbzeugen, Bauteilen und Schweißnähten auf innen liegende Risse, Einschlüsse und Hohlräume. Sie beruht auf der physikalischen Tatsache, daß hochfrequente Schallwellen (Ultraschallwellen) Festkörper, wie z. B. Metalle, durchschallen können und an Fehlern im Bauteil (Rissen, Lunkern, Bindefehlern usw.) zurückgeworfen werden.

Versuchsdurchführung (Bild 174/2). Man setzt auf das Bauteil einen Schallkopf auf, der in kurzen Impulsen Ultraschallwellen durch das Bauteil schickt. An Werkstoffehlern und der Bauteilrückwand werden die Schallwellen reflektiert (Echo) und gelangen nach unterschiedlichen Schallaufzeiten wieder zum Schallkopf zurück, der einen Empfänger enthält. Dort werden sie in elektrische Signale umgewandelt und auf einem tragbaren Bildschirmgerät als Ausschläge sichtbar gemacht. Aus der Form und Lage der Ausschläge auf dem Monitor kann auf die Größe, Lage und Art der Werkstoffehler geschlossen werden.

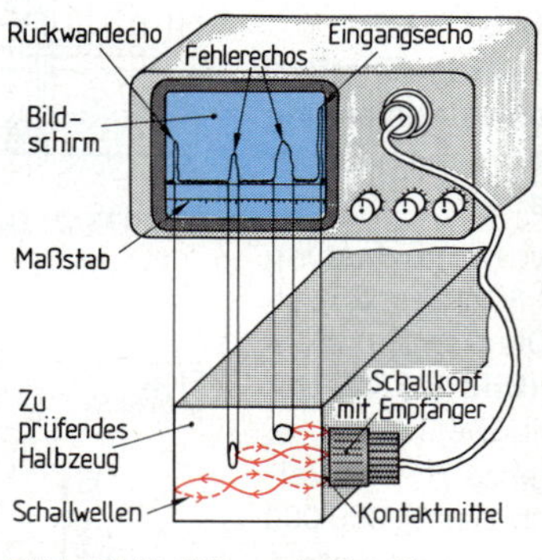

Bild 174/2: Ultraschallprüfung (schematisch)

Bild 174/3: Ultraschallprüfung im Halbzeuglager

Halbzeuge für tragende Bauteile werden bereits im Werkstofflager mit Ultraschall geprüft **(Bild 174/3).** Dazu benutzt man teilautomatisierte Vorrichtungen.

Die Kontrolle von Schweißnähten ist ein wichtiges Anwendungsgebiet der Ultraschallprüfung. Hierbei verwendet man Winkelschallköpfe, da die unebene Oberfläche der Schweißnähte eine Prüfung mit einem gerade abstrahlenden Schallkopf verfälschen würde **(Bild 175/1)**.

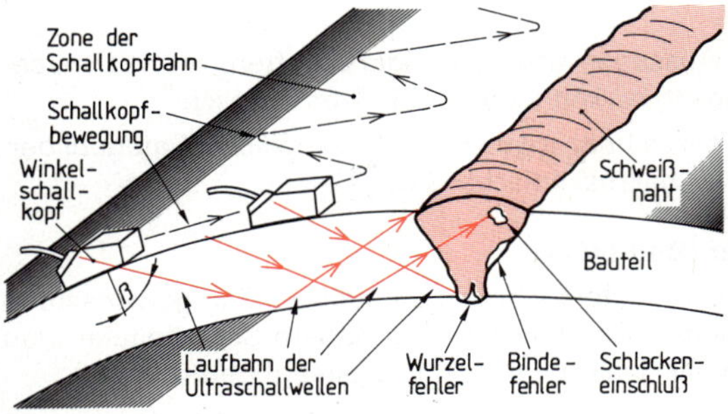

Bild 175/1: Ultraschallprüfung einer Schweißnaht (schematisch)

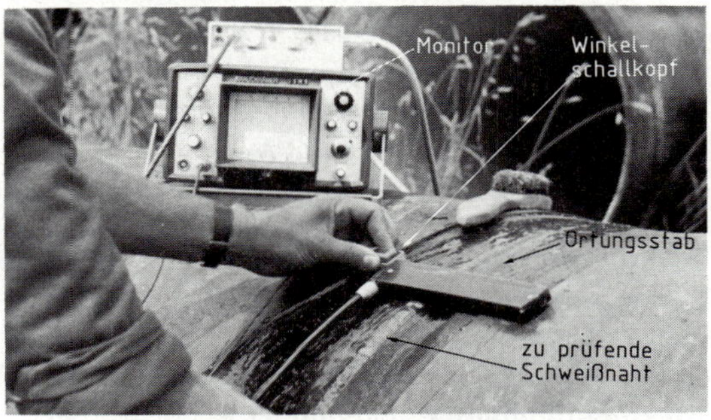

Bild 175/2: Praktische Ultraschallprüfung einer Rohrschweißnaht mit Ortungsstab

Die Winkelschallköpfe strahlen die Ultraschallwellen unter einem Winkel in das Werkstück. An der Bauteilrückwand werden sie reflektiert und durchschallen die Schweißnaht von der Seite. Damit die gesamte Schweißnaht geprüft wird, führt man den Schallkopf unter leichten Schwenkbewegungen auf einer Zickzackbahn innerhalb eines Streifens parallel zur Schweißnaht. Auf diese Weise sind die verschiedenen Fehlerarten in der Schweißnaht erkennbar. Um die genaue Lage des Schweißnahtfehlers zu erfassen, verwendet man Winkelschallköpfe, an die ein Ortungsstab angesetzt ist **(Bild 175/2)**. Sie zeigen die exakte Position des Fehlers an, der dann ausgebessert werden kann. Ein großer Vorteil der Ultraschallprüfung ist ihre gesundheitliche Unbedenklichkeit.

Durchstrahlungsprüfung mit Röntgen- und Gammastrahlen (DIN 54111)

Durchstrahlungsprüfungen werden hauptsächlich zur Kontrolle von hochbelasteten Gußwerkstücken und Schweißnähten auf innenliegende Werkstoffehler eingesetzt.

Die Prüfungen beruhen auf der Eigenschaft von Röntgen- und Gammastrahlen, metallische Werkstoffe, wie z. B. Stahl, durchdringen zu können. Die verwendeten Röntgenstrahlen sind hochenergetisch und können Werkstoffdicken bis 300 mm durchdringen. Als Gammastrahler wird meist das radioaktive Kobalt 60 eingesetzt, das Werkstoffdicken bis 200 mm durchstrahlen kann.

Beim Durchgang durch das Bauteil werden die Strahlen je nach Materialdicke abgeschwächt und zeichnen auf einem Film, der hinter dem Bauteil angebracht ist, ein Durchstrahlungsbild des Bauteils. Fehler im Bauteil sind als helle Flecken im Durchstrahlungsbild sichtbar.

Bei der Durchstrahlung mit **Röntgenstrahlen** bringt man das zu prüfende Bauteil vor einer Filmkassette in den Strahlengang einer Röntgenröhre **(Bild 175/3)**. Das Durchstrahlungsbild wird auf der Filmkassette nach dem Entwickeln sichtbar. Da die Röntgenanlagen wegen ihrer Baugröße ortsfest sind, prüft man mit ihnen überwiegend kleine bis mittelgroße Bauteile.

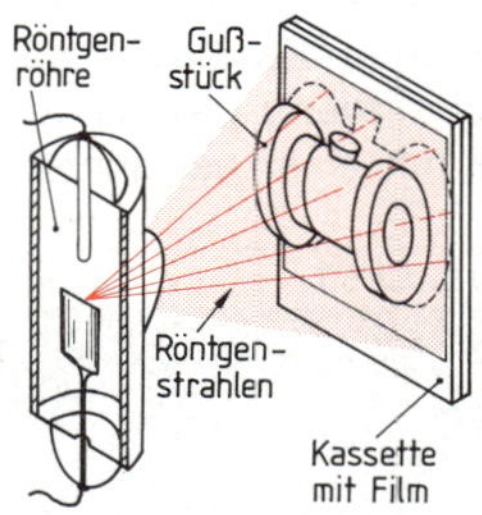

Bild 175/3: Röntgenprüfung eines Druckrohres

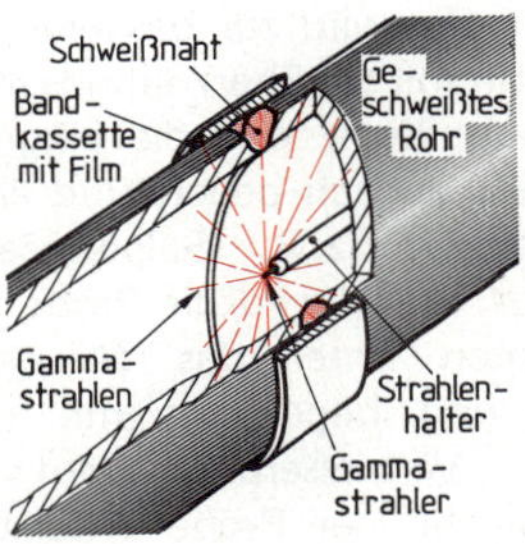

Bild 175/4: Gammastrahlenprüfung einer Schweißnaht

Bei der Prüfung mit **Gammastrahlen** wird der radioaktive Strahler so zur Prüfstelle in Position gebracht, daß auf einer, hinter dem Prüfstück angebrachten, Filmkassette ein Durchstrahlungsbild erzielt wird **(Bild 175/4)**.

Vorsicht: Röntgen- und Gammastrahlen können schwere gesundheitliche Schäden hervorrufen. Die Durchstrahlungsprüfungen mit Röntgen- und Gammastrahlen sind deshalb dem Fachmann vorbehalten.

22.11 Metallografische Untersuchungen

Aufgabe der metallografischen Untersuchungen ist die Sichtbarmachung des inneren Aufbaus der Werkstoffe. Am wichtigsten für den Metallverarbeiter ist die Anordnung, die Größe und die Zusammensetzung der Kristallite im Werkstoff: das **Gefüge.**

Anhand von Gefügebildern sind für den Fachmann Aussagen über die Eigenschaften, die Wärmebehandlung, die Verarbeitungsmöglichkeiten und die Einsetzbarkeit eines Werkstoffs möglich.

Gefügebilder, die mit bloßem Auge erkennbar sind, bezeichnet man als makroskopische Gefügebilder, solche, die mit Vergrößerungshilfen erkennbar sind, als mikroskopische Gefügebilder.

Makroskopische Untersuchungen und Gefügebilder (Bild 176/1)

Zur makroskopischen Gefügeuntersuchung wird das zu untersuchende Bauteil an der gewünschten Stelle durchtrennt und die Schnittfläche auf einer Teller-Schleifmaschine mit feinem Schleifpapier plan geschliffen. Anschließend wird die Schlifffläche mit einer geeigneten Ätzflüssigkeit abgetupft.

Makrogefügebilder werden z. B. zur Prüfung von Schweißnähten auf Fehler angefertigt.

Der **Faserverlauf** zeigt die Ausrichtung der Gefügekörner im Werkstück. Er ist besonders bei umgeformten Werkstücken wichtig.

Der **Schwefelabzug,** (Baumann-Abdruck) zeigt die Schwefelverteilung im Stahl und dient zur Prüfung auf Seigerungen (Seite 20). Man erhält ihn durch Andrücken der Schlifffläche auf Fotopapier.

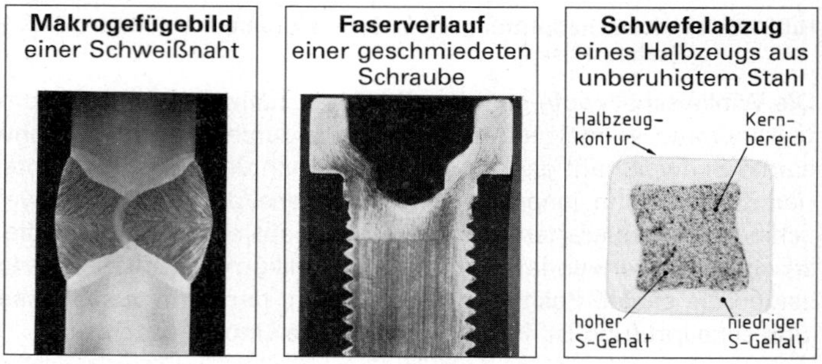

Bild 176/1: Makroskopische Gefügebilder

Lichtmikroskopische Untersuchungen und Gefügebilder

Die Gefügekörner der Metalle sind meistens so klein, daß sie mit dem bloßen Auge nicht sichtbar sind. Der überwiegende Teil der Gefügebilder sind deshalb lichtmikroskopische Vergrößerungen. Als Vergrößerungshilfe dient das speziell hierfür geeignete Metallmikroskop **(Bild 176/2).** Mit ihm kann die Metall-Schlifffläche mit 50- bis 1000facher Vergrößerung betrachtet werden. Eine eingebaute Kamera hält das mikroskopische Gefügebild im Bild fest.

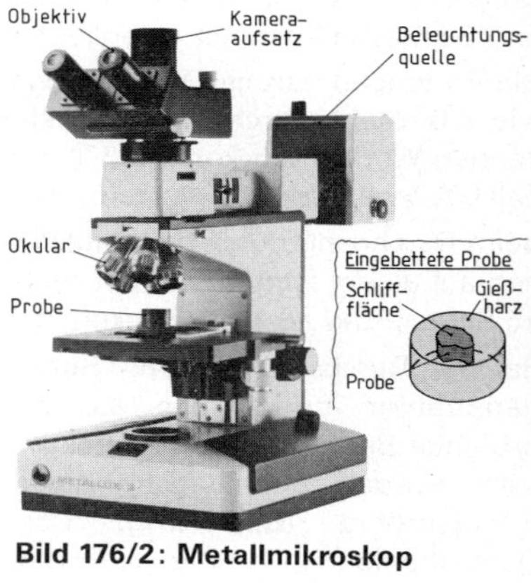

Bild 176/2: Metallmikroskop

Zur Durchführung der lichtmikroskopischen Untersuchung muß vom zu untersuchenden Werkstoff eine kleine Probe abgetrennt werden. Sie wird zur besseren Handhabung in einer elastischen Gießform mit Gießharz umgossen. Nach Erstarren des Gießharzes zu einem Block wird die eingebettete Probe zuerst plan angeschliffen, danach poliert und abschließend mit einer geeigneten Säurelösung (z. B. Salpetersäure) angeätzt. Dann wird die Probe zum Betrachten unter das Mikroskop gelegt und beginnend mit einer kleinen Vergrößerung wird die Schlifffläche der Probe untersucht **(Bild 176/3).** Von den interessierenden Stellen werden zur Dokumentation fotografische Bilder gemacht.

Weitere Gefügebilder von Stahl auf Seite 59 und im Tabellenteil Seite 274.

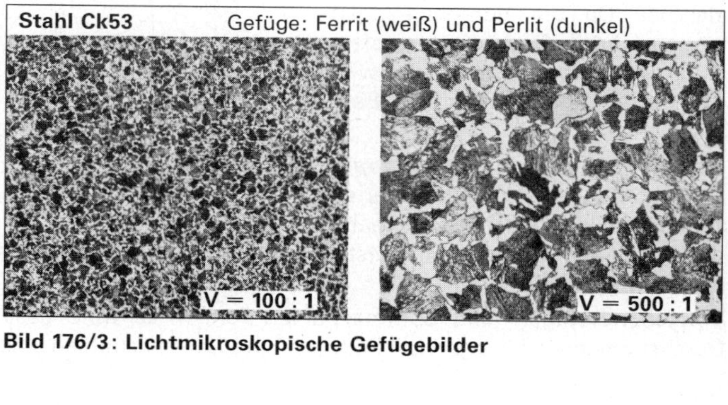

Bild 176/3: Lichtmikroskopische Gefügebilder

Untersuchungen mit dem Rasterelektronenmikroskop (REM)

Mit dem Rasterelektronenmikroskop können tiefenscharfe Bilder, auch von unebenen Oberflächen, mit bis zu 10 000facher Vergrößerung erzielt werden.

Die Probe braucht nicht geschliffen, und damit verändert werden, sondern kann im Originalzustand betrachtet werden. Deshalb können mit dem REM mikroskopische Bilder von Oberflächen erhalten werden, die lichtmikroskopisch nicht darstellbar sind.

REM-Untersuchungen werden z. B. zur Sichtbarmachung von Bruchflächen und Korrosionsschichten **(Bild 177/1)** sowie zur Darstellung des kristallinen Feinbaus eingesetzt (Bild 54/1).

Weitere REM-Bilder auf Seite 275.

Bruchfläche eines glasfaserverstärkten Kunststoffs

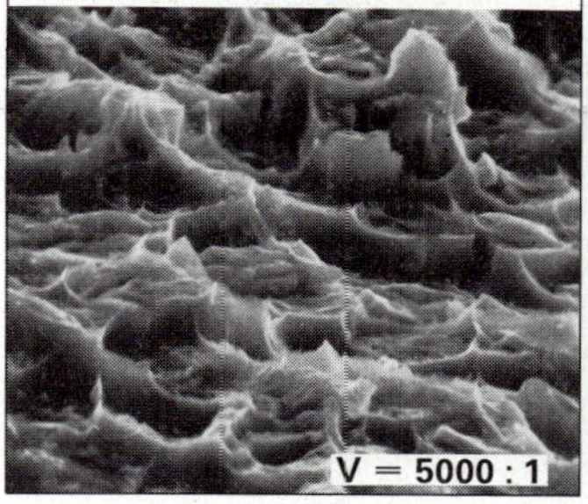

Korrosionsschicht (Rost) auf einem Stahl-Bauteil

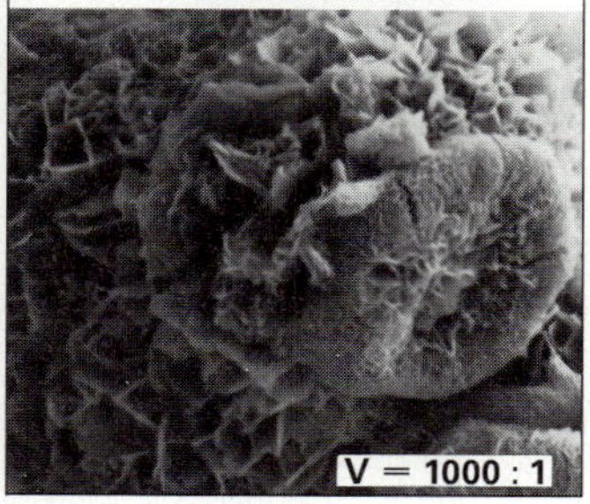

Bild 177/1: REM-Oberflächenbilder

22.12 Prüfung der Werkstoffzusammensetzung (Werkstoffanalyse)

Ein Werkstoff wird in seinen grundlegenden Eigenschaften durch die Art und Menge seiner Bestandteile, d. h. seiner Zusammensetzung, festgelegt. Die genaue Festlegung und Überprüfung der Werkstoffzusammensetzung, die Analyse, ist deshalb eine wichtige Aufgabe der Werkstoffprüfung.

Die Bestimmung der Werkstoffzusammensetzung erfolgt mit einem weitgehend automatisierten Analysengerät, dem **Spektrometer (Bild 177/2)** und dauert nur rund 1 Minute. Zur Versuchsdurchführung wird eine kleine Werkstoffprobe in das Gerät eingegeben und dort mit Röntgenstrahlen bestrahlt. Dadurch werden die in der Probe enthaltenen Elemente zum Aussenden elementspezifischer Röntgenstrahlen angeregt. Durch Reflexion an einem Analysatorkristall wird diese Strahlung in einzelne Spektrallinien zerlegt. Ihre Intensität wird von einem Detektor gemessen, dann von einem Rechner in Analysenwerte umgerechnet und auf einem Monitor direkt als Elemente und Gehalte angezeigt.

Werkstoffanalysen werden z. B. zur fortlaufenden Überwachung beim Herstellungsprozeß der Metalle gemacht, um Werkstoffe genau vorgeschriebener Zusammensetzung zu erhalten.

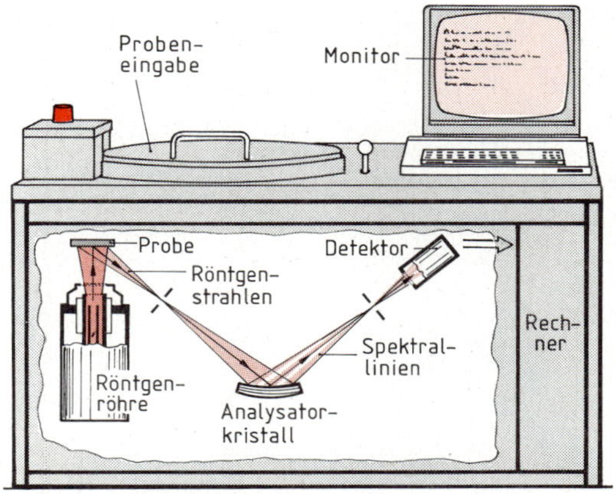

Bild 177/2: Spektrometer

Wiederholungsfragen

1 Wie wird die Funkenprobe durchgeführt?

2 Wie unterscheiden sich die Funkenbilder von Stählen mit unterschiedlichem Kohlenstoffgehalt?

3 Was wird mit dem Ausbreitversuch geprüft?

4 Welche Eigenschaft kann mit dem technologischen Biegeversuch geprüft werden?

5 Welche technologischen Prüfungen gibt es für Rohre?

6 Welches Schaubild liefert der Zugversuch?

7 Welche Werkstoff-Kennwerte können mit dem Zugversuch bestimmt werden?

8 Welche Härteprüfverfahren gibt es?

9 Mit welchem Härteprüfverfahren können weiche und harte Werkstoffe geprüft werden?

10 Welchen Vorteil haben die Rockwell-Härteprüfverfahren?

11 Was versteht man unter Dauerfestigkeit?

12 Welche Werkstoffehler können mit Eindringverfahren festgestellt werden?

13 Wie wird die Ultraschallprüfung von Schweißnähten durchgeführt?

14 Welche Bilder liefern makroskopische, lichtmikroskopische und REM-Untersuchungen?

Tabellenteil

Der Tabellenteil enthält in zusammengefaßter und übersichtlicher Form Eigenschafts- und Maßtabellen von Werkstoffen, Hilfsstoffen, Halbzeugen und Normteilen sowie Richtwerte für Fertigungsverfahren und Hinweise für die Anwendung.

Die Sachthemen sind im Tabellenteil in derselben Reihenfolge wie im Werkstofftechnikteil angeordnet.

Das vorliegende Datenmaterial entspricht dem aktuellen Stand der Technik. Im einzelnen wurden folgende Quellen verwertet:

- Die physikalischen Stoffdaten entsprechen dem neuesten Stand physikalisch-technischer Tabellenwerke.
- Bei den physikalischen Einheiten wurden die gesetzlichen Vorschriften über die Einheiten physikalisch-technischer Größen berücksichtigt.
- Genormte Werkstoffe, Halbzeuge, Fertigerzeugnisse und Bauteile entsprechen den DIN-Normen sowie eventueller EURO-Normen.
- Nicht genormte Werkstoffe, Halbzeuge und Fertigungshinweise basieren auf VDI-Richtlinien sowie Angaben der Beratungsstellen, der Fachverbände und namhafter Hersteller.

Verbindlich für Hersteller und Besteller sind die DIN-Blätter und die VDI-Richtlinien selbst sowie die Vereinbarungen zwischen Besteller und Hersteller.

Bezug der DIN-Blätter und VDI-Richtlinien über:
Beuth-Verlag GmbH, Burggrafenstr. 4–10, 1000 Berlin 30

Inhaltsverzeichnis Tabellenteil

Inhaltsverzeichnis Tabellenteil

DAS PERIODENSYSTEM DER ELEMENTE

Das **Periodensystem der Elemente** ist ein Ordnungsschema, das alle auf der Erde nachgewiesenen chemischen Elemente enthält. Sie sind in der Reihenfolge steigender Ordnungszahl in Zeilen (Perioden) und Spalten (Gruppen) angeordnet.

Das hier gezeigte Periodensystem enthält wichtige Angaben über jedes der Elemente: den Elementnamen, das Elementsymbol, die Ordnungszahl, die Atommasse, die Dichte, den Schmelz- und Siedepunkt, die Oxidationszahlen (Wertigkeiten), die Elektronegativität, den Aggregatzustand im Normzustand (0 °C, 1013 mbar) und den Aufbau der Elektronenhülle nach dem Orbitalmodell.

Wo Sie die einzelnen Angaben ablesen können, zeigt Ihnen die Erklärung links unten.

Perioden	Hauptgruppen I	Hauptgruppen II	Nebengruppen IIIa	IVa	Va	VIa	VIIa	VIIIa	VIIIa	VIIIa	Ia	IIa	Hauptgruppen III	IV	V	VI	VII	VIII
1.	1 Wasserstoff 1,00797 I −252,5 −259,1 0,0899 2,1 **H** $1s^{1}$																	2 Helium 4,0026 −268,9 −269,7 0,1785 **He** $1s^{2}$
2.	3 Lithium 6,639 I 1336 180,5 0,534 1,0 **Li** $1s^{2}2s^{1}$	4 Beryllium 9,0122 II 2970 1285 1,85 1,5 **Be** $1s^{2}2s^{2}$											5 Bor 10,811 III 2550 2300 2,34 2,0 **B** $1s^{2}2s^{2}2p^{1}$	6 Kohlenstoff 12,01115 ±IV, II 4830 3550 2,1–2,3 (Graphit) 2,5 **C** $1s^{2}2s^{2}2p^{2}$	7 Stickstoff 14,0067 ±III, V, IV, II −195,8 −210 1,251 3,0 **N** $1s^{2}2s^{2}2p^{3}$	8 Sauerstoff 15,999 −II −182,9 −218,4 1,4289 3,5 **O** $1s^{2}2s^{2}2p^{4}$	9 Fluor 18,9984 −I −188,1 −219,6 1,696 4,0 **F** $1s^{2}2s^{2}2p^{5}$	10 Neon 20,183 −245,9 −248,7 0,8999 **Ne** $1s^{2}2s^{2}2p^{6}$
3.	11 Natrium 22,9898 I 892 97,81 0,971 0,9 **Na** $[Ne]3s^{1}$	12 Magnesium 24,305 II 1107 651 1,745 1,2 **Mg** $[Ne]3s^{2}$											13 Aluminium 26,9815 III 2467 660,2 2,70 1,5 **Al** $[Ne]3s^{2}3p^{1}$	14 Silicium 28,086 IV 2355 1410 2,33 1,8 **Si** $[Ne]3s^{2}3p^{2}$	15 Phosphor 30,9738 ±III, V, IV 280 44,1 1,82 (weiß) 2,1 **P** $[Ne]3s^{2}3p^{3}$	16 Schwefel 32,06 ±II, IV, VI 444,6 119,0 2,07 2,5 **S** $[Ne]3s^{2}3p^{4}$	17 Chlor 35,453 ±I, III, V, VII −34,1 −101 3,214 3,0 **Cl** $[Ne]3s^{2}3p^{5}$	18 Argon 39,948 −185,9 −189,3 1,784 **Ar** $[Ne]3s^{2}3p^{6}$
4.	19 Kalium 39,098 I 774 63,65 0,862 0,8 **K** $[Ar]4s^{1}$	20 Calcium 40,08 II 1482 851 1,53 1,0 **Ca** $[Ar]4s^{2}$	21 Scandium 44,956 III 2727 1539 2,99 1,3 **Sc** $[Ar]3d^{1}4s^{2}$	22 Titan 47,90 IV, III 3260 1668 4,51 1,5 **Ti** $[Ar]3d^{2}4s^{2}$	23 Vanadium 50,941 V, IV, II 3380 1890 6,12 1,6 **V** $[Ar]3d^{3}4s^{2}$	24 Chrom 51,996 VI, III, II 2200 1890 7,19 1,6 **Cr** $[Ar]3d^{5}4s^{1}$	25 Mangan 54,938 II, III, IV, VI, VII 2097 1244 7,34 1,5 **Mn** $[Ar]3d^{5}4s^{2}$	26 Eisen 55,847 II, III 3000 1535 7,874 1,8 **Fe** $[Ar]3d^{6}4s^{2}$	27 Cobalt 58,933 II, III 2900 1495 8,90 1,8 **Co** $[Ar]3d^{7}4s^{2}$	28 Nickel 58,70 II, III 2732 1453 8,90 1,8 **Ni** $[Ar]3d^{8}4s^{2}$	29 Kupfer 63,546 II, I 2595 1083 8,94 1,9 **Cu** $[Ar]3d^{10}4s^{1}$	30 Zink 65,38 II 907 419,5 7,13 1,6 **Zn** $[Ar]3d^{10}4s^{2}$	31 Gallium 69,72 III 2400 29,8 5,904 1,6 **Ga** $[Ar]3d^{10}4s^{2}4p^{1}$	32 Germanium 72,59 IV 2830 937,4 5,32 1,8 **Ge** $[Ar]3d^{10}4s^{2}4p^{2}$	33 Arsen 74,922 ±III, V 613 (817) 5,73 2,0 **As** $[Ar]3d^{10}4s^{2}4p^{3}$	34 Selen 78,96 IV, ±II, VI 685 220 4,81 2,4 **Se** $[Ar]3d^{10}4s^{2}4p^{4}$	35 Brom 79,904 ±I, V 58,78 −7,2 3,12 2,8 **Br** $[Ar]3d^{10}4s^{2}4p^{5}$	36 Krypton 83,80 −152,3 −156,6 3,733 **Kr** $[Ar]3d^{10}4s^{2}4p^{6}$
5.	37 Rubidium 85,467 I 688 38,7 1,53 0,8 **Rb** $[Kr]5s^{1}$	38 Strontium 87,62 II 1380 768 2,67 1,0 **Sr** $[Kr]5s^{2}$	39 Yttrium 88,906 III 2927 1495 4,47 1,3 **Y** $[Kr]4d^{1}5s^{2}$	40 Zirkonium 91,22 IV 4370 1852 6.50 1,4 **Zr** $[Kr]4d^{2}5s^{2}$	41 Niob 92,906 V, III 4927 2468 8.58 1,6 **Nb** $[Kr]4d^{4}5s^{1}$	42 Molybdän 95,94 VI, V, IV, III, II 5560 2610 10,22 1,8 **Mo** $[Kr]4d^{5}5s^{1}$	43 Technetium (98) VII 5030 2140 11,5 1,9 **Tc** $[Kr]4d^{5}5s^{2}$	44 Ruthenium 101,07 III, IV 3900 2500 12,30 2,2 **Ru** $[Kr]4d^{7}5s^{1}$	45 Rhodium 102,905 II, III 3727 1966 12,41 2,2 **Rh** $[Kr]4d^{8}5s^{1}$	46 Palladium 106,4 II, IV 2927 1552 12,02 2,2 **Pd** $[Kr]4d^{10}5s^{0}$	47 Silber 107,87 I 2140 960,8 10,50 1,9 **Ag** $[Kr]4d^{10}5s^{1}$	48 Cadmium 112,40 II 767 320,9 8,65 1,7 **Cd** $[Kr]4d^{10}5s^{2}$	49 Indium 114,82 III 2000 156,6 7,30 1,7 **In** $[Kr]4d^{10}5s^{2}5p^{1}$	50 Zinn 118,69 IV, II 2270 231,9 7,29 1,8 **Sn** $[Kr]4d^{10}5s^{2}5p^{2}$	51 Antimon 121,75 ±III, V 1635 630,5 6,69 1,9 **Sb** $[Kr]4d^{10}5s^{2}5p^{3}$	52 Tellur 127,6 −II, IV, VI 980 449 6,25 2,1 **Te** $[Kr]4d^{10}5s^{2}5p^{4}$	53 Iod 126,9 ±I, V, VII 184,5 113,5 4,93 2,5 **I** $[Kr]4d^{10}5s^{2}5p^{5}$	54 Xenon 131,3 −108 −111,9 5,897 **Xe** $[Kr]4d^{10}5s^{2}5p^{6}$
6.	55 Cäsium 132,905 I 705 28,5 1,90 0,7 **Cs** $[Xe]6s^{1}$	56 Barium 137,34 II 1640 725 3,7 0,9 **Ba** $[Xe]6s^{2}$	57 Lanthan 138,91 III 3469 920 6,16 1,1 **La** $[Xe]5d^{1}6s^{2}$	72 Hafnium 178,49 IV 5400 2150 13,31 1,3 **Hf** $[Xe]4f^{14}5d^{2}6s^{2}$	73 Tantal 180,948 V 5425 2996 16,60 1,5 **Ta** $[Xe]4f^{14}5d^{3}6s^{2}$	74 Wolfram 183,85 VI, V, IV, III, II 5900 3387 19,27 1,7 **W** $[Xe]4f^{14}5d^{4}6s^{2}$	75 Rhenium 186,2 VII, VI, IV, II, −I 5627 3180 21,04 1,9 **Re** $[Xe]4f^{14}5d^{5}6s^{2}$	76 Osmium 190,2 IV, II, III, VI, VIII 5027 3045 22,48 2,2 **Os** $[Xe]4f^{14}5d^{6}6s^{2}$	77 Iridium 192,2 IV, II, III, VI 4527 2443 22,42 2,2 **Ir** $[Xe]4f^{14}5d^{7}6s^{2}$	78 Platin 195,09 IV, II 3827 1769 21,45 2,2 **Pt** $[Xe]4f^{14}5d^{9}6s^{1}$	79 Gold 196,967 III, I 2966 1063 19,32 2,4 **Au** $[Xe]4f^{14}5d^{10}6s^{1}$	80 Quecksilber 200,59 II, I 356,6 −38,9 13,59 1,9 **Hg** $[Xe]4f^{14}5d^{10}6s^{2}$	81 Thallium 204,37 I, III 1457 303,5 11,85 1,8 **Tl** $[Xe]4f^{14}5d^{10}6s^{2}6p^{1}$	82 Blei 207,2 II, IV 1740 327 11,35 1,8 **Pb** $[Xe]4f^{14}5d^{10}6s^{2}6p^{2}$	83 Bismut 208,98 III, V 1560 271,3 9,79 1,9 **Bi** $[Xe]4f^{14}5d^{10}6s^{2}6p^{3}$	84 Polonium (210) II, IV 962 254 (9,2) 2,0 **Po** $[Xe]4s^{14}5d^{10}6s^{2}6p^{4}$	85 Astat (210) ±I, III, V – – – 2,2 **At** $[Xe]4f^{14}5d^{10}6s^{2}6p^{5}$	86 Radon (222) −61,8 −71 9,97 **Rn** $[Xe]4f^{14}5d^{10}6s^{2}6p^{6}$
7.	87 Francium – I – – – 0,7 **Fr** $[Rn]7s^{1}$	88 Radium 226,03 II 1140 700 5,5 0,9 **Ra** $[Rn]7s^{2}$	89 Actinium (227) III 3200 1050 (10,07) 1,1 **Ac** $[Rn]6d^{1}7s^{2}$	104 Kurtschatovium (261) IV – – – – **Ku** $[Rn]5f^{14}6d^{2}7s^{2}$	105 Hahnium (262) V – – – – **Ha** $[Rn]5f^{14}6d^{3}7s^{2}$													

Lanthaniden-Elemente	58 Cer 140,12 III, IV 3468 795 6,67 1,1 **Ce** $[Xe]4f^{2}5d^{0}6s^{2}$	59 Praseodym 140,907 III, IV 3127 935 6,77 1,1 **Pr** $[Xe]4f^{3}5d^{0}6s^{2}$	60 Neodym 144,24 III 3027 1024 7,00 1,2 **Nd** $[Xe]4f^{4}5d^{0}6s^{2}$	61 Promethium (147) III – 1068 7,2 – **Pm** $[Xe]4f^{5}5d^{0}6s^{2}$	62 Samarium 150,4 III, II 1804 1072 7,54 1,2 **Sm** $[Xe]4d^{6}5d^{0}6s^{2}$	63 Europium 151,96 III, II 1439 826 5,26 – **Eu** $[Xe]4f^{7}5d^{0}6s^{2}$	64 Gadolinium 157,25 III 3000 1312 7,89 1,1 **Gd** $[Xe]4f^{7}5d^{1}6s^{2}$	65 Terbium 158,925 III, IV 2800 1356 8,253 1,2 **Tb** $[Xe]4f^{8}5d^{0}6s^{2}$	66 Dysprosium 162,50 III 2600 1407 8,56 – **Dy** $[Xe]4f^{10}5d^{0}6s^{2}$	67 Holmium 164,93 III 2600 1461 8,80 1,2 **Ho** $[Xe]4f^{11}5d^{0}6s^{2}$	68 Erbium 167,26 III 2900 1497 9,16 1,2 **Er** $[Xe]4f^{12}5d^{0}6s^{2}$	69 Thulium 168,93 III, II 1727 1545 9,32 1,2 **Tm** $[Xe]4f^{13}5d^{0}6s^{2}$	70 Ytterbium 173,04 III, II 1427 824 6,96 1,1 **Yb** $[Xe]4f^{14}5d^{0}6s^{2}$	71 Lutetium 174,97 III 3327 1652 9,84 1,2 **Lu** $[Xe]4f^{14}5d^{1}6s^{2}$
Actiniden-Elemente	90 Thorium* 232,04 IV 3850 1750 11,7 1,3 **Th** $[Rn]5f^{0}6d^{2}7s^{2}$	91 Protactinium 231,04 V, IV – 1560 15,37 1,5 **Pa** $[Rn]5f^{2}6d^{1}7s^{2}$	92 Uran 238,03 VI, V, IV, III 3818 1132 19,1 1,7 **U** $[Rn]5f^{3}6d^{1}7s^{2}$	93 Neptunium (237) VI, V, IV, III – 637 20,45 1,3 **Np** $[Rn]5f^{4}6d^{1}7s^{2}$	94 Plutonium (242) IV, VI, V, III 3327 640 19,81 1,3 **Pu** $[Rn]5f^{6}6d^{0}7s^{2}$	95 Americium (243) III, IV, V, VI – 994 13,67 1,3 **Am** $[Rn]5f^{7}6d^{0}7s^{2}$	96 Curium (247) III 3540 1360 13,5 – **Cm** $[Rn]5f^{7}6d^{1}7s^{2}$	97 Berkelium (247) III, IV – 1000 – – **Bk** $[Rn]5f^{8}6d^{0}7s^{2}$	98 Californium 252 III 1200 – – – **Cf** $[Rn]5f^{10}6d^{0}7s^{2}$	99 Einsteinium (254) – – – – – **Es** $[Rn]5f^{11}6d^{0}7s^{2}$	100 Fermium – – – – – – **Fm** $[Rn]5f^{12}6d^{0}7s^{2}$	101 Mendelevium – – – – – – **Md** $[Rn]5f^{13}6d^{0}7s^{2}$	102 Nobelium – – – – – – **No** $[Rn]5f^{14}6d^{0}7s^{2}$	103 Lawrencium – – – – – – **Lr** $[Rn]5f^{14}6d^{1}7s^{2}$

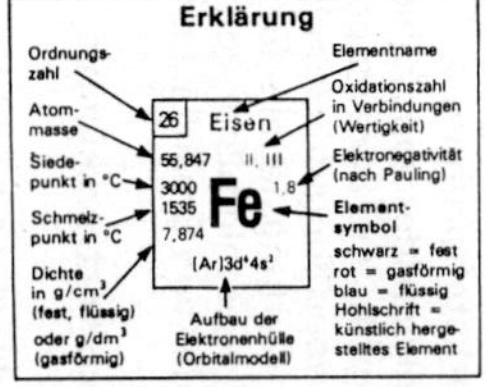

Technisch wichtige Chemikalien, Eigenschaften, Verwendung

Gewerbliche Benennung	Chemischer Name	Chemische Formel	Kurzbeschreibung der Eigenschaften und Verwendung ϱ = Dichte, ϑ_b = Siedetemperatur, ϑ_m = Schmelztemperatur
Aceton	Propanon (Dimethylketon)	CH_3COCH_3	Erfrischend riechende, farblose, brennbare Flüssigkeit. ϱ = 0,791 kg/dm³, ϑ_b = 56,1 °C. Hauptanwendung: als Lösungsmittel.
Alkohol (Weingeist, Spiritus)	Ethanol	C_2H_5OH	Wasserklare, brennbare Flüssigkeit. ϱ = 0,7892 kg/dm³, ϑ_b = 78,3 °C. Ethanol ist der berauschende Bestandteil alkoholischer Getränke. Dient als Lösungs- und Konservierungsmittel sowie als Motorkraftstoff.
Ammoniak (Salmiakgeist)	Ammoniak	NH_3	Farbloses, stechend riechendes Gas. ϱ = 0,7714 kg/dm³, ϑ_b = −33,4 °C. Anwendung: Nitriergas für Nitrierschichten. Die wäßrige Lösung von Ammoniak heißt Salmiakgeist. Sie dient als Reinigungsmittel (Fettlöser).
Benzin	Gemisch aus Kohlenwasserstoffen mit 5 bis 12 Kohlenstoffatomen		Wasserklare, leicht verdunstende, sehr feuergefährliche Flüssigkeit. Wird vor allem als Motorkraftstoff sowie als Reinigungsmittel verwendet.
Benzol	Benzol	C_6H_6	Farblose, brennbare Flüssigkeit mit typischem Geruch (giftig). ϱ = 0,879 kg/dm³, ϑ_b = 80,15 °C. Verwendung als Zusatz zu Kraftstoffen (Antiklopfmittel).
Essigsäure	Ethansäure	$CH_3COOH + H_2O$	Wasserklare Flüssigkeit mit stechendem Geruch. ϱ = 1,0492 kg/dm³, ϑ_b = 117,9 °C. Essigsäure ist eine schwache Säure. Verwendung: Beizmittel.
Formalin	Methanal in Wasser (Formaldehyd)	$HCHO + H_2O$	Formalin ist die wäßrige Lösung des gasförmigen Formaldehyds. Es gast leicht aus und ist ein farbloses, stechend riechendes, gesundheitsschädliches Gas. Konservierungsmittel.
Glycerin	Propantriol – 1, 2, 3	$CH_2OH-CHOH-CH_2OH$	Farblose, zähflüssige, geruchlose, süß schmeckende Flüssigkeit. ϱ = 1,261 kg/dm³, ϑ_b = 290 °C. Verwendung: Frostschutzmittel und Gleitmittel.
Härtesalze	Mischung aus Cyaniden	KCN, NaCN $Ca(CN)_2$	Wasserlösliche, sehr giftige, weiße, kristalline Stoffe. Verwendung: In der Technik als Salzschmelzen zum Stahlhärten. (Härtesalze.)
Gebrannter Kalk Gelöschter Kalk Kalkwasser	Calciumoxid Calciumhydroxid Wäßrige Lösung des Calciumhydroxids	CaO $Ca(OH)_2$	Das in der Umgangssprache als Kalk bezeichnete Material ist gelöschter Kalk $Ca(OH)_2$. Er wird mit Sand und Wasser zu einem Brei, dem Mörtel, vermischt. Dabei reagiert er zu Kalkstein $CaCO_3$. Verwendung: Bindebaustoff.
Karbid	Calciumcarbid	CaC_2	Weißgraue, kristalline Masse. ϱ = 2,2 kg/dm³. Reagiert mit Wasser zu Acetylen: $CaC_2 + 2\,H_2O \rightarrow C_2H_2 + Ca(OH)_2$. CaC_2 ist Ausgangsstoff zur Acetylengasherstellung.
Kochsalz	Natriumchlorid	$NaCl$	Weißer, kristalliner Stoff, aus dem durch Elektrolyse die chemischen Grundstoffe Natronlauge, Chlor und Wasserstoff gewonnen werden.
Königswasser	Mischung aus 3 Teilen Salzsäure HCl und 1 Teil Salpetersäure HNO_3		Starkes Lösungsmittel, das auch die Edelmetalle Gold und Platin auflöst. Verwendung: In der Metalltechnik als Ätzmittel sowie als Lösungsmittel zum Lösen von Edelmetallen aus Metallgemischen.
Kohlensäure Kohlendioxid	Kohlensäure (Wäßrige Lösung von CO_2-Gas) Kohlenstoffdioxid	$H_2CO_3 + H_2O$ CO_2	Schwache Säure. Enthält CO_2-Gas, das leicht ausgast. Kohlenstoffdioxid CO_2 ist ein geruchloses Gas. Es ist in Druckgasflaschen oder gefroren als „Kohlensäureschnee" (−80 °C) im Handel. Verwendung: Schutzgas beim MAG-Schweißen.
Lötwasser	Wäßrige Lösung von Zinkchlorid mit Salzsäure	$ZnCl_2 + H_2O + HCl$	Wird durch Auflösen von Zinkspänen in Salzsäure hergestellt. Verwendung als Desoxidationsmittel der Metalloberfläche an Lötstellen. Wird auf die Lötstelle aufgestrichen. Dadurch kann das flüssige Lot das Metall benetzen.
Mennige (Bleimennige)	Bleioxid	$2\,PbO \cdot PbO_2$	Rote, pulvrig-körnige Substanz. ϱ = 9,19 kg/dm³. Sie wird als feines Pulver in Leinöl oder flüssigem Kunstharz dispergiert und als Rostschutzfarbe verwendet.
Mineralöl	Gemisch aus gesättigten Kohlenwasserstoffen mit 11 bis 20 C-Atomen		Sammelbezeichnung für ölartige Destillationsprodukte, die aus Erdöl (mineralischem Öl) gewonnen werden.
Natronlauge	Wäßrige Lösung von Natriumhydroxid	$NaOH + H_2O$	Stark ätzend wirkende Lauge, Verwendung: In der Technik zum Reinigen, Ätzen und Beizen. In der Chemie ist es eine häufig verwendete Lauge.
Salpetersäure	Salpetersäure	$HNO_3 + H_2O$	Farblose bis gelbliche, stechend riechende, an der Luft rauchende Flüssigkeit. Starke Säure, die außer Gold und Platin alle Metalle auflöst sowie organische Stoffe zerstört. Äußerste Vorsicht bei der Handhabung.
Salzsäure	Chlorwasserstoffsäure (Wäßrige Lösung von Chlorwasserstoff)	$HCl + H_2O$	Starke Säure, die unedle Metalle wie Eisen und Zink stark angreift. Dient in der Metalltechnik zum Ätzen und Beizen von Metallen.
Schwefelsäure	Schwefelsäure	$H_2SO_4 + H_2O$	Sehr starke Säure, die unedle Metalle auflöst und organische Substanzen zerstört. Konzentrierte Schwefelsäure ist eine sehr aggressive Substanz. Äußerste Vorsicht: Schutzhandschuhe und Schutzbrille tragen.
Tetra	Tetrachlormethan Tetrachlorkohlenstoff	CCl_4	Wasserklare, giftige, nicht brennbare, fettlösende Flüssigkeit mit süßlichem Geruch. Wird in der Technik als Reinigungsmittel (Kaltreiniger) verwendet.
Tri	Trichlorethylen	$CHCl = CCl_2$	Wasserklare, fettlösende Flüssigkeit mit typischem Geruch. Wird in der Technik als Reinigungsmittel (Kaltreiniger) verwendet.
Wasser	Wasser	H_2O	ϱ = 1 kg/dm³ (bei +4 °C), ϑ_m = 0 °C, ϑ_b = 100 °C. Verdampfungswärme s = 2256 kJ/kg. Volumenausdehnungskoeffizient γ = 0,00018 1/°C. Spezifische Wärmekapazität c = 4,18 kJ/kg °C.

Physikalische Eigenschaften

Metalle und Legierungen

Eigenschaft	Dichte (bei 20 °C)	Schmelztemperatur (bei 1,013 bar)	Siedetemperatur (bei 1,013 bar)	Spezifische Wärmekapazität (zwischen 0 °C und 100 °C)	Spezif. Schmelzwärme (bei 1,013 bar)	Längenausdehnungskoeffizient (zwischen 20 °C und 100 °C)	Wärmeleitfähigkeit (bei 20 °C)	Spezif. elektr. Widerstand (bei 20 °C)
Formelzeichen	ϱ	ϑ_m	ϑ_b	c	q	α	λ	ϱ_{el}
Einheit	kg/dm³	°C	°C	kJ/kg · K	kJ/kg	1/K	W/m · K	Ω · mm²/m
Aluminium (Al) Al99,5	2,70	658	2467	1,04	396	0,000 023	226	0,028
AlMgSi0,5	2,70	615...650	–	0,92	377	0,000 023	186	0,035
AlZn4,5Mg1	2,78	610...655	–	1,00	369	0,000 023	154	0,043
G-AlSi12	2,64	565...585	–	–	–	0,000 021	155	0,042
Antimon (Sb)	6,69	630,5	1635	0,21	163	0,000 011	22	0,39
Beryllium (Be)	1,85	1285	2970	1,85	1423	0,000 012	165	0,04
Bismut (Bi)	9,79	271	1560	0,12	55	0,000 013	8,1	1,25
Blei (Pb)	11,35	327	1740	0,13	23,9	0,000 029	35	0,208
Cadmium (Cd)	8,65	321	767	0,23	54	0,000 030	91	0,077
Chrom (Cr)	7,19	1890	2200	0,45	293	0,000 008	69	0,13
Kobalt (Co)	8,90	1495	2900	0,42	268	0,000 013	67	0,062
Eisen (Fe), rein	7,87	1536	3000	0,46	272	0,000 012	75	0,13
Allgem. Baustähle	7,85	1500...1530	~3000	0,49	200	0,000 012	48...55	0,16
Hochleg. Stahl (X 12 CrNi18 8)	7,92	~1450	~2500	0,51	–	0,000 016	~ 16	0,69
Grauguß GG-25	7,52	1150...1200	~2500	0,54	125	0,000 011	~ 55	0,6...1,6
Gold (Au)	19,3	1063	2966	0,13	67	0,000 014	297	0,021
Hartmetall (K20) (Co+WC, TaC, TiC)	14,8	–	–	0,80	–	0,000 048	~ 80	–
Konstantan (60 % Cu, 40 % Ni)	8,8	1260	~2400	0,41	–	0,000 015	23	0,49
Kupfer (Cu)	8,94	1083	2595	0,38	213	0,000 017	394	0,017
Cu-Zn-Legierung (Messing, CuZn40)	8,40	895...900	2300	0,38	170	0,000 020	117	0,062
Cu-Sn-Legierung (CuSn6)	8,8	910...1040	–	–	–	0,000 019	75	0,111
Neusilber (CuNi25Zn15)	8,8	1105...1100	–	–	–	0,000 017	23	0,333
Magnesium (Mg)	1,74	651	1107	1,03	370	0,000 026	171	0,043
Mg-Legierung (G-AlSi10Mg)	1,8	670...880	–	1,01...1,05	370	0,000 027	50...84	0,10...0,17
Mangan (Mn)	7,34	1244	2097	0,48	250	0,000 023	30	0,39
Molybdän (Mo)	10,22	2610	5560	0,26	287	0,000 051	142	0,05
Nickel (Ni)	8,90	1453	2732	0,45	293	0,000 013	60,5	0,06
Niob (Nb)	8,58	2468	4927	0,27	288	0,000 073	52,3	0,15
Platin (Pt)	21,45	1769	3827	0,13	113	0,000 009	71	0,09
Silber (Ag)	10,50	961	2140	0,23	105	0,000 019	418	0,015
Silicium (Si)	2,33	1410	2355	0,74	1656	0,000 003	80	(Halbleiter)
Tantal (Ta)	16,60	2996	5425	0,14	174	0,000 007	55	0,124
Titan (Ti)	4,51	1668	3260	0,47	324	0,000 008	15,5	0,42
Vanadium (V)	6,12	1890	3380	0,50	344	0,000 008	32	0,18
Wolfram (W)	19,27	3387	5900	0,13	191	0,000 005	130	0,05
Zink (Zn)	7,13	419,5	907	0,39	112	0,000 083	113	0,06
Zinn (Sn)	7,29	231,9	2270	0,23	58,6	0,000 027	63	0,11

Physikalische Eigenschaften

Nichtmetalle

Eigenschaft	Dichte (bei 20 °C)	Schmelztemperatur (bei 1,013 bar)	Spezif. Wärmekapazität (zwischen 0 °C und 100 °C)	Längenausdehnungskoeffizient (zwischen 20 °C und 100 °C)	Wärmeleitfähigkeit (bei 20 °C)	Spezif. elektr. Widerstand (bei 20 °C)	Verwendung
Formelzeichen	ϱ	ϑ_m	c	α	λ	ϱ_{el}	
Einheit	kg/dm³	°C	kJ/kg · K	1/K	W/m · K	Ω · mm²/m	
Acrylglas (PMMA)	1,18	80[1]	1,3	0,000 070	0,16	10^{15}	Splitterfreie Verglasungen
Asbest	2,1 ... 2,8	1300	0,80	–	–	–	Wärmeisolierungen Hochtemperatur-Werkstoff
Beton	1,8 ... 2,2	–	0,88	0,000 01	0,8	–	Baustoff
Gips	2,3	–	1,09	–	0,5	–	Baustoff, Putz
Glas (Fensterglas)	2,4 ... 2,6	>1100	0,67	0,000 008	1	10^{12} ... 10^{16}	Verglasungen
Graphit (gebrannt)	2,2	3550	0,84	0,000 008	140	–	Leiterwerkstoff
Holz (Fichte)	0,5	–	1,35	0,000 004	0,1	0,000 04	Baustoff
Kork	0,1 ... 0,3	–	1,88	–	0,05	–	Kälteisolierungen
Polyethylen (PE)	0,93	90[1]	1,8	0,000 200	0,4	10^{17}	Rohre, Behälter
Porzellan	2,3	–	0,80	0,000 030	0,7 ... 1,6	10^{12}	Isolator (elektr.)
PVC	1,34	60[1]	–	0,000 070	0,16	10^{15}	Rohre, Behälter
Quarzglas (SiO_2)	2,2	1470	0,73	0,000 0006	0,8	10^{15} ... 10^{18}	Hochtemperaturwerkstoff
Styropor	0,02	85[1]	0,07	0,000 060	0,025	10^{16}	Dämmstoff

[1] Dauergebrauchstemperatur

Flüssigkeiten

Physikalische Eigenschaften und Verwendung von Flüssigkeiten (Chemikalien) auf Seite 183

Gase

Eigenschaft	Dichte (bei 0 °C und 1,013 bar)	Erstarrungstemperatur (bei 1,013 bar)	Siedetemperatur (bei 1,013 bar)	Kurzbeschreibung Verwendung
Formelzeichen	ϱ	ϑ_m	ϑ_b	
Einheit	kg/m³	°C	°C	
Acetylen C_2H_2	1,171	– 81,8	– 83,8	Farbloses, unangenehm riechendes, brennbares Gas; Brenngas zum Gasschmelzschweißen und Brennschneiden
Formaldehyd HCHO	–	– 92	– 19,2	Farbloses, stechend riechendes, gesundheitsschädliches Gas. Verwendung als Konservierungsmittel und zur Kunststoffherstellung.
Kohlenstoffoxid CO	1,250	–205,1	–191,5	Farbloses, geruchloses, sehr giftiges Gas; Reduktionsgas und Aufkohlungsgas.
Kohlenstoffdioxid CO_2	1,977	– 78,5 (subl.)	–	Farbloses, geruchloses, ungiftiges Gas; Schutzgas. Es ist bei 1,013 bar nie flüssig, sondern sublimiert bei –78,5 vom festen zum flüssigen Zustand.
Luft	1,293	–220	–194	Gasgemisch aus rund 78 Vol.% N_2, 21 Vol.% O_2, 1 Vol.% Edelgasen und 0,03 Vol.% CO_2
Methan CH_4	0,717	–182,5	–161,5	Farbloses, brennbares Gas; Hauptbestandteil des Erdgases; Brenngas.
Sauerstoff O_2	1,429	–218,8	–182,9	Farb- und geruchloses Gas, Luftbestandteil. Verwendung: Stahlherstellung, Schweißen.
Stickstoff N_2	1,251	–210,0	–195,8	Farb- und geruchloses Gas, Luftbestandteil. Schutzgas für Wärmebehandlungsöfen.
Wasserstoff H_2	0,0899	–259,2	–252,8	Farb- und geruchlos, brennbar, leichtestes aller Gase; Verwendung: Brenngas.

Die gesetzlichen Einheiten (SI-Einheiten) physikalischer Größen

Physikalische Größe = Basisgrößen	Formelzeichen der physikal. Größe	SI-Einheiten und abgeleitete Einheiten	Einheitenzeichen	Definition, Erklärung	Früher verwendete Einheiten	Umrechnung in SI-Einheiten
Länge	l, s	Meter	**m**	Def.: 1 m ist das 1650763,73 fache der Wellenlänge der Krypton 86-Strahlung	m	
Fläche	A, S	Quadratmeter	$\mathbf{m^2}$		m^2	
Volumen	V	Kubikmeter	$\mathbf{m^3}$		m^3	
Winkel	$\alpha, \beta, \gamma \ldots$	Grad Minute Sekunde	° ′ ″	Def.: 1° ist der 360ste Teil des Vollwinkels	° ′ ″	1° = 60′ 1′ = 60″
Masse	m	Kilogramm	**kg**	Def.: 1 kg ist die Masse des Internationalen Kilogrammprototyps	kg	
Dichte	ρ	Kilogramm pro m^3	$\mathbf{\frac{kg}{m^3}}$	Def.: Dichte = Masse pro Volumeneinheit.	$\frac{kp}{m^3}$	
Stoffmenge (Teilchenmenge)	n	Mol	**mol**	1 mol eines Stoffes entspricht rund $6{,}022 \cdot 10^{23}$ Teilchen des Stoffes	mol	(Molare Masse $M = \frac{m}{n}$)
Zeit **Zeitdauer**	t Δt	Sekunde Minute Stunde	**s** **min** **h**	Def.: 1 s ist das 9192631770 fache der Periodendauer der Caesium 133-Strahlung	s min h	1 h = 60 min 1 min = 60 s
Geschwindigkeit	v	Meter pro Sekunde	$\mathbf{\frac{m}{s}}$	Def.: Geschwindigkeit = Weg pro Zeit $v = \frac{l}{t}$	$\frac{m}{s}$	
Beschleunigung	a	Meter pro Quad.sek.	$\mathbf{\frac{m}{s^2}}$	Def.: $a = \frac{\Delta v}{\Delta t}$	$\frac{m}{s^2}$	
Drehzahlfrequenz (Drehzahl)	n	1 pro Sekunde Hertz	$\mathbf{\frac{1}{s}}$ oder **Hz**	Def.: Drehfrequenz = Anzahl der Umdrehungen pro Zeit	$\frac{1}{s}$	
Kraft	F	Newton	**N**	Def.: Kraft = Masse × Beschleunigung $F = m \cdot a$ $\quad 1\ N = 1\ \frac{kg\ m}{s^2}$	kp	1 kp = 9,81 N
Druck	p	Pascal Bar	**Pa** **bar**	Def.: Druck = Kraft pro Fläche $1\ Pa = 1\ \frac{N}{m^2}$ $\quad 1\ bar = 10^5\ \frac{N}{m^2}$	at	1 at = $0{,}981 \cdot 10^5$ Pa 1 at = 0,981 bar
Mechanische Spannung	σ, τ	Newton pro mm^2	$\mathbf{\frac{N}{mm^2}}$	Def.: Spannung = Kraft pro beanspruchte Fläche	$\frac{kp}{mm^2}$	$1\ \frac{kp}{mm^2} = 9{,}81\ \frac{N}{mm^2}$
Kinematische Viskosität	ν	Quadratmeter pro Sekunde	$\mathbf{\frac{m}{s}}$	ν und η sind Maßzahlen für die Zähigkeit einer Flüssigkeit oder eines Gases.	Stokes St	$1\ St = 10^{-4}\ \frac{m}{s}$
Dynamische Viskosität	η	Newtonsek. pro m^2	$\mathbf{\frac{Ns}{m^2}}$ oder **Pas**	Es gilt: $\nu = \frac{\eta}{\rho}$	Poise P	$1\ P = 0{,}1\ \frac{Ns}{m^2}$
Energie, Arbeit Wärmemenge	W, A, E Q	Joule	**J**	1 J = 1 Nm = 1 Ws 1 MJ = 0,278 KWh	kp m cal	1 kp m = 9,81 J 1 cal = 4,19 J
Leistung	P	Watt	**W**	$1\ W = 1\ \frac{J}{s} = 1\ \frac{Nm}{s}$	$\frac{kp\ m}{s}$ PS	$1\ \frac{kp\ m}{s} = 9{,}81\ W$ 1 PS = 0,7355 kW
Temperatur	T ϑ	Kelvin Grad Celsius	**K** **°C**	Def.: 1 K ist der 273,16te Teil der thermodynamischen Temperatur des Tripelpunkts des Wassers K wird bevorzugt in Wissenschaft und Forschung, °C in der Technik verwendet	°K °C	1 °K = 1 K $\vartheta = T - 273{,}16$
Temperaturdifferenz	ΔT $\Delta \vartheta$	Kelvin Grad Celsius	**K** **°C**		°K, grad °C	Bei Temperaturdifferenzen: $\Delta \vartheta = 1\ °C = 1\ K$
Spezifische Wärmekapazität	c	Kilojoule pro Kilogramm und Kelvin	$\mathbf{\frac{KJ}{kg\ K}}$	Def.: c ist die Wärme, die 1 kg eines Stoffes zugeführt werden muß, damit er sich um 1 K erwärmt	$\frac{kcal}{kg\ grad}$	$1\ \frac{kcal}{kg\ grad} = 4{,}19\ \frac{KJ}{kg\ K}$
Wärmeleitzahl	λ	Watt pro Meter und Kelvin	$\mathbf{\frac{W}{m\ K}}$	λ ist eine Maßzahl für die Wärmeleitfähigkeit eines Stoffes	$\frac{kcal}{m\ h\ grad}$	$1\ \frac{kcal}{m\ h\ grad} = 1{,}16\ \frac{W}{m\ K}$
Wärmeübergangszahl	α	Watt pro m^2 und Kelvin	$\mathbf{\frac{W}{m\ K}}$	α ist eine Maßzahl für den Übergang der Wärme von Körper zu Körper	$\frac{kcal}{m\ h\ grad}$	$1\ \frac{kcal}{m\ h\ grad} = 1{,}16\ \frac{W}{m\ K}$
Wärmedurchgangszahl	k	Watt pro m^2 und Kelvin	$\mathbf{\frac{W}{m^2\ K}}$	k ist eine Maßzahl für den Wärmedurchgang durch eine Wand	$\frac{kcal}{m^2\ h\ grad}$	$1\ \frac{kcal}{m^2\ h\ grad} = 1{,}16\ \frac{W}{m^2\ K}$
Elektrische Stromstärke	I	Ampere	**A**	Def.: 1 A ist der el. Strom, der in zwei parallelen el. Leitern mit einem Abstand von 1 m, je 1 m Leiter eine Kraft von $2 \cdot 10^{-7}$ N hervorruft	A	
Elektrische Spannung	U	Volt	**V**	$1\ V = 1\ \frac{W}{A}$	V	
Elektrische Leistung	P_{el}	Watt	**W**	$P_{el} = U \cdot I$, 1 W = 1 VA	W	
Elektrischer Widerstand	R	Ohm	Ω	$R = \frac{U}{I}$, $1\ \Omega = 1\ \frac{V}{A}$	Ω	
Spezifischer el. Widerstand	ϱ_{el}	Ohm · mm^2 pro Meter	$\mathbf{\frac{\Omega\ mm^2}{m}}$	$\varrho_{el} = \frac{R \cdot A}{l}$	$\frac{\Omega\ mm^2}{m}$	
Lichtstärke	I	Candela	**cd**		Kerze (NK)	1 Nk = 1 cd

Einteilung und Kurzbezeichnung der Stähle nach EURONORM 20–74

Einteilung der Stahlsorten

Unlegierte Stähle
Grenzwerte der Legierungselemente: Cr < 0,3 %, Cu < 0,4 %, Mn < 1,6 %, Ni < 0,3 %, Pb < 0,4 %, Si < 0,5 %

Legierte Stähle
Grenzwerte der Legierungselemente: Cr > 0,3 %, Cu > 0,4 %, Mn > 1,6 %, Ni > 0,3 %, Pb > 0,4 %, Si > 0,5 %

Grundstähle	Unlegierte Qualitätsstähle	Unlegierte Edelstähle	Legierte Qualitätsstähle	Legierte Edelstähle
Stähle ohne besondere Gütevorschriften mit – R_m ≦ 690 N/mm² – R_e ≦ 360 N/mm² – A ≦ 26 % – C-Gehalt ≧ 0,1 % – P- und S-Gehalt ≧ 0,05 % (Nicht für eine Wärmebehandlung bestimmt)	Stähle mit besonderen Anforderungen an – Abkanteignung – Schweißbarkeit – Sprödbruch- und Alterungsbeständigkeit – Hoch- und Tieftemperatureignung (Für eine Wärmebehandlung bestimmt)	Stähle für Vergütung oder Oberflächenhärtung mit besonderen Anforderungen an – Kerbschlagzähigkeit – Einhärtungs- und Aufkohlungstiefe – begrenztem Gehalt an nichtmetallischen Einschlüssen (Für eine Wärmebehandlung bestimmt)	Folgende Stahlsorten: – Feinkornbaustähle mit R_e < 420 N/mm² und begrenzten Legierungselement-Gehalten – Witterungsbeständige Stähle – Si-Mn-Federstähle – Schienenstähle (Nicht für eine Wärmebehandlung bestimmt)	– Feinkornbaustähle mit R_e ≧ 420 N/mm² und beliebigen Legierungsgehalten (nicht für eine Wärmebehandlung bestimmt) – sowie alle Stähle, die über die für unleg. Qualitätsstähle geforderten Ansprüche hinausgehen (Für Wärmebehandlungen bestimmt)

Kurzbezeichnung nach den mechanischen Eigenschaften oder dem Verwendungszweck

nach den mechanischen Eigenschaften

Anfangskurzzeichen – Verwendung – Festigkeit in N/mm² – Ergänzende Angaben

Beispiel: **Fe R 490 – 2**

- Fe: Stahl
- R: für geschw. Rohre
- 490: 490 N/mm² Mindestzugfestigkeit
- 2: Gütegruppe 2

nach dem Verwendungszweck

Anfangskurzzeichen – Verwendung – Eignungsgrad – Ergänzende Angaben

Beispiel: **Fe D 02 TD**

- Fe: Stahl
- D: zum Kaltumformen
- 02: Eignungsgrad 02
- TD: normalgeglüht

Schlüsselbuchstaben für Verwendungszwecke (Auswahl)

V, M	Blech und Band mit besonderen magnetischen Eigenschaften
P	zum Tiefziehen
B	für Stahlbeton
H	zum Kaltwalzen
D	zum Kaltumformen
R	für geschweißte Rohre und zum Kaltziehen

Schlüsselbuchstaben für ergänzende Angaben (Auswahl)

Desoxidationsart
- **FU** unberuhigt vergossen
- **FN** beruhigt vergossen
- **FF** besonders beruhigt vergossen

Eignung zum Schweißen
- **S**

Besondere Verwendungseignung
- **KD** zur Kaltverformung
- **KS** zum Schmieden
- **KV** zur Werkzeugherstellung

Oberflächenart
- **MA** mit kleinen Fehlern
- **MB** praktisch fehlerfrei

Oberflächenüberzüge
- **G Zn** verzinkt

Wärmebehandlungszustand
- **TA** spannungsarmgeglüht
- **TB** weichgeglüht
- **TD** normalgeglüht
- **TF** vergütet

Kurzbezeichnung nach der chemischen Zusammensetzung

Unlegierte Stähle

Gütegrad-Kennziffer	Grundkurzzeichen	Verwendung	Kohlenstoffkennzahl	Ergänzende Angaben

Beispiele: **1 C 35 KS**

- 1: Gütegrad 1
- C: Unleg. Stahl
- 35: C-Gehalt 0,35 %
- KS: schmiedegeeignet

Legierte Stähle mit keinem Legierungselement über 5 %

Gütegrad	Kohlenstoffkennzahl	Legierungselemente	Leg. elem. Kennzahlen	Ergänzende Angaben

B 42 Cr Mo 4 TD

- B: Gütegrad B
- 42: Legiert. Stahl 0,42 % C
- Cr … 4: 1 % Cr
- Mo: wenig Mo
- TD: normalgeglüht

Legierte Stähle mit mindestens einem Legierungselement über 5 %

Gütegrad	Kurzzeichen	Kohlenstoffkennzahl	Legierungselemente	Gehalte	Ergänzende Angaben

A X 20 Cr Ni 17 2 MB

- A: Gütegrad A
- X: Leg. Stahl
- 20: 0,2 % C
- Cr 17: 17 % Cr
- Ni 2: 2 % Ni
- MB: Oberfläche fehlerfrei

Einteilung und Kurzbezeichnung der Eisen/Stahl-Werkstoffe nach DIN-Normen

Unlegierte Stähle

Enthalten keine oder nur geringe Gehalte an zulegierten Stoffen sowie die Reste der Eisenbegleiter aus der Stahlherstellung. Grenzwerte der Gehaltsstoffe: **C** (nicht begrenzt), Mn $<$ 0,5 %, Si $<$ 0,5 %, Cr $<$ 0,3 %, Ni $<$ 0,3 %, Cu $<$ 0,4 %, Pb $<$ 0,4 %.

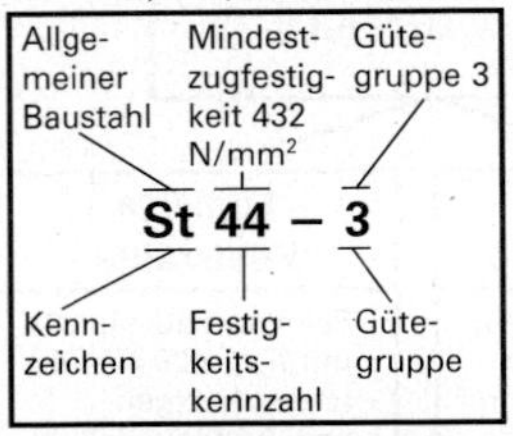

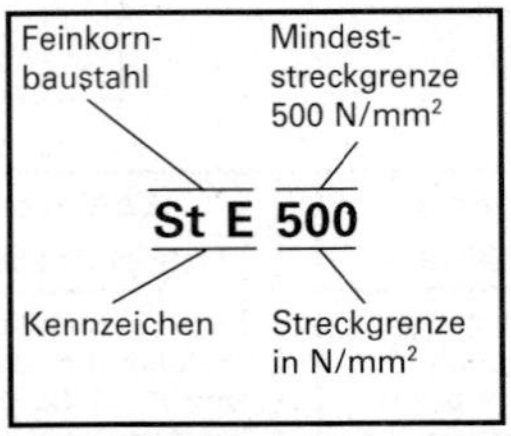

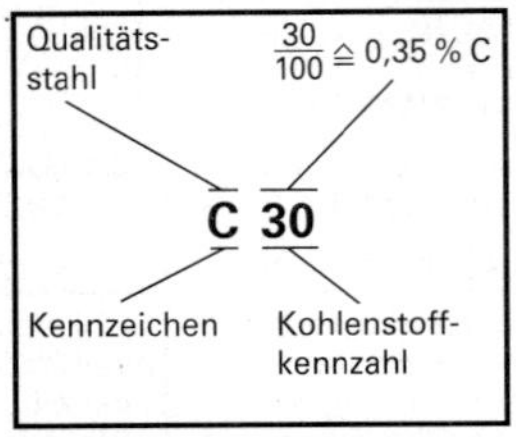

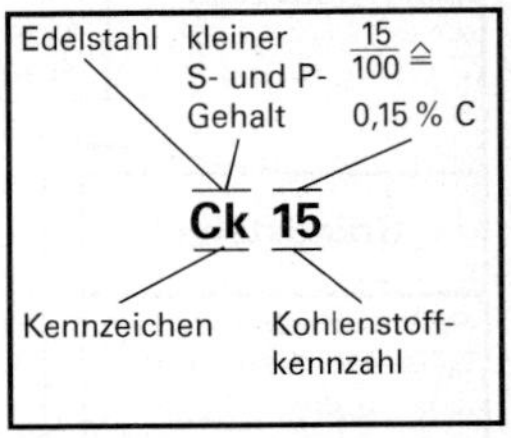

Niedrig legierte Stähle

Die Summe ihrer Legierungselement-Gehalte ist geringer als 5 %.

Zur Umrechnung der Legierungselement-Gehalte in die Legierungselement-Kennzahlen dienen **Kennzahlfaktoren.**

Kennzahlfaktor 4	Cr	Ni	Mn	Co	Si	W
Kennzahlfaktor 10	Al	Cu	Mo	Ta	Ti	V
Kennzahlfaktor 100	C	P	S	N	Ce	

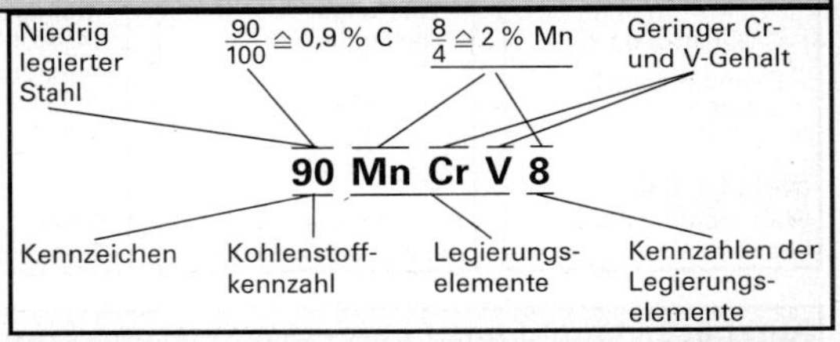

Hoch legierte Stähle

Die Summe der Legierungselement-Gehalte ist größer als 5 %.

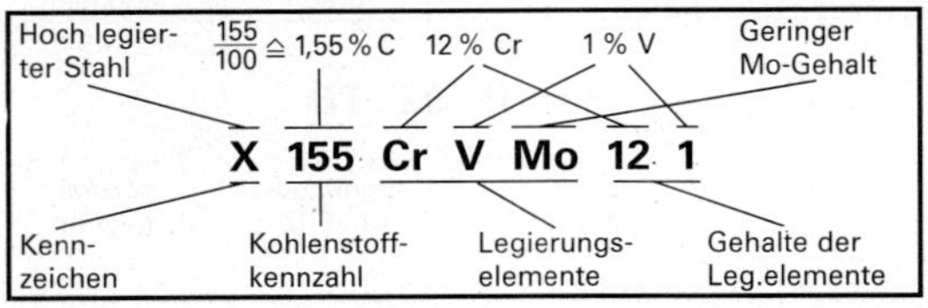

Schnellarbeitsstähle

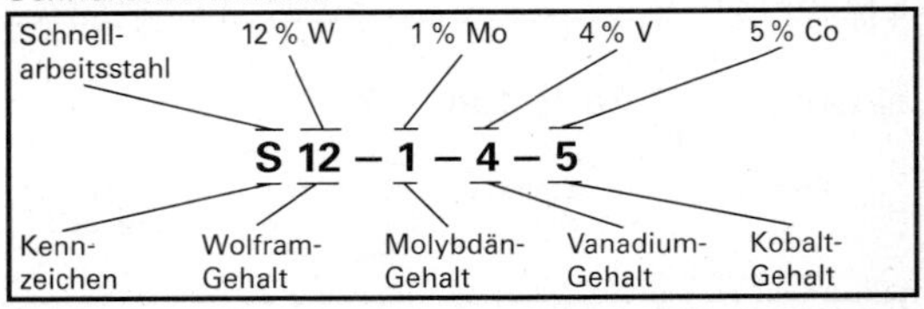

Bedeutung der Buchstaben und Zahlen in der Kurzbezeichnung nach DIN 17 006 (Auswahl)

im vorangestellten **Herstellungsteil**

Erschmelzungsart

Y	Sauerstoffblasstahl
E	Elektrostahl (E-Stahl)
M	Siemens-Martin-Stahl

Vergießungsart

U	Unberuhigt vergossen
R	Beruhigt vergossen
RR	Besonders beruhigt vergossen

Besondere Eigenschaften

A	Alterungsbeständig
Q	Kaltverformbar
S	Besonders schweißgeeignet
TT	Kaltzäh
W	Warmfest
WT	Witterungsbeständig
Z	Ziehbar

Gußarten

G-	Gußwerkstoff (allgemein)
GG-	Grauguß
GH-	Hartguß
GS-	Stahlguß
GTS-	Schwarzer Temperguß
GTW-	Weißer Temperguß
GGL-	Gußeisen mit Lamellengraphit
GGG-	Gußeisen mit Kugelgraphit (Sphäroguß)
GK-	Kokillenguß
GZ-	Schleuderguß

im zentralen **Zusammensetzungsteil**

Werkstoff-Kennzeichen

St ...	Allgemeiner Baustahl
StE ...	Feinkornbaustahl
C ...	Qualitätsstahl
Ck ...	Edelstahl (mit kl. S- und P-Gehalt)
z. B. 42 ...	Niedrig legierter Stahl (C-Kennzahl)
X ...	Hoch legierter Stahl
S ...	Schnellarbeitsstahl

Kleinbuchstabe bei Edelstählen

f	Flamm- und/oder induktionshärtbar
k	Kleiner Schwefel- und/oder Phosphorgehalt
m	Gewährleisteter S-Gehalt
q	Geeignet zum Kaltumformen

Symbole der Legierungselemente mit Kennzahlfaktoren

Al	Aluminium	10	Nb	Niob	10
B	Bor	10	Ni	Nickel	4
Be	Beryllium	10	P	Phosphor	100
C	Kohlenstoff	100	Pb	Blei	10
Ce	Cer	100	S	Schwefel	100
Co	Kobalt	4	Si	Silicium	4
Cr	Chrom	4	Sn	Zinn	–
Cu	Kupfer	10	Ta	Tantal	10
Fe	Eisen	–	Ti	Titan	10
Mg	Magnesium	–	V	Vanadium	10
Mn	Mangan	4	W	Wolfram	4
Mo	Molybdän	10	Zn	Zink	–
N	Stickstoff	100	Zr	Zirkon	10

im nachgestellten **Behandlungsteil**

Behandlungszustand

A	Angelassen
B	Beste Bearbeitbarkeit
BF	Wärmebehandelt auf bestimmte Festigkeit
E	Einsatzgehärtet
G	Weichgeglüht
H	Gehärtet
K	Kaltverformt
KBK	Blankgezogen
N	Normalgeglüht
NT	Nitriert
S	Spannungsfrei geglüht
U	Unbehandelt
V	Vergütet
W1, W2 W3, WS	Gütegruppen der Werkzeugstähle
Z	Feuerverzinkt

Kennziffer für gewährleistete Eigenschaften

.1	Streckgrenze
.2	Falt- oder Stauchversuch
.3	Kerbschlagzähigkeit
.4	.1 + .2
.5	.2 + .3
.6	.1 + .3
.7	.1 + .2 + .3
.8	Warmfestigkeit oder Zeitstandfestigkeit
.9	Elektrische oder magnetische Eigenschaften

Eisen-Gußwerkstoffe

Eisen-Gußwerkstoffe sind Eisen-Werkstoffe, die zum Vergießen geeignet sind. Unlegierte Eisen-Gußwerkstoffe enthalten 2,6 % bis 3,6 % C (Ausnahme GS-). Legierte Gußwerkstoffe sind vergossener, legierter Stahl.

GGG – 50

- Sphäroguß (unlegiert)
- Mindestfestigkeit 490 N/mm²
- Guß-kennzeichen
- Festigkeits-kennzahl

G – X 22 Cr Ni 17

- Hochlegierter Stahlguß
- $\frac{22}{100} \triangleq$ 0,22 % C
- 17 % Cr
- Geringer Ni-Gehalt
- Guß-Kennzeichen
- Kohlenstoff-Kennzahl
- Legierungs-elemente
- Gehalte der Leg.elemente

Bei einer **vollständigen Werkstoff-Kurzbezeichnung nach DIN 17 006** (Seite 28) sind Kennbuchstaben zur Herstellung vorangestellt und Angaben zur Behandlung nachgestellt (Tabelle Seite 188, unten).

Beispiele: **C 105 W1 G** Niedrig legierter Stahl (Werkzeugstahl), 1. Werkstoffgüte, weichgeglüht
WT St 360-2 Witterungsbeständiger, allgemeiner Baustahl, Mindestzugfestigkeit 360 N/mm², Gütegruppe 2

Werkstoffnummern nach DIN 17 007 (1959 . . . 1963)

□ . □□□□ . □□

- Werkstoff-Hauptgruppe
- Sortennummer (Sortenklasse, Zählnummer)
- Anhängezahl

Die Werkstoffnummer besteht aus einer siebenstelligen Zahl mit *einer* Ziffer für die **Werkstoff-Hauptgruppe,** *vier* Ziffern für die **Sortennummer** und einer *zweistelligen* **Anhängezahl.** Die beiden ersten Ziffern der Sortennummer ist die Werkstoff-Sortenklasse, die beiden letzten sind Zählnummern. Die drei Teile der Werkstoffnummer sind durch zwei Punkte unterteilt. Die Punkte sind mitzuschreiben und mitzusprechen. Die Anhängezahl kann fehlen.

Beispiele:

1.0128.81
- Werkstoff-Hauptgruppe 1: Stahl
- Sortenklasse 01: Allgemeiner Baustahl (QSt 44-2)
- Anhängezahl 81: Beruhigter Sauerstoffaufblasstahl, normalgeglüht

1.7220.95
- Werkstoff-Hauptgruppe 1: Stahl
- Sortenklasse 72: Baustahl (34 Cr Mo 4)
- Anhängezahl 95: Elektrostahl, vergütet

2.0360
- Werkstoff-Hauptgruppe 2: Schwermetall
- Sortenklasse 03: Kupferlegierung (Cu Zn 40)
- (keine Anhängezahl)

Werkstoff-Hauptgruppen

0	Roheisen, Ferrolegierungen, Gußeisen	**2**	Schwermetalle (außer Eisen-Werkstoffe)	**4** bis **8**	Nichtmetallische Werkstoffe
1	Stahl und Stahlguß	**3**	Leichtmetalle	**9**	Freie Zahl für betriebliche Kennzeichnung

Werkstoff-Sortenklassen (Auswahl)

Gußeisen (Hauptgruppe 0)		**Stahl** (Hauptgruppe 1)		**Schwermetalle** (Hauptgruppe 2)		**Leichtmetalle** (Hauptgruppe 3)	
0.60 .. 0.69 ..	Gußeisen mit Lamellengraphit (GG-)	1.00 .. 1.02 ..	Allgemeine Baustähle	2.00 .. 2.17 ..	Kupfer und Kupferlegierungen	3.01 .. 3.04 ..	Reinaluminium
0.70 .. 0.79 ..	Gußeisen mit Kugelgraphit (GGG-)	1.03 .. 1.09 ..	Qualitätsstähle	2.20 .. 2.24 ..	Zink, Cadmium und Legierungen	3.05 .. 3.49 ..	Aluminiumlegierungen
0.80 .. 0.89 ..	Temperguß (GT-)	1.15 .. 1.33 ..	Werkzeugstähle	2.30 .. 2.39 ..	Blei, Zinn und Legierungen	3.50 .. 3.59 ..	Magnesium und Mg-Legierungen
0.90 .. 0.99 ..	Sondergußeisen	1.40 .. 1.45 ..	Nichtrostende Stähle	2.60 .. 2.69 ..	Hochschmelzende Metalle	3.70 .. 3.79 ..	Titan und Ti-Legierungen

Bedeutung der Anhängezahlen

Stahl (Hauptgruppe 1)

6. Zahl	Stahlgewinnungsverfahren
.0	unbestimmt oder ohne Bedeutung
.1 oder .2	Thomasstahl, unberuhigt bzw. beruhigt
.3 oder .4	sonstige Erschmelzungsart,
.5 oder .6	Siemens-Martin-Stahl, unberuhigt bzw. beruhigt
.7 oder .8	Sauerstoffaufblas-Stahl, unberuhigt bzw. beruhigt
.9	Elektrostahl

7. Zahl	Behandlungszustand
0	keine oder beliebige Behandlung
1	normalgeglüht
2 oder 3	weichgeglüht
4, 5 oder 6	vergütet, zäh, mittel, hart
7 oder 8	kaltverformt, normal, federhart
9	behandelt nach besonderen Angaben

Nichteisenmetalle (Hauptgruppe 2 und 3)

.00 bis .09	unbehandelt	.40 bis .59	lösungsgeglüht
.10 bis .19	weich	.60 bis .79	warmausgehärtet
.20 bis .39	kaltverfestigt	.80 bis .99	entspannt oder Sonderbehandlungen

Baustähle für den Stahlbau und das Bauwesen

Allgemeine Baustähle — Europäische Norm EN 10 025 : 1991 (früher DIN 17 100)

Kurzbezeichnung (nach der früheren DIN 17 100)[1]	Werkstoffnummer nach DIN 17 007	Desoxidationsart[2] nach EN	Desoxidationsart[2] nach DIN	Kurzbezeichnung nach EU 25-72	Kohlenstoffgehalt[3] %	Zugfestigkeit R_m[4] N/mm²	Streckgrenze R_e[5] N/mm²	Bruchdehnung A[5] %	Eigenschaften Verwendung
St 33	1.0035	freigestellt		Fe 310-0	—	290...510	~ 175	10...18	Schweißeignung beschränkt, Treppen, Geländer
St 37-2	1.0037	freigestellt		Fe 360-B	0,17	340...470	195...235	17...24	Üblicher Stahl im Maschinen- und Stahlbau bei mäßiger Belastung. Gute Schweißeignung, gut schmiedbar, gut bearbeitbar.
U St 37-2	1.0036	FU	U	Fe 360-BFU	0,17				
R St 37-2	1.0038	FN	R	Fe 360-BFN	0,17		215...235	17...26	
St 37-3 N	1.0116	FF	RR	Fe 360-C	0,17				
St 44-2	1.0044	FN	R	Fe 430-B	0,21	410...560	235...275	14...22	Bauteile mäßiger Belastung: Wellen, Achsen, Hebel. Gute Schweißeignung
St 44-3 N	1.0144	FF	RR	Fe 430-C	0,20				
St 52-3 N	1.0570	FF	RR	Fe 510-C	0,20	490...630	315...355	14...22	Hochbeanspruchte Tragwerke, gut schweißbar.
St 50-2	1.0050	FN	R	Fe 490-2	—	470...610	255...295	12...20	Mittel- bis hochbelastete Maschinenteile: Wellen, Achsen, Bolzen, Walzen, Nocken. Nicht schweißgeeignet.
St 60-2	1.0060	FN	R	Fe 590-2	—	570...710	295...335	8...16	
St 70-2	1.0070	FN	R	Fe 690-2	—	790...830	325...360	4...11	

[1] Die Kurzbezeichnung nach der früheren DIN 17 100 soll bis zur Veröffentlichung der Folgeausgabe der Europäischen Norm EN 10 025 : 91 weiterverwendet werden.
[2] FU (U) unberuhigt vergossen, FN (R) beruhigt vergossen, FF (RR) besonders beruhigt vergossen.
[3] P-Gehalt: maximal 0,04% bis 0,05%, S-Gehalt: maximal 0,04% bis 0,05%, N-Gehalt: maximal 0,009%.
[4] Für Erzeugnisdicken von 3 mm bis 100 mm. [5] Je nach Erzeugnisdicken von 1 mm bis 100 mm und Probenlänge.

Allgemeine Baustahl-Sorten mit besonderen Gebrauchseigenschaften EN 10 025 : 1991 (früher DIN 17 100)

zum **Abkanten** (Q)[1]		zum **Blankziehen** (Z)		zum **Gesenkschmieden** (P) (nicht mehr genormt)		zum **Walzprofilieren** (K)		**Wetterfeste Stähle** (Stahl-Eisen-Werkstoffblatt 087)	
Kurzbezeichnung	Werkstoffnummer	Kurzbezeichnung	Werkstoffnummer	Kurzbezeichnung	Werkstoffnummer	Kurzbezeichnung	Werkstoffnummer	Kurzbezeichnung	Werkstoffnummer
UQ St 37-2	1.0121	UZ St 37-2	1.0121	—	—	UK St 37-2	1.0121	WT St 37-2	1.8960
Q St 37-3 N	1.0118	Z St 37-3 N	1.0118	P St 37-3	1.0176	K St 37-3 N	1.0118	WT St 52-3	1.8963
Q St 44-2	1.0128	Z St 44-2	1.0128	P St 44-2	1.0146	K St 44-2	1.0128	9 CrNiCu P 3 2 4 (schweißgeeigneter Feinkornbaustahl)	1.8962
Q St 44-3 N	1.0141	Z St 44-3 N	1.0141	P St 44-3	1.0135	K St 44-3 N	1.0141		
Q St 52-3 N	1.0569	Z St 52-3 N	1.0569	P St 52-3	1.0572	K St 52-3 N	1.0569		

[1] Ebenfalls geeignet zum Kaltbiegen, Kaltflanschen und Kaltbördeln.
Die mechanischen Eigenschaften der allgemeinen Baustahlsorten mit besonderen Gebrauchseigenschaften entsprechen denen der allgemeinen Baustähle (siehe oben).

Schweißgeeignete Feinkornbaustähle – normalgeglüht — DIN 17 102 (1983)

Zusammensetzung: C ≦ 0,21 %, P ≦ 0,035 %, S ≦ 0,03 %, N ≦ 0,02 %, Si ≦ 0,6 %, Mn : 0,5 . . . 1,7 %, Cr ≦ 0,3 %, Ni ≦ 0,3 bzw. 1 %, Cu ≦ 0,2 %, Mo ≦ 1 %, Nb ≦ 0,05 %, Ti ≦ 0,2 %, V ≦ 0,22 %, Nb + Ti + V ≦ 0,22 %

Grundreihe Kurzname	Grundreihe Werkst. Nummer	Warmfeste Reihe Kurzname	Warmfeste Reihe Werkst. Nummer	Kaltzähe Reihe Kurzname	Kaltzähe Reihe Werkst. Nummer	Kaltzähe Sonderreihe Kurzname	Kaltzähe Sonderreihe Werkst. Nummer	Zugfestigkeit R_m N/mm² s ≦ 70	Zugfestigkeit R_m N/mm² 70 < s ≦ 150	Streckgrenze R_e N/mm² s ≦ 70	Streckgrenze R_e N/mm² 70 < s ≦ 150	Bruchdehnung A_5 %
StE 255	1.0461	WStE 255	1.0462	TStE 255	1.0463	EStE 255	1.1103	360...480	320...470	235...255	195...225	≧ 25
StE 285	1.0486	WStE 285	1.0487	TStE 285	1.0488	EStE 285	1.1104	390...510	350...500	265...285	225...255	≧ 24
StE 315	1.0505	WStE 315	1.0506	TStE 315	1.0508	EStE 315	1.1105	440...560	400...550	295...315	255...285	≧ 23
StE 355	1.0562	WStE 355	1.0565	TStE 355	1.0566	EStE 355	1.1106	490...630	450...620	335...355	295...325	≧ 22
StE 380	1.8900	WStE 380	1.8930	TStE 380	1.8910	EStE 380	1.8911	500...650	460...630	345...380	305...335	≧ 20
StE 420	1.8902	WStE 420	1.8932	TStE 420	1.8912	EStE 420	1.8913	530...680	490...660	385...420	345...375	≧ 19
StE 460	1.8905	WStE 460	1.8935	TStE 460	1.8915	EStE 460	1.8918	560...730	520...720	430...460	380...420	≧ 17
StE 500	1.8907	WStE 500	1.8937	TStE 500	1.8917	EStE 500	1.8919	610...780	570...770	450...500	410...440	≧ 16

[1] Die R_m- und R_e-Werte gelten für unterschiedliche Erzeugnisdicken s (in mm).
[2] Falls keine ausgeprägte Streckgrenze R_e vorhanden, so ist der angegebene Wert die 0,2 %-Dehngrenze $R_{p\,0,2}$

Stähle für Band und Bleche

Band und Blech aus allgemeinen Baustählen (kaltgewalzt) — DIN 1623, Teil 2 (1986)

Stahlsorte Kurzname	Stahlsorte Werkstoffnummer	Desoxidationsart	C-Gehalt %	Zugfestigkeit R_m N/mm²	Streckgrenze R_e N/mm²	Bruchdehnung A %
St 37-2G	1.0037G	–				
USt 37-2G	1.0036G	U	0,17	360...510	215	20
St 37-3G	1.0116G	RR				
St 44-3G	1.0144G	RR	0,20	430...580	245	18
St 52-3G	1.0570G	RR	0,20	510...680	325	16
St 50-2G	1.0050G	R	0,40	490...660	295	14
St 60-2G	1.0060G	R	0,50	590...770	335	10
St 70-2G	1.0070G	R	0,65	690...900	365	6

Kaltgewalztes Band und Blech aus allgemeinen Baustählen mit Dicken bis 3 mm.

Kennzeichnung der Oberfläche		
Oberflächenart	Übliche kaltgewalzte Oberfläche	03
	Beste Oberfläche	05
Oberflächenausführung	besonders glatt	b
	glatt	g
	matt	m
	rauh	r

Band und Blech aus weichen Stählen

Zum Kaltumformen — EN 10130:1991 (früher DIN 1623, T 1)

Stahlsorte Kurzname (n. früherer DIN 1623)	Stahlsorte Werkstoffnummer	Desoxidationsart	C-Gehalt %	Zugfestigkeit R_m N/mm²	Streckgrenze[1] R_e N/mm²	Bruchdehnung A %	Härte HRB
St 12	1.0330	freigest.	0,12	270...410	280	≧ 28	≦ 65
RRSt 13	1.0347	FF (RR)	0,10	270...370	240	≧ 34	≦ 55
St 14	1.0338	FF (RR)	0,08	270...350	210	≧ 38	≦ 50

[1] Falls eine ausgeprägte Streckgrenze R_e fehlt, ist der angegebene Wert die 0,2%-Dehngrenze $R_{p\,0,2}$.

Bezeichnungsbeispiel: Blech EN 10130 — St 12 03 m — 1,2 × 800 × 2000

Zum Kaltwalzen — DIN 1614 (1986)

Stahlsorte Kurzname	Stahlsorte Werkstoffnummer	Desoxidationsart	Zusammensetzung %
St 22	1.0320	–	C: ≈ 0,1
USt 23	1.0321	U	Mn: ≈ 0,4 P: ≈ 0,03
RRSt 23	1.0359	RR	S: ≈ 0,03
St 24	1.0327	RR	

Kontinuierlich feuerverzinktes Blech und Band

aus weichen Stählen zum Kaltumformen EN 10142:1990

Stahlsorte Kurzname (n. früherer DIN 17162, T1)	Stahlsorte Werkstoffnummer	Zugfestigkeit R_m N/mm²	Streckgrenze R_e N/mm²	Bruchdehnung A %
St 02 Z	1.0226	500	–	22
St 03 Z	1.0350	420	300	26
St 05 Z	1.0355	380	260	30
St 06 Z	1.0306	350	220	36

aus Baustählen EN 10147:1991

Stahlsorte Kurzname (n. früherer DIN 17162, T2)	Stahlsorte Werkstoffnummer	Zugfestigkeit R_m N/mm²	Streckgrenze R_e N/mm²	Bruchdehnung A %
StE 250-2 Z	1.0242	330	250	19
StE 280-2 Z	1.0244	360	280	18
StE 320-3 Z	1.0250	390	320	17
StE 350-3 Z	1.0529	420	350	16

Feuerverzinktes Band und Blech bis maximal 3 mm Dicke, mit beidseitiger Zinkauflage von 100 bis 275 g/m².
(≙ Zinkschichtdicke von ≈ 7 bis 20 μm); Oberflächenbeschaffenheit nach Wunsch.

Kaltgewalztes elektrolytisch verzinntes Weißblech — EN 10203:1991

Kaltgewalztes elektrolytisch verzinntes Weißblech als Band, Rollen und Tafeln mit Nenndicken von 0,17 mm bis 0,49 mm und einer Tafelgröße von maximal 1100 mm × 1050 mm.
Werkstoffe: Weiche Stähle gemäß EN 10130 (siehe oben).

Bezeichnungsbeispiel:
Weißblech Tafel EN 10203 — T 50

Blech und Band aus warmfesten Stählen (Kesselbleche) — DIN 17155 (1983)

Kurzname	Werkstoffnummer	Chem. Zus.setzung (Schmelzanalyse) %	Zugfestigkeit R_m N/mm²	Streckgrenze R_e bzw. 0,2 %-Dehngrenze $R_{p\,0,2}$ in N/mm² bei 20 °C	200 °C	300 °C	400 °C	500 °C	Bruchdehnung A_5 %
UHI	1.0348	C: 0,1...0,2	280...400	175	135	95	70	–	25
HI	1.0345	Si: ≦ 0,4 Mn: 0,4...1,6	360...480	215	175	135	110	–	24
HII	1.0425	P: ≦ 0,035, Si: ≦ 0,03	410...530	245	205	155	130	–	22
17 Mn 4	1.0481	Cr: ≦ 0,25, Cu: ≦ 0,3	460...580	280	245	205	155	–	21
19 Mn 6	1.0473	Ni: ≦ 0,3, Mo: ≦ 0,35	510...650	335	265	225	175	–	20
15 Mo 3	1.5415		440...590	260	210	170	150	140	20
13 Cr Mo 44	1.7335	C, Si, Mn, P, S, Cu wie oben. Kein Ni	440...590	295	230	205	180	165	20
10 Cr Mo 9 10	1.7380	Cr: 0,7...2,5, Mo: 0,4...1,1	480...630	290	235	220	195	175	18

[1] Mindestwerte bei 20 °C für Erzeugnisdicken ≦ 60 mm

[2] Mindestwerte der Streckgrenze bzw. 0,2 %-Dehngrenze bei Erzeugnisdicken ≦ 60 mm

Stähle für den Stahlbau, den Leitungsbau und das Bauwesen

Nichtrostende Stähle (Auswahl) — DIN 17 440 (1985)

für Blech, Warmband, Walzdraht, gezogenen Draht, Stabstahl, Schmiedestücke und Halbzeug.
(Als nichtrostend gelten Stähle mit besonderer Beständigkeit gegen chemisch angreifende Stoffe.)

Stahlsorte Kurzname	Werkstoffnummer	Wärmebehandlungszustand	Zugfestigkeit R_m N/mm²	Streckgrenze R_e bzw. $R_{p\,0,2}$ N/mm²	Bruchdehnung A %	Härte HB oder HV	Beständigkeit gegen interkrist. Korrosion
Ferritische Stähle							
X 6 Cr 13	1.4000	geglüht	400...600	250	~20	185	⊖
X 6 Cr 17	1.4016	geglüht	450...600	270	~20	185	⊖
X 4 Cr Mo S 18	1.4105	geglüht	450...650	270	~20	200	⊖
Martensitische Stähle							
X 20 Cr 13	1.4021	geglüht	≦ 740	450	⊕14	230	
X 45 Cr Mo V 15	1.4116	geglüht	≦ 900	–	⊕16	280	
X 20 Cr Ni 17 2	1.4057	geglüht	≦ 950	550	⊕14	295	
Austenitische Stähle							
X 5 Cr Ni 18 10	1.4301	abgeschreckt	500...700	195	~45		⊕
X 10 Cr Ni S 18 9	1.4305	abgeschreckt	500...700	195	~35		⊖
X 6 Cr Ni Ti 18 10	1.4541	abgeschreckt	500...730	200	~40		⊕
X 5 Cr Ni Mo 17 12 2	1.4401	abgeschreckt	510...710	205	~40		⊕
X 6 Cr Ni Mo Ti 17 12 2	1.4571	abgeschreckt	500...730	210	~35		⊕
X 2 Cr Ni Mo N 17 13 5	1.4439	abgeschreckt	580...800	285	~35		⊕

Kohlenstoffarme unlegierte Stähle für Schrauben, Muttern und Niete — DIN 17 111 (1980), Auswahl

Geeignet für nicht vergütete, durch Warm- oder Kaltfertigung hergestellte Schrauben, Muttern, Niete.

Stahlsorte Kurzname	Werkstoffnummer	C-Gehalt %	Zugfestigkeit R_m N/mm²	Streckgrenze R_e N/mm²	Bruchdehnung A %
USt 36	1.0203	≦ 0,14	330...430	205	30
UQSt 38	1.0224	≦ 0,19	370...460	225	25
RSt 38	1.0223	≦ 0,19	370...460	225	25
U 10 S 10	1.0702	≦ 0,15	340...470	225	–

Warmfeste und hochwarmfeste Werkstoffe für Schrauben und Muttern — DIN 17 240 (1976), Auswahl

Geeignet für Schraubenverbindungen mit Dauerbetriebstemperaturen über 300 °C.

Stahlsorte Kurzname	Werkstoffnummer	Zustand	Zugfestigkeit R_m N/mm²	Streckgrenze R_e N/mm²	Bruchdehnung A %
Ck 35	1.1185	vergütet	500...650	280	22
24 Cr Mo 5	1.7258		600...750	440	18
X22CrMoV121	1.4923		800...950	600	14
NiCr20TiAl	2.4952		≧ 1000	600	12

Stähle für geschweißte, kreisförmige Rohre aus unlegierten Stählen

Verwendung im Apparatebau, Behälterbau, Leitungsbau, Gerätebau und allgemeinen Maschinenbau.

für besondere Anforderungen — DIN 1626 (1984)

Stahlsorte Kurzname	Werkstoffnummer	Zugfestigkeit R_m N/mm²	Streckgrenze R_e N/mm²	Bruchdehnung A %
USt 37.0	1.0253	350...480	–	25
St 37.0	1.0254	350...480	225	25
St 44.0	1.0256	420...550	265	21
St 52.0	1.0421	500...650	345	21

Zusammensetzung: C ≈ 0,2 %, P ≈ 0,04 %, S ≈ 0,04 %

für besonders hohe Anforderungen — DIN 1628 (1984)

Stahlsorte Kurzname	Werkstoffnummer	Zugfestigkeit R_m N/mm²	Streckgrenze R_e N/mm²	Bruchdehnung A %
St 37.4	1.0255	350...480	225	25
St 44.4	1.0257	420...550	265	21
St 52.4	1.0581	500...650	345	21

Zusammensetzung: C ≈ 0,2 %, Si: 0,35...0,55 %, Mn: 0,35...1,6 %, P ≈ 0,04 %, S ≈ 0,04 %

Geschweißte, kreisförmige Rohre aus nichtrostenden Stählen — DIN 17 455 (1985)

werden bevorzugt aus den Stählen X 6 Cr 17, X 5 Cr Ni 18 10, X 6 Cr Ni Ti 18 10, X 5 Cr Ni Mo 17 12 2 und X 6 Cr Ni Mo Ti 17 12 2 hergestellt. Werkstoffkennwerte siehe oben. Verwendung für dekorative Baukonstruktionen sowie als Leitungen in der Chemie-, Pharma- und Lebensmittelindustrie.

Betonstahl — DIN 488 (1984)

Stahlsorte Kurzname	Stahlsorte Kurzzeichen	Werkstoffnummer	Erzeugnisform[1]	Nenndurchmesser mm	Streckgrenze R_e N/mm²	Zugfestigkeit R_m N/mm²	Bruchdehnung A %	Dauerschw. festigkeit N/mm²	Schweißeignung[2] (Verfahren)	Zusammensetzung %
BSt 420 S	III S	1.0428	Stäbe, gerippt	6...28	420	500	10	215	E, MAG, GP, RA, RP	C 0,22, P 0,05 S 0,05, N 0,012
BSt 500 S	IV S	1.0438	Stäbe, gerippt	6...28	500	550	10	215	E, MAG, GP, RA, RP	C 0,22, P 0,05 S 0,05, N 0,012
BSt 500 M	IV M	1.0466	Matte aus ger. Stäben	4...12	500	550	8	–	E, MAG, RP	C 0,15, P 0,05 S 0,05, N 0,012

[1] siehe Seite 208   [2] Verfahrens-Kurznamen siehe Seite 230

Maschinenbaustähle

Vergütungsstähle (Auswahl) — EN 10 083:1991, Teil 1 und 2

Stahlsorte Kurzname	Werkstoffnummer	Streckgrenze R_e N/mm²	Zugfestigkeit R_m N/mm²	Bruchdehnung A %
Qualitätsstähle				
1 C 22	1.0402	min. 290	470...620	22
1 C 35	1.0501	min. 380	600...750	19
1 C 45	1.0503	min. 430	650...800	16
1 C 60	1.0601	min. 520	800...950	13
Edelstähle				
2 C 22	1.1151	min. 290	470...620	22
2 C 45	1.1181	min. 430	650...800	–

Stahlsorte Kurzname	Werkstoffnummer	Streckgrenze R_e N/mm²	Zugfestigkeit R_m N/mm²	Bruchdehnung A %
Edelstähle (Fortsetzung)				
3 C 60	1.1223	min. 520	800... 950	13
28 Mn 6	1.1170	min. 490	700... 850	15
38 Cr 2	1.7003	min. 450	700... 850	15
34 Cr 4	1.7033	min. 590	800... 950	14
25 Cr Mo S 4	1.7213	min. 600	800... 950	14
50 Cr Mo 4	1.7228	min. 780	1000...1200	10
36 Cr Ni Mo 4	1.6511	min. 800	1000...1200	11

Die mechanischen Kennwerte sind Mindestwerte und gelten für den vergüteten Zustand (V) für Querschnitte von 16 bis 40 mm ∅.

Einsatzstähle (Auswahl) — DIN 17 210 (1980)

Stahlsorte Kurzname	Werkstoffnummer	Härte (weichgegl.) HB	Zugfestigkeit[1] (weichgegl.) N/mm²
C 10	1.0301	131	459
Ck 15	1.1141	143	500
20 Cr 4	1.7027	197	690
20 Mo Cr 4	1.7321	207	725
21 Ni Cr Mo 2	1.6523	197	690
17 Cr Ni Mo 6	1.6587	229	802

Einsatzstähle werden zuerst in der Randschicht aufgekohlt und dann gehärtet.

[1] Zugfestigkeit berechnet mit $R_m = 3{,}5 \cdot HB$

Automatenstähle (Auswahl) — DIN 1651 (1988)

Stahlsorte Kurzname	Werkstoffnummer	unbehandelt Streckgrenze R_e N/mm²	unbehandelt Zugfestigkeit R_m N/mm²	unbehandelt Bruchdehnung A %	vergütet Streckgrenze R_e N/mm²	vergütet Zugfestigkeit R_m N/mm²	vergütet Bruchdehnung A %	Weitere Eigenschaften
9 S Mn 28	1.0715	min. 410	380...570	25	–	min. 550	–	Nicht für eine Wärmebehandlung bestimmt.
9 S Mn Pb 28	1.0718	min. 375	380...570	23	–	min. 550	–	
10 S 20	1.0721	min. 390	360...520	25	–	min. 550	–	Einsatzhärtbar
60 S 20	1.0728	min. 540	670...800	9	min. 570	min. 850	8	Vergütbar

Nitrierstähle (Auswahl) — DIN 17 211 (1987)

Stahlsorte Kurzname	Werkstoffnummer	Härte (weichgegl.) HB	Härte (nitriert) HV 1	vergütet (V) Streckgrenze R_e N/mm²	vergütet (V) Zugfestigkeit R_m N/mm²	vergütet (V) Bruchdehnung A %	vergütet (V) Kerbschlagarbeit W (DVM) J
31 Cr Mo 12	1.8515	248	800	800	1000...1200	11	40
15 Cr Mo V 5 9	1.8521	248	800	750	900...1100	10	35
34 Cr Al Mo 5	1.8507	248	950	600	800...1000	14	40
34 Cr Al Ni 7	1.8550	248	950	650	850...1050	12	35

Nitrierstähle erhalten die Randschichthärte direkt beim Nitrieren.

[1] Die mechanischen Kennwerte gelten für Querschnitte unter 100 mm

Kaltzähe Stähle (Stahl-Eisen-Werkstoffblatt 680, 1970)

Stahlsorte Kurzname	Werkstoffnummer	Streckgrenze R_e, $R_{p\,0,2}$ N/mm²	Zugfestigkeit R_m N/mm²	Anwendung bis
TTSt 35	1.0356	255	390...490	− 80 °C
T St E 420	1.8912	345	490...660	− 50 °C
26 Cr Mo 4	1.7219	440	590...740	− 65 °C
16 Ni 14	1.5639	345	440...640	−120 °C
X 5 Cr Ni 18 10	1.6909	185	490...690	−253 °C

Hochwarmfeste Stähle (Stahl-Eisen-Werkstoffblatt 670, 1969)

Stahlsorte Kurzname	Werkstatt nummer	Streckgrenze $R_{p\,0,2}$ N/mm²	Zugfestigkeit R_m N/mm²	Daueranwendung bis
X 19 Cr Mo 12 1	1.4921	490	690...840	+600 °C
X 22 Cr Mo V 12 1	1.4923	590	780...930	+600 °C
X 8 Cr Ni Nb 16 13	1.4961	205	510...690	+800 °C
X 6 Cr Ni W Nb 16 16	1.4945	255	540...740	+800 °C
X 8 Cr Ni Mo V Nb 16 13	1.4988	255	540...740	+650 °C

Werkzeugstähle — DIN 17 350 (1980)

Stahlsorte Kurzname	Werkstoff-nummer	Härte (weich-geglüht) HB	Härte-tempe-ratur °C	Härte-mittel	Anlaß-tempe-ratur °C	Härte (gehärtet angelassen) HRC	Typische Verwendung
Unlegierte Kaltarbeitsstähle							
C 45 W	1.1730	wird üblicherweise mit einer Härte von 190 HB geliefert					Handwerkzeuge, Zangen
C 60 W	1.1740	231	810	Öl	180	52	Handwerkzeuge, Schäfte
C 70 W 2	1.1620	183	800	Wasser	180	57	Drucklufteinsteckwerkzeuge
C 80 W 1	1.1525	192	790	Wasser	180	59	Handmeißel, Spitzeisen
C 85 W	1.1830	222	810	Öl	180	57	Sägeblätter für Holz
C 105 W 1	1.1545	213	780	Wasser	180	60	Gewindeschneidwerkzeuge
Legierte Kaltarbeitsstähle							
21 Mn Cr 5	1.2162	212	820	Öl	180	58	Werkzeuge für die Kunststoffbearbeitung
40 Cr Mn Mo S 8 6	1.2312	wird üblicherweise vergütet mit 300 HB geliefert					
60 W Cr V 7	1.2550	229	890	Öl	180	57	Stanz- und Schneidwerkzeuge, Kettensägen, Abgrater
90 Mn Cr V 8	1.2842	229	800	Öl	180	58	
100 Cr 6	1.2067	223	840	Öl	180	60	Lehren, Dorne, Stempel
105 W Cr 6	1.2419	229	820	Öl	180	59	Schneideisen, Fräser
115 Cr V 3	1.2210	223	790	Wasser, Öl	180	60	Gewindebohrer
145 V 3 3	1.2838	229	850	Wasser	180	60	Kaltschlagwerkzeuge
X 19 Ni Cr Mo 4	1.2764	255	800	Öl, Luft	180	59	Werkzeuge für die Kunststoffverarbeitung
X 36 Cr Mo 17	1.2316	285	1010	Öl	180	46	
X 45 Ni Cr Mo 4	1.2767	262	850	Öl	180	52	
X 155 Cr V Mo 12 1	1.2379	255	1030	Öl,Wb, Luft	180	59	Hochleistungs-Schnittwerkzeuge, Räumnadeln, Metallsägen
X 210 Cr W 12	1.2436	255	960	Öl, Wb, Luft	180	60	
Warmarbeitsstähle							
55 Ni Cr Mo V 6	1.2713	248	850	Öl	500	40	Hammergesenke für kleine und größere Abmessungen
56 Ni Cr Mo V 7	1.2714	248	850	Öl, Luft	500	44	
X 38 Cr Mo V 5 1	1.2343	229	1020	Öl, Wb, Luft	550	50	Strangpreßwerkzeuge für Al und Cu, Gesenke und Gesenkeinsätze, Druckgießformen
X 40 Cr Mo V 5 1	1.2344	229	1030	Öl, Wb, Luft	550	51	
X 32 Cr Mo V 3 3	1.2365	229	1040	Öl, Wb	550	47	
Schnellarbeitsstähle							
S 6 - 5 - 2	1.3343	240...300	1210	Öl, Wb, Luft	560	64	Räumnadeln, Spiralbohrer, Senker, Kreissägen, Fräser, Reibahlen
S C 6 - 5 - 2	1.3342	240...300	1200	Öl, Wb, Luft	560	65	
S 6 - 5 - 3	1.3344	240...300	1220	Öl, Wb, Luft	560	65	Gewindebohrer, Reibahlen
S 6 - 5 - 2 - 5	1.3243	240...300	1220	Öl, Wb, Luft	560	64	Fräser, Spiralbohrer, Gewindebohrer, Formstähle
S 7 - 4 - 2 - 5	1.3246	240...300	1200	Öl, Wb, Luft	540	66	
S 10 - 4 - 3 - 10	1.3207	240...300	1230	Öl, Wb, Luft	560	66	Drehmeißel Formstähle Fräser
S 12 - 1 - 4 - 5	1.3202	240...300	1230	Öl, Wb, Luft	560	65	
S 18 - 1 - 2 - 5	1.3255	240...300	1280	Öl, Wb, Luft	560	64	

Werkzeugstähle für besondere Verwendungszwecke — DIN 17 350 (1980)

Stahlsorte Kurzname	Werkstoff-nummer	Verwendungszweck
75 Cr 1	1.203	Stammblätter, Kreissägen
62 Si Mn Cr 4	1.2101	Scherenmesser
31 Cr V 3	1.2208	Schraubwerkzeuge
80 Cr V 2	1.2235	Kreissägen, Sägen, Messer
51 Cr V 4	1.2241	Schraubwerkzeuge
48 Cr Mo V 6 7	1.2323	Strangpreßwerkzeuge
45 Cr Mo V 7	1.2328	Meißel
X 96 Cr Mo V 12	1.2376	Scherenmesser
110 W Cr V 5	1.2519	Schneidwerkzeuge
60 Mn Si Cr 4	1.2826	Spannwerkzeuge
S 3 - 3 - 2	1.3333	Metallsägen
S 2 - 9 - 2	1.3348	Gewindebohrer

Eisen-Gußwerkstoffe

Gußeisen mit Lamellengraphit (Grauguß), (Auswahl) — DIN 1691 (1985)

mit Zugfestigkeit als kennzeichnender Eigenschaft

Gußsorte Kurzname	Werkstoff-nummer	Erwartungswerte[1)] Zugfestigkeit R_m N/mm²	Brinellhärte HB 30
GG - 15	0.6015	80...155	205...245
GG - 20	0.6020	115...205	235...270
GG - 25	0.6025	155...250	250...285
GG - 30	0.6030	195...270	265...285

mit Brinellhärte als kennzeichnender Eigenschaft

Gußsorte Kurzname	Werkstoff-nummer	Brinellhärte HB30
GG - 150 HB	0.6012	150...185
GG - 190 HB	0.6022	190...260
GG - 220 HB	0.6027	220...275
GG - 240 HB	0.6032	240...275

Die chemische Zusammensetzung bleibt weitgehend dem Hersteller überlassen.

[1)] Der untere Wert gilt für Wanddicke 80 mm, der obere Wert für Wanddicke 5 mm.

Gußeisen mit Kugelgraphit (Sphäroguß), (Auswahl) — DIN 1693, Teil 1 (1973)

Gußsorte Kurzname	Werkstoff-nummer	Chemische Zusammen-setzung	Zugfestigkeit R_m N/mm²	Dehngrenze $R_{p\,0,2}$ N/mm²	Bruchdeh-nung A_5 %	Grundgefüge	Eigenschaften
GGG - 35,3	0.7033	Die chemische Zusammen-setzung obliegt dem Hersteller	350	220	22	ferritisch	gewährleistete Kerbschlagarbeit
GGG - 40	0.7040		400	250	15	ferritisch	geringe Verschleißfestigkeit
GGG - 60	0.7060		600	380	3	ferr./perl.	mittlere Verschleißfestigkeit
GGG - 80	0.7080		800	500	2	perlitisch	gute Oberflächenhärte

Austenitisches Gußeisen, (Auswahl) — DIN 1694 (1981)

Gußsorte Kurzname	Werkstoff-nummer	Chemische Zusammensetzung %	Zugfestigkeit R_m N/mm²	Dehngrenze $R_{p\,0,2}$ N/mm²	Bruchdeh-nung A_5 %	Brinellhärte HB
Austenitisches Gußeisen mit Lamellengraphit						
GGL - Ni Cu Cr 15 6 3	0.6656	$C \leq 3$, $Si \approx 2$, $Mn \approx 1$, $Ni \approx 15$, $Cu \approx 6$, $Cr \approx 3$	190...240	–	1... 2	150...250
GGL - Ni Cr 30 3	0.6676	$C \leq 2{,}5$, $Si \approx 1{,}5$, $Mn \approx 0{,}7$, $Ni \approx 30$, $Cr \approx 3$	190...240	–	1... 3	120...215
Austenitisches Gußeisen mit Kugelgraphit						
GGG - Ni Cr 20 3	0.7661	$C \leq 3$, $Si \approx 2{,}25$, $Mn \approx 1$, $Ni \approx 20$, $Cr \approx 3$	390...500	210...260	7...15	150...255
GGG - Ni Cr 35 3	0,7685	$C \leq 2{,}4$, $Si \approx 2{,}25$, $Mn \approx 1$, $Ni \approx 35$, $Cr \approx 3$	370...450	210...290	7...10	140...190

Temperguß (Auswahl) — DIN 1692 (1982)

Gußsorte Kurzname	Werkstoff-nummer	Chemische Zusammensetzung %	Zugfestigkeit R_m N/mm²	Dehngrenze $R_{p\,0,2}$ N/mm²	Bruchdeh-nung A_5 %	Brinellhärte HB 30	Verwendung
Entkohlend geglühter Temperguß (Weißer Temperguß)							
GTW - 35 - 04	0.8035	C: 2,3...2,7, Si: 1,2...1,5 Mn: 0,4...0,6, S: 0,12...0,18	340...340	–	3...5	≦ 230	Bartschlüssel, Hebel
GTW - 40 - 05	0.8040		360...420	200...230	4...8	≦ 220	Kurbelwellen, Gehäuse
Nicht entkohlend geglühter Temperguß (Schwarzer Temperguß)							
GTS - 35 - 10	0.8135	C: 3,1...3,4, Si: 0,4...0,8 Mn: 0,4...0,6, S ≦ 0,18	350	200	10	≦ 150	Schloßteile, Fittings
GTS - 55 - 04	0.8155		550	340	4	180...230	Fahrwerksteile
GTS - 70 - 02	0.8170		700	530	2	240...290	Fahrwerksteile

Stahlguß (Auswahl)

Gußsorte Kurzname	Werkstoff-nummer	Zugfestigkeit R_m N/mm²	Streckgrenze R_e bzw. $R_{p\,0,2}$ N/mm²	Bruchdeh-nung A_5 %	Eigenschaften, Verwendung
Stahlguß für allgemeine Verwendungszwecke					**DIN 1681** (1967)
GS - 45	1.0446	450	230	22	gut gieß- und schweißbar; für mittlere Belastung
GS - 60	1.0558	600	300	15	gut gießbar; für hohe Belastung
Stahlguß mit verbesserter Schweißeignung und Zähigkeit					**DIN 17 182** (1983)
GS - 16 Mn 5 N	1.1131	430...600	260	25	gut schweißbar, zäh; Pkw-Teile
Warmfester, ferritischer Stahlguß					**DIN 17 245** (1985)
GS - 17 Cr Mo V 5 11	1.7706	590...780	440	15	$R_{p\,0,2}$: 365 (300 °C), 320 (450 °C), 260 (550 °C) N/mm²
Nichtrostender Stahlguß					**DIN 17 445** (1984)
G - X 20 Cr 14	1.4027	590...790	440	12	ferritisch, hohe Festigkeit; Pumpen, Wasserbau
G-X6 Cr Ni Mo 1810	1.4408	440...640	185	20	austenitisch, korrosionsfest; Chemieindustrie

Stabstähle

Warmgewalzter Rundstahl — DIN 1013, Teil 1 (1976) ≙ EURONORM 60

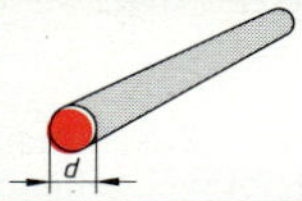

Längen: 3 bis 12 m

d	mm	8	10	12	14	16	18	20	22	24	25	27	28	30	31	32	35	37	38	40	42
Werkstoff: DIN 17 100		44	45	50	52	55	60	65	70	75	80	90	100	110	120	140	150	160	180	200	

Warmgewalzter Vierkantstahl — DIN 1014, Teil 1 (1978) ≙ EURONORM 59

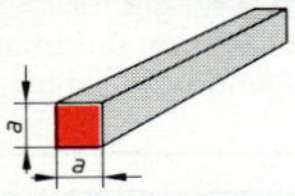

Längen: 3 bis 12 m

a	mm	8	10	12	14	16	18	20	22	25	30	32	35	40	50	60	70	80	100

Werkstoff: Allgemeine Baustähle nach DIN 17 100

Warmgewalzter Sechskantstahl — DIN 1015 (1972)

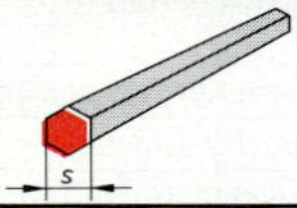

Längen: 3 bis 12 m

s	mm	(13)	15	18	20,5	22,5	23,5	25,5	28,5	31,5	33,5	37,5	42,5	47,5	52	57	(72)	(88)	(103)

Werkstoff: Allgemeine Baustähle nach DIN 17 100

Warmgewalzter Flachstahl — DIN 1017, Blatt 1 (1967)

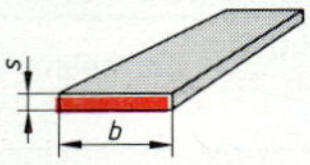

Werkstoff: Allgemeine Baustähle nach DIN 17 100
Normallängen: 3 bis 12 m

Bezeichnungsbeispiel: Warmgewalzter Flachstahl nach DIN 1017 aus St 37-2, Breite 40 mm, Dicke 14 mm
Flach DIN 1017 — St 37-2 — 40 × 14

Breiten- und Dickenmaße: *b* × *s* — Längenbezogene Masse *m′* in kg/m (Auswahl)

Breite b in mm	Dicke s in mm: 5	6	7	8	9	10	12	14	16	18	20	22	25	30	35	40	50	60
10	0,39	–	–	–	–	–	–	–	–	–	–	–	–	–	–	–	–	–
12	0,47	0,57	–	–	–	–	–	–	–	–	–							
14	0,55	0,66	0,77	0,88	–	–	–	–	–	–	–							
16	0,63	0,75	0,88	1,00	1,13	1,26	–	–	–	–	–							
18	0,71	0,85	(0,99)	1,13	1,27	1,41	–	–	–	–	–							
20	0,79	0,94	1,10	1,26	1,41	1,57	1,88	–	–	–	–	–	–	–	–	–	–	–
25	0,98	1,18	1,37	1,57	–	1,96	2,36	2,75	3,14	–	–	–	–	–	–	–	–	–
28	1,10	1,32	1,54	1,76	–	2,20	2,64	3,08	3,52	3,96	–	–	–	–	–	–	–	–
30	1,18	1,41	1,65	1,88	2,12	2,36	2,83	3,30	3,77	4,24	4,71	5,18	5,89	–	–	–	–	–
35	1,37	1,65	1,92	2,20	–	2,75	3,30	3,85	4,40	4,95	5,50	6,04	6,87	–	–	–	–	–
40	1,57	1,88	2,20	2,51	2,83	3,14	3,77	4,40	5,02	5,65	6,28	6,91	7,85	9,42	–	–	–	–
45	1,77	2,12	2,47	2,83	–	3,53	4,24	4,95	5,65	–	7,07	7,77	8,83	10,6	–	–	–	–
50	1,96	2,36	2,75	3,14	3,53	3,93	4,71	5,50	6,28	7,07	7,85	8,64	9,81	11,8	–	15,7	–	–
55	2,16	2,59	–	3,45	–	4,32	5,18	6,04	6,91	7,77	8,64	9,50	10,8	13,0	–	–	–	–
60	2,36	2,83	3,30	3,77	4,24	4,71	5,65	–	7,54	8,48	9,42	10,4	11,8	14,1	16,5	18,8	(23,6)	–
65	2,55	3,06	–	4,08	4,59	5,10	6,12	–	8,16	–	10,2	11,2	12,8	15,3	–	20,4	–	–
70	2,75	3,30	3,85	4,40	–	5,50	6,59	–	8,79	9,89	11,0	12,1	13,7	16,5	19,2	22,0	27,5	–
80	3,14	3,77	4,40	5,02	–	6,28	7,54	–	10,0	–	12,6	–	15,7	18,8	(22,0)	25,1	31,4	(37,7)
90	3,53	4,24	–	5,65	6,36	7,07	8,48	–	11,3	12,7	14,1	–	17,7	21,2	–	28,3	35,3	42,4
100	3,93	4,71	–	6,28	–	7,85	9,42	11,0	12,6	–	15,7	–	19,6	23,6	–	31,4	39,3	47,1
110	–	–	–	6,91	7,77	8,64	10,4	12,1	13,8	–	17,3	–	21,6	25,9	–	34,5	43,2	–
120	–	–	–	7,54	–	9,42	11,3	–	15,1	–	18,8	–	23,6	28,3	–	37,7	47,1	56,5
130	–	–	–	8,16	9,18	10,2	12,2	14,3	16,3	–	20,4	–	25,5	30,6	–	40,8	51,0	–
140	–	–	–	8,79	–	11,0	13,2	–	17,6	–	22,0	–	27,5	33,0	(38,5)	44,0	55,0	–
150	–	–	–	9,42	–	11,8	14,1	16,5	18,8	–	23,6	–	29,4	35,3	–	47,1	58,9	70,7

Beispiel: Ein warmgewalzter Flachstahl 40 × 10 hat eine längenbezogene Masse $m' = 3{,}14$ kg/m

Blanker Rundstahl (DIN 668), Blanker Vierkantstahl (DIN 178), Blanker Sechskantstahl (DIN 176)

d, a, s	mm	2	2,5	3	3,5	...	5,5	6	7	...	22	24	27	30	32	36	38	40	45	50	60	...	100

Blanker Flachstahl — DIN 174 (1969)

von 5 mm × 2 mm bis 100 mm × 50 mm in einer Vielzahl von Abstufungen.

Präzisions-Rundstahl (DIN 59 360), Präzisions-Vierkantstahl und Präzisions-Flachstahl (DIN 59 350)

Die Maße sind ähnlich den warmgewalzten Stabstählen. Genaue Maßangaben in dem entsprechenden Normblatt.

Warmgewalzter, rundkantiger T-Stahl — DIN 1024 (1982)

Hochstegiger T-Stahl
b:*h* = 1:1
Werkstoffe:
Allgem. Baustahl nach DIN 17100
Längen: 6–12 m

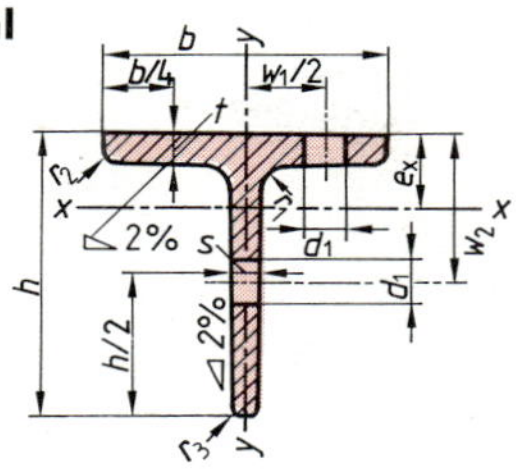

Benennungen
A Querschnittsfläche
m′ Masse pro Meter
x–x, *y–y* Biegeachsen
I Flächenmoment 2. Grades
W Widerstandsmoment

Breitfüßiger T-Stahl
b : *h* = 2 : 1

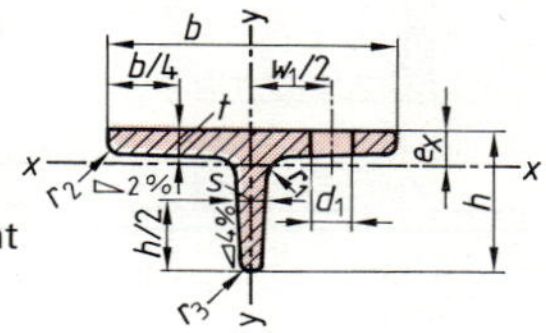

Bezeichnungsbeispiel: **T-Profil DIN 1024–St 37-2–T 60**

Kurz-zei-chen	Maße *h*	*b*	*s* = *t* = r_1	r_2	r_3	*A*	*m′*	Achs-ab-stand e_x	Statische Kennwerte für Biegeachse x-x I_x	W_x	für Biegeachse y-y I_y	W_y	Anreißmaße für Löcher (nach DIN 997) d_1 (max)	w_1	w_2
	mm	mm	mm	mm	mm	cm²	kg/m	cm	cm⁴	cm³	cm⁴	cm³	mm	mm	mm
T	**Rundkantiger hochstegiger T-Stahl,** warmgewalzt, **nach DIN 1024**														
T 20	20	20	3	1,5	1	1,12	0,88	0,58	0,38	0,27	0,20	0,20	3,2	–	–
T 30	30	30	4	2	1	2,26	1,77	0,85	1,72	0,80	0,87	0,58	4,3	17	17
T 40	40	40	5	2,5	1	3,77	2,96	1,12	5,28	1,84	2,58	1,29	6,4	21	22
T 50	50	50	6	3	1,5	5,66	4,44	1,39	12,1	3,36	6,06	2,42	6,4	30	30
T 60	60	60	7	3,5	2	7,94	6,23	1,66	23,8	5,48	12,2	4,07	8,4	34	35
T 70	70	70	8	4	2	10,6	8,32	1,94	44,5	8,79	22,1	6,32	11	38	40
T 80	80	80	9	4,5	2	13,6	10,7	2,22	73,7	12,8	37,0	9,25	11	45	45
T 100	100	100	11	5,5	3	20,9	16,4	2,74	179	24,6	88,3	17,7	13	60	60
T 120	120	120	13	6,5	3	29,6	23,2	3,28	366	42,0	178	29,7	17	70	70
T 140	140	140	15	7,5	4	39,9	31,3	3,80	660	64,7	330	47,2	21	80	75
TB	**Rundkantiger breitfüßiger T-Stahl,** warmgewalzt, **nach DIN 1024**														
TB 30	30	60	5,5	3	1,5	4,64	3,64	0,67	2,58	1,11	8,62	2,87	8,4	34	–
TB 35	35	70	6	3	1,5	5,94	4,66	0,77	4,49	1,65	15,1	4,31	11	37	–
TB 40	40	80	7	3,5	2	7,91	6,21	0,88	7,81	2,50	28,5	7,13	11	45	–
TB 50	50	100	8,5	4,5	2	12,0	9,42	1,09	18,7	4,78	67,7	13,5	13	55	–
TB 60	60	120	10	5	2,5	17,0	13,4	1,30	38,0	8,09	137	22,8	17	65	–

Warmgewalzter, scharfkantiger T-Stahl DIN 59051 (1981)

mit parallelen Flansch- und Stegseiten

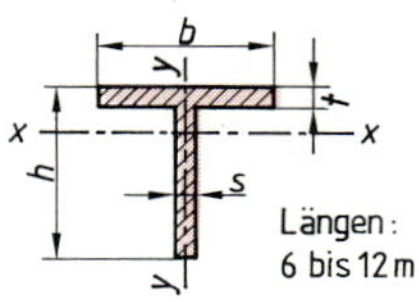

Kurz-zeichen TPS	*h* = *b*	*s* = *t*	*A*	*m′*	W_x	W_y
	mm	mm	cm²	kg/m	cm³	cm³
TPS 20	20	3	1,11	0,871	0,29	0,20
TPS 25	25	3,5	1,63	1,28	0,53	0,37
TPS 30	30	4	2,24	1,76	0,88	0,61
TPS 35	35	4,5	2,95	2,31	1,36	0,93
TPS 40	40	5	3,75	2,94	1,97	1,35

Warmgewalzter, rundkantiger Z-Stahl DIN 1027 (1963)

Längen: 6 bis 12 m

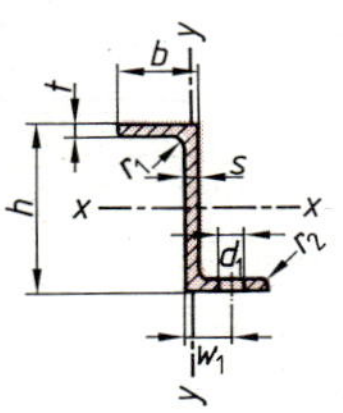

Kurz-zei-chen ʅ	Maße *h*	*b*	*s*	*t* = r_1	r_2	*A*	*m′*	Statische Kennwerte für Biegeachse x-x I_x	W_x	für Biegeachse y-y I_y	W_y	Anreißmaße für Löcher (nach DIN 997) d_1 (max)	w_1
	mm	mm	mm	mm	mm	cm²	kg/m	cm⁴	cm³	cm⁴	cm³	mm	mm
ʅ 30	30	38	4	4,5	2,5	4,32	3,39	5,96	3,97	13,7	3,80	11	20
ʅ 40	40	40	4,5	5	2,5	5,43	4,26	13,5	6,75	17,6	4,66	11	22
ʅ 50	50	43	5	5,5	3	6,77	5,31	26,3	10,5	23,8	5,88	11	25
ʅ 60	60	45	5	6	3	7,91	6,21	44,7	14,9	30,1	7,09	13	25
ʅ 80	80	50	6	7	3,5	11,1	8,71	109	27,3	47,4	10,1	13	30
ʅ 100	100	55	6,5	8	4	14,5	11,4	222	44,4	72,5	14,0	17	30
ʅ 120	120	60	7	9	4,5	18,2	14,3	402	67,0	106	18,8	17	35
ʅ 140	140	65	8	10	5	22,9	18,0	676	96,6	148	24,3	17	35
ʅ 160	160	70	8,5	11	5,5	27,5	21,6	1060	132	204	31,0	21	35

Warmgewalzter, gleichschenkliger, rundkantiger Winkelstahl — DIN 1028 (1976)

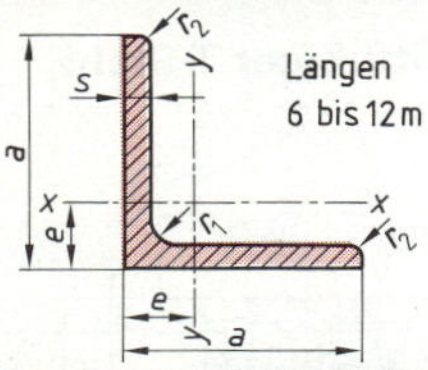

Benennungen:
- *A* Querschnittsfläche
- *m′* Masse pro Meter
- *e* Abstand zur Biegeachse
- *I* Flächenmoment 2. Grades
- *W* Widerstandsmoment

Anreißmaße für Löcher nach DIN 997

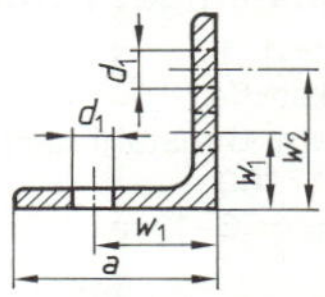

Bezeichnungsbeispiel: L-Profil DIN 1028 — USt 37-2 — 50 × 5

Kurzzeichen L	Maße a	s	r_1	r_2	A	m′	e	Stat. Kennwerte Biegeachse x-x ≙ y-y $I_x = I_y$	$W_x = W_y$	Anreißmaße für Löcher (nach DIN 997) d_1(max)	w_1	w_2
	mm	mm	mm	mm	cm²	kg/m	cm	cm⁴	cm³	mm	mm	mm
L 20 × 3	20	3	3,5	2	1,12	0,88	0,60	0,39	0,28	4,3	12	–
L 30 × 3	30	3	3,5	2	1,74	1,36	0,84	1,41	0,65	8,4	17	–
L 40 × 4	40	4	6	3	3,08	2,42	1,12	4,48	1,56	11	22	–
L 50 × 5	50	5	7	3,5	4,80	3,77	1,40	11,0	3,05	13	30	–
L 60 × 6	60	6	8	4	6,91	5,42	1,69	22,8	5,29	17	35	–
L 70 × 7	70	7	9	4,5	9,40	7,38	1,97	42,4	8,43	21	40	–
L 80 × 8	80	8	10	5	12,3	9,66	2,25	72,3	12,6	23	45	–
L 100 × 10	100	10	12	6	19,2	15,1	2,82	177	24,7	25	55	–
L 120 × 12	120	12	12	6	27,5	21,6	3,40	368	42,7	25	50	80
L 150 × 15	150	15	15	7,5	43,0	33,8	4,25	898	83,5	28	60	105
L 180 × 18	180	18	18	9	61,9	48,6	5,10	1870	145	28	60/65	135
L 200 × 20	200	20	18	9	76,4	59,9	5,68	2815	199	28	65	150

Warmgewalzter, ungleichschenkliger, rundkantiger Winkelstahl — DIN 1029 (1978)

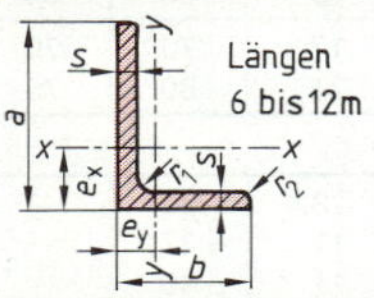

Benennungen: siehe oben
Werkstoffe: Allgemeiner Baustahl nach DIN 17100
Bezeichnungsbeispiel:
L-Profil DIN 1029 — 1.0036 — 40 × 20 × 3

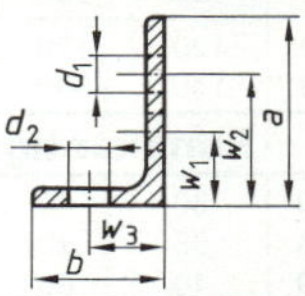

Maße a × b × s (Kurzzeichen)	r_1	r_2	A	m′	Abstände der Achsen e_x	e_y	Statische Kennwerte für Biegeachse x-x I_x	W_x	für Biegeachse y-y I_y	W_y	Anreißmaße für Löcher (nach DIN 997) d_1(max)	d_2(max)	w_1	w_2	w_3
mm mm mm	mm	mm	cm²	kg/m	cm	cm	cm⁴	cm³	cm⁴	cm³	mm	mm	mm	mm	mm
L 30 × 20 × 3	3,5	2	1,42	1,11	0,99	0,50	1,25	0,62	0,44	0,29	8,4	4,3	17	–	12
L 40 × 20 × 3	3,5	2	1,72	1,35	1,43	0,44	2,79	1,08	0,47	0,30	11	4,3	22	–	12
L 50 × 30 × 4	4,5	2	3,07	2,41	1,68	0,70	7,71	2,33	2,09	0,91	13	8,4	30	–	17
L 60 × 40 × 5	6	3	4,79	3,76	1,96	0,97	17,2	4,25	6,11	2,02	17	11	35	–	22
L 70 × 50 × 6	6	3	6,88	5,40	2,24	1,25	33,5	7,04	14,3	3,81	21	13	40	–	30
L 80 × 40 × 6	7	3,5	6,89	5,41	2,85	0,88	44,9	8,73	7,59	2,44	23	11	45	–	22
L 90 × 60 × 6	7	3,5	8,69	6,82	2,89	1,41	71,7	11,7	25,8	5,61	25	17	50	–	35
L 100 × 50 × 8	9	4,5	11,5	8,99	3,9	1,13	116	18,0	19,5	5,04	25	13	55	–	30
L 120 × 80 × 8	11	5,5	15,5	12,2	3,83	1,87	226	27,6	80,8	13,2	25	23	50	80	45
L 150 × 100 × 10	13	6,5	24,2	19,0	4,80	2,34	552	54,1	198	25,8	26	25	60	105	55
L 180 × 90 × 10	14	7	26,2	20,6	6,28	1,85	880	75,1	151	21,2	23	25	60	135	50
L 200 × 100 × 12	15	7,5	34,8	27,3	7,03	2,10	1440	111	247	31,3	78	25	65	150	55

Warmgewalzter, gleichschenkliger, scharfkantiger L-Stahl DIN 1022 (1963), (Auswahl)

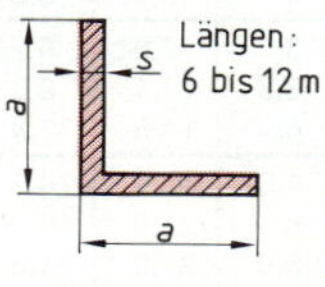

Kurzzeichen LS	a	s	A	m′	$W_x = W_y$
	mm	mm	cm²	kg/m	cm³
LS 20 × 3	20	3	1,11	0,871	0,28
LS 25 × 3	25	3	1,41	1,11	0,47
LS 30 × 3	30	3	1,71	1,34	0,68
LS 40 × 4	40	4	3,04	2,39	1,62
LS 50 × 5	50	5	4,75	3,73	3,15

Warmgewalzter, rundkantiger U-Stahl — DIN 1026 (1963) ≙ EURONORM 24

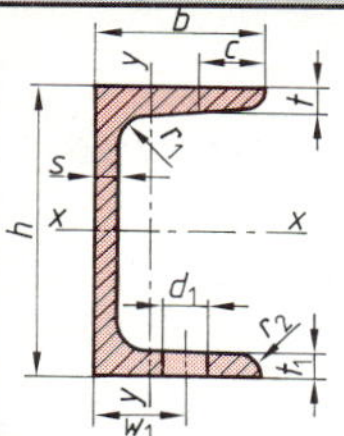

Neigung der inneren Flanschflächen:
8 % bei h ≦ 300 mm
5 % bei h > 300 mm

Längen: 6 bis 18 m

Benennungen:
- A Querschnittsfläche
- m' Masse pro Meter
- e_y Abstand zur y-Achse
- I Flächenmoment 2. Grades
- W Widerstandsmoment

Werkstoffe:
Allgemeine Baustähle nach DIN 17 100

Bezeichnungsbeispiel: U-Profil DIN 1026 — St 37-2 — 200

Kurzzeichen U	Maße										Statische Kennwerte für Biegeachse x-x		für Biegeachse y-y		Anreißmaße für Löcher (nach DIN 997)	
	h	b	s	$t=r_1$	r_2	c	t_1	A	m'	e_y	I_x	W_x	I_y	W_y	d_1(max)	w_1
	mm	mm	mm	mm	mm	mm	mm	cm²	kg/m	cm	cm⁴	cm³	cm⁴	cm³	mm	mm
U 30 × 15	30	15	4	4,5	2	9	–	2,21	1,74	0,52	2,53	1,69	0,38	0,39	4,3	10
U 40 × 20	40	20	5	5,5	2,5	11	–	3,66	2,87	0,67	7,58	3,79	1,14	0,86	6,4	11
U 50 × 25	50	25	5	6	3	12,5	–	4,92	3,86	0,81	16,8	6,73	2,49	1,48	8,4	16
U 60	60	30	6	6	3	12,5	–	6,46	5,07	0,91	31,6	10,5	4,51	2,16	8,4	18
U 80	80	45	6	8	4	17	6,2	11,0	8,64	1,45	106	26,5	19,4	6,36	13	25
U 100	100	50	6	8,5	4,5	18	6,5	13,5	10,6	1,55	206	41,2	29,3	8,49	13	30
U 140	140	60	7	10	5	21	7,6	20,4	16,0	1,75	605	86,4	62,7	14,8	17	35
U 200	200	75	8,5	11,5	6	24,5	8,5	32,2	25,3	2,01	1 910	191	148	27,0	23/21	40
U 240	240	85	9,5	13	6,5	28	9,6	42,3	33,2	2,23	3 600	300	248	39,6	25/23	45
U 300	300	100	10	16	8	34	12,0	58,8	46,2	2,70	8 030	535	495	67,8	28	55
U 350	350	100	14	16	8	34	13,8	77,3	60,6	2,40	12 840	734	570	75,0	28	58
U 400	400	110	14	18	9	38	15,6	91,5	71,8	2,65	20 350	1 020	846	102	28	60

Warmgewalzte, schmale Träger (I-Reihe) — DIN 1025, Blatt 1 (1963)

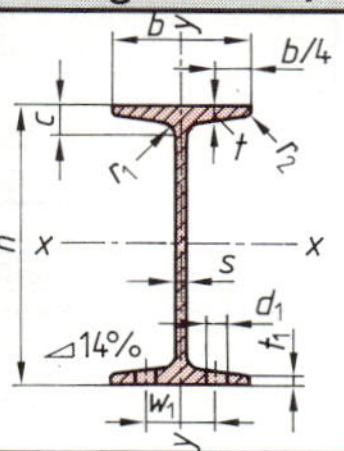

Neigung der inneren Flanschflächen: 14 %

Längen:
bei h < 300 mm: 8 bis 16 m
bei h ≧ 300 mm: 8 bis 18 m

Benennungen: siehe oben

Werkstoffe:
Allgemeine Baustähle nach DIN 17 100

Bezeichnungsbeispiel: I-Profil DIN 1025 — USt 44-2 — I 160

Kurzzeichen I	Maße									Statische Kennwerte für Biegeachse x-x		für Biegeachse y-y		Anreißmaße für Löcher (nach DIN 997)	
	h	b	$s=r_1$	t	r_2	c	t_1	A	m'	I_x	W_x	I_y	W_y	d_1(max)	w_1
	mm	mm	mm	mm	mm	mm	mm	cm²	kg/m	cm⁴	cm³	cm⁴	cm³	mm	mm
I 80	80	42	3,9	5,9	2,3	10,5	4,4	7,57	5,94	77,8	19,5	6,29	3,00	6,4	22
I 100	100	50	4,5	6,8	2,7	12,5	5,0	10,6	8,34	171	34,2	12,2	4,88	6,4	28
I 120	120	58	5,1	7,7	3,1	14	5,7	14,2	11,1	328	54,7	21,5	7,41	8,4	32
I 140	140	66	5,7	8,6	3,4	15,5	6,3	18,2	14,3	573	81,9	35,2	10,7	11	34
I 160	160	74	6,3	9,5	3,8	17,5	6,9	22,8	17,9	935	117	54,7	14,8	11	40
I 180	180	82	6,9	10,4	4,1	19	7,5	27,9	21,9	1 450	161	81,3	19,8	13	44
I 200	200	90	7,5	11,3	4,5	20,5	8,2	33,4	26,2	2 140	214	117	26,0	13	48
I 220	220	98	8,1	12,2	4,9	22	8,8	39,5	31,1	3 060	278	162	33,1	13	52
I 240	240	106	8,7	13,1	5,2	24	9,4	46,1	36,2	4 250	354	221	41,7	17/13	56
I 260	260	113	9,4	14,1	5,6	26	10,2	53,3	41,9	5 740	442	288	51,0	17	60
I 280	280	119	10,1	15,2	6,1	27,5	11,0	61,0	47,9	7 590	542	364	61,2	17	60
I 300	300	125	10,8	16,2	6,5	29,5	11,8	69,0	54,2	9 800	653	451	72,2	21/17	64
I 320	320	131	11,5	17,3	6,9	31	12,7	77,7	61,0	12 510	782	555	84,7	21/17	70
I 340	340	137	12,2	18,3	7,3	33	13,5	86,7	68,0	15 700	923	674	98,4	21	74
I 360	360	143	13,0	19,5	7,8	35	14,5	97,0	76,1	19 610	1 090	818	114	23/21	76
I 400	400	155	14,4	21,6	8,6	38,5	16,2	118	92,4	29 210	1 460	1 160	149	23	86
I 450	450	170	16,2	24,3	9,7	43,5	18,4	147	115	45 850	2 040	1 730	203	25/23	94
I 500	500	185	18,0	27,0	10,8	48	20,5	179	141	68 740	2 750	2 480	268	28	100

Warmgewalzte, mittelbreite I-Träger (IPE-Reihe) — DIN 1025, Blatt 5 (1965) ≙ EURONORM 19–57

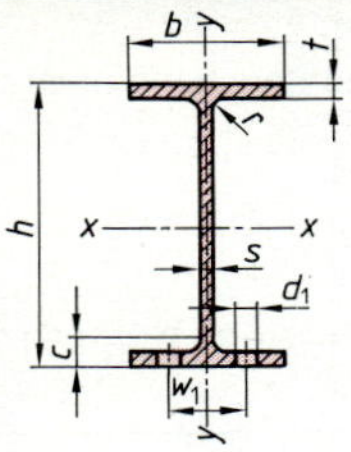

Normallängen:
bei $h < 300$ mm: 8 bis 16 m
bei $h \geq 300$ mm: 8 bis 18 m

Werkstoffe:
Allgemeine Baustähle nach DIN 17 100

Benennungen: siehe Seite 199

Bezeichnungsbeispiel:
IPE-Profil DIN 1025 — 1.0110 — IPE 240

Kurzzeichen IPE	Maße								Statische Kennwerte für Biegeachse x-x		für Biegeachse y-y		Anreißmaße für Löcher (nach DIN 997)	
	h	b	s	t	r	c	A	m'	I_x	W_x	I_y	W_y	d_1(max)	w_1
	mm	mm	mm	mm	mm	mm	cm²	kg/m	cm⁴	cm³	cm⁴	cm³	mm	mm
IPE 80	80	46	3,8	5,2	5	10,2	7,64	6,00	80,1	20,0	8,49	3,69	6,4	26
IPE 100	100	55	4,1	5,7	7	12,7	10,3	8,10	171	34,2	15,9	5,79	8,4	30
IPE 120	120	64	4,4	6,3	7	13,3	13,2	10,4	318	53,0	27,7	8,65	8,4	36
IPE 140	140	73	4,7	6,9	7	13,9	16,4	12,9	541	77,3	44,9	12,3	11	40
IPE 160	160	82	5,0	7,4	9	16,4	20,1	15,8	869	109	68,3	16,7	13	44
IPE 180	180	91	5,3	8,0	9	17,0	23,9	18,8	1 320	146	101	22,2	13	50
IPE 200	200	100	5,6	8,5	12	20,5	28,5	22,4	1 940	194	142	28,5	13	56
IPE 220	220	110	5,9	9,2	12	21,2	33,4	26,2	2 770	252	205	37,3	17	60
IPE 240	240	120	6,2	9,8	15	24,8	39,1	30,7	3 890	324	284	47,3	17	68
IPE 270	270	135	6,6	10,2	15	25,2	45,9	36,1	5 790	429	420	62,2	21/17	72
IPE 300	300	150	7,1	10,7	15	25,7	53,8	42,2	8 360	557	604	80,5	23	80
IPE 330	330	160	7,5	11,5	18	29,5	62,6	49,1	11 770	713	788	98,5	25/23	86
IPE 360	360	170	8,0	12,7	18	30,7	72,7	57,1	16 270	904	1 040	123	25	90
IPE 400	400	180	8,6	13,5	21	34,5	84,5	66,3	23 130	1 160	1 320	146	28/25	96
IPE 450	450	190	9,4	14,6	21	35,6	98,8	77,6	33 740	1 500	1 680	176	28	106
IPE 500	500	200	10,2	16,0	21	37,0	116	90,7	48 200	1 930	2 140	214	28	110
IPE 550	550	210	11,1	17,2	24	41,2	134	106	67 120	2 440	2 670	254	28	120
IPE 600	600	220	12,0	19,0	24	43,0	156	122	92 080	3 070	3 390	308	28	120

Warmgewalzte, halbierte I-Träger — DIN 1025 (1963)

½ I

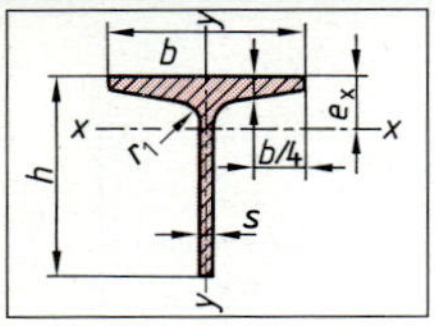

½ IPE

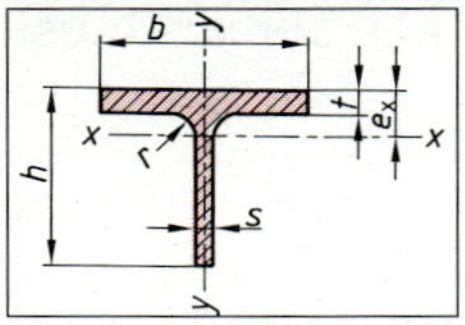

½ IPB

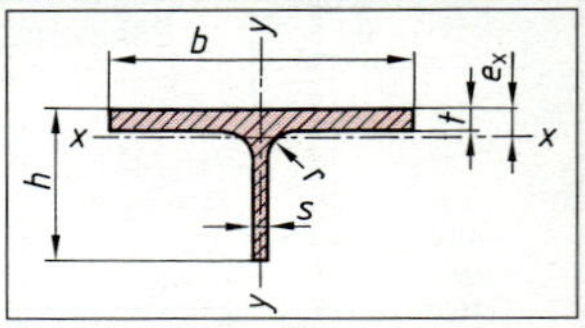

Bezeichnungsbeispiel: ½ IPE-Profil DIN 1025 — St 37-2 — ½ IPE 300

Kurzzeichen	Maße								Statische Kennwerte für Biegeachse x-x		für Biegeachse y-y	
	h	b	s	t	r, r_1	A	m'	e_x	I_x	W_x	I_y	W_y
	mm	mm	mm	mm	mm	cm²	kg/m	cm	cm⁴	cm³	cm⁴	cm³
½ I Halbierte schmale I-Träger mit geneigten Flanschflächen												
½ I 300	150	125	10,8	16,2	10,8	34,5	27,1	3,96	691	62,6	225	36,0
½ I 400	200	155	14,4	21,6	14,4	58,9	46,2	5,46	2 140	147	578	74,6
½ I 500	250	185	18,0	27,0	18,0	89,7	70,4	6,96	5 150	286	1 240	134
½ IPE Halbierte mittelbreite I-Träger mit parallelen Flanschflächen												
½ IPE 300	150	150	7,1	10,7	15	26,9	21,1	3,22	509	43,6	302	40,3
½ IPE 400	200	180	8,6	13,5	21	42,2	33,2	4,52	1 450	93,7	659	73,4
½ IPE 500	250	200	10,2	16,0	21	57,8	45,3	6,01	3 260	172	1 070	107
½ IPB Halbierte breite I-Träger mit parallelen Flanschflächen												
½ IPB 300	150	300	11	19	27	74,5	58,5	2,47	871	69,5	4 280	285
½ IPB 400	200	300	13,5	24	27	98,9	77,6	3,66	2 440	149	5 410	361
½ IPB 500	250	300	14,5	28	27	119	93,7	4,82	5 020	249	6 310	421

Warmgewalzte, breite I-Träger DIN 1025, Blatt 2, 3, 4 (1963) ≙ EURONORM 53–62

Reihe IPB ≙ HE–B

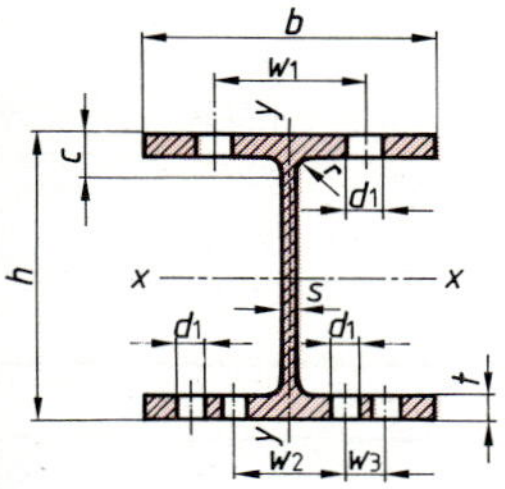

Leichte Ausführung Reihe IPBI ≙ HE–A

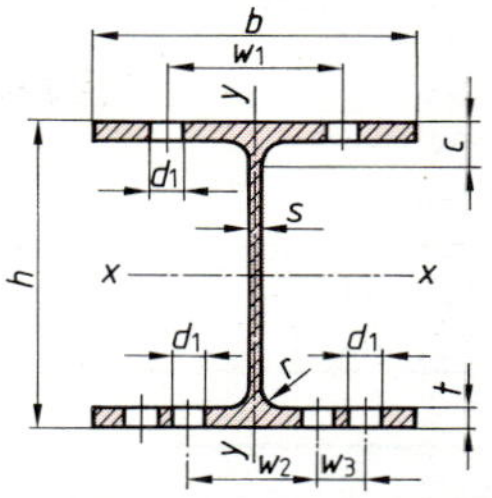

Verstärkte Ausführung Reihe IPBv ≙ HE–M

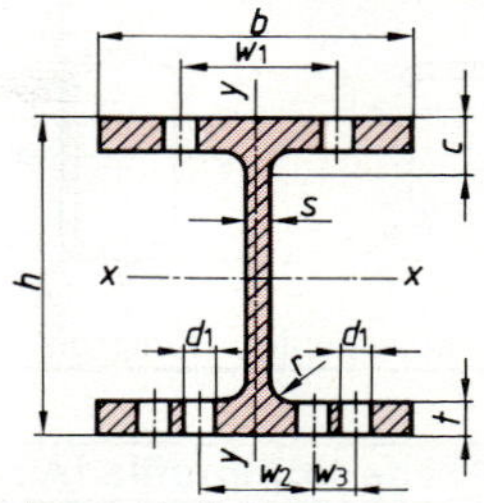

Normallängen: 8 bis 18 m

Werkstoffe: Allgemeine Baustähle nach DIN 17 100

Bezeichnungsbeispiel: IPB-Profil DIN 1025 – USt 44-2 – IPB 200

Kurzzeichen	Maße								Statische Kennwerte für Biegeachse x-x		für Biegeachse y-y		Anreißmaße für Löcher (nach DIN 997)			
	h	b	s	t	r	c	A	m'	I_x	W_x	I_y	W_y	d_1(max)	w_1	w_2	w_3
	mm	mm	mm	mm	mm	mm	cm²	kg/m	cm⁴	cm³	cm⁴	cm³	mm	mm	mm	mm
Reihe IPB																
IPB 100	100	100	6	10	12	22	26,0	20,4	450	89,9	167	33,5	13	56	–	–
IPB 120	120	120	6,5	11	12	23	34,0	26,7	864	144	318	52,9	17	66	–	–
IPB 140	140	140	7	12	12	24	43,0	33,7	1 510	216	550	78,5	21	76	–	–
IPB 160	160	160	8	13	15	28	54,3	42,6	2 490	311	889	111	23	86	–	–
IPB 180	180	180	8,5	14	15	29	65,3	51,2	3 830	426	1 360	151	25	100	–	–
IPB 200	200	200	9	15	18	33	78,1	61,3	5 700	570	2 000	200	25	110	–	–
IPB 220	220	220	9,5	16	18	34	91,0	71,5	8 090	736	2 840	258	25	120	–	–
IPB 240	240	240	10	17	21	38	106	83,2	11 260	938	3 920	327	25	–	96	35
IPB 260	260	260	10	17,5	24	41,5	118	93,0	14 920	1 150	5 130	395	25	–	106	40
IPB 300	300	300	11	19	27	46	149	117	25 170	1 680	8 560	571	28	–	120	45
IPB 400	400	300	13,5	24	27	51	198	155	57 680	2 880	10 820	721	28	–	120	45
IPB 500	500	300	14,5	28	27	55	239	187	107 200	4 290	12 620	842	28	–	120	45
IPB 600	600	300	15,5	30	27	57	270	212	171 000	5 700	13 530	902	28	–	120	45
IPB 800	800	300	17,5	33	30	63	334	262	359 100	8 980	14 900	994	28	–	130	40
IPB 1 000	1 000	300	19	36	30	66	400	314	644 700	12 890	16 280	1 090	28	–	130	40
Reihe IPBI (leichte Ausführung)																
IPBI 100	96	100	5	8	12	20	21,2	16,7	349	72,8	134	26,8	13	56	–	–
IPBI 120	114	120	5	8	12	20	25,3	19,9	606	106	231	38	17	66	–	–
IPBI 140	133	140	5,5	8,5	12	20,5	31,4	24,7	1 030	155	389	55,6	21	76	–	–
IPBI 160	152	160	6	9	15	24	38,8	30,4	1 670	220	616	76,9	23	86	–	–
IPBI 180	171	180	6	9,5	15	24,5	45,3	35,5	2 510	294	925	103	25	100	–	–
IPBI 200	190	200	6,5	10	18	28	53,8	42,3	3 690	389	1 340	134	25	110	–	–
IPBI 220	210	220	7	11	18	29	64,3	50,5	5 410	515	1 950	178	25	120	–	–
IPBI 240	230	240	7,5	12	21	33	76,8	60,3	7 760	675	2 770	231	25	–	94	35
IPBI 260	250	260	7,5	12,5	24	36,5	86,8	68,2	10 450	836	3 670	282	25	–	100	40
IPBI 300	290	300	8,5	14	27	41	113	88,3	18 260	1 260	6 310	421	28	–	120	45
IPBI 400	390	300	11	19	27	46	159	125	45 070	2 310	8 560	571	28	–	120	45
IPBI 500	490	300	12	23	27	50	198	155	86 970	3 550	10 370	691	28	–	120	45
IPBI 600	590	300	13	25	27	52	226	178	141 200	4 790	11 270	751	28	–	120	45
IPBI 800	790	300	15	28	30	58	286	224	303 400	7 680	12 640	843	28	–	130	40
IPBI 1 000	990	300	16,5	31	30	61	347	272	553 800	11 190	14 000	934	28	–	130	40
Reihe IPBv (verstärkte Ausführung)																
IPBv 100	120	106	12	20	12	32	53,2	41,8	1 140	190	399	75,3	13	60	–	–
IPBv 120	140	126	12,5	21	12	33	66,4	52,1	2 020	288	703	112	17	68	–	–
IPBv 140	160	146	13	22	12	34	80,6	63,2	3 290	411	1 140	157	21	76	–	–
IPBv 160	180	166	14	23	15	38	97,1	76,2	5 100	566	1 760	212	23	86	–	–
IPBv 180	200	186	14,5	24	15	39	113	88,9	7 480	748	2 580	277	25	100	–	–
IPBv 200	220	206	15	25	18	43	131	103	10 640	967	3 650	354	25	110	–	–
IPBv 220	240	226	15,5	26	18	44	149	117	14 600	1 220	5 010	444	25	–	120	–
IPBv 240	270	248	18	32	21	53	200	157	24 290	1 800	8 150	657	25/23	–	100	35
IPBv 260	290	268	18	32,5	24	56,5	220	172	31 310	2 160	10 450	780	25	–	110	40
IPBv 300	340	310	21	39	27	66	303	238	59 200	3 480	19 400	1 250	25	–	120	50
IPBv 400	432	307	21	40	27	67	326	256	104 100	4 820	19 340	1 260	28	–	126	47
IPBv 500	524	306	21	40	27	67	344	270	161 900	6 180	19 150	1 250	28	–	130	45
IPBv 600	620	305	21	40	27	67	364	285	237 400	7 660	18 980	1 240	28	–	130	45
IPBv 800	814	303	21	40	30	70	404	317	442 600	10 870	18 630	1 230	28	–	132	42
IPBv 1 000	1 008	302	21	40	30	70	444	349	722 300	14 330	18 460	1 220	28	–	132	42

Quadratisches Hohlprofil	Rechteckiges Hohlprofil

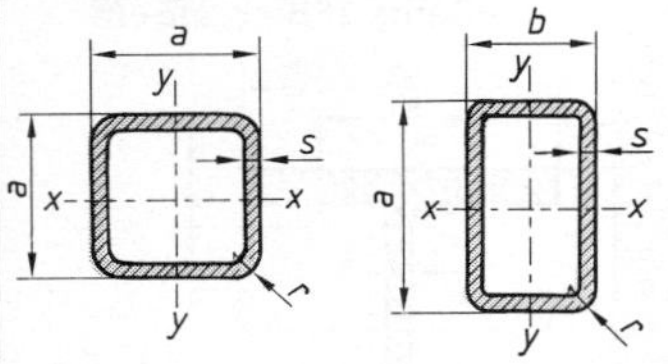

Übersicht über quadratische und rechteckige Stahlhohlprofile

Warmgefertigte Hohlprofile aus allgemeinem Baustahl (gemäß DIN 17 100)	DIN 59 410 (1974)
Kaltgefertigte Hohlprofile aus allgemeinem Baustahl (gemäß DIN 17 100)	DIN 59 411 (1974)
Hohlprofile aus Feinkornbaustahl (gemäß DIN 17 102) für den Stahlbau	DIN 17 125 (1986)

Benennungen:
A Querschnittsfläche
m' Masse pro Meter
I Flächenmoment 2. Grades
W Widerstandsmoment

Bezeichnungsbeispiel: Hohlprofil DIN 59 410 – St 52-3 – 70 × 40

Quadratische Hohlprofile (Auswahl)

Warmgefertigte, quadratische Hohlprofile DIN 59 410 und DIN 17 125 (Auswahl)

a mm	s mm	A cm^2	m' kg/m	I cm^4	W cm^3	a mm	s mm	A cm^2	m' kg/m	I cm^4	W cm^3	a mm	s mm	A cm^2	m' kg/m	I cm^4	W cm^3
40	2,9	4,23	3,32	9,66	4,83	**80**	3,6	10,9	8,55	106	26,4	**140**	5,6	29,6	23,3	885	126
	4,	5,62	4,41	12,1	6,05		4,5	13,4	10,5	127	31,7		7,1	37,0	29,0	1 080	154
50	2,9	5,39	4,23	19,8	7,94	**90**	3,6	12,3	9,68	153	34,0	**160**	6,3	37,7	29,6	1 460	183
	4	7,22	5,67	25,4	10,1		4,5	15,2	11,9	185	41,0		8	47,0	36,9	1 780	222
60	2,9	6,55	5,14	35,5	11,8	**100**	4	15,2	12,0	233	46,6	**180**	6,3	42,8	33,6	2 120	236
	4	8,82	6,93	45,9	15,3		5	18,8	14,7	281	56,3		8	53,4	41,9	2 590	288
70	3,2	8,46	6,64	62,7	17,9	**120**	4,5	20,5	16,1	452	75,3	**200**	6,3	47,8	37,5	2 960	296
	4	10,4	8,18	75,3	21,5		5,6	25,1	19,7	544	90,6		8	59,8	46,9	3 620	362

Kaltgefertigte, quadratische Hohlprofile (geschweißt) DIN 59 411 und DIN 17 125 (Auswahl)

a mm	s mm	A cm^2	m' kg/m	I cm^4	W cm^3	a mm	s mm	A cm^2	m' kg/m	I cm^4	W cm^3	a mm	s mm	A cm^2	m' kg/m	I cm^4	W cm^3
20	2	1,34	1,05	0,69	0,69	**70**	3,2	8,29	6,51	60,6	17,3	**140**	4	21,4	16,8	652	93,1
30	2	2,14	1,68	2,72	1,81		5	12,1	9,52	82,0	23,4		8	40,0	31,4	1 127	161
40	2	2,94	2,31	6,94	3,47	**80**	3,2	9,57	7,51	92,7	23,2	**160**	4	24,6	19,3	987	123
	3,2	4,45	3,49	9,72	4,86		5	14,1	11,1	128	32,0		8	46,4	36,5	1 741	218
50	2	3,74	2,93	14,2	5,66	**100**	4	15,0	11,7	226	45,3	**180**	6,3	42,4	33,3	2 096	233
	4	6,95	5,45	23,7	9,50		5	18,1	14,2	266	53,1		10	63,7	50,0	2 945	327
60	2	4,54	3,56	25,2	8,38	**120**	4	18,2	14,3	402	67,1	**200**	6,3	47,5	37,3	2 922	292
	4	8,55	6,71	43,6	14,5		6,3	27,3	21,4	572	95,3		10	71,7	56,3	4 162	416

Rechteckige Hohlprofile (Auswahl)

Warmgefertigte, rechteckige Hohlprofile DIN 59 410 und DIN 17 125 (Auswahl)

$a \times b$ mm	s mm	A cm^2	m' kg/m	I_x cm^4	W_x cm^3	I_y cm^4	W_y cm^3	$a \times b$ mm	s mm	A cm^2	m' kg/m	I_x cm^4	W_x cm^3	I_y cm^4	W_y cm^3
50 × 30	2,9	4,23	3,32	13,4	5,36	5,88	3,92	**100 × 60**	3,6	10,9	8,55	146	29,1	65,2	21,7
	4	5,62	4,41	16,9	6,75	7,25	4,83		4,5	13,4	10,5	176	35,1	77,9	26,0
60 × 40	2,9	5,39	4,23	26,0	8,67	13,7	6,83	**120 × 60**	4	13,5	10,6	247	41,1	82,7	27,6
	4	7,22	5,67	33,3	11,1	17,3	8,65		5	16,6	13,0	296	49,3	98,2	32,7
70 × 40	2,9	5,97	4,69	38,1	10,9	15,7	7,83	**140 × 80**	4	16,7	13,1	438	62,5	183	45,7
	4	8,02	6,30	49,2	14,1	19,9	9,95		5	20,6	16,2	529	75,6	220	55,0
80 × 40	2,9	6,55	5,14	53,1	13,3	17,7	8,83	**160 × 90**	4,5	21,2	16,6	715	89,4	293	65,1
	4	8,82	6,93	69,0	17,3	22,5	11,3		5,6	25,9	20,4	858	107	350	77,7
90 × 50	3,2	8,46	6,64	89,7	19,9	35,5	14,2	**180 × 100**	5,6	29,3	23,0	1 240	137	496	99,1
	4	10,4	8,18	108	24,0	42,3	16,9		7,1	36,4	28,6	1 500	167	597	119
100 × 50	3,6	10,2	7,98	129	25,8	42,9	17,2	**200 × 120**	6,3	37,7	29,6	2 010	201	910	152
	4,5	12,5	9,83	155	31,0	50,9	20,4		8	47,0	36,9	2 440	244	1 100	183

Kaltgefertigte, rechteckige Hohlprofile DIN 59 411 und DIN 17 125 (Auswahl)

$a \times b$ mm	s mm	A cm^2	m' kg/m	I_x cm^4	W_x cm^3	I_y cm^4	W_y cm^3	$a \times b$ mm	s mm	A cm^2	m' kg/m	I_x cm^4	W_x cm^3	I_y cm^4	W_y cm^3
40 × 20	2	2,14	1,68	4,05	2,03	1,34	1,34	**120 × 80**	4	15,0	11,7	295	49,1	157	39,3
	2,6	2,68	2,10	4,81	2,40	1,57	1,57		5	18,1	14,2	345	57,6	184	46,1
50 × 30	2	2,94	2,31	9,54	3,81	4,29	2,86	**140 × 80**	4	16,6	13,0	430	61,4	180	45,1
	3,2	4,45	3,49	13,4	5,35	5,93	3,95		6,3	24,8	19,4	603	86,1	251	62,9
60 × 40	2	3,74	2,93	18,4	6,14	9,83	4,92	**150 × 100**	4	19,0	14,9	595	79,3	319	63,7
	4	6,95	5,45	31,0	10,3	16,3	8,14		6,3	28,6	22,4	848	113	453	90,5
80 × 40	2	4,54	3,56	37,4	9,34	12,7	6,36	**160 × 80**	4	18,2	14,3	598	74,7	204	50,9
	4	8,55	6,71	64,8	16,2	21,5	10,7		6,3	27,3	21,4	846	106	286	71,4
90 × 50	3,2	8,29	6,51	86,3	19,2	34,4	13,8	**180 × 100**	4	21,4	16,8	926	103	374	74,8
	5	12,1	9,52	116	25,8	46,0	18,4		8	40	31,4	1 598	178	637	127
100 × 60	3,2	9,57	7,51	127	25,5	57,6	19,2	**200 × 120**	4	24,6	19,3	1 353	135	618	103
	5	14,1	11,1	175	35,1	78,9	26,3		8	46,4	36,5	2 386	239	1 079	180

Stahlrohre, runde Stahlhohlprofile

Übersicht über genormte Stahlrohre, Rundhohlprofile

Rohrart	DIN-Norm	Werkstoffe	Außendurchmesserbereich in mm	Nenndruckbereich in N/cm²
Nahtlose Stahlrohre für den Stahlbau (Stahlhohlprofile)	2448, 2449, 2450, 2451, 2456, 2457	Stahl nach DIN 1629, St 00, St 35, St 45, St 52	10,2 bis 558,8	bis 1 000
	17 124	Stahl nach DIN 17 102	10,2 bis 558,8	keine Druckbelastung
Geschweißte Stahlrohre für den Stahlbau	2458	Stahl nach DIN 1626	10,2 bis 1016	–
	17 123	Stahl nach DIN 17 102	10,2 bis 1016	keine Druckbelastung
Präzisionsstahlrohre	2391, 2393, 2394	gemäß DIN 2391, 2393, 2394	5 bis 200	–
Gewinderohre	2440, 2441, 2442	St 00, St 33, St 35, St 37-2	10,2 bis 165,1 (NW 1/8" bis NW 6")	250 bis 1 000
Stahlrohre für Gas- und Wasserleitungen	2460, 2461	St 00, St 33, St 35, St 37-2	60,3 bis 2020 (NW 50 bis NW 2 000)	Gas: 10 bis 800 Wasser: 250 bis 1 000
Rohre aus nichtrostenden Stählen	2462	Stähle nach DIN 2462	6 bis 406,4	–

Nahtlose und geschweißte Stahlrohre (Auswahl) DIN 2448 und 2458 (1981) sowie DIN 17 123 und 17 124 (1986)

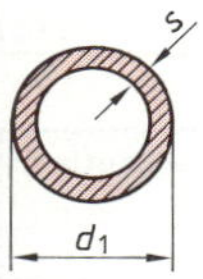

Normallängen: 6 bis 12 m

Benennungen: siehe Seite 202.

d_1 mm	s mm	A cm²	m' kg/m	I cm⁴	W cm³	d_1 mm	s mm	A cm²	m' kg/m	I cm⁴	W cm³
33,7	2,6	2,54	1,99	3,09	1,84	**101,6**	3,6	11,1	8,70	133	26,2
	3,2	3,07	2,41	3,60	2,14		6,3	18,9	14,8	215	42,3
48,3	2,6	3,73	2,93	9,78	4,05	**114,3**	3,6	12,5	9,83	192	33,6
	3,2	4,63	3,56	11,6	4,80		5,6	19,1	15,0	283	49,6
60,3	2,9	6,23	4,11	21,6	7,16	**133**	4	16,2	12,7	338	50,8
	4	7,07	5,55	28,2	9,34		5,6	22,4	17,6	456	68,5
76,1	2,9	6,67	5,24	44,7	11,8	**159**	4,5	21,8	17,1	652	82,0
	4	9,06	7,11	59,1	15,5		6,3	30,2	23,7	882	111
88,9	3,2	8,62	6,76	79,2	17,8	**193,7**	5,6	33,1	26,0	1 465	151
	5	13,2	10,3	116	26,2		8	46,7	36,6	2 016	208

Bezeichnungsbeispiel: Rohr DIN 2448 – St 45 – 60,3 × 4

Präzisionsstahlrohre (Auswahl) DIN 2392, DIN 2393, DIN 2394 (1981)

Außendurchmesser d_1 in mm	Masse pro Meter m' in kg/m – Wanddicken s in mm →														
	0,5	1	1,5	2	2,5	3	4	5	6	8	10	12	14	16	18
5	0,056	0,099	–	–	–	–	–	–	–	–	–	Normallängen: 2 bis 7 m			
10	0,117	0,222	0,314	0,395	0,462	0,519	–	–	–	–	–				
15	0,179	0,345	0,499	0,641	0,771	0,888	1,09	1,23	–	–	–	Werkstoffe: gemäß DIN 2391, 2392, 2393, 2394			
20	0,240	0,469	0,684	0,888	1,08	1,26	1,58	1,85	2,07	–	–				
30	0,364	0,715	1,05	1,38	1,70	2,00	2,56	3,08	3,55	4,34	4,93				
40	0,487	0,962	1,42	1,87	2,31	2,74	3,55	4,32	5,03	6,31	7,40	–	–	–	–
50	–	1,21	1,79	2,37	2,93	3,48	4,54	5,55	6,51	8,29	9,86	–	–	–	–
70	–	1,70	2,53	3,35	4,16	4,96	6,51	8,01	9,47	12,2	14,8	17,2	19,3	–	–
100	–	–	–	4,83	6,01	7,18	9,47	11,7	13,9	18,2	22,2	26,0	29,7	33,1	36,4

Bezeichnungsbeispiel: Rohr DIN 2391 – St 45 BK 40 × 2,5 **(BK = zugblank)**

Nahtlose Rohre aus nichtrostenden Stählen (Auswahl) DIN 2462 (1981)

Außendurchmesser d_1 in mm Reihe		Masse pro Meter m' in kg/m – Wanddicken s in mm →						Außendurchmesser d_1 in mm Reihe		Masse pro Meter m' in kg/m – Wanddicken s in mm →					
1	2	1	2	3,2	4	5	6,3	1	2	1	2	3,2	4	5	6,3
	6	0,125							**32**		1,50				
10,2		0,230	0,410					**33,7**		0,818	1,58	2,45			
	16	0,376	0,701						**38**		1,81	2,79			
17,2		0,406	0,761	1,12				**48,3**			2,31	3,61		5,42	6,63
	20	0,476	0,901					**60,3**			2,92	4,58	5,63		8,52
26,9		0,649	1,25	1,90	2,29				**101,6**		4,98		9,77		

Bezeichnungsbeispiel: Rohr DIN 2462 – X 8 CrTi 17 h – 33,7 × 2

Mantelflächen von Stahl-Halbzeugen in m² je 1 m Halbzeuglänge

(zur Berechnung der Beschichtungs- und Entrostungsflächen)

Stabstähle und Stahlprofile (Berechnungsformeln)

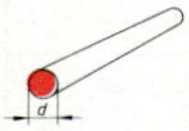

Rundstahl und Rohre

$A_{M,\,1\,m} = \pi \cdot d$

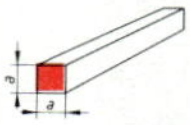

Vierkantstahl, Quadratisches Hohlprofil

$A_{M,\,1\,m} = 4 \cdot a$

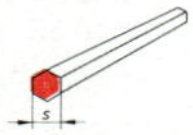

Sechskantstahl, Sechskant-Hohlprofil

$A_{M,\,1\,m} = 6 \cdot s$

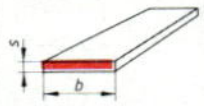

Flachstahl, Rechteckiges Hohlprofil

$A_{M,\,1\,m} = 2 \cdot (l + b)$

Formstähle

Warmgewalzter T-Stahl

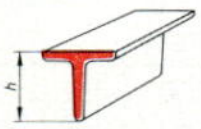

Hochstegig rundkantig DIN 1024						Breitfüßig rundkantig DIN 1024		scharfkantig DIN 59 051	
T 20	0,075	T 45	0,171	T 90	0,345	TB 30	0,171	TPS 20	0,080
T 25	0,094	T 50	0,191	T 100	0,383	TB 35	0,201	TPS 25	0,100
T 30	0,114	T 60	0,229	T 120	0,459	TB 40	0,233	TPS 30	0,120
T 35	0,133	T 70	0,268	T 140	0,537	TB 50	0,287	TPS 35	0,140
T 40	0,153	T 80	0,307			TB 60	0,345	TPS 40	0,160

Warmgewalzter, gleichschenkliger Winkelstahl

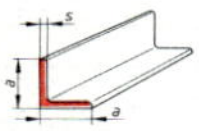

rundkantig DIN 1028								scharfkantig DIN 1022	
L 20	0,077	L 50	0,194	L 80	0,311	L 140	0,547	LS 20	0,080
L 25	0,097	L 55	0,213	L 90	0,351	L 150	0,586	LS 25	0,100
L 30	0,116	L 60	0,233	L 100	0,390	L 160	0,625	LS 30	0,120
L 35	0,136	L 65	0,252	L 110	0,430	L 180	0,705	LS 35	0,140
L 40	0,155	L 70	0,272	L 120	0,469	L 200	0,785	LS 40	0,160
L 45	0,174	L 75	0,291	L 130	0,508	L 250	0,983	LS 45	0,180
								LS 50	0,200

Warmgewalzter, ungleichschenkliger, rundkantiger Winkelstahl DIN 1029

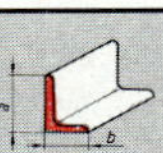

L 30 × 20	0,097	L 70 × 50	0,235	L 100 × 75	0,341
L 40 × 20	0,117	L 75 × 50	0,244	L 120 × 80	0,391
L 40 × 25	0,127	L 75 × 55	0,254	L 130 × 65	0,381
L 45 × 30	0,146	L 80 × 40	0,234	L 130 × 90	0,430
L 50 × 30	0,156	L 80 × 60	0,274	L 150 × 75	0,441
L 50 × 40	0,177	L 80 × 65	0,283	L 150 × 100	0,489
L 60 × 30	0,175	L 90 × 60	0,294	L 160 × 80	0,469
L 60 × 40	0,195	L 100 × 50	0,292	L 180 × 90	0,528
L 65 × 50	0,224	L 100 × 65	0,321	L 200 × 100	0,587

Warmgewalzter, rundkantiger Z-Stahl DIN 1027

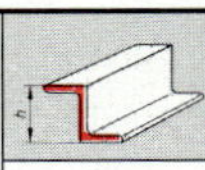

⅂ 30	0,198
⅂ 40	0,225
⅂ 50	0,253
⅂ 60	0,282
⅂ 80	0,339
⅂ 100	0,397
⅂ 120	0,454
⅂ 140	0,511
⅂ 160	0,569

Warmgewalzter, rundkantiger U-Stahl DIN 1026

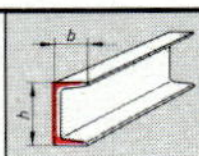

U 30 × 15	0,103	U 80	0,312	U 240	0,775
U 30	0,174	U 100	0,372	U 260	0,834
U 40 × 20	0,142	U 120	0,434	U 280	0,890
U 40	0,199	U140	0,489	U 300	0,950
U 50 × 25	0,181	U 160	0,546	U 320	0,982
U 50	0,232	U 180	0,611	U 350	1,05
U 60 × 30	0,215	U 200	0,661	U 380	1,11
U 65	0,273	U 220	0,718	U 400	1,18

Stahl-Träger

Warmgewalzte I-Träger DIN 1025

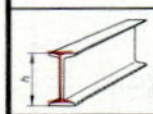

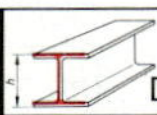

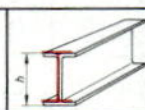

I-Reihe DIN 1025, T 1				IPB-Reihe DIN 1025, T 2				IPBI-Reihe DIN 1025, T 3				IPBv-Reihe DIN 1025 T 4				IPE-Reihe DIN 1025 T 5			
I 80	0,304	I 340	1,15	100	0,567	360	1,85	100	0,561	360	1,83	100	0,619	340	1,90	80	0,328	360	1,35
I 100	0,370	I 360	1,21	120	0,686	400	1,93	120	0,677	400	1,91	120	0,738	360	1,93	100	0,400	400	1,47
I 120	0,439	I 380	1,27	140	0,805	450	2,03	140	0,794	450	2,01	140	0,857	400	2,00	120	0,475		
I 140	0,502	I 400	1,33	160	0,918	500	2,12	160	0,906	500	2,11	160	0,970	450	2,10	140	0,551	450	1,61
I 160	0,575	I 425	1,41	180	1,04	550	2,22	180	1,02	550	2,21	180	1,09	500	2,18	160	0,623	500	1,74
I 180	0,640			200	1,15			200	1,14			200	1,20	550	2,28	180	0,698	550	1,88
I 200	0,709	I 450	1,48	220	1,27	600	2,32	220	1,26	600	2,31	220	1,32	600	2,37	200	0,768	600	2,01
I 220	0,775	I 475	1,55	240	1,38	650	2,42	240	1,37	650	2,41	240	1,46	650	2,47	220	0,848		
I 240	0,844	I 500	1,63	260	1,50	700	2,52	260	1,48	700	2,50	260	1,57	700	2,56	240	0,922		
I 260	0,906			280	1,62			280	1,60			280	1,69	800	2,75	270	1,04		
I 280	0,966	I 550	1,80	300	1,73	800	2,71	300	1,72	800	2,70	30	1,83	900	2,93	300	1,16		
I 300	1,03	I 600	1,92	320	1,77	900	2,91	320	1,76	900	2,90	320/305	1,78	1 000	3,13	330	1,25		
I 320	1,09			340	1,81	1 000	3,11	340	1,79	1 000	3,10	320	1,87						

Berechnungsbeispiele

Es ist zu bestimmen: – die Mantelfläche von 62 m Sechskantmaterial, Schlüsselweite $s = 22{,}5$ (≙ 0,0225 m)

Lösung: $A_M = 62\,m \cdot A_{M,\,1\,m} = 62\,m \cdot 6 \cdot s = 62\,m \cdot 6 \cdot 0{,}0225\,m = 8{,}37\,m^2$

– die Mantelfläche von 118 m I-Träger: IPE 160

Lösung: $A_M = 118\,m \cdot A_{M,\,1\,m} = 118\,m \cdot 0{,}623\,m = 73{,}5\,m^2$

Festigkeitsberechnungen an Halbzeugen

Beanspruchung auf Zug

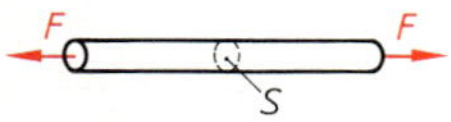

$$\sigma_z = \frac{F}{S}; \quad \sigma_{z\,zul} = \frac{R_e}{\nu_z} \quad \text{oder} \quad \sigma_{z\,zul} = \frac{R_{p\,0,2}}{\nu_z}$$

$\nu_z = 1{,}2 \ldots 2{,}5$ (Stahl), $\nu_z = 3 \ldots 8$ (Grauguß)

Beanspruchung auf Druck

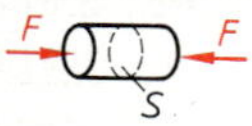

$$\sigma_d = \frac{F}{S}; \quad \sigma_{d\,zul} = \frac{\sigma_{dF}}{\nu_d}$$

Beanspruchung auf Schub

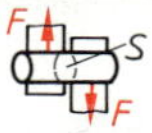

$$\tau_a = \frac{F}{S}; \quad \tau_{a\,zul} = \frac{\tau_{aB}}{\nu_\tau}$$

Zulässige Spannungen für Bauteile (in N/mm²) DIN 18 800

Spannungsart		St 37 Lastfall		St 52 Lastfall	
		H	HZ	H	HZ
Zug und Biegezug	$\sigma_{z\,zul}$	160	180	240	270
Druck und Biegedruck	$\sigma_{d\,zul}$	140	160	210	240
Schub	$\tau_{a\,zul}$	92	104	139	156

Beanspruchung auf Biegung

$$\sigma_b = \frac{M_b}{W}; \quad W = \frac{I}{e}; \quad \sigma_{b\,zul} = \frac{\sigma_{bB}}{\nu_B}$$

Bedeutung der Zeichen:

σ_z	Zugspannung
$\sigma_{z\,zul}$	Zulässige Zugspannung
F	Kraft
S	Belasteter Querschnitt
R_e	Streckgrenze
$R_{p\,0,2}$	0,2 %-Dehngrenze
ν	Sicherheitszahl
σ_d	Druckspannung
σ_{dF}	Quetschgrenze
$\sigma_{d\,zul}$	Zulässige Druckspannung
τ_a	Schubspannung
τ_{aB}	Scherfestigkeit
$\tau_{a\,zul}$	Zulässige Scherfestigkeit
M_b	Biegemoment
W	Widerstandsmoment
I	Flächenmoment 2. Grades
e	Randfaserabstand
σ_b	Biegespannung
σ_{bB}	Biegefestigkeit
$\sigma_{b\,zul}$	Zulässige Biegespannung

Biegemomente M_b verschiedener Biegebelastungsfälle

Mit einer Einzelkraft belastete Biegeträger			Mit gleichmäßiger Flächenlast belastete Biegeträger		
einseitig eingespannt	auf zwei Stützen	doppelseitig eingespannt	einseitig eingespannt	auf zwei Stützen	doppelseitig eingespannt
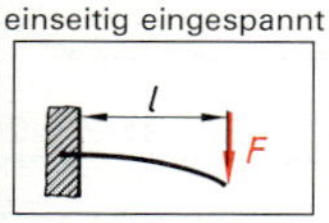	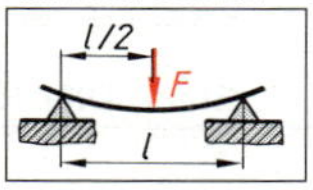	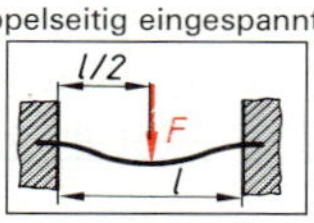	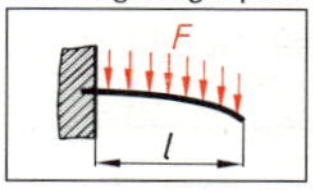	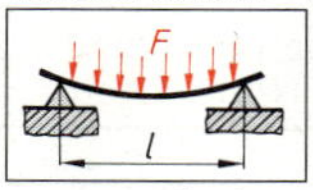	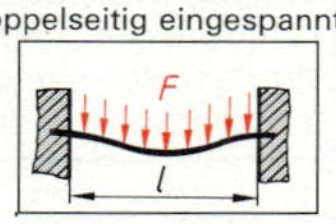
$M_b = F \cdot l$	$M_b = \frac{F \cdot l}{4}$	$M_b = \frac{F \cdot l}{8}$	$M_b = \frac{F \cdot l}{2}$	$M_b = \frac{F \cdot l}{8}$	$M_b = \frac{F \cdot l}{12}$

Die Widerstandsmomente W und die Flächenmomente 2. Grades I sowie die Randfaserabstände e können aus den Halbzeugtabellen (Seite 197 bis 203) entnommen werden. Die W- und I-Werte nicht tabellarisch aufgeführter Trägerquerschnitte können rechnerisch ermittelt werden:

Berechnungsformeln: Flächenmoment 2. Grades I und Widerstandsmoment W von Trägerquerschnitten

Querschnitt	I	W
Kreis 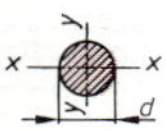	$I_x = I_y = \frac{\pi \cdot d^4}{64}$	$W_x = W_y = \frac{\pi \cdot d^3}{32}$
Rechteck / Quadrat 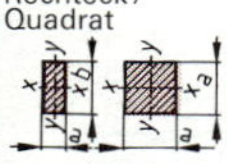	Rechteck $I_x = \frac{a \cdot b^3}{12}$ $I_y = \frac{b \cdot a^2}{12}$ Quadrat $I_x = I_y = \frac{a^3}{12}$	$W_x = \frac{a \cdot b^2}{6}$ $W_y = \frac{b \cdot a^2}{6}$ $W_x = W_y = \frac{a^3}{6}$
Sechskant 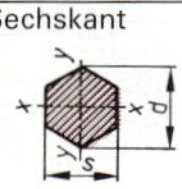	$I_x = \frac{5\sqrt{3} \cdot s^4}{144}$ $I_y = I_x$	$W_x = \frac{5 \cdot \sqrt{3} \cdot s^3}{48}$ $W_y = \frac{5 \cdot s^3}{24 \cdot \sqrt{3}}$
T-Stahl 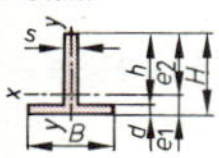	$I_x = \frac{1}{3}[B \cdot e_1^3 + (B - s)(e_1 - d)^3 + s \cdot e_2^3]$ $I_y = \frac{1}{12}(d \cdot B^3 + h \cdot s^3)$	$W_{x1} = \frac{I_x}{e_1}$ $W_{x2} = \frac{I}{e_2}$ $W_y = \frac{d \cdot B^3 + h \cdot s^3}{6\,B}$
Z-Stahl 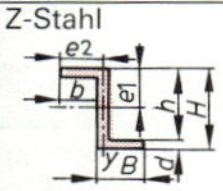	$I_x = \frac{1}{12}[B \cdot H^3 - b \cdot (H-2d)^3]$ $I_y = \frac{1}{12}[H \cdot (B + b)^3 - 2\,b^3 \cdot h - 6\,b.B^2 \cdot h)$	$W_x = \frac{1}{6\,H} \cdot [B \cdot H^3 - b\,(H-2d)^3]$ $W_y = \frac{H\,(B+b)^3 - 2b^3h - 6d \cdot B^2 \cdot h}{6\,(2\,B-d)}$
Gleichschenkl. L-Stahl 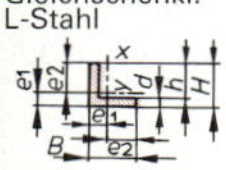	$I_x = \frac{1}{3}[d \cdot e_2^3 + H \cdot (H - e_2)^3 - (H-d) \cdot (H-e_2-d)^3]$ $I_y = I_x$	$W_{x1} = \frac{I_x}{e_1}$ $W_{x2} = \frac{I_x}{e_2}$ $W_y = W_x$
Ungl. L-Stahl 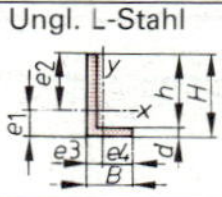	$I_x = \frac{1}{3}[d \cdot (H-e_1)^3 + B \cdot e_1^3 - b\,(e_1-d)^3]$ $I_y = \frac{1}{3}[d \cdot (B \cdot e_3)^3 + H \cdot e_3^3 - h\,(e_3-d)^3]$	$W_{x1} = \frac{I_x}{e_1}$ $W_y = \frac{I_y}{e_4}$ $W_{x2} = \frac{I_x}{e_2}$
U-Stahl 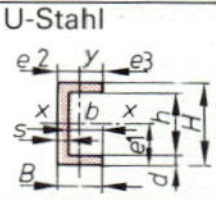	$I_x = \frac{1}{12}(B \cdot H^3 - b \cdot h^3)$ $I_y = \frac{1}{3}[H \cdot e_2^3 - h \cdot (e_2 - 5)^3 + 2 \cdot d \cdot e_3^3]$	$W_x = \frac{B \cdot H^3 - b \cdot h^3}{6\,H}$ $W_{y1} = \frac{I_y}{e_2}$ $W_{y2} = \frac{I_y}{e_3}$
I-Träger 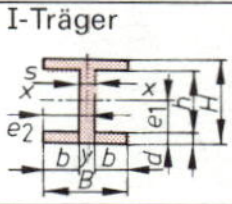	$I_x = \frac{1}{12}(B \cdot H^3 - 2\,b \cdot h^3)$ $I_y = \frac{1}{12}(2d \cdot B^3 + h \cdot s^3)$	$W_x = \frac{B \cdot H^3 - 2b \cdot h_3}{6\,H}$ $W_y = \frac{2d \cdot b^3 + h \cdot s^3}{6\,B}$
Quadrat-Hohlprofil 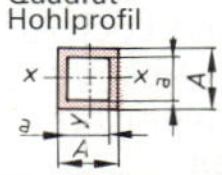	$I_x = I_y = \frac{A^4 - a_4}{12}$	$W_x = W^y = \frac{A^4 - a^4}{6a}$
Rechteck-Hohlprofil 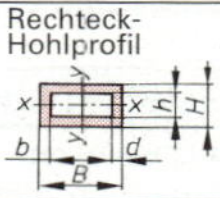	$I_x = \frac{B \cdot H^3 - h \cdot b^3}{12}$ $I_y = \frac{H \cdot B^3 - h \cdot b^3}{12}$	$W_x = \frac{B \cdot H^3 - b \cdot h^3}{6\,H}$ $W_y = \frac{h \cdot B^3 - b \cdot b^3}{6\,B}$
Rohr 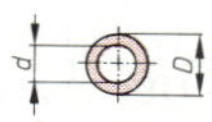	$I = \frac{\pi\,(D^4 - d^4)}{64}$	$W = \frac{\pi \cdot (D^4 - d^4)}{32 \cdot D}$

Warmgewalzter Breitflachstahl — DIN 59 200 (1975)

Erhältlich in allen Dicken ≥ 4 mm und allen Breiten > 150 ≤ 1250 mm
Herstellängen: 2 000 mm bis 12 000 mm.
Werkstoffe nach DIN 17 100, 17 155, 17 200, 17 210, 17 221

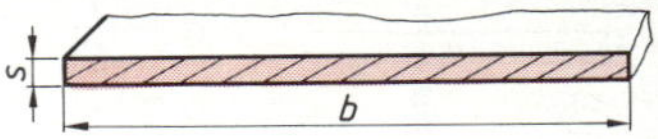

Zu bevorzugende Nenndicken	mm	5	6	8	10	12	15	20	25	30	40	50	60	80	
Zu bevorzugende Nennbreiten	mm	160	180	200	220	240	250	260	280	300	320	340	350	360	
	mm	380	400	450	500	550	600	650	700	750	800	900	1000	1100	1200

Bezeichnungsbeispiel: **Breitflachstahl 10 × 600 × 4 500 LS DIN 59 200 – C 45** **(LS bedeutet: feineben)**

Warmgewalztes Band, warmgewalztes Feinblech — DIN 1016 (1987)

Als **Band** bezeichnet man Flacherzeugnisse, die unmittelbar nach dem Fertigwalzen zu Rollen aufgewickel werden. **Bleche** sind Flacherzeugnisse in Form quadratischer oder rechteckiger Tafeln.

Band in Breiten von 10 mm bis 2 000 mm und Dicken von 0,8 mm bis 20 mm

Stäbe (abgelängt aus Band) in Breiten bis 600 mm und Dicken von 0,8 mm bis 15 mm

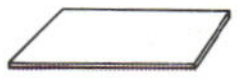

Feinblech (aus Band geschnitten) in Breiten von 600 mm bis 2 000 mm und Dicken von 0,8 mm bis 3 mm

Zu bevorzugende Nenndicken	mm	0,8	1,5	2,0	2,5	3,0	4,0	5,0	6,0	8,0	10,0	12,5	15,0	20

Werkstoffe: alle unlegierten und legierten Stählen mit Ausnahme nichtrostender Stähle und Elektrostähle.
Bezeichnungsbeispiel: **Blech DIN 1016 – 34 Cr 4 V – 2,0** (Warmgewaltzes Feinblech nach DIN 1016 aus Stahl 34 Cr 4 V der Nenndicke 2,0 mm)

Warmgewalztes Blech von 3 bis 150 mm Dicke — DIN 1543 (1981)

Warmgewalztes Blech mit Nenndicken von 3 mm bis 150 mm und Nennbreiten ≥ 600 mm.
Werkstoffe: alle unlegierten und legierten Stähle mit einer Mindeststreckgrenze von R_e ≤ 700 N/mm².

Bezeichnungsbeispiel: **Blech DIN 1543 – RSt 37-2 – 20**

Warmgewalztes Blech mit Mustern — DIN 59 220 (1983)

Tränenblech (T)

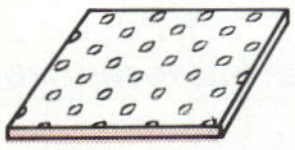

Riffelblech (R)

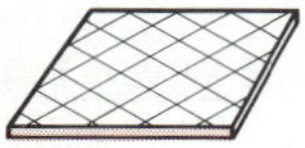

Zu bevorzugende Nenndicken	mm	3	4	5	6	8	10

Übliche Breiten: 600 mm bis 2 000 mm; Längen: bis 20 000 mm
Werkstoffe: Üblicherweise Stähle nach DIN 17 100
Bezeichnungsbeispiel: **Blech DIN 59 220 – R St 37-2 – T 5**

Lochplatten (Lochbleche) — DIN 24 041, DIN 24 042, DIN 24 043 (1981)

Rechteckige Platten (Bleche) aus Stahl mit regelmäßig angeordneten Löchern unterschiedlicher Form.

Abmessungen

Beispiel: Rg Rundlochung in geraden Reihen

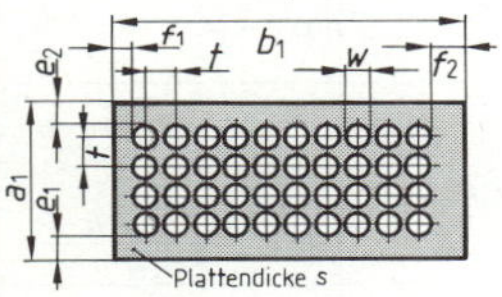

Lochformen

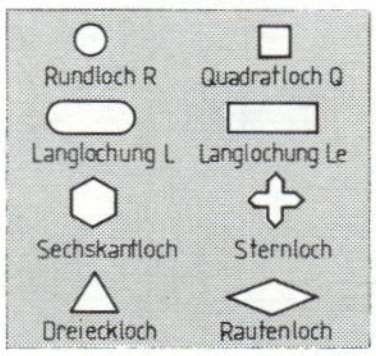

Beispiele für Lochanordnungen

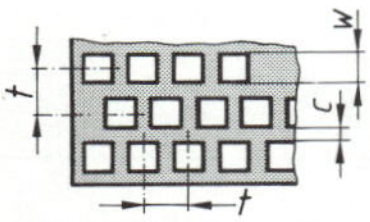

Quadratlochung in versetzten Reihen (Form Qv)

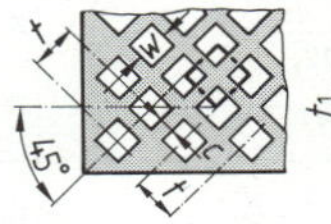

Quadratlochung in (45°) diagonal versetzten Reihen (Form Qd)

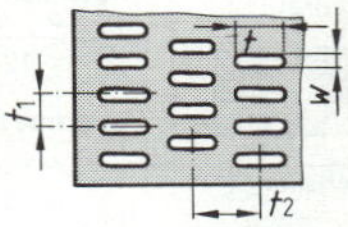

Langlochung in gegeneinander versetzten Reihen (Form Lgv)

Plattendicken *s* von 0,315 mm bis 20 mm und Lochdurchmesser *w* von 0,5 mm bis 125 mm in vielen Abstufungen. Die äußeren Plattenmaße a_1, b_1 und die ungelochten Ränder sind mit einer Skizze zu vereinbaren.

Werkstoffe: nach Vereinbarung
Bezeichnungsbeispiel: **Lochplatte DIN 24 041 – Rg 4 – 10**
Lochplatte mit Rundlochung in geraden Reihen
w = 4 mm, t = 10 mm

Übersicht: Kaltgewalztes Band und Blech (Auswahl)

aus unlegierten Stählen	aus Stahl	aus weichem, unlegiertem Stahl (zum Kaltumformen)	aus allgemeinem Baustahl	aus Weißblech (verzinntes Stahlblech) sowie Feinstblech	aus nichtrostenden und hitzebeständigen Stählen
DIN 1541 (1975)	DIN 1544 (1975)	DIN 1623, T 1 (1983)	DIN 1623, T 2 (1983)	DIN 1616 (1984)	DIN 59 381 (1980)

Bezeichnungsbeispiele: **Blech DIN 1541 – USt 1203 r – 0,80 × 1 000 × 2 500**
Band DIN 59 381 – X 5 CrNi 189 f – 0,5 × 320 × 2 000

Flacherzeugnisse, Stahlblechprofile, Rahmen-Hohlprofile

Feuerverzinktes Breitband und Blech — DIN 59 232 (1978)

Zu bevorzugende Nenndicken	mm	0,4	0,5	0,6	0,7	0,8	0,9	1,0	1,2	1,5	2,0	2,5	3,0

Übliche Breiten: 600 mm bis 2 000 mm
Werkstoffe: Feuerverzinkter, weicher unlegierter Stahl (DIN 17 162, Teil 1) sowie allgemeine Baustähle.

Feuerverzinkte Wellbleche, Pfannenbleche (DIN 59 231 (1953) sowie Trapezprofile (DIN 18 807, 1987)

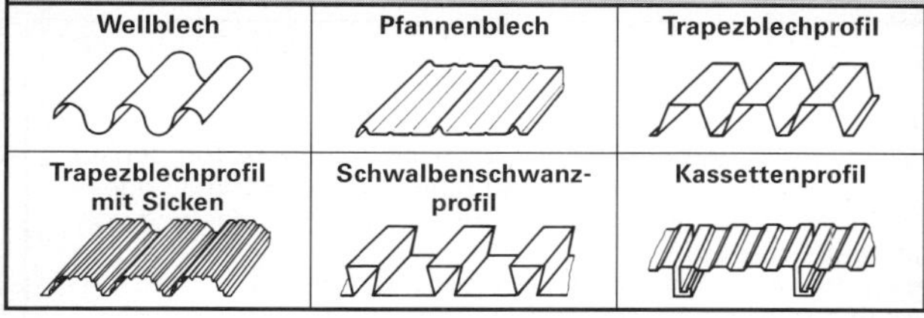

Korrosionsgeschütze Blechprofile, hergestellt aus dem in DIN 59 232 beschriebenen, feuerverzinkten Breitband und Blech.
Es werden eine Vielzahl von Profilformen in verschiedenen Blechdicken, Profilhöhen und Profilbreiten angeboten.
Bestellung nach Herstellerliste.
Verwendung im Hochbau für Dächer, Wände, Decken und Wandverkleidungen.

Kaltprofile — DIN 59 143 (1976)

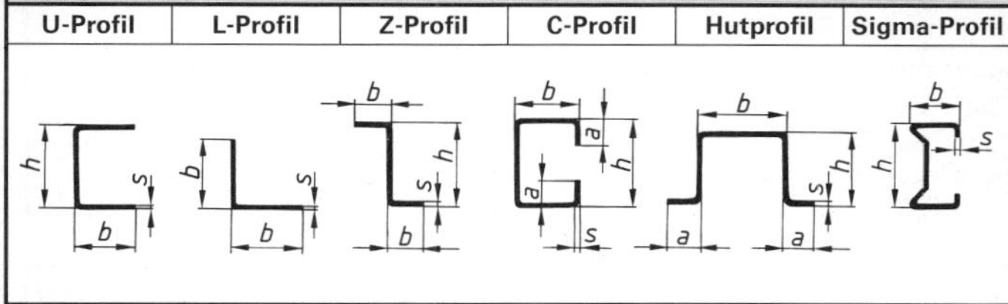

Kaltprofile aus flachgewalztem Stahl.
Werkstoffe vorzugsweise nach DIN 17 118.
Wegen der Vielfalt der herstellbaren Profilformen und Abmessungen gibt es keine genormten Vorzugsmaße. Bestellung nach Herstellerliste oder mit Skizze und Maßangabe.
Bezeichnungsbeispiel:
Z 30/60/30 × 3 DIN 59 143 – St 37-3

Systemprofile (nicht genormt)

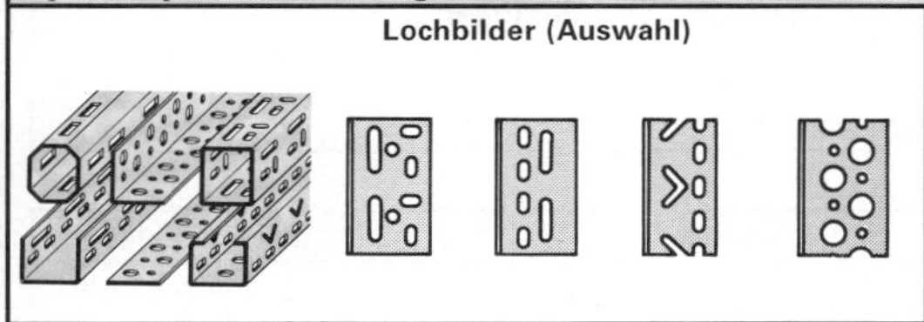

Gelochte Profilstäbe aus dünnwandigem Stahlblech, unbehandelt, feuerverzinkt oder lackiert.
Profile: Flach, U, ⅂, L, C sowie Vierkant-, Sechskant-, Achtkant-Hohlprofile.
Lochbild: je nach Hersteller, Rund-, Lang- oder Viereckloch.
Blechdicke: 1,5 mm bis 3 mm, Profilaußenmaße zwischen 30 mm und 100 mm.

Rahmen-Hohlprofile (nicht genormt)

Rahmen-Hohlprofile aus 1,5 mm bis 3 mm dickem Stahl für Trennwände, Fenster, Türen, Tore. Es gibt eine unübersehbare Vielfalt von Profilformen und Abmessungen. Bestellung nach Herstellerliste. Nachfolgend Beispiele.

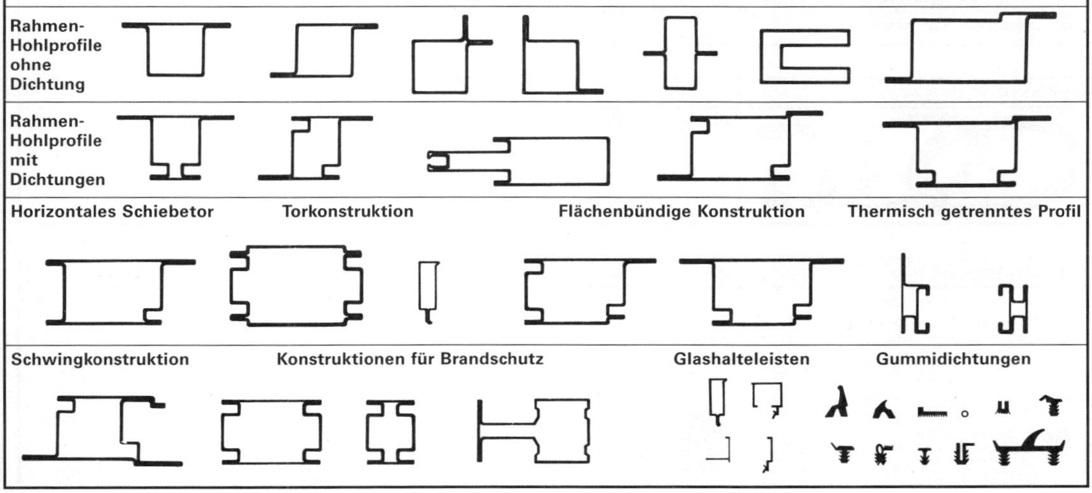

Stahl-Halbzeuge und Fertigerzeugnisse

Ankerschienen (nicht genormt)

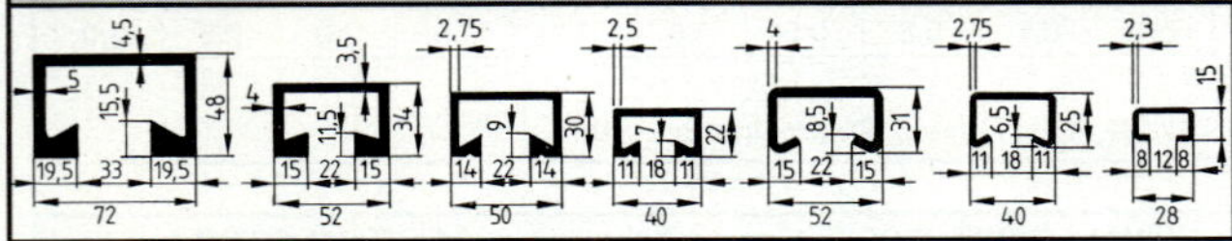

Einseitig offene Profile mit Hakenform. Dienen zur Befestigung von Bauteilen mittels Anker an Bauwerken. Es gibt Ankerschienen abgestufter Höhe, Breite und Tragfähigkeit. Bestellung nach Herstellerliste.

Gitterroste — DIN 24 537 (1980)

Ausführung SP Schweißpreßrost — **Ausführung P** Preßrost

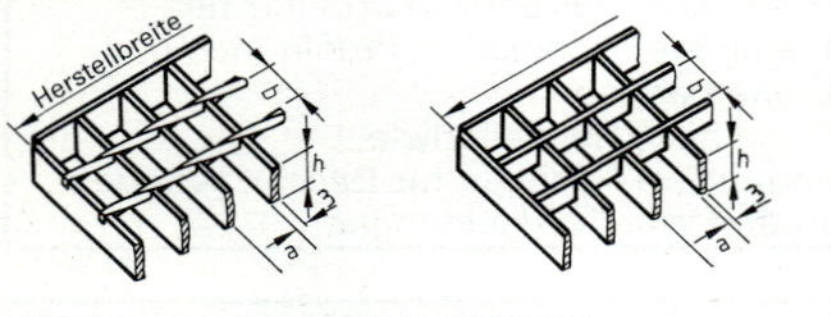

Herstellbreite (1000 max.)

Feuerverzinkte Gitterroste aus Rahmen, Tragstäben und Querstäben.
Verwendung in Betriebsanlagen für Arbeitsbühnen, Treppenstufen, Stege. Maschenweite 30 × 30 oder 30 × 44, Höhe 30 oder 40 mm, Stützweiten 600 bis 1 500 mm. Zulässige Belastung von rund 40 bis 70 kN/m^2.
Werkstoffe: Allgemeine Baustähle nach DIN 17 100.
Außenmaße und zulässige Belastung nach Herstellerangaben.

Außenformen der Roste

Quadratrost

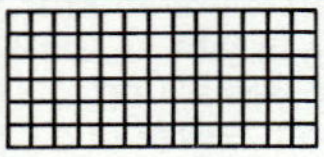

Rechteckrost

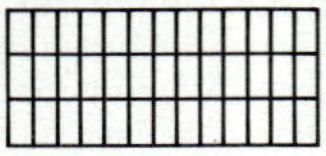

Nicht genormte Roste

Diagonalrost

Trapezrost, weit

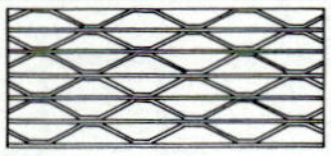

Trapezrost, eng

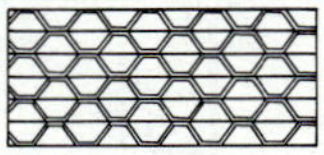

Wabenrost

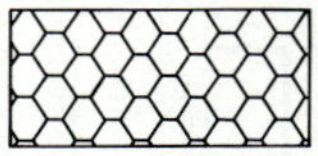

Streckgitter — DIN 791 (1967)

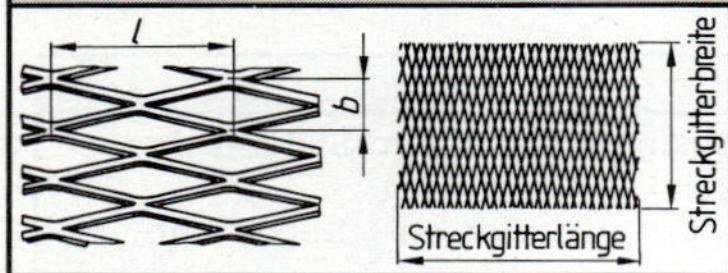

Gitterartiges Flacherzeugnis, hergestellt durch Einbringen von Reihen versetzter Schnitte und gleichzeitiges Aufrecken der Schnitte zu rautenförmigen Öffnungen, relativ geringe Formsteifigkeit.
Ausgangsblechdicke: 0,3 bis 4 mm, Streckgitterbreiten: 500 bis 2 500 mm
Längen: bis 25 m, Maschengröße: von 10 × 4,4 mm bis 200 × 75 mm
Bestellung nach Herstellerliste.

Betonstabstahl, Betonstahlmatten — DIN 488 (1986)

z. B. Betonstabstahl BSt 420 S

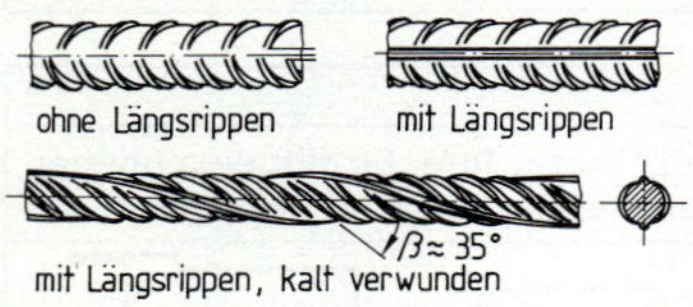

Betonstabstahl: Glatter oder mit Rippen versehener Stabstahl von 12 bis 15 m Länge, Querschnitt kreisförmig oder annähernd kreisförmig, Durchmesser 6 bis 28 mm.

Betonstahlmatten: Bestehend aus zwei sich rechtwinklig kreuzenden Scharen von Stabstählen, die z. B. durch Punktschweißen scherfest miteinander verbunden sind. Durchmesser der Stäbe: 4 bis 12 mm, verschiedene Maschengrößen.
Außenmaße: Breite bis 2,45 m, Länge bis 12,0 m

Stahldraht — DIN 177 (1971)

In Ringen oder auf Spulen aufgewickelter, kaltgezogener Stahldraht aus unberuhigtem Stahl nach DIN 17 140.
Durchmesser von 0,1 mm bis 8,0 mm in einer Vielzahl von Abstufungen.

Stahldrahtseile — DIN 3051 bis DIN 3071 (1972)

Spiralseil 1 × 7 DIN 3052

Durchmesser mm	Masse pro Meter kg/m	Maximale Last kN
1	0,005	0,95
3	0,045	8,55
5	0,126	23,7
10	0,502	95,0
16	1,29	243

Spiralseil 1 × 37 DIN 3054

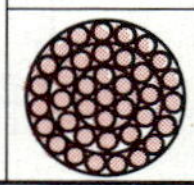

Durchmesser mm	Masse pro Meter kg/m	Maximale Last kN
6	0,176	33,3
10	0,489	92,5
16	1,25	237
20	1,96	370
30	4,40	832

Rundlitzenseil 6 × 7 DIN 3055

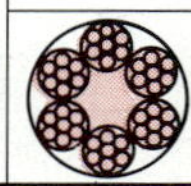

Durchmesser mm	Masse pro Meter kg/m	Maximale Last kN
8	0,229	37,1
10	0,357	58,0
16	0,915	148,0
20	1,43	232
40	5,72	927

Stahl-Fertigerzeugnisse

Rundstahlketten — DIN 762 bis DIN 766 (1954)

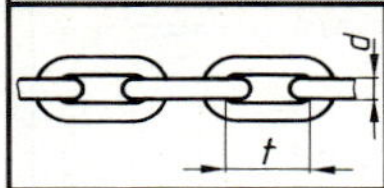

Rundstahlketten für Bagger, Krane, Schiffe DIN 766

Durchmesser *d*	mm	2	5	8	10	20	30
Masse pro Meter *m'*	kg/m	0,02	0,58	1,35	2,2	9,1	21
Tragfähigkeit *F*	kN	0,3	2,0	5,5	10	40	85

Drahtgeflechte — DIN 1199 und DIN 1200 (1981)

Drahtgeflecht mit viereckigen Maschen (DIN 1199) verzinkt und kunststoffüberzogen.
Drahtdurchmesser: 2,0 bis 3,4 mm
Maschenweite: 40, 50 und 60 mm
Geflechtsbreite: 1,0, 1,25, 1,5, 1,75, 2 m.

Drahtgeflecht mit sechseckigen Maschen nach DIN 1200, verzinkt.
Drahtdurchmesser: 0,6 bis 1,6 mm
Maschenweite: 10, 16, 20, 25 . . . 100 mm
Geflechtsbreite: 0,5, 0,75, . . . 2,0 m.

Drahtgewebe, Drahtgitter — (nicht genormt)

Wellengitter in rechtwinkliger und diagonaler Maschenstellung mit einfachen oder verstärktem Rand; roh, verzinkt bzw. kunststoffüberzogen. Höhen bis 2 m, verschiedene Maschenweiten von 50 bis 200 mm.

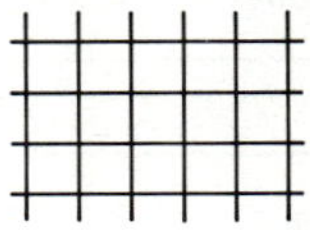

Punktschweißgitter und geschweißte Gittermatten aus Vertikal-Rundstäben und Horizontalstäben aus U-Kaltprofil, Flacheisen oder Rundstäben; roh, verzinkt oder kunststoffüberzogen. Höhen bis 2 m, Maschenweiten von 50 bis 200 mm.

Wandkassetten — (nicht genormt)

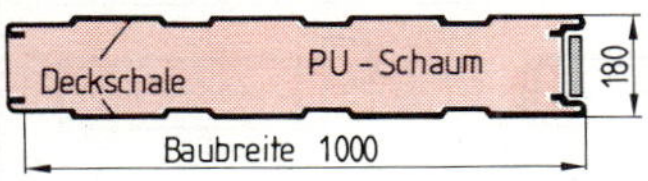

Einbaufertige, nichttragende Wandelemente aus verzinkter Stahlblechdeckschale mit wärmedämmender und schallabsorbierender Polyurethanschaumfüllung.
Baubreite der Elemente meist 1 m, Höhen nach Bedarf, Dicke bis 18 cm.
Bestellung nach Herstellerliste.

Schmiedeeiserne Zier-Bauelemente — (nicht genormt)

Industriell vorgefertigte Bauelemente für Geländer, Gitter und Tore mit Ziercharakter.
Werkstoff: St 37-2, Bestellung nach Herstellerlisten.

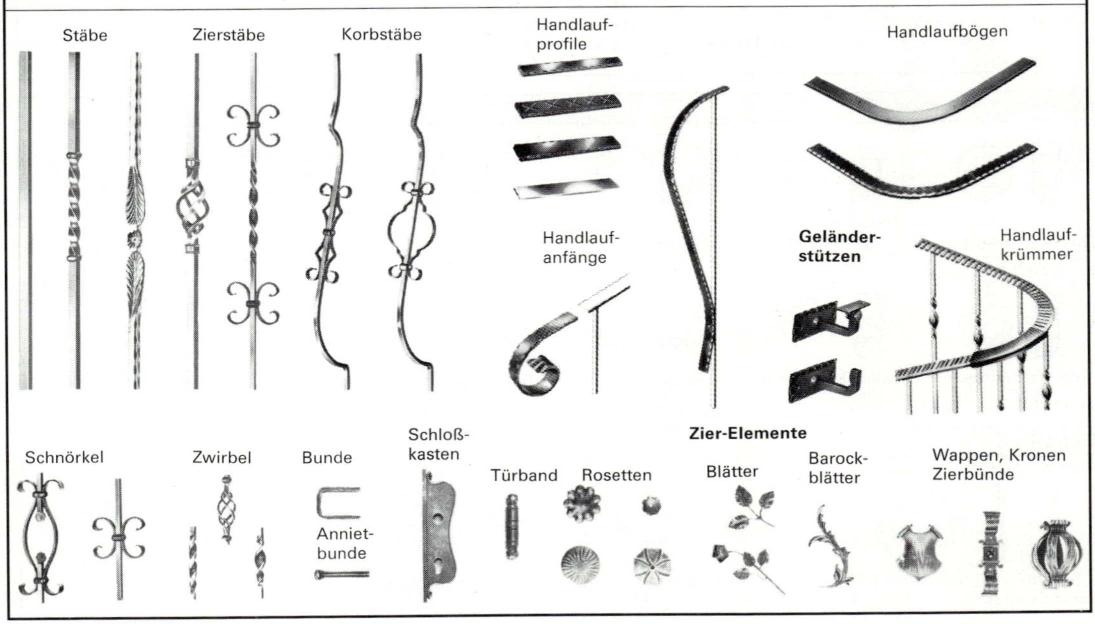

Übersicht: Schrauben, Muttern, Scheiben (Auswahl)

Sechskantschrauben mit Muttern für Stahlkonstruktionen

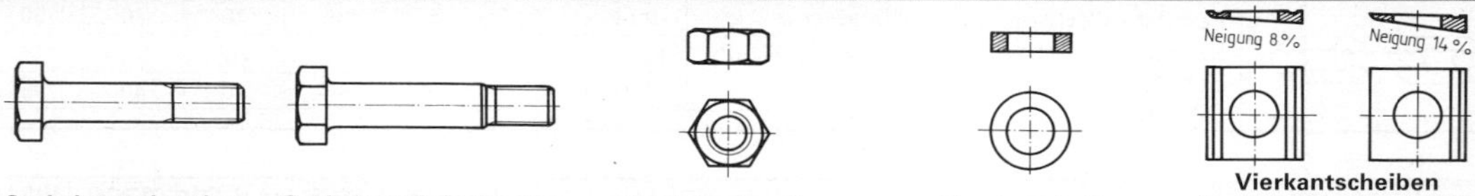

Sechskantschraube DIN 7990	Sechskant-Paßschraube DIN 7968	Sechskantmutter DIN 555	Runde Scheibe DIN 7989	Vierkantscheiben für U-Profil DIN 434	Vierkantscheiben für I-Profil DIN 435

Hochfeste Sechskantschrauben mit Muttern und Scheiben für Stahlkonstruktionen

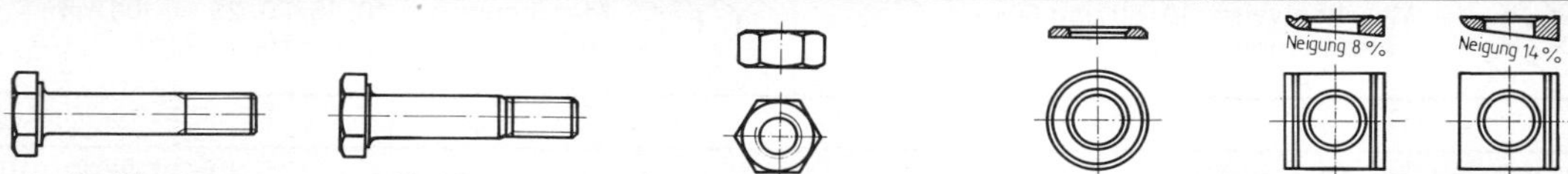

Hochfeste Sechskantschraube DIN 6914	Hochfeste Sechskantpaßschraube DIN 7999	Sechskantmutter DIN 6915	Hochfeste runde Scheibe DIN 6916	Vierkantscheiben für U-Profil DIN 6918	Vierkantscheiben für I-Profil DIN 6917

Schrauben

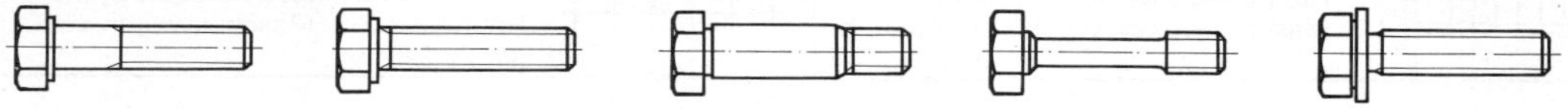

Sechskantschrauben DIN 931, 960, 601	Sechskantschrauben DIN 933, 961, 558	Sechskant-Paßschrauben DIN 609, 610	Sechskantschraube mit dünnem Schaft DIN 7964	Kombi-Schrauben DIN 6900 bis 6907

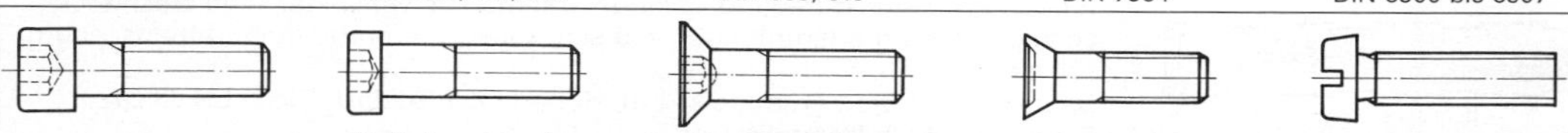

Zylinderschrauben DIN 912, 6912	Zylinderschraube mit niedrigem Kopf DIN 7984	Senkschraube mit Innensechskant DIN 7991	Senkschraube mit Schlitz DIN 7969	Zylinderschraube mit Schlitz DIN 84

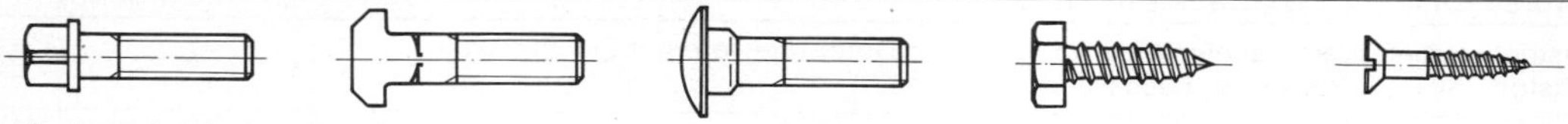

Vierkantschrauben mit Bund DIN 478, 480	Hammerschraube DIN 186	Flachrundschraube mit Vierkantansatz DIN 603	Sechskant-Blechschraube DIN 7976	Senk-Holzschraube mit Schlitz DIN 97

Muttern

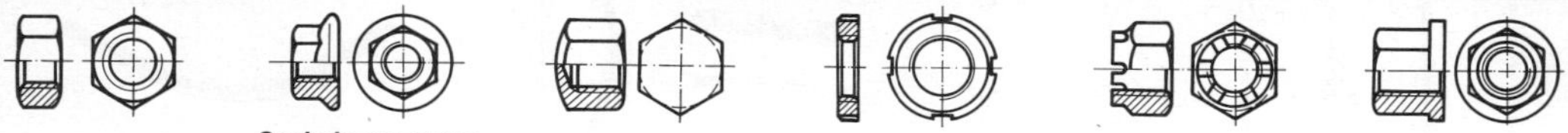

Sechskantmuttern DIN 555, 934	Sechskantmutter mit Flansch DIN 6923	Hutmuttern DIN 917, 1587	Nutmuttern DIN 1804, 981	Kronenmuttern DIN 935, 979	Spannzeugmuttern DIN 6331, 6330

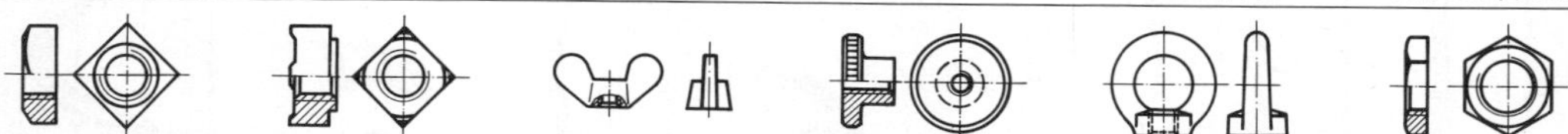

Vierkantmuttern DIN 557, 562	Schweißmuttern DIN 928, 929	Flügelmutter DIN 315	Rändelmuttern DIN 466, 467	Ringmutter DIN 582	Rohrmutter DIN 431

Scheiben

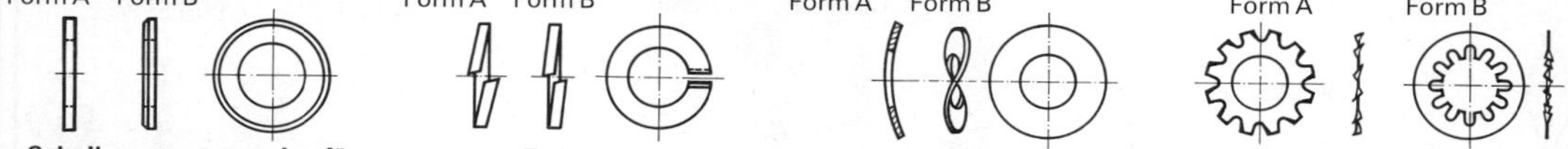

Scheiben vorzugsweise für Sechskantschrauben DIN 125	Federringe DIN 127, 7980	Federscheiben DIN 137	Zahnscheiben DIN 6797

Schraubenverbindungen für den Stahlbau

Sechskantschrauben mit Sechskantmuttern und Scheiben für Stahlkonstruktionen

Diese Schrauben der Festigkeitsklasse 3.6 oder 4.6, (Produktklasse: C) dienen für SL-Verbindungen und Verbindungen mit Zugbeanspruchung.

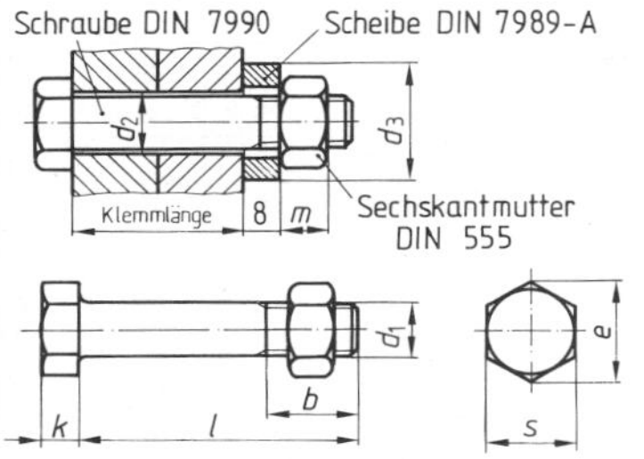

Bezeichnung einer Sechskantschraube mit Mutter M 24, Länge der Schraube 120 mm, Festigkeitsklasse 4.6:
Sechskantschraube DIN 7990 – M 24 × 120 Mu – 4.6

Sechskantschrauben								**DIN 7990** (1971)
Maße (in mm) ↓	→ Gewinde d_1	M 12	M 16	M 20	M 22	M 24	M 27	M 30
	b	19,5	23	26	28	29,5	32,5	35
	e (min)	20,9	26,2	33	35	39,6	45,2	50,9
	k	8	10	13	14	15	17	19
	s	19	24	30	32	36	41	46
	d_2	13	17	21	23	25	28	31
l von	(Abstufung	30	35	40	40	45	60	80
l bis	5 mm)	120	150	175	200	200	200	200
Sechskantmuttern								**DIN 555** (1983)
	m	10	13	16	18	19	22	24
Runde Scheiben (Dicke 8 mm)								**DIN 7989** (1974)
	d_3	24	30	32	39	44	50	56

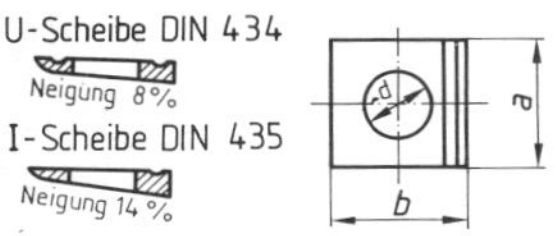

Vierkantscheiben für Schrauben bei U- und I-Profilen									
Für Schraube		M 8	M 10	M 12	M 16	M 20	M 22	M 24	M 27
d	mm	9	11	14	18	22	24	26	30
a	mm	22	22	26	32	40	44	56	56
b	mm	22	22	30	36	44	50	56	56

Hochfeste Sechskantschrauben mit Muttern und Scheiben für Stahlkonstruktionen

Die hochfesten Schrauben nach DIN 6914 besitzen die Festigkeitsklasse 10.9 (Produktklasse C) und dienen für GV-Verbindungen und Verbindungen mit Zugbelastung.

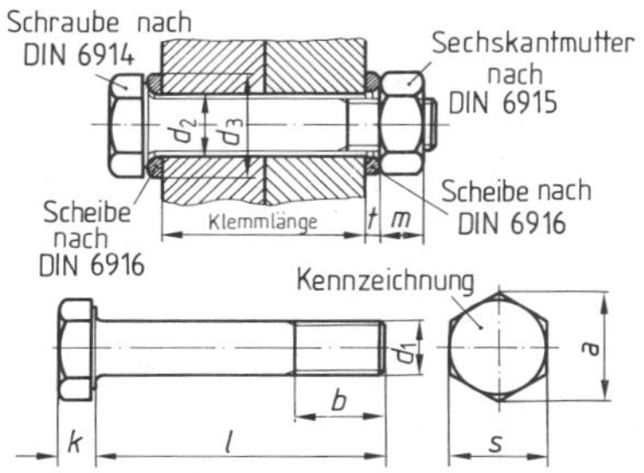

Bezeichnungsbeispiel für Schraube, Mutter und runden Scheiben (M 16)
Sechskantschraube DIN 6914 – M 16 × 120
Sechskantmutter DIN 6915 – M 16
Scheibe DIN 6916 – 17

Hochfeste Sechskantschrauben								**DIN 6914** (1979)
Maße (in mm) ↓	→ Gewinde d_1	M 12	M 16	M 20	M 22	M 24	M 27	M 30
	b (min)	21	26	31	32	34	37	40
	e	23,9	29,6	35	39,6	45,2	50,9	55,4
	k	8	10	13	14	15	17	19
	s	22	27	32	36	41	46	50
l von	(Abstufung	30	40	45	50	60	70	75
l bis	5 mm)	95	130	155	165	195	200	200
Sechskantmuttern mit großer Schlüsselweite für hochfeste Schrauben								**DIN 6915** (1979)
	m, s	10, 22	13, 27	16, 32	18, 36	19, 41	22, 46	24, 50
Runde Scheiben für hochfeste Schrauben								**DIN 6916** (1979)
	t	3	4	4	4	4	5	5
	d_2	13	17	21	23	25	28	31
	d_3	24	30	37	39	44	50	56

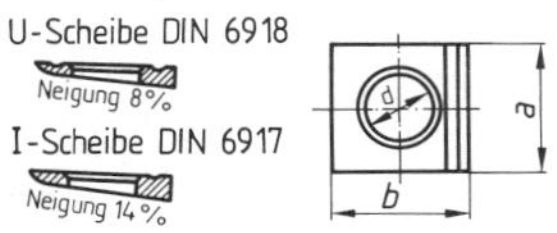

Vierkantscheiben für hochfeste Schrauben bei U- und I-Profilen								**DIN 6917, DIN 6918** (1979)	
Für Schraube		M 12	M 16	M 20	M 22	M 24	M 27	M 30	M 36
d	mm	13	17	21	23	25	28	31	37
a	mm	26	32	40	44	56	56	62	68
b	mm	30	36	44	50	56	56	62	68

Sechskant-Paßschraubenverbindungen für Stahlkonstruktionen

mit **Paßschrauben** nach DIN 7968 (1971)

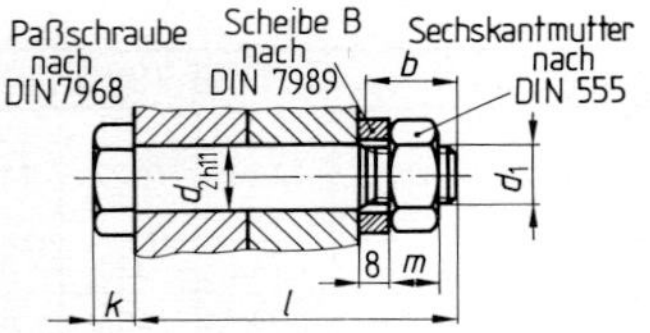

mit **hochfesten Paßschrauben** nach DIN 7999 (1983) sowie Scheiben nach DIN 6916 und Sechskantmutter nach DIN 6915 (siehe Seite 211)

	Maße (in mm) ↓ / → Gewinde d_1	M 12	M 16	M 20	M 22	M 24	M 27	M 30
DIN 7968 DIN 7999	$d_{2\,h11}$	13	17	21	23	25	28	31
	b	18,5	22	26	28	29,5	32,5	35
	k	8	10	13	14	15	17	19
	m	10	13	16	18	19	22	24
DIN 7968	s	19	24	30	32	36	41	46
	l von / bis (Abstufung 5 mm)	30 120	35 160	40 180	45 200	50 200	60 200	70 200
DIN 7999	s	21	27	34	36	41	46	50
	l von / bis (Abstufung 5 mm)	40 120	45 160	50 180	55 200	55 200	60 200	65 200

Zylinderschrauben mit Innensechskant (Auszug) — DIN 912 (1983)

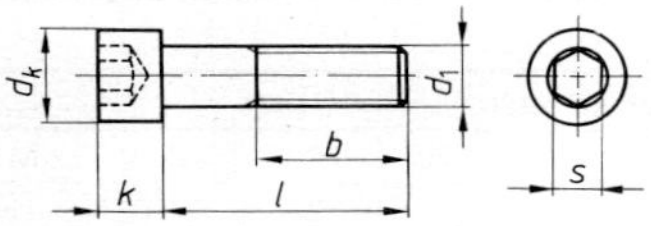

Festigkeitsklassen: 8.8, 10.9, 12.9
(Produktklasse A)
Bezeichnungsbeispiel:
Zylinderschraube DIN 912 – M 16 × 80 – 8.8

Maße (in mm) ↓ / → Gewinde $d_1 \times P$	M 8 × 1	M 10 × 1,25	M 12 × 1,25	M 16 × 1,5	M 20 × 1,5	M 24 × 2
d_k	13	16	18	24	30	36
k	8	10	12	16	20	24
s	6	8	10	14	17	19
b	28	32	36	44	52	60
l von / bis (Abstufung 5 mm)	40 80	45 100	55 120	65 160	80 200	90 200
l von / bis (Gewinde Kopf)	12 35	16 40	20 50	25 60	30 70	40 80

Senkschrauben mit Innensechskant — DIN 7991 (1985)

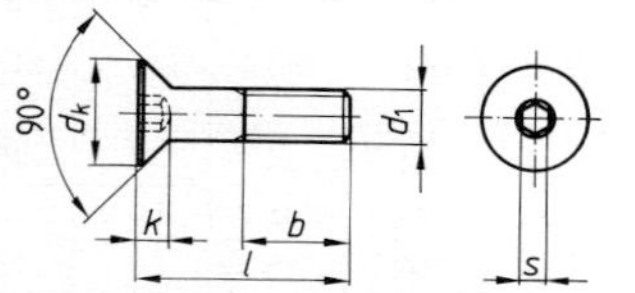

Fertigkeitsklasse: 8.8
(Produktklasse A)

Maße (in mm) ↓ / → Gewinde d_1	M 4	M 5	M 6	M 8	M 10	M 12	M 16	M 20
d_k	8	10	12	16	20	24	30	36
k	2,3	2,8	3,3	4,4	5,5	6,5	7,5	8,5
s	2,5	3	4	5	6	8	10	12
b	14	16	18	22	26	30	38	46
l von / bis	8 40	8 50	8 50	10 60	12 70	20 70	30 90	35 100

Senkschrauben mit Schlitz (für Stahlkonstruktionen) — DIN 7969 (1970)

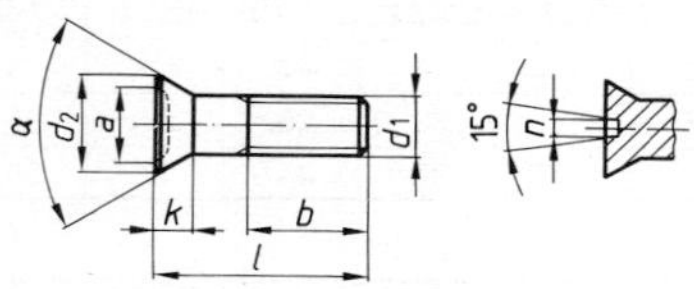

Festigkeitsklassen: 4.6, 8.8
Zugehörige Muttern nach DIN 555 und DIN 934
Bezeichnungsbeispiel:
Senkschraube DIN 7969 – M 16 × 60 – 4.6

Maße (in mm bzw. °) ↓ / → Gewinde d_1	M 10	M 12	M 16	M 20	M 22	M 24
α		75°			60°	
d_2	17	21	28	32	35	38
k	5,5	7	9	11,5	12	13
a/n	14/2,5	16/3	22/4	25/5	27/5	29/5
b / für $l \leq$	20 50	22 60	28 80	32 80	35 80	35 80
b / für $l >$	25 50	28 60	35 80	40 80	45 80	50 80
l von / bis	20 160	25 160	30 160	50 160	55 160	60 160

Schraubenverbindungen für den Stahlbau

Senkungen für Schraubenköpfe (Auswahl) — DIN 74 (1980)

für **Schrauben mit Zylinderkopf** nach DIN 912 (Form K)

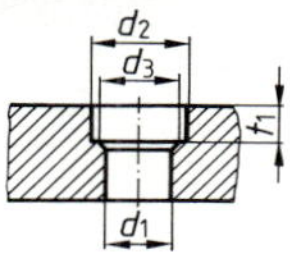

↓ Senkung → Schraube			M 8	M 10	M 12	M 16	M 20	M 24
d_1	H 13	mm	9	11	13,5	17,5	22	26
d_2	H 13	mm	15	18	20	26	33	40
d_3		mm	entgratet		16	20	24	28
t		mm	9	11	13	17,5	21,5	25,5

für **Senkschrauben** nach DIN 7969 (Form E)

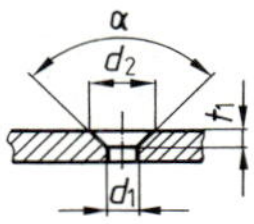

↓ Senkung → Schraube			M 10	M 12	M 16	M 20	M 22	M 24
α		°	75			60		
d_1	H 12	mm	10,5	13	17	21	23	25
d_2	H 13	mm	19	24	31	34	37	40
t_1	≈	mm	5,5	7	9	11,5	12	13

Weitere Senkungen für andere Schraubenarten und Schraubengrößen in DIN 74

Technische Zeichnungen im Metallbau — DIN ISO 5261 (1983)

Darstellung von Bohrungen (Löchern)

Symbol für Bohrungen	Zeichenebene senkrecht zum Betrachter: ohne Senkung	Senkung Vorderseite	Senkung Rückseite	Senkung beidseitig	Zeichenebene parallel zum Betrachter: ohne Senkung	Senkung auf einer Seite	Senkung beidseitig
in der Werkstatt gebohrt		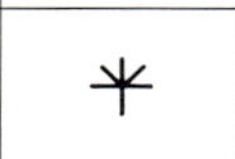	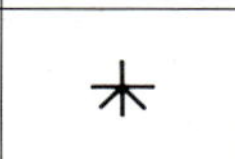		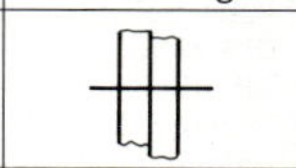	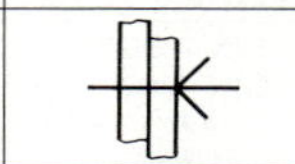	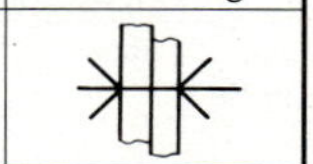
auf der Baustelle gebohrt	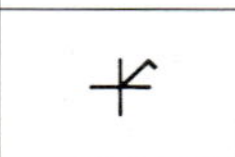	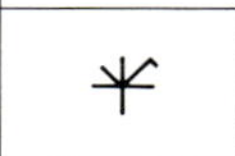	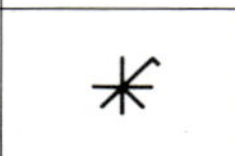		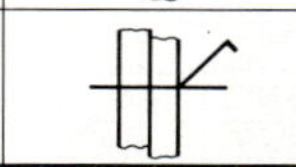	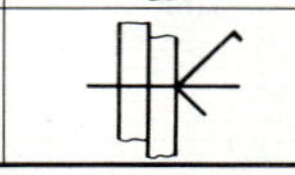	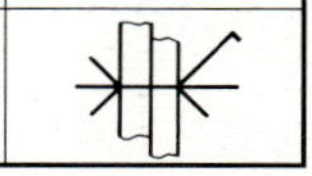

Darstellung von Schrauben und Nieten[1]

Symbol für Schraube oder Niet	Zeichenebene senkrecht zum Betrachter: ohne Senkung	Senkung Vorderseite	Senkung Rückseite	beidseitiger Senkniet	Zeichenebene parallel zum Betrachter: ohne Senkung	Senkung auf einer Seite	beidseitiger Senkniet
in der Werkstatt eingebaut	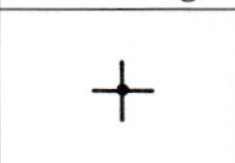	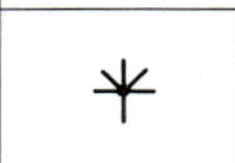	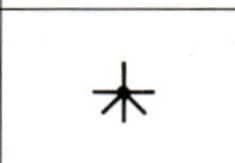		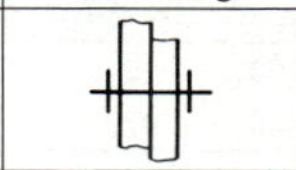	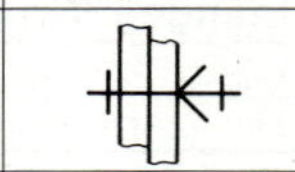	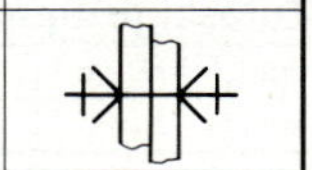
auf der Baustelle eingebaut		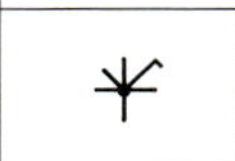	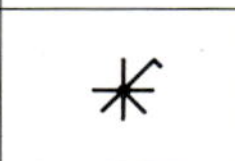	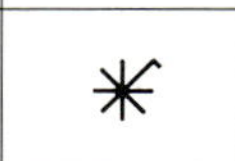	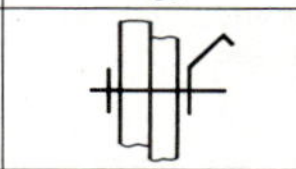	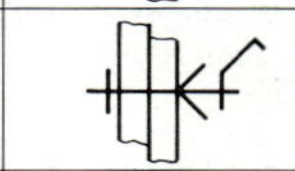	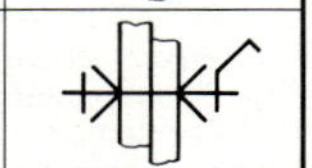
auf der Baustelle gebohrt und eingebaut	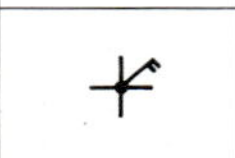	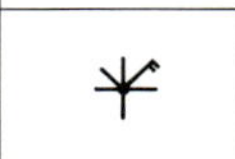	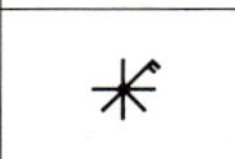		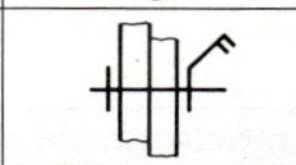	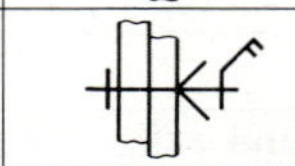	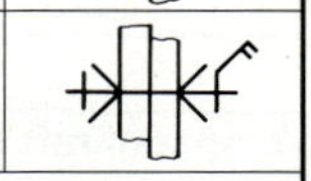

[1] Bei Schrauben wird ein **M,** bei Nieten ∅ vorangestellt, z. B. M 16 × 60 bzw. ∅ 16 × 60

Beispiel für Bemaßung und Bezeichnung von Schraubenverbindungen

Anschluß mit Beiwinkel

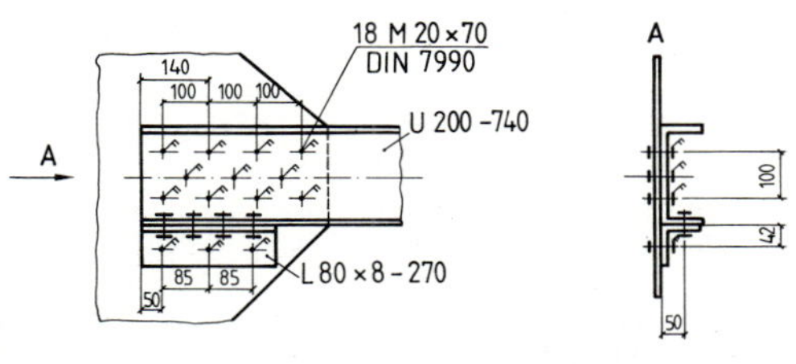

1. Darstellung der Schrauben siehe oben.
2. Bezeichnung der Schrauben mit Anzahl und DIN-Kurzzeichen (Seite 211).
3. Die Maßlinie erhält am Anfang und Ende eine kurze schmale Linie unter 45°.
4. Die Maßhilfslinien sind von den Symbolen für Löcher, Schrauben und Niete in der Zeichenebene parallel zu ihren Achsen zu trennen.
5. Schrägen sind durch Längenmaße anzugeben.
6. Stäbe und Profile durch ihr DIN-Kurzzeichen angeben (Seite 196 ff.).

Belastbarkeit von Schraubenverbindungen für den Stahlbau

Mechanische Eigenschaften von Schrauben aus unlegiertem oder legiertem Stahl — DIN ISO 898, Teil 1 (1979)

Festigkeitsklasse der Schraube			3.6	4.6	4.8	5.6	5.8	6.8	8.8	9.8	10.9	12.9
Zugfestigkeit R_m	in N/mm²	(Nennwert)	300	400		500		600	800	900	1 000	1 200
Streckgrenze R_e	in N/mm²	(Nennwert)	180	240	320	300	400	480	–	–	–	–
0,2 Dehngrenze $R_{p\,0,2}$	in N/mm²	(Nennwert)	–	–	–	–	–	–	640	720	900	1 080
Bruchdehnung A_5	in %	(min.)	25	22	14	20	10	8	12	10	9	8

Mechanische Eigenschaften von Muttern aus Stahl (Mutterhöhe ≧ 0,8 *d*) DIN ISO 898, Teil 2 (1981)

Festigkeitsklasse der Mutter		4	5		6	8	9		10	12
Prüfspannung in N/mm²	M 10 ... M 16	–	610		700	840	950		1 050	1 190
	M 16 ... M 39	510	630		720	920	920		1 060	1 200
Zugehörige Schrauben	Festigkeitsklasse	3.6; 4.6; 4.8	3.6; 4.6; 4.8	5.6; 5.8	6.8	8.8	8.8	9.8	10.9	12.9
	Größe	> M 16	≤ M 16	alle	alle	alle	≤ M 39	≤ M 16	alle	≤ M 39

Zulässige übertragbare Scherkräfte zul Q_{SL} und zul Q_{SLP} (in kN) je Schraube bzw. Niet und je Scherfläche senkrecht zur Schrauben- bzw. Nietachse — DIN 18 800 Teil 1 (1981)

Schrauben-größe	SL-Verbindungen[1]: Rohe Schrauben nach DIN 7990, Hochfeste Schrauben nach DIN 6914, Senkschrauben nach DIN 7969 (Lochspiel 0,3 mm < Δ *d* ≤ 2 mm)							SLP-Verbindungen[1]: Paßschrauben nach DIN 7968, Niete nach DIN 124 und DIN 302 (Lochspiel Δ *d* ≤ 0,3 mm)						
	Scherfläche $\frac{\pi \cdot d^2}{4}$	DIN 7990 DIN 7969 4.6 Lastfall[2]		DIN 7990 DIN 7969 5.6 Lastfall[2]		DIN 6914 10.9 Lastfall[2]		Scherfläche $\frac{\pi \cdot d^2}{4}$	Paßschrauben 4.6 Niete St 36 Lastfall[2]		Paßschrauben 5.6 Niete St 44 Lastfall[2]		Paßschrauben 10.9 Lastfall[2]	
		H	HZ	H	HZ	H	HZ		H	HZ	H	HZ	H	HZ
	mm²	kN	kN	kN	kN	kN	kN	mm²	kN	kN	kN	kN	kN	kN
M 12	113	12,7	14,2	19,2	21,5	27,0	30,5	133	18,6	21,3	27,9	31,9	37,0	42,5
M 16	201	22,5	25,3	34,1	38,2	48,5	54,5	227	31,8	36,3	47,7	54,5	63,5	72,5
M 20	314	35,2	39,6	53,4	59,7	75,5	85,0	346	48,4	55,4	72,2	83,0	97,0	111,0
M 22	380	42,6	47,9	64,6	72,2	91,0	102,5	415	58,1	66,4	87,2	99,6	116,5	133,0
M 24	452	50,6	57,0	76,8	85,9	108,5	122,0	491	68,7	78,6	103,1	117,8	137,5	157,0
M 27	573	64,2	72,2	97,4	108,9	137,5	154,5	616	86,2	98,6	129,4	147,8	172,5	197,0
M 30	707	79,2	89,1	120,2	134,3	169,5	191,0	755	105,7	120,8	158,6	181,2	211,5	241,5
Zulässige Spannungen (N/mm²) für Schrauben und Niete in SL/SLP-Verbindungen														
zul τ_a[3]	N/mm²	112	126	168	192	240	270	–	140	160	210	240	280	320
zul σ_l[4]	N/mm²	280	320	420	470	[5]	[5]	–	320	360	480	540	[5]	[5]

[1] SL- bzw. SLP-Verbindungen sind Verbindungen mit Scher- und Lochleibungsbelastung (Seite 83)
[2] H: Hauptlast; HZ: Haupt- und Zusatzlast
[3] τ_a Scherspannung
[4] σ_l Lochleibungsdruck
[5] Es sind hier die zul σ_l-Werte des zu verbindenden Bauteils maßgebend

Vorspannkraft und zulässige übertragbare Kräfte zul Q_{GV} und zul Q_{GVP} (in kN) je Schraube und je Reibfläche (Scherfläche) senkrecht zur Schraubenachse (Materialdicke $t > 3$ mm) — DIN 18 800, Teil 1 (1981)

Schraubengröße	Vorspannkraft F_V (DIN 1000)	**zul. Q_{GV}** (GV-Verbindungen[1]) (Lochspiel 0,3 mm < Δ *d* ≤ 2 mm)		**zul. Q_{GVP}** (GVP-Verbindungen[1]) (Lochspiel Δ *d* ≤ 0,3 mm)	
		Werkstoff der zu verbindenden Bauteile: St 37 und St 52			
		Lastfall H	Lastfall HZ	Lastfall H	Lastfall HZ
	kN	kN	kN	kN	kN
M 12	50	20,0	22,5	38,5	43,5
M 16	100	40,0	45,5	72,0	82,0
M 20	160	64,0	72,5	112,5	128,0
M 22	190	76,0	86,5	134,0	153,0
M 24	220	88,0	100,0	156,5	178,5
M 27	290	116,0	132,0	202,0	230,5
M 30	350	140,0	159,0	245,5	280,0

[1] GV- bzw. GVP-Verbindungen sind gleitfeste Verbindungen mit HV-Schrauben (siehe Seite 83)

Zulässige Spannungen für Schraubenverbindungen, Bauteile und Schweißnähte

Zulässige übertragbare Zugkräfte zul F_Z (in kN) je Schraube in Richtung der Schraubenachse — DIN 18 800 (1981)

Schrauben-größe	Spannungs-querschnitt A_s	Schrauben ohne Vorspannung 4.6		5.6		10.9		Schrauben mit Vorspannung F_V 10.9	
		Lastfall H	Lastfall HZ	Lastfall H	Lastfall HZ	Lastfall H	Lastfall HZ	Lastfall H	Lastfall HZ
	mm²	kN	kN	kN	kN	kN	kN	kN	kN
M 12	84,3	9,3	10,5	12,6	14,3	30,5	34,6	35,0	40,0
M 16	157	17,3	19,6	23,6	26,7	56,5	64,4	70,0	80,0
M 20	245	27,0	30,6	36,8	41,7	88,2	100,5	112,0	128,0
M 22	303	33,3	37,9	45,5	51,5	109,0	124,2	133,0	152,0
M 24	353	38,8	44,1	53,0	60,0	127,0	144,7	154,0	176,0
M 27	459	50,5	57,4	68,9	78,0	165,2	188,2	203,0	232,0
M 30	561	61,7	70,1	84,2	95,4	202,0	230,0	245,0	280,0
Zulässige Zugspannung (N/mm²) in Richtung der Schraubenachse									
zul σ_z	N/mm²	110	125	150	170	360	410	$0{,}7 \cdot F_V/A_s$	$0{,}8 \cdot F_V/A_s$

1) Vorspannkraft F_V siehe Tabelle Seite 214, unten

Zulässige Spannungen (in N/mm²) für Bauteile — DIN 18 800 (1981)

Beanspruchungsart bzw. Verbindungsart		Zulässige Spannungen (N/mm²)	St 37 Lastfall H (N/mm²)	St 37 Lastfall HZ (N/mm²)	St 52 Lastfall H (N/mm²)	St 52 Lastfall HZ (N/mm²)
Zug und Biegezug		zul σ_z	160	180	240	270
Druck und Biegedruck		zul σ_D	140	160	210	240
Schub		zul τ_a	92	104	139	156
SL-Verbindung mit	rohen Schrauben (DIN 7990), hochfesten Schrauben (DIN 6914) – ohne Vorspannung	zul σ_l (zulässiger Lochleibungsdruck)	280	320	420	480
SLP-Verbindungen mit	Nieten oder Paßschrauben (DIN 7968) – ohne Vorspannung		320	360	480	540
SL-Verbindung mit	hochfesten Schrauben (DIN 6914) – Vorspannung $\geq 0{,}5 \cdot F_V$		380	430	570	645
SLP-Verbindung mit	hochfesten Paßschrauben (DIN 7999) – Vorspannung $\geq 0{,}5 \cdot F_V$		420	470	630	710
GV-, GVP-Verbindung mit	hochfesten Schrauben und Paßschrauben (DIN 6914, 7999) – Vorspannung: F_V		480	540	720	810

Zulässige Spannungen (in N/mm²) für Schweißnähte — DIN 18 800 (1981)

Nahtart	Nahtform Maßgebliche Nahtdicke Nahtgüte	Beanspruchungsart	Zulässige Spannungen (N/mm²)		St 37 Lastfall H N/mm²	St 37 Lastfall HZ N/mm²	St 52 Lastfall H N/mm²	St 52 Lastfall HZ N/mm²
Stumpfnaht, D(oppel)-HV-Naht (K-Naht), HV-Naht, D(oppel)-HY-Naht (K-Stegnaht), HY-Naht, Dreiblechnaht	Die Nahtform und die maßgebliche Schweißnahtdicke sind aus Tabellen in DIN18 800 zu entnehmen.	Druck und Biegedruck	zul σ_D	Spannungen senkrecht zur Nahtrichtung	160	180	240	270
		Zug und Biegezug	zul σ_z	Spannungen senkrecht zur Nahtrichtung	160	180	240	270
Kehlnähte, Dreiblechnaht	Nahtformen siehe auch Seite 226	Druck und Biegedruck	zul σ_D	Spannungen senkrecht zur Nahtrichtung	135	150	170	190
	Nahtgüte: Freiheit von Rissen, Binde- und Wurzelfehlern sowie Einschlüssen	Zug und Biegezug	zul σ_z	Spannungen senkrecht zur Nahtrichtung	135	150	170	190
alle Nähte		Schub in Nahtrichtung	zul τ		135	150	170	190
HY-Naht, Kehlnähte		Vergleichswert	zul σ_V		135	150	170	190

Das Eisen-Kohlenstoff-Zustandsschaubild

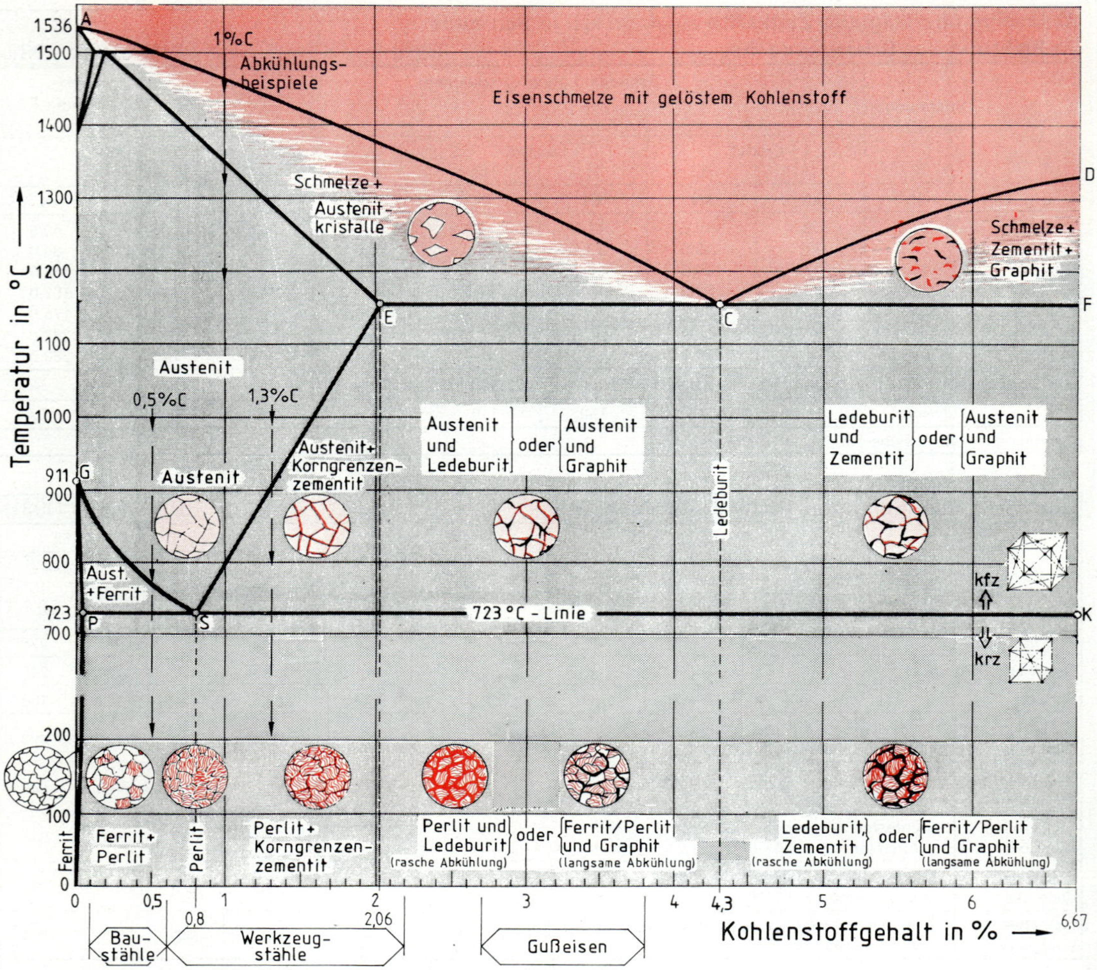

Gefüge unlegierter Eisen-Werkstoffe (bei Raumtemperatur) V 200 : 1

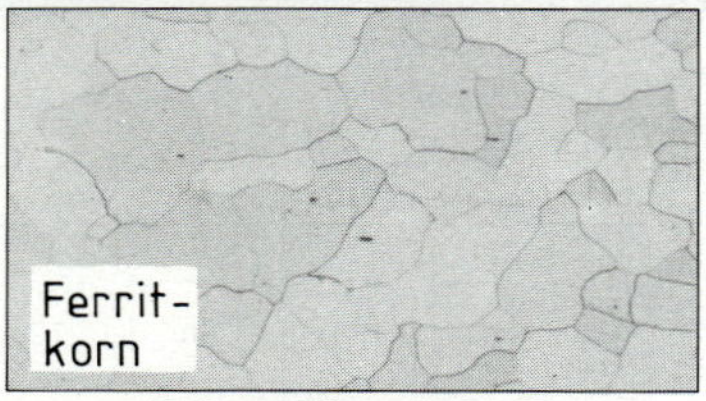

Reines Eisen (0 % C)

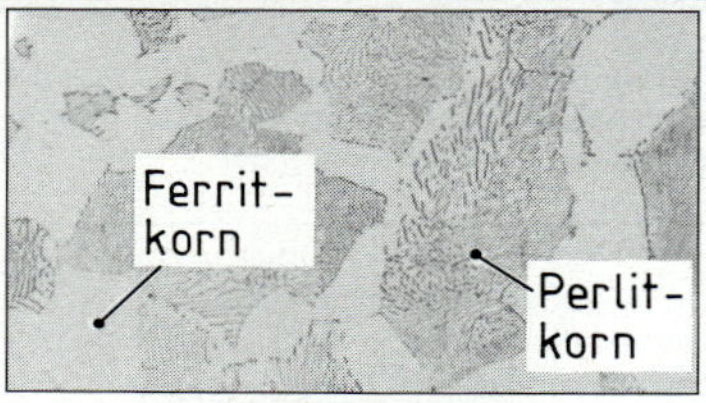

Ck 45 (0,45 % C)

Ck 80 (0,8 % C)

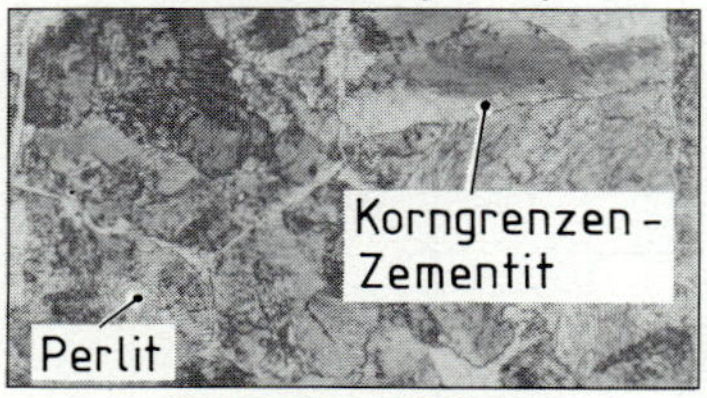

C 120 W 1 (1,2 % C)

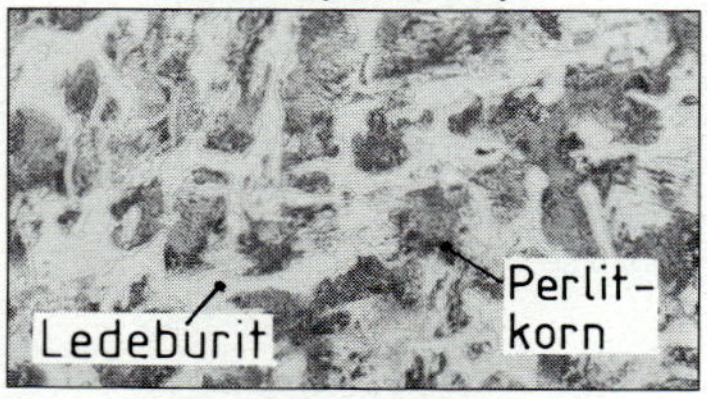

Temperrohguß (2,8 % C)

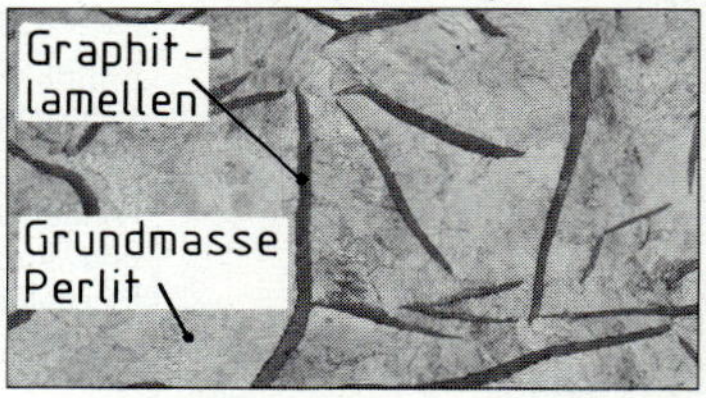

Grauguß GG-20 (3,5 % C)

Gefügebilder von Eisen/Stahl-Werkstoffen

Eisen-Gußwerkstoffe V 200 : 1

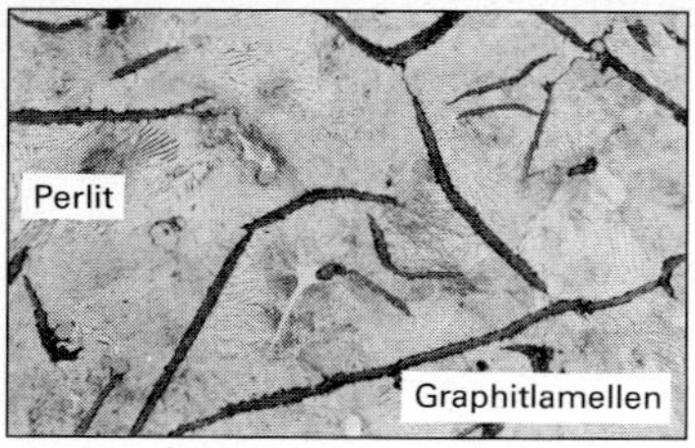

Grauguß GG-20 (groblamellar)

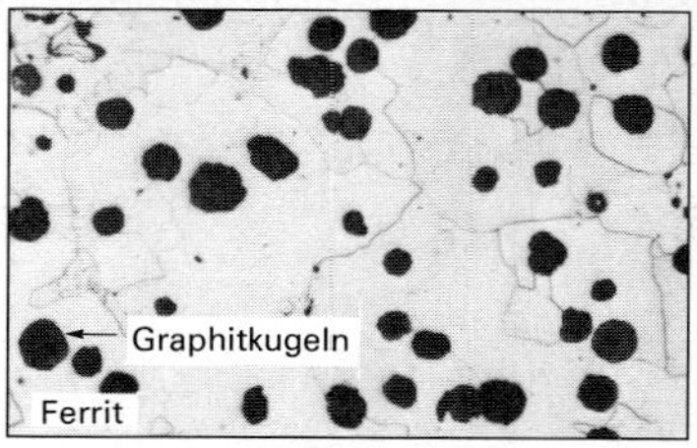

Sphäroguß GGG-40

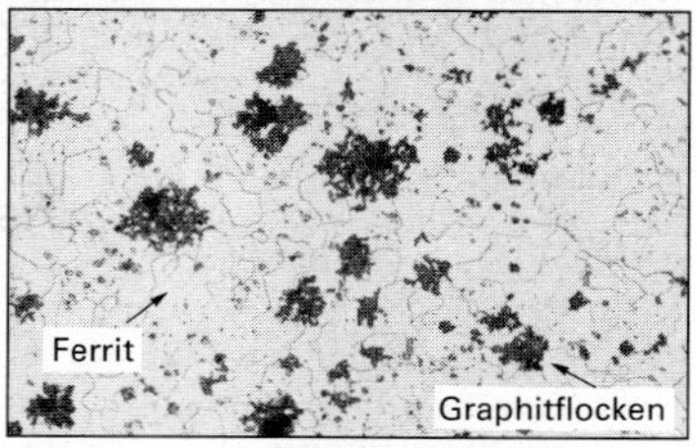

Schwarzer Temperguß GTS

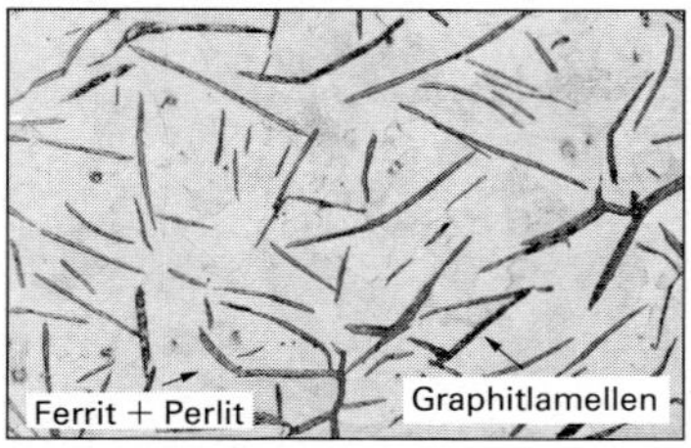

Grauguß GG-40 (feinlammellar)

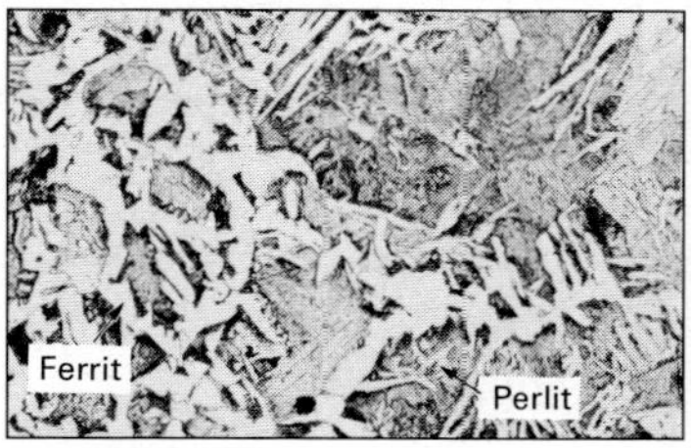

Stahlguß GS-50

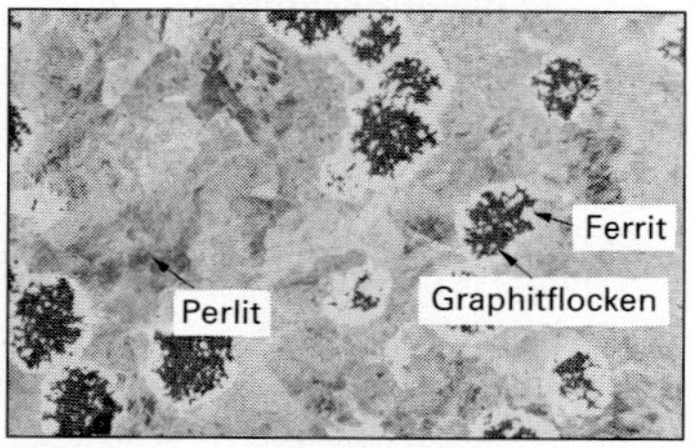

Weißer Temperguß GTW

Legierte Stähle V 500 : 1

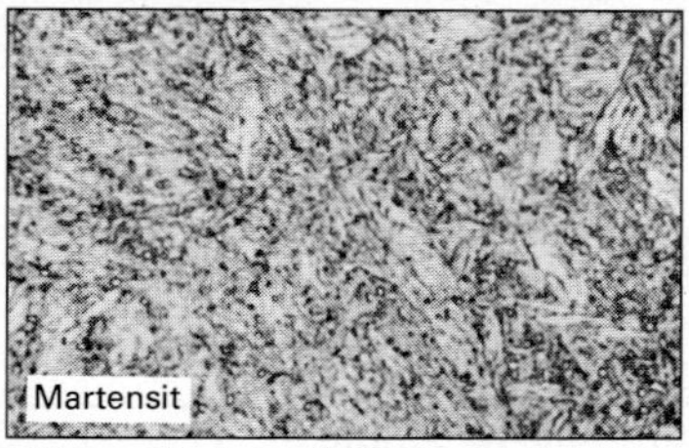

Warmarbeitsstahl X 38 Cr Mo V 5 1 (vergütet)

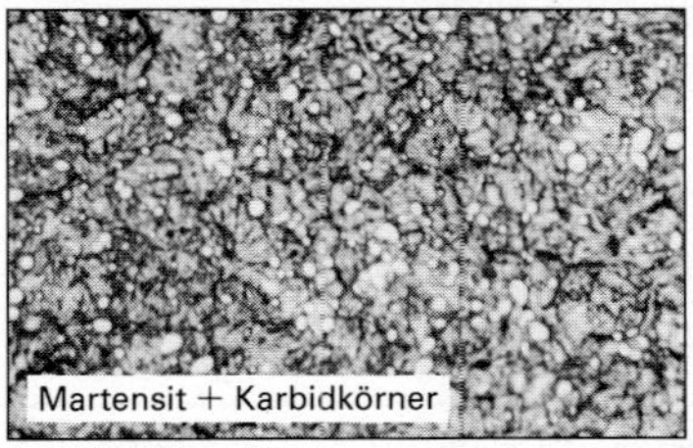

Schnellarbeitsstahl S 6-5-2 (gehärtet + angelassen)

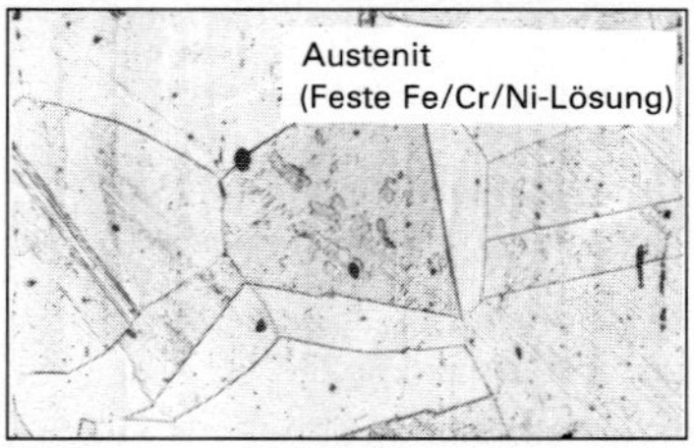

Nichtrostender Stahl (austenitisch) X 12 Cr Ni 18 8

Gefüge des Stahls C 45 nach verschiedenen Wärmebehandlungen V 200 : 1

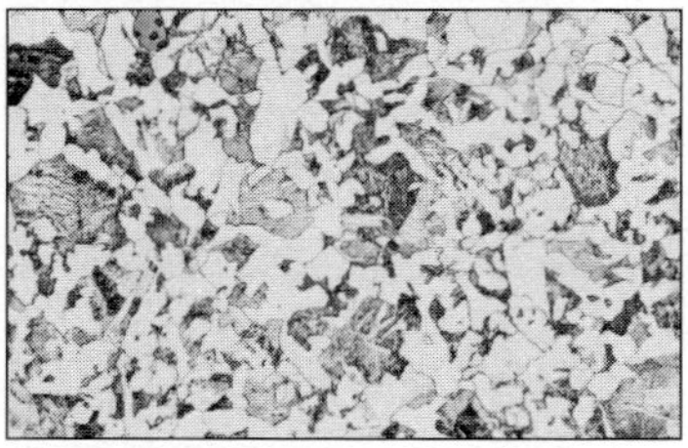

Normalgeglüht (860 °C) – Luftabkühlung: Ferrit + Perlit

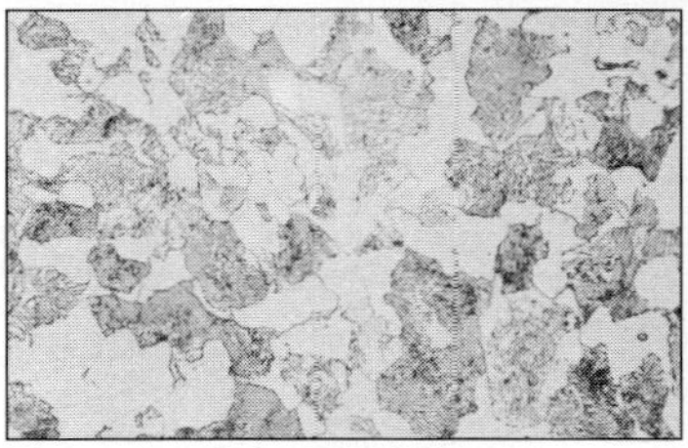

Normalgeglüht (860 °C) – Ofenabkühlung: Ferrit + Perlit

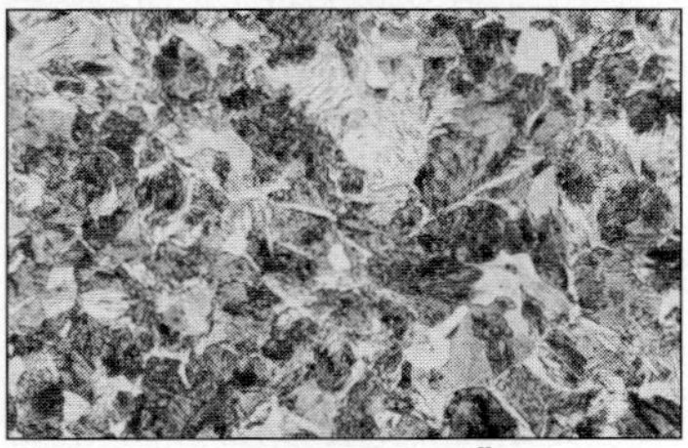

Austenitisiert (860 °C) – Ölabschreckung: Perlit + Ferritnetz

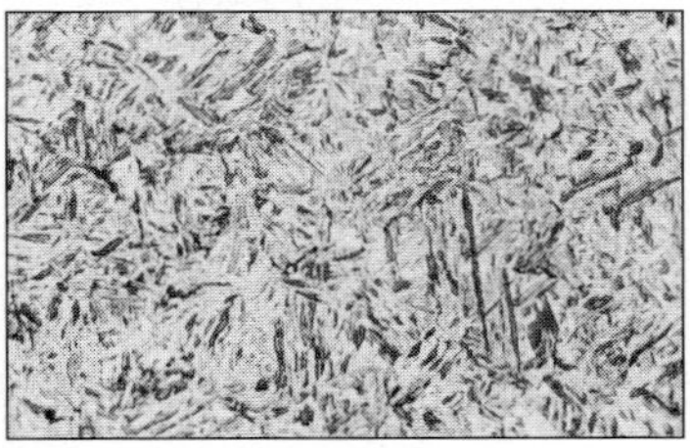

Austenitisiert (860 °C) – Wasserabgeschreckt: grober Martensit

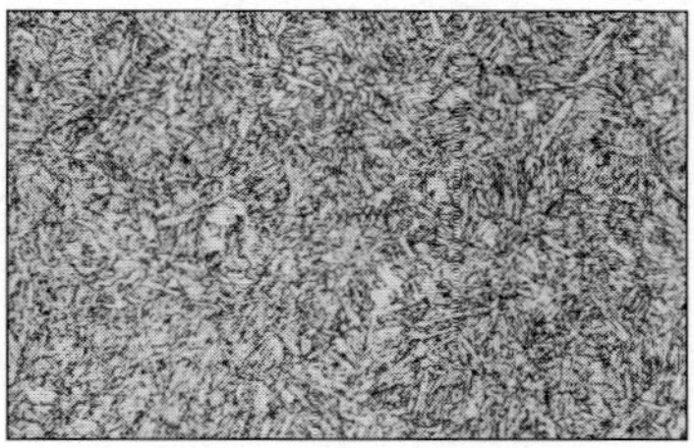

Austenitisiert (860 °C) – Wasser – 550 °C angelassen: Vergütegefüge

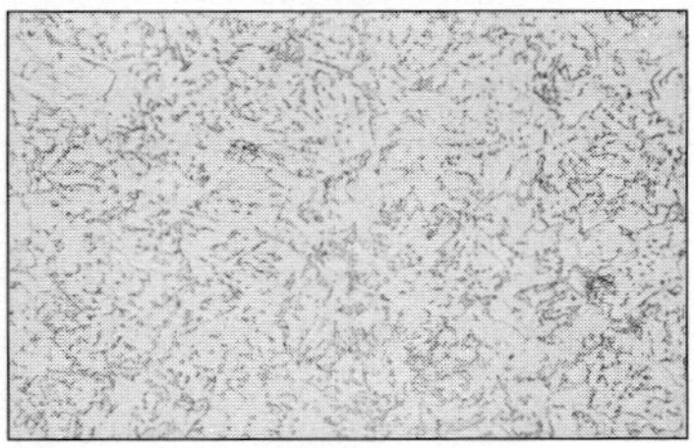

Weichgeglüht (700 °C, 18 Std.): Ferrit + körniger Zementit

Wärmebehandlungsverfahren gemäß DIN 17 022 (1986)

Glühen: Wärmebehandlung, bestehend aus Erwärmen, Halten und langsamem Abkühlen.

Spannungsarmglühen: Glühen mit dem Ziel, die Eigenspannungen zu verringern.

Rekristallisationsglühen: Glühen, um eine Kornneubildung im kaltumgeformten Werkstoff zu erreichen.

Weichglühen: Glühen zum Vermindern der Härte eines Werkstoffs unterhalb eines vorgegebenen Wertes.

Normalglühen: Glühen, bestehend aus Austenitisieren und anschließendem Abkühlen an ruhender Luft.

Diffusionsglühen: Glühen mit dem Ziel, örtliche Unterschiede der chemischen Zusammensetzung durch Diffusion zu verringern.

Härten: Wärmebehandlung, bestehend aus Austenitisieren und Abschrecken, mit dem Ziel einer Härtezunahme durch Martensitbildung.

Austenitisieren: Erwärmen und Halten auf einer Temperatur, bei der sich das Gefüge in Austenit umwandelt.

Abschrecken: Abkühlen mit größerer Geschwindigkeit als an ruhender Luft.

Anlassen: Erwärmen eines gehärteten Werkstücks, mit dem Ziel die Sprödigkeit zu vermindern.

Vergüten: Härten mit nachfolgendem Anlassen (> 550 °C), um hohe Zugfestigkeit und große Zähigkeit zu erreichen.

Randschichthärten: Härten mit einem auf die Randschicht beschränkten Austenitisieren.

Einsatzhärten: Aufkohlen oder Carbonitrieren mit anschließendem Härten.

Nitrieren: Thermochemisches Behandeln zum Anreichern der Randschicht eines Werkstücks mit Stickstoff.

Carbonitrieren: Anreichern der Randschicht mit Kohlenstoff und Stickstoff.

Glühtemperaturen für unlegierte Stähle

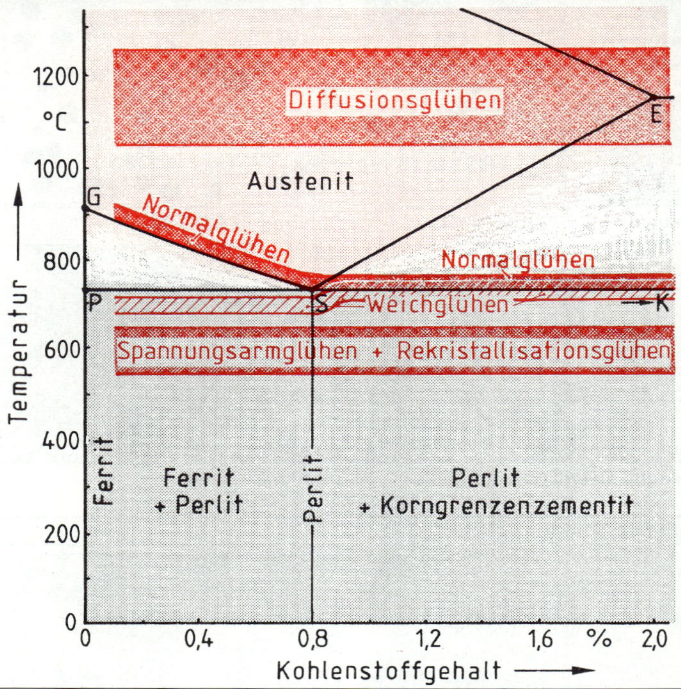

Härte- und Anlaßtemperaturen für unlegierte Stähle

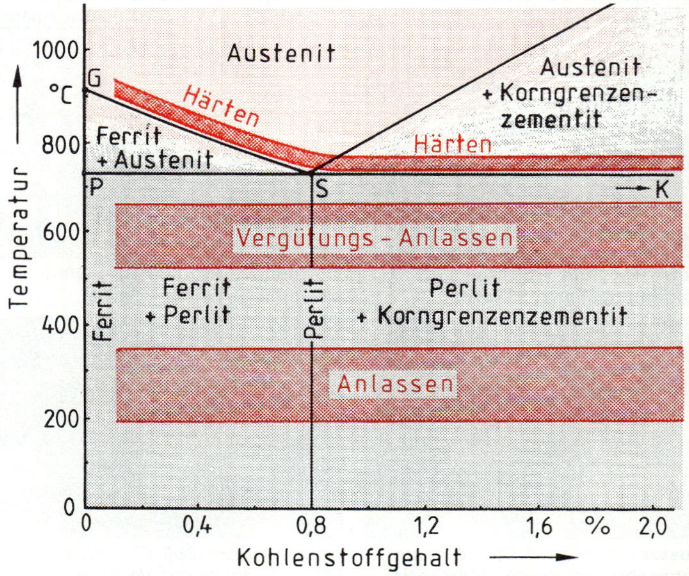

Wärmebehandlung der Konstruktions-Baustähle

Stahlsorte	Normalglühen Temperatur/°C	Normalglühen Haltedauer	Spannungsarmglühen Temperatur/°C	Spannungsarmglühen Haltedauer
Allgemeine Baustähle (DIN 17100) einschließlich der Sorten mit besonderen Gebrauchseigenschaften	890 ... 950	nach Temperatur-ausgleich Abkühlung an ruhender Luft	530 ... 580	mindestens 30 min. höchstens 150 min.
Schweißgeeignete Feinkornbaustähle (DIN 17102)	880 ... 960		530 ... 580	

Ansonsten sind die Konstruktions-Baustähle **nicht** für Wärmebehandlungen vorgesehen.

Wärmebehandlung der Vergütungsstähle (Auswahl) — DIN 17200 (1987)

Stahlsorte Kurzname	Stahlsorte Werkstoff-nummer	Weichglühen Temperatur °C	Weichglühen Härte HV nach Weichglühen	Normalglühen Temperatur °C	Vergüten Abschrecken in Wasser °C	Vergüten Abschrecken in Öl °C	Vergüten Härte HV nach Abschrecken	Vergüten Anlaß-temperatur °C
C 25[1]	1.0406	650 ... 700	156	880 ... 910	860 ... 890	–	–	540 ... 680
C 35[1]	1.0501		183	860 ... 890	840 ... 870	850 ... 880	485 ... 650	
C 45[1]	1.0503		207	840 ... 870	820 ... 850	830 ... 860	590 ... 760	
C 60[1]	1.0601		241	820 ... 850	800 ... 830	810 ... 840	690 ... 920	
28 Mn 6	1.1170	650 ... 700	223	850 ... 880	820 ... 850	830 ... 860	460 ... 590	540 ... 680
38 Cr 2[1]	1.7020	650 ... 700	196	850 ... 880	830 ... 860	840 ... 870	530 ... 670	540 ... 680
34 Cr 4[1]	1.7033	680 ... 720	223	850 ... 890	830 ... 860	840 ... 870	490 ... 630	540 ... 680
41 Cr 4[1]	1.7035		241	840 ... 880	820 ... 850	830 ... 860	560 ... 720	
34 Cr Mo 4[1]	1.7220	680 ... 720	223	850 ... 890	830 ... 860	840 ... 870	490 ... 630	540 ... 680
50 Cr Mo 4	1.7228		248	840 ... 880	820 ... 850	830 ... 860	560 ... 830	
36 Cr Ni Mo 4	1.6511	650 ... 700	248	850 ... 880	820 ... 850	830 ... 860	530 ... 575	540 ... 680
30 Cr Ni Mo 8	1.6580			850 ... 880	–	830 ... 860	485 ... 615	
50 Cr V 4	1.8159	680 ... 720	248	840 ... 880	820 ... 850	830 ... 860	630 ... 835	540 ... 680
30 Cr Mo V 9	1.7707			860 ... 900	840 ... 870	850 ... 880	485 ... 615	

Die Streckgrenze, Zugfestigkeit und Bruchdehnung im vergüteten Zustand ist auf Seite 193 aufgeführt.

[1] Diese Stähle gibt es auch mit erhöhtem S-Gehalt (gut spanbar), z. B. Ck 25, 38 Cr S 2. Die Wärmebehandlung und die mechanischen Kennwerte sind dieselben wie bei den entsprechenden, schwefelarmen Stählen.

Vergütungsschaubilder (Auswahl) — DIN 17200 (1987)

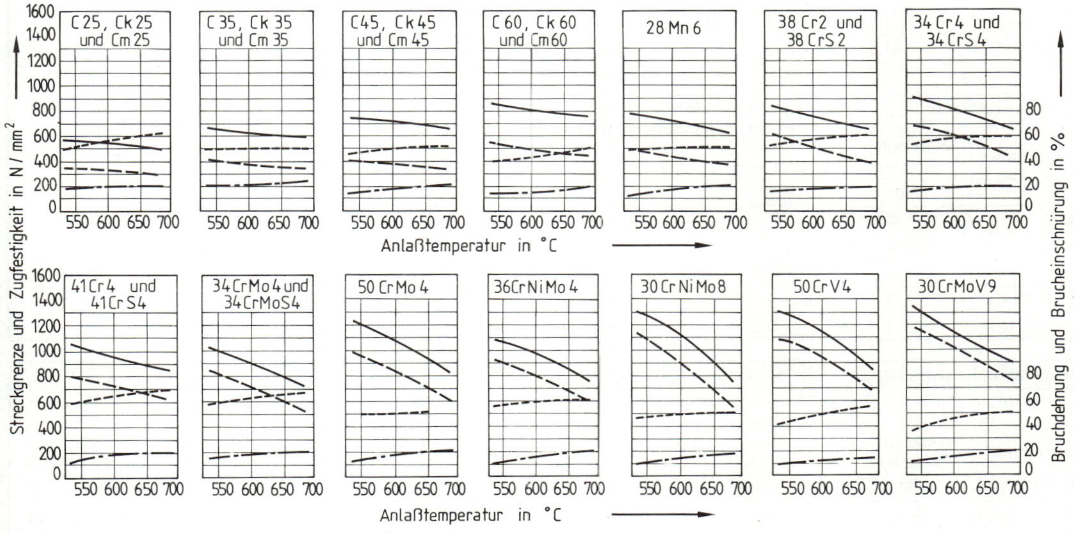

Die Linien stellen folgende Kennwerte dar:
——— Zugfestigkeit — — Streckgrenze — - — Bruchdehnung - - - - Brucheinschnürung
Die Kennwerte sind Mittelwerte für einen Bauteilquerschnitt von 60 mm Durchmesser.

Wärmebehandlung der nichtrostenden Stähle (Auswahl) — DIN 17 440 (1985)

Stahlsorte Kurzname	Werkstoff-nummer	Gefüge (nach dem Abschrecken)	Warmumformen Temperatur °C	Warmumformen Abkühlungsart	Glühen Temperatur °C	Glühen Abkühlungsart	Härten Temperatur °C	Härten Abkühlungsart	Anlassen Temperatur °C
Ferritische Stähle									
X 6 Cr 13	1.4000	Ferrit-Martensit			750 ... 800	Luft	950 ... 1000	Öl, Luft	650 ... 750
X 6 Cr 17	1.4016	Ferrit	1100 ... 800	Luft	750 ... 850	Luft, Wasser	nicht härtbar		
X 4 Cr Mo S 18	1.4105								
Martensitische Stähle									
X 20 Cr 13	1.4021	Martensit-Ferrit	1100 ... 800	langsame Abkühlung	730 ... 780	Ofen Luft	980 ... 1030	Öl Luft	600 ... 750
X 45 Cr Mo V 15	1.4116	Martensit							100 ... 200
X 20 Cr Ni 17 2	1.4057	Martensit			650 ... 750				620 ... 720
Austenitische Stähle									
X 5 Cr Ni 18 10	1.4301	Austenit	1150 ... 750	Luft	1000 ... 1120 (Lösungsglühen)	Wasser, bewegte Luft	nicht härtbar (durch Glühen bei 400 bis 500 °C kann durch Carbidausscheidung eine leichte Festigkeitssteigerung erzielt werden)		
X 6 Cr Ni Ti 18 10	1.4541								
X 5 Cr Ni Mo 17 12 2	1.4401								
X 6 Cr Ni Mo Ti 17 12 2	1.4571								
X 2 Cr Ni Mo N 17 13 5	1.4439								

Wärmebehandlung der Stähle für Flamm- und Induktionshärtung (Auswahl) — DIN 17 212 (1987)

Stahlsorte Kurzname	Werkstoff-nummer	Warmformgebung °C	Weichglühen °C	Normalglühen °C	Vergüten Härtetemperatur (in Wasser) °C	Vergüten Härtetemperatur (in Öl) °C	Vergüten Anlassen °C	Randschichthärten Temperatur °C	Randschichthärten Randschicht-härte HRC
Cf 45	1.1193	1100 ... 850	650 ... 700	840 ... 870	820 ... 850	820 ... 850	550 ... 660	820 ... 900	55
Cf 70	1.1249	1000 ... 800	650 ... 700	820 ... 850	790 ... 820	–	550 ... 660	790 ... 870	60
45 Cr 2	1.7005	1100 ... 850	650 ... 700	840 ... 870	820 ... 850	830 ... 860	550 ... 660	820 ... 900	55
41 Cr Mo 4	1.7223	1050 ... 850	680 ... 720	840 ... 880	820 ... 850	830 ... 860	540 ... 680	820 ... 900	54

Wärmebehandlung der Einsatzstähle (Auswahl) — DIN 17 210 (1986)

① Direkthärten nach Absenken auf Härtetemperatur

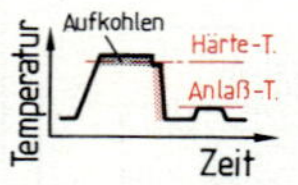

② Doppelhärten

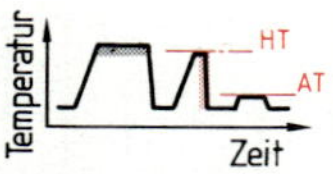

③ Einfachhärten von Kern- oder Randtemperatur

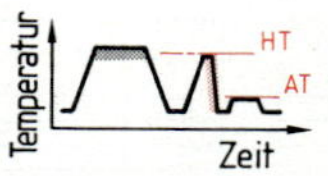

④ Einfachhärten nach Zwischenglühen bzw. Weichglühen

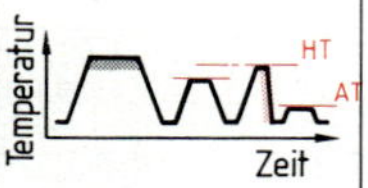

⑤ Härten nach isothermischem Umwandeln in der Perlitstufe

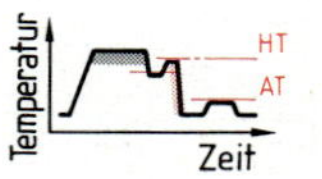

⑥ Härten nach isothermischem Umwandeln in der Perlitstufe und Abkühlen auf Raumtemperatur

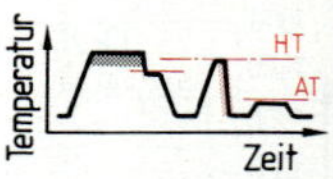

Stahlsorte Kurzname	Werkstoff-nummer	Gebräuchliche Art(en) der Wärmebehandlung	Aufkohlungstemperatur °C	Härten von Kernhärtetemperatur °C	Härten von Randhärtetemperatur °C	Härten Abkühlmittel	Anlassen Temperatur °C	Härte HRC nach dem Härten
C 10	1.0301	Die Wahl der Wärmebehandlungsfolgen ① bis ⑥ richtet sich nach der Bauteilgröße und Form, der Stahlsorte und gewünschten Eigenschaften	880 ... 980	880 ... 920	780 ... 820	Wasser, Öl oder Warmbad	150 ... 200	–
Ck 15	1.1141							–
20 Cr 4	1.7027			860 ... 900		Die Wahl richtet sich nach Stahlsorte, Größe, Form und den geforderten Bauteileigenschaften		41 ... 49
16 Mn Cr 5	1.7131							46 ... 47
20 Mo Cr 4	1.7321							41 ... 49
17 Cr Ni Mo 6	1.6587			830 ... 870				40 ... 48

Wärmebehandlung der Nitrierstähle (Auswahl) — DIN 17 211 (1987)

Stahlsorte Kurzname	Werkstoff-nummer	Wärmebehandlung vor dem Nitrieren: Weichglühen[1] °C	Vergüten[1] Härten °C	Vergüten[1] Abschrecken	Vergüten[1] Anlassen °C	Nitrieren (in Gas oder Plasma) °C	Nitrocarburieren (in Gas oder Salzbad) °C	Randschichthärte nach Nitrieren HV 1	Randschichthärte nach Nitrieren HRC
31 Cr Mo 12	1.8515	650 ... 700	870 ... 910	Öl	570 ... 700	500 ... 520	570 ... 580	800	64
15 Cr Mo V 5 9	1.8521	680 ... 740	940 ... 980	Öl, Wasser	600 ... 700			800	64
34 Cr Al Mo 5	1.8507	650 ... 700	900 ... 940	Öl, Wasser	570 ... 650			950	68
34 Cr Al Ni 7	1.8550	650 ... 700	850 ... 890	Öl	570 ... 660			950	68

[1] Mechanische Kennwerte, Seite 193

Wärmebehandlung der Werkzeugstähle

Temperatur–Zeit–Folge–Schaubilder für das Härten von Werkzeugstählen

Unlegierte Werkzeugstähle und Kaltarbeitsstähle mit Härtetemperaturen < 900 °C	Legierte Kaltarbeits- und Warmarbeitsstähle mit Härtetemperaturen > 900 °C	Schnellarbeitsstähle

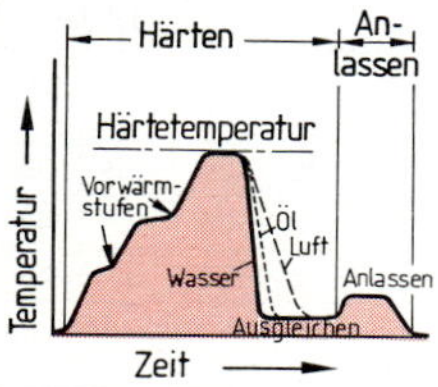

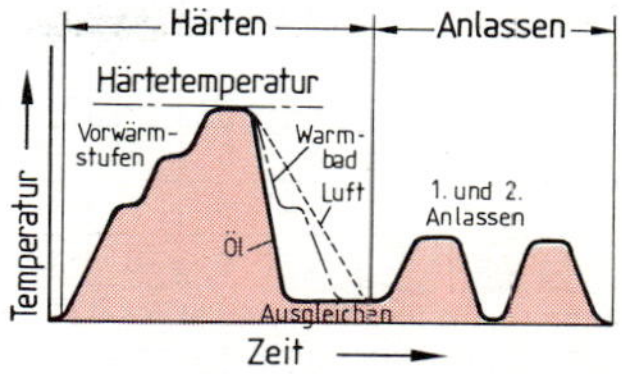

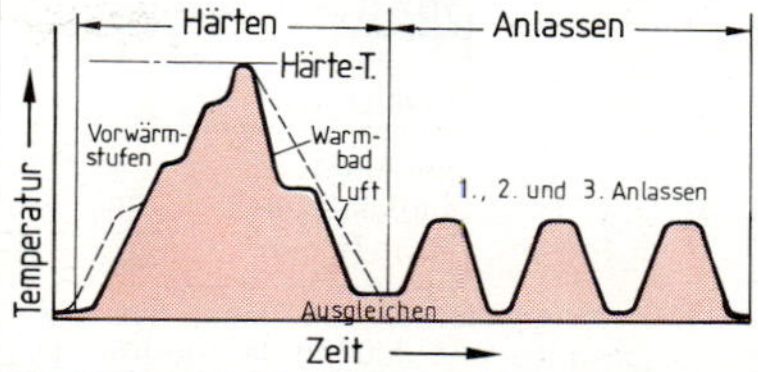

Angaben zur Wärmebehandlung der Werkzeugstähle (Auswahl) DIN 17 350 (1980)

Stahlsorte Kurzname	Werkstoffnummer	Warmformgebungs-Temperatur °C	Weichglühen Temperatur °C	Weichglühen Härte HB nach Weichglühen	Härten Temperatur °C	Härten Abschreckmittel	Anlassen Temperatur °C	Anlassen Härte HRC nach dem Anlassen
Unlegierte Kaltarbeitsstähle								
C 60 W	1.1740	1050 ... 800	680 ... 710	231	800 ... 830	Öl	180	52
C 80 W 1	1.1525	1050 ... 800	680 ... 710	192	780 ... 810	Wasser	180	59
C 105 W 1	1.1545	1050 ... 800	680 ... 710	213	770 ... 800	Wasser	180	60
Legierte Kaltarbeitsstähle								
100 Cr 6	1.2067	1050 ... 850	710 ... 750	223	820 ... 850	Öl	180	60
60 W Cr V 7	1.2550	1050 ... 850	720 ... 750	229	870 ... 900	Öl	180	57
X 210 Cr W 12	1.2436	1050 ... 850	800 ... 830	255	950 ... 980	Öl, Luft, Warmbad	180	60
Warmarbeitsstähle								
55 Ni Cr Mo V 6	1.2713	1050 ... 850	680 ... 710	248	830 ... 870	Öl	500	40
X 40 Cr Mo V 5 1	1.2344	1100 ... 900	750 ... 780	229	1020 ... 1060	Öl, Luft, Warmbad	550	51
Schnellarbeitsstähle								
S 6-5-2	1.3343	1100 ... 900	770 ... 840	240 ... 300	1190 ... 1230	Öl, Luft, Warmbad	560	65
S 7-4-2-5	1.3246	1100 ... 900	770 ... 840	240 ... 300	1180 ... 1220		540	66
S 10-4-3-10	1.3207	1100 ... 900	800 ... 830	240 ... 300	1210 ... 1250		560	66

Härte-Anlaßtemperatur-Kurven der Werkzeugstähle (Auswahl) DIN 17 350 (1980)

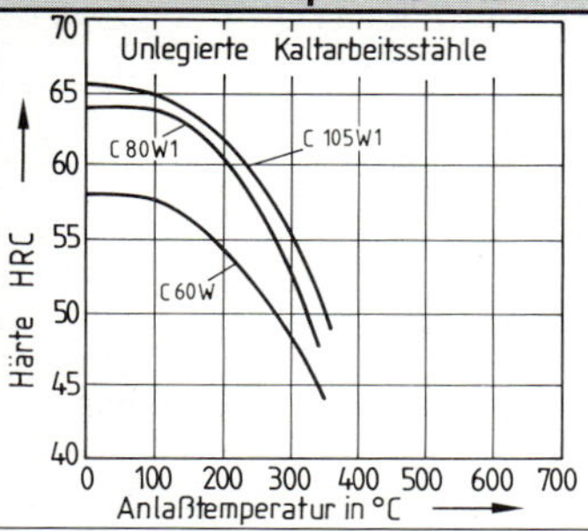

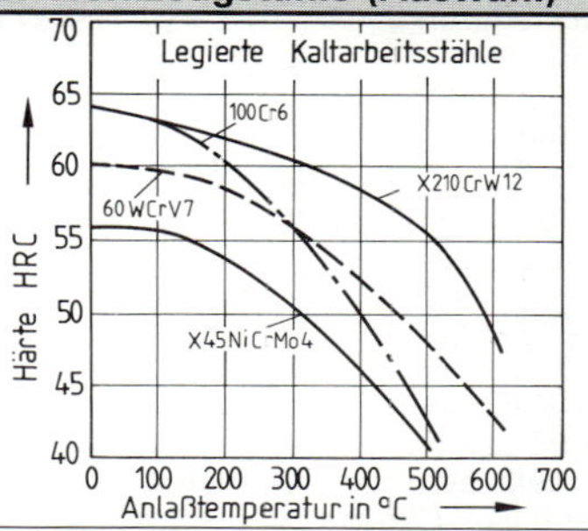

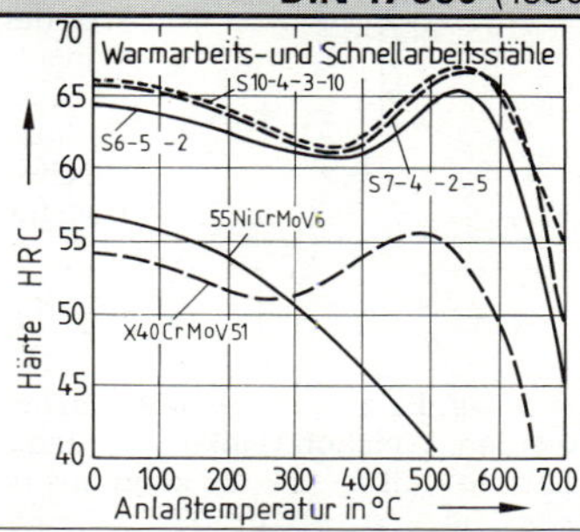

Das bei einem Werkzeugstahl nach einem bestimmten Abkühlungsverlauf gebildete Härtegefüge und die dann vorliegende Härte kann aus dem ZTV-Schaubild des Stahls abgelesen werden (Beispiel: Seite 67). Die ZTU-Schaubilder der genormten Werkzeugstähle sind im Beiblatt zu DIN 17 350 zu finden.

Kennzeichnung des Wärmebehandlungszustandes

Der Wärmebehandlungszustand eines Werkstoffs wird häufig mit einer **Kurzangabe** bezeichnet, z. B. **H** = gehärtet, **V** = vergütet. Eine Zusammenstellung der Kurzangaben auf Seite 188.

In **Zeichnungen** wird der geforderte Wärmebehandlungs-Endzustand eines Bauteils durch eine Wortangabe und die geforderte Härte angegeben.

Beispiel

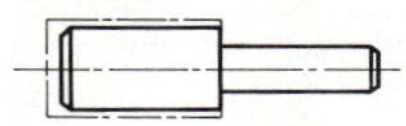

– – – gehärtet 58 + 5 HRC
und ganzes Teil angelassen

Biegeumformen

Biegehalbmesser-Vorzugswerte in mm	1	1,6	2,5	4	6	10	16	20	25	32	40	50	63	80	100

Kleinster zulässiger Biegehalbmesser für das Kaltbiegen von Flachstahlerzeugnissen[1)] DIN 6935 (1975)

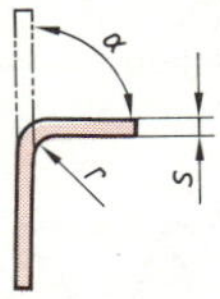

Stahlsorten[2)]	Flachzeugdicke s in mm	≤ 1	≤ 1,5	≤ 2,5	≤ 3	≤ 4	≤ 5	≤ 6	≤ 7	≤ 8	≤ 10	≤ 12	≤ 14	≤ 16	≤ 18	≤ 20
mit Mindest-zugfestigkeit R_m in N/mm²	bis 390	1	1,6	2,5	3	5	6	8	10	12	16	20	25	28	36	40
	390 ... 490	1,2	2	3	4	5	8	10	12	16	20	25	28	32	40	45
	490 ... 640	1,6	2,5	4	5	6	8	10	12	16	20	25	32	36	45	50

1) Die Werte gelten für das Biegen quer zur Walzrichtung und für Biegewinkel $\alpha \leq 120°$. Beim Biegen längs zur Walzrichtung und Biegewinkel $\alpha > 120°$ ist der Wert für die nächsthöhere Blechdicke zu wählen.

2) Stahlsorten zum Kaltbiegen: die Q-Reihe der allgemeinen Baustähle nach DIN 17100 (Seite 190).

Beispiel: Flachstahl aus QSt 52-3 mit 8 mm Dicke soll in Walzrichtung gebogen werden. Welcher Biegehalbmesser darf nicht unterschritten werden? Lösung: Aus Tabelle auf Seite 190: $R_m = 490 \ldots 630$ N/mm² → r ≥ 16 mm.

Kleinster zulässiger Biegehalbmesser für das Kaltbiegen von Stahlrohren (Faustregel)

Der kleinste zulässige Biegehalbmesser für Rohre soll größer als der dreifache Rohrdurchmesser *d* sein: $\boldsymbol{r > 3\,d}$

Zuschnittermittlung für Biegeteile mit 90°-Biegungen DIN 6935, Beiblatt 2 (1983)

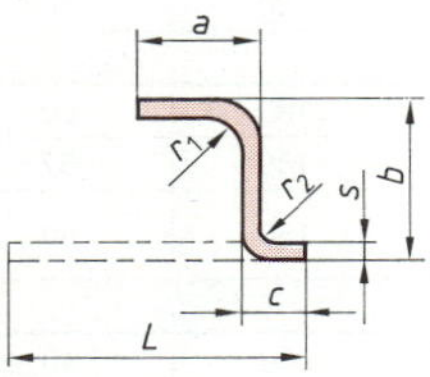

Gestreckte Länge

$$L = a + b + c + \ldots - v_1 - v_2 - \ldots$$

Ausgleichswert *v* je Biegestelle in mm

Biegehalbmesser *r* in mm ↓ / Blechdicke *s* in mm →	1,0	1,5	2,0	2,5	3,0	4,0	5,0	6,0	8,0	10,0	12,0	15,0	18,0	20,0
2,5	2,4	3,2	4,0	4,8	–	–	–	–	–	–	–	–	–	–
4	3,0	3,7	4,5	5,2	6,0	–	–	–	–	–	–	–	–	–
6	3,8	4,5	5,2	6,0	6,7	8,3	9,9	–	–	–	–	–	–	–
10	5,5	6,1	6,7	7,4	8,1	9,6	11,2	12,7	–	–	–	–	–	–
16	8,1	8,7	9,3	9,9	10,5	11,9	13,3	14,8	17,8	21,0	–	–	–	–
20	9,8	10,4	11,0	11,6	12,2	13,4	14,9	16,3	19,3	22,3	25,4	–	–	–
25	11,9	12,6	13,2	13,8	14,4	15,6	16,8	18,2	21,1	24,1	27,1	–	–	–
40	18,4	19,0	19,6	20,2	20,8	22,0	23,2	24,5	26,9	29,7	32,6	37,0	41,5	44,6
63	28,3	28,9	29,5	30,1	30,1	31,9	33,1	34,3	36,8	39,2	41,6	45,7	50,0	52,9

Beispiel: $a = 100$ mm, $b = 140$ mm, $c = 55$ mm, $s = 6$ mm, $r_1 = 20$ mm, $r_2 = 10$ mm $L = ?$
Aus der Tabelle: $v_1 = 16{,}3$ mm, $v_2 = 12{,}7$ mm → $L = 100$ mm + 140 mm + 55 mm − 16,3 mm − 12,7 mm = **266 mm**

Berechnung der Rückfederung beim Kaltbiegen VDI-Richtlinie 3389 (1973)

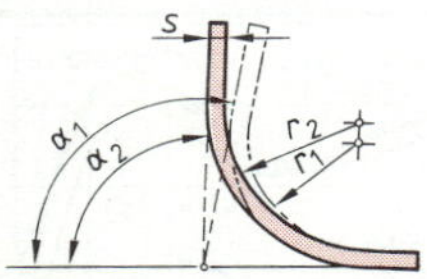

- α_1 Winkel am Biegewerkzeug (vor der Rückfederung)
- α_2 Winkel am Bauteil
- r_1 Radius am Biegewerkzeug
- r_2 Radius am Bauteil
- s Blechdicke
- k Rückfederungsfaktor

$$\alpha_1 = \frac{\alpha_2}{k}$$

$$r_1 = k \cdot \left(r_2 + \frac{s}{2}\right) - \frac{s}{2}$$

Rückfederungsfaktor *k* (Anhaltswerte)

$r_2 : s$ ↓	St 37 k, USt 14	C 15, USt 12	X 12 Cr Ni 18 8
2,5	0,985	0,985	0,97
4	0,98	0,98	0,95
10	0,97	0,96	0,89
25	0,94	0,90	0,77
40	0,92	0,85	0,68
63	0,88	0,78	–
100	0,83	0,67	–

Beispiel: Es soll aus St 37 K Flachmaterial (Dicke 5 mm) ein Biegeteil mit $\alpha_2 = 115°$ und $r_2 = 125$ mm gefertigt werden. Welchen Winkel und Radius muß das Biegewerkzeug haben?
Lösung: Mit $r_2 : s = 25$ kann aus der Tabelle abgelesen werden:
$k = 0{,}94 \rightarrow \boldsymbol{\alpha_1} = \frac{115°}{0{,}94} = \mathbf{122°}$ $r_1 = 0{,}94 \cdot (125\text{ mm} + 2{,}5\text{ mm}) - 2{,}5\text{ mm} = \mathbf{117\ mm.}$

Schmieden

Schmiedetemperaturbereiche

Werkstoff →	St 37-2 (C : 0,17 %)	St 60-2 (C : 0,4 %)	C 60 W (C : 0,6 %)	C 105 W 1 (C : 1,05 %)	55 Ni Cr Mo V 6 (C : 0,55 %)	X 5 Cr Ni 18 10 (C : 0,05 %)	S 6-5-2 (C : 0,9 %)
Anfangstemperatur	1250	1180	1050	1050	1050	1150	1100
	⋮	⋮	⋮	⋮	⋮	⋮	⋮
Endtemperatur	800	800	800	800	850	750	900

Weitere Angaben zu Warmformgebungs-Temperaturen bei Wärmebehandlung, Seite 220, 221.

Zerspanen von Eisen/Stahl-Werkstoffen

Bohren

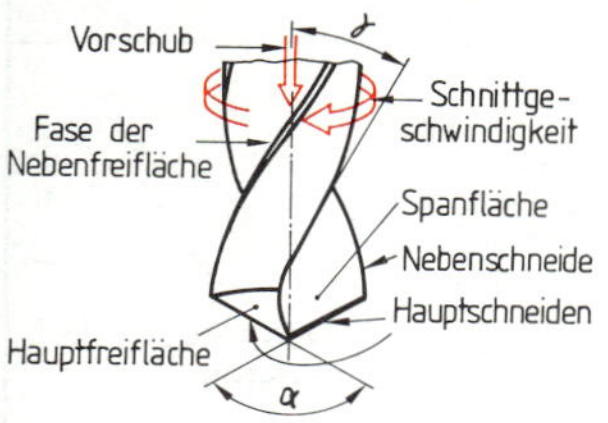

γ Seitenspanwinkel
δ Spitzenwinkel
v_c Schnittgeschwindigkeit in mm/min
v_f Vorschubgeschwindigkeit in mm/min
f Vorschub in mm
n Bohrerdrehzahl

$v_f = n \cdot f$	$n = \frac{v_c}{\pi \cdot d}$

Auswahl des Bohrers

↓ Werkzeug / zu bohrender → Werkstoff		Unlegierte und legierte Stähle, GGG, GT	Hochlegierte Stähle
HSS-Spiralbohrer	Werkzeugtyp	Typ N	Sonderform
	Spitzenwinkel δ	118°	130°
	Seitenspanwinkel γ	20° ... 30°	20° ... 30°
	Schneidstoffsorte	S 6-5-2	S 6-5-2-5
HM-Spiralbohrer	Schneidwerkstoff	P 25	K 10, K20
	Kühlschmierstoff	Emulsion/Luft	Emulsion

Richtwerte für das Bohren

Zu bohrender Werkstoff	mit Zugfestigkeit (in N/mm²)	Schnittgeschwindigkeit v_c in m/min	Vorschub f in mm je Bohrerumdrehung für folgende Bohrerdurchmesser (in mm): 2,5	4	6	10	16	25	40	63	80	Kühlschmierstoff
Mit Spiralbohrer aus Schnellarbeitsstahl												
Unlegierte Baustähle	bis 700	25 ... 35	0,05	0,10	0,12	0,2	0,25	0,4	0,5	0,8	1,0	Kühlschmieremulsion
	über 700	20 ... 30	0,03	0,06	0,08	0,12	0,16	0,25	0,3	0,5	0,6	
Legierte Stähle	800 ... 1000	20 ... 30	0,02	0,04	0,05	0,08	0,1	0,16	0,2	0,3	0,4	
Nichtrostende Stähle		6 ... 12	0,02	0,04	0,05	0,08	0,12	0,16	0,2	0,3	0,4	
Gußeisen Temperguß	bis 250	15 ... 20	0,05	0,08	0,1	0,16	0,2	0,3	0,4	0,6	0,8	Druckluft
	über 250	5 ... 15	0,03	0,06	0,08	0,12	0,16	0,25	0,3	0,5	0,6	
Mit Hartmetall-Spiralbohrer[1] bzw. Spiralbohrer mit Hartmetall-Wendeplatten[2]												
Unleg. Stähle	über 700	40 ... 80[1] 150 ... 350[2]	0,03[1]	0,03[1]	0,04[1]	0,04[1]	0,04[1]	0,06[2]	0,08[2]	0,12[2]	0,12[2]	Kühlschmieremulsion
Legierte Stähle	bis 800	30 ... 45[1] 120 ... 300[2]	0,02[1]	0,03[1]	0,04[1]	0,04[1]	0,05[1]	0,07[2]	0,1 [2]	0,14[2]	0,14[2]	
	über 800	20 ... 25[1] 100 ... 250[2]	0,02[1]	0,02[1]	0,03[1]	0,03[1]	0,03[1]	0,08[2]	0,12[2]	0,18[2]	0,18[2]	
Nichtrostende Stähle		10 ... 22[1] 130 ... 300[2]	0,01[1]	0,01[1]	0,015[1]	0,02[1]	0,03[1]	0,04[2]	0,06[2]	0,1 [2]	0,1 [2]	
Gußeisen, Temperguß	bis 220 HB	40 ... 80[1] 80 ... 140[2]	0,03[1]	0,04[1]	0,04[1]	0,05[1]	0,08[1]	0,15[2]	0,01 ... 0,4[2]			Druckluft
	über 220 HB	30 ...40[1] 70 ... 130[2]	0,02[1]	0,03[1]	0,03[1]	0,04[1]	0,05[1]	0,08[2]				

Gewindebohren

Richtwerte für das Gewindeschneiden mit Maschinengewindebohren (aus Schnellarbeitsstahl)

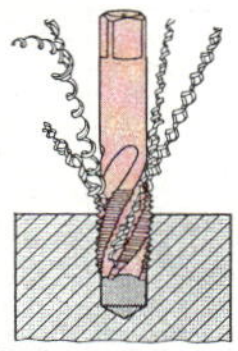

Bohrerdrehzahl

$n = \frac{v_c}{\pi \cdot d}$

Zu schneidender Werkstoff	mit Zugfestigkeit (in N/mm²)	Werkzeugtyp nach DIN 1836	Spanwinkel γ	Schnittgeschwindigkeit v_c in m/mm	Kühlschmierstoff
Unlegierte Stähle	bis 700	N	10° ... 12°	10 ... 15	Kühlschmieremulsion, Schneidöl
Unlegierte und legierte Stähle Temperguß	700 ... 1000	N oder H	6° ... 8°	5 ... 10	
Hochlegierte Stähle	über 1000	H	8° ... 10°	3 ... 5	
Gußeisen	bis 250	H	5° ... 6°	8 ... 10	Druckluft, Petroleum
	über 250	H	0° ... 3°	4 ... 6	

Sägen (mit der Metallkreissäge)

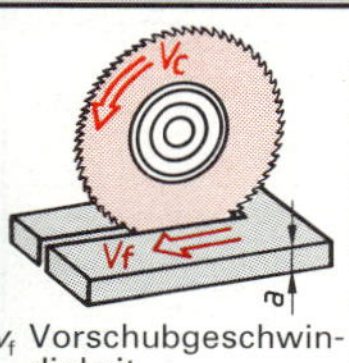

v_f Vorschubgeschwindigkeit
v_c Schnittgeschwindigkeit

$n = \frac{v_c}{\pi \cdot d}$

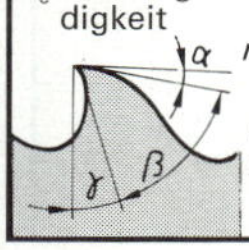

$\alpha \approx 8°$
γ : 15° ... 22°

Richtwerte für das Sägen

Zu sägender Werkstoff	mit Zugfestigkeit (in N/mm²)	mit HSS-Kreissägeblatt: Schnittgeschwindigkeit v_c (m/min)	mit HSS-Kreissägeblatt: Vorschub pro Zahn[1] f_z (mm)	mit Hartmetall-Sägeblatt: Schnittgeschwindigkeit v_c (m/min)	mit Hartmetall-Sägeblatt: Vorschub pro Zahn[1] f_z (mm)
Allg. Baustähle	bis 500	25 ... 50	≈ 0,03	120 ... 180	0,3
Baustähle	500 ... 800	15 ... 30	≈ 0,025	80 ... 120	·
Baustähle	800 ... 1000	10 ... 20	≈ 0,015	40 ... 100	·
Nichtrostende Stähle	bis 800	7 ... 15	≈ 0,015	40 ... 80	0,1
Träger, Profile Rohre (Allg. Baust.) (Wanddicke ≈ 0,1 · D)	300 ... 600	15 ... 20	≈ 0,03	30 ... 60	≈ 0,3

[1] $v_f = f_z \cdot z \cdot n$ mit f_z = Vorschub pro Zahn, z = Zähnezahl, n = Drehzahl

Zerspanen von Eisen/Stahl-Werkstoffen

Drehen

Geometrische Verhältnisse beim Drehvorgang (Außenlängsdrehen)

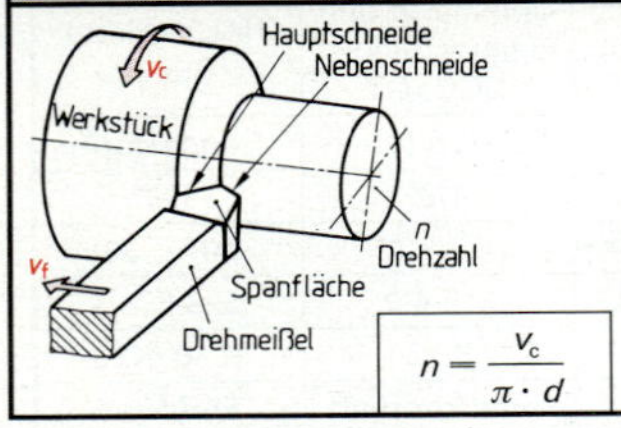

$$n = \frac{v_c}{\pi \cdot d}$$

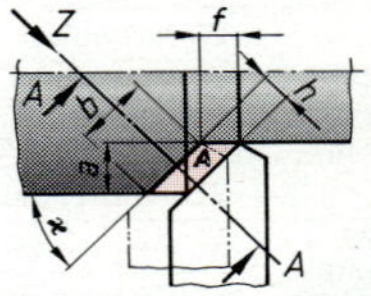

v_c Schnittgeschwindigkeit
v_f Vorschubgeschwindigkeit
f Vorschub pro Umdrehung
a Schnitttiefe
b Spanungsbreite
h Spanungstiefe
A Spanungsquerschnitt
$A = a \cdot f$

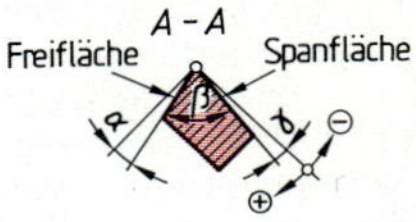

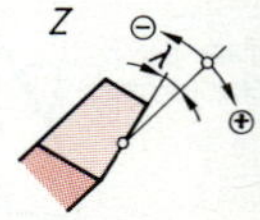

α Freiwinkel
β Keilwinkel
γ Spanwinkel
λ Neigungswinkel
$\varkappa$ Einstellwinkel

Übersicht: Drehmeißelformen und Dreharbeiten

Gerader Drehmeißel ISO 1 DIN 4971	Gebogener Drehmeißel ISO 2 DIN 4972	Abgesetzter Eckdrehmeißel ISO 3 DIN 4978	Breiter Drehmeißel ISO 4 DIN 4976	Abgesetzter Stirndrehmeißel ISO 5 DIN 4977	Abgesetzter Seitendrehmeißel ISO 6 DIN 4980	Stech-drehmeißel ISO 7 DIN 4981	Spitzer Drehmeißel – DIN 4975	Innen-Drehmeißel ISO 8 DIN 4973	Innen-Eckdrehmeißel ISO 9 DIN 4974
Drehmeißel mit Hartmetallschneidplatten									
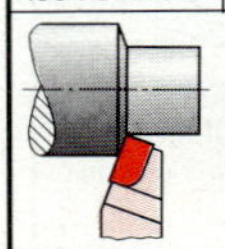	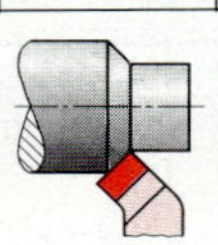	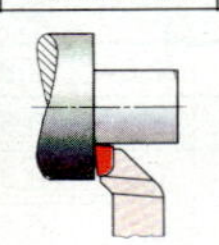	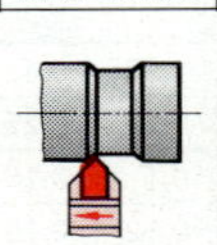	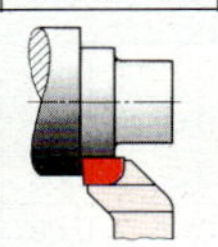	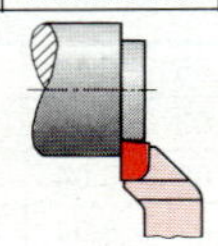	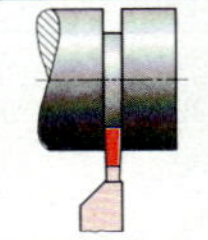	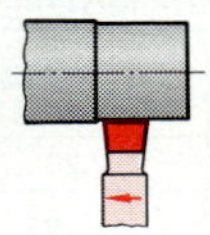	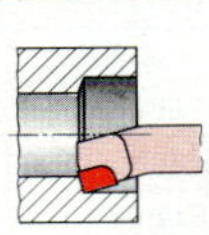	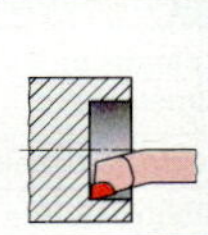
Schrupparbeiten beim Längsdrehen.	Grobe Schrupparbeiten zum Längs- und Plandrehen.	Zum Schlichten von innen nach außen, zum Längsrunddrehen, zum Eckenausdrehen.	Zum Schlichten beim Längsdrehen.	Zur groben Spanabnahme von Stirnflächen (Plandrehen).	Zum Schlichten beim Längs- und Plandrehen.	Zum Nuten und zum Abstechen.	Zum Schlichten beim Längsdrehen.	Zum Ausdrehen von Bohrungen (Innen-Längsdrehen)	Zum Ausdrehen und Schlichten von abgesetzten Bohrungen.
Drehmeißel mit Schnellarbeitsstahlschneide									
DIN 4951	DIN 4952	–	DIN 4976	–	DIN 4960	DIN 4961	DIN 4955	DIN 4953	DIN 4954

Richtwerte für das Drehen mit Schnellarbeitsstahl-Werkzeug — VDI-Richtlinie 3206

Zu drehender Werkstoff	mit Zugfestigkeit R_m in N/mm²	Dreh-Werkzeug: Schnellarbeitsstahl	Freiwinkel α	Spanwinkel γ	Neigungswinkel $\varkappa$	Schnittparameter: Schnitttiefe a in mm	Vorschub f in mm	Schnittgeschwindigk. v_c in m/min	Standzeit T in min
Allgemeine Baustähle, Einsatzstähle, Vergütungsstähle, Werkzeugstähle	bis 500	S 10-4-3-10	8°	18°	0° ... 4°	0,5	0,1	75 ... 60	60
						3	0,5	65 ... 50	
		S 18-1-2-10	8°	18°	– 4°	6	1,0	50 ... 35	
	500 ... 700	S 10-4-3-10	8°	14°	0° ... 4°	0,5	0,1	70 ... 50	60
					0°	3	0,5	50 ... 30	
		S 18-1-2-10	8°	14°	– 4°	6	1,0	35 ... 25	
	700 ... 900	S 10-4-3-10	8°	14°	0°	0,5	0,1	45 ... 30	60
						3	0,5	30 ... 22	
		S 18-1-2-10	8°	14°	– 4°	6	1,0	22 ... 18	
	900 ... 1100	S 10-4-3-10	8°	14°	– 4°	0,5	0,1	30 ... 20	60
						3	0,4	20 ... 15	
						6	0,8	18 ... 10	
Automatenstähle	bis 700	S 10-4-3-10 und S 18-1-2-10	8°	bis 20°	0° ... 4°	0,5	0,1	90 ... 60	240
						3	0,3	75 ... 50	
						6	0,6	55 ... 35	
Nichtrostende Stähle	(mit perlitisch-martensitischem Gefüge)	S 10-4-3-10	8° ... 10°	14° ... 18°	0°	0,5	0,1	55 ... 45	60
						3	0,5	45 ... 35	
						6	1,0	35 ... 25	
Gußeisen	bis 250	S 12-1-4-5	8°	0° ... 6°	0°	0,5	0,1	40 ... 32	60
					– 4°	3	0,3	32 ... 23	
						6	0,6	23 ... 15	
Unlegierter und niedrig legierter Stahlguß	bis 500	S 10-4-3-10	8°	18°	0° ... 4°	0,5	0,1	70 ... 50	60
						3	0,5	50 ... 30	
					– 4°	6	1,0	35 ... 25	

Richtwerte für das Drehen mit Hartmetall-bestücktem Werkzeug (Standzeit 15 min)

Zu drehender Werkstoff	mit Zugfestigkeit (N/mm²) bzw. Härte (HB)	Dreh-Werkzeug: Hartmetallsorte[1]	Freiwinkel α	Spanwinkel γ	Neigungswinkel $\varkappa$	Schnittparameter: Schnittiefe a in mm	Vorschub f in mm	Schnittgeschwindigkeit v_c in m/min
Allg. Baustähle, unleg. Einsatz- und Automatenstähle	bis 500 N/mm²	K10, P10	6° ... 10°	12° ... 25°	– 4°	0,5 ... 4	0,1 ... 0,4	330 ... 220
		P10, P20		12° ... 18°		über 4	0,3 ... 1,5	240 ... 60
Allg. Baustähle, Leg. Einsatzstähle Vergütungsstähle	500 ... 700 N/mm²	P10, P20, M10	6° ... 8°	12° ... 18°	– 4°	0,5 ... 4	0,1 ... 0,4	300 ... 150
		M20, P30		12° ... 15°		über 4	0,3 ... 1,5	160 ... 60
Vergütungsstähle	700 ... 900 N/mm²	P10	6° ... 8°	12°	– 4°	0,5 ... 4	0,1 ... 0,4	260 ...100
		M20, P30				über 4	0,3 ... 1,5	130 ... 50
Vergütungsstähle	900 ... 1100 N/mm²	P10, M20	6° ... 8°	6° ... 12°	– 4°	0,5 ... 4	0,1 ... 0,4	150 ... 85
		M20, P30				über 4	0,3 ... 1,5	90 ... 35
Werkzeugstähle	1100 ... 1400 N/mm²	P10, P20, M10	6° ... 8°	6°	– 4°	0,5 ... 4	0,1 ... 0,4	120 ... 60
		P30, M20				über 4	0,3 ... 1,5	70 ... 25
Gußeisen	bis 200 HB	K01, K10, M10	6° ... 8°	6° ... 12°	– 4°	bis 4	bis 0,3	250 ... 120
		K10, K20, M20				über 4	0,3 ... 1,5	130 ... 55
Stahlguß	bis 700 N/mm²	P10, K10, M20	6° ... 8°	6° ... 12°	– 4°	bis 4	0,1 ... 0,4	140 ... 80
		P20, P30, M20				über 4	0,3 ... 1,5	85 ... 35

Fräsen

Übersicht: Fräserarten und Fräsarbeiten

Walzenfräser

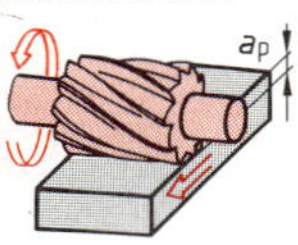

Planfräsen

a_p Schnittiefe

d Fräserdurchmesser
z Zähnezahl des Fräsers
n Drehzahl des Fräsers
v_c Schnittgeschwindigkeit
v_f Vorschubgeschwindigkeit
f_z Vorschub pro Fräserzahn

$n = \frac{v_c}{\pi \cdot d}$ $v_f = f_z \cdot z \cdot n$

Walzenstirnfräser

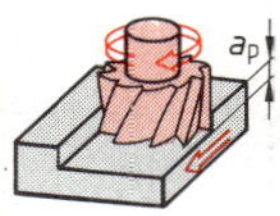

Planfräsen, Fräsen von Ecken

Schaftfräser

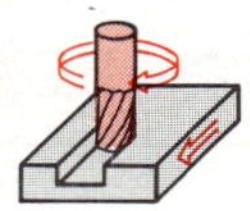

Fräsen von tiefen Nuten

Fräskopf (Messerkopf)

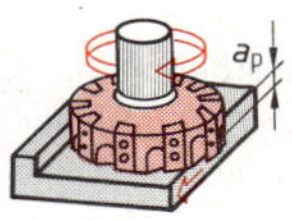

Stirn-Planfräsen, Fräsen von Ecken

Richtwerte für das Fräsen mit HSS-Fräsern

Zu fräsender Werkstoff (mit Zugfestigkeit R_m in N/mm²)	Bearbeitungsart	Walzenfräser: Vorschub pro Fräserzahn f_z mm/Zahn	Schnittgeschwindigkeit v_c in m/min bei Schnittiefe a_p: 1 mm	4 mm	8 mm	Walzenstirnfräser: Vorschub pro Fräserzahn f_z mm/Zahn	Schnittgeschwindigkeit v_c in m/min bei Schnittiefe a_p: 1 mm	4 mm	8 mm	Schaftfräser Durchmesser bis 20 mm: f_z mm/Zahn	v_c m/min	Durchmesser über 20 mm: f_z mm/Zahn	v_c m/min
Allgemeine Baustähle bis 500 N/mm²	Schruppen	0,25	28	22	20	0,20	26	22	20	0,05	25	0,08	19
	Schlichten	0,10	36	30	25	0,10	34	30	27	0,05	30	0,05	23
Allgemeine Baustähle 500 ... 700 N/mm²	Schruppen	0,16	22	18	15	0,15	20	18	16	0,03	20	0,05	15
	Schlichten	0,08	30	22	20	0,08	26	23	21	0,01	25	0,03	18
Vergütungsstähle bis 1000 N/mm²	Schruppen	0,18	28	22	19	0,16	26	22	21	0,03	22	0,05	18
	Schlichten	0,10	36	30	25	0,08	34	30	27	0,01	27	0,03	20
Gußeisen	Schruppen	0,14	20	16	14	0,12	18	15	14	0,04	18	0,06	13
	Schlichten	0,07	26	20	18	0,06	23	20	18	0,02	22	0,04	17
Stahlguß	Schruppen	0,20	22	17	15	0,16	22	20	18	0,06	22	0,09	17
	Schlichten	0,10	29	22	20	0,08	29	25	23	0,03	26	0,06	20

Richtwerte für das Fräsen mit Hartmetall-bestückten Fräsköpfen (Messerköpfen)

Zu fräsender Werkstoff	Schneidstoff[1]	f_z mm/Zahn	a_p mm	v_c	Zu fräsender Werkstoff	Schneidstoff[1]	f_z mm/Zahn	a_p mm	v_c m/min
Unlegierte Stähle (R_m: bis 500 N/mm²)	P40	0,3	5...10	145...110	Nichtrostende Stähle (R_m: bis 750 N/mm²)	P30	0,1	0,5...3	75... 55
		0,8	5...10	115... 85			0,3	0,5...3	60... 45
Unleg. und leg. Stähle (R_m: bis 900 N/mm²)	P30	0,2	3... 7	120...100	Gußeisen (Härte: 140...200 HB)	M10	0,3	3...7	130...120
		0,5	1... 5	120... 95			0,5	3...7	125...115

[1] Hartmetallsorten (Schneidstoffe) auf Seite 255

Schweißen

Wichtige Schweißverfahren

Gasschmelz-Schweißen (Autogenschweißen)	Lichtbogenschmelz-Schweißen (E-Schweißen)	Metall-Inertgas-Schweißen MIG	Metall-Aktivgas-Schweißen MAG	Wolfram-Inertgas-Schweißen WIG
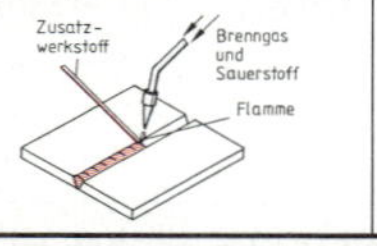	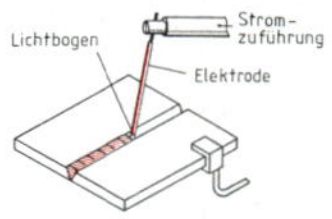	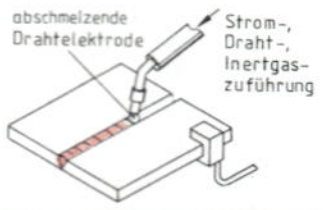	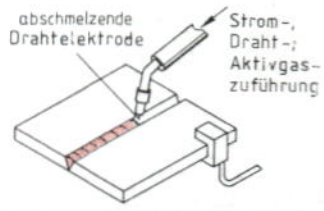	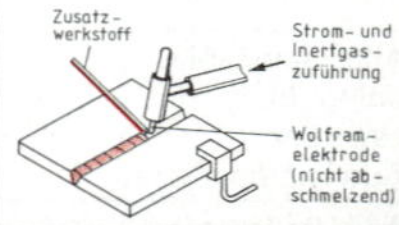

Ausführung von Schweißverbindungen

Schweißstöße

Stumpfstoß	Überlappstoß	T-Stoß	Doppel-T-Stoß	Eck-Stoß	Mehrfachstoß	Kreuzungsstoß

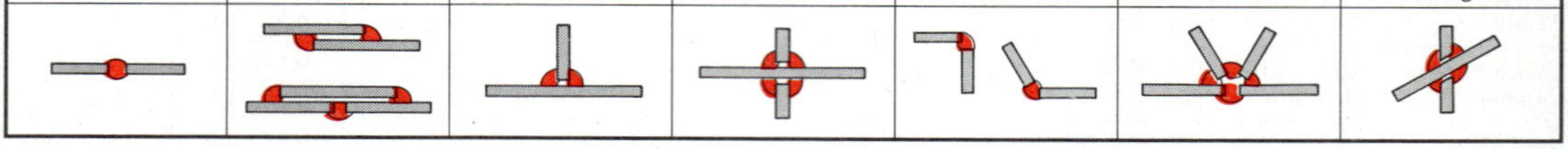

Schweißnahtarten (Auswahl) und Schweißnahtvorbereitung

Naht-Bezeichnung	Bördelnaht	I-Naht	V-Naht	HV-Naht	Y-Naht	HY-Naht
Nahtquerschnitt						
Nahtfuge Breite (mm)/Winkel (°)	-/-	0 ... 3/0	0 ...3/40 ... 60	0 ... 3/40 ... 60	0 ... 3/40 ... 60	0 ... 3/40 ... 60
Symbol	)(	‖	V	V	Y	Y

Naht-Bezeichnung	U-Naht	HU-Naht	X-Naht	Doppel-HV-Naht (K-Naht)	Kehlnaht	Doppel-Kehlnaht
Nahtquerschnitt	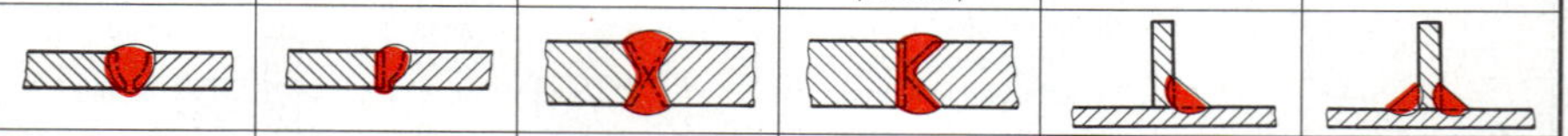					
Nahtfuge Breite (mm)/Winkel (°)	0 ... 3/10	0 ... 3/10 ... 20	0 ... 3/40 ... 60	0 ... 4/40 ... 60	–	–
Symbol	Y	Ƴ	X	K	⊿	◭

Schweißpositionen

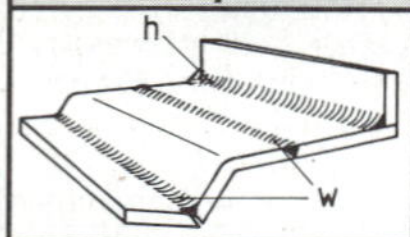

h	Horizontal-Position
w	Wannen-Position

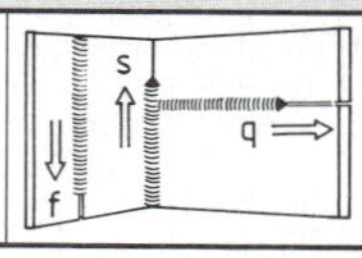

q	Querposition
s	Steigposition
f	Fallposition

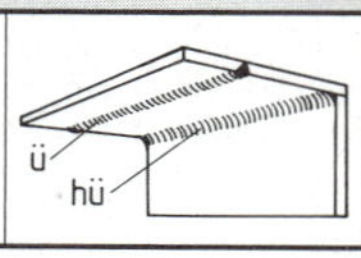

ü	Überkopf-Position
hü	Horizontal-Überkopf-Position

Zeichnerische Darstellung von Schweißnähten und Lötverbindungen in Zeichnungen

DIN 1912, Teil 5 (1987)

Eine Schweißnaht wird durch ein Bezugszeichen mit Angaben dargestellt.

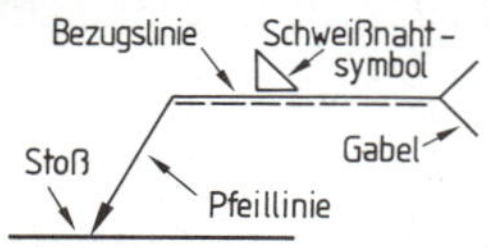

In der Gabel werden Angaben über das Schweißverfahren, die Bewertungsgruppe, die Position und Zusatzwerkstoffe gemacht.
(Die Gabel kann fehlen.)

Beispiel: V-Naht, durch Lichtbogenschmelzschweißen (Kennzahl 111), Bewertungsgruppe BS, Wannenposition (w), Elektrode E 51 22 RR6 (DIN 1913)

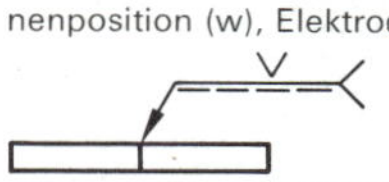

111/DIN 8563 – BS/w/
DIN 1913 – E 51 22 RR6

Gasschmelzschweißen (G) von Stahl

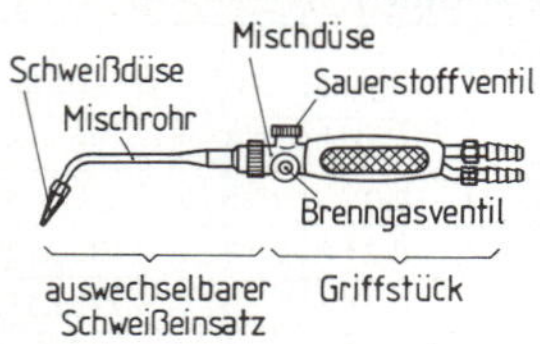

Gase zum Schmelzschweißen

Gasart	Chemische Formel	Kenn-farbe	Anschlüsse der Flaschenventile	Gasflaschendaten Druck bar	Volumen l	Füllmenge kg, m³	Maximale Flammen-temperatur
Acetylen	C_2H_2	gelb	Spannbügel	19	40/50	8 m³/10 m³	~ 3200 °C
Wasserstoff	H_2	rot	W 21,8 × 1/14 – LH	200	10/50	2 m³/10 m³	~ 2100 °C
Propan	C_3H_8	rot	W 21,8 × 1/14 – LH	~ 8,5	10/50	4 kg/21 kg	~ 2750 °C
Sauerstoff	O_2	blau	R 3/4	200	40/50	8 m³/10 m³	–

Gasschmelzschweißen (G), Brennschneiden

Ermittlung der Gasentnahmemengen aus Gasflaschen

Gelöste Gase z. B. **Acetylen**

$$\Delta V = \frac{V_F \cdot (p_1 - p_2)}{p_F}$$

ΔV Gasentnahme
V_F Gasfüllung
p_F Fülldruck
$p_1 - p_2$ Druckabfall durch die Entnahme

Druckflaschengase, z. B. **Sauerstoff, Wasserstoff**

$$\Delta V = \frac{V \cdot (p_1 - p_2)}{p_{amb}}$$

V Flaschenvolumen
P_{amb} Luftdruck (1 bar)

Flüssiggase, z. B. **Propan**
Bei Flüssiggasen wird die Masse der entnommenen Gasmenge durch Wiegen vor und nach der Gasentnahme bestimmt.

Schweißstäbe für das Gasschweißen — DIN 8554 (1986)

Schweißstabklasse →	G I	G II	G III	G IV	G V	G VI	G VII
Einprägung/Kennfarbe	I/(keine)	II/grau	III/gold	IV/rot	V/gelb	VI/grün	VII/silber
Fließverhalten	dünnfließend		zähfließend				
Spritzneigung der Schmelze	stark	gering	keine				
Porenbildung in der Naht	ja	ja	keine				gering

Genormte Schweißstabdurchmesser (in mm): 1,6; 2; 2,5; 3; (3,2); 4; 5; (6,3).
Bestellbeispiel: Schweißstab DIN 8554 – G IV – 2,5 — Länge: 1000 mm

Auswahl des geeigneten Schweißstabes — DIN 8554, Teil 1 (1986)

Zu schweißende Werkstoffe: Stahlarten	Stahlsorten	G I	G II	G III	G IV	G V	G VI	G VII
Allgemeine Baustähle nach DIN 17100	St 33	×	×	×	×			
	St 37-2, USt 37-2, RSt 37-2, St 44-2		×	×	×			
	St 37-3, St 44-3, St 52-3			×	×			
Kreisförmige Stahlrohre nach DIN 1615, DIN 1626, DIN 1629	St 33	×	×	×	×			
	USt 37.0, St 37.0, St 44.0, St 52.0	×	×	×	×			
Kreisförmige Stahlrohre geschweißt (DIN 1628)	St 37.4, St 44.4, St 52.4			×	×			
Kreisförmige Stahlrohre nahtlos (DIN 1630)	St 37.4, St 44.4, St 52.4			×	×			
Rohre nach DIN 17175 und DIN 17177	St 35.8, St 45.8			×	×			
	St 37.8, St 42.8, 15 Mo 3				×			
Blech und Band nach DIN 17155	H I, H II			×	×			
Blech und Rohre aus warmfesten Stählen, DIN 17155, DIN 17175	17 Mn 4, 15 Mo 3				×			
	13 Cr Mo 4 4, 10 Cr M 9 10					×	×	
Schienenstähle								×

Richtwerte der Betriebsdaten beim Gasschmelzschweißen von Stahl — DIN 8543, Teil 1 (1981)

Werkstoffdicke in mm	Schweißeinsatz (Nummer)	Schweißnahtart (Symbol)	Schweißfugenbreite in mm	Schweißstabdurchmesser in mm	Gasdruck in bar: Sauerstoff	Gasdruck in bar: Acetylen	Acetylen- bzw. Sauerstoffverbrauch (~ gleich) l/h	l/1 m Naht	Schweißgeschwindigkeit cm/min	Zeitbedarf pro 1 m Naht
0,5 ... 1	1	⅃L	1 ... 2	1,6	2,5	0,5	~ 80	~ 15	~ 10	~ 10 min
1 ... 2	2	II		1,6; 2			~ 160	~ 30	~ 8	~ 12,5 min
2 ... 4	3	II, V		2; 2,5			~ 315	~ 70	~ 6,5	~ 15 min
4 ... 6	4	II, V	1 ... 3	3; 4			~ 500	~ 170	~ 5	~ 20 min
6 ... 9	5	V, HV	1 ... 3	4; 5			~ 800	~ 280	~ 4	~ 25 min
9 ... 14	6	Y, HY, U, HU					~ 1250	~ 550	~ 3,5	~ 30 min
14 ... 20	7	Y, U, K, X	1 ... 3	5			~ 1800	~ 1000	~ 2,5	~ 40 min

Brennschneiden

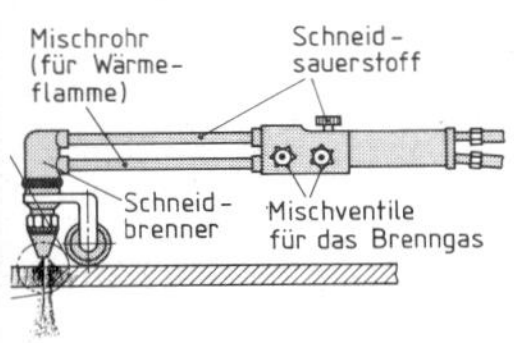

Richtwerte zum Brennschneiden von Stahl

Bauteildicke mm	Schneiddüse mm	Sauerstoffdruck bar	Acetylendruck bar	Schnittfugenbreite mm	Schneidgeschwindigkeit mm/min: Trennschnitt	Konstr.schnitt
3 ... 10	3 ... 10	2 ... 3	0,2	1,5	~ 800	~ 650
10 ... 25	10 ... 25	2,5 ... 4	0,2	1,8	~ 700	~ 500
25 ... 40	25 ... 40	4 ... 5	0,2	2,0	~ 550	~ 400
40 ... 60	40 ... 60	4 ... 5	0,2	2,2	~ 500	~ 300
60 ... 100	60 ... 100	5 ... 6	0,2	3,5 ... 4,0	~ 400	~ 300

Lichtbogenschmelzschweißen (E-Schweißen)

Stabelektroden für unlegierte und niedrig legierte Stähle — DIN 1913, Teil 1 (1984)

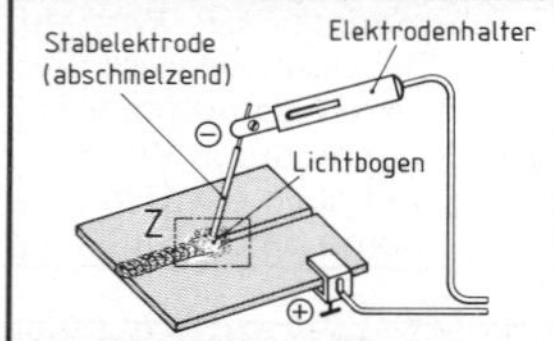

Bezeichnung einer Stabelektrode (Bestellbeispiel)

Stabelektrode DIN 1913 – E 43 32 B 12 120 – 4 × 350

- Stabelektrode DIN 1913 – E: Stabelektrode für das Lichtbogen-Handschweißen nach DIN 1913
- 43: Kennzahl für Zugfestigkeit, Streckgrenze und Dehnung des Schweißgutes
- 32: 1. und 2. Kennziffer für die Kerbschlagarbeit
- B 12: Stabelektrodentyp (Umhüllung/Klasse)
- 120: Ausbringung (in Prozent)
- 4 × 350: Elektrodenmaße

Kennzahl für Zugfestigkeit, Streckgrenze und Bruchdehnung des Schweißgutes

Kennzahl	Zugfestigkeit N/mm^2	Streckgrenze N/mm^2	Bruchdehnung
43	430 ... 550	≥ 355	> 22 %
51	510 ... 650	≥ 380	> 22 %

Kennziffern für die Kerbschlagarbeit A_V des Schweißgutes

A_V ist größer als 28 J bei	Erste Kennziffer	Zweite Kennziffer	A_V ist größer als 47 J bei
keine Angaben	0	0	keine Angaben
+ 20 °C	1	1	+ 20 °C
0 °C	1	2	0 °C
– 20 °C	3	3	– 20 °C
– 30 °C	4	4	– 30 °C
– 40 °C	5	5	– 40 °C

Kurzzeichen für die Umhüllung der Stabelektrode

Kurzzeichen	Umhüllung
A	sauerumhüllt
R	rutilumhüllt – dünn oder mitteldick
RR	rutilumhüllt – dick
AR	rutilsauerumhüllt (Mischtyp)
C	zelluloseumhüllt
R (C)	rutilzelluloseumhüllt – mitteldick
RR (C)	rutilzelluloseumhüllt – dick
B	basischumhüllt
B (R)	basischumhüllt mit nicht-basischen Anteilen
RR (B)	rutilbasischumhüllt – dick

Dicke der Umhüllung in % des Kernstabdurchmessers:
- dünnumhüllt ≙ bis 120 %
- mitteldickumhüllt ≙ 120 bis 155 %
- dickumhüllt ≙ über 155 %

Stabelektrodentypen

Elektrodentyp (Umhüllung/Klasse)	Schweiß-position	Stromart (Polung)	Besondere Eigenschaften
A 2	alle	–	keine Gewährleistung
R 2	alle	~	grobtropfig, gute Spaltüberbrückung (Heftelektr.)
R 3	alle außer f	–	grobtropfig, gute Spaltüberbrückung (Heftelektr.)
R (C) 3	alle	~	zähfließend, gute Spaltüberbrückung
C 4	alle		zähfließend, gute Spaltüberbrückung
RR 5	alle außer f	–	gute Spaltüberbrückung, glatte Naht
RR (C) 5	alle	~	gute Spaltüberbrückung, glatte Naht
RR 6	alle außer f	–	glatte Naht, gutes Wiederzünden
RR (C) 6	alle	~	glatte Naht, gutes Wiederzünden
A 7, AR 7, RR (B) 7	alle außer f	– / ~	feintropfig, gutes Schweißverhalten
RR 8, RR (B) 8	alle außer f	– / ~	gutes Schweißverhalten, hohe Festigkeit
B 9	alle bevorzugt f	– (+)	heißriß-sicher, Schweißgut ist zäh und dehnbar, grob geschuppte Naht
B (R) 9	alle bevorzugt f	– ~	heißriß-sicher, Schweißgut ist zäh und dehnbar, grob geschuppte Naht
B 10, B (R) 10	alle außer f	– (+) / – ~	heißriß-sicher, Schweißgut ist zäh und dehnbar, grob geschuppte Naht
RR 11	w, h (Kehlnaht)	–	große Schweißleistung – glatte Naht
AR 11	w, h (Kehlnaht)	~	große Schweißleistung – poröse Schlacke
B 12	w, h (Kehlnaht)	– (+)	große Schweißleistung – grobe Naht
B (R) 12	w, h (Kehlnaht)	– (+)	große Schweißleistung – glatte Naht

Elektrodenmaße und Bauteildicke

Durchmesser/Länge mm/mm	1,5 / 200	2 / 250	2,5 / 350	3,2 / 350	4 / 350	5 / 450	6 / 450	8 / 450
Bauteildicke mm	bis 2	2 ... 4	3 ... 5	4 ... 7	4 ... 10	8 ... 12	10 ... 16	über 15

Zuordnung des geeigneten Schweißgutes für eine Schweißarbeit

Zu schweißender Werkstoff: Stahlart	Stahlsorte	Mindestqualität des Schweißgutes[1]
Baustähle nach DIN 17 100	St 37-2, USt 37-2	43 10
	RSt 37-2, St 44-2	43 10
	St 37-3	43 30
	St 44-3, St 52-3	43 30
	St 50-2, St 60-2, St 70-2	51 30
Rohrstähle DIN 1626, DIN 1629, DIN 1628, DIN 1630	USt 37.0, St 37.0	43 00
	St 44.0, St 52.0	43 00
	St 37.4	43 11
	St 44.4, St 52.4	43 11
Stähle DIN 17 155, DIN 17 175, DIN 17 177	St 37.8, St 42.8, UHI	43 00
	H I, H II	43 22
	St 35.8, St 45.8	43 22
	17 Mn 4, 19 Mn 6	43 22

Zu schweißender Werkstoff: Stahlart	Stahlsorte	Mindestqualität des Schweißgutes[1]
Rohrstähle nach DIN 17 172	StE 210.7, StE 290.7	43 22
	StE 320.7, StE 360.7	43 22
	StE 385.7, StE 415.7	51 22
	StE 445.7, StE 480.7	51 22
Schiffbaustähle (Gütegrade)	A, B, D	43 11 43 22
	E	43 33
	A 32, A 36	51 22
	D 32, D 36	51 22
	E 32, E 36	51 33
Feinkornbaustähle nach DIN 17 102	StE 255, WStE 255	43 32
	StE 285, WStE 285	43 32
	StE 315, WStE 315	43 32
	StE 355, WStE 355	43 32

[1] ausgedrückt durch die Kennzahl für Zugfestigkeit sowie die Kennziffer für die Kerbschlagarbeit. Bedeutung der Kennziffern siehe oben.

Stabelektroden für hochfeste Feinkornbaustähle — DIN 8529, Teil 1 (1981)

Bezeichnungsbeispiel einer Stabelektrode zum Lichtbogenhandschweißen von hochfesten Feinkornbaustählen.

Stabelektrode DIN 8529 – E Y 46 42 Mn 1 Ni B – 4 × 350

- Stabelektrode DIN 8529 – E: Stabelektrode für das Lichtbogenhandschweißen von Feinkornbaustahl
- Y 46: Kennzeichen für die Streckgrenze des Schweißgutes
- 42: 1. und 2. Kennziffer für die Kerbschlagarbeit
- Mn 1 Ni: Stabelektrodentyp
- B: Umhüllung
- 4 × 350: Elektrodenmaße

Kennzeichen für die Streckgrenze

Kennzeichen	Streckgrenze N/mm²	Zugfestigkeit N/mm²
Y 38	> 380	470 ... 600
Y 42	> 420	500 ... 640
⋮	⋮	⋮
Y 62	> 620	690 ... 890
Y 69	> 690	760 ... 960

Stabelektrodentyp (Kurzname)

Kurzname	Legierungsanteile (in %) Mn	Ni	Cr	Mo
Mn	~ 1,7	–	–	–
Mo	< 1,4	–	–	~ 0,45
Mn Mo	~ 1,7	–	–	~ 0,45
1 Ni	< 1,4	~ 0,9	–	–
2 Ni	< 1,4	~ 2,2	–	–
3 Ni	< 1,4	~ 3,2	–	–
Mn 1 Ni	~ 1,7	~ 0,9	–	–
1 Ni Mo	< 1,4	~ 0,9	–	~ 0,45
2 Ni Mo	< 1,4	~ 2,2	–	~ 0,45
Mn 1 Ni Mo	~ 1,7	~ 0,9	–	~ 0,45
Mn 2 Ni Mo	~ 1,7	~ 2,2	–	~ 0,45
Mn 2 Ni Cr Mo	~ 1,7	~ 2,2	~ 0,45	~ 0,45

Geeignete Stabelektroden für eine Schweißarbeit

Stahlgruppe (nach DIN)	Zu schweißender Werkstoff (Stahlsorte)	Mindestanforderungen an das Schweißgut[1]	Stabelektrodentyp: Mn	Mo	Mn Mo	1 Ni	2 Ni	3 Ni	Mn 1 Ni	1 Ni Mo	2 Ni Mo	Mn 1 Ni Mo	Mn 2 Ni Mo	Mn 2 Ni Cr Mo
Feinkornbaustähle nach DIN 17 102	StE 355/WStE 355	Y 38 32	×	×										
	StE 380/WStE 380	Y 38 32	×	×		×								
	StE 420/WStE 420	Y 42 32	×	×		×			×					
	StE 460/WStE 460	Y 46 32	×	×	×				×					
	StE 500/WStE 500	Y 50 32	×		×				×					
	TStE 355	Y 38 33		×		×								
	TStE 380	Y 38 33		×		×								
	TStE 420	Y 42 33		×		×			×					
	TStE 460	Y 46 33		×	×				×					
	TStE 500	Y 50 33			×				×					
Stähle nach EURONORM 137	FeE 500 VKG/KW	Y 50 42			×				×			×		
	FeE 550 VKG/KW	Y 55 42			×						×		×	
	FeE 620 VKG/KW	Y 62 42											×	×
	FeE 690 VKG/KW	Y 69 42												×

Stabelektroden für nichtrostende und hitzebeständige Stähle — DIN 8556, Teil 1 (1986)

Bezeichnungsbeispiel:

Stabelektrode DIN 8556 – E 19 9 Nb R 26 – 2,5 × 350

- Stabelektrode DIN 8556 – E: Stabelektrode für das Lichtbogenhandschweißen von nichtrostenden und hitzebeständigen Stählen
- 19 9 Nb: Kurzname oder Werkstoffnummer der Elektrode
- R: Umhüllung
- 26: Kennziffern für Schweißposition und Stromeignung
- 2,5 × 350: Elektrodenmaße

Im Kurznamen werden die Legierungsbestandteile (in Prozent) in der Reihenfolge Cr, Ni, Mo angegeben. Weitere Legierungselemente werden mit Symbol genannt. Anstatt des Kurznamens kann auch die Werkstoffnummer des vergleichbaren Stahls angegeben werden.

Kurzname und Zusammensetzung der Stabelektroden für nichtrostende Stähle (Auswahl)

Kurzname	Werkstoffnummer	Legierungsgehalte (%) C	Cr	Ni	Mo	Sonstige
13	1.4009	0,12	13	2	1	–
17	1.4015	0,1	17	1	1	–
17 Mo	1.4115	0,25	17	1	1	–
19 9	1.4302	0,07	19	9	0	–
19 9 Nb	1.4551	0,08	19	9	0	Nb
19 12 3 L	1.4430	0,04	19	12	3	L : wenig C

Geeignete Stabelektroden für eine Schweißarbeit mit nichtrostenden Stählen auf Seite 231.

Stabelektroden für warmfeste Stähle — DIN 8575, Teil 1 (1984)

Bezeichnungsbeispiel:

Stabelektrode DIN 8557 – E CrMoV1 B 26 – 3,2 × 350

- Stabelektrode DIN 8557 – E: Stabelektrode für das Lichtbogenhandschweißen von warmfesten Stählen
- CrMoV1: Kurzname des Schweißgutes
- B: Umhüllung
- 26: Kennziffern für Schweißposition und Stromeignung
- 3,2 × 350: Elektrodenmaße

Der Kurzname des Schweißgutes besteht aus den chemischen Kurzzeichen der enthaltenen Elemente. Die nachgestellte Zahl ist der Cr-Gehalt in %.
Geeignete Stabelektroden für eine Schweißarbeit mit warmfesten Stählen auf Seite 231.

Schutzgasschweißen (SG-Schweißen)

MIG/MAG-Schweißen

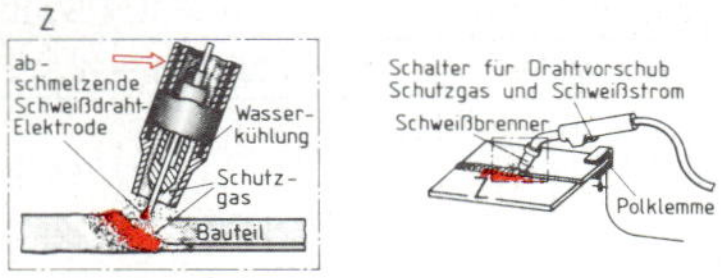

WIG-Schweißen

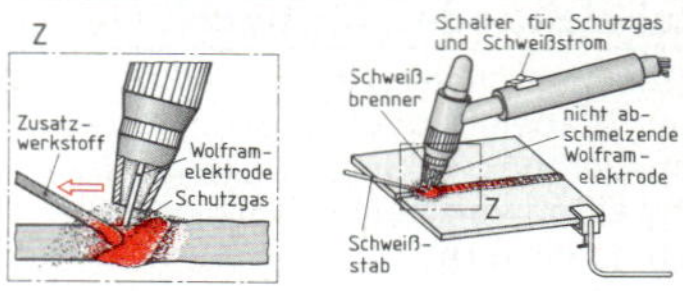

Bezeichnungsbeispiel eines Schweißgutes:
erschmolzen durch Schutzgasschweißen aus dem Schweißzusatz SG 2 mit dem Schweißgas M 23.

Schweißgut DIN 8559 – SG 2 – M 23 Y 46 54

- Schweißgut DIN 8559: Schweißgut gemäß DIN 8559, hergestellt durch Schutzgasschweißen
- SG 2: Kurzname des Schweißzusatzes
- M 23: Kurzname des Schutzgases
- Y 46: Kennzeichen für die Streckgrenze
- 54: Kennziffern für Kerbschlagarbeit

Als Schutzgas finden die Gase Argon (Ar), Helium (He), Kohlenstoffdioxid (CO_2), Sauerstoff (O_2), Wasserstoff (H_2) und Stickstoff (N_2) sowie Gemische dieser Gase Verwendung.

Einteilung und Bezeichnung der Schutzgase — DIN 32 526 (1978)

Schutzgas-Gruppe	Schutzgas-Kurzname	Gaskomponenten in Volumen %: inerte Gase Ar	He	oxidierende Gase CO_2	O_2	reduzierend H_2	reaktionsträge N_2	geeignet für
I (inert)	I 1	100	–	–	–	–	–	MIG WIG WP
	I 2	–	100	–	–	–	–	
	I 3	Rest*	25 ... 75	–	–	–	–	
R (reduzierend)	R 1	–	–	–	–	100	–	WHG WIG WP
	R 2	Rest*	–	–	–	1 ... 15	–	
M 1 (Mischgase)	M 11	Rest*	–	–	1 ... 3	–	–	MAGM (Metall-Aktiv-Mischgas-Schweißen)
	M 12	Rest*	–	2 ... 5	–	–	–	
	M 13	Rest*	–	6 ... 14	–	–	–	
M 2	M 21	Rest*	–	15 ... 25	–	–	–	
	M 22	Rest*	–	5 ... 15	1 ... 3	–	–	
	M 23	Rest*	–	–	4 ... 8	–	–	
M 3	M 31	Rest*	–	26 ... 40	–	–	–	
	M 32	Rest*	–	5 ... 20	4 ... 6	–	–	
	M 33	Rest*	–	–	9 ... 12	–	–	
C	C 1	–	–	100	–	–	–	MAGC
F (Formiergase)	F 1	Rest*	–	–	–	1 ... 30	–	Wurzelschutz
	F 2	–	–	–	–	1 ... 30	Rest	

* Ar darf teilweise durch He ersetzt werden

Schutzgas-Schweißverfahren nach DIN 1910, Teil 1 (1979)

Kurzzeichen	Schweißverfahren
SG	Schutzgasschweißen
MSG	Metallschutzgasschweißen
MIG	Metall-Inertgas-Schweißen
MAG	Metall-Aktivgas-Schweißen
MAGM	MAG-Mischgas-Schweißen
MAGC	MAG-CO_2-Schweißen
WIG	Wolfram-Inertgas-Schweißen
WHG	Wolfram-Wasserstoff-Schweißen
WSG	Wolfram-Schutzgas-Schweißen
WP	Wolfram-Plasma-Schweißen

Schweißzusätze zum Schutzgasschweißen von unlegierten und niedrig legierten Stählen — DIN 8559, Teil 1 (1984)

Schweißzusätze	Kurzname	Werkstoff-Nummer
Massivdrahtelektroden, Massivdrähte, Massivstäbe	SG 1 WSG 1*	1.5112
	SG 2 WSG 2*	1.5125
	SG 3	1.5130
Fülldraht-elektroden	SGR 1	
	SGB 1	

* Die Schweißzusätze WSG 1 und WSG 2 werden für das WIG-Schweißen verwendet.

Gebräuchliche Durchmesser (in mm) für Massivdrähte, Massivstähle und Fülldrähte

0,8	0,9	1,0	1,2	1,4	1,6	2,0	2,4	3,0	4,0	5,0	6,0

Übliche Schweißdraht-Schutzgas-Kombinationen

Draht – Gas	Mechanische Gütewerte des Schweißgutes[1]
WSG 1 – I	Y 42 54
WSG 2 – I	Y 46 54
SG 2 – M 2	Y 46 54
SG 2 – M 3	Y 46 43
SG 2 – C	Y 46 43
SG 3 – M 2	Y 50 54
SG 3 – M 3	Y 46 43
SG 3 – C	Y 46 43
SGR 1 – C	Y 42 21
SGB 1 – C	Y 42 54
SGB 1 – M 2	Y 42 54

[1] siehe Seite 228 und 229

Zuordnung des geeigneten Schweißgutes zum Schutzgasschweißen für eine Schweißarbeit mit unlegierten und niedrig legierten Stählen DIN 8559, Teil 1 (1984)

Zu schweißender Werkstoff Stahlart	Stahlsorte	Mindestqualität des Schweißgutes[1]
Baustähle nach DIN 17 100	St 37-2, USt 37-2 RSt 37-2, St 44-2	Y 42 10
	St 37-3, St 44-3, St 52-3	Y 42 30
	St 50-2, St 60-2, St 70-2	Y 42 30
Rohrstähle DIN 1626, 1629, 1628, 1630	USt 37.0, St 37.0	Y 42 00
	St 44.0, St 52.0	Y 42 00
	St 37.4, St 44.4, St 52.4	Y 42 11
Stähle nach		
DIN 17 177	St 37.8, St 42.8	Y 42 00
DIN 17 155	UH I	Y 43 00
	H I, H II, 17 Mn 4	Y 42 22
DIN 17 175	St 45.8, St 35.8	Y 42 22
DIN 17 155	19 Mn 6	Y 46 22

Zu schweißender Werkstoff Stahlart	Stahlsorte	Mindestqualität des Schweißgutes[1]
Rohrstähle DIN 17 172	StE 210.7 ... StE 415.7	Y 42 22
	StE 445.7 TM, StE 480.7 TM	Y 50 22
Schiffbau-stähle (Güte-grade)	A	Y 42 11
	B, D	Y 42 22
	E, E 32, E 36	Y 42 33
	A 32, A 36, D 32, D 36	Y 42 22
Feinkorn-baustähle nach DIN 17 102	StE 255, WStE 255	Y 42 32
	StE 285, WStE 285	Y 42 32
	StE 315, WStE 315	Y 42 32
	StE 355, WStE 355	Y 42 32
	StE 380, WStE 380	Y 42 32
	StE 420, WStE 420	Y 42 32
	StE 460, WStE 460	Y 46 32
	StE 500, WStE 500	Y 50 32

[1] Kennzahl siehe Seite 228 und 229

Zuordnung geeigneter Schweißzusätze für Schweißarbeiten mit nichtrostenden und hitzebeständigen Stählen (Auswahl) DIN 17 440 (1985)

Zu schweißender Werkstoff Kurzname	Werkstoff-nummer	Stabelektroden für das Lichtbogen-handschweißen	Drahtelektroden, Schweißstäbe und Schweißdrähte für das Schutzgasschweißen	Werkstoffnummer der Schweißzusätze	Wärmebehandlung nach dem Schweißen
X 6 Cr 13	1.4000	19 9, 19 9 Nb, 13[1]	X 5 Cr Ni 19 9, X 5 Cr Ni Nb 19 9 X 8 Cr 14[1]	1.4302, 1.4551, 1.4009	Glühen
X 20 Cr 13	1.4021				
X 45 Cr Mo V 15	1.4116	S-Ni Cr 19 Nb, S-Ni Cr 16 Fe Mn	S-Ni Cr 20 Nb	2.4806	Anlassen
X 20 Cr Ni 17 2	1.4057				
X 5 Cr Ni 18 10	1.4301	19 9, 19 9 L, 19 9 Nb	X 5 Cr Ni 19 9, X 5 Cr Ni Nb 19 9	1.4302, 1.4551	im allgemeinen nicht erforderlich
X 6 Cr Ni Ti 18 10	1.4541	19 9 Nb, 19 9 L	X 5 Cr Ni Nb 19 9, X 2 Cr Ni 19 9	1.4551, 1.4316	
X 5 Cr Ni Mo 17 12 2	1.4401	19 12 3, 19 12 3 L	X 5 Cr Ni Mo 19 11, X 2 Cr Ni Mo 19 12	1.4403, 1.4430	
X 6 Cr Ni Mo Ti 17 12 2	1.4571	19 12 3 Nb	X 5 Cr Ni Mo Nb 19 12	1.4576	

[1] Decklage mit artähnlichen Schweißzusätzen

Zuordnung geeigneter Schweißzusätze für Schweißarbeiten mit warmfesten Stählen DIN 8575, Teil 1 (1984)

Zu schweißender Werkstoff Kurzname	Werkstoff-nummer	Normenwerk bzw. Werkstoffblatt	Stabelektroden für das Lichtbogen-handschweißen	Schutzgas-Zusätze Kurzname	Werkstoff-nummer	Unterpulver-Schweißzusätze
17 Mn 4	1.0481	DIN 17 155	E Mo	SG Mo	1.5424	–
19 Mn 6	1.0473					UP S 2 Mo
15 Mo 3	1.5415	DIN 17 155, DIN 17 175				UP S 3 Mo
GS-22 Mo 4		DIN 17 245				UP S 4 Mo
13 Cr Mo 4 4	1.7335	DIN 17 155, DIN 17 175	E Cr Mo 1	SG Cr Mo 1	1.7339	UP S 2 Cr Mo 1
GS-17 Cr Mo 5 5		DIN 17 245				UP S 4 Cr Mo 1
10 Cr Mo 9 10	1.7380	DIN 17 155	E Cr Mo 2	SG Cr Mo 2	1.7384	UP S 1 Cr Mo 2
GS-18 Cr Mo 9 10		DIN 17 245				
GS-17 Cr Mo V 5 11		DIN 17 245				
12 Cr Mo 19 5		WStbl. 1207 VdTÜV	E Cr Mo 5	SG Cr Mo 5	1.7373	UP S 1 Cr Mo 5
TS 38 (X 12 Cr Mo 9 1)		ISO 2604, Teil 2	E Cr Mo 9	SG Cr Mo 9	1.7388	–
14 Mo V 6 3		DIN 17 175	E Mo V	SG Mo V	1.5407	UP S 2 Mo V
X 20 Cr Mo V 12 1		DIN 17 175	E Cr Mo WV 12	SG Cr Mo WV 12	1.4937	UP S 2 Cr Mo WV 12
G-X 22 Cr Mo V 12 1		DIN 17 245				

Aluminiumwerkstoffe: Eigenschaften, Verwendung

Dichte ϱ = 2,60 bis 2,85 kg/dm³, E-Modul $E \approx$ 70 000 N/mm², $T_{Schmelz,\ Al\ 99,99}$ = 660 °C, Elektrische Leitfähigkeit $\varkappa$ = 15 ... 32 m/Ω mm²
Wärmeleitfähigkeit λ = 1,0 bis 2,3 W/cmK; Wärmeausdehnungskoeffizient $\alpha_{20\ ...\ 100\ °C}$ = 20 bis 24 · 10^{-6} cm/cmK

Werkstoff Kurzzeichen Werkstoff-Nr.	Zusammensetzung/ Legierungsbestandteile	Werkstoff- zustand	Dehn- grenze $R_{p\ 0,2}$ in N/mm²	Zug- festigkeit R_m in N/mm²	Bruch- deh- nung A in %	Besondere Eigenschaften Verwendung
Unlegierte Aluminiumwerkstoffe						**DIN 1712 T 1,** (1976); **DIN 40 501 T 1**
Al 99,99 R 3.0400	99,99 % Al	weich bis hart	–	60– 90	> 40	hochrein Basismetall
Al 99,5 3.0255	99,5 % Al, 0,25 % Si, 0,4 % Fe, 0,05 % Cu, Mn, Mg, Zn, Ti	weich W 7 h ½ F 11 hart F 13	20– 50 90–140 110–165	65– 95 110–150 130–170	40 9 4	preisgünstig, korrosionsfest, Bleche, Bänder, Fließpreßteile
E-Al 3.0257	99,5 % Al, 0,25 % Si, 0,4 % Fe, 0,05 % Mg, Zn	ähnlich Al 99,5 (Din 40 501, Teil 1)				gute elektrische Leitfähigkeit Elektrische Leiterschienen
Nichtaushärtbare Aluminium-Knetlegierungen						**DIN 1725 T 1,** (1983)
Al Mn 1 3.0515	0,9 bis 1,5 % Mn, 0,5 % Si, 0,7 % Fe, 0,3 % Mg	weich bis hart	40–130	100–160	22– 4	korrosionsfest, Zierleisten Bedachungsbleche
Al Mg 1 3.3315	0,7 bis 1,1 % Mg, 0,3 % Si, 0,45 % Fe, 0,15 % Mn 0,05 % Cu, 0,1 % Cr, 0,2 % Zn	weich W 10 h ½ F 15 hart F 19	35– 90 120–175 170–220	105–140 145–185 190–230	27 5 3	korrosionsbeständig gegen leicht alkalische Medien Bleche, Rohre, Beschläge
Al Mg 3 3.3535	2,6 bis 3,6 % Mg, 0,4 % Si, 0,4 % Fe, 0,10 % Cu, 0,5 % Mn, 0,3 % Cr, Zn, Ti	weich W 19 h ½ F 24 hart F 29	80–160 190–260 250–300	190–230 240–280 290–320	20 5 3	witterungs- und meerwasser- beständig, polierfähig Schiffbau, Tragkonstruktionen
Al Mg 4,5 Mn 3.3547	4,0 bis 4,9 % Mg, 0,4 bis 1 % Mn, 0,4 % Si, Fe, 0,1 % Cu, 0,25 % Zn	weich W warm gewalzt F 27	125–190 min 125	275–350 min 275	17 12	hohe Zugfestigkeit, korrosionsbeständig Schiffbau, Tragkonstruktionen
Al 99,85 Mg 1 3.3317	0,7 bis 1,1 % Mg, 0,08 % Si, Fe, kein Cu, 0,03 % Mn, 0,05 % Zn, 0,02 % Ti	weich bis hart	wie Al Mg 1			Al-Glänzwerkstoff, Zierteile, Modeschmuck
Aushärtbare Aluminium-Knetlegierungen						**DIN 1725 T 1,** (1983)
Al Mg Si 0,5 3.3206	0,3 bis 0,6 % Mg, 0,3 bis 0,6 % Si, 0,1 bis 0,3 % Fe, 0,1 % Cu, Mn, 0,05 % Cr, 0,15 % Zn, 0,1 % Ti	kalt ausgel. F 13 warm ausgel. F 22 warm ausgel. F 25	90–160 160–230 195–280	150–210 215–260 245–300	15 12 10	preisgünstig, gut schweißbar und anodisierbar Fenster, Türen, Tragkonstruktionen
E-Al Mg Si 0,5 3.3207	0,3 bis 0,6 % Si, 0,35 bis 0,6 % Mg, 0,1 bis 0,3 % Fe, 0,1 % Cu, Mn, Cr, Zn, Ti	wie Al Mg Si 0,5				gute elektrische Leitfähigkeit, gute Festigkeit elektrische Leiter
Al Mg Si 1 3.2315	0,7 bis 1,1 % Si, 0,6 bis 1,2 % Mg, 0,5 % Fe, 0,4 bis 1 % Mn, 0,1 % Cu, Ti, 0,2 % Cr, 0,2 % Zn	kalt ausgel. F 21 warm ausgel. F 28 warm ausgel. F 30	110–180 200–260 250–360	205–280 275–330 300–380	16 14 10	Gute Festigkeit Tragkonstruktionen
Al Zn 4,5 Mg 1 3.4335	4 bis 5 % Zn, 1 bis 1,4 % Mg, 0,35 % Si, 0,4 % Fe, 9,2 % Cu, 0,05 bis 0,5 % Mn, 0,1 % Cr	kalt ausgel. F 32 warm ausgel. F 35	220–270 275–370	300–360 350–420	12 10	härtet nach dem Schweißen selbsttätig wieder aus Schweißkonstruktionen
Al Cu Mg 1 3.1325	3,5 bis 4,5 % Cu, 0,4 bis 1 % Mg, Mn; 0,2 % Si, 0,7 % Fe, 0,1 % Cr, 0,25 % Zn	weich W 12 kalt ausgel. F 39 warm ausgel. F 40	< 100 260 265	120–140 390 395	13 13 13	hohe Festigkeit, korrosionsanfällig Hochfeste Bauteile in Flug- und Fahrzeugen
Al Zn Mg Cu 1,5 3.4365	5,1 bis 6,1 % Zn, 2,1 bis 2,9 % Mg, 1,2 bis 2 % Cu; 0,4 % Si, 0,5 % Fe, 0,3 % Mn, 0,2 % Cr, Ti	warm ausgel. F 48 warm ausgel. F 50 warm ausgel. F 53	390 430 450	480 500 530	2 2 8	höchste Festigkeit, geringe Korro- sionsbeständigkeit; Hochfeste Bauteile in Flug- und Fahrzeugen
Automatenlegierungen, aushärtbar						**DIN 1725 T 1,** (1983)
Al Mg Si Pb 3.0615	0,6 bis 1,2 % Mg, 0,6 bis 1,4 % Si, 1,0 bis 2,5 % Bi+Cd+Pb+Sn, 0,5 % Fe, 01, % Cu, 0,4 bis 1 % Mn, 0,3 % Cr, Zn; 0,2 % Ti	kalt ausgel. F 20 warm ausgel. F 28	100 200	200 275	10 8	kurzspanbildend, korrosionsbeständig Korrosionsbeständige Drehteile
Al Cu Bi Pb 3.1655	5 bis 6 % Cu; 0,2 bis 0,6 % Bi; 0,2 bis 0,6 % Pb; 0,4 % Si, 0,7 % Fe; 0,3 % Zn	kalt ausgel. F 31 warm ausgel. F 37	260 270	310 370	10 8	kurzspanend, hohe Festigkeit, geringe Korrosionsbeständigkeit, Drehteile
Aluminium-Gußlegierungen						**DIN 1725 T 2,** (1973)
G-Al Si 12 3.2581	11 bis 13,5 % Si; 0 bis 0,5 % Mn	Gußzustand geglüht und abgeschreckt	70–100 80–110	160–210 160–210	5–10 6–12	sehr gut vergießbar, korrosionsbeständig; Gußstücke aller Art (Druckguß)
G-Al Mg 3 3.3541	2 bis 4 % Mg, 0 bis 1,3 % Si, 0 bis 0,5 % Mn, 0 bis 0,2 % Ti	Gußzustand	70–100	140–190	3– 8	korrosionsbeständig, polierbar und anodisierbar Armaturen, Beschläge
G-Al Cu 4 Ti Mg 3.1371	4 bis 5 % Cu, 0,1 bis 0,3 % Ti, 0 ... 0,3 Mg	kalt ausgel. warm ausgel.	220–280 240–350	300–400 350–420	3–15 3–10	hohe Zug- und Schwingungs- festigkeit, korrosionsanfällig Fahrzeug- und Flugzeugteile
Aluminium-Glänzlegierung						**DIN 1725 T 1,** (1983)
Al 99,9 Mg Si 3.3208	auf Basis Al 99,9; 0,35 bis 0,7 % Mg, Si; 0,04 % Fe; 0,05 bis 0,2 % Cu; 0,03 % Mn, 0,4 % Zn	F 13 F 21 F 24	65 120 195	130 210 240	17 16 14	polierfähig, hochglänzend Zierteile, Reflektoren, Modeschmuck

Aluminium-Halbzeuge

Übersicht: Al-Halbzeuge und ihre gängigen Werkstoffe (Auswahl) — DIN 1725, Teil 1 (1983)

Halbzeug / Werkstoff	Stangen	Bänder und Bleche ≤ 0,35 mm	Bänder und Bleche > 0,35 mm	Rohre	Drähte	Strangpreß-profile	Gesenk-schmiedestücke
Al Mn 1	×	×	×	×	×	×	
Al Mg 1	×	×	×	×	×	×	
Al Mg 3	×	×	×	×	×	×	×
Al Mg 4,5 Mn	×	×	×	×		×	×
Al Mg Si 0,5	×			×	×	×	×
Al Mg Si 1	×		×	×	×	×	×
Al Zn 4,5 Mg 1	×		×	×	×	×	×

Stangen

Vierkantstangen, gezogen DIN 1796 (1986)
Vierkantstangen, gepreßt DIN 59 700 (1986)

Vorzugsmaße

a mm	8	10	12	14	16	18	20	25	30	35

Herstelllängen: bis 12 m								
	40	45	50	55	60	65	70	75
	80	90*	100*	120*	140*	160*	180*	200*

* Diese Seitenlängen nur in gepreßter Ausführung

Sechskantstangen, gezogen DIN 1797 (1986)
Sechskantstangen, gepreßt DIN 59 701 (1986)

Vorzugsmaße

s mm	8	10	11	12	13	14	15	17	19

22	24	27	30	32	36	41	46	50	55	60	65
70	75	80	85*	90*	100*	110*	120*	140*	160*	180*	200*

* Diese Schlüsselweiten nur in gepreßter Ausführung

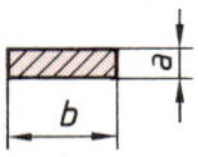

Rechteckstangen, gezogen DIN 1769 (1986)
Rechteckstangen, gepreßt DIN 1770 (1987)

Vorzugsmaße: Breite b

b mm	5	6	8	10	12	15	18	20	25

30	40	50	60	80	100	120	140	160	180
200*	240*	300*	400*						

* Diese Breiten nur in gepreßter Ausführung
Die Höhe *a* variiert von 2 mm bis 40 mm in vielen Abstufungen je nach Breite.

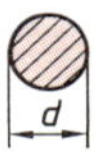

Rundstangen, gezogen DIN 1798 (1986)
Rundstangen, gepreßt DIN 1799 (1986)

Vorzugsmaße

d mm	8	10	12	14	16	18	20	25	30	35	40

45	50	55	60	65	70	75	80	90	100	110*
120*	130*	140*	150*	160*	180*	200*	250*	300*	350*	

* Diese Durchmesser nur in gepreßter Ausführung

Beispiel für Normbezeichnung: Rechteck DIN 1770 – 200 × 15 – Al Mg Si 0,5 F 31

Bänder und Bleche, kaltgewalzt, mit Dicken über 0,35 mm — DIN 1783 (1981)

Bänder

Dicke mm	0,4	0,5	0,6	0,8	1	1,2	1,5	1,8	2	2,5	3	3,5	4	5
Breite mm	bis 1650													

Die Länge ist für Bänder nicht festgelegt.

Bleche

Dicke mm	0,4	0,5	0,6	0,8	1	1,2	1,5	1,8	2	2,5	3	3,5	4	5	6	8	10	12	15	20	25	30	40	50
Breite mm	bis 3500																							

Bleche können bis Längen von 15 000 mm geliefert werden.

Beispiel für Normbezeichnung: Blech DIN 1783 – Al Mg 1 F 22 – BL – 2,5 × 1500 × 3000

Schrauben, Muttern (Auswahl) — DIN 267, Teil 18 (1981)

Für Schrauben und Muttern aus Nichteisenmetallen (Al, Cu) gelten die entsprechenden Produktnormen (Maßnormen, Seite 210) in Verbindung mit den Kennzeichen für die Werkstoffe nach nebenstehender Tabelle.

Bezeichnungsbeispiel:
Sechskantschraube DIN 931 – M 20 × 40 – AL 1

Werkstoff Kennzeichen	Werkstoff Kurzzeichen	Werkstoff Nummer	Gewindemaß mm über	Gewindemaß mm bis	R_m N/mm²	$R_{p\,0,2}$ N/mm²	A_5 %
AL 1	Al Mg 3	3.3535	M 10	M 20	250	180	4
AL 2	Al Mg 5	3.3555	M 14	M 36	280	200	6
AL 3	Al Mg Si 1	3.2315	M 6	M 39	310	260	10
AL 4	Al Cu Mg 1	3.1325	M 10	M 39	380	260	10
AL 5	Al Zn Mg Cu 0,5	3.4345	–	M 39	460	380	7
AL 6	Al Zn Mg Cu 1,5	3.4365	–	M 39	510	440	7

Aluminium-Halbzeuge

Rohre

Rundrohre, nahtlos gepreßt DIN 9107 (1987)

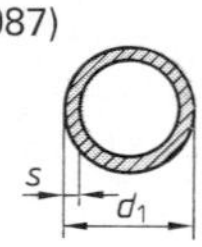

Werkstoffe siehe Seite 233

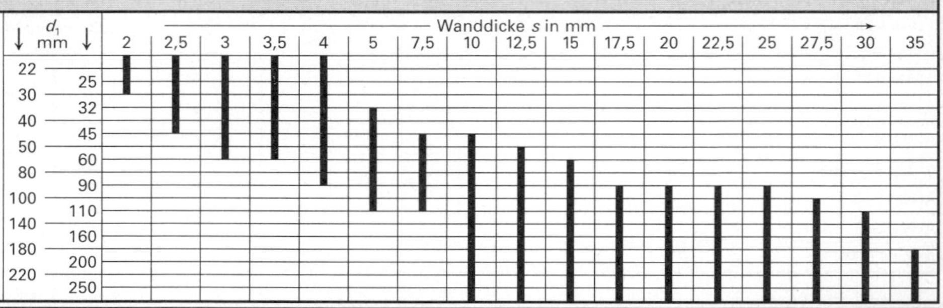

Rundrohre, nathlos gezogen — DIN 1795 (1987)

Nahtlos gezogene Rohre gibt es von 3 bis 350 mm Außendurchmesser und von 0,5 bis 16 mm Wanddicke.

Quadratische und rechteckige Rohre, gepreßt — DIN 5517, Teil 6 (1986)

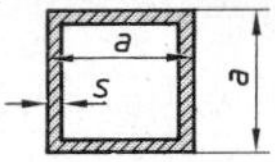

Quadratrohre
Werkstoff vorzugsweise Al Mg Si 0,5

Profilmaß $a \times s$	Querschnitt A_s	Gewicht pro m'	Statische Werte $I_x = I_y$	$W_x = W_y$
(mm)	cm^2	kg/m	cm^4	cm^3
15 × 2	1,04	0,281	0,30	0,40
20 × 2	1,44	0,389	0,74	0,78
30 × 2	2,24	0,605	2,95	1,96
30 × 3	3,24	0,875	3,99	2,66
40 × 2	3,04	0,821	7,34	3,67
40 × 4	5,76	1,56	12,60	6,30
50 × 4	7,36	1,99	26,15	10,46
60 × 4	8,96	2,42	47,07	15,69
80 × 4	12,16	3,28	117,3	29,33
100 × 4	15,36	4,15	236,3	47,27

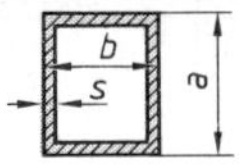

Rechteckrohre
Werkstoff vorzugsweise Al Mg Si 0,5

Profilmaß $a \times b \times s$	Querschnitt A_s	Gewicht pro m'	Statische Werte I_x	W_x	I_y	W_y
(mm)	cm^2	kg/m	cm^4	cm^3	cm^4	cm^3
20 × 15 × 2	1,24	0,335	0,62	0,62	0,39	0,51
25 × 15 × 2	1,44	0,389	1,10	0,88	0,47	0,63
30 × 15 × 2	1,64	0,443	1,76	1,18	0,56	0,74
30 × 20 × 3	2,64	0,713	2,89	1,92	1,45	1,45
40 × 30 × 2	2,64	0,713	5,89	2,95	3,73	2,48
50 × 30 × 2	3,04	0,820	10,16	4,06	4,51	3,01
50 × 30 × 3	4,44	1,20	14,21	5,68	6,18	4,12
60 × 40 × 4	7,36	1,99	34,50	11,50	17,80	8,90
80 × 40 × 4	8,96	2,42	71,13	17,78	23,00	11,50
100 × 40 × 4	10,56	2,85	125,7	25,13	28,21	14,11

Beispiel für Normbezeichnung: Rechteckrohr DIN 5517 – Al Mg Si 0,5 F 22 – 50 × 30 × 3

Profile

Die L-, U-, T- und Z-Profile gibt es in Ausführungen mit scharfen (S) und mit gerundeten (R) Kanten. I-Profile werden nur mit gerundeten Kanten geliefert. Die Rundungsradien r_1 und r_2 entsprechen für L-, U- und T-Profile exakt, für I- und Z-Profile ungefähr den nebenstehenden Werten.

s	mm	1,5 ... 2	2,5 ... 4	5 ... 6	> 6
r_1	mm	1,6	2,5	4	6
r_2	mm	0,4	0,4	0,6	0,6

Winkelprofile, gepreßt (Auswahl) — DIN 1771 (1981)

mit gerundeten Kanten (R)

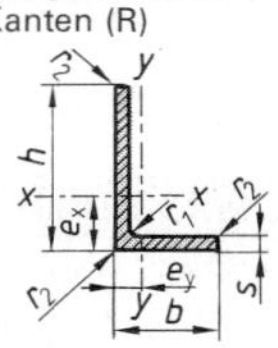

mit scharfen Kanten (S)

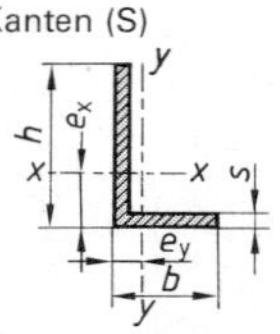

Profilmaße $h \times b \times s$	A	m'	Achsabstände[1] e_x	e_y	Statische Kennwerte[1] I_x	W_x	I_y	W_y
mm × mm × mm	cm^2	kg/m	cm	cm	cm^4	cm^3	cm^4	cm^3
20 × 10 × 2	0,566	0,153	0,743	0,243	0,226	0,305	0,038	0,158
30 × 30 × 3	1,72	0,464	0,861	0,861	1,46	1,69	1,46	1,69
40 × 20 × 3	1,72	0,464	1,45	0,448	2,83	1,95	0,49	1,09
40 × 40 × 4	3,05	0,824	1,15	1,15	4,61	4,01	4,61	4,01
50 × 30 × 3	2,32	0,626	1,68	0,676	6,03	3,60	1,69	2,49
50 × 50 × 4	3,85	1,04	1,40	1,40	9,26	6,63	9,26	6,63
60 × 40 × 4	3,85	1,04	1,95	0,96	14,2	7,32	5,18	5,46
60 × 60 × 5	5,78	1,56	1,68	1,68	19,9	11,8	19,9	11,8
65 × 50 × 5	5,53	1,49	2,02	1,27	23,6	11,7	12,2	9,57
80 × 80 × 8	12,24	3,30	2,29	2,29	73,7	32,1	73,7	32,1

[1] Bedeutung der Kurzzeichen siehe Seite 197 bis 205. Bevorzugte Werkstoffe: Al Mg Si 0,5, Al Mg Si 1, Al Zn 4,5 Mg 1

Bezeichnungsbeispiel: L-Profil DIN 1771 – Al Mg Si 0,5 F 22 – S 60 × 40 × 4

Aluminium-Halbzeuge

U-Profile, gepreßt (Auswahl) — DIN 9713 (1981)

mit gerund. Kanten

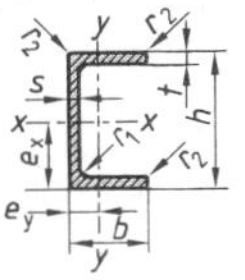

mit scharf. Kanten

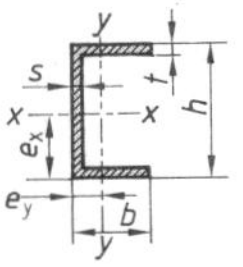

Profilmaße $h \times b \times s \times t$	A	m'	Achsabst.[1] e_y	Statische Kennwerte[1] I_x	W_x	I_y	W_y
mm × mm × mm × mm	cm²	kg/m	cm	cm⁴	cm³	cm⁴	cm³
20 × 20 × 3 × 3	1,62	0,437	0,78	0,945	0,945	0,628	0,805
35 × 35 × 3 × 3	2,97	0,802	1,28	6,02	3,44	3,73	2,91
40 × 20 × 3 × 3	2,25	0,608	0,61	5,17	2,59	0,795	1,30
40 × 40 × 4 × 4	4,51	1,22	1,49	11,6	5,80	7,12	4,80
50 × 30 × 4 × 4	4,11	1,11	0,965	15,5	6,20	3,66	3,80
60 × 40 × 4 × 4	5,31	1,43	1,29	30,3	10,1	8,20	6,35
80 × 40 × 6 × 6	8,95	2,42	1,22	82,4	20,6	12,90	10,6
100 × 40 × 6 × 6	10,10	2,74	1,11	142	28,3	13,8	12,5
120 × 55 × 7 × 9	17,2	4,64	1,74	371	61,9	49,1	28,2
140 × 60 × 7 × 10	20,6	5,55	1,91	614	87,7	71,0	37,2

[1] Bedeutung der Kurzzeichen siehe Seite 197 bis 205. Bevorzugte Werkstoffe: Al Mg Si 0,5, Al Mg Si 1, Al Zn 4,5 Mg 1
Bezeichnungsbeispiel: U-Profil DIN 9713 – Mg Zn 4,5 Mg 1 – R 60 × 40 × 4 × 4

T-Profile, gepreßt (Auswahl) — DIN 9714 (1981)

mit ger. Kanten (R)

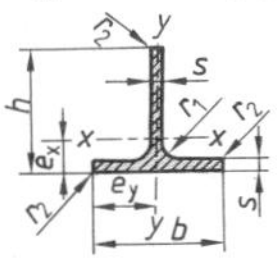

m. scharf. Kant. (S)

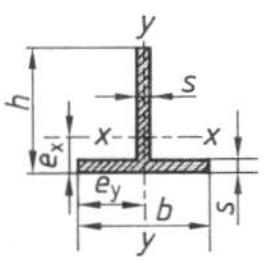

Profilmaße $h \times b \times s$	A	m'	Achsabst.[1] e_x	Statische Kennwerte[1] I_x	W_x	I_y	W_y
mm × mm × mm	cm²	kg/m	cm	cm⁴	cm³	cm⁴	cm³
30 × 30 × 4	2,27	0,613	0,891	1,58	2,08	0,916	0,610
40 × 40 × 4	3,07	0,829	1,15	4,58	3,98	2,15	1,08
40 × 80 × 5	5,82	1,57	0,856	6,74	7,88	21,4	5,34
50 × 50 × 4	3,87	1,04	1,40	9,19	6,56	4,19	1,68
50 × 70 × 5	5,82	1,57	1,23	12,4	10,1	14,3	4,08
50 × 100 × 7	10,17	2,75	1,10	18,0	16,5	58,5	11,7
60 × 60 × 6	6,91	1,87	1,72	23,2	13,5	10,9	3,63
60 × 120 × 8	13,92	3,76	1,30	36,0	27,7	115,5	19,2
70 × 70 × 8	10,72	2,89	2,03	48,5	23,9	23,9	6,62
80 × 80 × 9	13,75	3,71	2,32	81,7	35,2	38,9	9,73

[1] Bedeutung der Kurzzeichen siehe Seite 197 bis 205. Bevorzugte Werkstoffe: Al Mg Si 0,5, Al Mg Si 1, Al Zn 4,5 Mg 1
Bezeichnungsbeispiel: T-Profil DIN 9714 – 3.3206.71 – R 50 × 70 × 5

Doppel-T-Profile, gepreßt (Auswahl) — DIN 9712 (1969)

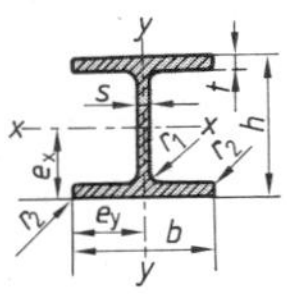

Doppel-T-Profile können auch durch Vereinbarung mit scharfen Kanten geliefert werden.

Doppel-T-Profile gibt es auch aus Mg-Werkstoffen.

Profilmaße $h \times b \times s \times t$	A	m'	I_x	Statische Kennwerte[1] W_x	I_y	W_y
mm × mm × mm × mm	cm²	kg/m	cm⁴	cm³	cm⁴	cm³
40 × 40 × 4 × 4	4,53	1,22	11,6	5,8	4,28	2,14
50 × 50 × 4 × 4	5,73	1,55	27,5	11,0	8,55	3,42
60 × 60 × 4 × 4	6,93	1,87	42,7	14,2	14,4	4,80
60 × 60 × 4 × 6	9,26	2,50	57,4	19,1	21,6	7,20
80 × 60 × 5 × 6	10,74	2,90	113,8	23,5	21,7	7,23
100 × 50 × 5 × 7	11,44	3,09	181,2	36,2	14,7	5,88
100 × 70 × 6 × 7	15,27	4,12	251,0	50,2	40,2	11,50
120 × 80 × 7 × 9	21,85	5,90	516,6	86,1	77,1	19,30
140 × 90 × 8 × 10	27,91	7,54	890,3	127,2	122,0	27,20
200 × 90 × 8 × 11	34,35	9,28	2 175,0	217,5	122,2	27,2

[1] Bedeutung der Kurzzeichen siehe Seite 197 bis 205. Werkstoffe: siehe Tabelle auf Seite 233, oben.
Bezeichnungsbeispiel: Doppel-T-Profil 100 × 50 × 5 × 7 DIN 9712 – Al Mg Si 1 F 18

Z-Profile, gepreßt (Auswahl) — DIN 5517, Teil 2 (1981)

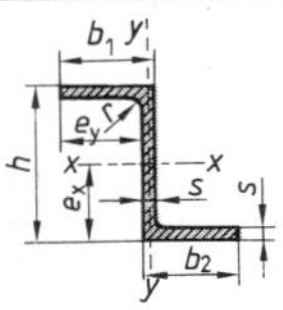

Z-Profile gibt es mit runden (R) und scharfen Kanten (S)

Profilmaße $h \times b_1 \times b_2 \times s$	A	m'	Achsabstände[1] e_x	e_y	Statische Kennwerte[1] I_x	W_x	I_y	W_y
mm × mm × mm × mm	cm²	kg/m	cm	cm	cm⁴	cm³	cm⁴	cm³
R 35 × 40 × 40 × 4	4,62	1,25	1,75	3,80	8,38	4,79	11,5	3,02
R 50 × 30 × 30 × 3	3,17	0,857	2,50	2,85	12,0	4,83	4,64	1,62
S 20 × 20 × 20 × 2	1,12	0,302	1,00	1,90	0,992	0,992	2,38	1,25
S 25 × 30 × 20 × 3	2,07	0,559	1,41	2,51	1,95	1,38	5,39	2,15
S 30 × 15 × 20 × 3	1,77	0,478	1,39	1,49	2,24	1,62	0,853	0,574
S 49 × 20 × 25 × 4	3,44	0,929	2,32	1,92	11,4	4,91	2,38	1,24

[1] Bedeutung der Kurzzeichen siehe Seite 197 bis 205. Bevorzugte Werkstoffe: Al Mg Si 0,5 F 22, Al Zn 4,5 Mg 1 F 35
Bezeichnungsbeispiel: Z-Profil DIN 5517 – Al Zn 4,5 Mg 1 F 35 – S 49 × 20 × 25 × 4

Mechanische Eigenschaften von Aluminium-Halbzeugen

Mindestwerte für die mechanischen Eigenschaften von Halbzeug aus Aluminium und Aluminiumlegierungen (Auswahl)

Werkstoff		Bleche, Bänder (DIN 1745, Teil 1)					Stangen (DIN 1747, Teil 1), Rohre (DIN 1746, Teil 1)							Strangpreßprofile (DIN 1748, Teil 1)				
Kurzzeichen[1] Werkstoff-Nr.[1]	Zustands-anhängezahl[2]	Zustands-bezeichnung[3]	Dicke bis	Zugfestigkeit R_m	0,2%-Dehngrenze $R_{p\,0,2}$	Bruchdehnung A_5	Zustands-bezeichnung[3]	Rohre: Wanddicke	Stangen: ○ d, □ a, ⬡ s	Stangen: ▭-Dicke (max.)	Zugfestigkeit R_m	0,2%-Dehngrenze $R_{p\,0,2}$	Bruchdehnung A_5	Zustands-bezeichnung[3]	Dicke	Zugfestigkeit R_m	0,2%-Dehngrenze $R_{p\,0,2}$	Bruchdehnung A_5
			mm	N/mm²	N/mm²	%		mm	mm	mm	N/mm²	N/mm²	%		mm	N/mm²	N/mm²	%
Al99,5	.10	W 7	6	65	≦ 55	40	W 7	jede	30	6	65	≦ 60	27					
3.0255	.26	F 10	5	100	80	6	F 10	bis 6	18	5	100	70	7	F 7	jede	65	20	25
	.30	F 12	3	120	100	4	F 13	bis 1,5	10	3	130	110	3–4					
AlMg3	.10	W 19	6	190	80	20	W 18	≦ 10	–	–	180	80	17					
3.3535	.10	W 19	25	190	80	18	W 18	–	jede	jede	180	80	16					
	.08						F 18	≧ 3	jede	jede	180	80	14	F 18	jede	180	80	14
	.26	F 24	5	240	190	5	F 25	≦ 5	20/10	5	250	180	4					
	.27	G 24	5	240	160	10		b.80										
	.30	F 29	3	290	250	3		∅										
	.31	G 29	3	290	220	6												
AlMg5	.10						W 25	≦ 10	–	–	250	110	16					
3.3555	.10						W 25	–	jede	jede	250	110	14					
	.08						F 25	≧ 3,5	jede	jede	250	110	13	F 25	≦ 10	250	110	13
	.24						F 26	–	60	15	250	145	10					
AlMg4,5Mn	.10	W 28	50	275	125	17	W 27	≦ 10	jede	jede	270	110	14					
3.3547	.08						F 27	≧ 3,5	jede	jede	270	140	12	F 27	jede	270	140	12
	.07	27	30	275	125	12												
	.25	G 31	40	310	205	10												
AlMgSi0,5	.51						F 13	jede	jede	jede	130	65	15	F 13	jede	130	65	15
3.3206	.61																	
	.71						F 22	jede	jede	jede	215	160	12	F 22	jede	215	160	12
AlMgSi1	.10	W	6	–	≦ 85	18												
3.2315	.51	F 21	3	205	110	16	F 21	jede	≦ 80	≦ 50	205	110	14	F 21	jede	205	110	14
	.51	F 21	20	205	110	14												
	.71	F 28	3	275	200	14	F 28	jede	≦ 60	≦ 50	275	200	12	F 28	≦ 10	275	200	12
	.71	F 28	20	275	200	12												
	.72	F 32	10	315	255	10	F 31	≦ 20	≦ 60	≦ 50	310	260	10	F 31	≦ 20	310	260	10
	.72	F 30	20	295	245	9	F 30	–	≦ 200	≦ 100	300	240	8					
	.72	F 30	100	295	240	8	F 27	–	> 200	> 100	270	200	6					
AlMgSiPb	.51						F 20	jede	–	–	200	100	12					
3.0615	.51						F 20		≦ 80	–	200	100	10					
	.71						F 28	jede	≦ 80	–	275	200	8					
AlCuBiPb	.51						F 31	≦ 6	–	–	310	260	10					
3.1655	.51						F 32	–	≦ 40	–	320	270	10					
	.71						F 37	≦ 20	≦ 50	–	370	270	8					
AlCuMg1	.10	W	12	–	≦ 140	13												
3.1325	.51	F 39	12	390	260	13	F 39	> 1	–	–	390	260	14	F 38	2–30	380	230	10
								bis 6										
	.51	F 40	3	395	265	13	F 40	–	≦ 80	≦ 30	400	270	10					
AlZn4,5Mg1	.71	F 35	15	350	275	10	F 35	≦ 20	≦ 100	≦ 60	350	290	10	F 35	3–30	350	290	10
3.4335	.71	F 34	60	340	270	9												
AlZnMgCu0,5	.71	F 45	25	450	370	8	F 49	–	≦ 80	≦ 50	490	420	7	F 49	2–30	490	420	7
3.4345	.71	F 43	100	430	350	5	F 47	≦ 20	–	–	470	390	8					
	.71						F 46	–	≦ 50	≦ 30	460	380	7					
AlZnMgCu1,5	.71	F 53	12	530	450	8								F 53	2–30	530	460	7
3.4365	.71	F 50	63	500	430	2	F 51	≦ 20	–	–	510	430	7					
	.71	F 48	75	480	410	2	F 51	–	≦ 50	≦ 30	510	440	7					
	.71	F 48	100	480	390	2	F 50	–	> 120	> 80	500	440	5					

1) Kurzzeichen nach DIN 1700, Werkstoff-Nr. nach DIN 17 007 (Seite 31)

2) Zweiziffrige Anhängezahl für den Zustand nach DIN 17 007.
Anhängezahlen: .07 = warmgewalzt; .08 = stranggepreßt oder geschmiedet; .10 = weichgeglüht; .22 = achtelhart; .24 = viertelhart; .26 = halbhart; .27 = halbhart, rückgeglüht; .28 = ¾ hart; .30 = hart; .31 = hart, rückgeglüht; .32 = überhart; .41 = kaltausgehärtet ohne Richtvorgang; .51 = kaltausgehärtet mit Richtvorgang; .61 und .62 = warmausgehärtet ohne Richtvorgang; .71 und .72 warmausgehärtet mit Richtvorgang.

3) Zustandsbezeichnung nach DIN 1700, bestehend aus einem Kennbuchstaben für den Lieferzustand und einer Kennziffer (F-Zahl) für die gewährleistete Mindestzugfestigkeit (F-Zahl ≈ $\frac{1}{10} \cdot R_m$ in N/mm²)
Kennbuchstaben: W = weichgeglüht; F = warm- oder kaltumgeformt (z. B. gewalzt, stranggepreßt, geschmiedet, gezogen); G = rückgeglüht aus einer vorangegangenen höheren Kaltverfestigung.

Verarbeitung von Aluminium-Werkstoffen

Richtwerte für kleinste zulässige Biegeradien (in mm) beim Biegen (90°-Biegung) von Al-Halbzeug (Stangen, Rohren, Profilen)

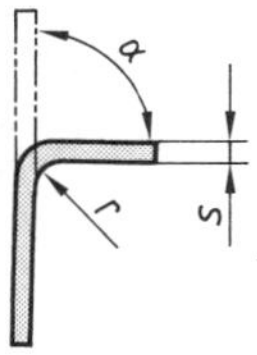

Al-Werkstoff Kurzzeichen	Zustand	bis 1	... 2	... 3	... 4	... 5	... 6	... 7	... 8	... 10	... 12	Biegefaktor f_w [1]
		Wanddicke des Halbzeugs in mm										
Al 99,5	halbhart	0,7	1,4	2,3	3,2	4,3	5,4	6,7	8,1	10,8	13,7	1,8
AlMg 3	halbhart	2,0	4,0	6,3	8,8	12,0	15,0	18,5	22,5	30,0	38,0	5,0
AlMg 4,5 Mn	verfestigt	2,9	5,8	9,1	12,8	17,5	21,9	27,0	32,9	43,8	55,5	7,3
AlMgSi 0,5	ka ausgeh.	1,9	3,8	6,0	8,4	11,5	14,4	17,8	21,6	28,8	36,5	4,8
AlCuMg 1	ka ausgeh.	2,7	5,4	8,4	11,7	16,1	20,1	24,8	30,2	40,2	50,9	6,7
AlZn 4,5 Mg 1	ka ausgeh.	2,0	4,0	6,3	8,8	12,0	15,0	18,5	22,5	30,0	38,0	5,0

[1] Für größere Halbzeug-Abmessungen kann der kleinste zulässige Biegeradius r_{min} berechnet werden:
für Flachzeug mit Dicke s: $r_{min} = f_w \cdot (0{,}8 \cdot s - 2)$
für Rohre mit Durchmesser d ($d : s \leq 20$): $r_{min} = f_w \cdot (0{,}8 \cdot d - 2)$ s, d und h in mm
für Stangen und Profile mit Höhe h: $r_{min} = f_w \cdot (0{,}8 \cdot h - 2)$

Richtwerte für das Sägen, Bohren, Drehen und Fräsen von Al-Werkstoffen

Al-Werkstoffe	Schnittgrößen	Sägen (Kreissäge) SS	Sägen (Kreissäge) HM	Bohren SS	Bohren HM	Drehen SS		Drehen HM		Fräsen SS		Fräsen HM	
		Schneidwerkstoff											
Gruppe I nichtaushärtbare und aushärtbare Al-Knetwerkstoffe im weichen Zustand z. B. Al 99,5 Al Mg 3 Al Mg 4,5 Mn	Freiwinkel α	8°	9° bis 7°	17° bis 15° [1]	12° [1]	10° bis 7°		12° bis 10°		12° bis 8°		12° bis 8°	
	Spanwinkel γ	25°	10°	45° bis 30° [2]	15° bis 10° [2]	45° bis 35°		35° bis 20°		30° bis 25°		25° bis 20°	
	[3]					▽	▽▽	▽	▽▽	▽	▽▽	▽	▽▽
	Schnittgeschwindigkeit m/min	800 bis 2000	bis 2500	100 bis 120	200 bis 300	200 bis 450	400 bis 1000	600 bis 1200	bis 2400	300 bis 600	bis 1200	bis 2500	3000
	Vorschub s mm/U bzw. mm/Zahn	bis 0,02	bis 0,03	0,02 bis 0,50	0,06 bis 0,30	bis 1	0,1 bis 0,3	0,3 bis 0,6	bis 0,15	0,1 bis 0,5	0,03 bis 0,1	0,1 bis 0,5	0,03 bis 0,1
	Spantiefe a in mm					bis 6	bis 1	bis 6	bis 0,5	bis 6	bis 0,5	bis 7	bis 0,5
Gruppe II kaltverfestigte und ausgehärtete Al-Knetwerkstoffe, sowie Gußlegierungen mit einem Si-Gehalt unter 10 % z. B. AlMgSi 0,5 AlZn 4,5 Mg 1 AlMgSiPb	Freiwinkel α	8°	9° bis 7°	120° [1]	120° [1]	10° bis 7°		10° bis 8°		10° bis 6°		10° bis 6°	
	Spanwinkel γ	25°	8°	35° bis 20° [2]	15° bis 10° [2]	40° bis 30°		24° bis 10°		25° bis 20°		20° bis 15°	
	[3]					▽	▽▽	▽	▽▽	▽	▽▽	▽	▽▽
	Schnittgeschwindigkeit m/min	300 bis 500	bis 1500	80 bis 100	100 bis 140	100 bis 200	200 bis 500	150 bis 400	250 bis 700	150 bis 300	250 bis 800	300 bis 800	500 bis 1000
	Vorschub s mm/U bzw. mm/Zahn	bis 0,02	bis 0,03	0,02 bis 0,50	0,06 bis 0,30	0,2 bis 0,5	0,05 bis 0,25	0,3 bis 0,6	0,05 bis 0,01	0,1 bis 0,5	0,03 bis 0,1	0,1 bis 0,6	0,03 bis 0,1
	Spantiefe a in mm					bis 5	bis 0,5	bis 5	bis 0,5	bis 6	bis 0,5	bis 7	bis 0,5
Gruppe III Gußlegierungen mit einem Si-Gehalt von mehr als 10 % z. B. G-AlSi 10 Mg GD-AlSi 12	Freiwinkel α	8°	9° bis 7°	12° [1]	12° [1]	10° bis 7°		10° bis 8°		5° bis 3°		8° bis 6°	
	Spanwinkel γ	15°	6°	25° bis 15° [2]	8° bis 4° [2]	25° bis 15°		15° bis 10°		bis 20°		bis 15°	
	[3]					▽	▽▽	▽	▽▽	▽	▽▽	▽	▽▽
	Schnittgeschwindigkeit m/min	120 bis 200	bis 1000	50 bis 80	60 bis 100	bis 100	100 bis 150	100 bis 200	150 bis 250	90 bis 100	100 bis 150	100 bis 300	150 bis 400
	Vorschub s mm/U bzw. mm/Zahn	bis 0,02	bis 0,03	0,02 bis 0,03	0,03 bis 0,15	0,2 bis 0,4	0,05 bis 0,6	0,3 bis 0,6	bis 0,1	0,1 bis 0,5	0,03 bis 0,1	0,1 bis 0,6	0,03 bis 0,1
	Spantiefe a in mm					bis 3	bis 0,4	bis 3	bis 0,5	bis 6	bis 0,5	bis 7	bis 0,5

[1] Hinterschliffwinkel
[2] Drallwinkel
[3] ▽ = Schruppen; ▽▽ = Schlichten oder Feinstbearbeiten

Schweißen von Aluminium-Werkstoffen

Auswahl des geeigneten Schweißverfahrens[1)]

	Schutzgasschweißen MIG	Schutzgasschweißen WIG	Lichtbogen-schmelzschweißen	Gasschmelz-schweißen
Güte der Schweißverbindung				
Festigkeit / Zähigkeit / Korrosionsbeständigkeit	1 / 1 / 1	2 / 1 / 2	4 / 4 / 4	4 / 2 / 4
Schweißfehler / Einbrand / Verzug	2 / 1 / 1	1 / 3 / 2	4 / 2 / 2	4 / 4 / 4
Eignung für				
Blechschweißen $s > 1$ mm / $s > 3$ mm / s wechselnd	– / 1 / 2	1 / 2 / 1	– / 3 / 3	2 / 4 / 2
Überkopfschweißen / Kehlnähte / Maschinenschweißen	1 / 1 / 1	2 / 2 / 2	– / – / –	– / – / –
Wirtschaftliche Gesichtspunkte				
Anlagekosten / Betriebskosten / Lohnkosten	4 / 3 / 1	3 / 3 / 2	2 / 1 / 4	1 / 2 / 3

[1)] Bewertungsziffern: 1 sehr gut, 2 gut, 3 möglich, 4 schlecht, – nicht anwendbar

Schweißzusätze für Aluminium und Aluminiumlegierungen (Auswahl) DIN 1732, Teil 1, 2, 3 (1988)

Schweißzusätze Kurzzeichen[1)]	Werkstoff-nummer	Schmelz-bereich °C	Mech. Eigenschaften des Schweißgutes (MIG, WIG) $R_{p\,0,2}$ N/mm²	R_m N/mm²	A_5 %	Geeignet zur Anwendung für zu schweißende Grundwerkstoffe	Schweißverfahren[2)] MIG	WIG	E	Gas
SG–Al 99,5 EL–Al 99,5	3.0259	647 ... 658	20	65	35	Al 99,5; Al 99	2	2	3	2
SG–Al 99,5 Ti EL–Al 99,5 Ti	3.0805	647 ... 658	20	65	35	Al 99,5; Al 99; Al 99,8				
SG–AlMn 1 EL–AlMn 1	3.0516	648 ... 657	35	90	24	AlMn 1; AlMnCu; AlMn 0,6	2	2	3	2
SG–AlMg 3	3.3536	610 ... 642	80	190	20	AlMg 1; AlMg 2; AlMg 3; AlMg 2 Mn 0,8	2	1	–	2
SG–AlMg 5	3.3556	562 ... 633	110	235	17	AlMg 3; AlMg 5; AlMg 4 Mn; AlMgSi 0,5; AlMgSi 1; AlZn 4,5 Mg 1	1	1	–	–
SG–AlMg 4,5 Mn SG–AlMg 4,5 MnZr	3.3548 3.3546	574 ... 638	125	275	17	AlMg 5; AlMg 4 Mn; AlMgSi 0,5; AlMgSi 1; AlMg 1 SiCu; AlZn 4,5 Mg 1	1	1	–	–
SG–AlSi 5 EL–AlSi 5	3.2245	573 ... 625	40	120	8	AlMgSi 0,5; AlMgSi 1; AlMg 1 SiCu; AlMgSi 0,7	1	1	3	1
SG–AlSi 12 EL–AlSi 12	3.2585	573 ... 585	60	120	5	G–AlSi 12; G–AlSi 11 G–AlSi 8 Cu 3, G–AlMg 3 Si	1	1	3	1

[1)] Drahtelektroden, Schweißdrähte und Schweißstäbe für das MIG-, WIG- und Gasschweißen haben das Vorzeichen **SG**; umhüllte Stabelektroden für das E-Schweißen haben das Vorzeichen **EL.**
[2)] Bewertungsziffern siehe oben.

Richtwerte für das MIG-Schweißen von Al-Bauteilen

Bauteil-dicke mm	Nahtart[1)]	Spaltbreite mm	Anzahl der Lagen	Drahtelektr. Durch-messer mm	Schweiß-strom-stärke[3)] A	Schweiß-spannung V	Argon-verbrauch[4)] l/min	Schweiß-geschwin-digkeit cm/min	Brenner-haltung
4	I	kein Spalt	1	1,2	180	22	15	90	I- und V-Naht 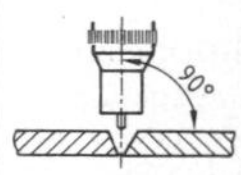
5	I		1	1,2	200	25	15	80	
5	V		1	1,2	160	23	15	80	
6	I		1	1,2; 1,6	220	25	15	80	
6	V		1[2)]	1,2; 1,6	200	23	15	80	
8	V		1[2)]	1,2; 1,6	240	23	16	75	Kehlnaht 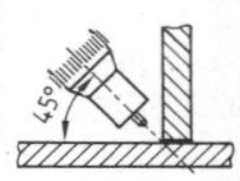
10	V		2[2)]	1,6	260	24	18	70	
15	V		4 ... 6[2)]	1,6	270	24	20	65	
20	V		4 ... 8[2)]	1,6	270	24	20	60	
25	V		6 ... 10[2)]	1,6	280	25	20	60	

[1)] bei V-Naht 70° Nahtöffnungswinkel [2)] Wurzel ausgekreuzt und gegengeschweißt
[3)] Bei Kehlnähten 10 bis 20 % höherer Schweißstrom; bei Schweißzusatzwerkstoff des Typs S–AlMg Schweißstrom höher, bei Typ S–AlSi Schweißstrom niedriger.
[4)] Schutzgasmenge bei Zusatzwerkstoffen vom Typ S–AlMg etwas höher, bei Typ S–AlSi niedriger.

Schweißen und Löten von Al-Werkstoffen

Richtwerte für das WIG-Schweißen von Al-Bauteilen (Stumpfnaht, Wannenposition[1])

Bauteildicke	Nahtart[2]	Spaltbreite	Anzahl der Lagen	Schweißstabdurchmesser	W-Elektrodendicke	Schweißstromstärke[3]	Argondüsenöffnung	Argonverbrauch	Schweißgeschwindigkeit
mm		mm		mm	mm	A	mm	l/min	cm/min
1	I	0		1,6	1,6	55	4 ... 6	5	25
1,5	I	0		1,6; 2,4	1,6	80	4 ... 6	5	23
2	I	0		2,4	2,4	110	6 ... 8	6	21
2,5	I	0	1	2,4	2,4	130	6 ... 8	6	19
3	I	0		3	3	150	8	7	17
4	I	0		4	4	200	8	8	15
5	I	2		3	3	150	8	8	14
5	V	0 ... 2	2	4	4	200	8 ... 10	10	15
6	I	3	1	3	3	150	8	8	8
6	V	0 ... 2	2	4	5	230	8 ... 10	10	12
8	I	4	1	4	3	170	8	8	7
8	V	1 ... 3	2, 3	4; 5	5	250	8 ... 10	10	10
10	I	4	1	4	3; 4	200	10	10	6
10	V	1 ... 3	3	5	4; 5; 6	280	10 ... 12	12	8

[1] Schweißpositionen siehe Seite 226
[2] Bei V-Naht 70° Öffnungswinkel.
[3] Für einseitige Stumpfnähte in Steig- und Überkopfposition sind die Stromwerte um 5 bis 10 % zu verringern, für Kehl- und Überlappnähte um 10 % zu erhöhen. Für Eckstoßnähte gelten obige Werte.

Brennerhaltung:
Stumpfnaht w-Position

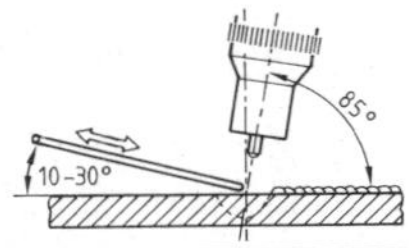

Löten von Aluminium-Werkstoffen

Weichlote für Al-Werkstoffe — DIN 1707 (1981)

Weichlote Kurzzeichen ISO-Kurzzeichen	Werkstoffnummer	Schmelzbereich °C	Bevorzugte Lötverfahren[1]	Verwendung Bemerkung
L–SnZn10 BSn90Zn200–250	2.3820	200 ... 250	F, K	bevorzugt Ultraschallöten
L–SnZn40 BSn60Zn200–340	2.3830	200 ... 340	F, K	mit Flußmittel F–LW1
L–CdZn20 BCd80Zn265–280	2.2481	265 ... 280	F, K, I	mit Flußmittel F–LW2
L–ZnAl5 BZn95Al380–390	2.2320	380 ... 390	F, T	Tauchlöten

Flußmittel zum Weichlöten von Al-Werkstoffen — DIN 8511 (1988)

Kurzzeichen	Zusammensetzung	Arbeitstemperatur (°C)
F–LW 1	Zinkchlorid	200 ... 300
F–LW 2	Organische Verbindungen	200 ... 300
F–LW 3	Organische Halogene	200 ... 300

[1] **F** Flammlöten, **T** Tauchlöten (Tauchbadlöten), **K** Kolbenlöten, **I** Induktionslöten

Hartlote für Al-Werkstoffe — DIN 8513, Teil 4 (1981)

Hartlote Kurzzeichen ISO-Kurzzeichen	Werkstoffnummer	Schmelzbereich °C	Arbeitstemperatur °C	Verwendung
L–AlSi7,5 BAl92,5Si575–615	3.2280	575 ... 615	605 ... 615	Lotplattierte Bleche und Bänder; Grundwerkstoffe: Legierungen des Typs AlMn, AlMnMg, AlMg, AlMgSi
L–AlSi10 BAl90Si575–595	3.2282	575 ... 595	595 ... 605	
L–AlSi12 BAl88Si575–590	3.2285	575 ... 590	590 ... 600	

Flußmittel zum Hartlöten von Al-Werkstoffen — DIN 8511 (1985)

Kurzzeichen	Zusammensetzung	Entfernung der Rückstände
F–LH 1	Hygroskopische Chloride und Fluoride	ja (mit heißem Wasser)
F–LH 2	Nicht hygroskopische Fluoride	im allgemeinen nein

Bezeichnungsbeispiel für Weichlot und Flußmittel:
Weichlot DIN 1707 – L – SnZn 40 oder Weichlot DIN 1707 – BSn 60 Zn 200–340
Flußmittel DIN 8511 – F – LW 1

Kupfer und Kupferwerkstoffe

Physikalische Eigenschaften
$\varrho_{Cu} = 8,9$ kg/dm³; $E \approx 90\,000$ N/mm², $T_{Schmelz} = 1083\,°C$, Elektrische Leitfähigkeit $\varkappa = 45$ bis 60 m/Ω mm² Wärmeleitfähigkeit $\lambda = 3$ bis 4 W/mk; Ausdehnungskoeffizient $\alpha_{25\,...\,300\,°C} \approx 17 \cdot 10^{-6}$ 1/K

Kupfersorten und ihre Eigenschaften (Auswahl) — DIN 1708 (1973)

Kurzzeichen Werkstoff-Nr.	Zusammen-setzung in %	Elektrische Leitfähigkeit in m/Ω mm²	F-Zahl*	0,2 % Dehn-grenze $R_{p\,0,2}$ in N/mm²	Zug-festigkeit R_m in N/mm²	Bruch-dehnung in %	Besondere Eigenschaften Hauptanwendungen
Sauerstoffhaltiges Kupfer							
E–Cu 57 2.0060	Cu ≧ 99,90 O_2 : 0,005 bis 0,040	≧ 57	F 20	≦ 120	200 ... 250	45	Halbzeug jeder Art, wenn höchste elektrische Leitfähigkeit verlangt wird. (Elektrotechnik, Elektronik)
E–Cu 58 2.0061	Cu ≧ 99,90 O_2 : 0,005 bis 0,040	≧ 58	F 20	≦ 120	200 ... 250	38	
Sauerstofffreies Kupfer, nicht desoxidiert							
OF–Cu 2.0040	Cu ≧ 99,95	≧ 58	F 25	200 ... 280	250 ... 290	17	Halbzeug mit höchster Leitfähigkeit und Wasserstoffbeständigkeit. Gut schweiß- und hartlötbar (Elektrotechnik)
Sauerstofffreies Kupfer, mit Phosphor desoxidiert							
SE–Cu 2.0070	Cu ≧ 99,90 P ≈ 0,003	≧ 57	F 25	200 ... 280	250 ... 290	20	Halbzeug mit hoher Leitfähigkeit, Wasserstoffbeständigkeit und Umformbarkeit (Elektronik, Plattierungen)
SF–Cu 2.0090	Cu ≧ 99,90 P : 0,015 bis 0,040	45 bis 50	F 22 F 30 F 37	≦ 140 ≧ 250 ≧ 320	220 ... 250 290 ... 360 ≧360	45 6 3	Halbzeug mit guter Schweiß- und Hartlötbarkeit sowie Umformbarkeit (Bauwesen, Apparatebau)
SW–Cu 2.0076	Cu ≧ 99,90 P : 0,005 bis 0,014	≈ 52	F 20	≦ 100	200 ... 250	42	Halbzeug mit guter Schweiß- und Hartlötbarkeit sowie Umformbarkeit (Apparatebau)
Kupfer-Gußwerkstoffe							**DIN 17 655 (1983)**
G–Cu L 50 2.0085.01	Cu : mind. 99,7	≈ 50	–	40	150	25	Schaltbauteile, Kontaktbacken, Elektrodenhalter, stromführende Teile für die Elektronik

* Die F-Zahl entspricht rund 1/10 der Mindestzugfestigkeit in N/mm².

Niedrig legierte Kupferwerkstoffe (Auswahl) und ihre Eigenschaften — DIN 17666 (1983)

$\varrho = 8,4\,...\,8,9$ kg/dm³

Kurzzeichen Werkstoff-Nr.	Zusammen-setzung in %	Elektrische Leitfähigkeit in m/Ω mm²	F-Zahl*	0,2 % Dehn-grenze $R_{p\,0,2}$ in N/mm²	Zug-festigkeit R_m in N/mm²	Bruch-dehnung in %	Besondere Eigenschaften Hauptanwendungen
Nicht aushärtbare Knetlegierungen							
Cu Te P 2.1546	0,4 bis 0,7 Te, 0,005 bis 0,012 P	≈ 54,5	F 22 F 26	≧ 50 ≧ 200	220 ... 260 ≧ 260	35 7	Hohe Entfestigungstemperatur bei fast unverminderter elektrischer Leitfähigkeit. Brennerdüsen, Schrauben, Dioden, Transistoren.
Cu Cd 1 2.1266	0,9 bis 1,3 Cd	46 bis 53	F 34 F 40	≧ 320 ≧ 380	≧ 340 ≧ 400	16 10	Hohe Kaltverfestigung bei geringer Verminderung der elektrischen Leitfähigkeit. Freileitungen, Fahrdrähte.
Cu Si 2 Mn 2.1522	0,8 bis 2,2 Si, 0,3 bis 0,7 Mn	5,4 bis 5,8	F 30 F 40	≧ 80 ≧ 340	290 ... 340 ≧ 390	40 10	Gute Schweißeignung und Korrosionsbeständigkeit. Apparatebau, Schrauben, Bolzen.
Aushärtbare Knetlegierungen							
Cu Be 2 2.1247	1,8 bis 2,1 Be 0,2 bis 0,6 Ni + Co	8 bis 18	F 42 F 60 F 125	140 ... 210 500 ... 750 1050 ... 1400	420 ... 600 600 ... 800 1200 ... 1500	35 2 1	Auf höchste Festigkeit aushärtbar, mittlere elektrische Leitfähigkeit. Stecker, Buchsen, Funkenfreie Werkzeuge.
Cu Ni 2 Si 2.0855	1,6 bis 2,5 Ni 0,5 bis 0,8 Si	10 bis 23	F 27 F 65	≧ 60 ≧ 590	≧ 260 ≧ 640	35 10	Auf hohe Festigkeit aushärtbar, korrosionsbeständig. Schrauben, Bolzen, Freileitungsdrähte.

Kupferlegierungen

Kupfer-Zink-Knetlegierungen (Messinge), Auswahl — DIN 17660 (1983)

ϱ = 8,1 bis 8,9 kg/dm³, Elektrische Leitfähigkeit $\varkappa$ = 33,3 ... 8,6 · 10^{-6} m/Ω mm², Wärmeleitfähigkeit λ: von 243 W/m · K (Cu Zn 5) auf 67 W/m · K (Cu Zn 40 Mn 2) fallend; Wärmeausdehnungskoeffizient $\alpha_{20 \dots 200} \approx 20 \cdot 10^{-6}$ 1/K.

Kurzzeichen Werkstoff-Nr.	Zusammen-setzung in %	F-Zahl*	0,2 % Dehn-grenze $R_{p\,0,2}$ in N/mm²	Zug-festigkeit R_m in N/mm²	Bruch-dehnung in %	Besondere Eigenschaften Hauptanwendungen
CuZn5 2.0220	95 Cu, 5 Zn	F 23 F 28 F 34	130 bis ≧ 280	230 bis ≧ 340	45 : 8	gute Leitfähigkeit, gute Beständigkeit, gut kaltumformbar Elektrotechnik, Metallwaren
Cu Zn 10 2.0230	90 Cu, 10 Zn	F 24 F 29 F 35	140 bis ≧ 290	240 bis ≧ 350	45 : 8	gute Leitfähigkeit, sehr gut kalt umformbar Elektrotechnik, Metallwaren
Cu Zn 20 2.0250	80 Cu, 20 Zn	F 27 F 32 F 49	150 bis ≧ 440	270 bis ≧ 490	48 : 12	sehr gut kaltformbar Metallwaren, Manometer, Metallschläuche
Cu Zn 30 2.0265	70 Cu, 30 Zn	F 27 F 42 F 52	160 bis ≧ 470	270 bis ≧ 520	50 : 8	sehr gut kaltformbar Tiefziehteile, Schlauchrohre, Federelemente
Cu Zn 40 2.0360	60 Cu, 40 Zn	F 34 F 41 F 47	240 bis ≧ 390	340 bis ≧ 470	43 : 12	gut kalt- und warmformbar Warmpreßteile, Beschlag- und Schloßteile
Cu Zn 36 Pb 3 2.0375	61 Cu, 36 Zn, 3 Pb	F 34 F 40 F 46	250 bis ≧ 350	340 bis ≧ 460	35 : 12	sehr gut warmformbar und spanbar Bauprofile, Handläufe, Treppenschienen
Cu Zn 40 Pb 2 2.0402	54 Cu, 44 Zn, 2 Pb	F 38 F 52 F 61	300 bis ≧ 570	380 bis ≧ 610	35 : 8	gut warmformbar und spanbar Warmpreßteile, Drehteile, Zahnräder
Cu Zn 31 Si 1 2.0490	68 Cu, 31 Zn, 1 Si	F 44 F 49	200 bis ≧ 290	440 bis ≧ 490	22 15	gute Gleiteigenschaften, kaltformbar Lagerbuchsen, Führungen, Rohre
Cu Zn 40 Al 1 2.0561	58 Cu, 1 Al, 1,3 Mn, Rest Zn	F 44 F 51	220 bis ≧ 270	440 bis ≧ 510	20 15	gute Gleiteigenschaften, hohe Zähigkeit Gleitlager, Schneckenräder
Cu Zn 40 Mn 2 2.0572	58 Cu, 2 Mn, Rest Zn	F 44 F 49	170 bis ≧ 270	440 bis ≧ 490	20 18	witterungsbeständig, gute Lötbarkeit Apparate- und Maschinenteile

Kupfer-Zinn-Legierungen (Zinnbronzen, Rotguß, Bleibronze), Auswahl — DIN 17662, 1705, 1716

ϱ = 8,7 bis 9,3 kg/dm³, $T_{schmelz} \approx 875 \dots 1070$ °C, Elektrische Leitfähigkeit $\varkappa$ = 25 ... 6 m/Ω mm², Wärmeleitfähigkeit λ = 60 ... 180 W/mk, Wärmeausdehnungskoeffizient $\alpha_{25 \dots 300\,°C} \approx 18 \cdot 10^{-6}$ 1/K

Kurzzeichen Werkstoff-Nr.	Zusammen-setzung in %	F-Zahl*	0,2 % Dehn-grenze $R_{p\,0,2}$ in N/mm²	Zug-festigkeit R_m in N/mm²	Bruch-dehnung in %	Besondere Eigenschaften Hauptanwendungen
Cu Sn 2 2.1010	98 Cu, 2 Sn	F 26	≦ 150	≧ 260	50	gute elektrische Leitfähigkeit, gute Korrosionsbeständigkeit, Elektrotechnik – Kleinteile, Schläuche
Cu Sn 6 2.1020	94 Cu, 6 Sn	F 35 F 56 F 75	≦ 250 ≧ 490 ≧ 690	340 bis 400 550 bis 640 ≧ 740	55 13 5	gute Gleiteigenschaften, gute Korrosionsbeständigkeit, hohe Festigkeit Gleitlager, Flachstecker, Beschläge, Federn, Membranen
Cu Sn 8 2.1030	92 Cu, 8 Sn	F 38 F 53 F 70	≦ 290 ≧ 420 ≧ 640	370 bis 450 520 bis 590 ≧ 690	60 23 5	
G–Cu Sn 12 2.1052.01	88 Cu, 12 Sn		140	260	12	gute Korrosionsbeständigkeit, gute Gleiteigenschaften Ventilgehäuse, Pumpengehäuse
G–Cu Sn 10 Zn 2.1086.01 (Rotguß)	88 Cu, 10 Sn, 2 Zn		130	260	15	
G–Cu Pb 15 Sn 2.1182.01	77 Cu, 15 Pb, 8 Sn		90	180	8	sehr gute Gleiteigenschaften Lagerwerkstoff

Kupfer-Nickel-Zink-Legierungen (Neusilber), Auswahl — DIN 17663 (1983)

ϱ = 8,5 ... 8,7 kg/dm³, $T_{Schmelz}$ = 950 ... 1100 °C, Elektrische Leitfähigkeit $\varkappa$ = 3 ... 5 m/Ω mm², Wärmeleitfähigkeit λ = 23 ... 35 W/mk, Wärmeausdehnungskoeffizient $\alpha_{25 \dots 300\,°C} = 16 \dots 20 \cdot 10^{-6}$ 1/K

Kurzzeichen Werkstoff-Nr.	Zusammen-setzung in %	F-Zahl*	0,2 % Dehn-grenze $R_{p\,0,2}$ in N/mm²	Zug-festigkeit R_m in N/mm²	Bruch-dehnung in %	Besondere Eigenschaften Hauptanwendungen
Cu Ni 18 Zn 20 2.0740	62 Cu, 18 Ni, 20 Zn	F 38 F 44 F 62	≦ 290 ≧ 290 ≧ 540	370 ... 430 430 ... 520 ≧ 540	40 22 –	Silberähnliches Aussehen, korrosions- und anlaufbeständig Beschläge, Geländer, Eingänge
Cu Ni 10 Zn 42 Pb 2.0770	47 Cu, 10 Ni, 42 Zn, 1 Pb	F 52 F 60	≧ 370 ≧ 440	≧ 510 ≧ 590	12 5	Silberähnliches Aussehen, hohe Festigkeit Drehteile, Schlüssel, Reißzeug

Kupfer-Halbzeuge

Werkstoffe: Kupfer und Kupferknetlegierungen nach den gängigen DIN-Normen, siehe Seite 240 und 241.

Stangen

Mechanische Eigenschaften der Stangen aus Kupferwerkstoffen in DIN 17672 (1983)

Rundstangen, gezogen DIN 1756 (1969)
Rundstangen, gepreßt DIN 1782 (1969)

Vorzugsmaße (Auswahl)

d	mm	0,5	1	1,4	2	2,5	3	3,5	4	4,5	5
5,5	6	6,5	7	8	9	10	12	14	16	18	20
22	25	28	32	36	40	45	50	56	60	63	70
75	80	85	90	95	100	110	120	130	140	150	160

Rundstangen, gezogen: $d =$ 0,5 mm ... 80 mm
Rundstangen, gepreßt: $d =$ 10 mm ... 160 mm

Sechskantstangen, gezogen DIN 1763 (1969)

Vorzugsmaße

s	mm	3	3,5	4	4,5	5	5,5	6	7	8	9
10	11	12	13	14	17	19	21	22	24	27	30
32	36	41	46	50	55	60					

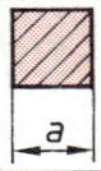

Vierkantstangen, gezogen DIN 1761 (1969)

Vorzugsmaße

d	mm	2	2,2	2,5	2,8	3	3,5	4	4,5	5	5,5
6	7	8	9	10	11	12	13	14	16	17	19
21	22	24	27	30	32	36	41	46	50	55	60

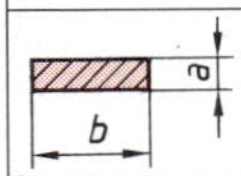

Rechteckstangen, gezogen DIN 1959 (1974)

Vorzugsmaße

b × a_1, a_2, a_3 ...	mm **5** × 2, 3, 4	**6** × 2, 3, 4, 5	**8** × 2, 3, 4, 5, 6
10 × 2 ... 6, 8	**12** × 2 ... 10	**15** × 2 ... 12	**18** × 2 ... 15
18 × 2 ... 15	**20** × 2 ... 18	**25** × 2 ... 15, 20	**30** × 3 ... 25
40 × 3 ... 30, 35	**50** × 3 ... 40	**60** × 3 ... 40	**80** × 4 ... 40
100 × 5 ... 40	**120** × 6 ... 40	**140** × 10, 15 ... 35, 40	
150 × 10 ... 40	**160** × 10 ... 40	**180** × 10 ... 40	**200** × 10 ... 40

Bestellbeispiel: 5 Tonnen Rundstangen, gezogen, Durchmesser 36 mm, aus Cu Zn 40 F 41 in Herstellängen:
5 t Rund 36 DIN 1756 – Cu Zn 40 F 41

Drähte, gezogen — DIN 1557 (1974)

Mechanische Eigenschaften der Drähte aus Kupferwerkstoffen in DIN 17677 (1983)

Vorzugsmaße

Runddraht	*d*	mm	0,1	0,2	0,3	...	1	1,2	...	2,2	2,5	2,8	3,0	3,2	3,5	4	...	7	8	...	12	14	16	18
Vierkantdraht	*a*	mm	3	3,5	4	4,5	5	5,5	6	7	8	9	10	11	12	13	14	16	17					
Sechskantdraht	*s*	mm	3	3,5	4	4,5	5	5,5	6	7	8	9	10	11	12	13	14	17						

Bänder und Bleche

Mechanische Eigenschaften der Bänder und Bleche aus Kupferwerkstoffen in DIN 17 670 (1983)

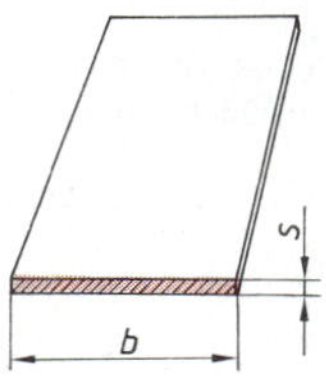

Bänder und Bandstreifen, kaltgewalzt — **DIN 1791** (1973)

Dicke *s*	mm	0,1	0,2	0,3	0,4	0,5	0,6	0,7	0,8	0,9	1,0	1,2	1,5	1,8	2,0	2,5	3	3,5	4
Breite *b*	mm	Bandstreifen: bis 500 mm Breite in Längen über 500 mm Bänder: bis 1000 mm Breite in Längen über 1000 mm																	

Bleche und Blechstreifen, kaltgewalzt — **DIN 1751** (1973)

Dicke *s*	mm	0,2	0,4	0,5	0,6	0,7	0,8	0,9	1,0	1,2	1,5	1,8	2	2,5	3	3,5	4	4,5	5
Breite *b*	mm	Blechstreifen: 50 bis 500 mm Breite in Längen über 500 mm Bleche: 500 bis 1100 mm Breite in Längen über 1000 mm																	

Schrauben, Muttern — DIN 267, T 18 (1981)

Für Schrauben und Muttern aus Kupferwerkstoffen gelten die entsprechenden Produktnormen (Maßnormen) in Verbindung mit den Kennzeichen für die Werkstoffe nach nebenstehender Tabelle.

Bezeichnungsbeispiel:
Sechskantschraube DIN 931 – M 12 × 40 – Cu 2

Kennzeichen	Werkstoff Kurzzeichen	Werkstoff Werkstoffnummer	Gewindemaß mm über	Gewindemaß mm bis	Mechanische Kennwerte R_m N/mm²	Mechanische Kennwerte $R_{p\,0,2}$ N/mm²	Mechanische Kennwerte A_5 %
CU 1	E–Cu 57	2.0060	–	39	240	160	14
CU 2	Cu Zn 37	2.0321	6	39	370	250	19
CU 3	Cu Zn 39 Pb 3	2.0401	6	39	370	250	19
CU 4	Cu Sn 6	2.1020	12	39	400	200	33
CU 5	Cu Ni 1,5 Si	2.0853	–	39	590	540	12
CU 6	Cu Zn 40 Mn Pb	2.0580	6	39	440	180	18
CU 7	Cu Al 10 Ni	2.0966	12	39	640	270	15

Kupfer-Halbzeuge

Rohre und Hohlprofile

Mechanische Eigenschaften der Rohre aus Kupferwerkstoffen in DIN 17 671 (1983)

Rohre aus Kupfer und Kupfer-Knetlegierungen, gepreßt

DIN 59 750 (1974)

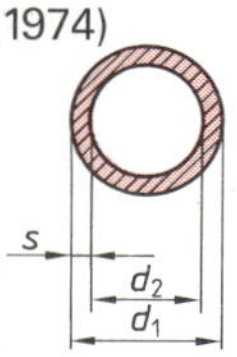

Innendurchmesser d_2 in mm			Wanddicke s in mm: 2	2,5	3	3,5	4	5	10	15	20
10	12	14									
16	18	20									
22	24	27									
30	35	40									
45	50	60									
70	80	90									
100	120	140									
160	180	200									

Rohre aus Kupfer, nahtlosgezogen — DIN 1754 (1969)

Rohre aus Kupfer (Werkstoffe gemäß DIN 1708) gibt es von 3 bis 450 mm Außendurchmesser und 0,2 bis 10 mm Wanddicke in denselben Abstufungen wie bei Rohren aus Kupfer-Knetlegierungen, nahtlosgezogen, gemäß DIN 1755 (siehe unten).

Rohre aus Kupfer-Knetlegierungen, nahtlosgezogen — DIN 1755 (1969)

Außendurchmesser d_1 mm							Wanddicke s in mm: 0,5	0,75	1	1,5	2	2,5	3	3,5	4	5	6	8	10
3	4	5	6	8	10	12						ab d_1 = 10 mm							
14	15	16	18	20	22	25											ab d_1 = 18 mm		
28	30	32	35	38	40	42													
44,5	50	55	57	60	63	70													
76	80	85	89	100	108	114													
125	133	159	160	168	194	200													
219	250	267	273	315			bis d_1 = 200 mm												

Installationsrohre aus Kupfer, nahtlosgezogen — DIN 1786 (1980)

Werkstoff: SF–Cu
auch kunststoffummantelt lieferbar

Außendurchmesser d_1 in mm			Wanddicke s in mm: 0,8	1,0	1,5	2,0	2,5	3,0
6	8	10						
12	15	18						
22	28	35						
42	54	64						
76,1	88,9	108						
nur für andere Verbindungsverfahren								
133 159	219	267						

Rohre aus Kupfer und Kupfer-Knetlegierungen für Kapillarlötverbindungen, nahtlosgezogen — DIN 59 753 (1980)

Werkstoffe: SF–Cu, Cu AsP, Cu Zn 20 Al, Cu Ni 10 Fe

Außendurchmesser d_1 in mm				Wanddicke s in mm: 0,5	0,8	1,0	1,5	2,0	2,5	3,0
2	3	4	5				ab 10 mm		ab 12mm	
6	8	10	12							ab 20mm
14	15	16	18							
20	22	25	28	bis d_1 = 18 mm						
30	35	38	42							
44,5	54	57	64			bis 30mm				
76,1	88,9	108					bis 57mm			

Rohre und Sechskanthohlprofile aus Kupfer-Knetlegierungen für die spanende Bearbeitung auf Automaten, nahtlosgezogen — DIN 59 752 (1973)

Form R

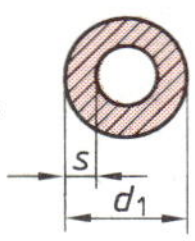

Außendurchmesser d_1 mm						Wanddicke s in mm: 2,5	3	3,5	4	4,5	5	6	8	10	12
10	11	12	14	16	18										
20	22	25	28	30	32										
36	40	45	50	55	60										

Form S

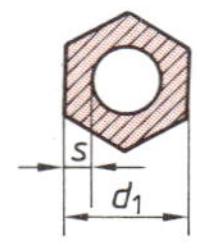

Außendurchmesser d_1 mm						Wanddicke s in mm: 2,5	3	3,5	4	4,5	5	6	8	10	12
10	11	12	13	14	17										
19	22	24	27	30	32										
36	41	46	50	55	60										

Strangpreßprofile aus Kupfer und Kupferlegierungen — DIN 17 674 (1983)

Strangpreßprofile aus Kupferwerkstoffen sind in ihren Eigenschaften und Lieferbedingungen, jedoch nicht in den Querschnittsformen genormt. Jeder Halbzeug-Hersteller bietet eine Vielzahl gebräuchlicher Profilformen an.

Verarbeitung von Kupferwerkstoffen

Hinweise für die Verarbeitung von Kupferwerkstoffen (Auswahl)

Kurzzeichen Werkstoff-Nr.	Warmumformung	Kaltumformung (weich)	Spanbarkeit	Weichlöten	Hartlöten	Gasschweißen	WIG-schweißen	MIG-schweißen	Mechanisches Polieren	Galvanisierbarkeit
Unlegiertes Kupfer z. B. SF–Cu	sehr gut	sehr gut	schlecht	gut	gut	mittel	gut	gut	sehr gut	sehr gut
Niedrig legierte Kupferwerkstoffe nach DIN 17 666 (Auswahl)										
Cu Si 2 Mn	gut	sehr gut	schlecht	gut	gut	sehr gut	sehr gut	sehr gut	gut	mittel
Cu Be 2	gut	gut	mittel	gut	gut	mittel	gut	gut	gut	gut
Cu Ni 2 Si	gut	gut	mittel	gut	mittel	schlecht	mittel	mittel	gut	gut
Kupfer-Zink-Knetlegierungen (Messinge) nach DIN 17 660 (Auswahl)										
Cu Zn 5	mittel	gut	schlecht	sehr gut	sehr gut	gut	gut	mittel	sehr gut	sehr gut
Cu Zn 10	mittel	gut	schlecht	sehr gut	sehr gut	gut	gut	mittel	sehr gut	sehr gut
Cu Zn 20	mittel	gut	mittel	sehr gut	sehr gut	gut	gut	mittel	sehr gut	sehr gut
Cu Zn 30	gut	sehr gut	mittel	sehr gut	sehr gut	gut	gut	mittel	sehr gut	sehr gut
Cu Zn 40	sehr gut	mittel	mittel	sehr gut	gut	gut	mittel	mittel	sehr gut	sehr gut
Cu Zn 36 Pb 3	gut	gut	sehr gut	sehr gut	mittel	schlecht	schlecht	schlecht	sehr gut	sehr gut
Cu Zn 40 Pb 2	sehr gut	schlecht	sehr gut	sehr gut	mittel	schlecht	schlecht	schlecht	sehr gut	sehr gut
Cu Zn 31 Si 1	mittel	gut	mittel	mittel	mittel	mittel	gut	mittel	sehr gut	mittel
Cu Zn 40 Al 1	sehr gut	schlecht	mittel	schlecht	mittel	schlecht	mittel	schlecht	sehr gut	mittel
Cu Zn 40 Mn 2	gut	mittel	mittel	sehr gut	gut	mittel	mittel	schlecht	sehr gut	gut
Kupfer-Zinn-Legierungen (Zinnbronzen) nach DIN 17 662, 1705 und 1716 (Auswahl)										
Cu Sn 2	gut	sehr gut	mittel	sehr gut	gut	mittel	gut	gut	gut	gut
Cu Sn 6	mittel	sehr gut	mittel	gut	gut	mittel	gut	gut	gut	gut
Cu Sn 8	mittel	sehr gut	mittel	gut	gut	mittel	gut	gut	gut	gut
G–Cu Sn 12	–	–	gut	gut	gut	mittel	mittel	mittel	gut	gut
G–Cu Sn 10 Zn (Rotguß)	–	–	gut	gut	gut	mittel	mittel	mittel	gut	gut
G–Cu Pb 15 Sn (Guß-Zinn-Bleibronze)	–	–	sehr gut	gut	schlecht	schlecht	–	–	gut	gut
Kupfer-Nickel-Zink-Legierungen (Neusilber) nach DIN 17 663 (Auswahl)										
Cu Ni 25 Zn 15	mittel	sehr gut	mittel	sehr gut	sehr gut	mittel	sehr gut	schlecht	sehr gut	gut
Cu Ni 12 Zn 30 Pb	schlecht	mittel	gut	sehr gut	sehr gut	schlecht	mittel	schlecht	gut	gut

Richtwerte für das Bohren von Kupferwerkstoffen mit Schnellarbeitsstählen (Spiralbohrer)

Werkstoff	Schnittgeschwindigkeit v_c m/min	Vorschub *f* in mm je Umdrehung bei Bohrerdurchmesser *d* in mm						
		2,5	4	6	10	16	25	40
Kupfer	40 ... 60	0,06	0,10	0,16	0,22	0,30	0,40	0,50
Cu Zn 40 Pb 2	60 ... 150	0,08	0,12	0,20	0,28	0,38	0,50	0,60

Bohrertyp: N
Freiwinkel: 12 ... 15°
Spitzenwinkel: 118°
Drallwinkel: 30°
Kühlung: Druckluft

(Benennungen am Bohrer siehe Seite 223)

Richtwerte für das Drehen von Kupferwerkstoffen

Werkstoff	Schneidstoff	Schnittiefe *a* mm	Vorschub *f* mm	Schnittgeschwindigkeit v_c m/min	Freiwinkel α °	Spanwinkel γ °	Neigungswinkel λ °	Einstellwinkel $\varkappa$ °
Kupfer	S 10–4–3–10	3	0,3	50 ... 120	5 ... 10	5 ... 10	5 ... 10	75 ... 80
Cu Zn 40 Pb 2		6	0,6	90 ... 200	0 ... 5	0 ... 3	0	75 ... 80

Schweißen und Löten von Kupferwerkstoffen

Schweißnahtvorbereitung DIN 8552 (1981)

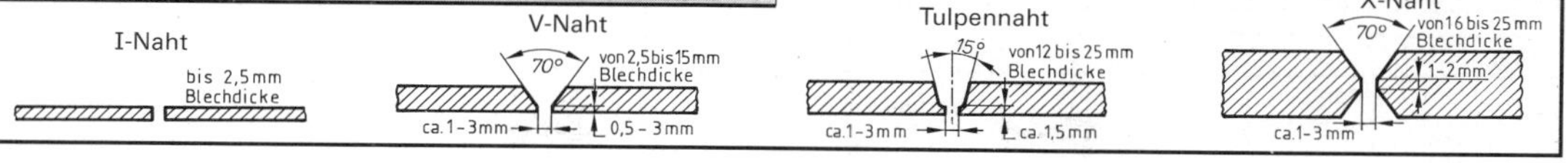

Schweißzusätze für Kupfer und Kupferlegierungen (Auswahl) DIN 1733, Teil 1 (1979)

Kurzzeichen Werkstoffnummer	Wichtige Legierungselemente	Schmelzbereich in °C	Beispiele für Verwendung	Schweißeignung[1] G	WIG	MIG
Drahtelektroden, Schweißdrähte und Schweißstäbe zum Gas- und Schutzgasschweißen						
SG–Cu Ag 2.1211	ca. 1 % Ag	1070 ... 1080	Sauerstofffreies Kupfer	++	++	+
SG–Cu Sn 2.1006	0,5 ... 1 % Sn	1020 ... 1050	Sauerstofffreies Kupfer	+	++	++
SG–Cu Zn 40 Si 2.0366	37 ... 41 % Zn	890 ... 910	Kupfer-Zink-Legierungen	++	+	–
SG–Cu Sn 12 2.1056	11 ... 13 % Sn	825 ... 990	Kupfer-Zinn-Legierungen	+	++	++
SG–Cu Ni 30 Fe 2.0837	29 ... 32 % Ni ~ 0,7 % Fe, ~ 1 % Mn	1180 ... 1220	Kupfer-Nickel-Legierungen, z. B. Cu Ni 10 Fe 1 Mn oder Cu Ni 30 Mn 1 Fe	–	++	++
SG–Cu Al 10 Fe 2.0937	9 ... 11 % Al ~ 1 % Fe	1030 ... 1090	Kupfer-Aluminium-Legierungen Auftragsschweißungen auf fer.-perl. Stählen	–	++	++
Stabelektroden zum Lichtbogenschweißen (E-Schweißen)						
EL–Cu Mn 2 2.1363	1 ... 2 % Mn	1000 ... 1050	Sauerstofffreies Kupfer			
EL–Cu Al 9 2.0926	6,5 ... 8,5 Al, ~ 2 % Mn, 1 % Fe	1020 ... 1050	Cu-Al- und Cu-Zn-Legierungen, Auftragsschweißungen auf ferritisch-perlitischen Stählen			
EL–Cu Sn 13 2.1027	11 ... 13 % Sn	825 ... 990	Kupfer-Zinn- und Kupfer-Zinn-Zink-Bleilegierungen			
EL–Cu Al 9 Ni 2 Fe 2.0930	6,5 ... 8,5 % Al, 1,5 ... 3 % Fe, Mn, Ni	1030 ... 1050	Kupfer-Aluminium-Legierungen			
EL–Cu Ni 30 Mn 2.0838	29 ... 32 % Ni, 1 % Fe, 1 ... 2 % Mn	1180 ... 1240	Kupfer-Nickel-Legierungen Cu Ni 10 Fe 1 Mn und Cu Ni 30 Mn 1 Fe			

[1] Bedeutung der Zeichen: – nicht geeignet + geeignet ++ empfohlen
G Gasschmelzschweißen WIG Wolfram-Inertgas-Schweißen MIG Metall-Inertgas-Schweißen (Seite 226)

Maße für Schweißzusätze DIN 1733, Teil 1 (1979)

Schweißzusatz	Durchmesser × Länge (in mm)
Drahtelektroden Schweißdrähte	Durchmesser: 0,8; 1; 1, 2; 1,6; 2; Länge: von der Rolle
Schweißstäbe	Durchmesser: 1,6; 2; 2,4; 2,5; 3; 3,2; 4; Länge: 1000 oder nach Vereinbarung
Umhüllte Stabelektroden	2,5 × 250, 300, 350; 3,2 × 350; 4,5 × 350, 400, 450

Bestellbeispiel: 80 kg umhüllte Stabelektroden aus Werkstoff EL–Cu Sn 13, Durchmesser 4 mm, Länge 350 mm
80 kg Stabelektrode DIN 1733 – EL–Cu Sn 13 – 4 × 350

Lote und Flußmittel für Kupferwerkstoffe

Zu lötender Werkstoff	Weichlote (DIN 1707)	Hartlote (DIN 8513)
Kupfer (unlegiert)	grobe Teile: z. B. L–Sn 50 Pb Feinlötungen: z. B. L–Sn 50 Pb, L–Sn Ag 5 Flußmittel: z. B. F–SW 1, F–SW 22 F–SW 25, F–SW 26	grobe Teile: z. B. L–Cu Zn 40 besser L–Ag 44 oder L–Ag 5 P (ohne Flußmittel) Flußmittel: z. B. F–SH 1, F–SH 2
Niedrig legierte Kupferwerkstoffe	wie Kupfer	Niedrig schmelzende Silberlote, z. B. L–Ag 45 Sn

Zu lötender Werkstoff	Weichlote	Hartlote
Kupfer-Zink-Legierungen (Messing)	antimonarme Blei-Zinn- und Zinn-Blei-Weichlote z. B. L–Pb Sn 40 (Sb) Flußmittel: F–Sw 21	Niedrig schmelzende Silberhartlote z. B. L–Ag 40 Cd Flußmittel: F–SH 1
Kupfer-Zinn-Legierungen (Zinnbronzen)	z. B. L–Sn 60 Pb (Sn) Flußmittel: z. B. F–SW 21	z. B. L–Ag 30 Cd Flußmittel: z. B. F–SH 1, F–SH 2
Kupfer-Nickel-Zinn-Legierungen (Neusilber)	z. B. L–Sn Ag 5 L–Sn Cu 3 Flußmittel: z. B. F–SW 22	z. B. L–Ag 30 Cd L–Zn Cu 42 Flußmittel: z. B. F–SH 1, F–SH 2

Zink-, Zinn-, Blei-, Nickel- und Titanwerkstoffe

Zinkwerkstoffe (Auswahl)

Hüttenzink — **DIN 1706** (1974)

Werkstoff Kurzzeichen	Werkstoff Nummer	Zusammensetzung	Verwendung
Zn 97,5	2.2075	97,5 % Zn	Verzinkerei-Zink Legierungs-Zink
Zn 98,5	2.2085	98,5 % Zn	
Zn 99,5	2.2095	99,5 % Zn	

Feinzink — **DIN 1706** (1974)

Werkstoff Kurzzeichen	Werkstoff Nummer	Zusammensetzung	Verwendung
Zn 99,95	2.2035	99,95 % Zn	Basis für Feinzink-Legierungen Bleche, Bänder
Zn 99,99	2.2040	99,99 % Zn	
Zn 99,995	2.2045	99,995 % Zn	

Bänder und Bleche aus legiertem Zink für das Bauwesen (Titanzink) — **DIN 17 770** (1982, Entwurf)

Werkstoff Kurzzeichen	Werkstoff Nummer	Zusammensetzung	Dicke mm	$R_{p\,0,2}$ N/mm²	R_m N/mm²	Bruchdehnung %	Vickershärte HV 1	Zeitdehngrenze $^1/_{10}{}^4$ N/mm²	Biegeradius mm
D–Zn bd	2.2203.38	Basis: Zn 99,995 0,2 % Ti, 1 % Cu	0,6 ... 1,0	min. 100	min. 150	35 ... 40	min. 40	min. 50	0

Feinzink-Gußlegierungen — **DIN 1743, Teil 2** (1978)

Werkstoff Kurzzeichen	Werkstoff Nummer	Zusammensetzung	Dichte kg/dm³	$R_{p\,0,2}$ N/mm²	R_m N/mm²	Bruchdehnung %	Brinellhärte HB	Verwendung
GD–Zn Al 4 Cu 1	2.2141.05	~ 4 % Al, ~ 0,8 % Cu	6,7	220 ... 250	280 ... 350	2 ... 5	85 ... 105	Druckguß-Bauteile
G–Zn Al 4 Cu 3	2.2143.01	~ 4 % Al, ~ 3 % Cu	6,8	170 ... 200	220 ... 260	0,5 ... 2	90 ... 100	Gußstücke

Zinnwerkstoffe (Auswahl)

Zinn — **DIN 1704** (1973)

Werkstoff Kurzzeichen	Werkstoff Nummer	Verwendung
Sn 99,00	2.3505	Weißblech-Beschichtung, Basiswerkstoff
Sn 99,75	2.3502	
Sn 99,95	2.3500	

Zinn-Druckgußlegierungen — **DIN 1742** (1971)

Werkstoff Kurzzeichen	Werkstoff Nummer	Zusammensetzung	R_m N/mm²	A_5 %	Verwendung
GD–Sn 80 Sb	2.3752	17 % Sb, 3 % Cu	115	2,5	Kleine, maßgenaue Druckgußstücke
GD–Sn 60 Sb Pb	2.3722	13 % Sb, 3 % Cu, 14 % Pb	90	1,7	
GD–Sn 50 Sb Pb	2.3732	13 % Sb, 3 % Cu, 24 % Pb	80	1,9	

Bleiwerkstoffe (Auswahl)

Werkstoff Kurzzeichen	Werkstoff Nummer	Zusammensetzung	Verwendung
Blei			**DIN 1719** (1986)
Pb 99,9 (Hüttenblei)	2.3040	99,9 % Pb	Basiswerkstoff
Pb 99,9 (Feinblei)	2.3010	99,99 % Pb	Plattierung, Akkus
Blei-Druckgußlegierungen			**DIN 1741** (1974)
GD–Pb 95 Sb	2.3350	4 ... 6 % Sb	Kleine, maßgenaue Druckgußteile
GD–Pb 80 Sb Sn	2.3353	15 % Sb, 5 % Sn	

Bleilegierungen — **DIN 17640, Teil 1** (1986)

Legierungsgruppe	Werkstoff Kurzzeichen	Werkstoff Nummer	Verwendung
Kupfer-Feinblei	Pb 99,985 Cu	2.3021	Plattierungen
Kupfer-Hüttenblei	Pb 99,94 Cu	2.3035	Bauwesen
Rohrblei	Pb Sb 1 As	2.3201	Druckrohre
Hartblei	Pb Sb 4	2.3207	Bauwesen Chemierohre
Hartblei	Pb Sb 8	2.3208	

Nickelwerkstoffe (Auswahl)

Nickel-Werkstoffgruppe		Werkstoff Kurzzeichen	Werkstoff Nummer	Verwendung
Nickel	DIN 17 740 (1983)	Ni 99,6	2.4060	Korrosionsbest. Teile
Niedriglegierte Nickel-Knetlegierungen	DIN 17 741 (1983)	Ni Mn 2	2.4110	Zündkerzen
Nickel-Knetlegierungen mit Chrom	DIN 17 742 (1983)	Ni Cr 20 Ti	2.4951	Hitzebest. Bauteile
Nickel-Knetlegierungen mit Kupfer	DIN 17 743 (1983)	Ni Cu 30 Fe	2.4360	Korrosionsbeständige Bauteile
Nickel-Knetlegierungen mit Mo und Cr	DIN 17 744 (1983)	Ni Cr 21 Mo	2.4858	
Halbzeuge (Bleche, Stangen, Rohre) aus Nickelwerkstoffen sind in DIN 17 750 bis 17 754 genormt				

Titanwerkstoffe (Auswahl)

Titan-Werkstoffgruppe DIN 17 850, 17 851 (1987)	Werkstoff Kurzzeichen	Werkstoff Nummer	$R_{p\,0,2}$ N/mm²	R_m N/mm²	A_5 %	Verwendung
Unlegiertes Titan	Ti 1 (Fe < 0,15 %)	3.7025	~ 180	290 ... 410	min. 30	Chemieapparate
Niedriglegiertes Titan	Ti 2 Pd (Fe, Pd ~ 0,2 %)	3.7235	~ 250	390 ... 540	min. 22	Tragende Bauteile von Flugzeugen
Hochlegiertes Titan	Ti Al 6 V 4	3.7165	~ 850	~ 900	min. 8	

Hartlote (Auswahl)

DIN 8513 (1983)

Lotwerkstoff-Gruppe		Lotwerkstoff-Beispiel Kurzzeichen[1]	Werkstoff-nummer[2]	Zusammen-setzung in %	Schmelz-bereich in °C	Arbeits-temperatur in °C	Verwendungshinweise Lötbare Werkstoffe
Universal-Hartlote (Cd-frei)	**Kupferlote**	L–SF Cu B Cu 100	2.0091	100 Cu, bis 0,04 P	1083	1100	Schutzgaslötungen an Stahl-Massenbauteilen
	Messingartige Lote	L–Cu Zn 40 B Cu 60 Zn Si	2.0367 890–900	60 Cu, 39,8 Zn, 0,2 Si	890 ... 900	900	Hartmetall-Lötungen Unlegierte Stähle
		L–Cu Zn 40 Sn B Cu 57 Zn	2.0533 870–890	57 Cu, 40 Zn, 1 Sn, 1 Mn, 1 Ag	870 ... 890	900	Unlegierte Stähle, Gußeisen
	Bronzeartige Lote	L–Cu Sn 6 B Cu 94 Sn	2.1021 910–1040	94 Cu, 6 Sn, bis 0,04 P	910 ... 1040	1040	Stähle Ni-Werkstoffe
		L–Cu Sn 12 B Cu 88 Sn	2.1055 825–990	88 Cu, 12 Sn	825 ... 990	990	Stähle Ni-Werkstoffe
	Silberhaltige Universal-Hartlote	L–AG 5 B Cu 55 Zn Ag	2.1205 830–870	55 Cu, 40 Zn, 5 Ag	830 ... 870	860	Beliebige Stähle sowie Kupfer-Werkstoffe und Nickel-Werkstoffe Für Lötstellen mit Betriebs-temperaturen bis 200 °C
		L–Ag 25 B Cu 41 Zn Ag	2.1216 680–795	25 Ag, 41 Cu, 34 Zn	680 ... 795	780	
		L–Ag 34 Sn B Cu 36 Ag Zn Sn	2.5157 630–730	34 Ag, 36 Cu, 27 Zn, 3 Sn	630 ... 730	710	
		L–Ag 45 Sn B Ag 45 Cu Zn Sn	2.5158 640–680	45 Ag, 27 Cu, 25 Zn, 3 Sn	640 ... 680	670	
		L–Ag 55 Sn B Ag 55 Zn Sn	630–660	55 Ag, 21 Cu, 22 Zn, 2 Sn	630 ... 660	660	
Niedrig schmelzende Universal-Hartlote (Cd-haltig)		L–Ag 12 Cd B Cu 50 Zn Ag Cd	2.12 620–825	12 Ag, 50 Cu, 31 Zn, 7 Cd	620 ... 825	800	Beliebige Stähle Kupfer-Werkstoffe Nickel-Werkstoffe Für Lötstellen mit Betriebs-temperaturen bis 150 °C
		L–Ag 20 Cd B Cu 40 Zn Ag Cd	2.1215 605–765	20 Ag, 40 Cu, 25 Zn, 15 Cd	605 ... 765	750	
		L–Ag 30 Cd B Ag 30 Cu Zn Cd	2.5145 600–690	30 Ag, 28 Cu, 21 Zn, 21 Cd	600 ... 690	680	
		L–Ag 40 Cd B Ag 40 Zn Cd Cu	2.5141 595–630	40 Ag, 19 Cu, 21 Zn, 20 Cd	595 ... 630	610	
		L–Ag 50 Cd B Ag 50 Cd Zn Cu	2.5143 620–640	50 Ag, 15 Cu, 17,5 Zn, 17,5 Cd	620 ... 640	640	
Phosphorhaltige Hartlote für Kupfer-Werkstoffe		L–Cu P 6 B Cu 94 P	710–880	93,8 Cu, 6,2 P	710 ... 880	730	Kupferrohrinstallation Ohne Flußmittel für reines Kupfer Mit Flußmittel auch für Messing, Bronze, Rotguß Für Lötstellen mit Betriebs-temperaturen bis 150 °C
		L–Ag 2 P B Cu 92 P Ag	2.1467 650–810	91,8 Cu, 6,2 P, 2 Ag	650 ... 810	710	
		L–Ag 15 P B Cu 80 Ag P	2.1210 650–800	80 Cu, 15 Ag, 5 P	650 ... 800	710	
Hartmetall-Hartlote		L–Ag 50 Cd Ni B Ag 50 Cd Cu Zn Ni	2.5160 645–690	50 Ag, 15,5 Cu, 15,5 Zn, 16 Cd, 3 Ni	645 ... 690	660	Löten von Hartmetallen auf Werkzeugträger Hartmetalle, Stähle, Wolfram, Molybdän, Tantal
		L–Ag 27 B Cu 38 Ag Zn Mn Ni	2.1217 680–840	27 Ag, 38 Cu, 20 Zn, 9,5 Mn, 5,5 Ni	680 ... 840	840	
		– B Cu 86 Mn Ni	970–990	86 Cu, 12 Mn, 2 Ni	970 ... 990	990	
Hartlote für Sonderanwendungen		L–Ag 85 B Ag 85 Mn	2.5161 960–970	85 Ag, 15 Mn	960 ... 970	960	Kupferfreies Hartlot Ammoniak-Leitungen
		L–Ag 56 In Ni B Ag 56 Cu In Ni	2.5162 620–730	56 Ag, 26 Cu, 14 In, 4 Ni	620 ... 730	730	Wasserleitungen aus rostfreiem Edelstahl
Hochtemperatur-Hartlote		– B Ag 64 Pd Mn	1180–1200	64 Ag, 33 Pd, 3 Mn	1180 ... 1200	1200	Turbinen- und Reaktorbau Hochlegierte Stähle Ni, Co-Legierungen Betriebstemp. bis 400 °C
		L Ni 5 B Ni 79 Cr Si	2.4148 1080–1135	79 Ni, 19 Cr, 10 Si	1080 ... 1135	1120	
Aluminium-Hartlote		L–Al Si 12 B Al 88 Si	3.2285 575–590	88 Al, 12 Si	575 ... 590	590	Aluminium-Werkstoffe

[1] nach DIN 8513 sowie nach DIN ISO 3677
[2] nach DIN 17 007

Löten

Flußmittel zum Hartlöten — DIN 8511, Teil 1 (1985)

Hartlot-Flußmitteltyp*) nach DIN 8511	Wirksame Bestandteile	Verhalten der Rückstände	Wirktemperatur in °C	Wichtigste Anwendungsgebiete Lötbare Grundwerkstoffe
F–SH 1	Borverbindungen und Fluoride	korrodierend	550 ... 800	Silberhartlote mit Arbeitstemperaturen bis höchstens 800 °C. Beliebige Stähle und Schwermetalle.
F–SH 2	Borverbindungen	nicht korrodierend	750 ... 1100	Hartlote mit Arbeitstemperaturen zwischen 750 und 1000 °C. Beliebige Stähle und Schwermetalle.
F–SH 3	Borverbindungen, Phosphate, Silikate	nicht korrodierend	1000 ... 1250	Hartlote mit Arbeitstemperaturen über 1000 °C. Beliebige Stähle und Schwermetalle.
F–SH 4	Chloride und Fluoride	korrodierend	600 ... 1000	Hartlote mit Arbeitstemperaturen zwischen 600 und 1000 °C. Beliebige Stähle und Schwermetalle.
F–LH 1	Chloride und Fluoride	korrodierend	590	Aluminiumwerkstücke, die gewaschen werden können.
F–LH 2	Fluoride	nicht korrodierend nicht hygroskopisch	590	Aluminiumwerkstücke, die nicht mit Wasser in Berührung kommen dürfen.

Weichlote (Auswahl) — DIN 1707 (1981)

Lotwerkstoff-Gruppe		Lotwerkstoffe: Kurzzeichen[1] Kurzzeichen[2]	Werkstoffnummer	Zusammensetzung in %	Schmelzbereich °C	Löttemperaturbereich °C	Bevorzugte Lötverfahren[3]	Anwendungen Lötbare Werkst.
Gruppe A Blei-Zinn- und Zinn-Blei-Weichlote	Ah Antimonhaltig	L–Pb Sn 20 Sb B Pb 80 Sn	2.3420 186–270	20 Sn, 0,2 ...1,2 Sb Rest Pb	186 ... 270	280 ... 325	FL, LO	Karosseriebau Kühlerbau Schmierlot
		L–Pb Sn 30 Sb B Pb 70 Sn	2.3432 186–250	30 Sn, 0,5 ...1,8 Sb Rest Pb	186 ... 250	260 ... 350	FL, LO, KO	
		L–Pb Sn 40 Sb B Pb 60 Sn Sb	2.3442 186–225	40 Sn, 0,5 ...2,4 Sb Rest Pb	186 ... 225	230 ... 330	FL, LO, KO	
	Aa Antimonarm	L–Pb Sn 8 (Sb) B Pb 92 Sn	2.3408 280–305	8 Sn, 0,12 ...0,5 Sb Rest Pb	280 ... 305	300 ... 400	FL, LO, IL	Kühlerbau
		L–Pb Sn 35 (Sb) B Pb 65 Sn	2.3435 183–245	35 Sn, 0,12 ...0,5 Sb Rest Pb	183 ... 245	185 ... 325	FL	Kabelmantel-Lötungen
		L–Sn 50 Pb (Sb) B Sn 50 Pb	2.3655 183–215	50 Sn, 0,12 ... 0,5 Sb Rest Pb	183 ... 215	185 ... 325	FL, LO, KO	Feinlötungen, Klempnerarbeiten
	Af Antimonfrei	L–Pb Sn 2 B Pb 98 Sn	2.3402 320–325	2 Sn, Rest Pb	320 ... 325	325 ... 400	FL, LO	Feinblech-lötungen
		L–Pb Sn 40 B Pb 60 Sn	2.3441 183–235	40 Sn, Rest Pb	183 ... 235	185 ... 325	FL, LO, KO	Elektroindustrie
		L–Sn 63 Pb B Sn 63 Pb	2.3663 183	63 Sn, Rest Pb	183	185 ... 325	FL, LO, KO, IL	Elektroindustrie
		L–Sn 90 Pb B Sn 90 Pb	2.3680 183–215	90 Sn, Rest Pb	183 ... 215	185 ... 325	FL	Zinnwaren
Gruppe B Zinn-Blei-Weichlote mit Cu-, Ag- oder P-Zusatz		L–Sn 60 Pb Cu B Sn 60 Pb	2.3661 183–190	60 Sn, 0,1 ... 0,2 Cu Rest Pb	183 ... 190	185 ... 325	LO	Elektrogerätebau
		L–Sn 60 Pb Ag B Sn 60 Pb Ag	2.3667 178–180	60 Sn, 3 ... 4 Ag Rest Pb	178 ... 180	185 ... 325	LO, KO, IL	Elektrogerätebau
		L–Sn 60 Pb P B Sn 60 Pb	2.3668 183–190	60 Sn, 0,001 ... 0,004 P Rest Pb	183 ... 190	185 ... 325	LO	Elektronik
		L–Sn 60 Pb Cu P B Sn 60 Pb	2.3669 183–190	60 Sn, 0,1 ... 0,2 Cu, 0,001 ... 0,004 P, Rest Pb	183 ... 190	185 ... 325	LO	Elektronik
Gruppe C Sonder-Weichlote		L–Sn In 50 B Sn 50 In	2.3610 117–125	50 Sn, Rest In	117 ... 125	130 ... 250	FL, LO, KO, IL	Glas-Metall-Lötungen
		L–Sn Ag 5 B Sn 95 Ag	2.3690 221–240	3 ... 5 Ag, Rest Sn	221 ... 240	250 ... 400	FL, LO, KO, IL	Kupferrohrinst. (Warmwasser)
		L–Sn Cu 3 B Sn 97 Cu	2.3691 230–250	2,5 ...3,5 Cu, Rest Sn	230 ... 250	230 ... 350	FL, LO, KO, IL	Kupferrohrinst. Klempnerarbeiten
		L–Cd Zn Ag 5 B Cd 73 Zn Ag	2.2485 270–310	5 Ag, 22 Zn, Rest Cd	270 ... 310	300 ... 400	FL, KO	Elektroindustrie
Gruppe D Weichlote für Al-Werkstoffe		L–Sn Zn 10 B Sn 90 Zn	2.3820 200–250	8 ...15 Zn, Rest Sn	200 ... 250	250 ... 350	FL, KO	Al-Bauteile: Blech-Lötungen Kabelmäntel
		L–Cd Zn 20 B Cd 80 Zn	2.2481 265–280	17 ... 25 Zn, Rest Cd	265 ... 280	280 ... 350	FL, KO, IL	

[1] nach DIN 8513 [2] nach DIN ISO 3677 [3] FL Flammlöten LO Lotbadlöten KO Kolbenlöten IL Induktionslöten

Löten

Flußmittel zum Weichlöten — DIN 8511, Teil 2 (1988)

Weichlot-Flußmittel-typ*)	Wirksame Bestandteile	verdünnbar mit	Rückstände korrodieren	Rückstände löslich in	Geeignete Lötverfahren	Lieferform	Wirktemperatur °C	Anwendungsbereiche Lötbare Werkstoffe
Flußmittel zum Weichlöten von Schwermetallen								
F-SW 11	Zink- und/oder Ammoniumchlorid und Säuren	Wasser	stark	Wasser	alle	flüssig	150 ... 450	Stark korrodierte Bauteile, z. B. Dachrinnen, Hochlegierte Stähle
F-SW 12	Zink- und/oder Ammoniumchlorid	Wasser	stark	Wasser	alle	flüssig	150 ... 450	Klempnerarbeiten, Chromfreie Stähle, NE-Schwermetalle
F-SW 21	Zink- und Ammoniumchlorid in organ. Medium	Glyzerin/ Lackverdünner	leicht	Wasser/ Lösungsmittel	alle ohne Flammen	zähflüssig bis pastös	150 ... 400	Rohrinstallation, Unlegierte Stähle, NE-Schwermetalle
F-SW 22 F-SW 23 F-SW 24 F-SW 25	Organische Säuren bzw. Halogenverbindungen	Lackverdünner	leicht	Lösungsmittel: Tri Tetra	alle ohne Flammeneinwirkung	zähflüssig bis pastenartig	200 ... 400	Rohrinstallation, Feinblechlötungen, Unlegierte Stähle, Cu- und Pb-Werkstoffe
F-SW 26	Harze mit halogenhaltigen Aktivatoren	Lackverdünner	nur unlegierte Stähle	Tri Tetra	alle ohne direkte Flammeneinwirkung	zähflüssig bis pastenartig	200 ... 400	Elektrogerätebau, Unlegierte Stähle, Kupfer-Bauteile, Elektronik
F-SW 31 F-SW 32	Harze, mit und ohne Zusätze		nicht					
Flußmittel zum Weichlöten von Leichtmetallen								
F-LW 1	$Zn\,Cl_2$, $Sn\,Cl_2$	Wasser	stark	Wasser	alle	flüssig	150 ... 450	Aluminium-Bauteile
F-LW 2	Organische Verbindungen	Lackverdünner	leicht	Tri Tetra	alle ohne Flammeneinwirkung	zähflüssig bis pastenartig	200 ... 300	
F-LW 3	Halogen-Verbindungen	Lackverdünner	stark				200 ... 300	

*) Bedeutung der Kurzzeichen: F Flußmittel S Schwermetall W Weichlot H Hartlot

Lote und Flußmittel für das Löten in der Rohrinstallation — DVGW-Arbeitsblatt GW 2 (1983)

Hartlöten

Lotwerkstoffe Kurzzeichen[1)]	Lotwerkstoffe Werkstoffnummer	Lot-Zusammensetzung in %	Schmelzbereich °C	Arbeitstemperatur °C	Geeignet zum Hartlöten in der Installationstechnik: Rohrwerkstoff	Fittingwerkstoff	Durchfließendes Medium	Flußmittel	
L-Cu P 6 B Cu 94 P	710–880	93,8 Cu, 6,2 P	710 ... 880	730	Kupfer	Kupfer	Kalt- und Warmwasser, Öl, Flüssiggas, Erd- u. Stadtgas, fluorierte Chlorkohlenwasserstoffe	ohne Flußmittel	–
						Rotguß Messing		mit Flußmittel	F–SH 1
L-AG 2 P B Cu 92 P Ag	2.1467 650–810	2 Ag, 91,8 Cu, 6,2 P	650 ... 810	710	Kupfer	Kupfer	Kalt und Warmwasser, Öl, Flüssiggas, Erd- u. Stadtgas, fluorierte Chlorkohlenwasserstoffe	ohne Flußmittel	–
						Rotguß Messing		mit Flußmittel	F–SH 1
L–Ag 45 Sn B Ag 45 Cu Zn Sn	2.5158 640–680	45 Ag, 27 Cu, 3 Sn, 25 Zn	640 ... 680	670	Stahl Kupfer	Stahl Kupfer Messing Rotguß	Kalt- und Warmwasser, Öl, Flüssiggas, Erd- u. Stadtgas, fluorierte Chlorkohlenwasserstoffe	Bis 22 mm Rohr-∅ ohne Flußmittel darüber mit Flußmittel	F–SH 1
L–Ag 44 B Ag 44 Cu Zn	2.5147 680–740	44 Ag, 30 Cu, 26 Zn	680 ... 740	730	Stahl Kupfer	Stahl Kupfer Messing Rotguß	Kalt- und Warmwasser, Öl, Flüssiggas, Erd- u. Stadtgas, fluorierte Chlorkohlenwasserstoffe	Bis 22 mm Rohr-∅ ohne Flußmittel, darüber mit Flußmittel	F–SH 1
L–Ag 34 Sn B Cu 36 Ag Zn Sn	2.5157 630–730	34 Ag, 36 Cu, 3 Sn, 27 Zn	630 ... 730	710	Stahl Kupfer	Stahl Kupfer Messing Rotguß	Kalt- und Warmwasser, Öl, Flüssiggas, Erd- u. Stadtgas, fluorierte Chlorkohlenwasserstoffe	Bis 22 mm Rohr-∅ ohne Flußmittel, darüber mit Flußmittel	F–SH 1

Weichlöten

Lotwerkstoffe Kurzzeichen[1)]	Lotwerkstoffe Werkstoffnummer	Lot-Zusammensetzung in %	Schmelzbereich °C	Geeignet zum Weichlöten in der Installationstechnik: Rohrwerkstoff	Fittingwerkstoff	Durchfl. Medium	Flußmittel oder Weichlot-Paste
L–Sn Cu 3 B Sn 97 Cu	2.3691 230–250	97 Sn, 3 Cu	230 ... 250	Kupfer	Kupfer, Messing, Rotguß	Kalt- und Warmwasser	F–SW 21
L–Sn Ag 5 B Sn 95 Ag	2.3690 221–240	3 ... 5 Ag Rest Sn	221 ... 240	Kupfer	Kupfer, Messing, Rotguß	Kalt- und Warmwasser	F–SW 21

1) nach DIN 8513 und DIN ISO 3677

Korrosionsverhalten der Werkstoffe

Das Korrosionsverhalten der Werkstoffe ist von einer Vielzahl von Faktoren abhängig (Seite 114). Die im folgenden gemachten Angaben können nicht alle Einflüsse berücksichtigen und sind als grobe Näherungswerte zu verstehen.

Korrosionsverhalten der Metalle gegen Wirkmedien (grobe Anhaltswerte)

↓ Wirkmedien / Metalle →	Ag	Al	Au	Cd	Co	Cr	Cu	Fe	Mg	Mo	Ni	Pb	Sn	Ta	Ti	W
Trockene Luft	+	+	+	+	+	+	+	+	⊕	+	+	+	+	+	+	+
Feuchte Luft	+	+	+	⊕	⊕	+	⊕	⊖	⊖	+	+	+	+	+	+	+
Luft, 500 °C	+	⊕	+	⊕	–	⊕	⊖	⊖	–	–	⊕	⊕	⊕	–	+	+
Salzsäure	+	–	+	⊕	–	–	⊖	–	–	+	⊖	⊖	⊕	+	⊕	+
Schwefelsäure	⊕	–	+	⊖	⊖	–	⊖	–	–	+	⊕	+	⊕	+	⊕	+
Salpetersäure	–	⊕	+	–	–	+	–	⊖	–	⊖	⊖	–	⊕	+	+	⊖
Natronlauge	+	–	+	⊖	+	⊖	+	⊕	+	+	⊖	⊖	⊖	⊖	⊕	+

Bedeutung der Zeichen:
+ über längere Zeit beständig, praktisch kein Angriff
⊕ bedingt beständig; langsamer meist gleichmäßiger Korrosionsabtrag
⊖ wenig beständig, deutlicher Angriff
– unbeständig, rasche Zerstörung

Korrosionsverhalten von Stählen in Atmosphärentypen

↓ Atmosphärentyp / Stähle →	Unleg. Baustähle	Niedrig legierte Stähle	Wetterfeste Stähle	Hochlegierte Stähle (18 % Cr, 8 % Ni)	Hochlegierte Stähle (18 % Cr, 10 % Ni, 2,5 % Mo)
Trockene Raumluft	⊕	⊕	+	+	+
Land-Atmosphäre	⊖	⊖	⊕	⊕	+
Stadt/Industrie-Atm.	–	–	⊕	⊕	+
Meeres-Atmosphäre	–	–	⊕	⊕	+

Bedeutung der Zeichen: siehe oben.

Beschreibung der Atmosphärentypen

Atmosphärentyp	Beschreibung
Land-atmosphäre (L)	Meist ländliche Gebiete ohne nennenswerte Verunreinigungen an korrosionsfördernden Schadstoffen.
Stadt-atmosphäre (S)	Durch Schwefeldioxid und andere Schadstoffe verunreinigte Atmosphäre in dichtbesiedelten Gebieten.
Industrie-atmosphäre (I)	Stark durch Industrieabgase verunreinigte Atmosphäre. Typisch für Ballungsgebiete der Industrie.
Meeres-atmosphäre (M)	Vorwiegend durch Chloride verunreinigte Atmosphäre, typisch für das Meer und einen schmalen Küstenstreifen.

Korrosionsverhalten nichtrostender Stähle gegen Wirkmedien

↓ Wirkmedien / Stähle →	**Stahlgruppe 1** Cr > 12 %	**Stahlgruppe 2** Cr > 12 % Ni > 8 %	**Stahlgruppe 3** Cr > 12 %, Ni > 8 %, Mo Ti, Nb
Ammoniumchlorid* 25 %, 100 °C	⊕	⊕	⊕
Atmosphäre Land/Stadt/Industrie*	⊕	⊕	+
Chlorwasser* 20 °C	–	⊕	⊕
Essigsäure 10 %, 100°C	⊖	+	+
Kalkwasser 20 °C	+	+	+
Kochsalz-Lösung* 35 %, 20 °C	⊕	+	+
Leitungswasser 20 °C	+	+	+
Meerwasser* 20 °C	⊕	⊕	+
Natronlauge 25 %, 100 °C	⊖	⊕	+
Salpetersäure 25 %, 20 °C	+	+	+
Salzsäure* 0,5 %, 20 °C	–	⊕	⊕
Schwefelsäure 1 %, 20 °C	–	⊕	+

Die nichtrostenden Stähle kann man nach ihrem Korrosionsverhalten in Gruppen unterteilen:

Stahlgruppe 1:
Stähle mit einem Chromgehalt > 12 %, z. B. X 6 Cr 13

Stahlgruppe 2:
Stähle mit einem Chromgehalt > 12 % und einem Nickelgehalt > 8 %, z. B. X 5 Cr Ni 18 10

Stahlgruppe 3:
Stähle mit einem Chromgehalt > 12 %, einem Nickelgehalt > 8 % und zusätzlich Mo-, Ti- und Nb-Anteilen, z. B. X 6 Cr Ni Mo Ti 17 12 2

Bedeutung der Zeichen:
+ beständig, Abtrag weniger als 0,1 mm/Jahr
⊕ geringer Angriff, bedingt verwendbar, Abtrag 0,1 bis 1 mm/Jahr
⊖ wenig beständig, praktisch nicht verwendbar, Abtrag 1 bis 11 mm/Jahr
– unbeständig, Abtrag mehr als 11 mm/Jahr
* Diese Wirkmedien (Cl^--haltig) verursachen neben der üblichen Flächenkorrosion den besonders gefährlichen Lochfraß und interkristalline Korrosion.

Korrosionsschutz für Stahlbauteile

Korrosionsschutz von Stahlbauteilen durch Feuerverzinken DIN 50 976 (1980)

Mindestzinkauflagen einer normgerechten Verzinkung

Dicke des Stahlbauteils	Mindestzinkauflage
0 ... 1 mm	50 µm
1 ... 3 mm	57 µm
3 ... 6 mm	71 µm
über 6 mm	86 µm

Korrosions-Schutzdauer eines 90 µm dicken Zinküberzugs

Beanspruchungsart	Schutzdauer in Jahren
Landatmosphäre	26 ... 90
Stadtatmosphäre	15 ... 90
Meeresatmosphäre	6 ... 37
Industrieatmosphäre	5 ... 24

Korrosionsschutz-Beschichtungen für Stahlbauteile DIN 55 928 (1976)

Korrosionsschutz-Beschichtungen bestehen im wesentlichen aus dem Bindemittel und den zugemischten Pigmenten. Je nach Korrosionsbeanspruchung und Korrosionsschutzklasse kommen verschiedene Korrosionsschutzsysteme zur Anwendung.

Wichtige Bindemittel (Auswahl)

Bindemittel	Eigenschaften, Anwendungen
Trocknende Öle Alkydharze	Angenehme Verarbeitung, wirtschaftlich, gutes Aussehen. Nur für geringe bis mittlere Korrosionsbeanspruchung, verspröden allmählich.
Chlorkautschuk Cyclokautschuk Vinylchlorid-Polimerisat	Chemisch beständig, bewitterungs- und wasserbeständig; thermoplastisch, nach mechanischer Beschädigung leicht auszubessern, thermoplastisch. Stahlkonstruktionen in aggressiver, feuchter und nasser Umgebung.
Epoxidharze	Hohe chemische und mechanische Beständigkeit, beste Haftfestigkeit auf Metallen. Grundbeschichtungen auf Metallen; Stahlbauteile in aggressiver Industrieatmosphäre. In Kombination mit Teerpech für Stahlbauteile im Erdreich und in Wasser, Bodenanstriche.
Polyurethanharze	Gute chemische und mechanische Beständigkeit. Verarbeitung erfordert trockene Flächen. Für aggressive Industrieatmosphäre und elastische Deckbeschichtungen.
Bitumen, Steinkohlenteerpech	Sehr preiswert, nur dunkle Farben möglich, sehr wasser- und erdreichbeständig, leicht auszubessern, thermoplastisch. Für Stahlbauteile im Wasser und Erdreich.
Siliconharze	Für wasserabweisende und hitzebeständige Anstriche.
Alkalisilikate	Für Zinkstaubbeschichtungen, insbesondere für Anwendungen bei hoher Temperatur.

Kennzeichnung der Bindemittel DIN 55 928, Teil 9 (1976)

Kennzahl	Bindemittel	Kurzzeichen
10	Öl oder Öl-Kombination	OEL
11	Alkydharz Alkydharz-Kombination Epoxidharzester	AK AK- EPE
12	Bitumen-Öl-Kombination	B-OEL
20	Chlorkautschuk Vinylchlorid-Polymerisat	RUC PVC
21	Chlorkautschuk-Kombination Vinylchlorid-Kombination	RUC- PVC-
22	Cyclokautschuk	RUI
24	Polyvinylbutyral	PVB
30	Epoxidharz Polyurethanharz (entweder lösemittelarm oder lösemittelhaltig)	EP PUR
31	Teer-Epoxidharz-Kombination Teer-Polyurethan-Kombination	EP-T PUR-T
40	Bitumen	B
41	Steinkohlenteerpech	T
50	Siliconharz	SI
51	Acrylharz	AY
52	Zink-Alkalisilikat	ASI

Wichtige Pigmente (Auswahl)

Die Pigmente der Grundbeschichtung sind **aktive Pigmente.** Sie wirken durch ihre chemischen oder elektrochemischen Eigenschaften. Die Pigmente der Deckbeschichtung sind **passive Pigmente.**

Aktive Pigmente		Passive Pigmente		
Bleimennige (Bleioxid)	Zinkphosphat	Aluminiumpulver	Bleiweiß	
Zinkoxid	Zinkstaub	Titandioxid	Zinkoxid	Eisenoxid
Zinkchromat	Bleistaub	Calciumplumbat	Eisenglimmer	
		Siliciumcarbid	Graphit	

Auswahl genormter Korrosionsschutzsysteme (Anstriche) für Stahlbauten DIN 55 928, Teil 5 (1976)
(ausgenommen: tragende dünnwandige Bauteile, Stahlwasserbau, Schiffbau; siehe unten)

Korrosionsbeanspruchung der Stahlbauteile[1)]		Korrosionsschutzsystem: Schutz-system-Kennzahl[2)]	Vorbereitung auf Norm-Reinheitsgrad[3)]	Beschichtung[4)] GB µm	Beschichtung[4)] DB µm	Soll-Schicht-dicke[5)]	Bemerkungen[6)]
Stahlbauten im Freien	Land- und Stadtatmosphäre	6–10.2	Sa 2½	1 × 40	2 × 80	120 µm	× ○
		6–11.3	Sa 2½	2 × 80	2 × 80	160 µm	×
		6–21.3	Sa 2½	2 × 160	1 × 80	240 µm	⊗ ×
	Großstadt-, Industrie- und Meeresatmosphäre	6–11.4	Sa 2½	2 × 80	3 × 120	200 µm	×
		6–20.3	Sa 2½	2 × 160	1 × 80	240 µm	× Dickschicht
		6–30.2	Sa 2½	1 × 80	2 × 160	240 µm	×
		6–40.1	Sa 2	1 × 40	3 × 240	280 µm	× nur für DB
	Chemische Beanspruchungen oder Streusalz-Einwirkung	6–11.5	Sa 2½	2 × 160	1 × 80	240 µm	×
		6–20.3	Sa 2½	2 × 160	1 × 80	240 µm	×
		6–30.3	Sa 2½	1 × 80	3 × 240	320 µm	×
		6–31.3	Sa 2½		3 × 360	360 µm	×
		6–41.1	Sa 2	1 × 40	3 × 240	280 µm	× nur für DB
	Mechanische Beanspruchung Begang, Befahren	6–30.5	Sa 2½	2 × 600	1 × 4000	4600 µm	× GB mit Sand DB als Grobmörtel
Stahlbauteile in Räumen	Land- und Stadtatmosphäre	6–11.2	Sa 2½	1 × 40	2 × 80	120 µm	×
		6–20.1	Sa 2½	2 × 70	2 × 70	140 µm	×
	Industrieatmosphäre, Chemische Beanspruchungen	6–20.3	Sa 2½	2 × 160	1 × 80	240 µm	× Dickschicht
		6–30.2	Sa 2½	1 × 80	2 × 160	240 µm	× Dickschicht

Auswahl genormter Korrosionsschutzsysteme aus Metallüberzügen und Beschichtung (Duplex-System) für Stahlbauten (tragende dünnwandige Bauteile Seite 253) DIN 55 928, Teil 5 (1976)

Korrosionsbeanspruchung der Stahlbauteile[1)]	Korrosionsschutzsystem: Schutzsystem-Kennzahl[2)]	Metallüberzug: Art	Metallüberzug: Schicht-dicke	Beschichtung: Kurz-zeichen[7)]	Beschichtung: An-zahl	Beschichtung: Schicht-dicke	Gesamt-sollschicht-dicke[5)]	Bemerkungen
Land- und Stadtatmosphäre	7–11.6	Feuer-verzinkung nach DIN 50 976	50 µm bei Blechdicken unter 3 mm, ansonsten 80 µm	AK-	1	110 µm	190 µm	Dickschicht
	7–20.6			PVC	2	160 µm	240 µm	Dickschicht
	7–30.6			EP, PUR	1	90 µm	170 µm	Dickschicht
	7–40.2			B	2	160 µm	240 µm	
Industrie- und Meeresatmosphäre	7–11.7			AK-	2	80 µm	160 µm	
	7–20.6			PVC	2	160 µm	240 µm	Dickschicht
	7–30.8			EP, PUR	3	150 µm	230 µm	
	7–40.2			B	2	160 µm	240 µm	

Auswahl genormter Korrosionsschutzsysteme ohne Metallüberzug für tragende dünnwandige Bauteile von Stahlbauten DIN 55 928, Teil 8 (1976)

Korrosions-schutzklasse	Korrosionsbeanspruchung der Stahlbauteile[1)]	Korrosionsschutzsystem: Schutz-system-Kennzahl[2)]	Vorbereitung auf Norm-Reinheitsgrad[3)]	Beschichtung[4)] GB µm	Beschichtung[4)] DB µm	Gesamt-soll-schicht-dicke[5)]	Bemerkungen[6)]
I	Geringe korrosive Beanspruchung oder kurze Schutzdauer	4–10.2	Sa 2½	1 × 40	2 × 80	120 µm	
		4–11.2		1 × 40	2 × 80	120 µm	
II	Mittlere korrosive Beanspruchung oder für lange Schutzdauer	4–10.3	Sa 2½	2 × 80	2 × 80	160 µm	
		4–11.3		2 × 80	2 × 80	160 µm	
		4–20.1		2 × 70	2 × 70	140 µm	
III	Besonders starke korrosive Beanspruchung oder für besonders lange Schutzdauer	4–11.5	Sa 2½	2 × 160	1 × 80	240 µm	Dickschicht
		4–20.3		1 × 80	2 × 160	240 µm	Dickschicht
		4–21.4		1 × 80	2 × 160	240 µm	Dickschicht
		4–30.2		1 × 80	2 × 160	240 µm	Dicksch. mit Zink
		4–30.1		–	3 × 360	360 µm	Dickschicht
		4–40.1		1 × 40	3 × 240	280 µm	GB mit aktiven Pigmenten
		4–41.1		1 × 40	3 × 240	280 µm	

Auswahl genormter Korrosionsschutzsysteme mit Metallüberzügen für tragende dünnwandige Bauteile von Stahlbauten — DIN 55 928, Teil 8 (1976)

Korrosionsschutzklasse	Korrosionsbeanspruchung der Stahlbauteile[1]	Schutzsystem-Kennzahl[2]	Korrosionsschutzsystem: Metallüberzug Art	Metallüberzug Schichtdicke	Beschichtung Kurzzeichen[7]	Beschichtung Anzahl	Beschichtung Schichtdicke	Gesamt-Sollschichtdicke[5]	Bemerkungen
I	Geringe Beanspruchung, kurzer Schutz	3–11.8	Bandverzinkung	20 µm	AK	1	10 µm	30 µm	für Bleche
		3–51.2			AY	1	10 µm	30 µm	
II	Mittlere Beanspruchung, oder langer Schutz	3– 0.1	Feuerverzinkung	50 µm	–	–	–	50 µm	nur feuerverzinkt
III	Besonders starke korrosive Beanspruchung oder für besonders lange Schutzdauer	3–12.4	Feuerverzinkung	50 µm	B–OEL	1	70 µm	120 µm	
		3–20.11			PVC	2	70 µm	120 µm	
		3–20.12			PVC	2	160 µm	210 µm	Dickschicht
		3–30.16			EP	1	90 µm	14 µm	
		3–30.18			PUR	3	150 µm	200 µm	Dickschicht
		3–31.15			EP–T	2	240 µm	290 µm	Dickschicht
		3–41.7			T	2	160 µm	210 µm	Dickschicht

1) Atmosphärentypen siehe Seite 250
3) siehe Seite 117
4) GB Grundbeschichtung
DB Deckbeschichtung
5) Die Sollschichtdicke muß an allen Stellen überschritten sein
6) × empfohlene Ausführung
⊗ für besonders lange Schutzdauer
○ bei geringer Beanspruchung
7) Kurzzeichen und Kennzahl der Beschichtung siehe Seite 251

2) Schutzsystemkennzahl nach DIN 55 928

Beispiel **6 – 10 . 2**

- **6**: Kennzahl für die Stahlbautenart z. B. **6** für normale Stahlbauten
- **10**: Bindemittel-Kennzahl[7]
- **2**: Zählnummer innerhalb der Bindemittelgruppe

Die Größe der Beschichtungsfläche von Stahlbauwerken aus Halbzeugformen kann aus Tabellen abgelesen werden (siehe Seite 204).

Korrosionsschutz für Aluminium-Bauteile

Anodische Oxidation — DIN 17 611 (1985)

Oberflächenbehandlung	Kurzzeichen	Auswirkung auf Oberflächenfehler	Reinigen Beizen	Anodisierverfahren (Auswahl)	Mindest-Anodisierschichtdicke	Aussehen der anodisierten Bauteile	Reinigung anodisierter Teile
keine	E 0	wenig verändert	Entfetten mit Nitroverdünnung Beizen mit heißer NaOH-Lösung (Ätznatron)	Gleichstrom-Schwefelsäure-Verfahren (GS) oder Gleichstrom-Schwefelsäure-Oxalsäure-Verfahren (GSX)	20 µm für Bauteile im Freien 10 µm für Bauteile in Räumen	Preß-Oberfläche	Normale Verschmutzung: Polierreiniger mit Netzmittel Ölige Verschmutzung: Fettlösende Reinigungsmittel
Schleifen	E 1	vollständig beseitigt				etwas stumpf Schleifriefen	
Bürsten	E 2	je nach Tiefe teilweise beseitigt				matt glänzend, feine Bürstenstriche	
Polieren	E 3					glänzend	
Schleifen und Bürsten	E 4	vollständig beseitigt				matt glänzend, feine Bürstenstriche	
Schleifen und Polieren	E 5					glänzend	
Beizen	E 6	ausgeglichen				stumpf bis matt	

Die Korrosionsschutzwirkung der anodischen Oxidation für Aluminium-Bauteile hält bei Land- und Stadtatmosphäre für mehrere Jahrzehnte. Bei Industrie- und Meeresatmosphäre ist ein zusätzlicher Schutz durch Farbbeschichtungen erforderlich.

Farbbeschichtungssysteme für metallblanke und anodisierte Al-Bauteile

Beschichtungsart → / ↓ Behandlungsschritte	Deckende Innenanstriche für Normalbeanspruchung: Alkydharz	Polymerisatharz	Epoxidharz	Deckende Außenanstriche für verstärkte Korrosionsbeanspruchung: AK-/EP-Harz	AK-Harz	Polymerisatharz	PUR-Harz	Farblose Anstriche (Klarlack): Acrylharz	Acryl/PUR-Harz
Reinigen + Entfetten	Abwischen mit Nitroverdünnung, nachreiben mit sauberem Lappen								
Haftgrundbilder	Dünnschichtbildende, metallreaktive Haftgrundanstriche (Wash-Primer)								
Grundanstrich	×	×	⊗	× EP	×	⊗	⊗	×	⊗ Acryl-
Deckanstrich (e)	×	×	⊗	× AK	×	⊗	⊗	×	⊗ PUR

× normale Ausführung ⊗ bei besonders starker Korrosionsbeanspruchung

Sinterwerkstoffe

Kurzzeichen der Sinterwerkstoffe

Beispiel

Sint – D 52

- Kennsilbe: Sint = Sinterwerkstoff
- Sinterwerkstoffklasse: D = Raumerfüllung 90 ± 2,5 %
- Kennziffer nach WL[1)]: 52 = Sinterkupferlegierung Cu Sn 10

Einteilung der Sinterwerkstoffe nach der Raumerfüllung (bzw. Restporosität) in Sint-Klassen (nach WL[1)])

Klasse	Raumerfüllung R_x in %	Porosität in %	Bevorzugte Anwendung
SINT-AF	< 73	> 27	Filter
SINT-A	75 ± 2,5	25 ± 2,5	Gleitlager
SINT-B	80 ± 2,5	20 ± 2,5	Gleitlager + Formteile
SINT-C	85 ± 2,5	15 ± 2,5	Gleitlager + Formteile
SINT-D	90 ± 2,5	10 ± 2,5	Formteile
SINT-E	94 ± 1,5	6 ± 1,5	Formteile
SINT-F	> 95,5	< 4,5	warmgepr. Formteile
SINT-G	> 92	< 8	infiltrierte Formteile

Eigenschaften und Anwendungen der Sinterwerkstoffe — DIN 30 910, Teil 1 (1986)

Kurzzeichen	Werkstoff/Anwendung Zusammensetzung in %	Zugfestigkeit in N/mm²	0,1 % Streckgrenze in N/mm²	Bruchdehnung in %	Härte	E-Modul in N/mm²	Porosität in %	Dichte in kg/dm³
Sint AF 40	Rostfreier Sinterstahl Metallfilter X 2 Cr Ni Mo 18 10 2	35–100 (je nach Filterfeinheit)					30–50	4,3–5,6
Sint AF 50	Sinterkupferlegierung Metallfilter Cu Sn 10	20–75 (je nach Filterfeinheit)					15–30	5,3–6,2
Sint–A 00	Sintereisen Gleitlager Basis Fe, Cu < 1, Sonst. < 2	≥ 70		> 2	≥ 25 HB		25 ± 2,5	5,6–6,0
Sint–A 20	Sinterstahl Gleitlager Basis Fe, Cu 15–25, Sonst. < 2	≥ 120		> 2	≥ 30 HB		25 ± 2,5	5,8–6,2
Sint–A 50	Sinterkupferlegierung Gleitlager Basis Cu, Sn ≈ 10, Sonst. < 2	≥ 80		> 3	≥ 25 HB		25 ± 2,5	6,4–6,8
Sint–B 10	Sinterstahl Gleitlager Basis Fe, Cu 1–5, Sonst. < 2	≥ 150		> 2	≥ 40 HB		20 ± 2,5	6,0–6,4
Sint–B 34	Sinterstahl, Gleitlager Basis Fe, Cu 1–6, Sn ≈ 1, Sonst. < 3	≥ 170		> 2	≥ 45 HB		20 ± 2,5	6,0–6,4
Sint–C 10	Sinterstahl Gleitlager Basis Fe, Cu 1–5, Sonst. < 2	≥ 200	≥160	> 3	≥ 55 HB	100 000	15 ± 2,5	6,4–6,8
Sint–C 51	Sinterkupferlegierung mit eingelagertem Graphit Basis Cu, Sn ≈ 10; 0,5–2 C	≥ 100			≥ 30 HB	100 000	15 ± 2,5	7,2–7,7
Sint–D 40	Rostfreier Sinterstahl, Formteile Basis Fe, Cu < 3, Ni 10–14, Cr 16–19, Mo 2–4	≥ 300	≥ 160	> 8	≥ 105 HB	130 000	10 ± 2,5	6,8–7,2
Sint–D 35	Sinterstahl Formteile Basis Fe, Cu < 1, P 0,3–0,6	≥ 340	≥ 280	> 3	≥110 HB	130 000	10 ± 2,5	6,8–7,2
Sint–E 10	Sinterstahl Formteile Basis Fe, Cu 1–5	≥ 350	≥ 240	> 10	≥ 100 HB	160 000	6 ± 1,5	> 7,2
Sint–E 30	Sinterstahl, Formteile Basis Fe, Cu 1–5, Ni 1–5, Mo < 0,8	≥ 600	≥ 420	> 5	≥ 120 HB	160 000	6 ± 1,5	> 7,2
Sint–E 73	Sinteraluminium Formteile Basis Al, Cu 4–6, Mg < 1, Si < 1	≥ 140	≥ 100	> 1	≥ 45 HB	45 000	6 ± 1,5	2,5–2,6
Sint–F 31	Sinterschmiedestahl, Formteile Basis Fe, Ni ≈ 2, Mn ≈ 0,2, Mo ≈ 0,5	≥ 800 ≥ 1100 (vergütet)	≥ 600 ≥ 1100 (vergütet)	> 10 > 7 (vergütet)	≥ 180 HB ≥ 300 HB (vergütet)	200 000 200 000 (vergütet)	< 4,5	> 7,5
(nicht genormt)	Sinter-Schnellarbeitsstahl S 12–1–5–5 Basis Fe, W 12, Mo 1, V 5, Co 5, Cr 4				≥ 66 HRC			8,2
Sint–G 22	Sinterstahl infiltrierte Formteile Basis Fe, C < 1,5, Cu 15–25	≥ 500	≥ 250	> 10	≥ 90 HB	170 000	< 8	> 7,5

1) Werkstoffleistungsblätter (WL) des Fachverbandes Pulvermetallurgie

Hartmetalle

Hartmetalle für spanende Formgebung — DIN 4990 (1972)

Zerspanungs-Hauptgruppe	Kurzzeichen	Zusammensetzung in %			Dichte in kg/dm³	Härte HV 30	Biegefestigkeit in N/mm²	Zerspanungs-Anwendung	
		WC	TiC, TaC NbC	Co				Werkstoffe	Arbeitsverfahren
P Kennfarbe: **blau** für langspanende Werkstoffe: Stahl Stahlguß langspanender Temperguß	P 01	–	TiC–TiN + Ni/Co Basis		6,1	1700	1500	Stahl Stahlguß	Feindrehen, Feinbohren
	P 10	60	31	9	10,6	1550	1700	Stahl Stahlguß	Drehen, Kopierdrehen, Gewindeherstellen, Fräsen
	P 20	72,5	17,5	10	12,5	1500	2100	Stahl, Stahlguß langspan. Temperguß	Drehen, Kopierdrehen, Fräsen
	P 30	72,5	17,5	10	12,5	1450	2200	Stahl, Stahlguß langspan. Temperguß	Drehen, Hobeln, Fräsen
	P 40	78,5	10	11,5	13,0	1350	2250	Stahl, Stahlguß mit Einschlüssen	Drehen, Hobeln Stoßen
	P 50				12,4			Stahl, Stahlguß mit Einschlüssen	Drehen, Hobeln, Stoßen
M Kennfarbe: **gelb** für Stahl Manganhartstahl austenitische Stähle Stahlguß Gußeisen	M 10	84,5	9,5	6	13,0	1750	1750	Stahl, Manganstahl, Gußeisen	Drehen
	M 20	82,5	11	6,5	13,4	1550	1900	Stahl, Manganstahl, Gußeisen	Drehen, Fräsen
	M 30	86,5	8	5,5	13,8	1500	2000	Stahl, Manganstahl, Gußeisen	Drehen, Hobeln, Fräsen
	M 40	78,5	10	11,5	13,0	1350	2250	Stähle niedriger Festigkeit	Drehen, Abstechen
K Kennfarbe: rot für kurzspanende Werkstoffe: Gußeisen Hartguß NE-Metalle gehärteter Stahl Hölzer Kunststoffe	K 01	94	2	4	15,0	1750	1600	gehärteter Stahl, Hartguß, Hartpapier	Drehen, Bohren, Schaben
	K 10	94	–	6	14,9	1600	2000	gehärteter Stahl, Hartguß, Hartpapier	Drehen, Bohren, Schaben
	K 20	91	–	9	14,6	1450	2350	Gußeisen, NE-Metalle, Hölzer	Drehen, Hobeln, Fräsen
	K 30	86	2	12	14,0	1300	2450	weicher Stahl, Gußeisen, Schichthölzer	Drehen, Hobeln, Fräsen
	K 40				14,3			NE-Metalle Hölzer	Drehen, Hobeln, Stoßen

Hartmetalle für spanlose Formung und Verschleißschutz — DIN 4986 (zurückgezogen)

Zerspanungs-Hauptgruppe	Kurzzeichen	Zusammensetzung in %			Dichte in kg/dm³	Härte HV 30	Biegefestigkeit in N/mm²	Anwendung
		WC	TiC, TaC NbC	Co				
G Kennfarbe: **braun** für spanlose Formung, Verschleißschutz, zertrümmernde Werkzeuge Meßzeuge	G 05	94	2	4	15,0	1750	1600	Meßzeuge, Gleitstücke, Schleifringe, Schablonen
	G 10	94	–	6	14,9	1400	2300	Stiftschlagbohrer, Ziehringe, Straßenfräswerkzeuge, Dichtringe
	G 20	91	–	9	14,5	1150	2800	Schlagbohrer, Ziehringe, Steinbearbeitungswerkzeuge
	G 30	88	–	12	14,3	1100	2900	Schlagbohrer, Drehbohrer, Rundschaftmeißel, Steinbearbeitungswerkzeuge
	G 40	85	–	15	14,1	1050	3000	Baggerzähne, Rundschaftwerkzeuge, Steinbearbeitungswerkzeuge
	G 50	80	–	20	13,6	950	2800	Preßmatrizen, Abscherwerkzeuge, Hammerbacken, Biegewerkzeuge
	G 60	75	–	25	12,9	800	2600	Kaltpreßmatrizen, Abscherwerkzeuge, Biegewerkzeuge

Kunststoffe

Kunststoff (chemische Bezeichnung)	Kurzzeichen nach DIN 7728, Teil 1	Handelsnamen (Firmeninterne Bezeichnungen, Auswahl)	Kennzeichnende Merkmale	Typische Anwendungsgebiete
Thermoplaste				
Polyethylen weich (Hochdruck)	**LDPE**	Hostalen H Hostalen S Lupolen 1810 H	transparent bis milchig weiß, lederartig zäh, flexibel	Behälter, Schläuche, Haushaltsgegenstände, Dichtungsbahnen, Folien
Polyethylen hart (Niederdruck)	**HDPE**	Vestolen Hostalen GC Lupolen 5261 Z	farblos, trüb durchscheinend, zähhart, steif	Transportbehälter, Kästen, Mülleimer, Tanks, Wasserleitungsrohre, Profile
Polypropylen	**PP**	Vestolen P Hostalen PPN Propathen	weiß durchscheinend, steif, hart, kochfest, kratzfeste Oberfläche	Haushaltsgeräte, Fittings, Teile für Haushaltsmaschinen, Pkw, Elektrogeräte
Polyvinylchlorid hart	**PVC hart**	Vestolit Hostalit Trosiplast	weiß, hart, steif, schwer zerbrechlich	Rohre, Dachrinnen, Wellplatten, Fensterprofile, Behälter, Apparate
Polyvinylchlorid weich	**PVC weich**	Vestolit Vinoflex Vinnol	farblos durchscheinend, lederartig bis weich	Schläuche, Abdichtungsbahnen, Fugenbänder, Fußbodenbeläge
Polymethylmethacrylat	**PMMA**	Degalan Plexiglas Resarit	farblos, glasklar, lichtecht, hart, steif, zäh, schwer zerbrechlich	Leuchtenabdeckungen, Lichtkuppeln, Gehäuseteile, Badewannen
Polystryrol	**PS**	Polystyrol, Hostyren, Vestyron, Styropor (Hartschaum)	glasklar, sprödhart, zu Hartschaum schäumbar	Spielwaren, Verpackungen, Wärme- und Kältedämmaterial
Polystyrol-Copolymerisate	**SB SAN ABS**	Polystyrol, Hostyren, Vestyron, Luran, Terluran, Novodur	durchsichtig klar, hartzäh, biegesteif	Leuchtenabdeckung, Gehäuse, Schutzhelme, Haushaltsgeschirr
Polyamide	**PA 6 PA 12 PA 66**	Ultramid, Zytel, Durethan, Technyl, Vestamid, Trogamid	weißlich, transparent, zähhart, gleitfähige Oberfläche	Maschinenteile: Zahnräder, Schrauben, Gehäuse, Lagerschalen, Beschläge
Polycarbonat	**PC**	Makrolon Lexan	farblos, glasklar, zähhart, steif, schlagzäh	Unzerbrechliche Isolierteile, Abdeckungen und Verglasungen
Polyacetal	**POM**	Delrin Hostaform Ultraform	weißlich, durchscheinend, zähhart, steif, schlagzäh	Zahnräder, Gehäuse, Armaturen, Beschläge, Elektro-Isolierteile
Polytetrafluorethylen	**PTFE**	Teflon, Tefzel, Hostaflon	weiß, wachsartige Oberfläche, zäh, chemikalienbeständig	Kälte-, wärme- und chemikalienbeständige Teile, Beschichtungen
Duroplaste				
Phenolharz	**PF**	Bakelit Luphen Pertinax	dunkelbraun bis schwarz, hartspröde, zerbrechlich	Elektro- und Gehäuseteile, Bindemittel für Holz
Harnstoffharz	**UF**	Albanit Maprenal	farblos bis hellgelb, dunkelt nicht nach, kochfest, hartspröde, zerbrechlich	Als Preßmasse mit Füllstoffen für Elektro-, Maschinen- und Gehäuseteile Bindemittel, Lackrohstoff
Melaminharz	**MF**	Pressal Resopal		
Ungesättigtes Polyesterharz	**UP**	Leguval, Palatal Vestopal, Hostaset Dobeckan, Polyleit	farblos, durchsichtig, hart, steif, gute Klebefähigkeit	Klebe- und Lackharz, Bindeharz für verstärkte Kunststoffe
Epoxidharz	**EP**	Araldit, Epikote, Epoxin, Lekutherm, Duroxyn	farblos bis honiggelb, hartzäh, gute Klebefähigkeit	Klebe-, Lack- und Gießharz, Bindeharz für verstärkte Kunststoffe
Polyurethanharz	**PUR**	Desmopan Baydur, Bayflex Desmodur	honiggelb, durchscheinend, hartgummiartig	Lagerschalen, Dichtungen, Lack, Klebstoff, Fugenfüllmasse
Siliconharz	**SI**	Silicon, Silopren, Baysilon	farblos bis milchig, zäh, biegsam, wasserabweisend	Dichtungen, Fugenfüllmasse, Isolierlacke, Gießformen für Kunstharz
Elastomere				
Butadienkautschuk	**SBR NBR**	Buna S Cariflex S Perbunan S	dunkelbraun bis schwarz, hartgummi- bis weichgummiartig	Autoreifen, Gummihämmer, Puffer, Schläuche, Dichtungen
Chloroprenkautschuk	**CR**	Neopren Perbunan C Baypren	dunkelbraun, witterungs- und chemikalienbeständig	Profildichtungen für Fenster und Türen, Fugenbänder, Dichtungen
Siliconkautschuk	**SIR**	Baysilon, Silopren, Silicone, Silastic	farblos bis milchig, gute Wärmebeständigkeit, wasserabweisend	Schläuche, Dichtungen, Abformmassen, Fugenfüllmasse

Kunststoffe

Eigenschaften der Kunststoffe

● beständig ◐ bedingt beständig ○ unbeständig

Brandverhalten: ▲ brennbar ◭ verlöschend △ schwer entflammbar

	Physikalisch-technologische Eigenschaften				Chemische Beständigkeit												Brand-verhalten
	Dichte nach DIN 53 457 kg/dm³	Temperatur-Anwendungs-bereich °C	Streck-spannung bzw. Zugfestigkeit nach DIN 53 455 N/mm²	Schlag-zähigkeit bzw. Kerbschlag-zähigkeit (∪ Probe nicht gebrochen) kJ/m²	Heißes Wasser	Benzin	Dieselöl/Heizöl	Mineralöle/Schmieröle	Tierische und pflanzliche Öle	Benzol	Trichlorethylen	Tetrachlorkohlenstoff	Schwache Laugen	Starke Laugen	Schwache Säuren	Starke Säuren	▲ brennbar ◭ verlöschend △ schwer entflammbar
Thermoplaste																	
LDPE	0,918	– 50...+ 80	≈ 10	∪	●	◐	◐	◐	●	○	○	○	●	●	●	●	▲
HDPE	0,95 ... 1,09	– 50...+ 90	25 ... 30	∪	●	◐	◐	◐	●	○	○	○	●	●	●	◐	▲
PP	0,9 ... 1,14	– 10...+100	28 ... 42	∪ bis 30	●	◐	◐	●	●◐	◐	◐	○	●	●	●	◐	▲
PVC hart	≈ 1,38	– 30...+ 60	≈ 55	≈ 4	○	○	◐	●	●	○	○	○	●	●	●	●	△
PVC weich	1,2 ... 1,3	– 50...+ 60	10 ... 30	∪	○	○	○	◐	◐	○	○	○	●	○	●	◐	◭
PMMA	1,18	– 40...+ 80	≈ 30	≈ 18	●	●	●	●	●	○	◐	◐	●	●	●	○	▲
PS	1,04 0,015...0,030	– 80...+ 80	25 ... 50	≈ 20	●	○	◐	◐	◐	○	○	○	●	●	●	◐	▲
SAN ABS	1,03 ... 1,31	– 25...+ 80	25 ... 130	20 ... 50	●	●	◐	◐	◐	◐	○	○	●	●	●	◐	▲
PA	1,14 ... 1,49	– 40...+100	40 ... 190	40 ... 70	◐	●	●	●	●	◐	◐	●	●	◐	◐	○	▲
PC	1,2 ... 1,35	–130...+130	60 ... 90	40 ... 65	●	◐	◐	◐	●	○	◐	○	◐	○	●	●	◭
POM	1,42	– 50...+100	≈ 70	≈ 10	●	◐	◐	●	●	◐	◐	●	●	◐	◐	○	▲
PTFE	2,14 ... 2,19	–200...+260	15 ... 30	≈ 50	●	●	●	●	●	●	●	●	●	●	●	●	△
Duroplaste																	
PF	≈ 1,25	– 40...+150	50 ... 70 (Formmassen)	3 ... 15 (Formmassen)	◐	●	●	●	●	◐	◐	◐	◐	○	●	◐	△
UF	≈ 1,25	– 40...+150	40 ... 80 (Formmassen)		●	●	●	●	●	◐	◐	◐	●	◐	◐	○	△
MF	≈ 1,25	– 40...+150	40 ... 80 (Formmassen)	3 ... 7 (Formmassen)	●	●	●	●	●	◐	◐	◐	●	◐	●	◐	△
UP	≈ 1,2	–100...+125	≈ 35	≈ 10	●	◐	◐	●	●	◐	○	○	●	○	◐	○	▲
EP	≈ 1,2	...+125	≈ 70	≈ 15	●	●	●	●	●	●	◐	◐	●	●	●	◐	▲
PUR	1,26	– 40...+ 80	≈ 40	∪	○	●	●	●	●	◐	○	○	●	○	◐	○	▲
SI	1,4 ... 2,5	– 50...+180	gering	∪	●	●	●	◐	●	◐	◐	◐	●	◐	●	○	△
Elastomere																	
SBR NBR	0,92 ... 0,97	...+ 80	≈ 20	∪	●	◐	◐	◐	●	◐	◐	◐	●	●	●	◐	▲
CR	1,23	...+100	20 ... 40	∪	●	●	●	●	●	●	◐	◐	●	◐	●	◐	◭
SIR	1,4 ... 2,5	– 50...+180	gering	∪	●	●	●	◐	●	◐	◐	◐	●	◐	●	○	△

Kunststoff-Halbzeuge und Kunststoff-Formmassen

Halbzeuge aus thermoplastischen Kunststoffen — DIN 16 985 (Entwurf 1987)

Werkstoffe[1]: PA 6, PA 6 G, PA 66, PA 610, PA 12, PBT, PC, PET, PE-HD, PE-HMW, PE-UHMW, PP-H, PP-B, PP-R, PPO, POM, PVC-U, PVC-HI, PVC-C, PVDF

Rundstäbe aus thermoplastischen Kunststoffen — DIN 16 980 (1987)

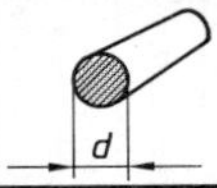

Durchmesser d	mm															
		3	4	5	6	8	10	12	16	18	20	22	25	28	30	32	36
Werkstoffe: siehe oben		40	45	50	56	60	63	70	80	90	100	110	125	140	150	160	180
		200	220	250	280	300	320	360	400	450	500						

Hohlstäbe aus POM (DIN 16 987, 1975), PETP und PBTP (DIN 16 809, 1980) und PA (DIN 16 983, 1980)

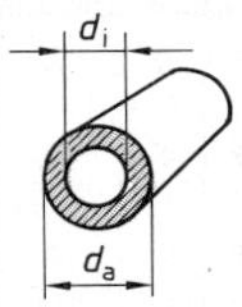

Außendurchmesser d_a	mm	20	22	25	28	30	32	32	36	36	38	40	40	45	45
Innendurchmesser d_i	mm	14	16	18	22	20	25	22	20	25	25	20	30	25	36

d_a	50	50	56	56	60	60	63	63	70	70	70	75	80	80	80	90	90	100	100	110	110
d_i	30	40	30	45	30	50	30	50	36	50	60	50	40	60	70	50	70	50	80	50	80

d_a	125	125	125	140	140	150	150	150	160	180	180	180	200	200	220	250	280	300
d_i	50	80	100	50	110	60	100	125	80	80	125	150	100	150	100	125	125	150

Flachstäbe aus thermoplastischen Kunststoffen — DIN 16 986 (1987)

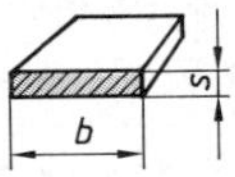

Breite b	mm	500														
Breite b	mm	300														
Dicke s	mm	5	6	8	10	12	16	20	25	36	40	45	50	60	80	100

Werkstoffe: siehe oben

Tafeln aus thermoplastischen Kunststoffen

Extrudierte Tafeln aus PE-HD	DIN 16 925 (1987)	Dicke s: bis 50 mm, Länge und Breite frei vereinbar	
Tafeln aus weichmacherfreiem PVC (PVC-U, PVC-HI)	DIN 16 927 (1987)	Dicke für extrudierte Tafeln: bis 40 mm	Länge und Breite frei
		Dicke für gepreßte Tafeln: bis 100 mm	
Tafeln aus PC	DIN 16 801 (1983)	Dicken: 1, 1,6, 2, 2,5, 3, 4, 5, 6, 8, 10 (mm)	Länge und Breite frei vereinbar
Tafeln aus POM	DIN 16 977 (1980)	Dicken: 1, 1,6, 2, 3, 4, 5, 6 (mm)	
Tafeln aus PETP, PBTP	DIN 16 810 (1980)	Dicken: 1, 1,6, 2, 3, 4, 5 (mm)	
Tafeln aus PA (PA 6, PA 6 G, PA 66, PA 12)	DIN 16 984 (1980)	Dicken: 1, 1,6, 2, 3, 4, 5, 6, 8, 10, 12, 16	Breite: 100 Länge: 2000 oder 1000 mm
		20, 25, 30, 36, 40, 50, 60, 80, 100, 125, 150, 200	

Bezeichnungsbeispiel: Tafel DIN 16 984 – PA 6–3

Dach- und Dichtungsbahnen aus Kunststoff

aus chloriertem Polyethylen (PE-C)	DIN 16 736 (1986)	Dicken: 1,2; 1,5; 2 (mm)
aus Polyvinylchlorid (PVC-P)	DIN 16 937, 16 730, 16 734, 16 735 (1986)	Dicken: 1,2; 1,5; 2 (mm)
aus Polyisobutylen (PIB)	DIN 16 935, 16 731 (1986)	Dicken: 1,5; 2 (mm)
aus Ethylencopolymerisat-Bitumen	DIN 16 729 (1984)	Dicken: 1,5; 2; 2,5; 3 (mm)

Bezeichnungsbeispiel: Dach-Dichtungsbahn DIN 17 736 – PE-C-1,5 – GV (GV = Glasvlieseinlage)

Kunststoff-Formmassen

Zum Urformen von Kunststoff-Halbzeugen und -Bauteilen verwendet man Formmassen des gewünschten Kunststofftyps. Ihre kennzeichnenden Eigenschaften sind in Normen festgelegt.

Kunststofftyp[1]	DIN-Norm	Kunststofftyp[1]	DIN-Norm	Kunststofftyp[1]	DIN-Norm
PE	16 776 (1984)	SAN	16 775 (1987)	POM	16 781 (1988)
PP	16 774 (1984)	ABS	16 772 (1987)	PUR	16 951 (1975)
PVC	7 748 (1985)	SB	16 771 (1977)	PF, UF, MF	7 708 (1975)
PMMA	7 745 (1988)	PA	16 773 (1985)	UP	16 911 (1978)
PS	7 741 (1986)	PC	7 744 (1980)	Verstärkte Formmassen	16 913 (1981)

[1] Kunststoff-Kurzzeichen auf Seite 256

Kunststoff-Halbzeuge

Rohre aus thermoplastischen Kunststoffen für Druckleitungen

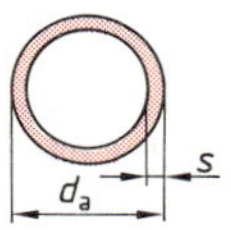

Rohraußendurchmesser d_a				mm	10	12	16	20	25	32	40	50	63	75
90	110	125	160	180	200	225	250	280	315	355	400	450	500	560
630	710	800	900	1000	1200	1400	1600							

Wanddicke *s*	je nach Rohrreihe (Nenndruck) unterschiedliche Werte

Rohr-Werkstoff	DIN-Norm	Rohrreihen für Nenndrucke PN (bar)	Rohrleitungsteile, Zubehör
PE-HD	8 074 (1987)	PN 2,5, PN 3,2, PN 4, PN 6, PN 10, PN 16	DIN 16 963 (83), DIN 8076 (84)
PE-X	16 893 (1988)	PN 12,5, PN 20	–
PP	8 077 (1987)	PN 2,5, PN 4, PN 6, PN 10	DIN 16 962 (1980)
PVC-V, PVC-HI	8 062 (1988)	PN 2,5, PN 4, PN 6, PN 10, PN 16	DIN 8063 (1986)
PB	16 969 (1988)	PN 4, PN 6, PN 10, PN 16, PN 20	–
ABS, ASA	16 891 (1980)	PN 2,5, PN 3,2, PN 4, PN 6, PN 10 (d_a von 25 ... 160)	–

Bezeichnungsbeispiel: Rohr DIN 8074 63 × 2,5 – PE-HD

Rohre und Formstücke aus Kunststoffen für Abwasserleitungen in Gebäuden

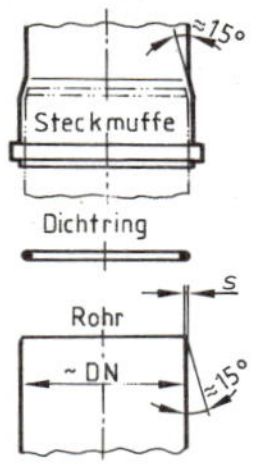

Kunststofftyp	Rohrverbindungsart	Nennweiten DN (mm)	DIN-Norm
PE-HD	Steck- und Schweißmuffe, Verschraubung	40, 50, 70, 100, 125, 150, 200, 250, 300	19 535 (1988)
PP	Steckmuffe	40, 50, 70, 100, 125, 150	19 560 (1980)
PVC hart	Steckmuffe	40, 50, 70, 100, 125, 150	19 531 (1987)
PVCC	Steckmuffe	40, 50, 70, 100, 125, 150	19 538 (1980)
ABS, ASA	Steckmuffe	40, 50, 70, 100, 125, 150	19 561 (1980)

Rohre und Formstücke aus Kunststoffen für erdverlegte Abwasserkanäle und -leitungen

Kunststofftyp	Rohrverbindungsart	Nennweiten DN (mm)	DIN-Norm
HDPE	Steck- und Schweißmuffe, Flanschverbindung	100, 125, 150, 200, 250, 300, 400, 500, 600, 700, 800, 900, 1000, 1200	19 537 (1983
PVC hart	Steckmuffe	100, 125, 150, 200, 250, 300, 400, 500, 600	19 534 (1979)

Rohrleitungen aus Kunststoffen für die Trinkwasserversorgung

Kunststofftyp	Rohrverbindungsart	Nennweiten DN (mm)	DIN-Norm
PE hart	Klemmschraub-, Klemmflansch-, Schweiß- und Bundflanschverbindung	15, 20, 25, 32, 40, 50, 65, 80, 100, 125	19 533 (1976)
PE weich		15, 20, 25, 32, 40, 50, 65, 80	19 533 (1976)
PVC hart PVC-U	Kleb-, Steck-, Flansch- und Schraubverbindung	Nenndruck PN 10: 50, 65, 80, 100, 125, 150, 200, 250, 300, 400 Nenndruck PN 16: 10, 15, 20, 25, 32, 40, 50, . . . 400	19 532 (1979)

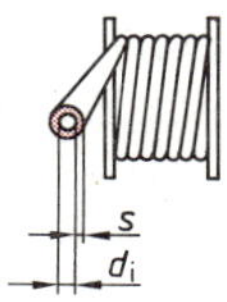

Wasserschläuche aus PVC weich — DIN 16 942 (1966)

Nenngröße (Durchmesser d_i × Wanddicke *s*, mm)	13 × 3	16 × 3,5	19 × 4	22 × 4,5	25 × 4,5

Wickelbare Rohre und Schläuche aus PE — DIN 19 658 (1988)

Nenndruck (bar)	Außendurchmesser (mm)				Nenndruck (bar)	Außendurchmesser (mm)			
PN 8	50	63	75	82	PN 10	90	100	110	125

Halbzeuge sowie Rohre aus glasfaserverstärkten Duroplasten für Druckleitungen, Abwasserkanäle, Trinkwasserleitungen und Chemierohrleitungen siehe Verbundwerkstoffe, Seite 266.

Bestimmen der Kunststoffart

Erkennungsmerkmale von Kunststoffen

Kunststoff Kurzzeichen ggf. Spezifikation	Aussehen Oberflächen-beschaffenheit Mechanische Eigenschaften	Langsames Erhitzen im Glühröhrchen Verhalten der Probe s schmilzt z zersetzt sich	Langsames Erhitzen im Glühröhrchen a alkalisch s sauer (Lackmus rot) ss stark sauer n neutral	Anzünden mit kleiner Flamme 0 nicht entzündbar I brennt i. d. Flamme II brennt weiter III brennt heftig Entzündung	Anzünden mit kleiner Flamme Art und Farbe der Flamme, sonstiges	Geruch der Schwaden beim Erhitzen oder nach Anzünden und Ablöschen
Thermoplaste						
Polyethylen weich **LDPE**	Milchig weiß, lederartig	s leicht, farblos	n	II	leuchtend mit blauem Kern, tropft ab	schwach, wie Paraffin
Polyethylen hart **HDPE**	Trüb durchscheinend, zähhart					
Polypropylen PP	Weiß durchscheinend, steif, zäh, kratzfest					
Polyvinylchlorid PVC hart	Weiß durchscheinend, hart, steif, zähhart	s, dann z dunkelbraun	ss	I	grün gesäumt, sprühend	Salzsäure mit Beigeruch
Polyvinylchlorid PVC weich	Farblos durchscheinend, leder- bis weichgummiartig				eventuell leuchtend	wie PVC, mit Beigeruch
Polymethyl-methacrylat PMMA	Farblos, glasklar, zähhart, steif	z, (verdampft knisternd)	n	II	leuchtend, knisternd	typisch, fruchtartig
Polyacrylat (Acrylharz)	Trüb durchsichtig, weich, (Klebstoffe, Anstriche)	s, z (verdampft)	n	II	leuchtend, etwas rußend	typisch, unangenehm scharf
Polystyrol PS	PS: durchsichtig klar, sprödhart, splittert	s, z (verdampft)	n	II	leuchtend, stark rußend	typisch süßlich (nach Styrol)
PS-Hartschaum	PS-Hartschaum: weiß, steif		a	II		
PS-Copolymerisate SB, SAN, ABS	PS-Copolimerisate: hartzäh, bruchfest	z braun				gummiartig oder stechend
Polyamide PA	Weißlich, transparent, zähhart, gleitfähige Oberfläche	s bei kräftigem Erhitzen dann z	a	II	bläulich leuchtend, tropft blasig ab	verbranntem Horn ähnlich
Polycarbonat PC	Farblos, glasklar, zähhart, steif	s zäh, farblos	anfangs s dann n	I	leuchtend, rußend, verkohlt	nach Phenol
Polyoxymethylen POM Polyacetal	Weißlich durchscheinend, zähhart, steif	s, z	n	II	bläulich, schmilzt	nach Formaldehyd
Polytetra-fluorethylen PTFE	Milchig weiß, wachsartig, glatte Oberfläche, biegsam, zäh	s bzw. z erst bei starkem Erhitzen	ss	0	brennt nicht, verkohlt nicht	bei Rotglut stechend (Flußsäure)
Celluloseacetat CA	Glasklar, hornartig, mittelhart	s, dann z (schwarz)	s	II	gelbgrün, mit Funken, tropft	Essigsäure und verbr. Papier
Duroplaste und Elastomere						
Phenolharz PF	Gelbbraun bis schwarz hartspröde, zerbrechlich	z	n (a)	0 (I)	gelbe Flamme, rußend, verkohlt	nach Phenol, Formaldehyd, Ammoniak
Phenolharz-Preßmassen	Farbe je nach Füllstoff, meist schwarz, hartzäh, schwer zerbrechlich	z, bläht sich auf	n (a)	0 (I)	gelbe Flamme, rußend, verkohlt	
Harnstoff- und Melaminharze UF MF	Farblos bis hellgelb hartspröde, zerbrechlich	z	a	0	verkohlt mit weißen Kanten	nach Ammoniak mit widerlichem Beigeruch
Harnstoff- und Melaminharz-Preßmassen	Farbe je nach Füllstoff, hartzäh, schwer zerbrechlich	z, bläht sich auf	a	0		
Ungesättigte Polyesterharze UP	Farblos durchsichtig, hartzäh, steif	wird dunkel, dann s und z	n	II	leuchtend, rußend, verkohlt	nach Styrol
Epoxidharze EP	Farblos bis honiggelb, hartzäh, steif	wird dunkel dann s und z	n oder a	II	leuchtend, rußend, verkohlt	untypisch, phenolartig
Polyurethanharze PUR	Honiggelb durchscheinend hartgummiartig bis weichgummiartig	s bei kräftigem Erhitzen, dann z	a	II	bläulich, gelber Rand	stechend (Isocyanat)
Silicon-Kunststoffe SI	Farblos bis milchig zäh bis weichgummiartig	z in starker Flamme	n	0	in starker Flamme Zersetzung unter Bildung von weißem Rauch (SiO_2-Staub)	

Richtwerte für die spanende Bearbeitung der Kunststoffe (in Anlehnung an VDI-Richtlinie 2003, 1976)

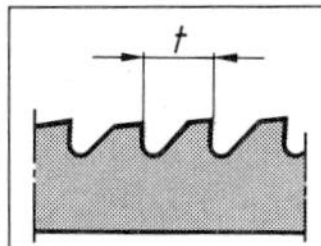

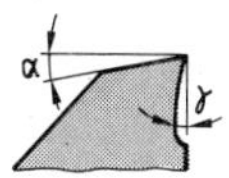

α Freiwinkel
γ Spanwinkel
v_c Schnittgeschw.
t Zahnteilung
K Index für Kreissägen
B Index für Bandsägen

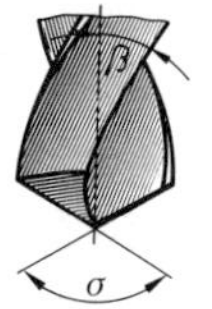

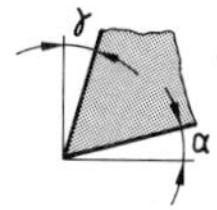

v_c Schnittgeschw.
f Vorschub
α Freiwinkel
γ Spanwinkel
σ Spitzenwinkel
Drallwinkel β: 12 bis 16°

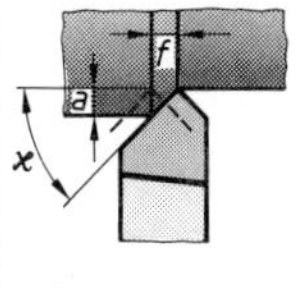

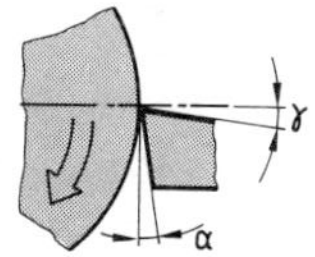

α Freiwinkel
γ Spanwinkel
χ Einstellwinkel
v_c Schnittgeschw.
f Vorschub
a Spantiefe
Spitzenradius r mind. 0,5 mm

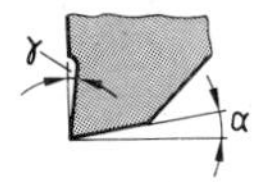

α Freiwinkel
γ Spanwinkel
v_c Schnittgeschw.
Vorschub f: bis 0,5 mm/U

SS = Schnellarbeitsstahl
HM = Hartmetall, (K 10)

Zu spanende Kunststoffe			Schneidstoff	Trennen (Sägen)						Bohren					Drehen						Fräsen		
	Bezeichnung	Kurzzeichen		α	γ_K	γ_B	t	v_{cK}	v_{cB}	α	γ	σ	v_c	f	α	γ	χ	v_c	f	a	α	γ	v_c
				°	°	°	mm	m/min	m/min	°	°	°	m/min	mm/U	°	°	°	m/min	mm/U	mm	°	°	m/min
Thermoplaste	Polyethylen u. ä.	PE, PP	SS oder HM (z. B. K 10)	30 bis 40 (SS) 10 bis 15 (HM)	5 bis 8 (SS) 0 bis 5 (HM)	0 bis 8	2 bis 8 bei spröden Kunststoffen kl. Teilung		bis 3000	10...12	3...5	60...90	50...100	0,2...0,5	5...15	0...10	45...60	200..500	0,1...0,5	bis 6	5...15	bis 15	bis 1000
	Polyvinylchlorid	PVC								8...10	3...5	80...110	30...80	0,1...0,5	5...10	0...5	45...60	200...500	0,1...0,2	bis 6	5...10	bis 15	bis 1000
	Polymethacrylat	PMMA								3...8	0...4	60...90	20...60	0,1...0,5	5...10	0...(−)4	~ 15	200...300	0,1...0,2	bis 6	2...10	1...5	bis 2000
	Polystyrol	PS								3...8	3...5	60...90	20...60	0,1...0,5	5...10	0...2	~ 15	50...60	0,1...0,2	bis 2			
	Polystyrol-Copolymerisate	SAN,ABS								5...8	3...5	60...90	30...80	0,1...0,5									
		SB								8...10	3...5	60...75	30...80	0,1...0,5									
	Polyamide	PA								10...12	3...5	60...90	50...100	0,2...0,5	5...15	0...10	45...60	200...500	0,1...0,5	bis 6			
	Polycarbonat	PC								5...8	3...5	60...90	50...120	0,2...0,5	5...10	0...5	45...60	200...300	0,1...0,5	bis 6	5...10	bis 10	bis 1000
	Polyoxymethylen	POM								5...8	3...5	60...90	50...100	0,1...0,5							5...10	bis 10	bis 400
	Polyfluorethylen	PTFE								16	3...5	130	100...300	0,1...0,3	10...15	15...20	9...11	100...300	0,05...0,25	bis 6			
	Celluloseacetat	CA								8...10	3...5	80...110	30...80	0,1...0,5	5...10	0...5	45...60	200...500	0,1...0,2	bis 6			
Duroplaste	Phenolharz	PF	SS oder HM											0,04 bis 0,5 je nach Bohrerdurchmesser und Füllstoff					0,05 bis 0,5 je nach Einspannung und Stabilität des Werkstücks	bis 10 je nach Stabilität			
	Harnstoffharz	UF																					
	Melaminharz	MF		30...40	5...8	5...8	4...8	bis 3000	bis 2000	6...8	6...10	100...120	30...40		5...10	15...25	45...60	bis 80			bis 15	15...25	bis 80
	Ung. Polyesterharz	UP																					
	Epoxidharz	EP		10...15	3...6		8...18	bis 5000		6...8	6...10	100...120	100...120			10...15	45...60	bis 40			bis 10	5...15	bis 1000
	Polyurethanharz	PUR																					
	Siliconharz	SI																					
Verst. Duroplaste	Mit organischem Material wie z. B. Papierbahnen (Hp), Textilien (Hgw) oder Holzschichten verstärkte Duroplaste		SS oder HM	30...40 10...15	5...8 3...6	5...8	4... 8 8...18	bis 3000 bis 5000	bis 2000	6...8 6... 8	6...10 6...10	100...120 100...120	30...40 100...120		5...10	15...25 10...15	45...60 45...60	bis 80 bis 40			bis 15 bis 10	15...25 5...15	bis 80 bis 1000
	Mit anorganischem Material wie z. B. Glasfasern (GFK), Gesteinsmehl u. ä. verstärkte Duroplaste		HM							6... 8	0... 6	80...100	20... 40		5...11	0...12	45...60	bis 40			bis 10	5...15	bis 1000
			Diamant-Trennscheibe	Diamantkorn Z				1000 bis 2000	300												Korngröße: D 125...250 ca. 50 %		bis 1500

Schweißen der Kunststoffe

Schweißverfahren — DIN 1910, Teil 3 (1977)

Warmgasschweißen

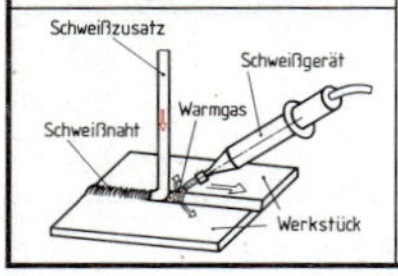

Heizelementschweißen

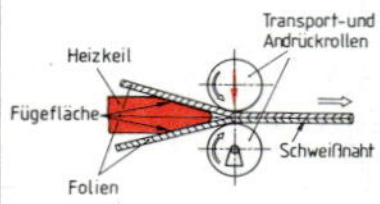

Reibschweißen

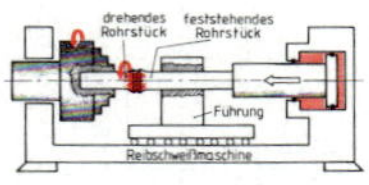

Hochfrequenzschweißen

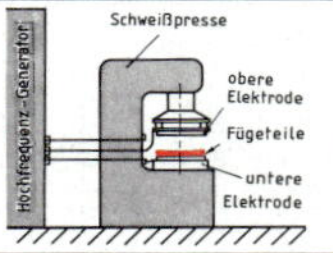

Ultraschallschweißen

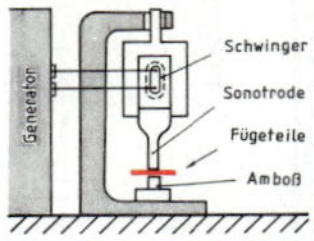

Warmgasschweißen — DIN 16 960 (1974)

Warmgasschweißgeräte

elektrisch beheizt

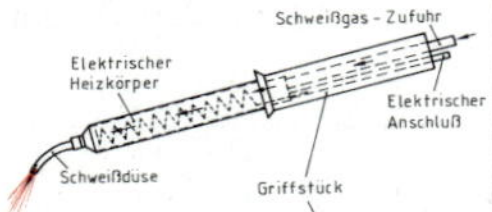

gasbeheizt

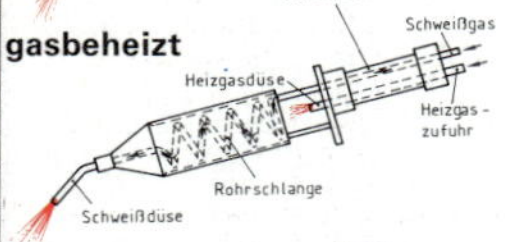

mit Schnell-schweißdüse

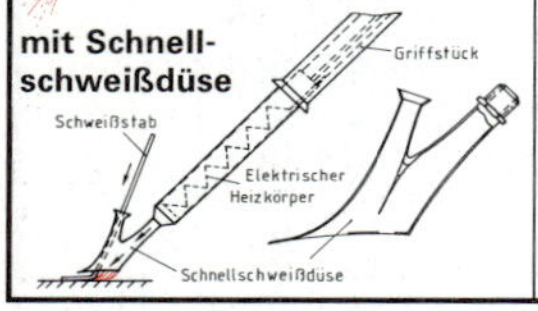

Schweißnahtarten

V-Naht am Stumpfstoß (ohne Gegenlage)

Vorbereiten der Naht

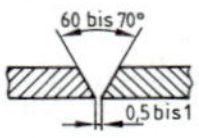

Schweißen der Naht m. Rundstäben

mit Ovalstäben

m. Dreikantstab

X-Naht

Vorbereiten der Naht

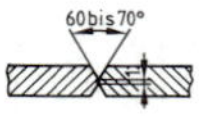

Schweißen der Naht

V-Naht am Stumpfstoß (mit Gegenlage)

Vorbereiten der Naht

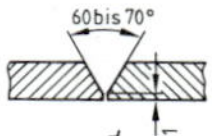

Schweißen der Naht m. Rundstäben

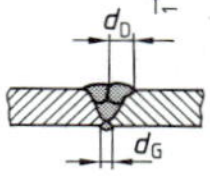

Überlapp-naht

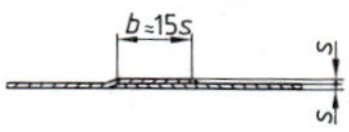

HV-Naht mit Kehlnaht

Vorber.d.Naht

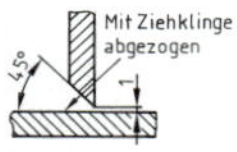

Schweißen d.Naht

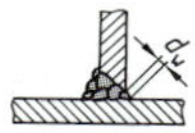

V-Naht am Eckstoß

Hochbeanspruchb. Ausf.

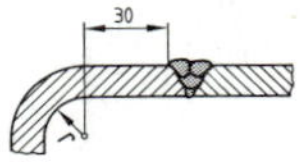

Gering belastbare Ausf.

Vorber.d.Naht / Schw.d.Naht

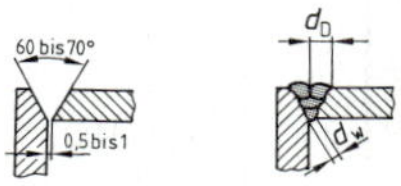

K-Stegnaht

Vorber.d.Naht / Schw.d.Naht

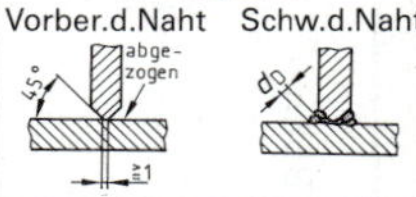

Übersicht: Schweißbarkeit der thermoplastischen Kunststoffe

Schweißbarkeit von Formteilen und Halbzeug: × gut schweißbar / bedingt schweißbar – nicht schweißbar

Kunststoff Kurzzeichen	Warmgas-schweißen	Heizelement-schweißen	Reib-schweißen	Hochfrequenz-schweißen	Ultraschall-schweißen	Bemerkungen
Polyethylen weich LDPE	× 190 bis 210 °C	× 170 bis 190 °C	×		×	Folienschweißen mit Heizkeil
Polyethylen hart HDPE	× 220 bis 240 °C	× 190 bis 210 °C	×		×	Folienschweißen mit Heizkeil
Polypropylen PP	× 250 bis 270 °C	× 210 bis 230 °C	×		×	Folienschweißen mit Heizkeil
Polyvinylchlorid hart PVC-hart	× 220 bis 240 °C	× 215 bis 235 °C	×	×	×	Folienschweißen mit Heizkeil- und Hochfrequenzverfahren
Polyvinylchlorid weich PVC-weich	× 250 bis 300 °C	× 250 bis 300 °C		×	×	Folienschweißen mit Hochfrequenzverfahren (gelegentlich mit Heizkeil)
Polymethyl-methacrylat PMMA	×	/	/	/	×	–
Polystyrol PS	×	/	/		×	Besser als Schweißen ist Kleben
Polystyrol-Copolymerisate SB,SAN,ABS,ASA	×	×	×		×	–
Polyamide PA	×	/	×	×	×	Folien mit Hochfrequ.- oder Heizkeilverfahren
Polycarbonat PC	×	×	×		×	–
Polyacetal POM	× 220 bis 260 °C	× 200 bis 220 °C	×		×	–
Polytetrafluor-ethylen PTFE	–	–	–	–	–	PTFE ist praktisch nicht schweißbar

Kleben, Klebstoffe

Gestaltung von Klebeverbindungen

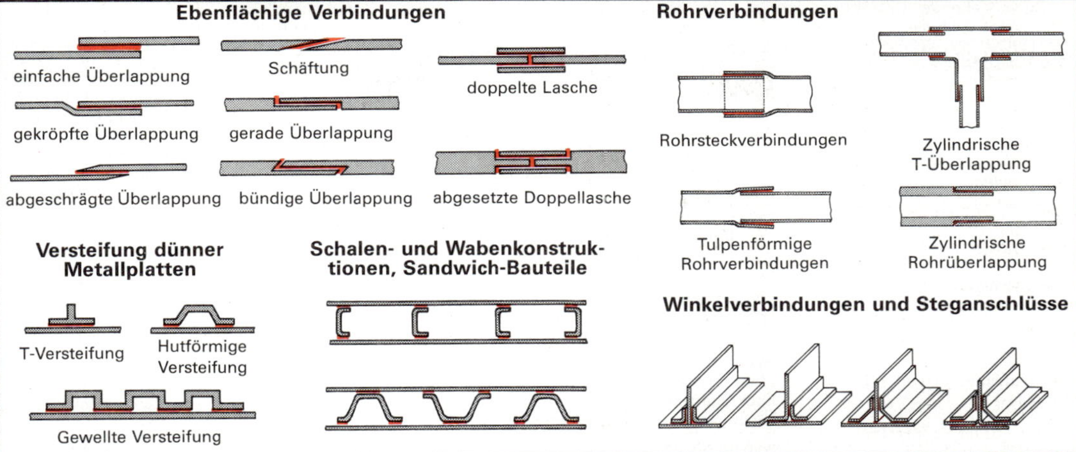

Klebstoffe

Klebstoffart	Abkürzung	Klebstoff-Basisstoffe	Charakteristische Merkmale	Hauptanwendungsgebiete	Handelsnamen von Kleinpackungen
Dispersions-Klebstoffe	DK	Polyvinylacetat (PVAC) Polyacrylsäureester (PASE) Synthesekautschuk (BR)	Besteht aus winzigen Klebstofftröpfchen, die in Wasser verteilt (dispergiert) sind	Baukleber Fliesenkleber Holzkleber	Ponal (Henkel) Uhu-coll (Uhu) } Holz
Lösungsmittel-Klebstoffe	LK	Gelöster Nitrolack Gelöstes Celluloseacetat Tetrahydrofuran	Besteht aus einer Klebstofflösung oder einem Lösungsmittel	Papier, Pappe Anlösbare Kunststoffe: PVC, PS	Uhu Pritt (Henkel) } Papier Tangit (Henkel) PVC
Kontakt-Klebstoffe	KK	Nitrilkautschuk (NR) Chloroprenkautschuk (CR) Polyisobutylen (PIB)	Besteht aus kautschukartigen Klebstoffen mit geringem Lösungsmittelanteil	Kunststoff-Verklebungen Metall-Kunststoff	Pattex (Henkel) Allplast (Uhu)
Zweikomponenten-Reaktionsklebstoffe	ZK	Ungesätt. Polyesterharz (UP) Polyurethanharz (PUR) Epoxidharz (EP)	Wird aus Binder und Härter vor dem Gebrauch gemischt	Metall-Verklebungen, Metall-Keramik Universal-Kleber	Terotop (Teroson) Uhu plus (Uhu) Stabilit (Henkel) Scotch-Weld (3 M)
Einkomponenten-Reaktionsklebstoffe	EK	Cyanacrylat (CY) Cyanacrylsäureester	Härten nach Verdunsten des Lösungsmittels durch die Luftfeuchtigkeit aus	Kunstoff-, Keramik- und Metall-Verklebungen	Cyanolit Terotop (Teroson) Scotch-Weld (3 M)
Schmelz-Klebstoffe	SK	Polyvinylbutyral (PVB) Polyiobutylen (PIB) Epoxidharz (EP)	Werden zum Verkleben durch Erhitzen flüssig gemacht	Kunststoff-Verklebungen Universalkleber	Jet-melt (3 M)

Einzelschritte der Vorbehandlung von Klebeflächen — VDI-Richtlinie 2229 (Metalle) (1979) und 3821 (Kunststoffe) (1978)

(Kennziffern für die Tabelle auf Seite 264)

Vorbehandlung	Kennziffer
Reinigen von losem Schmutz, Farbresten, Rost	1
Entfetten mit organischen (Per, Tri, Tetra) oder wässrigen Reinigungsmitteln	2
Abspülen mit Leitungswasser, Nachspülen mit entsalztem oder destilliertem Wasser	3
Trocknen im Warmluftofen bei 65 °C	4
Entfetten mit gleichzeitigem Beizen	5
Mechanisches Aufrauhen durch Schmirgeln, Schleifen, (Körnung 100 ... 150), Bürsten	6
Mechanisches Aufrauhen durch Strahlen	7
Beizen (30 min, 60 °C) in wässriger Lösung aus 27,5 % Schwefelsäure und 7,5 % Natriumdichromat	8

Vorbehandlung	Kennziffer
Beizen (1 min, 20 °) in einer wässrigen Lösung von 20 % Salpetersäure (HNO_3) und 15 % Kaliumdichromat ($K_2Cr_2O_7$)	9
Beizen (3 min, 20 °C) in 50 %iger Flußsäure (HF)	10
Beizen (2 ... 10 min) in wässriger Chromschwefelsäure (100 Gew.T. H_2SO_4, 5 Gew.T. $K_2CrO_7 \cdot 2H_2O$, 8 Gew.T. H_2O)	11
Beizen (5 ... 15 Sek., 50 °C) in konzentrierter Phosphorsäure (85 %ige H_3PO_4)	12
Aufrauhen durch elektrische Entladungen	13
Abflammen mit einer sehr sauerstoffreich eingestellten Brennerflamme	14

Kleben von Kunststoffen

Klebstoff-Auswahltabelle für Verklebungen gleichartiger Kunststoff-Bauteile

Zu verklebende Kunststoff-Bauteile	Kurzzeichen	Geeigneter Klebstoff auf Basis	Klebstoffart	Vorbehandlung der Klebeflächen[1]	Bemerkungen
Thermoplaste					
Polyethylen weich Polyethylen hart Polypropylen	LDPE HDPE PP	Synthesekautschuk-Kontakt-Klebstoffe Epoxidharz- Polyurethanharz- Phenolharz-Synthese Kautschuk	Zweikomponenten-Klebstoffe	1–2–4–11 1–2–4–13 1–2–4–14	Bei Polyolefinen (PE, PP) sind keine guten Klebeverbindungen erreichbar. Die besten noch mit Synthesekautschuk-KK.
Polyvinylchlorid hart Polyvinylchlorid weich und hart	PVC	PVC-Spezialkleber (LK mit dem Lösungsmittel Tetrahydrofuran) Synthesekautschuk- Polyurethan- Polyurethan/ Polyester- Methacrylat-Reaktions-Klebstoffe	Kontakt-Klebstoffe Zweikomponenten-Klebstoffe	1–2 Reinigen und Anquellen mit Lösung aus Methylenchlorid, Tri, Essigsäure und Tetrahydrofuran	Gute Klebeverbindungen herstellbar
Polymethylmethacrylat (Acrylglas)	PMMA	Synthesekautschuk- Chloroprenkautschuk- Epoxidharz-Zweikomponenten-Klebstoff Lösungsmittel-Klebstoff (Ketone)	Kontakt-Klebstoffe	1–2–4–6	Gute Klebeverbindungen herstellbar
Polystyrol Polystyrol-Copolymerisate	PS SB SAN ABS	Polystyrol-Kleblacke (Lösungsmittel-Klebstoff) Cyanoacrylat-Einkomponent-Reaktions-Klebstoff Chloroprenkautschuk-Kontakt-Klebstoffe Epoxidharz-Zweikomponenten-Klebstoffe		1–2–4 1–2–4–6	Beste Klebeverbindungen herstellbar, besonders mit Lösungsmittel-Klebstoffen
Polyamide	PA 6 PA 12 PA 6.6	Nitrilkautschuk- Chloroprenkautschuk- Synthesekautschuk-	Kontakt-Klebstoffe	1–2–4–6 1–2–4–11 1–2–4–14	Keine guten Klebeverbindungen herstellbar
Polycarbonat	PC	Nitrilkautschuk- Chloroprenkautschuk Epoxidharz- Polyurethanharz-	Kontakt-Klebstoffe Zweikomponenten-Klebstoffe	1–2–4	Gute Klebeverbindungen herstellbar
Polyacetal	POM	Polychlorbutadien- Isocyanatkautschuk- Epoxidharz- Polyurethanharz- Methacrylat- Cyanoacrylat-	Kontakt-Klebstoffe Zweikomponenten-Klebstoffe Einkomponenten-Klebstoffe	1–2–4–12	Nur mäßige Klebeverbindung herstellbar
Polytetrafluorethylen	PTFE	Nitrilkautschuk- Chloroprenkautschuk- Epoxidharz-Zweikomponenten-Klebstoffe	Kontakt-Klebstoffe	1–2–4–5 (5 in Lösung aus Natrium in Naphthalin/ Tetrahydrofuran)	Nur mäßige Klebeverbindungen trotz intensiver Vorbehandlung möglich
Duroplaste					
Phenolharz Harnstoffharz Melaminharz	PF UF MF	Nitrilkautschuk- Chloroprenkautschuk- Epoxidharz-Zweikomponenten-Klebstoffe	Kontakt-Klebstoffe	1–2–4–6	Gute Klebeverbindungen herstellbar
Ungesättigte Polyesterharze	UP	Nitrilkautschuk- Chloroprenkautschuk-	Kontakt-Klebstoffe	1–2–4–6	Gute Klebeverbindungen herstellbar
Epoxidharz	EP	Synthesekautschuk-Kontakt-Klebstoffe Epoxidharz-Zweikomponenten-Klebstoffe		1–2–4–6	Gute Klebeverbindungen herstellbar
Polyurethane	PUR	Synthesekautschuk-Kontakt-Klebstoffe Epoxidharz/ Polysulfid- Polyurethan-	Zweikomponenten-Klebstoffe	1–2–4–6	Gute Klebeverbindungen herstellbar
Siliconharz	SI	–		–	Praktisch keine Verklebung möglich
Elastomere					
Butadienkautschuk Chloroprenkautschuk	SBR NBR CR	Synthesekautschuk- Nitrilkautschuk- Chloroprenkautschuk-	Kontakt-Klebstoffe	1–2–4	Gute Verklebung herstellbar
Siliconkautschuk	SIR	Nitrilkautschuk- Chloroprenkautschuk-	Kontakt-Klebstoffe	1–2–4–6	Nur mäßige Klebeverbindung erreichbar

[1] Bedeutung der Ziffern Seite 263, unten

Kleben verschiedenartiger Werkstoffe

Klebstoff-Auswahltabelle für Verklebungen der verschiedensten Werkstoffe

		Metalle				Kunststoffe						Elastomere			Schaumstoffe			Weitere Werkstoffe				
		Eisen/Stahl-Bauteile u. Bleche roh, grundiert, verzinkt	Aluminium roh, eloxiert	Kupferblech	Bleiblech	Hart-PVC	Weich-PVC Kunstleder	Acrylglas Polycarbonatglas	Polystyrol	Formaldehydharze Preßmassen	Polyesterharz Epoxidharz Polyurethanharz	Butadien-Kautschuk	Chloropren-Kautschuk	Nitril-Kautschuk	Polystyrol-Hartschaum	Polyurethan-Weich- und Hartschaum	PVC-Schaumstoff	Glas, Keramik, Steingut	Beton, Mauerwerk	Holz, Holzwerkstoffe	Papier, Pappe	Textilien, Filz, Gewebe
Metalle	Eisen/Stahl-Bauteile u. Bleche roh, grundiert, verzinkt	Bevorzugt **ZK** auf Basis EP, PUR, UP Daneben **EK** auf Basis CY und **KK** auf Basis CR				**EK** auf Basis CY **KK** auf Basis CR, NR, BR				**ZK** auf Basis EP, PUR, UP **KK** auf Basis CR		**KK** auf Basis CR, BR und NR			**KK** auf Basis CR, BR und NR			**KK** auf Basis CR, BR, NR und **DK** auf Basis PVAC und PASE		**KK** auf Basis CR, BR, NR		
	Aluminium roh, eloxiert																					
	Kupferblech Bleiblech																					
	Weitere Metalle																					
Kunststoffe	Hart-PVC					**PVC**-Spezialkleber (Tetrahydrofuran)	**ZK** auf Basis EP, PUR, **EK** auf Basis CY											**ZK** auf Basis EP, PUR				
	Weich-PVC Kunstleder										**KK** auf Basis CR, BR											
	Acrylglas Polycarbonatglas							**ZK** auf Basis EP, PUR, **KK** auf Basis CR, **EK** auf Basis CY														
	Polystyrol								PS-Spez.-kleber	**ZK** auf Basis EP, PUR; **KK** auf Basis CR,												
	Formaldehydharze Preßmassen									Bevorzugt: **ZK** auf Basis EP, PUR, UP Daneben: **KK** auf Basis BR, CR												
	Polyesterharz Epoxidharz Polyurethanharz										**SK** auf Basis EP											
Elastomere	Butadien-Kautschuk											**KK** auf Basis BR, CR, NR										
	Chloropren-Kautschuk																					
	Nitril-Kautschuk																					
Schaumstoffe	Polystyrol-Hartschaum														DK **KK** auf Basis BR, CR, NR							
	Polyurethan-Weich- und Hartschaum																					
	PVC-Schaumstoff																					
Weitere Werkstoffe	Glas, Keramik, Steingut																	**ZK** **EK**	**DK** (PASE)	**KK** auf Basis BR, CR, NR **ZK** a. Basis EP		
	Beton, Mauerwerk																		**DK** (PASE)			
	Holz, Holzwerkstoffe																			**DK** **KK**	**LK**	**KK**
	Papier, Pappe																				**LK**	**KK**
	Textilien, Filz, Gewebe																					**KK**

Vorbehandlung der Klebeflächen von Metallen — VDI-Richtlinie 2229 (1979)

Zu verklebende Metalle	Vorbehandlung für eine Verklebung[1] niedriger Beanspruchung	mittlerer Beanspruchung	hoher Beanspruchung
Stähle (auch rostfrei)	keine Weiterbehandlung	1–6–2–3–4	1–7–2–3–4
Stahl, verzinkt	keine Weiterbehandlung		
Al, Al-Legierungen	keine Weiterbehandlung	1–6–5–3–4	1–7–8–3–4
Magnesium	keine Weiterbehandlung	1–6–2–3–4	1–7–9–3–4
Titan	keine Weiterbehandlung	1–6 (Bürsten) –2–3–4	1–2–10–3–4
Cu, Cu-Legierungen	keine Weiterbehandlung	1–6–2–3–4	1–7–2–3–4

[1] Bedeutung der Ziffern auf Seite 263 unten

Verstärkte Kunststoffe (Verbundwerkstoffe)

Kurzzeichen für verstärkte Kunststoffe — DIN 7728, Teil (1980)

Kurzzeichen ohne Angabe der Kunststoffart	
GFK	Glasfaserverstärkter Kunststoff
CFK	Kohlenstoffaserverstärkter Kunststoff
BFK	Borfaserverstärkter Kunststoff
SFK	Synthesefaserverstärkter Kunststoff
MFK	Metallfaserverstärkter Kunststoff
MWK	Metallwhiskerverstärkter Kunststoff

Kurzzeichen mit Angabe der Kunststoffart

Beispiel: **EP – GF 25**

Kunststoffart:	*Verstärkung:*	*Volumenanteil der Verstärkung:*
Epoxidharz	Glasfasern	25 %

Auch die umgekehrte Anordnung ist möglich: **GF 25 – EP**
Für die Verstärkung gelten die nebenstehenden Abkürzungen.
Die Volumenangabe kann weggelassen werden.

Textilglasverstärkte ungesättigte Polyesterharz-Laminate für tragende Bauteile — DIN 18 820 (1986)

Verstärkungsart	Abkürzung	Symbol
Wirrfaser (Vlies)	M	××××××
Faserstränge (Rovings)	F	/ / / / / /
Gewebe	W	+=+=+=
Gelege (Achsrichtung)	G	------

Laminatart Kurzzeichen	Kennzeichnende Merkmale	Beispiel (Symbol)
Wirrfaser-Laminat GF – UP – M	Das Textilglas hat keine bevorzugte Ausrichtung	×××××× ××××××
Misch-Laminat GF – UP – MW	Wirrfaserschichten wechseln mit gerichteten Lagen aus Gewebe, Rovings oder geschnittenen Rovings	×××××× +=+=+= ××××××
Wickel-Laminat GF – UP – FMW	Gewickeltes Laminat mit Zwischen- bzw. Deckschichten aus Wirrfasern, Geweben oder Gelege	×××××× / / / / / / ××××××

Rohre aus glasfaserverstärkten Kunststoffen

Rohrwandaufbau

Gewickelte oder geschleuderte Rohre aus glasfaserverstärkten Kunststoffen (GFK) auf UP- oder EP-Harzbasis und Textilglasfasern in der tragenden Schicht als Matten, Gewebe oder Rovings und in den Deckschichten als Vlies.

UP – GF Typ A

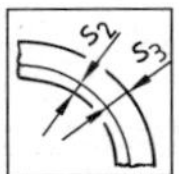

UP – GF Typ B

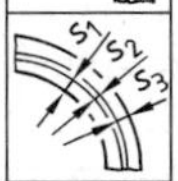

UP – GF Typ D

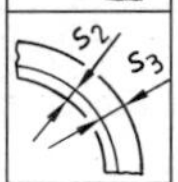

UP – GF Typ E

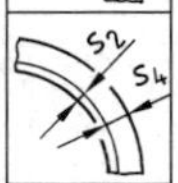

UP – GF Typ WA

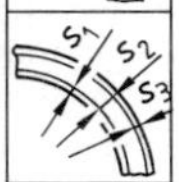

UP – GF geschleudert, gefüllt

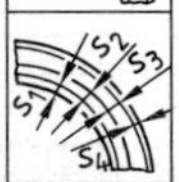

EP – GF gewickelt

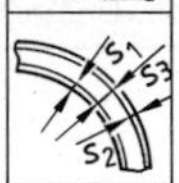

EP – GF geschleudert

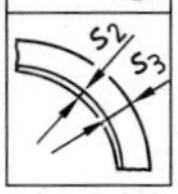

Nennweitenreihe DN															
				25	(32)	40	50	65	80	100	(125)	150	200	250	300
350	400	500	600	700	800	900	1000	1200	1400	1600	1800	2000	2400	2800	3200

Nenndrucke PN (bar)	1	1,6	2,5	4	6	10	16	25

Rohr-Werkstoff Spezifikation	**Rohrwandaufbau** (siehe Zeichnungen anbei)	**Nennweiten DN** PN1	PN1,6	PN2,5	PN4	PN6	PN10	PN16	PN25	**DIN-Norm**
Rohr UP – GF gewickelt, Typ A	s_2: harzreiche Innenschicht s_3: FMW-Laminat, GF ≥ 45 %	–	–	200 … 1000	150 … 1000	80 … 1000	65 … 1000	25 … 500	–	16 965, T 1 (1982)
Rohr UP – GF gewickelt, Typ B	s_1: thermoplast. Auskleidung s_2: Haftschicht aus UP–W s_3: FMW-Laminat, GF ≈ 60 %	–	–	–	–	250 … 1000	150 … 1000	25 … 1000	–	16 965, T 2 (1982)
Rohr UP – GF gewickelt, Typ D	s_2: harzreiche Chemieschutzschicht (> 2,5 mm) s_3: FMW-Laminat, GF ≈ 60 %	–	–	–	–	–	25 … 1000	25 … 1000	–	16 965, T 4 (1982)
Rohr UP – GF gewickelt, Typ E	s_2: harzr. Innenschicht (0,4 mm) s_4: FMW-Laminat, GF ≤ 40 %	–	500 … 1000	300 … 1000	250 … 1000	125 … 1000	65 … 500	25 … 1000	–	16 965, T 5 (1982)
Rohr, UP – GF gewickelt, gefüllt Typ WA	s_1, s_3: harzr. Innen- (1 mm) und Außenschicht (0,2 mm) s_1: Quarzsand – gefüllt (10 %) s_2: FMW-Laminat (GF > 30 %)	100 … 3200	–	100 … 3200	100 … 3200	100 … 3200	100 … 3200	100 … 3200	100 … 600	16 868, T 1 (1988)
Rohr, UP – GF geschleudert, gefüllt	s_1: UP–Quarzsand 10 % s_2: UP–GF-Sperrschicht s_3: MW-Laminat (GF 35 %) s_4: harzreiche Außenschicht	200 … 2000	–	–	200 … 2000	200 … 2000	200 … 2000	200 … 2000	–	16 869, T 1 (1984)
Rohr EP – GF gewickelt	s_1, s_2: harzr. Innen- (1 mm) und Außenschicht (0,4 mm) s_3: FMW-Laminat (GF ≈ 70 %)	–	–	–	–	400 … 1200	100 … 1200	25 … 600	25 … 300	16 870, T 1 (1987)
Rohr EP – GF geschleudert	s_2: Reinharzschicht (1 ± 0,5 mm) s_3: MW-Laminat (GF ≈ 50 %)	–	–	–	–	–	100 … 500	65 … 500	40 … 300	16 871 (1982)

Passende Rohrleitungsformstücke (Bogen, T-Stücke, Reduzierstücke, Stutzen, Flansche aus UP – GF in DIN 16 966 (1982). Die Rohre UP – GF, Typ A, B, D, E (DIN 16 965) und die Formstücke (DIN 16 966) können nach DIN 16 867 (1982) zu Chemierohrleitungen zusammengestellt werden.

Verstärkte Kunststoffe, Schleifkörper (Verbundwerkstoffe)

Verstärkte Kunststoff-Formmassen

Die verstärkten Kunststoff-Formmassen bestehen aus der Kunststoff-Formmasse (siehe Seite 258, unten) und beigemischten Füll- bzw. Verstärkungsstoffen (z. B. Gesteinsmehl, Faserabschnitte). Die Formgebung zum Bauteil erfolgt durch Extrudieren, Spritzgießen, Kalandrieren oder Formpressen.

In der Kurzbezeichnung für verstärkte Kunststoff-Formmassen ist neben der Kennzeichnung des Basis-Kunststoffes die Art und der Massenanteil des Füll- bzw. Verstärkungsstoffes angegeben. Verstärkte Reaktionsharz-Formmassen (Prepregs) sind in DIN 16913, Teil 1 (1981) spezifiziert.

Beispiel:

Formmasse DIN 16781 – POM, G, 06–12–11, GF 30

POM	G	06	12	11	GF 30
Basis-Kunststoff	Verwendungs-Kennzahl	Fließindex	Zugfestigkeits-KZ	E-Modul-Kennzahl	30 % Glasfasern

Mechanische Eigenschaften von GFK-Laminaten (Anhaltswerte) DIN 16948, Bl. 2 (1975)

Eigenschaften \ Bezeichnung, GF-Anteil und -art		UP – GF 25 %, Matte	UP – GF 45 %, Matte	UP – GF 50 %, Gewebe	UP – GF 65 %, Gelege	EP – GF 50 %, Gewebe	EP – GF 65 %, Gelege
Zugfestigkeit	N/mm²	70	140	200 ... 350	300 ... 500	220 ... 350	300 ... 700
Druckfestigkeit	N/mm²	120	160	160 ... 280	240 ... 400	220 ... 300	300 ... 600
Biegefestigkeit	N/mm²	120	180	220 ... 400	300 ... 550	260 ... 450	400 ... 800
Elastizitätsmodul	N/mm²	5000	9000	10 000 ... 18 000	18 000 ... 28 000	10 000 ... 18 000	18 000 ... 30 000
Reißdehnung	%	~ 2	~ 2	~ 2	~ 2	~ 2	~ 2

Schichtpreßstoff-Erzeugnisse DIN 7735 (1975)

Schichtpreßstoffe sind durch Pressen aus harzgetränkten Schichten hergestellt. Je nach Schichtwerkstoff unterscheidet man Hartpapier Hp, Hartgewebe Hgw, Hartmatte Hm.

Halbzeugart	Werkstoff	Kennzeichnende Merkmale	Beispiel	DIN-Norm
Stäbe	Hp, Hgw	Rund-, Vierkantstäbe	Rund 20 DIN 40 624 – Hp 2068	40 624, 40 625 (1967)
Tafeln, Streifen	Hp, Hgw, Hm	von 0,1 bis 100 mm Dicke	Tafel 1,5 DIN 40 605 – Hp 2061	40 605, 40 606, 7735
Rohre, gewickelt	Hp, Hgw	d_a: 1 ... 210 mm, s: 0,3 ... 10 mm	Rohr 16 × 2 DIN 40 607 – Hgw	40 607 (1967)
Formgepreßte Rohre	Hp, Hgw	Rund-, Vierkant-, Rechteck-, Sechskantrohre	Sechskant-Rohr 32 × 3 DIN 40 617 – Hp 2068	40 615, 40 616, 40 617, 40 618 (1967)

Zusammensetzung, Aufbau und Bezeichnung von Schleifkörpern DIN 69 100 bis 69 171 (1988)

Schleifkörperform

Beispiele

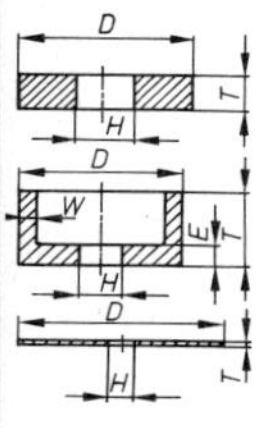

Form 1 Gerade Schleifscheibe Bez.: DxTxH

Form 6 Zylindrischer Schleiftopf Bez.: DxTxH, W... E...

Form TRS Gerade Trennschleifscheibe Bez. DxTxH

Abmessungen in mm

Außen ∅ × Dicke × Bohrungs ∅

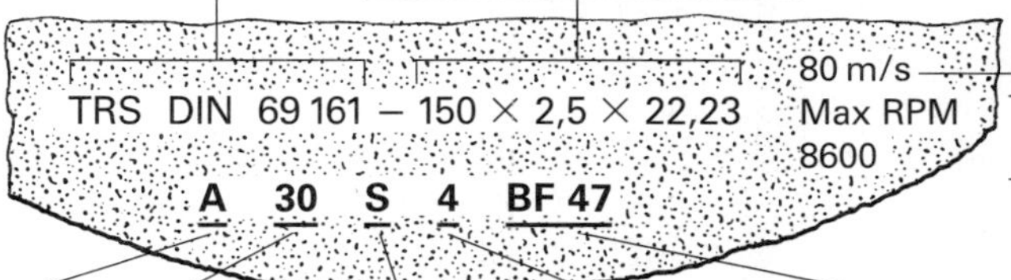

Höchstzulässige Umfangsgeschwindigkeit

Maximale Drehzahl in 1/min

Schleifmittel		Körnung (Siebmaschen pro inch)		Härtegrad (Bindung der Körner)		Gefüge (Porosität in %)		Bindung	
Normalkorund, Halbedelkorund, Edelkorund	A	sehr grob	6 ... 12	sehr weich	A ... G	dicht	0 ... 3	Keramik	V
		grob	14 ... 24	weich	H ... K	mittel	4 ... 6	Kunstharz faserverstärkt	B BF
Siliciumkarbid	C	mittel	30 ... 60	mittel	L ... O	porös	10 ... 14	Metall	M
Bornitrid	CBN	fein	70 ... 180	hart	P ... S			Galvanisch	G
Diamant	D	sehr fein	220 ... 1200	sehr hart	T ... Z	offen	10 ... 14	Gummi faserverstärkt	R RF

Eignung von Schleifmitteln

Werkstoff	Stähle, ungehärtet	Stähle, gehärtet, Guß	Al, Al-Leg., Cu, Cu-Leg.	Kunststoffe	Hartmetalle
Schleifmittel	Normal- und Halbedelkorund	Edelkorund, Siliciumkarbid	Edelkorund, Siliciumkarbid	Edelkorund	Diamant

Fensterglas, Verglasungen

Physikalisch-technische Eigenschaften von Fensterglas (Kalknatron-Silikat-Glas)

Dichte $\varrho = 2{,}5\ \text{kg/dm}^3$; Wärmedehnung $\alpha = 8{,}5 \ldots 9{,}5 \cdot 10^{-6}\ ^1/_\text{K}$

Elastizitätsmodul $E \approx 70\,000\ \text{N/mm}^2$; Biegezugfestigkeit $R_\text{m} \approx 30\ \text{N/mm}^2$

Spezifischer elektrischer Widerstand $\varkappa = 10^{12} \ldots 10^{13}\ \Omega\ \text{cm}$

Wärmeleitfähigkeit $\lambda = 0{,}8\ \text{W/mK}$

Strahlungsdurchlässigkeit einer 4 cm dicken Glasscheibe für Licht der Wellenlänge 0,36 bis 2,5 μm = 75 bis 90 %

Transformationstemperatur	= 525 ... 545 °C	($\eta = 10^{12}$ Pa · s)
Erweichungstemperatur	= 710 ... 735 °C	($\eta = 10^{6,6}$ Pa · s)
Verarbeitungstemperatur (Umformen)	= 1015 ... 1045 °C	($\eta = 10^{3}$ Pa · s)

Wärmedurchgangszahl, Schalldämmaß und Preisrelation verschiedener Verglasungen

Beschreibung der Verglasung **Glasart** Rahmen	Anordnung und Abmessungen mm	Wärmedurchgangszahl k W/m² K	Schalldämmaß R_w Dezibel (dB)	Preisrelation %
Einfachglas Holzrahmen		5,6	23	35
Zweifach-Isolierglas Holzrahmen PVC-Rahmen Al-Rahmen Al-Rahmen, thermisch getrennt	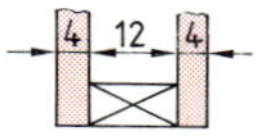	3,0 3,0 3,5 3,3	30 30 30 30	100 110 125 145
Zweifach-Isolierglas mit Wärmebeschichtung Holzrahmen	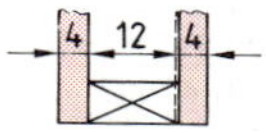	1,6	30	200
Zweifach-Isolierglas mit Wärme- und Sonnen-beschichtung Holzrahmen	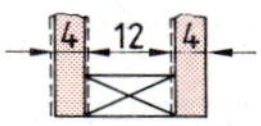	1,7	30	215
Dreifach-Isolierglas Holzrahmen	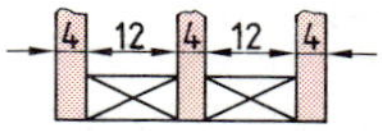	1,9	35	150
Schallschutzglas Holzrahmen	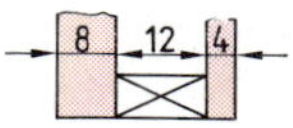	3,0	40	140
Zweifach-Isolierglas mit Wärmebeschichtung und Schallschutz Holzrahmen	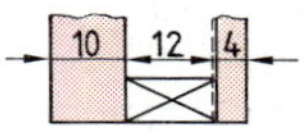	2,0	43	270
Verbundfenster (als Schallschutzfenster) Holzrahmen	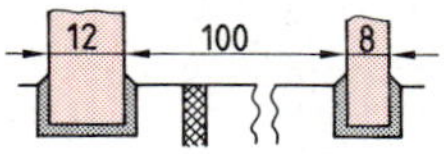	3,0	45	250
Verbundfenster (als Wärme- und Schall-schutzfenster Holzrahmen	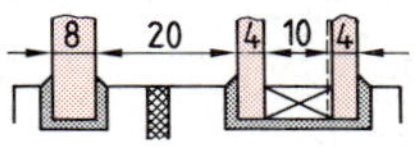	1,9	40	250
Glasbausteine	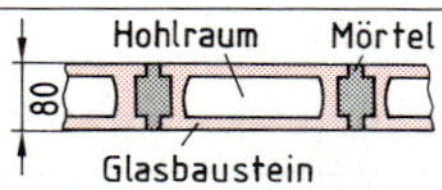	3,5	42	–

Schallschutzklassen von Fenstern nach DIN 4109 T 4:
bis 24 dB (0), 25 bis 29 dB (1), 30 bis 34 dB (2), 35 bis 39 dB (3), 40 bis 44 dB (4), 45 bis 49 dB (5), ≧ 50 dB (6)

Schmierstoffe

Schmieröle, (Auswahl) — DIN 51 502 (1979)

Schmierölgruppe Symbol	Schmierölart (besondere Eigenschaften, Verwendung)	Kennbuchstaben
Mineralöle	Normalschmieröl ohne Zusätze für Anwendungen ohne besondere Anforderungen	**N**
	Bitumenhaltige Schmieröle, bevorzugt für offene Schmierstellen	**B**
	Alterungsbeständige Umlaufschmieröle ohne Zusätze	**C**
	Alterungsbeständige Umlaufschmieröle mit Korrosionsschutz-Zusätzen (L)	**CL**
	Gleitbahn-Schmieröle mit Zusätzen zur Verschleißminderung bei Mischreibung	**CG**
	Schmieröle für druckluftgetriebene Werkzeuge und Maschinen	**D**
	Kältemaschinen-Schmieröle für tiefe Temperaturen	**K**
	Korrosionsschutzöle	**R**
	Kühlschmieröle (nicht wassermischbar)	**S**
	Luftverdichter-Schmieröle	**V**
Syntheseöle	Esteröle mit günstigem V-T-Verhalten, und günstiger Wasser- und Luftabscheidung	**E**
	Fluorkohlenwasserstofföle mit hoher Reaktionsstabilität gegenüber Chemikalien	**FK**
	Polyglycolöle mit hoher Reaktionsstabilität und Verschleißschutz	**PG**
	Silikonöle mit geringer Viskositätsänderung bei tiefen bis hohen Temperaturen	**SI**

Zusatz-Kennbuchstaben für Schmierstoffe	
Emulgierbare Kühlschmieröle	**E**
mit Festschmierstoff-Zusatz, z. B. Graphit oder MoS_2	**F**
mit Zusätzen zur Erhöhung des Korrosionsschutzes	**L**
mit Zusätzen zur Verminderung des Verschleißes	**P**
mit Lösungsmitteln verdünnt	**V**

ISO-Viskositätsklassen für Öle	
ISO VG 2	Kinematische Viskosität bei 40 °C: ≈ 2,2 mm^2/s „wasserähnlich"
ansteigend in den Stufungen ISO VG 2, 3, 5, 7, 10, 15, 22, 32, 46, 68, 100, 150, 220, 320, 460, 680, 1000, 1500	
ISO VG 1500	kinematische Viskosität bei 40 °C: ≈ 1500 mm^2/s (honigartig)

Bezeichnungsbeispiel

CLP 320 Schmieröl auf Mineralölbasis mit Korrosionsschutz- und Verschleißschutz-Zusätzen ISO-Viskositätsklasse 320

Schmierfette (Auswahl) — DIN 51 502 (1979)

Schmierfettgruppe Symbol	Schmierfettart	Kennbuchstaben
auf Mineralölbasis	für Wälz- und Gleitlager sowie Gleitflächen (− 20 °C ... + 140 °C)	**K**
	für hohe Druckbelastung (− 20 °C ... + 140 °C)	**KP**
	für erhöhte Temperaturen über + 140 °C	**KH**
	für tiefe Temperaturen bis − 55 °C	**KT**
	für geschlossene Getriebe	**G**
	für offene Verzahnungen (Haftschmierstoff ohne Bitumen)	**OG**
	für Gleitlager	**M**
auf Synthesölbasis	Schmierfette auf Syntheseölbasis werden mit obigen Kennbuchstaben unter Hinzufügung des Synteheseöl-Kennbuchstabens bezeichnet. Beispiel: Schmierfett aus Esterölbasis für erhöhte Temperaturen: **KH E**	

Konsistenzzahlen

Konsistenz-Kennzahl	Konsistenzbeschreibung	
000	sehr weich	Die Konsistenz-Kennzahlen entsprechen den NLGI-Klassen nach DIN 51 818
00	salbenartig weich	
0	salbenartig	
1	salbenartig fest	
⋮	⋮	
5	zähpastig	
6	hartpastig	

Zusatzbuchstaben von A ... H, K, M, N, R beschreiben den Gebrauchstemperaturbereich und das Verhalten gegen Wasser.

Bezeichnungsbeispiel

KP 2 R Schmierfett auf Mineralölbasis für hohe Druckbelastung Konsistenzzahl 2 Zusatzbuchstabe R: für Gebrauchstemperaturen über + 140 °C, keine Änderung gegenüber Wasser

Feste Schmierstoffe

Schmierstoff	Chemische Zusammensetzung	Aussehen	Gebrauchstemperaturbereich	Verwendung
Graphit	Kohlenstoff (C)	schwarzes Pulver	− 20 ... + 450 °C	Für Lager an Öfen und Gießereimaschinen, als Beimengung in Hochtemperatur-Schmierfett
Molybdändisulfid	MoS_2	grau-schw. Pulver	− 180 ... + 400 °C	Als Beimengung in Schmierölen und Schmierfetten, bevorzugt auf Syntheseölbasis
Polytetrafluorethylen	$(-CF_2-)_n$	weißliches Pulver	− 250 ... + 260 °C	Als Beimengung in synthetischen Schmierfetten sowie Gleitlacken

Funkenbilder von Stählen (zur Werkstofferkennung)

Stahltyp **Kurzbezeichnung** Zusammensetzung in %	**Funkenbild**	**Beschreibung**
Unlegierter Einsatzstahl **C 15** 0,15 C, 0,25 Si, 0,37 Mn	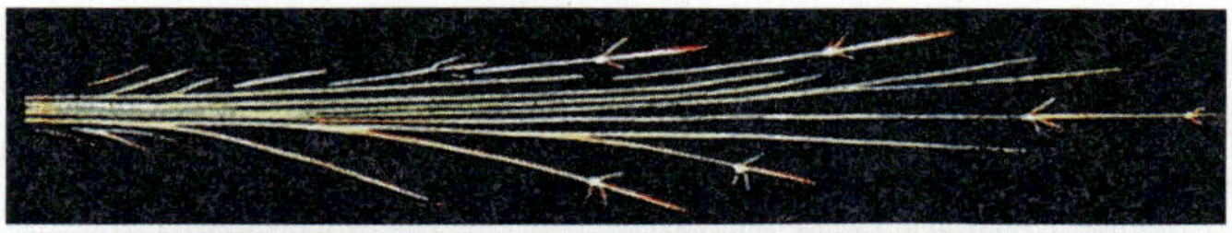	Gelb-weißer, glatter Strahl. Wenig C-Explosionen
Unlegierter Werkzeugstahl **C 45 W** 0,45 C, 0,3 Si, 0,7 Mn		Gelb-weißer, glatter Strahl. Mehrere C-Explosionen
Unlegierter Werkzeugstahl **C 105 W 1** 1,05 C, 0,2 Si, 0,2 Mn		Gelb-weißer, stark verästelter Strahl. Viele C-Explosionen
Niedrig legierter Vergütungsstahl **42 Cr Mo 4** 0,42 C, 1,1 Cr, 0,2 Mo	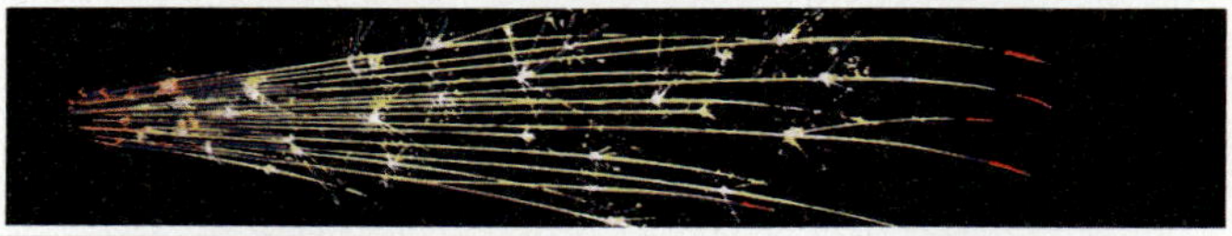	Rot-gelber Strahl mit roten Strahlspitzen. Büschelförmige C-Explosionen
Niedrig legierter Werkzeugstahl **90 Mn Cr V 8** 0,9 C, 2,0 Mn, 0,4 Cr, 0,1 V		Hellgelber Strahl. Verästelungen im Kern weiß aufhellend. Viele C-Explosionen
Niedrig legierter Werkzeugstahl **60 W Cr V 7** 0,6 C, 0,6 Si, 1,1 Cr, 0,2 V, 2,0 W	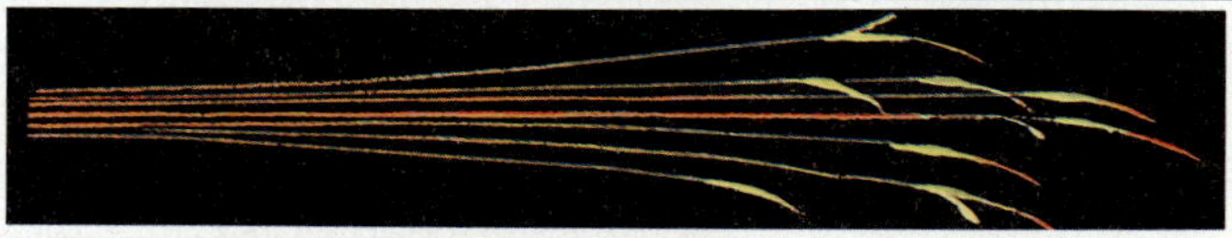	Rot-orange-farbige Strahlen mit orange-farbigem verdickten Ende
Schnellarbeitsstahl **S 6–5–2** 0,9 C, 4,1 Cr, 5,0 Mo, 1,9 V, 6,4 W		Roter, kurzer Strahl mit einzelnen Explosionen und Aufhellungen am Ende
Schnellarbeitsstahl **S 10–4–3–10** 1,23 C, 4,1 Cr, 3,8 Mo, 3,3 V, 10,0 W, 10,5 Co		Dunkelroter, strichförmiger, unterbrochener Strahl mit Aufhellungen am Ende
Nichtrostender Stahl **X 40 Cr 13** 0,40 C, 13,0 Cr		Orange-farbige, kurze Garbe mit stacheligen C-Explosionen
Nichtrostender Stahl **X 5 Cr Ni 18 10** C ≤ 0,07, 18,5 Cr, 10 Ni		Gelb-orange-farbige glatte Strahlen

Begriffe und Berechnungsformeln für mechanische Werkstoffkennwerte

Zugversuch — DIN 50 145 (1975)

Längenänderung der Zugprobe während des Zugversuchs

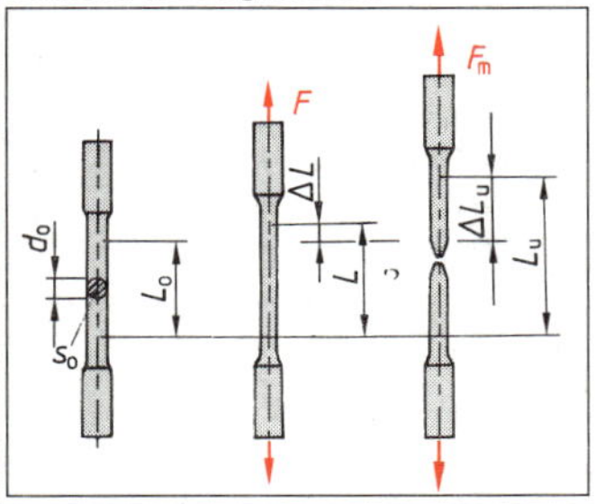

Spannungs-Dehnungs-Schaubild mit ausgeprägter Streckgrenze

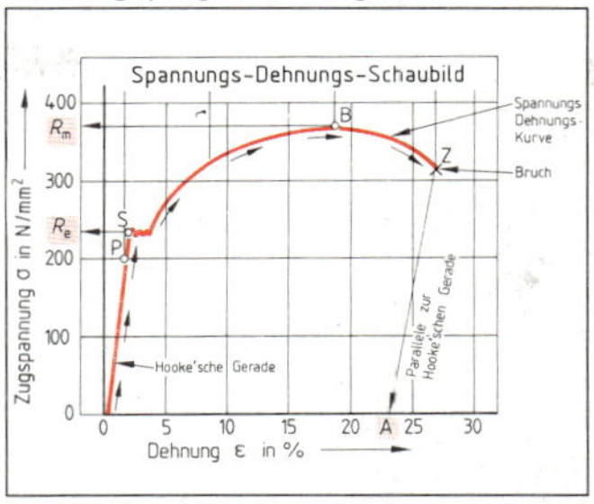

Spannungs-Dehnungs-Schaubild ohne ausgeprägte Streckgrenze

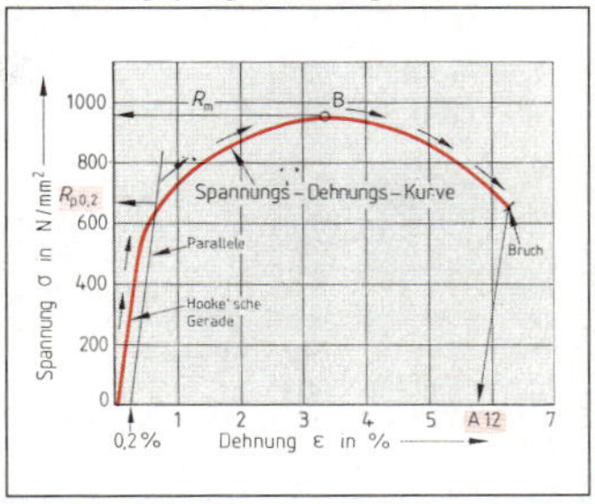

Verlängerung $\Delta L = L - L_0$

Dehnung

$$\varepsilon = \frac{L - L_0}{L_0} \cdot 100\,\% = \frac{\Delta L}{L_0} \cdot 100\,\%$$

Bruchdehnung

$$A = \frac{L_U \cdot L_0}{L_0} \cdot 100\,\%$$

Spannung $\sigma = \frac{F}{S_0}$; $S_0 = \frac{\pi \cdot d_0^2}{4}$

Obere Streckgrenze R_{eH}

Größte Spannung vor dem ersten Abfall der Zugkraft

Untere Streckgrenze R_{eL}

Kleinste Spannung im Fließbereich

Zugfestigkeit $R_m = \frac{F_m}{S_0}$

Höchste, im Werkstoff mögliche Zugspannung

0,2 %-Dehngrenze $R_{P\,0,2}$

Spannung bei 0,2 % bleibender Dehnung

Elastizitätsmodul E

$$E = \frac{\sigma}{\varepsilon_e} = \frac{F \cdot L_0}{S_0 \cdot \Delta L_e}$$

Quotient aus der Spannung und Dehnung im elastischen Verformungsbereich

Druckversuch — DIN 50 106 (1978)

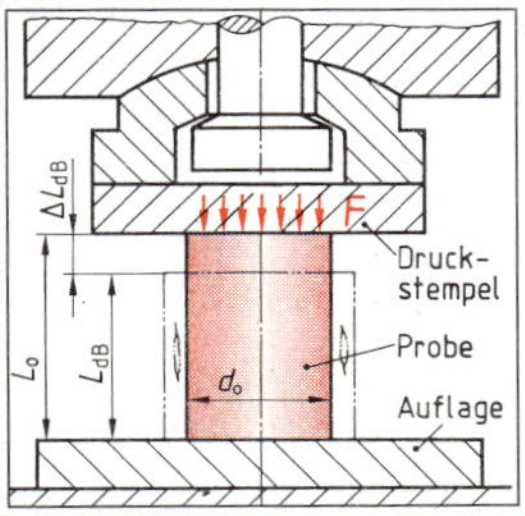

Probenabmessungen: Zylinder mit 10 bis 30 mm Höhe und $L_0 = 1{,}5 \cdot d_0$

Verkürzung: $\Delta L_d = L_0 - L$

Stauchung: $\varepsilon_d = \frac{\Delta L_d}{L_0} \cdot 100\,\%$

Bruchstauchung: $\varepsilon_{dB} = \frac{\Delta L_{dB}}{L_0} \cdot 100\,\%$

Stauchung beim 1. Anriß oder Bruch

Druckspannung: $\sigma = \frac{F}{S_0}$

Druckfestigkeit: $\sigma_{dB} = \frac{F_B}{S_0}$

Spannung beim Auftreten des ersten Risses oder des Bruchs

0,2 %-Stauchgrenze: $\sigma_{d\,0,2} = \frac{F_{0,2}}{S_0}$

Spannung bei 0,2 % bleibender Stauchung

Biegeversuch — DIN 50 110 (1962), Norm zurückgezogen

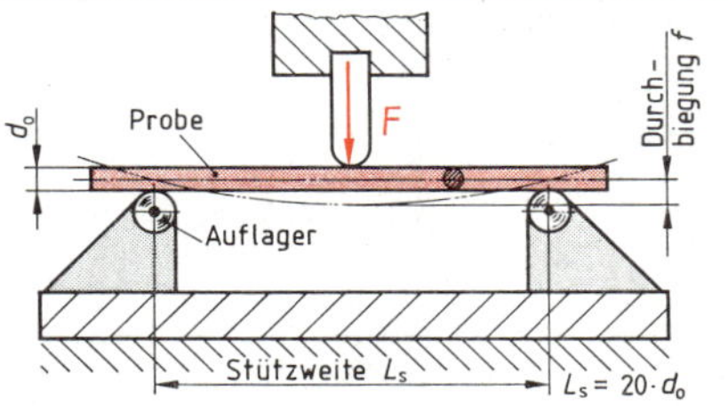

Durchbiegung f

Bruchdurchbiegung f_B

Durchbiegung beim Bruch

Biegefestigkeit

$$\sigma_{bB} = \frac{8 \cdot F_{max} \cdot L_S}{\pi \cdot d_0^3}$$

F_{max} = Kraft beim Bruch

Steifigkeit

$$S = \frac{\sigma_{bB} \cdot 200\, d_0}{3 \cdot f_B}$$

Biegefaktor

$$F_B = \frac{\sigma_{bB}}{R_m}$$

Quotient aus Biegefestigkeit und Zugfestigkeit

Scherversuch — DIN 50 141 (1982)

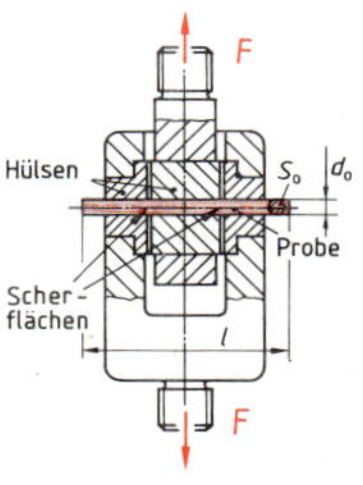

Probenabmessungen

d_0 in mm	l in mm
2 bis 8	50
10 bis 16	110
18 bis 25	130

Scherfestigkeit

$$\sigma_{aB} = \frac{F_m}{2 \cdot S_0} = \frac{2 \cdot F_m}{\pi \cdot d_0^2}$$

Dauerschwingversuch — DIN 50 100 (1978)

Dauerschwingbeanspruchung

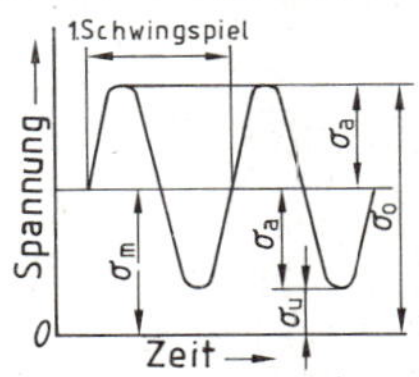

σ_o = Oberspannung
σ_u = Unterspannung

Dauerschwingfestigkeit σ_D (kurz Dauerfestigkeit)

ist der um eine Mittelspannung σ_m schwingende größte Spannungsausschlag σ_a, den eine Probe auf Dauer ertragen kann.

Angabe der Dauerfestigkeit:

$\sigma_D = \pm\, \sigma_a$ für $\sigma_m = \ldots$ N/mm² oder $\sigma_D = \sigma_m \pm \sigma_a$

Beispiel:

$\sigma_D = \pm\, 80$ N/mm² für $\sigma_m = 65$ N/mm² oder
$\sigma_D = 65 \pm 80$ N/mm²

Härteprüfungen

Brinell-Härteprüfung — DIN 50 351 (1985)

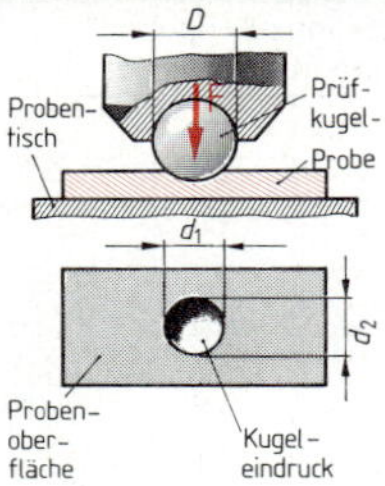

Berechung des Brinell-Härtewerts:

$$HB = 0{,}102 \cdot \frac{\text{Prüfkraft}}{\text{Eindrucksoberfläche}}$$

$$HB = 0{,}102 \cdot \frac{F}{\frac{\pi \cdot D}{2} \cdot \left(D - \sqrt{D^2 - d^2}\right)}$$

F in N, D in mm, d in mm, $d = \frac{d_1 + d_2}{2}$

Soll die Prüfkugel näher bezeichnet werden, so **HBW** bei Hartmetallkugel und **HBS** bei gehärteter Stahlkugel. In der Praxis wird der HB-Wert mit F, D und d aus einer Tabelle abgelesen (DIN ISO 410).

Belastungsgrad $a = 0{,}102 \cdot \frac{F}{D^2}$

Eindringkörper:
Kugel aus Hartmetall oder gehärtetem Stahl. Verschiedene Kugeldurchmesser möglich. Kugeldurchmesser und Prüfkräfte gemäß untenstehender Tabelle.

Eignung: Für weiche bis mittelharte Werkstoffe.

Beispiel für Kurzzeichen:
342 HBW 1 / 30 / 20
bedeutet: Brinellhärte 342 (geprüft mit Hartmetallkugel), $D = 1$ mm, $F = 30 : 0{,}102 = 294{,}2$ (in N), Prüfkraft-Einwirkdauer 20 s.

Prüfkräfte und Eindringkugel-Durchmesser für Brinell-Härteprüfung

Eindringkugel Durchmesser mm	Stahl, Gußeisen, harte NE-Legierungen ($a = 30$)	Weicher Grauguß, NE-Legierungen ($a = 10$)	Kupfer Leichtmetalle ($a = 5$)	Leichtmetalle Sintermetalle ($a = 2{,}5$)	Weiche Metalle Blei, Zinn ($a = 1$)
	Prüfkräfte in N				
1	294,2	98,07	49,03	24,52	9,807
2	1 177	392,3	196,1	98,07	39,23
2,5	1 839	612,9	306,5	153,2	61,29
5	7 355	2 452	1 226	612,9	245,2
10	29 420	9 807	4 903	2 452	980,7

Vickers-Härteprüfung — DIN 50 133 (1985)

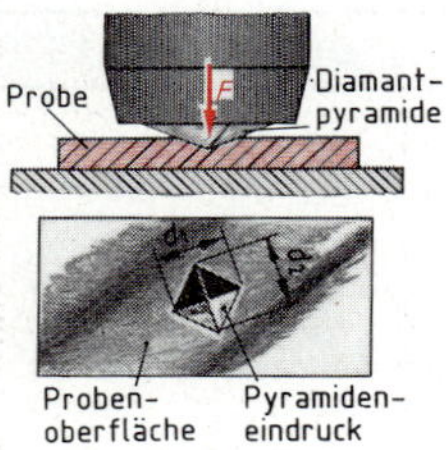

Berechnung des Vickers-Härtewerts:

$$HV = 0{,}102 \cdot \frac{\text{Prüfkraft}}{\text{Eindruckoberfläche}}$$

$$HV = 0{,}1891 \cdot \frac{F}{d^2} \quad \text{mit } d = \frac{d_1 + d_2}{2}$$

F in N, d in mm

In der Praxis wird der HV-Wert mit F und d aus einer Tabelle (DIN ISO 409) abgelesen.

Prüfkräfte für Vickers-Härteprüfung

Makrobereich		Kleinlastbereich		Mikrobereich
Prüfbedingung	Prüfkraft F N	Prüfbedingung	Prüfkraft F N	
HV 5	49,03	HV 0,2	1,961	Prüfkräfte
HV 10	98,07	HV 0,3	2,942	
HV 20	196,1	HV 0,5	4,903	< 1,961 N
HV 30	294,2	HV 1	9,807	DIN-Norm in Vorbereitung
HV 50	490,3	HV 2	19,61	
HV 100	980,7	HV 3	29,42	

Eindringkörper:
Vierseitige Diamantpyramide mit einem Winkel von 136° zwischen gegenüberliegenden Flächen.

Eignung:
Werkstoffe jeder Härte
Proben jeder Größe

Beispiel für Kurzzeichen: 564 HV 30
Vickershärte 564,
Prüfkraft = 30 : 0,102 = 294,2 (in N)

Rockwell-Härteprüfungen — DIN 50 103, T1 und T2 (1984)

Eindringkörper	Diamantkegel mit 120° Kegelwinkel und abgerundeter Spitze (r = 0,2 mm)			Gehärtete Stahlkugel mit 1,5875 mm Durchmesser (1/16 inch)		
Schrittfolge und Prinzip der Härteprüfung	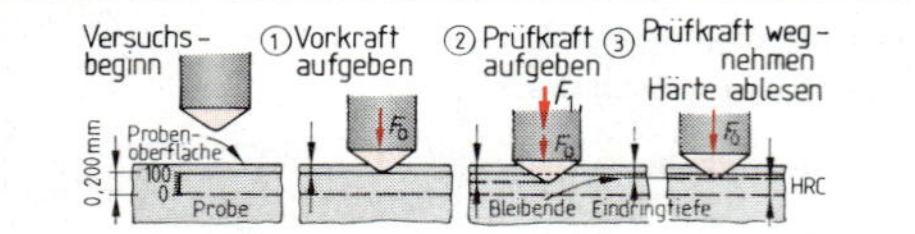			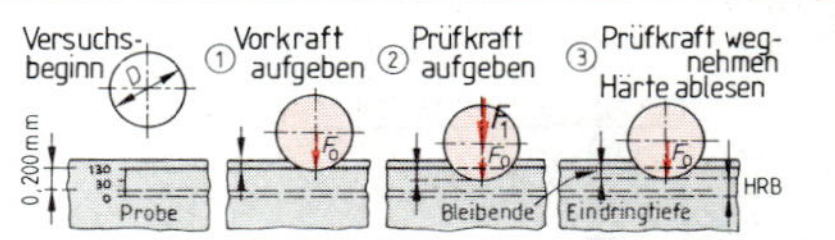		
Verfahrensname Kurzname	Rockwell C HRC	Rockwell A HRA	Rockwell N[1] HR 15 N, HR 30 N, HR 45 N	Rockwell B HRB	Rockwell F HRF	Rockwell T[1] HR 15 T, HR 30 T, HR 45 T
Prüfvorkraft F_0 in N	98	98	29,4	98	98	29,4
Prüfkraft F_1 in N	1373	490,3	117,7 264,8 411,9	882,6	490,3	117,7 264,8 411,9
Prüfgesamtkraft in N	1471	588,3	147,1 294,2 441,3	980,6	588,3	147,1 294,2 441,3
Erfaßbarer Härtebereich	20 . . . 70 HRC	60 . . . 88 HRA	66 . . . 92 HR 15 N 39 . . . 84 HR 30 N 17 . . . 75 HR 45 N	35 . . . 100 HRB	60 . . . 115 HRF	50 . . . 94 HR 15 T 10 . . . 84 HR 30 T 0 . . . 75 HR 45 T
Häufigste Anwendungsbereiche	Gehärtete Stähle Gehärtete und angelassene Legierungen	Sehr harte Werkstoffe z. B. Hartmetalle	Für dünne Proben und kleine Prüfflächen	Werkstoffe mittlerer Härte: ungehärtete Stähle, CuZn-Legierungen	Kaltgewalzte Feinbleche aus Stahl, geglühte Cu- und CuZn-Legierungen	Für dünne Proben und kleine Prüfflächen

Beispiele für Kurzzeichen: 44 HRC **HRC-Härtewert = 44** **68 HR 45 N** HR 45 N-Härtewert = 68

[1] Die Rockwell-Verfahren nach N und T werden vorzugsweise bei dünnen Proben und kleinen Prüfflächen angewandt, wenn eine Prüfung nach den Rockwell-Verfahren C, A, B und F nicht möglich ist.

Umwertungstabelle für Härtewerte

Vickers-härte ($F \geqq 98$ N)	Brinell-härte[1] ($a = 30 \frac{N}{mm^2}$)	Rockwellhärte								Zugfestig-keit N/mm²
		HRC	HRA	HRB[1]	HRF	HR 15 N	HR 30 N	HR 45 N	HRD[2]	
80	76,0									255
90	85,5			48,0	82,6					285
100	95,0			56,2	87,0					320
110	105			62,3	90,5					350
120	114			66,7	93,6					385
130	124			71,2	96,4					415
140	133			75,0	99,0					450
150	143			78,7	101,4					480
160	152			81,7	103,6					510
170	162			85,0	105,5					545
180	171			87,1	107,2					575
190	181			89,5	108,7					610
200	190			91,5	110,1					640
210	199			93,5	111,3					675
220	209			95,0	112,4					705
230	219			96,7	113,4					740
240	228	20,3	60,7	98,1	114,3	69,6	41,7	19,9	40,3	770
250	238	22,2	61,6	99,5	115,1	70,6	43,4	22,2	41,7	800
260	247	24,0	62,4	(101)		71,6	45,0	24,3	43,1	835
270	257	25,6	63,1	(102)		72,6	46,4	26,2	44,3	865
280	266	27,1	63,8	(104)		73,4	47,8	27,9	45,3	900
290	276	28,5	64,5	(105)		74,2	49,0	29,5	46,5	930
300	285	29,8	65,2			74,9	50,2	31,1	47,5	965
320	304	32,2	66,4			76,2	52,3	33,9	49,4	1030
340	323	34,4	67,6			77,4	54,4	36,5	51,1	1095
360	342	36,6	68,7			78,6	56,4	39,1	52,8	1155
380	361	38,8	69,8			79,8	58,4	41,7	54,4	1220
400	380	40,8	70,8			80,8	60,2	44,1	56,0	1290
420	399	42,7	71,8			81,8	61,9	46,4	57,5	1350
440	418	44,5	72,8			82,8	63,5	48,4	58,8	1420
460	437	46,1	73,6			83,6	64,9	50,4	60,1	1485
480	(456)	47,7	74,5			84,3	66,4	52,2	61,3	1555
500	(475)	49,1	75,3			85,0	67,7	53,9	62,2	1630
520	(494)	50,5	76,1			85,7	69,0	55,6	63,5	1700
540	(513)	51,7	76,7			86,3	70,0	57,0	64,4	1775
560	(532)	53,0	77,4			86,9	71,2	58,6	65,4	1845
580	(551)	54,1	78,0			87,5	72,1	59,9	66,2	1920
600	(570)	55,2	78,6			88,0	73,2	61,2	67,0	1995
650	(618)	57,8	80,0			89,2	75,5	64,1	69,0	2180
700		60,1	81,3			90,3	77,6	66,7	70,8	
740		61,8	82,2			91,0	79,1	68,6	72,1	
800		64,0	83,4			91,8	81,1	71,0	73,8	
840		65,3	84,1			92,3	82,2	72,2	74,8	
900		67,0	85,0			92,9	82,2	74,2	76,1	
940		68,0	85,6			93,2	84,4	75,4	76,9	

[1] Die Härtewerte in Klammern liegen außerhalb des Definitionsbereiches des Härteprüfverfahrens

[2] Im anglo-amerikanischen Sprachraum übliches Rockwell-Verfahren (keine DIN-Norm)

Die Umwertungstabelle ist gültig für unlegierte und legierte Stähle im warmumgeformten und wärmebehandelten Zustand.
Die Umwertung ist grundsätzlich mit einer Ungenauigkeit verbunden. Sie beträgt bei der Umwertung von Härtewerten untereinander $< \pm$ 24 HV 10 und bei der Umwertung von Härtewerten in Zugfestigkeiten $< \pm$ 85 N/mm².

Gefüge-Schliffbilder von Eisen/Stahl-Werkstoffen

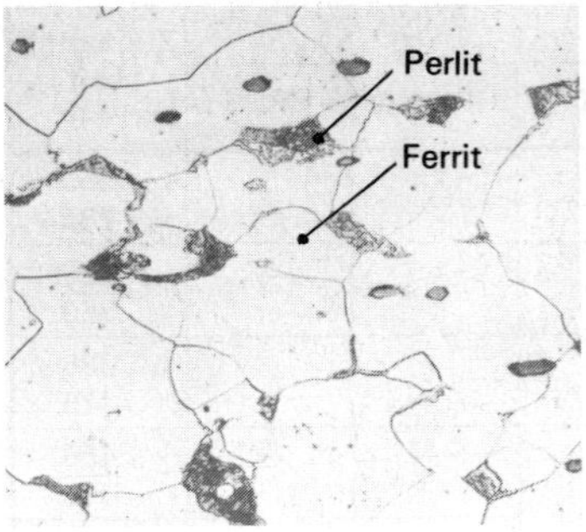

1 Einsatzstahl C 15 M 500:1

2 Vergütungsstahl C 45 M 500:1

3 Werkzeugstahl C 100 normalisiert M 500:1

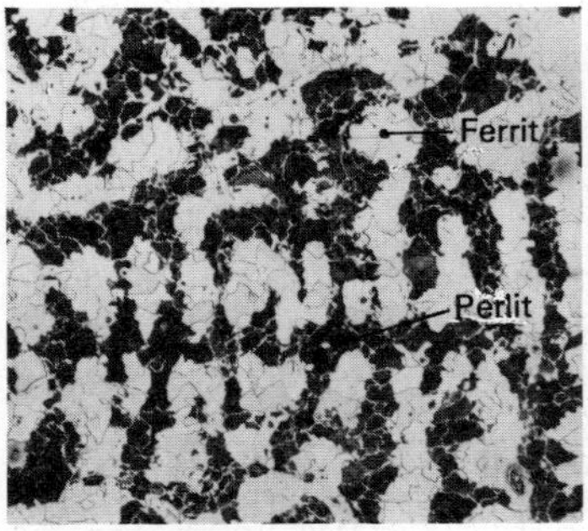

4 Stahlguß GS-52 M 100:1

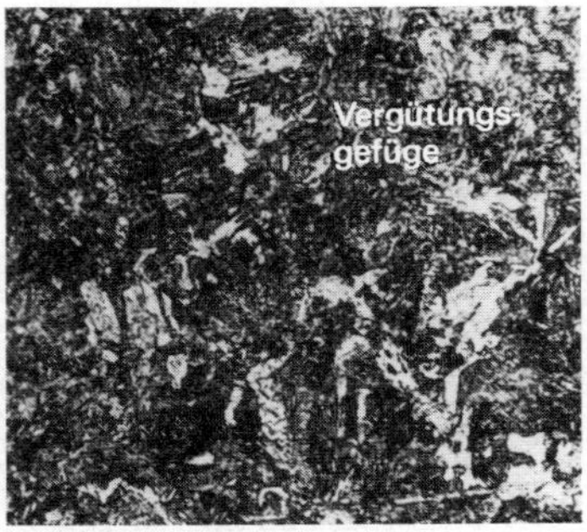

5 Vergütungsstahl C 45 vergütet M 200:1

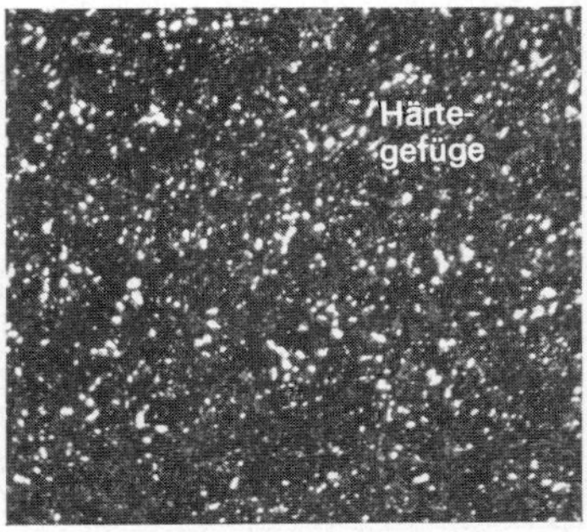

6 Werkzeugstahl C 100 gehärtet M 500:1

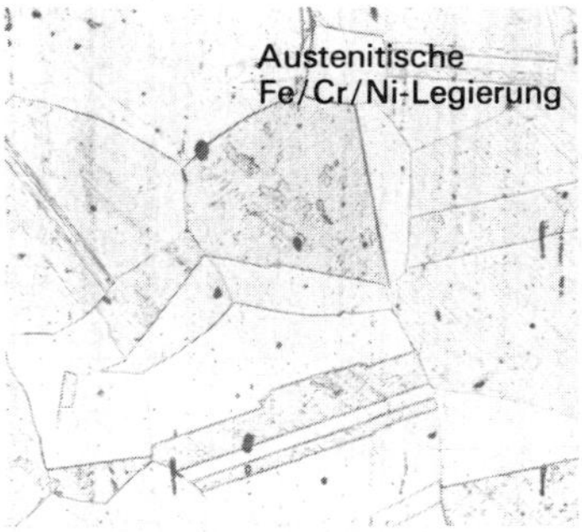

7 Rostbeständiger Stahl X 12 Cr Ni 18 8 M 500:1

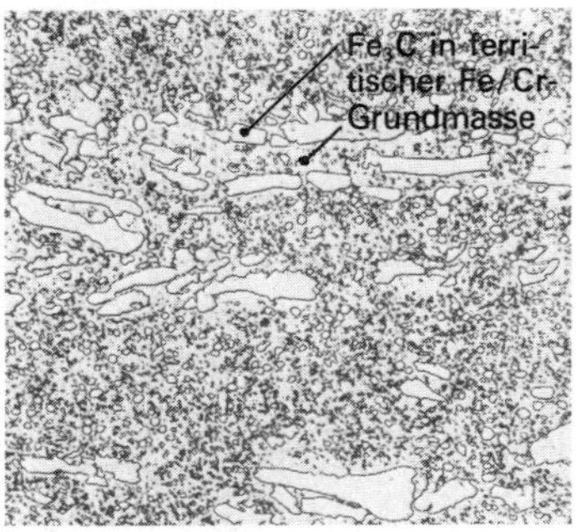

8 Hochlegierter Werkzeugstahl X 210 Cr 12 M 500:1

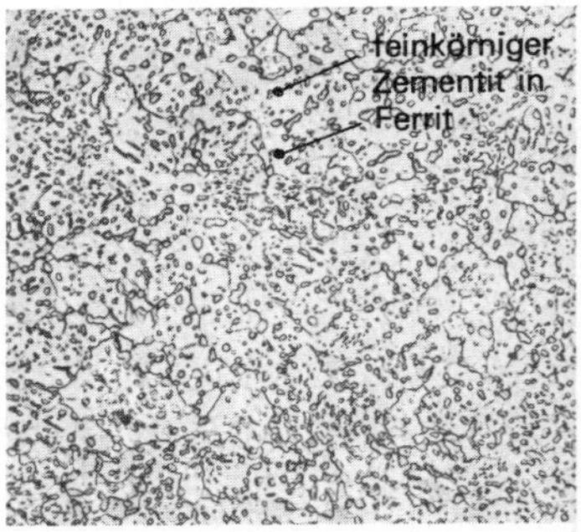

9 Werkzeugstahl C 100 weichgeglüht M 500:1

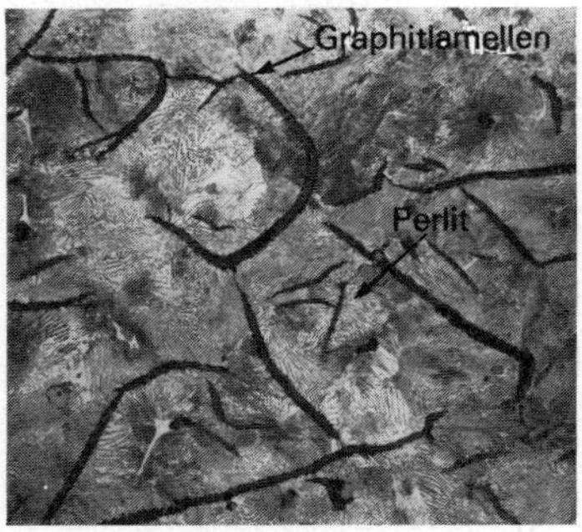

10 Grauguß GG-20 M 200:1

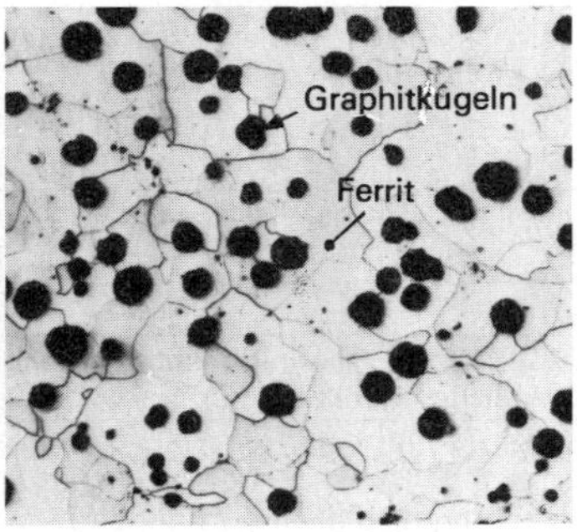

11 Sphäroguß GGG-40 M 200:1

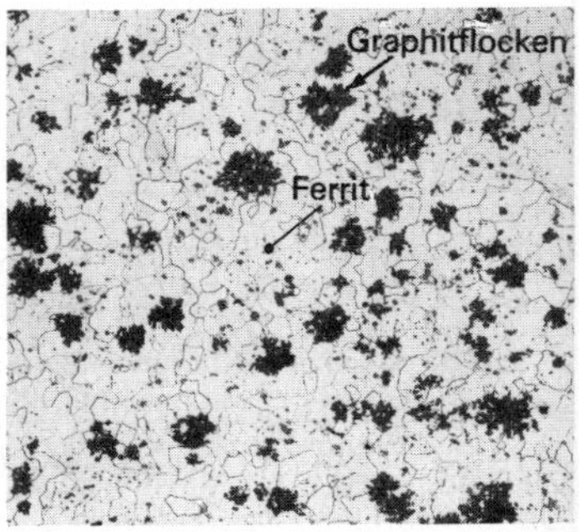

12 Schwarzer Temperguß M 100:1

Bilder von Bruchflächen

Makroskopische Bruchflächenbilder

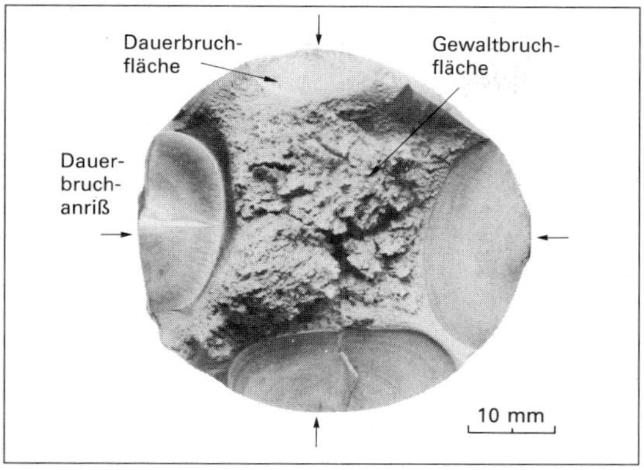

1 Bruchfläche einer Welle aus vergütetem Stahl mit 4 Dauerbruchstellen

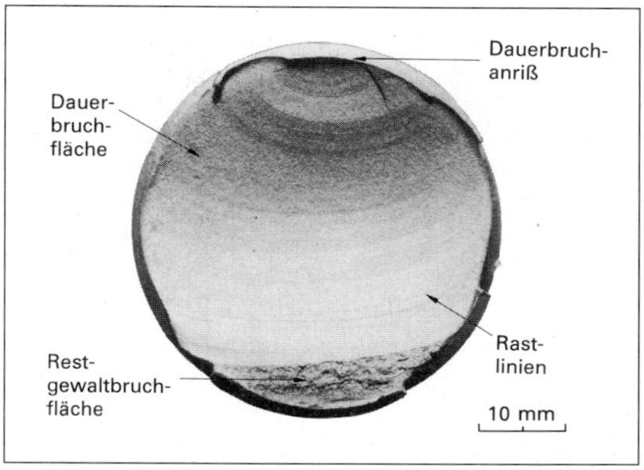

2 Bruchfläche einer Schraube aus vergütetem Stahl

Rasterelektronenmikroskopische Bruchflächenbilder

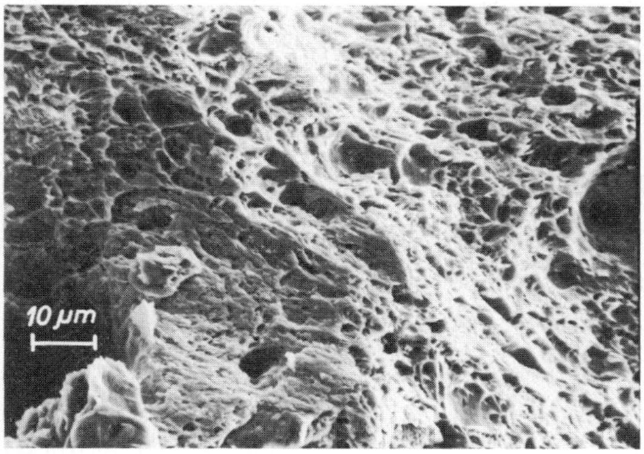

3 Wabenbruch (Verformungsbruch) eines zähen Stahls

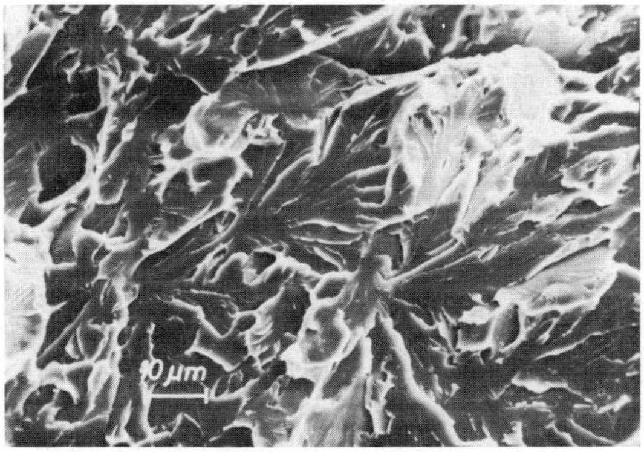

4 Spaltbruch (transkristalliner Sprödbruch) eines gehärteten Stahls

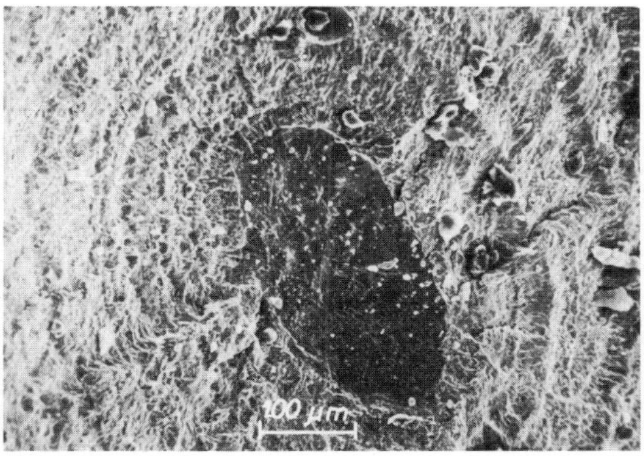

5 Wasserstoffsprödbruch (Fischaugenbruch) der Schweißnaht eines Chrom-Nickel-Stahls

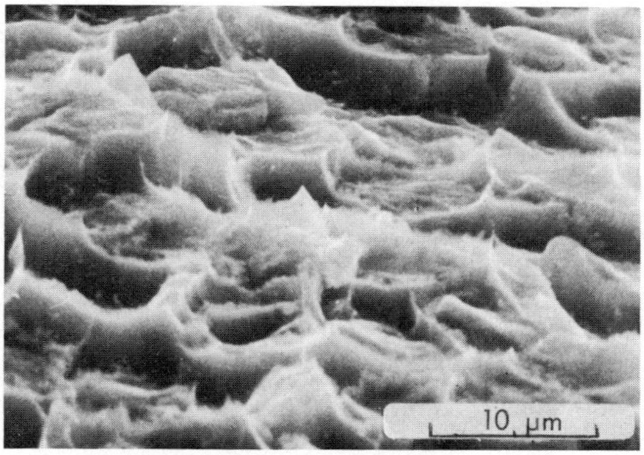

6 Bruchfläche eines GFK (Spaltbruch in den Fasern, Wabenbruch im Kunststoff)

Sachwortverzeichnis

A

B

C

D

E

F

G

H

I

K

L

M

N

O

P

Danksagung

Der Autor und der Verlag Europa-Lehrmittel bedanken sich bei den nachfolgend aufgeführten Firmen und Institutionen für die Überlassung von Prospekten und Druckschriften, für wertvolle persönliche Beratungen und Auskünfte und für die Erlaubnis zum Abdruck von Bildmaterial.

Damit wurde ein wichtiger Beitrag geleistet, dem Buch einen modernen technologischen Standard zu geben und den Text durch Bilder anschaulich zu gestalten.

Besonderer Dank gilt den Instituten sowie deren Mitarbeitern, die in vielen Einzelgesprächen zum Gelingen des Buches beigetragen haben:

Stahl-Informationszentrum/Düsseldorf
Aluminiumzentrale/Düsseldorf
Deutsches Kupferinstitut/Berlin
Beratungsstelle Pulvermetallurgie/Hagen
Informationsstelle Edelstahl Rostfrei e. V./Düsseldorf

Bildnachweise und Quellenverzeichnis

Alkor GmbH
8000 München
Bild 134/1

Aluminium-Zentrale
4000 Düsseldorf

Arbed Saarstahl GmbH
6620 Völklingen
Bilder: Seite 59

Arbeitsgemeinschaft Deutsche Kunststoffindustrie (AKI)
6000 Frankfurt
Bild 15/1

August Baumeister
7000 Stuttgart

Baiersdorf AG
2000 Hamburg
Bilder: 143/3, 144/1, 144/2, 151/1

BASF-AG
6700 Ludwigshafen
Bilder: 118/1, Seite 134, 135, 136, 137, 151/3

Bayer-AG
5090 Leverkusen
Bilder: Seite 134, 135, 136, 137

BP Deutschland AG
2000 Hamburg
Bilder: 158/1, 159/1, 159/2

Bauer & Schaurte Karcher GmbH
4040 Neuss

Stahl-Informations-zentrum e. V.
4000 Düsseldorf
Bilder: 27/3, 36/1, 38/1, 40/1, 40/2, 45/1, 45/3, 47/1, 117/1, 119/1

Beratungsstelle Pulvermetallurgie
5800 Hagen
Bild 124/1

Bundesanstalt für Materialprüfung
1000 Berlin

Carl Mahr GmbH & Co
7300 Esslingen

Carl Zeiss
7082 Oberkochem

Ceresit GmbH
4750 Unna
Bild 145/1

Daimler-Benz-AG
7000 Stuttgart
Bild 34/4

Degussa AG
6000 Frankfurt
Bilder: 101/1, 107/1, 107/2, 109/1

Deutscher Stahlbau-Verband
5000 Köln
Bild 111/2

Deutsches Kupfer-Institut
1000 Berlin
Bild 95/1 rechts, 96/1, 97/1, 98/1, 99/1, 123/1

Eberhard Bauer GmbH
Elektromotore
7300 Esslingen
Bild 44/2

Erbslöh-Aluminium GmbH
5620 Velbert
Bilder: 10/3, 89/1

Eternit GmbH
1000 Berlin
Bild 148/1

Flachglas-AG
4650 Gelsenkirchen
Bild 153/2

Friedrichsfeld GmbH
6800 Mannheim

Fuchs + Sanders GmbH & Co KG
Schrauben
4500 Osnabrück

Grünzweig & Hartmann AG
6700 Ludwigshafen
Bilder: 10/4, 151/2

Hahn und Kolb GmbH
7000 Stuttgart
Bilder: 41/2, 43/3

Hawera Probst GmbH
7980 Ravensburg
Bild 128/3

Heller Bremen Werkzeugfabrik
2800 Bremen
Bild 43/1

Henkel & Cie GmbH
4000 Düsseldorf
Bilder: 137/1, 137/7, 143/2

Henkel KGaA
4000 Düsseldorf
Bild 101/2

Hilti Deutschland GmbH
8000 München
Bild: Buchdeckel/2

Hoechst AG
6000 Frankfurt
Bilder: Seite 134, 135, 136, 137, 145/1, 149/1

Hoesch AG
5800 Hagen
Bilder: 24/2, 41/3, 50/2, 52/4

Hoesch Rothe Erde Schmiedag AG
4600 Dortmund
Bilder: 34/2, 110/3

Indramat GmbH
8770 Lohr
Bild 95/1 links

Informationsstelle Edelstahl Rostfrei e. V.
4000 Düsseldorf
Bild 38/1

Institut für Metallkunde Techn. Universität Clausthal
3292 Clausthal-Zellerfeld

ISCAR Hartmetall GmbH
7505 Ettlingen
Bilder: 10/7, 34/03

Kennametall GmbH
6382 Friedrichsdorf

Klöckner Werke AG
5210 Troisdorf

Krautkrämer GmbH
5000 Köln
Bilder: 171/3, 174/3, 175/2

Krupp Stahl AG
4630 Bochum
Bild 68/3

Krupp WIDIA
4300 Essen
Bilder: 128/1, 128/3, 129/1, 150/1

Landesbildstelle Baden
7500 Karlsruhe
Bild 39/1

Lechler Chemie GmbH
7000 Stuttgart
Bild 117/1

Leitz GmbH
6330 Wetzlar
Bilder: 176/2, Buchdeckel/4

Liebherr AG
7950 Bieberach
Bilder: 37/1, 48/3

Mannesmann AG
4000 Düsseldorf
Bilder: 24/2, 51/3

Mannesmann Röhrenwerke AG
5757 Wickede
Bilder: 27/5, 48/2, 51/2, 51/4, 51/5

MFL-Prüf- und Meßsysteme GmbH
6800 Mannheim
Bilder: 170/2, 171/1, 171/2, 171/3, 172/2, 173/1

Negele Hartmetall-Technik GmbH
7000 Stuttgart
Bilder: 152/2, 128/1

Otto Heintz KG
6342 Haiger
Bild 136/5

Robert Bosch GmbH
7000 Stuttgart

Salzgitter AG
3320 Salzgitter
Bild 10/2

Schweißtechnische Lehr- und Versuchsanstalt
6800 Mannheim
Bild 176/1 links

Siemens AG
8000 München
Bild 177/2

Siempelkamp Gießerei GmbH
4150 Krefeld
Bild 44/2

Sintermetallwerk Krebsöge GmbH
5608 Radevormwald
Bilder: 125/1, 125/4, 127/1, 127/2, 127/3

Sinterwerke Grenchen AG
2540 Grenchen

SFK GmbH
8720 Schweinfurt

Stahlwerke Peine Salzgitter AG
3320 Salzgitter
Bilder: 10/2, 34/1, 38/2, 45/2, 46/1, 54/1, Seite 59, 176/1, 177/1

Thyssen AG
4000 Düsseldorf
Bild 52/5, Buchdeckel/1

Thyssen Edelstahlwerke AG
4150 Krefeld
Bilder: 43/2, 51/2, 164/1

Triebenacher GmbH & Co
8000 München
Bilder: 10/1, 53/3, 209/7

Tyrolit Schleifmittel GmbH & Co
A-6130 Schwaz (Österreich)
Bilder: 10/8, 149/3, Buchdeckel/8

Uhu-Vertrieb GmbH
7580 Bühl
Bild 136/6

Verein Deutscher Eisenhüttenleute
4000 Düsseldorf

Verein Deutscher Gießerei-Fachleute e. V.
4000 Düsseldorf
Bild 45/3

Vereinigte Aluminium-Werke AG
5300 Bonn

Vereinigte Deutsche Nickelwerke AG
5840 Schwerte
Bilder: 10/5, 99/2, 102/1, 102/2

Voest Alpine AG
A-4010 Linz (Österreich)
Bild 176/3

Wacker Chemie AG
8000 München
Bilder: 137/1, 137/2

Weidling & Sohn GmbH & Co KG
4400 Münster
Bilder: 110/1, Buchdeckel/3

Zentrale für Gußverwendung
4000 Düsseldorf

Zinkberatung e. V.
4000 Düsseldorf
Bilder: 10/6, 100/1